教育研究法
研究設計實務

How to Design and Evaluate
Research in Education / Tenth Edition

（第三版）

Jack R. Fraenkel、Norman E. Wallen、Helen H. Hyun / 著

楊孟麗、謝水南 / 譯

國家圖書館出版品預行編目(CIP)資料

教育研究法：研究設計實務 ／ Jack R. Fraenkel, Norman E. Wallen, Helen H. Hyun 著 ；楊孟麗，謝水南譯. – 三版.
-- 臺北市：麥格羅希爾，心理出版社，2021. 02
面； 公分
譯自：How to design and evaluate research in education, 10th ed.
ISBN 978-986-341-461-2（平裝）

1. 教育研究法

520.31   110001305

教育研究法：研究設計實務 第三版

作　　　者　Jack R. Fraenkel, Norman E. Wallen, Helen H. Hyun
譯　　　者　楊孟麗　謝水南
執 行 編 輯　陳文玲
總　編　輯　林敬堯
發　行　人　洪有義
合 作 出 版　美商麥格羅希爾國際股份有限公司台灣分公司
暨 發 行 所　台北市 104105 中山區南京東路三段 168 號 15 樓之 2
　　　　　　客服專線: 00801-136996

　　　　　　心理出版社股份有限公司
　　　　　　新北市 231026 新店區光明街 288 號 7 樓
　　　　　　TEL : (02) 2915-0566　　FAX: (02) 2915-2928
　　　　　　E-mail: psychoco@ms15.hinet.net
總 經 銷　　心理出版社股份有限公司
出 版 日 期　西元 2024 年 9 月　三版三刷
編　　　號　81045
定　　　價　新台幣 800 元

ISBN：978-986-341-461-2

目　次

名詞解釋請於心理出版社網站下載
網址：https://reurl.cc/xgORQL
解壓縮密碼：9789863414612

作者簡介

Jack R. Fraenkel

Fraenkel 先前是舊金山州立大學教育學院教育科際整合研究中心的名譽教授，曾任該校教育學院研究與發展中心的主任。他在史丹佛大學取得博士學位後，教授研究方法學方面的課程逾三十年。1997年時，由於撰寫社會科學研究與社會科學方面的文章而獲得James A. Michener 寫作獎。他目前主要在協助同僚及學生產生與發展他們的研究，並提供這方面的諮詢。

Norman E. Wallen

Wallen 是舊金山州立大學教育學院教育科際整合研究中心的名譽教授。Wallen 教授有豐富的研究經驗。他在雪城大學取得博士學位之後，多年來教授碩士班和博士班的統計與研究設計方面的課程。他擔任過亞利桑那州富拉格斯達夫市（Flagstaff, AZ）的市議員，也是 Sierra Club 大峽谷分會的執行委員。

Helen H. Hyun

Hyun是舊金山州立大學教育學院教育科際整合研究中心的教授。她在哈佛大學取得博士學位，並在舊金山州立大學與加州大學柏克萊分校教授碩博士班的研究設計與方法學課程。她的教學與研究興趣包括高等教育政策、混合方法研究法，及教育的各項平等議題。

譯者簡介

楊孟麗

● 學歷：
國立臺灣師範大學英語系畢業、美國密西根州立大學教育心理學碩士與博士，
主修研究方法，副修教育測量

● 現任：
中央研究院人文社會科學研究中心調查研究專題中心副研究員

● 經歷：
國、高中英語教師及大專應用英語系與教育學程教師

謝水南

● 學歷：
國立臺灣師範大學教育學博士

● 現任：
南台科技大學師資培育中心講座教授

● 經歷：
臺灣省中等學校、國民學校教師研習會主任、國立臺中教育大學教務長、
高雄市立空中大學校長

譯者序

　　教育研究法的著作或譯著雖然不少，但多數流於各種研究法的理論性介紹，很少具有實際案例的示範，因此研究生修習過教育研究法後，仍需多方請教才能建構一份研究設計，進而一路自行摸索，才能完成一篇學位論文。

　　本書每一章節都用了許多例子來說明概念及研究思考的過程，既生動有趣，也幫助讀者漸漸形成思考判斷與做研究的能力。每一個章節也都有各種類型的問題練習，讓讀者有機會更熟悉新介紹的概念或進一步思考新的議題。

　　譯者自己尤其喜愛作者為第 1 至 13 章所設計的「研究練習」；讀者可以選定一個假想的研究題目，依循著每一章的腳步，漸次思考自己的「研究」該如何進行。教師也可以要求學生選定兩個假想的研究題目，然後按照每一章的進度進行研究策劃。一個題目作為每一章的作業，要求學生按照進度交回，加以批改指導；另一個題目則要求學生於期末彙整成一篇類似「研究計畫」的報告，而教師在作業部分所給的批評建議，恰可讓學生實際活用於期末報告部分。此外，原著在介紹完一項研究法之後，會附一篇以該研究法進行的出版論文，並由作者眉批評論，帶領學生了解該研究論文在論文架構上及研究設計上的優缺點。由於版權的問題，中譯本將不附這些研究論文。但教師也可比照上述方法，為每一種研究法找兩篇論文（中英文不拘），一篇由教師帶領評論，另一篇由學生做評論練習。

　　雖然每一種研究法及統計法都非一兩章的篇幅可以完整詳細地介紹，但是本書對於所謂「研究」本身有很好的觀念建構，且對於每一個研究法主要的概念也有清楚的說明，是一本研究領域難得的優良入門書。

楊孟麗、謝水南 謹識

前　言

　　《教育研究法：研究設計實務》的對象是第一次接觸教育研究法的學生。由於教育研究領域不斷在知識及方法學上快速進展，因此任何導論性質的教本作者都必須先小心確定他們想在書中放些什麼內容；我們則是隨時謹記以下三個目標，希望本書能：

1. 將研究過程所需的基本知識提供給學生，這些知識包括從想法的形成到資料分析及詮釋的整個過程。
2. 讓學生能利用這些知識，依據自己的興趣設計研究。
3. 讓學生能閱讀並了解教育研究領域的文獻。

　　前兩個目標是為了要滿足學生必須設計並執行研究計畫的課業需求，第三個目標則是針對那些修課時必須學習如何了解研究文獻的學生而設的。由於這三個目標具有相輔相成的作用，許多教導研究法的教師，包括我們自己在內，都把這些目標一併納入課程中。如果自己沒有實際設計及評量過一項研究，就很難完全了解別人的研究報告。同樣地，愈常閱讀及評量文獻研究，自己就愈能設計有意義且具創造性的研究。為了要完成上述目標，我們寫出的這本書具有以下特色。

◆ 內容範圍

　　第一個目標：將研究過程所需的基本知識提供給學生。為了要達成這一目標，我們將本書分成九部分。第一部分（第 1 章）介紹教育研究的性質，簡要介紹後續章節所要介紹的七種方法，並概略說明及評論這些研究法。

　　第二部分（第 2 章至第 9 章）介紹一些進入研究法之前必須先理解的基本概念和步驟。這些章節對以下的內容做全面但略為簡略的說明：變項、定義、倫理、抽樣、工具的使用、效度、信度及內部效度。本書自始至終的重點是，要藉著清楚而合適的舉例說明，讓學生了解如何在教育情境下建構一個好的研究設計，進而能針對有興趣或重要的議題做探討。

　　第三部分（第 10 章至第 12 章）較為詳細描述資料蒐集與分析的過程。

　　第四部分（第 13 章至第 17 章）描述量化教育研究最常用的研究法，並舉例說明。第二部分所介紹的許多重要概念在這一部分會再拿出來探討，以說明它們在每種研究法的應用方式。第 13 章和第 14 章並各附加一篇已出版的研究文獻，分析其優缺點，藉此讓學生能大致了解該如何閱讀並批判分析一篇研究文獻（譯註：中文版本不附已出版論文，但會提供該出版論文的書目）。

　　第五部分（第 18 章至第 20 章）及第六部分（第 21 章及第 22 章）討論質性研究。第五部分一開始先說明質性研究的哲學，及基本特徵。目前質性研究已經發展出多種類型；我們介紹其中的資料蒐集法及分析方法。第六部分介紹民族誌及歷史研究兩種質性研究法。就像介紹量化研究法一樣，第 19 章、第 21 章及第 22 章也各以一篇精選的出版文獻做總結，文章內也有我們的批判與分析（譯註：中文版本不附已出版論文，但會提供該出版論文的書目）。

　　第七部分（第 23 章）討論混合方法研究法，這種研究包含了質性與量化的研究法，並同樣附加一篇出版文獻及我們的批判與分析（譯註：中文版本不附已出版論文，但會提供該出版論文的書目）。

　　第八部分（第 24 章）介紹有關行動研究的假定、特性及步驟。我們選的例子都是班級內的行動研究問題，使內容的說明更加生動。

　　第九部分（第 25 章）教讀者如何以本書介紹的概念與範例，準備一份研究計畫或研究報告（包括所選擇的研究方法）。

◆ 研究練習

　　為了要完成我們的第二個目標，也就是協助學生學會活用他們所獲得的基本研究程序及方法，我們根據一般研究者在發展研究計畫或做研究時會遵循的程序，安排前十二章的章節內容，而且這幾章都有「問題卷」的研究練習，由學生將他的構想填入空格中，讓學生應用每一章所學到的重要概念。完成了這十二份問題卷，學生也一步步經驗了設計自己的研究計畫的整個過程。雖然在這一步步發展的過程中，隨著研究知識的進展，學生不免需要回頭重新修正自己的計畫，但在看著自己的研究計畫逐漸成形的同時，對於研究的理解也逐漸增加，這份辛苦與時間是值得的。

　　線上學習中心網站有「問題卷」的電子版可供參考，網址為：
http://highered.mheducation.com/sites/125991383x。

◆ 真實的研究報告

我們的第三個目標，使學生能讀懂教育研究的文獻，引領我們決定，以實際已發表的研究（譯註：中文版本不附已出版論文，但會提供該出版論文的書目），作為第四、五、六、七、八部分每一個方法論章節的總結，以說明他人如何使用該研究法做研究。在每一篇論文的最後，我們分析其優點與缺點，也做一些改善的建議。同樣的，在撰寫研究計畫與報告的章節，我們也放上一篇學生的研究計畫，在頁緣加入我們的評論。我們發現，這篇有加眉批的研究計畫，能有效幫助學生了解什麼是好的研究實務，什麼又是有問題的。

◆ 文體風格

由於學生通常會對研究課程的內容感到焦慮，我們努力避免讓書中的討論顯得抽象無味，而採用較為非正式的寫作方法。本書所使用的舉例及摘要性質的圖表，比目前任何一本教科書都多。而根據我們教授研究課程三十多年的經驗，作為一本導論性質的教科書，我們相信，舉例沒有「太多」的問題。

除了這些例子及圖表外，我們也把教學法的特色納入本書：(1)以圖像表示該章的章節架構；(2)該章的學習目標；(3)開宗明義的例子；(4)該章結尾的重點摘要；(5)關鍵詞彙及所在頁碼；(6)問題討論；和(7)本書最後的名詞解釋。

◆ 第十版的改變

第十版（編註：本書譯自原著第十版）添加了許多重要的內容、新的插畫，以及改善了舉例、術語及定義，藉以盡可能達成本書的目標。參考資料部分也做了更新，加入最新的研究，並把參考資料改成符合 APA（美國心理學會）的格式；而研究練習與問題卷部分，也將問題修訂得更明確。

以下列舉各章的一些改變：

● 第 1 章：教育研究的性質
  • 加入有關在數位時代做教育研究的討論。
● 第 3 章：尋找與探討文獻
  • 加入此一內容：如何在準備寫文獻探討前，為所找到的資料做註記。
  • 加入例子說明如何表列參考文獻的重點摘要。

- 更新 ERIC 及其他重要資料庫的網頁摘錄。
- 更新網路搜尋的文字與圖像。
- 加入此一內容：摘要文獻資料時，如何避免犯下剽竊的訣竅。
- 新設計一系列問題，用以評估出版的文獻資料。
- 新增一節說明學術論文寫作格式的手冊（例如 APA 所出版的手冊），並提供連結到其網站與線上初階教學。

● 第 4 章：倫理與研究

- 說明網路已有工具可檢驗某文章是否有剽竊之嫌。
- 根據美國健康與人類服務部（HHS），以人為研究對象的最新相關法規，更新「細說研究」專欄的內容。

● 第 5 章：變項與假設

- 說明質性研究如何使用命題。

● 第 6 章：抽樣

- 加入「可轉移性」的討論，並探討如何提升質性研究的可擴論性。

● 第 7 章：工具的使用

- 新增質性研究的資料蒐集工具使用之討論。

● 第 17 章：調查研究法

- 新增有關民意調查與做民意調查的討論。
- 新增討論兩個最常被學術機構用來做網路調查的工具：SurveyMonkey 及 Qualtrics。

● 第 24 章：行動研究

- 新增反思實踐的資訊；教師以「自我探究」方法做研究時需使用反思實踐。

◆ 特色

● 對於學生學習的支援

　　《教育研究法：研究設計實務》旨在教導學生學會以批判的眼光閱讀別人的研究報告，並且可以自己做研究寫成報告。

　　章首插畫：每一章以一幅插畫揭開序幕，介紹該章的主題或相關的議題。並且列出章節內容大綱、學習目標、「互動與應用學習」內相關的補充材料，及有關的小故事。

　　「細說研究」、「研究訣竅」及「研究的爭議」：這些專欄幫助學生在學習教育研究法的重要技能時，也能對該研究法有審慎的思考。

　　章末的學習幫手：每一章最後都再列出可用的補充教材、詳盡的本章重點、關鍵詞彙，及問題討論。

　　第 1-13 章有**研究練習**及**問題卷**，幫助學生逐步建構一項研究計畫。

● 做研究與讀研究報告的實用資源與舉例

　　《教育研究法：研究設計實務》完整介紹研究法，並以實用的資源與舉例，生動描繪如何使用該項研究法及閱讀以該研究法完成的研究報告。

- 「研究訣竅」專欄提供實用的研究建議。
- 第 1-13 章的最後有**研究練習**與**問題卷**，供學生在設計自己的研究計畫時使用。
- 「利用 Excel」專欄說明如何使用 Excel 計算各種統計值。
- 第 24 章：**行動研究**，詳細說明教師可以用哪些方法及該怎樣做研究，以改善教學。
- 第 25 章：**準備研究計畫與報告**，一步一步教讀者撰寫計畫與報告。
- **線上學習中心網站上的資源**（見以下所列）可作為學生在蒐集研究工具時的起始點。

◆ 協助教師教學的補充資料 McGraw Hill Education connect

　　第十版的《教育研究法：研究設計實務》在 Connect 網站有網路版。

　　Connect 是出版商 McGraw-Hill 的教育部門提供的平台，整合了作業與測量的資源。Connect 也為此一新版提供 Smart Book；Smart Book 是適性閱讀軟體，已有研究證明它可提高學生的成績及幫助學生更有效學習。本書各標題的網址及輔助內容都可在 Connect 取得，這些包括：

- 完整的測驗題庫（Test Bank），都是多重選擇題，可用以測驗學生對每一章最重要的概念與內容之了解。
- 每一章都有教師手冊（Instructor's Manual），裡面有該章的大綱、測驗題舉例，及可以討論的問題。
- 上課可使用的投影片（Lecture Slides）。

◆ 誌謝

許多人對本書的完成提供了直接或間接的貢獻。首先，我們感謝研究法課程歷年的學生，他們教導了我們許多。我們也想感謝這一版的審查人，他們的豐富意見為這一版提供了明確的方針。他們是：

Christopher Brum，聖地牙哥州立大學

Susan Cordell，西阿拉巴馬大學

Greg Knotts，加州州立大學北嶺分校

Minjuan Wang，聖地牙哥州立大學

Melissa Hawthorne，路易斯安那州立大學石里夫玻特分校

Stacy Hughey Surman，阿拉巴馬大學

Robert D. Townsend 博士，賽維爾大學

Kevin Jones，西阿拉巴馬大學

Sara Tomek，阿拉巴馬大學

我們也要感謝 Van Brien and Associates 公司的 Vicki Malinee，及本書出版商 McGraw-Hill 的編輯與員工，他們努力將我們的手稿轉化成在你眼前的這本書。

最後，我們要感謝我們的另一半，謝謝他們在我們因為出版這本書而產生許多起起落落的心情時，所給予的無盡支持。

Jack R. Fraenkel
Norman E. Wallen
Helen H. Hyun

《教育研究法：研究設計實務》導覽

◆ 歡迎來到《教育研究法：研究設計實務》

在規劃本書的完整導論時，我們就希望以最有趣、最容易理解的方式呈現教育研究法的基礎知識。為了達成這項使命，我們為每一章設計了以下特色：

學習目標

列出學習目標，讓學生知道自己將會學到什麼。

互動與應用的學習工具

這個區塊列出學生補充教材中，跟這一章相關的練習活動與資源。

章節大綱

列出這一章的各節主題。

開場的圖文說明

每一章都以一幅漫畫勾勒該章將介紹的關鍵概念。

學習目標 >> 讀完本章後，你應該能：
- 扼要描述文獻探討的價值。
- 指出研究者進行文獻探討的步驟。
- 扼要描述一般性參考資料所包含的資訊種類，並舉一個這種來源的例子。
- 解釋第一手和第二手資料來源的差異，並分別為兩者舉一個例子。
- 解釋「搜尋詞彙」的涵義，並說明它和「描述詞」的差異，及兩者如何用於文獻搜尋。
- 精確練習過電腦操作及從圖書館員獲得一些幫忙後，選定一個感興趣的題目，練習以人工及電腦搜尋文獻。
- 寫一份文獻探討的摘要。
- 解釋何謂接設分析。

互動與應用學習 在閱讀本章的同時，先讀完本章後

OLC 到線上學習中心（Online Learning Center, OLC），
網址 http://highered.mheducation.com/sites/125991383x：
- 閱讀電子研究指南

到線上學生精熟活動簿（Student Mastery Activities Book）做下活動：
- 活動 3.1：圖書館工作表
- 活動 3.2：你會看哪裡？
- 活動 3.3：以電腦搜尋文獻

飛雷自軍中退役之後，目前在猶他州羅根鎮的一所成人學校，第一年當老師。他教的是美國史，學生都是以前沒有拿到高中畢業證書，但現在想要拿證書的成人。他經歷了一段嘗試錯誤的痛苦經驗才知道，有些教學方法只會讓學生睡著。他非常希望能當一位好老師，卻不知道怎樣才可以讓學生對這一科有興趣。而他是校內唯一的歷史

Chapter 3
尋找與探討文獻
- 文獻探討的定義與價值
- 資料來源的類型
- 文獻搜尋的步驟
  盡可能精確定義研究問題／檢視一、兩種第二手資料來源／選取合適的一般性參考資料工具／訂定搜尋詞彙／使用一般性參考資料工具做搜尋
- 做電腦搜尋
  獲得第一手資料來源
- 撰寫文獻探討報告
  搜尋全球資訊網

作為章節開場的事例

每一章是以研究者間的一段對話，或課堂教學軼事開場，為即將介紹的課程內容熱身。

細說研究
MORE ABOUT RESEARCH

◎ 混沌理論

一般認為，時下所稱的混沌理論（chaos theory）起源於1970年代；自那時起，它就一直在數學與自然科學領域占極重要的地位，而在社會科學領域的地位較不這麼明顯。

雖然自然科學向來強調基本定律或「第一原理」，但科學家很早就知道，只有在理想的狀態下，這些定律才能為真，而現實世界裡，這些理想的狀態並不存在。許多景象，像是雲的形成、瀑布的水落下時的模式，甚至是天氣，都無法被精確預測。混沌理論學家認為，在科學界非常有用的自然法則可能本身就是例外，而非通則。

雖然對於一些現象的精準預測，像是精準預測鐘擺的擺動或某特定時間的天氣會是如何，大都是不可能；但根據混沌理論中的一個大原則，即使一個現象的內容是如混亂般混亂，我們還是可以發現重複的模式，並使用這些模式。例如，電腦科技的發展已經能將極長的一串「資料點」，像是一大群人的考試得分，轉換成複雜而美麗得炫目的彩色圖畫。令人驚訝的是，這些顯現出的圖案，即使是由各種不同領域的資料——例如物理學、生物學、經濟學、天文學與地理學——所產生的，常都顯類似。更令人驚訝的是，把這些圖像放大時，我們發現某些圖案會重複出現。即使是非常複雜的資料（例如預測雲形成時所產生的千變萬化），如果能將時間拉長或將範圍圖擴大，找出一些模式，還是可以做到的。

對教育研究的啟示

我們希望這段簡短的介紹，不但能激起你對二十世紀所謂「科學的第三次革命」（相對論及量子力學的發現是前兩次的革命），也能幫助你了解我們所認為的對教育研究的啟示。有些什麼啟示呢？

若混沌理論是正確的，那麼我們在企圖找出教育界能運用的大法則或定律

---
*. 想了解混沌理論對於心理學的啟示，詳看 Duke, M. P. (1994). Chaos theory and psychology: Seven propositions. *Genetic, Social and General Psychology Monographs, 120*, 267-286.

013

細說研究

這些專欄更進一步仔細討論教育研究中的重要問題。

研究訣竅
RESEARCH TIPS

◎ 研究報告中一定要定義的詞彙

- 使研究問句能清晰聚焦的必要詞彙。
- 領域外的人可能不懂的詞彙。
- 有多種意義的詞彙。
- 要能夠了解研究內容的必備詞彙。
- 能將研究中要發展或尋找的測量工具精確說明的詞彙。

從操作上來定義詞彙，能幫忙釐清其意義；操作型定義是有用的工具，所有領域的研究者都必須能嫻熟使用。記住，用以測量或確認詞彙的任何必要操作或動作，都必須說明清楚。下面幾種有學習數學的動機（motivated to learn mathematics）可能的定義，你認為哪一個是操作型定義？

1. 表現於課堂上的熱情。
2. 由學生的數學老師所發展的量來表示判斷。
3. 由「數學興趣」問卷測量。
4. 表現於課堂上對數學作業的注意力。
5. 反映於數學成就。
6. 由選修數學課程的多寡作為指標。
7. 表現在課堂上的努力。
8. 表現在所完成的非硬性規定的作業件數。
9. 表現於課外自行閱讀數學書籍。
10. 由教師助理使用「數學興趣」觀察記錄做觀察。*

使用操作型定義，不但能幫助讀者了解研究者實際如何取得資料，還能幫忙澄清一些用詞的意義。例如，研究者在思考如何測量工作滿意度時，就必須釐清自己對這個詞的定義（圖 2.1 中，你會發現，在日常生活中有時還是需要操作型定義）。

---
*. 操作型定義是第 2、3、6、8、10 項，非操作型定義是第 1、4、5、7、9 項，因為沒有說明是要以什麼動作或操作來確認這些行為。

052

研究的爭議
CONTROVERSIES IN RESEARCH

◎ 有所謂比較好的研究法嗎？

美國教育部認為，實驗研究法如果不是唯一最好的一種研究法，至少是最可敬的一種，而且是唯一值得被稱為科學的研究法。最近一些研究者認為這種觀點太狹隘，並表示憂慮。他們認為，教育部這種觀點對於學校的計畫及教育研究的補助，都會有影響。一篇文章評論說：「當聯邦政府為科學的某一種觀點背書，而否定其他觀點時，我們應該有多害怕？」†

---
*. Berliner, D. C. (2002). Educational research: The hardest science of all. *Educational Researcher, 31*(8), 18-20; Erickson F. E., & Gutierrez K. (2002). Culture, rigor, and science in educational research. *Educational Researcher, 31*(8), 21-24.
†. St. Pierre, E. A. (2002). Science rejects postmodernism. *Educational Researcher, 31*(8), 25.

research designs），以評估一項計畫所假設的因果效益，檢視計畫執行的形成性評量，也會包括分析現有的資料來源、調查資料、訪談資料、觀察資料及焦點團體。

◆ 這些都有其價值

我們必須強調，以上所描述的每一種研究法，對教育領域而言都有它的價值。每一個都用不同的方法探究班級內、學校內所發生的事情，探究教師、諮商師、行政主管、學生與家長的想法與情感。要探討學校內的互動如何，或什麼方法有效用，每一種方法都有不同的用處。如果你認為其中一兩項特別好，就錯了。一個方法是否有效，大部分取決於想研究的問題，及研究的情境。我們需要盡可能從多個角度來探究教育的真實情形，因此必須以較寬廣的涵義來理解研究法。

我們認為，教育研究應該要問各種問題，從各個方向去探討，包含多種研究法，並使用各種工具。我們不但要容許不同的研究定位、角度與目的，甚至還要鼓勵它們的發展。本書希望幫助你了解如何使用及何時該使用這些方法。

研究訣竅

這些專欄提供實用的要點提醒。

研究的爭議

這些專欄點出研究中的爭議，使你對該議題有更多的了解。

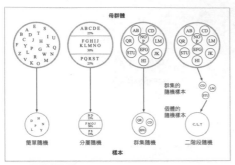

156｜教育研究法 >> 研究設計實務

母群體

簡單隨機　　分層隨機　　群集隨機　　二階段隨機

樣本

圖 6.4　隨機抽樣的方法

非隨機抽樣的方法

◆ 等距抽樣（或稱系統抽樣）

等距抽樣（systematic sampling，或稱系統抽樣）中，是將某固定間距的個案都納入樣本。例如，樣本清冊裡有 5,000 個名字，要選一個 500 人的樣本，研究者就從每 10 個名字中抽第 10 個名字出來，成為樣本，直到選了 500 人為止。下面是這種抽樣法的例子：一所大型的中學（或大型公私立學校）有 1,000 名學生。該校校長想了解學生對於學校餐廳的意見。她拿到全校學生的名單，並將名字依照學生姓氏的第一個字母排序。然後她將名單的每 10 個名字中的第 10 個都選進樣本。為了避免……把 0 到 9 號的號碼都放在帽子裡，從中抽出一個號碼。她抽中 3 號……因此她就以 3 號、13 號、23 號、33 號、43 號，以此類推，直到抽出……她打算和這些學生面談。

圖與表

有許多的圖與表可說明或延伸課文裡介紹的概念。

034｜教育研究法 >> 研究設計實務

（雖然並不是寫出後就不可修改）。當然，如果是質性研究就比較不容易做到，也較不合適。此外，還必須列一份實際可行的日程表，列出各項步驟於何時開始進行，預計何時可以完成。所有研究要用的材料（如教科書）和／或設備（如電腦）也都必須加以描述。研究大致的設計或所用的研究方法（例如：是實驗還是調查）也都要說明。還有，可能的偏誤來源（sources of bias）也要指出，並說明如何控制這些偏誤來源。

● 資料分析：資料分析（data analysis）時將使用的過錄方法（coding techniques）及統計方法，不論是描述性質或是推論性質，都必須加以陳述；而為了回答研究問題需要做些什麼比較，也要清楚說明。

 回到本章最前面的互動與應用學習所列出的一系列互動與應用活動。到線上學習中心（OLC, http://highered.mheducation.com/sites/125991383x）去做小測驗、練習關鍵詞彙，及複習本章內容。

本章重點

研究為何具有價值
• 科學的方法是獲得可信而精確的知識的一個重要方法。
獲取知識的方法
• 我們有許多方法可以獲得資訊，包括感官經驗、與他人一致、專家的意見、邏輯，及科學的方法。
• 研究者認為，科學的方法最有可能獲得可信而精確的知識。
• 科學的方法是利用有系統而公開的蒐集與分析資料的方法，來回答問題。
研究法的類型
• 教育界最常使用的研究方法有實驗研究法、相關性研究法、因果比較研究法、調查研究法、民族誌研究法、歷史研究法，及行動研究法。
• 實驗研究法是操弄情境，並研究其影響。
• 相關性研究法審視同群體中各變項間的關係，並常暗示變項間有因果關係的可能。

章節回顧

每一章末尾列出線上學習中心（網址 http://highered.mheducation.com/sites/125991383x）的學習資源。

本章重點

以條列的方式列出該章的重要概念。

Chapter 4 倫理與研究 | 115

關鍵詞彙

合乎倫理的研究（ethical research） 97
知情同意（informed consent） 101
倫理審核委員會（institutional review boards, IRBs） 108
剽竊（plagiarism） 113

問題討論

1. 以下有三種研究想法。哪一種（如果有的話）可能有倫理問題？為什麼？
   a. 一位研究者想探討飲食對生理發展的影響。他比較兩組研究對象，兩組都是十一歲的兒童。其中一組將給予營養豐富的飲食，富含維他命，這種飲食已在先前的研究裡發現可強健發展。第二組不供給這樣的飲食。兩組兒童將由研究者任教的大學附近的小學選出。
   b. 一位研究者想探究音樂對於注意力持久程度的影響。她設計了一項實驗研究，要比較高中兩個班級上政治學課程的情形。其中一班上政治學課時，連續五週的時間，教室都輕聲播放著古典音樂，教師則照常講授當時正進行的單元並與學生做課堂討論。另一班也以同樣的方式教授同樣的內容，但在這五週內都沒有播放古典音樂作為背景音樂。
   c. 一位研究者想研究藥物對人的影響。他要當地的監獄典獄長找一些人來參加他的實驗研究。典獄長添了幾個囚犯來參加，但沒有告訴他們要研究什麼。這些囚犯被注射了一些不明功效的藥物，而後研究者再詳細描述他們對這些藥物的反應。
2. 根據第 112 頁「細說研究」中的修訂條例，以上是否有哪一組研究可以豁免審查？
3. 有什麼研究是以兒童為對象就會有倫理上的問題的嗎？你能想出一個這樣的研究嗎？
4. 有任何研究問向是不該在學校探討的嗎？
5. 「有時研究設計需要隱瞞或欺騙研究對象⋯⋯計畫欺騙研究對象是合理而可以被諒解的⋯⋯」

關鍵詞彙

在關鍵詞彙後提供頁碼，方便檢索。

問題討論

每章最後列出的問題，可作為全班討論之用。

Chapter 1 教育研究的性質 | 039

研究練習 1 哪一種研究法？

想出一個你希望探討的題目或問題。利用問題卷 1，以一、兩個句子簡短描述此問題，接著指出你想用哪一種研究方法探討這個問題；最後簡要說明為什麼選這個研究取向。

問題卷 1 研究方法

1. 我想做的研究題目或問題是：_____
   _____
2. 最適合這個題目或問題的研究法是（把你認為適合的都圈起來）：
   a. 實驗
   b. 調查
   c. 民族誌
   d. 相關性研究
   e. 因果比較研究
   f. 個案研究
   g. 內容分析
   h. 歷史研究
   i. 行動研究或教師研究
   j. 針對一項計畫做評量
3. 我計畫使用的研究取向是（圈選一個）：
   a. 質性的 b. 量化的 c. 混合方法
4. 我選擇這種研究取向的原因如下：_____
   _____

OLC 這份問題卷（英文版）在線上學習中心（OLC, http://highered.mheducation.com/sites/125991383x）有電子檔。你可利用電子檔填寫並列印、儲存或以電子郵件寄送。

研究練習

研究練習說明如何填寫下面的問題卷。

問題卷

每一章的問題卷可讓學生應用他對該章重要概念的理解，帶領學生一步步邁向研究之路。

PART 1
教育研究法導論

研究有多種形式。

我們在第一部分將介紹教育研究這門科目,

並說明各種類型的研究法對教育者的重要性。

由於研究只是獲得知識的方法之一,

我們也會討論幾種其他方法,並比較它們的優缺點。

接著再簡短介紹各種教育研究方法,

為後續章節更詳細的討論做準備。

最後我們討論一些人對研究過程的批評。

Chapter 1

教育研究的性質

- 教育界所關心的議題舉例
- 研究為何具有價值
- 獲取知識的方法
  感官經驗／與他人一致／專家的意見／邏輯／科學的方法
- 研究法的類型
  量化研究法、質性研究法，與混合方法研究法／實驗研究法／相關性研究法／
  因果比較研究法／調查研究法／民族誌研究法／歷史研究法／行動研究法／
  評量性研究／這些都有其價值／數位時代的教育研究
- 研究法的概括分類
  描述性研究／關聯性研究／介入性研究／後設分析
- 研究的批判分析
- 研究程序概觀

學習目標 >> 讀完本章後，你應該能：

- 解釋何謂「教育研究」，並舉出教育研究者可能研究的兩種主題。
- 說明科學的研究方法對於教育工作者的價值。
- 除了科學家用以求知的方法外，舉例說明另外四種求知的方法。
- 說明「科學的方法」的意義。
- 舉例說明教育研究者使用的六種研究方法。
- 簡要描述何謂「批判研究法」。
- 說出描述性、關聯性，與介入性研究之間的不同。
- 簡短描述基礎研究與應用研究之間的差異。
- 簡短描述量化研究與質性研究之間的差異。
- 簡短描述混合方法研究法的意義。
- 簡短描述研究過程的基本要項。

互動與應用學習 在閱讀本章的同時，或讀完本章後：

到線上學習中心（Online Learning Center, OLC），
網址 http://highered.mheducation.com/sites/125991383x：
- 學到更多關於研究為何具有價值的原因

到線上學生精熟活動簿（Student Mastery Activities Book）做下列活動：

- 活動 1.1：實證相對於非實證研究
- 活動 1.2：基礎相對於應用研究
- 活動 1.3：研究的類型
- 活動 1.4：假定
- 活動 1.5：一般的研究類型

「韓特教授嗎？我是茉莉。之前打過電話給您，想跟您請教一些有關您系上碩士班課程的問題。」

「嗨！茉莉，很高興看到妳。進來吧。我可以幫什麼忙呢？」

「嗯，我在考慮要念婚姻與家庭諮商研究所的碩士班，但我想先了解，這個碩士班課程有什麼要求？」

「沒錯！跳進去之前，先了解自己可能會面臨什麼問題，是很明智的。要獲得碩士學位，妳需要修一些課，修完課以後還要通過一項口試。妳還必須完成一個小規模的研究。」

「什麼小規模的研究？」

「也就是妳會需要做一些研究。」

「哇！研究要做什麼？到底什麼是研究啊？要怎麼做研究？有哪些種類的研究？」

要為茉莉的問題及其他一些相關問題找出答案，請讀此章。

▓ 教育界所關心的議題舉例

- 舊金山一所高中的校長希望提高教師士氣。
- 丹佛一位負責資優生部門的主任，想了解學生在英文進階班課堂上的活動。
- 玻以希城的一位小學諮商師，希望有更多學生能將他們的煩惱或問題與他討論。
- 亞特蘭大一位教十年級生物課的老師無法確定，**翻轉教室**（flipped class-room）教學法，是否比自己講課更能激發他們的學習動機，了解生物課程裡的各種概念。
- 圖沙市的一位體育老師想知道，不同運動項目所需的技能之間是否相關。
- 費城一位七年級的學生問諮商師，要如何改善自己的讀書習慣。
- 小岩城的一位學生家長會會長在想，可以怎樣利用社群媒體，好讓更多家長參與學校活動。

以上雖然是虛構的例子，但是每一個都代表了今日教育界所面臨的一種典型的問題或關心的議題。這些例子也說明了，教師、諮商師、行政主管、父母及學生，都需要不斷汲取知識，才能扮演好自己的角色。教師需要知道有哪些教材、教法與活動最能幫助學生學習；諮商師需要知道有哪些問題阻礙學生學習，也需要知道如何幫助學生解決這些問題；行政主管需要知道如何提供一個快樂有效的學習環境；父母需要知道如何幫助自己的孩子在學校有所成就；而

學生則需要知道要怎麼讀書，才能學到最多。

研究為何具有價值

　　教育人員、家長與學生如何能獲得所需要的知識呢？方法當然有很多。我們可以向專家討教、可以念書或文章、詢問有經驗的同事，或觀察他們的做法、檢視自己過去的經驗，甚至依賴直覺。這些管道可能都會讓你得到一些方法來解決問題，但卻不見得都完全可信。專家也許錯了；書本或文章可能無法提出有價值的洞見；同事也許在這方面沒有經驗；自己過去的經驗或直覺，可能與此不相干或甚至是錯誤的。

　　這就是科學的研究方法學（research methodology）之價值所在。科學的方法提供我們另一種獲取知識的管道，且所獲得的知識最正確可信。所以，讓我們將它與其他幾種方法做個比較。

獲取知識的方法

◆ 感官經驗

　　我們可以看、聽、嗅、嚐，或觸摸。我們大多看過國慶日的煙火、聽過噴射機從頭頂呼嘯而過的聲音、聞過玫瑰花香、嚐過巧克力冰淇淋，也感受過下雨天的潮濕。我們經由感官從外界所獲得的資訊，是最直接的。例如，先前所提的資優生部門的主任，若要利用感官獲得資訊，可以實地參觀一個英文進階班，去聽聽、看看學生的上課情形。

　　當然，我們還可使感官所得的資訊更加精確。室外溫度計可使我們更明確了解到底有多冷；頂級的音響設備使我們將貝多芬第五號交響曲聽得更清楚；同理，經由嗅覺、味覺和觸覺這些感官所獲得的資訊，都可以利用儀器設備而變得更精準。事實上，要求精準，常必須靠儀器；因為許多感官知覺的實驗發現，我們不能完全信任自己的感官知覺；它們可能會（而且常會）騙我們：我們將槍聲誤以為是汽車內燃機的逆火聲；道路遠方所看到的水氣其實是海市蜃樓；以為自己吃的是雞肉，但其實卻是兔肉。

感官所獲得的資訊靠不住也不完整。經由感官所獲得的資料，不能構成人類所知的全部（甚至大部分）。因此，要獲得可靠的知識，不能全靠感官，而必須將自己以為的事物與其他資訊來源相印證。

◆ 與他人一致

這種來源之一就是他人的意見。我們不但可以將自己的各種感受與人分享，還可以印證這些感受的真實性與精確性：你覺得湯很鹹嗎？那邊那個不是約翰嗎？你有聽到有人喊救命嗎？這個聞起來像芥末吧？

參考別人的意見明顯有很大的好處。看看別人是否也聽到或看到我們所聽到或看到的，可以幫我們捨棄那些不實的，而將注意力集中於真實資訊上，更有效管理自己的生活。如果在鄉間步行時，我沒有聽到由遠而近的汽車聲，但幾個同伴都有聽見也提醒我，我就會小心前進。當別人都說我們沒注意到或者看錯某些事物時，就比較不會完全相信自己的感覺。例如，亞特蘭大的十年級生物老師，若要利用這種方法來獲取知識，可以問問同事，看他們是否覺得，翻轉教室教學法比講課更能引起學生的學習動機。

然而這種想法的一大問題是，它們也可能錯。委員會的多數決，並不能保證決定一定是正確的。我的朋友們也許是誤聽了，根本沒有汽車駛近，或者他們聽到的，其實是汽車逐漸遠離的聲音。車禍的兩群目擊者也許對於誰是肇事駕駛的說法不同。因此，我們還必須再考慮其他能獲得可靠知識的來源。

◆ 專家的意見

也許我們必須去請教一些特別的人，也就是專家、和對問題懂很多的人。例如，如果一個知名的心臟科專家說查理叔叔的心臟不好，我們可能會相信他的話。當然，一個經濟學博士比大多數的人都了解造成經濟榮枯的機制。如果家庭牙醫說必須拔掉後方的臼齒，難道不該相信她的話嗎？如果圖沙市的體育老師，希望以專家意見為獲取知識的方法，就要去請教體育界知名的權威，問問看，不同運動項目所需的技能之間是否相關。

嗯，也許吧！這還要看專家個人的才學，及我們所問的問題性質。專家就像我們一般人，也可能犯錯。儘管有接受專業訓練，專家的智識主要還是靠閱讀與思考學到，從聽別人講、看別人做而學到，還有經由他們自己的經驗學到。

然而，沒有一個專家可以把自己領域內所有可學的，都學過或經驗過，所以，即使是專家也不能完全確定自己的判斷。專家所能做的，是依據他或她所知，給我們意見；不論所知多少，絕不可能包含這方面所有一切的資訊。「專家不一定都對」這句話，用 2016 年美國總統大選結果的例子來看最清楚：政治專家都預測希拉蕊柯林頓會大勝，但川普贏了，讓大部分的選舉專家大吃一驚。因此，讓我們再考慮下一個獲取知識的方法：邏輯。

◆ 邏輯

我們也用邏輯來理解事物。我們的智識（intellect）——我們用以推想事物的能力——使我們能利用感官所得的訊息發展出一種新的知識。請看這個有名的三段論法（syllogism）的例子：

> 凡人皆不免一死。
> 莎莉是人。
> 因此，她也不免一死。

要強調第一個論述〔稱為**大前提**（major premise）〕，我們只要從經驗中推論出個人的不免一死就夠了。我們從未看過不死之人，因此確定人都不免一死。第二個論述〔稱為**小前提**（minor premise）〕則完全基於感官經驗。我們有跟莎莉接觸，知道她是人類，所以毋須再仰賴感官，也知道第三個論述〔稱為**結論**（conclusion）〕一定正確。邏輯告訴我們：只要前兩個論述是正確的，第三個論述一定是正確的。

以費城那位諮商師為例，學生問她要如何改善讀書習慣。她利用邏輯推導，可能答覆如下：在課堂上認真做筆記的學生發覺自己成績有進步；如果你也認真做筆記，功課應該也會進步。

當然，邏輯思考不止於此，但這些例子已足夠說明我們如何以它來獲取新知。但是，邏輯思考隱含著一項根本的危機，必須極小心，那就是：三段論法中，只有當大前提與小前提的論述均為真時，最後的結論才能為真；如果任何一個前提是錯的，結論可能是真也可能不為真。*

---

* 在做筆記的例子裡，大前提（所有在課堂專心做筆記的學生成績都會進步）可能**不為真**。

還有另一種獲取知識的方法——科學的方法。

◆ 科學的方法

聽到**科學**這個詞時，許多人都會想到白色的實驗袍、實驗室、試管，或太空探險之類的東西。科學家是學問淵博的人，而**科學**意味著大量的知識。但此處我們所要談的，是把科學當作一種獲得知識的方法；對於研究者而言，重要的是科學的方法（**scientific method**）。

科學的方法是什麼？基本上，它是在公開區域測試想法。幾乎所有的人都會將感官所得的各種訊息做連結，都會看見事物或事件之間可能的關係或關聯。大部分的人會將這些連結看作是「事實」，也就是有關這個世界的一項項的知識。例如，老師會猜想，光是自己講課，學生比較不專心；如果是以討論的方式上課，他們會比較專心。醫師也許會猜測，每晚睡眠時間在六至八小時的人，可能比較不焦慮；睡眠時間在這個範圍之外的人，則可能比較焦慮。學校諮商師也許覺得，現在的學生較少看書，因為他們大部分的空閒時間都在滑手機。但我們無法確知自己所相信的是否為真。我們所有的只是在猜測、憑直覺，或者，科學家會說，是做假設。

我們必須做的，是嚴格考驗這些猜測或直覺，看它們在條件控制比較多的環境中是否為真。要用科學的方法探討哪一種上課方式會讓學生比較專心，我們可以小心有系統地觀察，比較學生在聽老師講課和自行討論兩種情況下，各有多專心。而醫師可以算算每個人的睡眠時間，然後測量每個人的焦慮度，再做一番比較。學校諮商師可以比較一下，花不同時間在手機上的學生，閱讀習慣如何。

然而，如果這些研究沒有公開，就不構成科學。所謂公開的意思是：一項研究的各方面都必須描述得足夠詳細，讓那些對研究結果有疑問的人，可以重做一次完全相同的研究——如果這些人有能力與資源的話。個人私下進行的步驟、猜測及下的結論，都必須在公開之後，才能算是科學的研究。

如此一來，科學家追求可信知識的方法，就不那麼神秘了。事實上，許多人想做出明智的決定面對困擾的問題時，也是依這種方式做決定。這些程序可以歸納為五個步驟。

1. 首先，生活中出現一個問題擾亂了我們的生活步調：有事情困擾著我們。對於絕大多數非科學家的一般人而言，可能是某種緊張攪亂了正常作息。例如：可能是學生專心度不夠，或不容易交到朋友。對於科學家而言，可能是自己領域上的知識出現了原因不明的矛盾情形，出現了需要填補的知識鴻溝。或是我們想了解，以活人獻祭的習俗在歷史上的意義。

2. 第二，開始一步步更精確定義問題或所需要回答的疑問，使研究的目的更加明確。例如，所謂**學生的專心程度**是指什麼？還有，為什麼我們覺得他們不夠專心。而科學家則需要說明何謂**以活人獻祭**（例如，這跟謀殺的區別在哪裡？）

3. 第三，想辦法確定，有哪些種類的資訊可以解決我們的問題。一般而言，有兩種可能：研讀既有的相關資料，或做一次研究。從本書中你將會了解到，第一種方法是第二種方法的先備條件；而後者是本書的主要焦點。因此，我們必須先熟知獲得知識的方法，才能針對問題獲得第一手資訊。例如，前例中的老師，也許可讓學生填寫一份問卷，或請別人觀察上課的情形；而科學家可能去研究史料，或去一些還保留以活人獻祭習俗（或最近才廢止掉這項習俗）的社會待一段時間。在開始動手做研究之前，要先詳細規劃資訊蒐集的細節，這是策劃一項研究的重要一環。

4. 第四，必須盡可能先決定，要如何組織將來會得到的資訊。無論是日常生活或做研究，我們常會發現，自己無法從眾多的資訊中理出頭緒〔有時這種情況稱為**資訊負荷過重**（information overload）〕。任何一個人，如果想要了解一個不熟悉的社會，可能都會經歷這種現象。科學家一定也會遭遇這項問題；像剛才那位老師一樣，除非事先想出該如何處理問卷和／或觀察所獲得的資料，否則也會碰到同樣的問題。

5. 第五，資訊蒐集、分析完畢之後，必須詮釋所得到的結果。也許第一眼看來，這一步似乎直截了當、很簡單，但其實很少真有這麼簡單。你將會了解到，做研究最重要的一項工作，就是避免開自己的玩笑。那位老師的結論也許是：學生不專心上課，是因為不喜歡只聽老師唱獨腳戲，但她可能詮釋錯誤。科學家的結論可能是，以活人獻祭（曾經）是試圖控制自然的一種方式，但這也可能是錯誤的詮釋。

　　在許多研究裡，一個問題或現象可以有多種不同的解釋。這些都稱為**假設**

（hypotheses），而且這種情形在研究的任何一個階段都可能發生。有些科學家在研究一開始時就提出他的假設（例如：「學生在老師講課的時候比較不專心，在翻轉教室教學法時比較專心」）。有時，研究假設是在研究進行時才逐漸浮現；有時甚至是資料都已蒐集完成，正在分析詮釋中，假設才出現。先前那位科學家可能發現，這些有以活人獻祭的習俗的社會，似乎是接觸了別的文化後，人祭的例子才變比較多，因此他的假設可能是「當傳統的習俗受威脅時，人祭較可能發生」。

我們要強調科學研究的兩項關鍵性特色：思考的自由（freedom of thought）與公開的過程（public procedures）。研究者在每一個步驟，都必須盡可能做到對每種可能性採取開放的態度——不論是澄清與擬定研究問題時、蒐集與分析資料時，還是詮釋結果時都必須如此。還有，過程也要盡可能公開。研究不是由一群局內人私下玩的遊戲。科學的研究價值之所在，就是其結果要能被任何有興趣的人**重做相同的研究**（replicated）（也就是複製）。*

因此，做科學的研究，大致的程序如下：

> 指認出一個問題或疑問
> 澄清問題
> 決定所需的資訊及獲取資訊的方法
> 組織資訊
> 詮釋結果

簡言之，所有研究的本質均源於好奇——一種想找出事情如何及為何發生的強烈動機，想知道有些人為什麼會做某些事，也想知道，是否某個方法比其他方法好。

但人們對於科學有個錯誤的觀念——誤以為問題的答案是固定不變，或答案可以適用於所有狀況。很不幸，這個觀念普遍使人們即使對非常複雜的問題也傾向於接受過於簡化的答案，並且僵化地固著在這個答案上。雖然對事情抱

---

* 這不表示再做完全相同的研究是簡單的事。再做一次完全相同的研究很可能需要訓練與資源，但要在每個步驟做得跟前一個研究完全相同，仍然不太可能。但重要的原則是，公開的證據（而非私人經驗）才有可能令人信服。

持很確定的概念讓人覺得舒適，但這種態度卻牴觸了科學的一個基本前提：所有的結論都是暫時性的，並且只要新的想法與新的證據更具說服力，結論隨時都會變。教育研究者尤其必須將此牢記在心，因為來自家長、行政主管、教師與政治人物各方面的壓力，常會催著研究者釋出最後的答案。第 13 頁的「細說研究」提供了一個例子，說明科學如何在改變。

許多年來，西方文化明顯傾向於重視科學資訊勝於其他種類的資訊。但近年來，人們已經愈來愈認知到這項觀點所產生的限制，也產生了許多討論。在教育領域，我們認為除了科學方法以外，獲得知識的其他方法至少也必須被列入考慮範圍。

現在你已了解，有許多方法可以蒐集關於這個世界的資料。第 15 頁的圖 1.1 描述其中幾種獲得知識的方法。

▍▍▍ 研究法的類型

其實我們所做的事都有些正式研究的特質，只是自己可能沒有意識到。我們嘗試新的教學方法、新的教材、新的教科書；將今年所做的事與去年比較；老師常會問學生或同事對學校或班級活動的意見；諮商師詢問學生、教師與家長對於學校活動的看法。行政主管定期召開會議取得學校教師對各項議題的想法；學校委員會詢問行政主管；行政主管問教師；教師問學生；大家也彼此互相詢問。

我們觀察、分析、質疑、提出假設並評估，但做這些事時，很少是有系統地做，很少是在控制不同條件下觀察，測量工具不見得精準可信；也極少使用手邊的各種研究技巧與方法。

研究（research）一詞指的是任何一種「在某一知識領域所做的細心、有系統而耐心的檢視與探究」。[1] 基礎研究（basic research）重視的是澄清事物表象下發生的過程，其假設通常是以理論的形式出現。做基礎研究的研究者，對於特定教育實務的效能並不感興趣。例如，想修訂艾立克森（Erickson）有關人類發展的某一階段或某幾階段的心理學理論，就是基礎研究的一個例子。另一方面，應用研究（applied research）感興趣的則是檢視教育實務的效能。從事應用研究的研究者也許會，但也可能不會，想要探討某理論在實務上有多

○ 混沌理論

一般認為，時下所稱的混沌理論（chaos theory）起源於 1970 年代；自那時起，它就一直在數學與自然科學領域占極重要的地位，而在社會科學領域的地位較不這麼明顯。

雖然自然科學向來強調基本定律或「第一原理」，但科學家很早就知道，只有在理想的狀態下，這些定律才能為真，而現實世界裡，這些理想的狀態並不存在。許多景象，像是雲的形成、瀑布的水落下時的模式，甚至是天氣，都無法被精確預測。混沌理論學家認為，在科學界非常有用的自然法則可能本身就是例外，而非通則。

雖然對於一些現象的精準預測，像是精準預測鐘擺的擺動或某特定時間的天氣會是如何，大都是不可能；但根據混沌理論中的一個大原則，即使一個現象的內容是如混沌般混亂，我們還是可以發現重複的模式，並使用這些模式。例如，電腦科技的發展已經能將極長的一串「資料點」，像是一大群人的考試得分，轉換成複雜而美麗得炫目的彩色圖畫。令人驚訝的是，這些顯現出的圖案，即使是由各種不同領域的資料——例如物理學、生物學、經濟學、天文學與地理學——所產生的，常都頗類似。更令人驚訝的是，把這些圖像放大時，我們發現某些圖案會重複出現。即使是非常複雜的資料（例如預測雲形成時所產生的千變萬化），如果能將時間拉長或將範圍擴大，找出一些模式，還是可以做預測。

對教育研究的啟示

我們希望這段簡短的介紹，不但能激起你對二十世紀所謂「科學的第三次革命」的好奇心（相對論及量子力學的發現是前兩次的革命），也能幫助你了解我們所認為的對教育研究的啟示。有些什麼啟示呢？*

若混沌理論是正確的，那麼我們在企圖找出教育界能運用的大法則或定律

---

* 想了解混沌理論對於心理學的啟示，請看 Duke, M. P. (1994). Chaos theory and psychology: Seven propositions. *Genetic, Social and General Psychology Monographs, 120*, 267-286.

時所遭遇的困境（更別說一般社會科學所遭遇的困境了），也許不是由於觀念或理論不佳，或測量與研究方法不夠準確，而可能是因為這個世界無可避免的事實。另一個啟示是，無論我們發現什麼「定律」，其可應用的範圍可能受到極大的限制——地理的限制、個人或團體之間差異的限制、時間的限制等。如果真是這樣，那麼研究者在最基層面——教室、學校、機構——做各種主題的研究，並且在不同的時間點重做相同的研究，以測試定理是否仍然成立；這種做法，從渾沌理論的觀點而言是正確的。

另外一項啟示是，教育界應多加對不平常或例外的事物進行積極的研究，而非將之視為瑣碎不重要的「誤差」。還有另一個啟示是，研究者應專注於從事較長遠的預測行為，也就是說，從長期的變化來找出個人或群體的模式。此項啟示意味著我們必須多強調長期性的研究，而非一些易於實施（也較廉價）的短期研究，但後者卻是目前研究方式的主流。

當然，混沌理論也受到批評。在教育界，受攻擊的不是理論本身，而是它被曲解和／或誤用。*混沌理論學家並沒說所有一切都是一團混亂；相反地，他們是說我們必須更注意一些看似混亂的現象，並須修正我們對於可預測性的觀念。在此同時，重力的定律還是正確的，許多教育的理論也還是正確的，雖然教育理論的正確度不能跟前者一樣有把握。

---

* 請看 Hunter, W., Benson, J., & Garth, D. (1997). Arrows in time: The misapplication of chaos theory to education. *Journal of Curriculum Studies, 29,* 87-100.

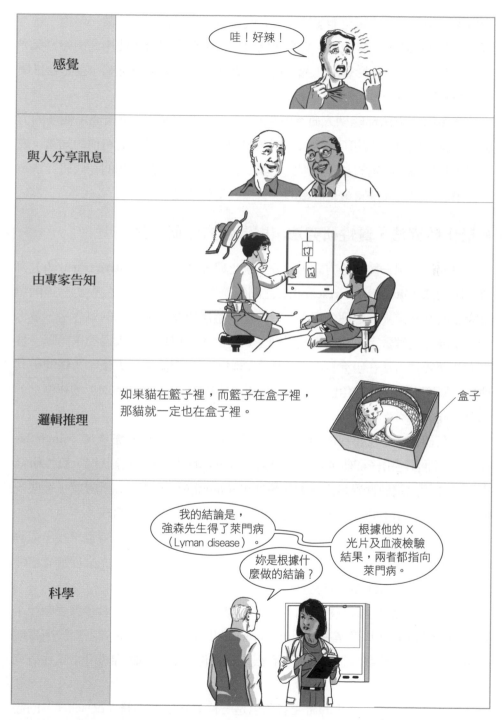

圖 1.1　獲得知識的方法

少用處。例如，研究者可能想了解，有關兒童如何學會閱讀的某一理論，是否可用於還不識字的一年級生。許多研究也把這兩類研究合併使用。例如，探究某種教師行為對學生影響的研究，也同時在測量某一個人格理論，就是合併使用兩種研究的例子。

許多研究方法都能納入研究的架構裡。如果我們學會正確使用較多的方法，而且可以對自己的研究領域有更多的知識，就可以獲得更可信的知識，成為在教育場域做決定的基礎。因此，讓我們來看看可能使用到的一些研究法。本書第四與第五部分將會更詳盡的一一探討這些方法。

◆ 量化研究法、質性研究法，與混合方法研究法

研究法的另一種區分方式，是分為量化研究法（quantitative research）與質性研究法（qualitative research）之間的差異。第 18 章會更完整討論這兩類研究法的基本差異。這裡先提供一個簡短的整體概念。最簡單的概念是，量化資料主要是處理數字，而質性資料則主要是文字。但這樣說太過簡單簡短。量化方法與質性方法在研究目的裡所隱含的假定、研究使用的方法、所做的研究種類、研究者所扮演的角色，及研究結果可能擴論（generalizable）的程度上，都有不同。

量化研究者通常持有的信念是，這個世界只有**單一個實際狀況**（single reality），而且經由仔細研究後，可以大致描繪出此單一個實際狀況。質性研究者則預先假定這個世界是由**多個實際狀況**（multiple realities）所組成，這些多個實際狀況是由不同的人眼中所看到的同一情形所共同建構而成。

至於研究的目的，量化研究者希望建立變項間的關係，有時也想找出或解釋這些關係的**原因**。質性研究者則常著重於由事件參與者的眼光來理解該事件或狀況。因此，事件參與者常直接參與整個研究過程。

量化研究法已經有廣被認可的執行步驟，研究者可依據這些步驟去執行。量化研究法的設計常是**預先建立的**（preestablished）。質性研究者對於所採取的策略、技巧，及整個研究過程，有很大的彈性；他們的研究設計常是在研究的過程中才**浮現**。

量化研究法中，理想的研究者角色是一位**超然不帶感情**（detached）的觀察者，而在質性研究法，理想的研究者角色則是**沉浸**（immersed）在他們的研

究情境。量化研究法的傳統裡，實驗研究法是其典型代表，而質性研究法的傳統裡，民族誌研究法是典型代表。

最後，大多數的量化研究者想建立擴論，也就是把結論可能發生的情境，擴大到目前發生的情境之外。質性研究者通常根本不嘗試把研究結論擴論到目前所研究的情境之外，而可能會讓讀者自行評估結果的可應用性。即使質性研究者真的做了擴論，擴論的範圍通常很窄。

當然，以上所描述的許多差異並不都是絕對的。有時研究者會在一項研究裡同時使用這兩種研究法。這種研究稱為**混合方法研究法**（**mixed-methods research**）。這種研究法的好處是，使用多種方法的研究者，比起只使用單一方法者，能蒐集與分析更多及更多種資料。這種研究法有可能比較強調其中一種方法，但也可能兩種方法並重。

以下是一個例子。在調查研究裡常看到使用封閉式的題項，使用這種題項所獲得的資料就可用於量化分析（例如計算各類答案的百分比）。但調查研究也有開放式的題項；這種題項所獲得的資料，就可用於質性分析（像是對於回答某種答案的受訪者，研究者更進一步以其他問題追問，鼓勵受訪者更清楚表達想法，並說明為什麼這樣想）。

愈來愈多的研究是同時使用質性與量化方法，我們在第 23 章會談到。

◆ 實驗研究法

實驗研究法（**experimental research**）是最具決定性的科學方法。由於研究者實際施用不同的處理方法，再檢視這些處理方法所產生的影響，這種研究的結果較可能有最明確的詮釋。

假設某位歷史老師對於這個問題有興趣：「怎樣才能讓學生對重要的概念（例如民主或殖民主義）有最深刻的理解？」他可能會比較兩種或更多種教學法〔常稱為**自變項**（independent variable）〕對於學習歷史觀念方面的效益。按照一定的規則將學生分派到不同的歷史教學法的課堂〔例如主題探討法（inquiry）相對於固定單元的方式〕上課之後，就可用客觀測驗〔有固定答案的測驗（objective test）〕或其他方法來評估學生的歷史觀念。如果各組的測驗平均數〔通常稱為**依變項**（dependent variable）〕不同，就可大致看出各種方法的效益大小，並可用簡單的圖示，例如圖 1.2，來顯示結果。

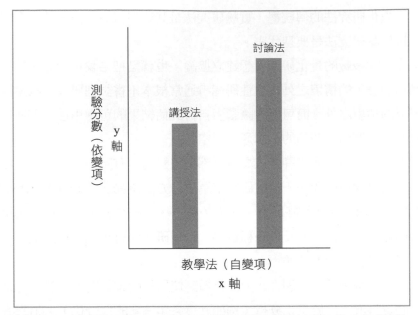

圖 1.2　實驗研究法結果舉例：教學法對於歷史測驗得分的影響[a]

[a] 本書的許多例子，包括圖 1.2 的例子，都僅是舉例而已。若所呈現的是真實的資料，我們會說明出處。

　　最簡單的實驗是比較兩個相對照的方法，並且盡力控制所有其他可能影響結果的外在（extraneous）變項——像是學生的能力程度、年齡、年級、上課的時間、教材與教師的特性等等。控制的方法可包括：兩組在同一時段或相近的時段授課、兩組都用相同的教材、比較同年齡同年級的學生等。

　　當然，對於如何將學生分派到不同的方法組，也要盡量能有所控制，以確保各組學生在各方面的條件都相似。但在大多數的學校裡，要將學生有系統地分派到各組，通常不是不可能，就是很困難。然而，我們還是可以做有用的比較。例如，可以在同一學校的兩個或兩個以上的**原有**（不拆班）班級裡，比較不同的教學法（例如教師自己講課相對於翻轉教室教學法）對於學生的學習成就或學習態度的影響；如果發現班級間的測驗結果有差異，即使我們對這些差異的真正原因有所保留，但這些差異還是顯示了教學法的效果可能不同。我們在第 13 章會討論實驗研究法。

　　另一種形式的實驗研究法——單一對象研究法（**single-subject research**）是密切研究一個人（有時是一群人）一段時間。以直接觀察的方式研究有某些

特性的個人時，這種研究設計尤其合適。我們在第 14 章會討論這種研究法。

◆ 相關性研究法

另一種研究法是用來決定兩個或兩個以上的變項之間的關係，並探索它們是否隱含因果關係；這稱為**相關性研究法**（**correlational research**）。這種研究法可幫我們做較聰明的預測。

例如：數學老師能預測哪一種學生學代數可能會有困難嗎？如果我們在這方面能做還算精確的預測，也許就能建議數學老師修正一些教學方式來幫助這些學生，避免產生許多痛恨代數的人。

可以怎麼做呢？首先，需要蒐集學生各方面的資料，凡是可能與代數學習成就有關的資料都必須蒐集。這些可能包括理論上跟學習代數相關的表現（例如：計算技巧、解應用題的能力，及對於數學概念的理解）、語文能力、讀書習慣、各方面的背景情形、過去學習數學的經驗及與數學老師相處的經驗、曾修過的數學課程與時數，及其他所有可能區別數學能力程度的資料。

接著檢視這些資料是否與日後的代數成績之間有任何關係。也許代數好的人，他們的計算能力較好、自尊（self-esteem）較高，或教師比較注意他們。這種資訊可以幫我們較精確地預測不同類型的學生學代數時，會遭遇困難的可能性有多高；甚至可能提示我們幾種幫助學生學習的方法。

簡言之，相關性研究法是要探索某種關係是否存在的可能性。運用這種方法，研究者不需要操弄或改變情境，只需要施行測量，蒐集所需的資料。一般而言，當我們只想尋找或描述自然發生的現象之間可能的關聯，而不想以任何方式去改變這些現象時，就可以用這種研究法。第 15 章會更詳細討論相關性研究法。

◆ 因果比較研究法

另一種研究法則希望確定不同群體之間的差異造成了怎樣的結果，或發生差異的原因；這稱為**因果比較研究法**（**causal-comparative research**）。假設一位老師想確定，班上單親家庭的學生是否表現較差、雙親家庭學生的表現較好？若要以實驗法來探討這項問題，這位老師就必須有系統地選出兩群學生，然後將一群派到單親家庭，另一群到雙親家庭——這當然是不可能（更別說是不合

倫理了！）

　　要使用因果比較研究法來檢視這個問題，可以比較兩組分別來自雙親家庭與單親家庭的學生，看兩組的學業成績平均是否不同。假使兩組成績真有差異，這位老師可以很肯定地下結論，認為兩組學生的差異是由於家庭的情形所造成的嗎？很遺憾，不能。這位老師只可以說兩組之間的確有差異，但不能斷言是什麼造成這項差異。

　　因此，因果比較研究法的結果所能做的詮釋，是受到相當限制的，因為研究者對於某項因素，究竟是所觀察到的行為的因或果，是無法做定論的。此例中，這位老師無法確定：(1)兩組間所觀察到的學業差異，是由家庭情況的不同而造成；還是(2)單親或雙親的狀態，是因為兩組在成就上的差異所造成（雖然這似乎不可能）；還是(3)另有其他沒有列入考量的因素造成兩組成就的差異。然而，即使因果比較研究法的結果難以做確定的詮釋，如果研究者想找出造成學生之間在行為模式上有差異的**可能**原因時，因果比較研究法還是有其價值；因果比較研究法在這方面很像相關性研究法。第 16 章我們會再討論因果比較研究法。

◆ 調查研究法

　　另一種研究方法的目的，是要描述一群人的特點；這稱為調查研究法（**survey research**）。假設一位高中校長想知道學校教職員對他的行政方針的看法。他們喜歡他方針的哪方面？不喜歡哪方面？為什麼？他們最喜歡或最不喜歡哪項政策？

　　要回答這些類型的問題，最好的方式就是利用各種調查的技巧，來測量教職員對行政方針的態度。**描述性的調查**（descriptive survey）就是將同一套問題（常以問卷或能力測驗的型式），以郵寄問卷、電話訪問，或面對面的方式，去問許多人。當面請別人回答這些問題，稱為**訪談**（interview）。接著，再將回答整理成圖表，通常是以「某一題有多少人或多少比率的人回答某種答案」的形式報告結果。

　　調查研究法難做之處主要有三方面：(1)問題的題意需要清楚且不會誤導受訪者；(2)要使受訪者仔細而誠實地回答問題；(3)要能回收足夠的完整問卷，才能做有意義的分析。調查研究的一大優點是：它可能讓我們由一個大樣本獲得

大量訊息。

若是問卷中的某些問題還需要更詳細的資料,這位校長(或其他人)可以訪談教職員。訪談(根據問卷內容)的好處有:使用開放式問題(也就是該問題需要較長的回答內容)時可以更有把握、可以再深入追問重要或有特別意義的題目;可以問追蹤性質的題目(follow-up questions),及不清楚的題目可趁此機會解釋。我們在第 17 章會討論調查研究法。

◆ 民族誌研究法

目前所舉的例子中,所提出的問題都是關於知識、態度或意見等的存在或發展的**程度、多寡**或**效益**等。然而,有時候研究者會想要對教育的過程有更完整的理解,而非滿足於上述問題的答案。當他們想要有更完整的理解時,就需要某種形式的**質性研究**。質性研究與先前所介紹的量化方法,不但在方法上不同,其所依據的哲學也不一樣。第 18 章我們會討論這些差異及最近企圖並用兩種研究法的一些新方法。

我們以體育這門學科做例子。體育老師到底怎麼教課?上課的例行活動是哪些?學生做些什麼事?從事哪些類型的活動?體育課的哪些明文規定與潛規則可能幫助學生學習?哪些規定或規則又阻礙學習的過程?

要對這些問題有深入了解,可以做民族誌研究(**ethnographic study**)。這種類型的研究重點,是觀察或訪問個人及相關的其他人,並記錄或描繪這些人的每日經驗。例如,研究者也許是盡可能地定期觀察一個小學的某個班級,並訪問該班的老師與學生,以期完整而豐富地描述班級內的情形。這些描述〔descriptions;更好的字眼可能是**描繪**(portrayals)〕內容可勾勒班級的氣氛;學生在智性及情感上的經驗;老師對於不同種族、性別或能力的學生,有怎樣的行為與反應方式;學生如何學習班級的「規則」,規則如何被修改或執行;學生和老師所問的問題是哪些類型等等。資料可能包括學生以散文形式描寫課堂的活動、師生會議的錄音檔、課堂討論的影像檔、教師的教案及學生的作業、描繪班級內學生間「權力」關係的「社交圖」(sociograms),及描述某些類型的評論(例如教師與學生彼此間問問題的種類,及各種類的問題所獲得的回應)的流動方向及頻率的流程圖(flowcharts)。

除了民族誌研究法之外,質性研究也包括**歷史研究法**(historical research,

見第 22 章）及其他幾種較少用到的方法。例如，Casey[2] 找出 18 種「敘事性」（narrative）方法。第 18 章我們會討論其中最有特色的四種方法，包括傳記（biography），也就是研究者專注於描述某人一生中的重要經歷，並與該人互動以澄清經歷或事件的意義與詮釋（例如研究某高中校長的生涯）。在現象學（phenomenology）裡，研究者專注於某種特殊現象〔例如地區教育委員會（school board）內的衝突〕，經由與參與者做深度訪談蒐集資料，並找出這些人看法的共同點。第三種方法是個案研究（case study），也就是研究者只針對一個人、一個團體，或某個重要的例子做廣泛的研究，蒐集各種不同的資料，用以形成對該特殊個案（例如某一地區的教育委員會）的詮釋，或提供有用的擴論。最後是紮根理論（grounded theory），這種研究方法強調的是，研究者從資料獲得的詮釋，必須持續與原始資料進行交流互動；其主要目的是從資料歸納出一項理論（例如，要研究某校的教師士氣，會從訪談教師及其他類型的資料開始做起）。

◆ 歷史研究法

也許你對歷史研究法（historical research）已經頗為耳熟能詳了。在這種研究中，我們探討過去某一個時段發生的事，探討的方式可能是調閱所有那時候的文件，或訪問經歷過那個時段的人；之後則盡可能精確地重建當時的情形，解釋事情發生的原因。

例如，某個很大的都市學區內的課程協調人也許想知道，以往對於幼兒園到十二年級（grades K-12）的社會研究（social studies）課程該包含哪些課程，曾有過些什麼論辯。於是，她會去讀社會研究課程及其他課程的各種不同的理論，並比較這些理論的觀點。歷史研究法的主要困難點在於，研究者必須確定，這些文件（或人）的確是所要研究的時代遺留下來（存活至今）的；並且確定後，還要確定這些文件或人所說的是真的。我們在第 22 章再詳細討論歷史研究法。

◆ 行動研究法

行動研究法（action research）跟所有之前介紹的方法，有兩個根本的不同點。第一，在行動研究法中，不管是擴論到人或情境，擴論的重要性都極低。

做行動研究的研究者（通常是教師或其他教育專業人士，而非專業研究者）並不是在追求有力的擴論，而是專注於獲得資訊，以改變自己所處的環境。例如，可能是改善某一班級學生的閱讀能力、降低某中學的學生餐廳裡不同族裔學生之間的緊張氣氛，或在某一學區內找出較好的方法教導有特殊需求的學生。因此，之前所介紹的任何研究法都可能用於行動研究。

第二個不同點是，研究者對於研究對象*（也就是資料蒐集的對象）及那些可能被研究結果影響的人，所付出的注意力。因此，行動研究法常用的詞彙是**參與者**（participants）或**利害關係人**（stakeholders），顯示研究者意欲將這些人直接納入研究的過程，作為「研究團隊」的一部分。參與的程度多寡不定，有可能只是幫忙選擇測量工具和／或蒐集資料，也有可能是幫助研究者形成研究目的及研究問題，也有可能從頭到尾都實際參與研究的每一方面。第24章會討論行動研究法。

◆ 評量性研究

由於被評量的標的不同，及評量的目的不同，而有許多種不同的評量方式。評量性研究（**evaluation research**）通常如果不是**形成性的**，就是**總結性的**。形成性評量（**formative evaluations**）是希望改善被評量的標的，這類評量檢視計畫或科技的執行及實施時的品質，以協助形成或強化該標的。相對地，總結性評量（**summative evaluations**）描述某項計畫或科技的執行，評估該標的完成後的結果如何，以檢視標的的效益或結果。

形成性評量的產物，一個例子是需求評估報告。需求評估（**needs assessment**）在決定一項計畫的對象是哪些人、需求的程度，及有什麼方式可以滿足需求。總結性評量可以視為：(1)結果評量——檢視一項計畫或科技對於某一個清楚定義的目標結果，是否有造成看得出的效益；或(2)影響評量——這種評量範圍比較廣，企圖評估該計畫或科技的總體效益（包括意想中的及意想之外的）。

評量者會問各種不同類別的問題，並常使用各種不同的方法回答這些問題。例如，在總結性評量裡，評量者常使用類實驗研究設計（quasi-experimental

---

* 現在也常用研究參與者（participant）而非研究對象（subject）。

○ 有所謂比較好的研究法嗎？

美國教育部認為，實驗研究法如果不是唯一最好的一種研究法，至少是最可敬的一種，而且是唯一值得被稱為科學的研究法。最近一些研究者*認為這種觀點太狹隘，並表示憂慮。他們認為，教育部這種觀點對於學校的計畫及教育研究的補助，都會有影響。一篇文章評論道：「當聯邦政府為科學的某一種觀點背書，而否定其他觀點時，我們應該有多害怕？」†

---

* Berliner, D. C. (2002). Educational research: The hardest science of all. *Educational Researcher, 31*(8), 18-20; Erickson F. E., & Gutierrez K. (2002). Culture, rigor, and science in educational research. *Educational Researcher, 31*(8), 21-24.

† St. Pierre, E. A. (2002). Science rejects postmodernism. *Educational Researcher, 31*(8), 25.

---

research designs），以評估一項計畫所假設的因果效益。檢視計畫執行的形成性評量，也會包括分析現有的資料來源、調查資料、訪談資料、觀察資料及焦點團體。

◆ 這些都有其價值

我們必須強調，以上所描述的每一種研究法，對教育領域而言都有它的價值。每一個都用不同的方法探究班級內、學校內所發生的事情，探究教師、諮商師、行政主管、學生與家長的想法與情感。要探討學校內的互動如何，或什麼方法有效時，每一種方法都有不同的用處。如果你認為其中一兩項特別好，就錯了。一個方法是否有效，大部分取決於想研究的問題，及研究的情境。我們需要盡可能從多個角度來探究教育的真實情形，因此必須以較寬廣的涵義來理解研究法。

我們認為，教育研究應該要問各種問題，從各個方向去探討，包含多種研究法，並使用各種工具。我們不但要容許不同的研究定位、角度與目的，甚至還要鼓勵它們的發展。本書希望幫助你了解如何使用及何時該使用這些方法。

◆ 數位時代的教育研究

通訊及數位科技的進步，已經影響了教育研究者所研究的學科及資訊取得。從探討電腦輔助教學及遠距學習的效益，到利用網路調查蒐集資料，科技一直對教育研究有相當大的影響。隨著這些動態改變而來的，是學生及教師所面臨的學與教的重要議題，像是發展學生擷取電子資訊的技巧，及發展他們審慎評估網路資訊的方法或能力。第 3 章我們會討論電子及手動資料蒐集法，或混合蒐集兩者的蒐集法，找出以電子格式或紙本格式留存的資料，並對於應如何評斷不同類別資料的好壞，提供指導原則。第 17 章討論網路調查研究法的好處與壞處，因為愈來愈多的研究者與學生，把網路調查作為蒐集資料的工具。

▌▌▌ 研究法的概括分類

前面所介紹的研究方法，還可以再歸類成幾個大致的類別：描述性、關聯性與介入性。

◆ 描述性研究

描述性研究（**descriptive studies**）是盡可能完整而小心地描述某個事、物或情境。描述性研究最佳的例子是植物學與動物學；它們巨細靡遺地描述每一種植物、每一種動物，並且所有的資料都按分類學的類別歸類。

教育研究中，最常見的描述性方法是調查法，研究者藉此方法描述個體或群體的特質（例如能力、喜好、行為等等），或環境（像是學校）。質性研究，像是民族誌與歷史研究法，主要也屬於描述性的。教育研究中描述性研究的例子包括：描述不同群體的學生的成就；描述教師、行政主管或諮商師的行為；描述家長的態度；描述學校的硬體設備。現象的描述是所有研究的起點。

然而，研究者不可能滿意於僅做描述性研究，因為他們希望對人與事有更完整的了解；這就要靠更仔細地分析現象的各層面，並探討它們之間的關係。例如，生物學知識的進步，大部分是由於研究者將許多詳細的描述加以分類，並決定這些類別之間的關係。

◆ 關聯性研究

　　教育研究者也不希望僅止於描述性研究。例如，他們希望知道學生在成就上的差異，與教師行為、學生的飲食、興趣，及家長態度等，是否有關係？是怎樣的關係？研究者探討這些可能的關係，就能對這些現象有較完整的了解。再者，確定各種現象之間的關係後，也較易於做一些預測。例如，若研究者知道學生的興趣與他們的成就有關聯，就可以預測：相較於對某一科比較不感興趣的學生而言，對該科比較有興趣的學生在該科的成就較佳。探討各種關係的研究常被稱為**關聯性研究（associational research）**。相關性研究與因果比較研究同是關聯性研究的主要例子。其他例子，包括研究(1)成就與態度間的關係、兒童時期的經驗與其成人後的特質間的關係，或教師特質與學生成就間的關係——這些都是相關性研究；及(2)不同的教學法與成就間的關係（比較接受不同教學法授課的學生），或性別與態度間的關係（比較男女生的態度）——兩者都是因果比較研究。

　　雖然關聯性研究也有用，但也不能完全令研究者滿意，因為它們不容許研究者影響學生或改變結果。只是，確定學生的興趣可預測其成就，雖然表示提升興趣可能會提高成就，但並不能告訴我們要怎樣才能改變或改進興趣或成就。要知道某事物是否真的會對另一事物有影響，研究者需要建構某種介入性研究。

◆ 介入性研究

　　在介入性研究（**intervention studies**）中，研究者預期某個方法或某個處理方式（treatment）會影響一個或多個結果。這類研究可讓研究者評估各種處理方式的效益，例如，各種教學方法、課程模型、班級安排等，各種希望增進個人或團體利益的方法。介入性研究也可以經由確認（或無法確認）理論預測（例如，可以教幼齡兒童抽象的概念）的正確性，而提升一般性的知識。主要用於介入性研究的方法是實驗。

　　某些類型的教育研究可能合併這三種大致的研究類別。雖然歷史研究法、民族誌研究法，及其他的質性研究法主要屬於描述性研究，但如果研究者要探討事物間的關係，這些質性研究法有時也可能是關聯性研究。如果一項描述性質的歷史研究，探討歷年來學生申請上大學時校方的要求，並檢視這些要求與

學生的數學成就之間的關係，那麼它也是關聯性研究。若一項民族誌研究，詳細描述某個市中心高中的日常活動，並發現媒體的關注與該校教師的士氣有關，則這項研究既是描述性質也是關聯性質。若一項研究探討不同的教學法對學生學習概念的效果，並檢視性別與概念學習之間的關係，則這項研究既是介入性研究，也是關聯性研究。

◆ 後設分析

後設分析（**meta-analysis**）企圖降低個別研究的限制，而做法則是找出所有討論該議題的研究報告，再使用統計方法將這些研究的結果做整合。第 3 章會更詳細討論後設分析。之後的幾章，則詳細檢視各種不同類別的研究可能有的限制。有些限制是每一種研究法都無法避免的，有些則可能較常出現在某類研究法中。

▋▋▋ 研究的批判分析

有些人覺得，使用這些研究法做研究的研究者，對於某些事看得有點過於理所當然；他們認為這些研究者對於我們所生活的這個世界，做了許多並不一定為真的假定（通常也是沒有明說的假定）。這些批評者〔通常稱為**批判研究者**（**critical researchers**）〕不只對教育研究，也對所有其他領域（從自然科學到文學都有）的研究，提出了許多哲學上、語言學上、倫理上，及政治上的問題。

這本教科書只是導論性質，無法完整而公正地一一評論這些批判研究者多年來提出的許多意見，但我們希望介紹他們所重複提出的一些主要問題。

第一個議題是關於**真實的問題**（the question of reality）：就像任何一位初次踏入哲學領域的學生都了解的，沒有任何一個方法可以展示任何一件事是否「真正存在」。例如，我無法百分百肯定地向其他人證明，我正在看著一個我稱為「鉛筆」的東西（例如，其他人可能看不到這個東西，或其他人可能不知道我在看什麼，或我可能正在作夢）。再者，我們很常看到，不同的人對於同一個人、同一個動作或事件，常有很不同的感受，這使得批評者認為，並沒有所謂「真實」這種事，有的只是每個人對它的（不同）詮釋。這種觀點的一個

意義是，任何希望了解這個「真實」世界的努力，都注定失敗。

我們承認，這些批評者講的是對的。我們不可能一次性地「證明」任何事，也不能否認每個人的看法不同。但我們覺得，我們對於「真實」的常識性的概念（也就是大多數有知識的人都認為存在的事物就是真實的），已經讓人類解決了許多問題——甚至如何把人帶上月球這件事也解決了。

第二個議題是**溝通的問題**（the question of communication）。假定我們都同意某些事情的確是「真實的」，但即便如此，批評者還是認為，我們根本無法確定，自己和他人是不是使用相同的詞彙指涉相同的東西。例如，因紐特人對於雪有很多不同的詞彙（各有不同的意義）。換句話說，不論我們多小心地定義，即使是一個簡單的詞彙如**鞋子**，某甲的鞋子（概念）還是有可能跟某乙的鞋子（概念）不同（拖鞋是鞋子嗎？木屐是鞋子嗎？）。如果語言裡有這麼多的不精確，用來說明各種詞彙、事物或想法間的關係或法則，怎麼可能精確？

我們也同意這個觀點。人與人之間常對於某個字或某詞句的意義有不同的意見。但我們認為（相信大多數的研究者也這樣想），我們還是可以把詞彙定義得夠清楚，讓不同的人都對那些字句有共識，因而可以溝通，最終則可以追求有用的知識。

第三個議題是**價值觀的問題**（the question of values）。科學家以往常宣稱自己是不帶價值判斷的（value free），也就是在做研究時是「客觀」的。但批評者認為，社會科學所研究的，包括教育研究者所關心的主題與問題，都絕不是客觀的，而是由社會建構的。像是課堂的師生互動、學生的考試成績、老師問的問題，及許多其他教育實務者所關心的議題及主題，並不是存在於真空狀態。這些都受社會及時代所影響。因此，這類的主題與問題及如何定義它們，不可避免地，必定反映了社會的**價值觀**。再者，即使是自然科學，對於研究問題的選擇及選擇的方法，也都反映了研究者的價值觀。

我們也同意這個看法。我們認為，教育領域絕大多數的研究者會承認這些批評的確有其真實性。然而，許多批判研究者卻認為這類的想法並沒有充分顯現在研究報告裡。他們說，許多研究者沒有承認或認知到「自己的想法是出自哪一個價值觀」，尤其是在討論研究發現時更是如此。

第四個議題是**沒有明說的假定的問題**（the question of unstated assumptions）。所謂假定（**assumption**）是被視為理所當然的想法，沒有經過檢驗或

測試。雖然這項議題與前項類似，但這項議題並不限定在價值觀，而是含括研究者對某項研究所做的所有假定。有些假定因為被普遍接受，幾乎所有的社會科學研究者都視為理所當然（例如，太陽會出來、地球會持續轉動）。其他假定就比較讓人質疑。Krathwohl[3] 舉的例子可做說明：如果研究者改變了研究操作時的假定，就可能導出不同的結果。例如，如果我們假定智能障礙的學生跟其他學生的學習方式一樣，只是學得比較慢而已，那麼接下來的推論是，只要給予足夠的時間和動機，這些學生可以跟其他學生學得一樣好。另一方面，如果我們假定這些學生學習時使用的概念架構跟一般學生不同，這項假定就會引導研究者去尋找一個簡化的概念架構，讓智能障礙的學生可用以學得跟一般的學生差不多。但是通常研究者都沒有明說這類的假定。

在許多研究裡，研究者隱約地假定他們所用的詞彙夠清楚，假定他們的樣本是合適的，並假定他們的測量工具是精確的。想設計一項好的研究，要盡量把這類假定降到最低。讀者應該都要獲得充分的資訊，不需要做這類假定。圖 1.3 說明假定可能常常是錯誤的。

第五個議題是**社會後果的問題**（the question of societal consequences）。批判理論家認為，傳統的研究（包括教育界的研究）多數是在滿足政治上的利益，而這些政治利益最好的情況是保守不想改變的，最壞的情況則是具壓迫性的。他們指出，這類研究幾乎都是關注在改進一些已經存在的做法，而不是針對這些做法提出問題。他們說，不論是否有意，多數的教育研究基本上是在增強現

圖 1.3 老師的假定是對的嗎？

況的持續。還有一個更極端的論點認為，教育機構（包括研究）並沒有啟蒙公民，而是把他們變成工業化社會裡不會思考、只專注於執行某項功能的一員。

我們也大致同意這項評論，但也指出，不同黨派的研究者已經做過一些探討現狀的研究，並提出一些改善的建議。

讓我們檢視以上的每一個議題跟一個假設性例子之間的關係。假定有位研究者想要研究的是：形式邏輯課程是否能改善高中學生分析他人的論述，及從資料中獲得合理結論的能力。這位研究者因此設計了一項頗為周延的研究，可為這個問題至少提供部分答案。讓我們依據這個研究討論這五項議題。

1. **真實的問題**：研究所討論的能力（分析他人的論述與推理出正確的結論）很明顯是抽象的，本身並無具體的物象。但這就表示這些能力不以任何方式「存在」嗎？它們只是我們所創造的概念語言系統（conceptual language system）的副產品嗎？顯然並非如此。這些能力從一個狹隘的定義來說的確存在，就像我們會說某人的考試「能力」很好。但一個人考試成績好（壞）就表示他真實生活上的成就高（低）嗎？如果不是，那麼學生在這種考試的表現重要嗎？例如，批評者可能會說分析能力是因情況而異的（situation specific）：也就是有些人考試時的分析能力強，有些人在公開討論的場合善於分析，有些人則是善於分析文字素材等等。果真如此，那麼所謂「分析論述」的概括能力這樣一個概念，將只是一種幻覺。但我們認為情形不是如此，因為一般的常識經驗與一些研究結果的發現就非如此；然而我們得承認，批評者的話有其參考價值（我們無法確知這種能力的概括性有多高，是否每種情況都一樣），不容忽視。

2. **溝通的問題**：假定這些能力真的存在，我們能將它們清楚定義，做有意義的溝通嗎？我們相信可以；但即使是最清楚的定義，也的確無法保證有意義的溝通。就像我們常會發現，即使先前大家對某一個用語有一致的定義，但自己使用這個語詞的方法跟另一個人不同。例如我們都同意，所謂「合理的結論」是指不與資料衝突，並且是從資料邏輯推演而來的；然而還是會發現，大家對於某個結論是否合理，意見不一。科學家之間的辯論，常就是為了什麼才是「合理的結論」看法不一。

3. **價值觀的問題**：像這個例子一樣，設定要研究的問題時，研究者常事前就預先認定結果是好的（所以要增強）或不好的（所以要削弱）兩種，也通常會

指出為何如此。然而，導致研究發生的（也就是研究者的）價值觀卻鮮少被討論。做這些研究，是因為它們有最高的優先性嗎？是因為它們是傳統的嗎？是因為可被社會接受嗎？較容易研究嗎？還是可獲得金錢上的回饋？

當研究者決定要研究「形式邏輯」這門課是否會影響學生分析論述的能力時，就反映了研究者的價值觀。其結果與方法都反映了「歐洲文化中心」（Eurocentric）的價值觀；但是並非所有的文化都強調亞里斯多德提出的「理性的男人」（或女人）。事實上，不會有人說「我們的社會需要較多有能力對基本假定提出質疑的人，而比較不需要那些能從假定出發的雄辯者」嗎？雖然我們不能期望研究者在每個研究都討論這麼複雜的議題，但批評者的話促使我們這些對研究有興趣的人努力去想：自己的價值觀如何影響了自己的研究目標。

4. **沒有明說的假定的問題**：在執行這樣一個研究時，研究者不但假定研究結果是有用的，而且假定研究發現會對教育實務有一些影響力；除此以外，這項研究只是一項學術活動。然而，教育方法的研究所建議的方法，常由於各種因素被批評為不符實際，不可能實施。我們認為，這種研究還是必須做，但研究者有義務說明這些假定，並討論其合理性。

5. **社會後果的問題**：最後讓我們思考，這類研究對於社會的意義是什麼。批評者也許會說，這項研究雖然可稱為科學的研究，但卻會對社會產生負面的影響。為什麼？第一，它會使大眾以為所研究的結果（分析論述的能力）比其他結果（例如：察覺事物間關係的能力）還重要。這樣的批評實際上已存在於教育研究多年——也就是研究者已經過度強調某些結果的重要性，而導致其他結果的不被重視。

第二種批評可能是：這類研究使社會中某些較不具優勢的群體所受的歧視更為持久。若是真如一些人所認為的，有些文化的思考方式是比較「直線型」（linear），而有些是比較圓球型（global）的思考方式，那麼，形式邏輯課程（主要是直線型）可能會增加已是主流的直線型思考文化的學生的優勢。[4] 我們認為，比較公平的方法是教授幾種不同的論述法，就能利用各種文化族群的特長。

以上我們討論了研究界一些日益清晰的聲音所提出的議題。這些議題包括真實的性質、溝通的困難、價值觀影響研究的認知、沒有明說的假定，及研究

對社會整體所產生的後果。雖然我們不同意這些批評者所提出的某些批評，但我們相信，由於他們的努力，研究界的水準會有提升。

▌▌▌ 研究程序概觀

　　無論是用哪一種研究法，研究者都是從事類似的活動。例如，幾乎所有的研究計畫都包括問題的陳述、研究假設、詞彙定義、文獻探討、研究對象、測驗或其他的測量工具、研究程序的描述，其中包括時間表與預定的資料分析法。本書會陸續探討這些部分的細節，但我們希望在開始之前，先讓你對這些有個概念。

　　圖 1.4 呈現的是研究的各個項目。實線箭頭代表的，是這些項目在研究計畫或報告書中出現的順序，也是在設計研究時參考的步驟（也就是，先想出研究問題，接著是假設，而後是定義詞彙，等等）。虛線箭頭代表的，是實際研究時最可能偏離原有程序的部分（例如，考慮測量工具時，有時會導致研究樣本的改變；澄清研究問句時，也許會發現最適合的研究設計）。我們不把圖設計成直線型，目的是要指出，實際研究的過程並不一定完全依照這個順序。事實上，經驗豐富的研究者在發展研究計畫時，常同時考慮多個項目。

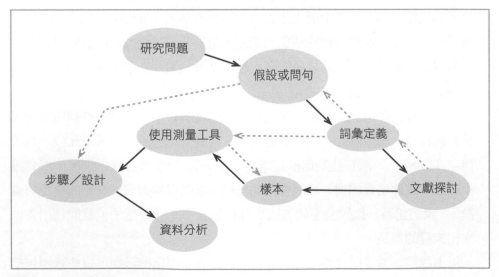

圖 **1.4** 研究程序

● **研究問題的陳述**：研究問題決定研究的其他一切內容。**問題的陳述**（**problem statement**）必須同時描述問題的背景（也就是哪些因素造成了眼前的問題），及研究這項問題的理由。與研究問題有關的任何法律或倫理上可能發生的後果，都必須討論並解決。

● **探索性問句或假設的形成**：研究問題通常以問句的方式呈現，而且常是假設的形式。**假設**（**hypothesis**）是一項預測，預言什麼樣的後果或結果將會發生。研究的假設必須清楚地指出，研究者預期**變項**（**variables**）間（因素、特色或情境）將會有什麼樣的關係，而且呈現假設的方式必須讓這些關係能在合理的一段時間內被檢驗。雖然並非所有的研究都是檢定假設的研究，但許多都是。質性研究由於常屬於探索性質，通常不適合陳述假設。有愈來愈多質性研究者用命題（**propositions**）或「暫定假設」（tentative hypotheses），引領自己蒐集資料甚或分析資料的過程。

● **詞彙定義**：問題陳述與假設（或命題）中，所有關鍵性的詞彙都必須盡可能定義清楚。

● **相關文獻的探討**：必須找到其他與研究問題相關的研究報告，並簡要總結其結果。**文獻探討**（**literature review**）（有關的期刊、報告與書籍等）必須指出到目前為止，學界對該問題已有的了解，並合理說明本研究如何能擴展這方面的知識。

● **樣本**：研究對象*（**subjects**）〔**樣本**（**sample**）〕、樣本所來自的母群體（**population**）（研究結果可擴論推及的群體），與抽樣計畫（選取研究對象的過程）都必須清楚描述。

● **工具的使用**：所有用來測量研究對象以蒐集資料的**測量工具**（**instruments**）或「蒐集資料的工具」（data collection tools）（質性研究常用此說法），都必須詳細描述，並且說明為什麼選用這些測量工具。

● **步驟**：研究的實際步驟（**procedures**）——研究者從開始到最後，依據先後次序要做些什麼（內容、時間、地點、方法，及跟誰）——都必須詳細說明

---

* 有些人對**研究對象**這個詞覺得反感，因為這個詞有可能暗示：被研究者的尊嚴被剝奪了。質性研究裡用以表示研究對象意義的詞彙是**研究參與者**。由於質性研究結果的擴論與量化研究結果的擴論有差異，我們覺得量化研究使用**研究對象**一詞較合適，尤其適用於介入性研究。

（雖然並不是寫出後就不可修改）。當然，如果是質性研究就比較不容易做到，也較不合適。此外，還必須列一份實際可行的日程表，列出各項步驟於何時開始進行，預計何時可以完成。所有研究要用的材料（如教科書）和／或設備（如電腦）也都必須加以描述。研究大致的設計或所用的研究方法（例如：是實驗還是調查）也都要說明。還有，可能的偏誤來源（sources of bias）也要指出，並說明如何控制這些個偏誤來源。

● **資料分析**：資料分析（**data analysis**）時將使用的過錄方法（coding techniques）及統計方法，不論是描述性質或是推論性質，都必須加以陳述；而為了回答研究問題需要做些什麼比較，也要清楚說明。

OLC 回到本章最前面的**互動與應用學習**所列出的一系列互動與應用活動。到線上學習中心（OLC, http://highered.mheducation.com/sites/125991383x）去做小測驗、練習關鍵詞彙，及複習本章內容。

本章重點

研究為何具有價值
● 科學的方法是獲得可信而精確的知識的一個重要方法。

獲取知識的方法
● 我們有許多方法可以獲得資訊，包括感官經驗、與他人一致、專家的意見、邏輯，及科學的方法。
● 研究者認為，科學的方法最有可能獲得可信而精確的知識。
● 科學的方法是利用有系統而公開的蒐集與分析資料的方法，來回答問題。

研究法的類型
● 教育界最常使用的研究方法有實驗研究法、相關性研究法、因果比較研究法、調查研究法、民族誌研究法、歷史研究法，及行動研究法。
● 實驗研究法是操弄情境，並研究其影響。
● 相關性研究法審視同群體中各變項間的關係，並常暗示變項間有因果關係的可能。

- 因果比較研究法則比較多個具有不同經驗的群體，以了解群體特性可能的成因或後果。

- 調查研究法利用訪談、自填問卷與測驗的方式，以了解某群體的特性。

- 民族誌研究法專注於以觀察及訪談的方式，記錄或描繪人們的每日生活經驗。

- 民族誌研究法是質性研究法的一種形式。其他常見的質性研究法形式包括個案研究、傳記、現象學，及紮根理論。

- 個案研究是詳細分析一個人或少數一些人，或某個個體，像是某個班級、某間學校，或某大學。

- 歷史研究法則是研究過去某個時段所發生的事。

- 行動研究法是教育實務者所從事的一種研究類型，用以協助改善其教學實務。

- 評量性研究的目的在改善被評量的標的或計畫，通常是加強其執行、實施及結果。

- 以上所描述的這些研究法，每一種都有其探究真實的方法，因此每一種都是了解教育現況的工具。

研究法的概括分類

- 這些研究法可大致歸類為三種。描述性研究旨在描述某個情形；關聯性研究在探討關係；介入性研究則在評估某種方法或處理方式對於結果的影響。

- 量化研究法與質性研究法是根據不同的假定；兩者在研究目的、研究者使用的方法、所做的研究種類、研究者的角色，及研究結果可擴論的程度上，也都不同。

- 混合方法研究法同時使用質性與量化的研究方式。

- 後設分析則希望以統計法，整合所有針對同一問題所做的個別研究之成果。

研究的批判分析

- 研究的批判分析，針對教育研究中的假定與隱含的意義，提出根本的問題。

研究程序

• 幾乎所有研究計畫都會包括問題的陳述、一個探索性的問句或假設、詞彙定義、文獻探討、研究對象（樣本）、測量工具的使用、研究程序的描述、時間表，和預定的資料分析方法的描述。

關鍵詞彙

介入性研究（intervention study） 26

文獻探討（literature review） 33

母群體（population） 33

民族誌研究（ethnographic study） 21

因果比較研究法（causal-comparative research） 19

行動研究法（action research） 22

形成性評量（formative evaluation） 23

批判研究者（critical researcher） 27

步驟（procedure） 33

命題（proposition） 33

後設分析（meta-analysis） 27

相關性研究法（correlational research） 19

研究（research） 12

研究對象（subject） 33

科學的方法（scientific method） 9

個案研究（case study） 22

假定（assumption） 28

假設（hypothesis） 33

問題的陳述（problem statement） 33

基礎研究（basic research） 12

混合方法研究法（mixed-methods research） 17

混沌理論（chaos theory） 13

單一對象研究法（single-subject research） 18

描述性研究（descriptive study） 25

問題討論

1. 有人說：「除非臆測、程序及結論都在公開場域下進行，否則不能稱為科學。」這句話對嗎？請討論。

2. 大多數的量化研究者相信，這世界只存在單一個實際狀況，而大多數質性研究者則認為這世界是由多個實際狀況所組成。你會支持哪一種論點？為什麼？

3. 除了本章介紹的一些獲取知識的方法以外，你能想出其他方法嗎？有哪些？這些方法有什麼限制嗎？

4. 有人說：「雖然人都喜歡確定的感覺，但是這種感覺卻與科學的一個基本前提相矛盾。」這是什麼意思？請討論。

5. 有所謂的「私人知識」（private knowledge）這種東西嗎？如果有，請提供一個例子。

6. 許多人似乎對於「研究」覺得不自在，尤其是學校裡的研究。你覺得是為什麼？

註釋

1. Research. (1984). *Webster's new world dictionary of the American language* (2nd ed., p. 1208). New York: Simon and Schuster.
2. Casey, K. (1995, 1996). The new narrative research in education. *Review of Research in Education, 21,* 211-253.
3. Krathwohl, D. R. (2008). *Methods of educational and social science research* (3rd ed., p. 91). Long Grove, IL: Waveland Press.
4. Ramirez, M., & Casteneda, A. (1974). *Cultural democracy, biocognitive development and education*. New York: Academic Press.

研究練習 1 哪一種研究法？

想出一個你希望探討的題目或問題。利用問題卷 1，以一兩個句子簡短描述此問題，接著指出你想用哪一種研究方法探討這個問題；最後簡要說明為什麼選這個研究取向。

問題卷 1 研究方法

1. 我想做的研究題目或問題是：_____

   _____

2. 最適合這個題目或問題的研究法是（把你認為適合的都圈起來）：

   a. 實驗

   b. 調查

   c. 民族誌

   d. 相關性研究

   e. 因果比較研究

   f. 個案研究

   g. 內容分析

   h. 歷史研究

   i. 行動研究或教師研究

   j. 針對一項計畫做評量

3. 我計畫使用的研究取向是（圈選一個）：

   a. 質性的　b. 量化的　c. 混合方法

4. 我選擇這種研究取向的原因如下：_____

   _____

   _____

這份問題卷（英文版）在線上學習中心（OLC, http://highered.mheducation.com/sites/125991383x）有電子檔。你可利用電子檔填寫並列印、儲存或以電子郵件寄送。

PART 2

教育研究法的基礎

第二部分介紹教育研究法的許多基礎知識，

包括假設、變項、抽樣、測量、效度、信度，及其他種種概念。

我們也開始提供一些技巧，讓你更加了解研究的過程。

這些技巧包括如何選擇研究問題、

如何形成假設、如何做文獻搜尋、如何選取樣本、

如何清楚定義詞彙、如何發展具效度的測量工具，

及其他許多技巧。

不論研究時要使用哪一種方法，都需要學會這些技巧。

研究問題

- 什麼是研究問題？
- 研究問句
- 好的研究問句的特性
  研究問句必須是可行的
  研究問句必須是明確的
  研究問句必須是重要的
  研究問句必須合乎倫理

我的研究問句是：
要教九年級生的歷史，
絕對最佳的方法是什麼？

不好意思，
蘇西，但妳所陳述的
問句是沒辦法做
研究的。

學習目標 >> 讀完本章後，你應該能：

- 舉出一些教育領域可能做的研究問題。
- 形成一個研究問句。
- 分辨可以被研究與無法被研究的問句。
- 舉出好的研究問句所具有的五種特性。
- 舉出三種澄清不明確的研究問句的方法。
- 舉出一個操作型定義的例子，並說明這種定義與其他種類的定義之間的不同。
- 說明研究領域中，所謂「關係」的意義為何，並舉一個包含某種關係的研究問句為例。

互動與應用學習 在閱讀本章的同時，或讀完本章後：

到線上學習中心（Online Learning Center, OLC），
網址 http://highered.mheducation.com/sites/125991383x：

- 了解更多使問題可被研究的方法

到線上學生精熟活動簿（Student Mastery Activities Book）做下列活動：

- 活動 2.1：研究問句與相關的設計
- 活動 2.2：將一般性的題目改成研究問句
- 活動 2.3：操作型定義
- 活動 2.4：理由
- 活動 2.5：評量研究問句

　　羅伯是內布拉斯加州的一位高中教師。他想要探究，十一年級學生的歷史課，若以主題探討法的方式教學，是否可以增加學生的興趣。菲莉絲是亞利桑納州一所小學的體育老師，她想了解的是，六年級學生如何看待學區最近要求推行的體育課程。譚米在舊金山市中心的一所大型高中擔任諮商師，她想知道，以個案為中心的諮商方式是

否可協助減輕許多學生在諮商過程中所顯露的敵意。以上這些例子，都可能作為展開研究的基礎。本章要介紹的，正是研究問題——研究要探討的焦點。

什麼是研究問題？

研究問題，正如其字面意義所示，是某個人想要研究的一個問題。這個問題可能是令他不滿意的事、令他覺得疑慮不解的事、某種困難、某個需要改變的情況，或者任何可以做得更好的事。研究問題是研究者所關心的領域、想改善的狀況、想消除的困難，也是他們所想找到答案的疑問。

不論是對研究者或對學生而言，研究問題通常有數個來源，包括：(1)研究文獻——第3章介紹文獻探討在形成研究問句過程中所扮演的角色時，會再詳細討論；(2)實務或工作相關的情境裡所必須面對的問題；(3)個人的經歷或歷史（像是現在或過去的個人經驗或身分、種族、族群、性別、階級背景、家庭習慣、宗教等）。

研究問句

研究問題最初通常是以問句的形式提出，這個問句也是研究者的研究焦點。我們認為，設定了研究問句以後，就決定了該用哪種研究方法及哪種研究典範（paradigm）（質性、量化，或混合方法）；而非因為想用某種研究方法，才決定研究問句的內容。以下一些教育界可能提出的研究問句，雖然並未發展完全，不能實際使用，卻是形成研究問句的最初階段。括號內則是研究該問題的適當研究方法及典範；雖然也許也可以用其他方法來研究這個問題，但我們認為這些是特別合適的。

- 以個案為中心的治療方式（client-centered therapy）比傳統的治療方式更能讓案主滿意嗎？（實驗研究法；量化）
- 課後輔導課程在一週的時間裡大概都在做什麼？（民族誌研究法；質性）
- 行為改變技術（behavior modification）能降低自閉症兒童的攻擊性嗎？（單一對象實驗研究法；量化）

- 教師對於不同性別的學生有不同的行為嗎？（因果比較研究法；量化或混合方法）
- 怎樣才能預測哪些學生可能在學習某些科目上會有困難？（相關性研究法；量化）
- 對於學校的諮商服務，家長的感覺如何？（調查研究法；量化）
- 聖西蒙大學的學生中，為什麼移民第一代的大學生畢業率較低？（個案研究；混合方法）
- 在中學的校長，如果學生表現不佳，如何提振教職員的士氣？（訪談研究法；質性）

　　以上這些問句的共同點是：可以蒐集某種資料來回答這些問題（至少一部分）；這就是它們可以被研究的原因。例如，接受不同治療法的案主，可以測量他們的滿意度。要描述小學一個班級的運作情形，研究者可以做觀察與訪談。所以，再重複一次，這些問句可以被研究的原因是，我們**可以**去蒐集某種資料來回答這些問題。

　　然而，有些問句**無法**以蒐集、分析資料的方式找出答案。下面是兩個例子：

1. 高中課程中應該加入哲學課程嗎？

2. 生命的意義是什麼？

為什麼這些問句無法被研究？它們有什麼特點，使我們無法蒐集資料找出答案？原因很簡單而直接：這兩個問句，都沒有辦法透過蒐集資料來回答。因此這兩個問句都是無法研究的。

　　第一個問句是屬於**價值觀**的疑問句──它隱含了是與非、適當與不適當的價值判斷──因此完全沒有任何實證的（**empirical**）（或可觀察到的）**參考標準**（**referents**）。沒有任何實證研究法可以研究**應該**這個詞。我們怎麼可能以實證的方式決定是否「應該」做某事？能蒐集什麼資料？根本沒辦法進行這項工作。但是，如果問句改成「人們**認為**高中課程中應該加入哲學課程嗎？」就能被研究了。為什麼？因為現在我們可以蒐集資料來幫忙回答這個問題了。

　　第二個問句具有**玄學**（metaphysical）的性質，也就是超出實體之外，是抽象的。這類問題的答案不是累積的知識可以解決的。

　　以下幾個研究問句，你認為哪些（如果有）是可以被研究的？

1. 上帝是好人嗎？
2. 被同性別的老師教導時，學生會比較專注嗎？
3. 高中的學業成就會影響大學的學業成就嗎？
4. 教文法最好的方法是什麼？
5. 若第二次世界大戰沒有發生，現在的學校會是怎樣的情形？

希望你有看出，第2、3個問句是可以被研究的；第1、4、5個問句無法被研究。第1個問句又是另一個玄學的問句，因此無法讓我們以實證的方法回答（我們可以問人們，他們是否**相信**上帝是好人，但這是不同的問句）。第4個問句，問的是做某事「最好」的方法。想一想這個問句；有什麼辦法可以決定什麼是最好的方法嗎？要找出這個問句的答案，我們必須檢驗所有可能的方法；而稍微想一想就知道，這是不可能的：我們怎能確定所有可能的方法都檢驗過了呢？要回答第5個問句，則必須創造一個不可能的情境。但我們卻可以研究「人們**覺得**現在的學校會是怎樣的情形？」

▌▌▌ 好的研究問句的特性

一旦形成了研究問句，研究者就希望盡量使它更好。好的研究問句具有以下四種基本特性：

1. 問句是**可行的**（也就是不需要花費過量的時間、精力或金錢，就可以探討的）。
2. 問句是**明確的**（也就是大多數的人對於問句中關鍵詞彙的意義都有同樣的認知）。
3. 問句是**重要的**（也就是值得探討的，因為其結果將對於理解人類社會有重要的貢獻）。
4. 問句是**合乎倫理的**（也就是研究不會對人造成生理或心理的傷害，也不會對其所處的自然環境或社會環境造成傷害）。第4章將詳細討論研究倫理。

讓我們再將其中幾點特性討論得稍微詳細一點。

◆ 研究問句必須是可行的

設計研究時，一個關鍵問題就是可行性。所謂可行的問句就是，能以可得

到的資源完成探究。有些問句〔像問句中牽涉一些太空探險或大型計畫的長期性效果，例如「優先啟蒙」（Head Start）這種計畫〕需要長期的時間與大筆金錢；而有些需要的時間與金錢就少得多。不幸的是，不像醫學、商業、法律、農業、藥學或軍隊，教育界從來沒有與實際教學緊密結合而且長期持續的研究。大部分在學校或其他教育機構做的研究，可能是由「外人」完成──往往是大學教授及其學生──而且通常只是短暫的計畫經費。因此，若缺乏可行性，常會嚴重限制研究的規模或持續性。以下是兩個研究問句，一個可行，另一個則不太可行。

- 可行：大洋高中的學生，對學區內新近成立的指導制度感覺如何？
- 不太可行：若給每位學生一台筆記型電腦使用一學期，對其學業有何影響？

◆ 研究問句必須是明確的

由於研究問句是研究的探究焦點，問句本身明確是非常重要的。到底要探究的是什麼？我們來看看下面兩個不是很明確的研究問句。

例一 「以人本主義為導向的班級有效益嗎？」雖然以人本主義為導向的班級似乎滿清楚的，但許多人可能不確定是什麼意思。若問「什麼是以人本主義為導向的班級？」就會發覺，要描述這種班級的基本特點，並沒有當初想像的那麼簡單。這種班級裡，教師的做法與其他班級裡教師的做法，有何不同？這些教師使用某些特殊的策略嗎？他們講課嗎？學生是參與哪些活動？這樣的班級外觀看來如何──例如學生的桌椅是如何排列的？教師使用什麼教材？同樣是以人本主義為導向的班級，每個班級內教師所使用的策略或學生所參與的活動有多少差異？使用的教材有不同嗎？

此問句中的另一個詞彙也是模糊不清。何謂有效益？是表示「使學生課業較佳」、「使學生較快樂」、「使教師較輕鬆」，還是「較省錢」？也許它所代表的不只是這些。

例二 「對於將有學習障礙的學生納入普通班級（mainstreaming），教師的感覺如何？」第一個需要說明的詞彙就是「教師」。是哪個年齡層的教師？是有多少教學經驗的教師（例如，實習教師算嗎）？公私立學校的教師都算嗎？是全國的教師都包含在內，還是只有某一區域的教師？也包括那些沒有擔任特殊教育班級的教師嗎？

　　「感覺」這個詞彙也是模糊不清。這指的是看法呢？還是情感情緒上的反應？其中有包含行動嗎？還是有其他的意義？**納入普通班級與有學習障礙的學生**兩組詞彙也必須說明清楚。有「學習障礙」在法律上的定義是：

> 在理解或使用語言（不論口語或書面）的心理過程中出現的異常；這種異常可能顯現在聽、思考、講、讀、寫、拼字或做數學計算時的能力不足。這個詞彙包括知覺障礙（perceptual disabilities），腦傷、極小程度的腦部功能不良（minimal brain dysfunction）、讀寫障礙（dyslexia）及發展性失語症（developmental aphasia）等之類的情況。這個詞彙不包括由於視覺、聽覺或動作（motor）障礙所引起的學習問題，也不包括智能不足、情緒困擾所引起的學習問題，也不包括環境、文化或經濟弱勢所引起的學習問題。*

　　你也許會發覺這項定義本身也有一些含糊不清的字眼，**像能力不足**，這些會產生各種不同的詮釋。

　　當我們開始思考這些（或其他）問題時，就會感覺到，一些第一眼看去似乎大家都應該會了解的字詞，事實上是滿複雜的；若要將它們定義清楚，困難的程度遠比剛開始所想像的要高許多。

　　目前許多教育方面的概念與方法也是如此。例如：**核心課程**（core curriculum）、**以個案為中心的諮商**（client-centered counseling）、**主動學習**（active learning）、**品質管理**（quality management），這些詞彙是什麼意思？如果你去問五、六位老師、輔導老師或行政主管，可能會得到幾種不同的定義。雖然在某些情況下，為了某些目的，這種模糊有其價值，但對於提出研究問句的研究者而言，卻是一個問題。研究人員毫無選擇地，必須要明確定義這些詞彙在研究問句中的意義，要精準定義所要研究的目標。在追求明確定義的過程中，研究者也會更加了解應該要如何進行探究，甚且，有時還會改變整個研究的性質。那麼，如何使研究問句更加清楚呢？

---

* 法律定義出自 The Individuals with Disabilities Education Act，引自 U.S.C. § 1401(26) (2000)。

定義詞彙 基本上，有三種方法可以釐清研究問句中重要詞彙的意義。第一種是使用構成性定義（**constitutive definition**）──也就是使用一般所稱的**字典法**（dictionary approach）；也就是使用其他的字詞，將意義說明得更清楚。因此，**人本主義的班級**可能定義為：

> 在該班級：(1)學生的需求與利益受到最優先考量；(2)每一堂課裡，學生有許多自己學習的時間；(3)教師扮演的是引導者或備詢者（resource person）的角色，而不是資訊提供者（informant）。

然而，你注意到了嗎？這項定義仍有些模糊，因為用以解釋**人本主義**的這個詞的字詞本身也是模糊的。「學生的需求與利益受到最優先的考量」是什麼意思？「學生自己學習」是什麼意思？每一堂課的「許多時間」又是多少？老師扮演「引導者」或「備詢者」，做的工作是什麼？這些都需要進一步釐清。

學傳播的人都知道，要讓發送出去的訊息與接收到的訊息相同，是一件多麼困難的事；也許沒有一個人真的完全了解那些用以溝通的詞彙的意義。換言之，我們永遠無法確定自己所接收到的訊息，是不是原傳送者所要送出的訊息。聽說幾年前，有一位教育領域的先進因為對這種不確定非常沮喪，好幾個禮拜都不跟同事說話。但是，盡自己所能去溝通，是比較有建設性的方法；我們必須盡可能將自己的用語解釋清楚。雖然大部分的研究者都會盡力說清楚，但每個人能做到的程度不同。

必須記得的另一個重點是，必須定義的常是一個複合詞（compound term），而不只是一個字詞。例如，**非引導性的治療法**（nondirective therapy）這個詞，想要分別定義**非引導性**與**治療法**來解釋清楚，是不可能的，因為整個名詞有其特定的意義，是前者（非引導性）與後者（治療法）個別定義後再加總所無法表達的。同樣地，像**學習障礙**（learning disability）、**雙語教育**（bilingual education）、**互動式視聽設備**（interactive video），與**居家健康照護**（home-centered health care）等等這些複合詞，都必須視作一體來解釋。

下面是**有學習的動機**（motivated to learn）這個詞的三種定義，你覺得哪一個最清楚？

1. 努力用功。

2. 熱切且熱情。

3. 對某一工作持久用心。*

　　現在，你已了解以「字典法」來澄清詞彙的意義，有其限制之處。第二種可能性是**舉例澄清**（**clarification by example**）。研究者可能知道幾個人本主義的班級，就可以盡可能完整描繪這些班級內的情形。通常我們建議實地觀察這些教室，才能確實了解它們與一般班級的差異。然而，這種方法還是有它的問題，因為無論我們如何詳細描述，都還是可能無法達到某些人的需求。

　　因此，第三種澄清的方法，就是從操作上來定義這些詞彙。在**操作型定義**（**operational definitions**）中，研究者必須明確說出用以測量或指認該詞彙的動作或操作。例如，下面是**人本主義的班級**的兩個可能的操作型定義。

1. 任何由特定**專家指認**為人本主義的班級者。

2. 任何被**判斷**（由觀察員在四至五個星期內，每星期至少觀察一天）為具有下列特質的班級：

　　a. 同一時間內，最多只有三個學生是使用相同的教材。

　　b. 老師一天之內對著整個班級說話的時間不超過二十分鐘。

　　c. 每節課至少有一半的時間，學生可以用自己的速度，著手進行自己的功課。

　　d. 每位學生在課堂上有數套（三套以上）不同的教材可供使用。

　　e. 非傳統式的排座法——學生圍成一個個小圈圈，或一群群坐在一起，甚至坐在地板上做自己的功課。

　　f. 常有討論的機會（至少一週兩次），並鼓勵學生在討論時對課本的主題發表自己的想法或意見。

對許多人（可能也包括你）而言，以上所列的特色與行為，也許還不能清楚定義人本主義的班級，但這比起我們剛開始時所用的定義要明確（也清楚）多了。† 有了這個定義（及必要的設備），研究者就能很快地決定，所觀察的班級是否為人本主義的班級。

---

* 我們認為定義 3 最清楚，定義 1 次之，定義 2 再次之。

† 這些特質還可能定義得更仔細明確。但這些特性的確符合操作型定義的標準，因為它們指出研究者須要做的行動，才能測量或指認所被定義的變項。

研究報告中一定要定義的詞彙

- 使研究問句能清晰聚焦的必要詞彙。
- 領域外的人可能不懂的詞彙。
- 有多種意義的詞彙。
- 要能夠了解研究內容的必備詞彙。
- 能將研究中要發展或尋找的測量工具精確說明的詞彙。

從操作上來定義詞彙，能幫忙釐清其意義；操作型定義是有用的工具，所有領域的研究者都必須能嫻熟使用。記住，用以測量或確認詞彙的任何必要操作或動作，都必須說明清楚。下面幾種**有學習數學的動機**（motivated to learn mathematics）可能的定義，你認為哪一個是操作型定義？

1. 表現於課堂上的熱情。
2. 由學生的數學老師所發展的量表來判斷。
3. 由「數學興趣」問卷測量。
4. 表現於課堂上對數學作業的注意力。
5. 反映於數學成就。
6. 由選修數學課程的多寡作為指標。
7. 表現在課堂上的努力。
8. 表現在所完成的非硬性規定的作業件數。
9. 表現於在課外自行閱讀數學書籍。
10. 由教師助理使用「數學興趣」觀察記錄做觀察。*

使用操作型定義，不但能幫助讀者了解研究者實際如何取得資料，還能幫忙澄清一些用詞的意義。例如，研究者在思考如何測量**工作滿意度**時，就必須釐清自己對這個詞的定義（圖 2.1 中，你會發現，在日常生活中有時還是需要操作型定義）。

---

* 操作型定義是第 2、3、6、8、10 項。非操作型定義是第 1、4、5、7、9 項，因為沒有說明是要以什麼動作或操作來確認這些行為。

　　然而，雖然操作型定義有許多優點，若研究者僅提供操作型定義，常常還是不足以讓人完全了解。當你讀到「語言精熟度（操作上）定義為學生的 TOLD 考試成績」，可能對你無甚助益，除非知道這個 TOLD 測驗是什麼。即使如此，讀者還是想知道，研究者藉這個詞想表達什麼意義。基於以上理由，我們相信，構成性定義必須要伴隨操作型定義一起呈現。

　　研究者對於研究問句中的詞彙一定要非常清楚，這一點非常重要。若研究者也不清楚該尋找哪一種資料，那麼要繼續依研究計畫進行蒐集與分析資料，就非常困難了；如果研究者不清楚研究問句中關鍵詞彙的意義，就無法清楚知道自己該尋找哪一種資料。

圖 2.1 有時候有操作型定義會比較好

◆ 研究問句必須是重要的

　　研究問句也必須是**值得**探究的。基本上，我們必須思考，這個問題是否值得花時間與精力（常還有金錢）去找尋答案。我們可能會問，探究這個問題有什麼價值？它所得到的知識對於教育有什麼貢獻？對於理解人類又有什麼貢獻？這種知識重要嗎？如果是，為什麼重要？這些問題促使研究者去思考，為什麼這項研究值得探討，也就是為什麼是有意義或重要的。

　　研究問題對於提出者而言，一定都是有趣的。但只是有趣，就足夠成為探究的理由嗎？對某些人來說，這個問題的答案是很清楚的——「是的」！他們認為，任何問題，只要是有人真的想知道答案，就值得探究；但也有人認為，僅是個人的興趣本身，不足以構成探究某個問題的理由。他們指出，個人的興趣常常僅是探討一些不重要或瑣碎的問題。因為大部分的研究都需要花費相當的（有時是極大的）時間、精力、物質、金錢，和／或其他資源，因此「研究結果必須獲得一些有用的成果或相當的益處」這種觀點是可以理解的。將自己與他人投資於研究事業，就應該增進一些對教育界而言是有價值的知識。

　　一般而言，大部分的研究者都不認為純粹個人興趣就可構成研究的正當理由。再者，從心理學的角度，我們對於「純粹好奇」的動機持疑。大部分的問題背後或多或少都可能有隱藏的動機，而為了能讓人相信，有必要清楚說明這些理由。

　　因此，對任何一位研究者而言，最重要的工作之一，就是在投入太多初步準備工作之前，仔細想清楚這件研究規劃的價值。對於一個研究規劃，我們要問三個重要的問題：

1. 這個研究問句的答案可能用以增進相關領域的知識嗎？
2. 這個研究問句的答案可能用以改善教育實務嗎？
3. 這個研究問句的答案可能用以改善人類的境況嗎？

　　當你思考有哪些可能的問題可以研究時，先問問自己：為什麼必須回答這個問題？這個問題對於實務的改善有任何啟示嗎？對於行政決策呢？對於計畫案的規劃呢？有哪個重要的議題可因這個研究，而獲得某種程度的明朗化？還是因為這個問題與某個理論有關，而我對這個理論有幾個疑點，或者想使它更充實詳盡嗎？針對這幾個問題仔細思考可能的答案，就能幫我們判斷研究問題

◎ 正當理由的重要性

教育界的研究，就像其他社會科學界的研究，有時被批評為太過瑣碎。幾年前，參議員 William Proxmire 因為他所創的「金毛獎」而聲名大噪。他把「金毛獎」頒給一些研究，這些研究是受政府補助，但他認為研究內容毫無價值或過於瑣碎。有些獲獎者認為這是惡意中傷，辯稱自己的研究沒有獲得完整公平的理解。雖然毫無疑問地，研究的特質是非常專業的，不易讓領域外的人了解，但我們相信，研究者還是要多花心思在：

- 避免使用艱澀隱晦的術語。
- 將關鍵詞彙清楚定義；若可能，最好提供構成性定義與操作型定義。
- 清楚指出研究的重要性，以說服讀者。

的重要性。

我們的經驗裡，學生給的研究理由常有兩個弱點。第一是他們的前提假設太大了，例如他們可能以為大家都會認為研究「自尊」或「閱讀能力」是很重要的。事實上，並不是每個人都認為這些是需要探討的重要問題；無論如何，研究者有責任說服別人，使別人相信這些問題很重要，而不只是假定別人也認為重要。

第二個弱點是，學生常對研究結果的啟示講得過於高遠。例如，證據顯示某一種教學法有效，並**不**表示這種方法可以被普遍採用，也不表示學生的成績會自動進步。這樣的研究結果**可能**只代表：在師資培育的過程中，必須多重視這種教學法。

◆ 研究問句常探究各種關係

好的研究問句往往還具備另一種特性，那就是，研究問句常（但並非一定）暗示著研究者想要探究某種關係（第 5 章會討論其原因）。所謂「暗示某種關係」是說，兩種性質或特質以某種方式相連結。例如：動機與學習有關嗎？若有，其關係如何？年齡與迷人的程度有關嗎？速度與重量有關嗎？高度跟力氣呢？校長的行政措施與教師的士氣呢？

　　由於**關係**這個詞在平日的生活中有其他意義，我們必須先了解它用於研究領域時的意義。當研究者使用這個詞時，他們指的並不是人際關係的性質或品質。研究者所謂的「關係」，由圖來表示最為清楚。圖 2.2 中 A 組與 B 組的資料，你注意到了什麼呢？

　　A 組的資料顯示，32 個人中，有 16 個共和黨員，16 個民主黨員；而且兩黨都是男性占一半，女性占一半。B 組的資料在政黨別及性別上的比率亦同。這兩組資料的不同點在於：A 組資料中，性別與政黨別沒有關聯或關係；而由 B 組資料，我們發現這兩項因子之間，有相當強的關係。要表示 B 組資料所發現的關係，我們可以說：男性較可能是共和黨員，女性較可能是民主黨員。我們也可以用預測的方式來表示這種關係：如果有一名女性加入 B 組，我們會預測她是民主黨員，因為之前的 16 位女性中有 14 位是民主黨員。

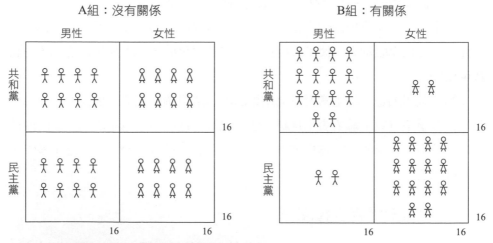

圖 2.2　選民的性別與所屬黨派之間的關係說明

OLC
回到本章最前面的**互動與應用學習**所列出的一系列互動與應用活動。到線上
學習中心（OLC, http://highered.mheducation.com/sites/125991383x）
去做小測驗、練習關鍵詞彙，及複習本章內容。

本章重點

研究問題

● 研究問題是研究探討的焦點。

研究問句

● 許多研究問題是以問句的方式敘述。

● 一個可以研究的問句之基本特色是：必須要有方法可以蒐集到資訊來回
答該問句。

好的研究問句的特性

● 研究問句必須是可行的——也就是能以可得的資源探討。

● 研究問句必須是明確的——也就是不模糊。

● 研究問句必須是重要的——也就是值得探討。

● 研究問句必須是合乎倫理的——也就是做研究時，不會對人造成身體或
心理的傷害或損害，或對人所屬的自然或社會環境造成損害。

● 研究問句通常是（雖然不是一定）探討某種關係。**關係**這個詞用於研究
時，指的是兩個或多個性質或特質之間的關聯或連結。

定義研究裡的詞彙

● 三種常用來澄清研究問句裡不清楚或模糊的詞彙的方法是：使用構成性
（字典類型）定義、經由例子定義，及使用操作型定義。

● 構成性定義使用其他詞彙來澄清意義。

● 操作型定義說明將如何測量或指認一項詞彙的事例。

關鍵詞彙

實證的參考標準（empirical referent）　　46
構成性定義（constitutive definition）　　50

問題討論

1. 以下是三個研究問句。你覺得它們的明確度如何，以1到5表示（5＝程度最高，1＝程度最低），你會各給幾分？重要的程度呢？為什麼？

   a. 這個大二的班裡，有多少學生要修駕駛訓練課？

   b. 為什麼這個學區裡的許多學生說不喜歡英文？

   c. 教社會研究課時，主題探討法的效果比較好，還是講授法的效果比較好？

2. 你會如何定義以人本主義為導向的班級？

3. 有些在教育領域常用的詞彙，像是動機、成就，甚至學習，都很難清楚定義。你認為是什麼原因？

4. 你會怎樣從操作上定義優秀這個詞？請舉一個例子。

5. 「即使是最清楚的定義，也不能保證一定會達成有意義的溝通。」這句話真的對嗎？為什麼對或為什麼錯？

6. 我們認為操作型定義一定都要有構成性定義伴隨。你同意嗎？有什麼例子是不需要這樣的嗎？

7. 大多數的研究者認為，只是基於個人興趣的研究不值得做。你完全同意嗎？有沒有可能的例外情形？

研究練習 2 　研究問句

利用問題卷 2，以一兩個句子重述你在「研究練習 1」所列出的研究問題，然後再形成一個跟這個問題相關的研究問句。接著列出問句中所有你認為可能不清楚而需要定義的關鍵詞彙。為每一個詞彙都加上構成性定義及操作型定義，接著說明你為什麼認為這項問句重要而值得研究。

問題卷 2 　研究問句

1. 我的研究問題是：_____

2. 我的研究問句是：_____

3. 以下是問題或問句中，不清楚而需要定義的關鍵詞彙：

　a._____　d._____
　b._____　e._____
　c._____　f._____

4. 這些詞彙的構成性定義如下：_____

5. 這些詞彙的操作型定義如下：_____

6. 要探究這項問句／問題，我的理由（我為什麼覺得這是個需要探討的重要問題）如下：_____

這份問題卷（英文版）在線上學習中心（OLC, http://highered.mheducation.com/sites/125991383x）有電子檔。你可以利用電子檔填寫並列印、儲存或以電子郵件寄送。

Chapter 3

尋找與探討文獻

- 文獻探討的定義與價值
- 資料來源的類型
- 文獻搜尋的步驟

  盡可能精確定義研究問題／檢視一、兩種第二手資料來源／選取合適的一般性參考資料工具／訂定搜尋詞彙／使用一般性參考資料工具做搜尋

- 做電腦搜尋

  獲得第一手資料來源

- 撰寫文獻探討報告

  搜尋全球資訊網

學習目標 >> 讀完本章後,你應該能:

- 扼要描述文獻探討的價值。
- 指出研究者進行文獻探討的步驟。
- 扼要描述一般性參考資料所包含的資訊種類,並舉一個這種來源的例子。
- 解釋第一手和第二手資料來源的差異,並分別為兩者舉一個例子。
- 解釋「搜尋詞彙」的涵義,並說明它和「描述詞」的差異,及兩者如何用於文獻搜尋。
- 稍微練習過電腦操作及從圖書館員獲得一些幫忙後,選定一個感興趣的題目,練習以人工及電腦搜尋文獻。
- 寫一份文獻探討的摘要。
- 解釋何謂後設分析。

互動與應用學習 在閱讀本章的同時,或讀完本章後:

到線上學習中心(Online Learning Center, OLC),
網址 http://highered.mheducation.com/sites/125991383x:

- 閱讀電子研究指南

到線上學生精熟活動簿(Student Mastery Activities Book)做下列活動:

- 活動 3.1:圖書館工作單
- 活動 3.2:你會看哪裡?
- 活動 3.3:以電腦搜尋文獻

　　飛爾自軍中退役之後,目前在猶他州羅根鎮的一所成人學校,第一年當老師。他教的是美國史,學生都是以前沒有拿到高中畢業證書,但現在想要拿證書的成人。他經歷了一段嘗試錯誤的痛苦經驗才知道,有些教學方法只會讓學生睡著。他非常希望能當一位好老師,卻不知道怎樣才可以讓學生對這一科有興趣。而他是校內唯一的歷史

老師，所以其他老師也幫不上什麼忙。

　　因此他想要知道有什麼其他的教學方法、策略及技巧可能派得上用場。他決定用網路搜尋，看自己能否找出教高中歷史的有效策略。第一次搜尋就出現了 12,847 個符合的項目！他嚇到了，不知該怎樣下手。該看書籍類嗎？期刊論文？網站？政府的文件？還是沒有出版的報告？他該去哪裡才能找到最有用的資源？怎樣才能讓搜尋更有系統？

　　在本章，你將會學到這些問題及其他相關問題的一些答案。念完本章後，對於該如何有系統、「有計畫地」搜尋教育文獻，你應該會有一些了解。

▌▌▌ 文獻探討的定義與價值

　　文獻探討（**literature review**）是針對一個明確的問題，去評估相關的文獻。文獻探討有幾個好處。它不只協助研究者獲取其他研究者的相關觀點（經由其研究發現與理論），也讓研究者了解此一問題（或其他相似或相關問題）在其他研究裡的結果。文獻探討也讓研究者了解，哪些地方還需要做更多的研究探討，這些需要更多探討的地方稱為文獻中的「溝」。事實上，詳細的文獻探討，是碩博士生在規劃學位論文時必要的工作；有些研究所會要求碩博士生的論文必須針對現有文獻中的不足（溝）做研究。因此，研究者常會依據自己的需求和狀況，從文獻探討中取捨資料。這裡有兩個重點：研究者不只要能夠找尋自己研究領域的其他文獻，而且還要會判斷這些文獻是否與自己的研究題目相契合。

▌▌▌ 資料來源的類型

　　研究者在開始搜尋研究問題相關的資訊前，必須熟悉資料來源的三種基本類型。不論是用電腦搜尋（線上或電子資料庫）或用手動搜尋（以紙張、印表機等工具，找出紙本或印刷品等資料來源），這三種基本類型都適用。而且不論是使用哪種工具，搜尋的過程都類似。

1. 一般性參考資料工具（**general reference tools**）經常是研究者首先參考的資料來源。一般性參考資料，可指引我們該去哪裡找到直接相關的其他資料來源，像是論文、專書、報告和其他文件等。一般性參考資料工具，通常不是**索引**（indexes），就是**摘要**（**abstracts**）。索引列出論文的作者、文章標題、出處和其他資料；摘要列有各種出版品的簡短摘述，當然也有作者、文章標題和出處。以往索引與摘要都只有紙本形式，但自從有了電腦與網路以後，大部分的圖書館都可經由線上資料庫，獲得電子化的索引、摘要、字典及百科全書等。例如，教育研究界最常用的 *Current Index to Journals in Education*（CJIE）和 *Resources in Education*（RIE），已經不再以紙本形式出版。自從 2002 年以後，它們都只以電子化的形式放在 ERIC（Education Resources Information Center）。ERIC 是教育研究及資訊的線上資料庫，由美國教育部及教育科學研究所（Institute of Education Sciences）資助（本章後續會說明如何使用 ERIC 做文獻搜尋）。心理學界的研究者最常用的一般性參考資料──*Psychological Abstracts*──現在也只能從美國心理學會（American Psychological Association, APA）所建立的電腦資料庫 PsycINFO 取得；PsycINFO 資料庫不但有摘要，還有期刊論文的參考書目、評估報告（evaluation reports）、研討會論文（conference papers）及研討會論文集（conference proceedings）、演講等等。

2. 第一手資料來源（**primary sources**）是指研究者直接向讀者報告他們研究結果的出版品。教育界的第一手資料來源大多是期刊（journals），像是 *Journal of Educational Research* 或 *Journal of Research in Science Teaching*。這些期刊通常是月刊或季刊，登載的論文多半是報告某個研究的結果。大部分的大學圖書館會訂閱線上期刊資料庫，讓校內學生免費檢索非常多的線上資料庫，包括使用者可依需求下載全文的電子期刊。

3. 第二手資料來源（**secondary sources**）是指作者描述其他人研究結果的出版品。教育界最普遍的第二手資料來源是教科書。例如「教育心理學」的教科書，可能會描述幾項研究，以闡明心理學的各種觀念和概念。其他常用的第二手資料來源包括教育百科全書、研究評論（research reviews）（通常是在有同儕審查制的期刊，登載一些針對特定議題做的文獻評論）和年鑑（yearbooks）。

　　研究者想為論文題目做有系統的資料搜尋時，通常會先參考一、兩種一般性參考資料工具，以找出幾個重要的第一、第二手資料來源。如果想迅速了解手邊問題的梗概，第二手資料來源可能是最佳的選擇；但若要詳細了解其他人已經做過的研究資料，當然要參考第一手資料來源。

　　大多數研究者現在都利用個人電腦搜尋電子文獻。網路還沒興起前，大部分的搜尋都是靠手動人工搜尋。人工搜尋（用紙張、印表機等工具，找出紙本或印刷品等資料來源）的方法，現在大多是用於尋找稀有文件或歷史文件。然而，有些教授還是要求學生也做人工搜尋，因為並非所有的資料來源都有電子檔或在線上可以找到。雖然電腦搜尋與人工搜尋的介面不同，但在過程上，兩者有相同的步驟。

文獻搜尋的步驟

　　以下是文獻搜尋的幾個步驟：

1. 盡可能精確定義研究問題。
2. 參閱相關的第二手資料來源（可能包括研究評論）。
3. 選取並詳閱一、兩種合適的一般性參考資料。
4. 訂定研究問題最相關的搜尋詞彙（search terms）〔即關鍵字詞（key words or phrases）〕。
5. 利用合適的一般性參考資料工具，搜尋相關的第一手資料來源。
6. 閱讀這些第一手資料來源，並做筆記摘記要點。

　　以下分別更詳細討論這些步驟。

◆ 盡可能精確定義研究問題

　　研究者必須做的第一件事，是盡可能明確陳述研究問句。像「哪些教學法對郊區的學生效果較好？」或「校長怎樣能成為一個有效的領導人？」這類問題太模糊，從一般性參考資料中找資料時，這類問題沒多大幫助。所要研究的問題必須縮小到一個可明確關注的領域。像改成「若要讓學生有較高動機學習社會研究中的概念，討論法是否比播放短片有效？」或「在學生普遍表現優異的小學裡，校長用哪些策略增進教職員的服務士氣？」之類，可能較為明確具

體。研究者應該要非常努力將研究問句聚焦於某個明確可探討的議題。

◆ 檢視一、兩種第二手資料來源

一旦明確陳述了研究問句，研究者最好能檢視一、兩種第二手資料來源，大致了解先前其他人對此一問題所做過的研究。研究者不需要把這變成一項浩大的工程，也無須花很長的時間。做這項工作的主要目的是要了解目前關於這個問題有哪些是已知，而現在與這個問題相關的新議題是什麼；研究者也可能從中獲得一些修改或改進研究問句的想法。下面列出教育研究領域最常用的第二手資料來源：

- **Encyclopedia of Educational Research**（最新的版本只在線上）：包含教育領域中三百多個主題的簡短摘要，是了解研究問題梗概的極好資料來源。最後一次的紙本版於 2004 年出版。

- *Handbook of Research on Teaching*（最新一版於 2016 年出版）：包含教學領域各面向之較長篇的論文。大部分的論文是由對主題有專長的教育研究者所作。

- *National Society for the Study of Education*（*NSSE*）*Yearbooks*：每年出版，包含各種主題的新近研究成果。每本年鑑通常有十至十二章，從各個層面討論一個主題。該學會（NSSE）於 1901 年成立，2008 年解散，但仍繼續以哥倫比亞大學的 *Teachers College Record* 之一部分的形式出版，沒有中斷。

- *Review of Educational Research*：由美國教育研究學會（American Educational Research Association, AERA）一年出版四次。內容包含各種教育主題的研究評論，及廣泛的參考書目，可由 ERIC 線上取得。

- *Review of Research in Education*（*RRE*）：每年出版一期，每期包含重要主題的調查與整合，由最優秀的教育研究者撰寫。RRE 目前在 ERIC 也可取得線上版本。

- *Subject Guide to Books in Print*（最新版本）：以上每種資料來源都是關於教育上重要主題的研究評論，但是有許多主題是當時的評論未收錄的題材。如果你的研究問句正好是針對這類主題，那麼要找尋這些主題的研究討論資料，可從最近出版的專書找到。而要找到可能討論某一主題的專書，最好的資源是最新版的 *Books in Print*，紙本及電子格式都有。

此外，許多專業學會及組織都有出版自己領域的研究手冊。包括：

- *Handbook of Reading Research*
- *Handbook of Research on Curriculum*
- *Handbook of Research on Educational Administration*
- *Handbook of Research on Mathematics Teaching and Learning*
- *Handbook of Research on School Supervision*
- *Handbook of Research on Multicultural Education*
- *Handbook of Research on Music Teaching and Learning*
- *Handbook of Research on Social Studies Teaching and Learning*
- *Handbook of Research on Teacher Education*
- *Handbook of Research on the Teaching of English*
- *Handbook of Research on the Education of Young Children*

這些手冊都摘要整理一些與其領域重要主題相關的最新研究。要找紙本的手冊，就使用圖書館的目錄；要找電子檔的手冊，就用圖書館的目錄、資料庫清單，和／或電子期刊清單。要找某一主題的專書，還可以找圖書館的目錄及圖書館的課程組（找教科書）。Education Index 及 PsycINFO 也列出其所屬領域最新出版的專書。

◆ 選取合適的一般性參考資料工具

從第二手資料來源大致了解研究問題的相關資訊後，研究者應該會對於究竟要探討什麼，有較清晰的概念。這時候，研究者最好再檢視其研究問句，看是否需要改寫，讓問題更聚焦。滿意後，就要選用一、兩種一般性參考資料幫忙找出有關該研究問句的特定期刊或其他第一手資料來源。在研究者可參考的眾多一般性參考資料工具中，以下列出最常用的工具：

- **Education Index**：自從 2004 年以來，這個只限於線上出版的索引，已經為三百種以上的教育出版品之論文作索引。它有三個獨立的資料庫：(1)Education Index Retrospective（教育索引回顧），涵蓋期間為 1929 年到 1982 年；(2)Education Index（教育索引）涵蓋期間自 1983 年至今；(3)Education Full Text（教育全文）蒐集 1983 年起的論文摘要及全文。
- **Education Resources Information Center（ERIC）**：ERIC 是教育研究與資

訊的線上資料庫，由美國教育部及教育科學研究所共同資助；內容包含了索引和摘要、期刊論文、報告，及教育、諮商與相關的社會科學領域的其他文件。2002 年時，由於兩個重要的教育索引 Current Index to Journals in Education（CIJE）及 Resources in Education（RIE）合併又停止發行紙本，ERIC 開始以電子形式提供。現在 ERIC 提供的引證資料（citations）或可直接檢視內文的論文，達到一百三十多萬筆，其中包括提供超過 750 份期刊的引證資料，及沒有出版的文件，像是課程指引、會議論文及研究報告。雖然 ERIC 還沒為所有**最新出版**的教育相關資料來源提供全文服務，但有提供摘要及完整的引證資料。出版資訊通常會包括以下內容：論文標題、作者、期刊名稱、頁碼、卷（期）號，及 ERIC 的查詢碼（identifying number）。如果是 ERIC 期刊論文（EJs），查詢碼是以 EJ 開頭，再加上六位數字（見圖 3.1）；如果是 ERIC 非期刊論文的其他文件，則是以 ED 開頭再加上六位數字（見圖 3.2）。ERIC 文件（EDs）可能是州教育局的出版品、聯邦資助的研究計畫結案報告、學區的報告、政府單位出資做的報告，及其他出版或未出版的文件。摘要及書目資訊通常在所有文件裡都會出現。許多可能永遠不會出版的報告都收錄在 ERIC 裡，因此 ERIC 是個特別珍貴的資源。

● **PsycINFO**：PsycINFO 是已經停止出版的 *Psychological Abstracts* 的電子版，它包含 1800 年代以來（有些記錄甚至是十八世紀或十七世紀的）心理學領域文獻的摘要與引證資料。它是由世界上最大的專業學會──美國心理學會所維護的資料庫，該學會之會員為世界各地的心理學家與科學家。PsycINFO 包含社會及行為科學方面的期刊論文、專書章節、書籍、技術報告，及博士論文的摘要與書目資料。從學會的 APA PsycNET 網站也可進入 PsycINFO。

另有三個一般性參考資料工具，有時也能提供一些關於教育研究的資訊，如下：

● **Exceptional Child Education Resources（ECER）online database**：是由特殊兒童委員會（Council for Exceptional Children）建立的書目資料庫（紙本已於 2004 年停刊），提供兩百種以上期刊裡有關特殊兒童的資訊。它的形式類似 ERIC，提供作者、主題和標題的索引。如果研究的主題是特殊兒童，它會是值得查詢的資料，因為它收錄了一些 ERIC 沒有搜尋的期刊。

● **Social Science Citation Index（SSCI）**：SSCI 提供另一種形式的引證資料和

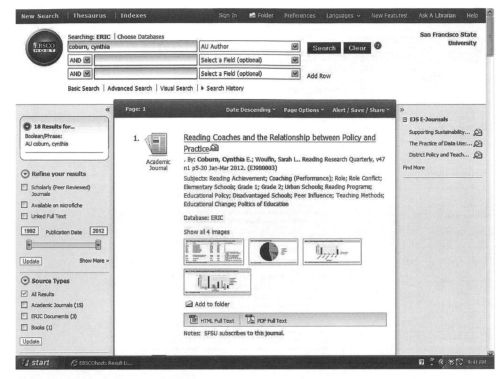

圖 3.1　ERIC 期刊論文的摘錄
©2013 EBSCO Information Services.

檢索服務。它有「向前搜尋」的搜尋方式，這種獨特的搜尋方式對研究者很有用。當研究者發現一篇感興趣的文章時，就可鎖定文章作者的姓名，找出引述過這篇論文的其他作者之姓名與出版期刊名。這些額外的論文對研究者可能很有用，尤其是在為**註解書目**（annotated bibliography）（某個主題的文獻及各論文的摘要之清單）列參考文獻或做文獻探討時尤其有用。研究者可以知道這些額外的論文還引證了哪些書或論文，因而降低漏失重要資訊的機會。大多數的圖書館會提供 SSCI 線上搜尋讓讀者使用，因為它是 Web of Science 資料庫的一部分（現在由 Thomson Scientific 出版）。

● **ProQuest Dissertations and Theses**：ProQuest 有一個數位圖書館，收藏了超過一百四十萬篇論文，包括北美洲、歐洲與亞洲的一千多個研究所與大學所提供的碩博士論文的摘要及全文檔。所涵蓋的範圍包括 1988 年至今完成的大多數碩博士論文，及其他僅收錄摘要的論文，最早可以追溯到 1861 年（見圖

圖 3.2　ERIC 文件資料的摘錄
©2013 EBSCO Information Services.

3.3）。教育領域大部分的博士論文及許多碩士論文都是原創研究的報告，是
文獻探討時有用的資料來源。

◆ 訂定搜尋詞彙

　　一旦選定一般性參考資料，研究者就需要訂定一些**搜尋詞彙**（**search
term**），也就是用來找尋第一手資料來源的字或詞句。搜尋詞彙是問題敘述中
最重要的字詞。例如，研究問句「由一個教學團隊進行教學，相較於由一位老
師獨力進行，學生在前者的情況下會學得比較多嗎？」這個問句裡最重要的詞
彙——關鍵詞彙——是哪些？記得，研究者進行文獻搜尋，是要找出有哪些跟
這個問題有關，已經做完的研究及做過的思考。因此，這個問句裡的關鍵詞是
教學團隊。因此**教學團隊**和其他類似或同義的字詞都該被列出。可能的其他字
詞包括**協同教學**（team teaching）、**聯合教學**（joint teaching）、**合作教學**（co-

圖 **3.3** ProQuest 學位論文的摘錄
©ProQuest LLC.

operative teaching）、**合作與教學**（collaboration and teaching）等等。接著，研究者再選擇合適的一般性參考資料工具。

不論是電子或紙本格式的索引與摘要，都有提供引證資料。每一個引證資料，不論是在資料庫裡、索引裡或摘要裡，都含有該資料的獨特資訊（也就是作者、標題、出版日期等）。再者，每一個引證資料都被賦予一些詞彙，協助將相關的論文歸類。大多數的資料庫裡，被賦予的詞彙稱為主題詞（**subject terms**）或主題標題（**subject headings**），而在 ERIC，這些詞則稱為描述詞（**descriptors**）。了解特定系統使用哪種主題詞、主題標題或描述詞，可讓研究者較容易找出所有跟研究主題相關的論文。

如果使用線上資料庫搜尋文獻，研究者是把搜尋詞彙輸入搜尋格內（見圖3.4）。如果使用紙本工具，則是從主題詞清單中找出相符的搜尋詞彙，才能找到相關的引證資料清單。接著研究者就可從中選擇相關的論文。

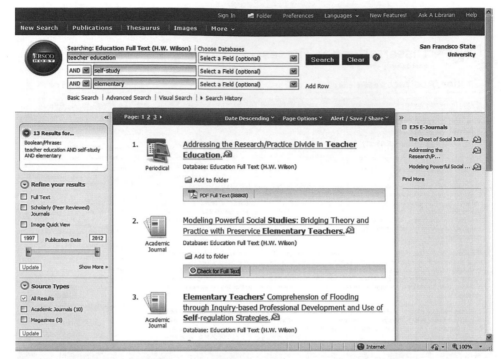

圖 3.4 Education Full Text 搜尋剪影

◆ 使用一般性參考資料工具做搜尋

　　許多教育領域的研究者，會到圖書館或其他線上的資料庫做搜尋。幾乎所有大學圖書館及多數公立圖書館的網址都有提供資料庫，讓使用者做線上搜尋。許多州的教育局也提供線上教育資料庫的管道，許多郡的教育辦公室及一些大的學校系統也有提供這類管道。教育研究者最常用的資料庫是 ERIC，它所提供的電子資料最早可回溯到 1966 年。其他資料庫包括 PsycINFO、Exceptional Child Education Resources，及 ProQuest Dissertations and Theses。其他主題領域也有兩百個以上各種特定主題的資料庫；要對它們有更多了解，可以跟附近的學院或大學圖書館聯絡，請一位專精參考資料的圖書館員協助。

▮▮▮ 做電腦搜尋

接下來我們以實際搜尋 ERIC 資料庫為例，來說明做線上搜尋的步驟。

盡可能明確定義問題 研究問題必須盡可能明確陳述，才知道有哪些相關的描述詞可用。籠統的問題陳述像是「詢問技巧的功效如何？」涵蓋的範圍就太大，會找到非常多的參考資料，但其中有許多會跟研究問題無關。因此，為了做有效率的搜尋，我們在此將研究問句定為「哪些詢問技巧最能有效協助學生了解歷史概念？」

決定搜尋的程度 研究者接著必須決定要找到多少筆參考資料。如果是投稿期刊論文的文獻探討，大約只要 20 到 25 筆比較新近的參考資料。如果要做較詳細的探討，像是準備碩士論文，則可能需要探討 30 到 40 筆。要做非常完整仔細的探討，像是博士論文的文獻探討，則可能需要搜尋到 100 筆或更多的參考資料。

決定資料庫 如前所述，雖然有許多資料庫，但最常使用的是 ERIC。主題詞或主題標題在有些資料庫可能派不上用場，但許多資料庫之間有不少重疊。在 ERIC 裡，主題詞稱為「描述詞」。我們以使用 ERIC 為例，因為 ERIC 是搜尋教育主題的研究最好的資源。

選擇搜尋詞彙，發現描述詞 在 ERIC 做搜尋時，一開始常使用研究主題的關鍵詞。把這些關鍵詞輸入 ERIC，告知電腦自己要找什麼。關鍵詞的選擇是有一點技巧的。如果關鍵詞太籠統，會出現太多的參考資料，許多可能跟研究主題不相干。如果關鍵詞太狹隘，能找到的參考資料會太少，而許多重要的相關文獻可能就被遺漏了。再者，如果所使用的關鍵詞不同於系統用來描述該主題的描述詞，或不相近，就可能找到非常少或完全找不到任何參考資料。對 ERIC 使用者而言，ERIC 的詞庫（thesaurus）中提供了該資料庫常用的描述詞清單。ERIC 的搜尋結果，也會為每一個引證資料列出它的描述詞及主題詞。

關鍵詞及描述詞都可以單獨或合併使用。有些重要的字，稱為**布林邏輯運算元**（**Boolean operators**）可讓搜尋詞彙以不同方式組合。最常用的布林邏輯運算元是 *and* 及 *or*。例如，要電腦搜尋單一個關鍵詞或描述詞，像是 *inquiry*，所有包含這個字的參考資料都會被列出來。但研究者可以用 *and* 將兩個關鍵詞

或描述詞連接，縮小搜尋，找出那些同時包括**兩者**的參考資料。要電腦搜尋 *questioning techniques and history instruction*，就縮小了搜尋，因為只有同時包含這兩個描述詞的參考資料才會被找出來。另一方面，如果用 *or*，搜尋範圍就擴大了，因為任何參考資料，只要含有**兩者之一**，就會被找出來。因此，要求電腦搜尋 *questioning techniques or history instruction*，會使搜尋結果擴大。圖 3.5 說明使用這些布林邏輯運算元的結果。

　各種組合都可能出現。例如，研究者可能要電腦搜尋 *questioning techniques or inquiry and history instruction or civics instruction*，電腦列出的參考資料，將至少必須包括 *questioning techniques* 或 *inquiry* 兩者之一，還有 *history instruction* 或 *civics instruction* 兩者之一。

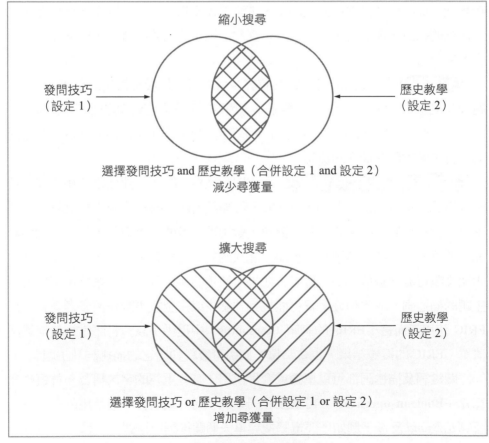

圖 3.5　布林邏輯運算元 AND 和 OR 的示意圖

我們做的搜尋示範，是利用下列描述詞：*questioning techniques*、*concept teaching* 及 *history instruction*。我們也考慮過使用一些相關的詞，包括：在 *questioning techniques* 之下用 *inquiry*、*teaching methods* 及 *learning processes*；在 *concept teaching* 之下用 *concept formation* 及 *cognitive development*。但再想想，又決定不用 *teaching methods* 或 *learning processes*，因為覺得這些詞使用得過於廣泛，並不是專門用於研究問題的詞彙；我們也因為相同的原因決定不用 *cognitive development*。

做搜尋 決定要用的描述詞後，下一步就是把它們輸入資料庫，讓電腦做搜尋。圖 3.6 是搜尋結果的摘要。從圖 3.6 可以看到，我們要資料庫先搜尋 *questioning techniques*（搜尋 ID：S1），接著搜尋 *history instruction*（搜尋 ID：S2），再合併兩者做搜尋（搜尋 ID：S3）（注意到我們用的布林邏輯運算元是 *and*）。結果電腦一共為 *questioning techniques* 找到 5,124 項參考資料，為 *history*

圖 3.6　搜尋結果的摘要
©2013 EBSCO Information Services.

instruction 找到 6,891 項資料，為合併兩者的搜尋找到 65 項。接著我們要資料庫只搜尋 *concept and teaching*（搜尋 ID：S4），得到 41,159 項參考資料。但由於我們有興趣的是應用於詢問技巧（questioning techniques）及歷史教學（history instruction）的概念教學（concept teaching），所以我們把這三個描述詞合併（用運算元 *and*），要電腦做搜尋（搜尋 ID：S5）。電腦列出 2 項參考資料。如果有提供全文，這時候就可以下載這 2 項資料，列印出來，或存到硬碟或隨身碟，或經由電子郵件傳送到信箱。

如果一開始搜尋得到的參考資料太少，就可利用涵蓋意義較廣的描述詞做搜尋。在上個例子，如果得到的參考資料太少，我們可能就會用 *social studies instruction* 而非 *history instruction*。同樣地，也可用比較特定的詞彙將搜尋範圍縮小。例如，如果搜尋得到的資料太多，我們也許用 *North American history* 而非比較廣泛的 *history*。

記錄引證資料的資訊 一旦找到參考資料，就需要將所找到的資訊記錄下來，作為日後使用。如果發現跟主題的任一方面相關的任何論文，都必須記錄下那些論文的作者、論文標題、頁碼、出版日期及出版來源。有幾種輸出的方式可用，包括存檔、用電子郵件寄送、列印，及輸出參考資料。要選擇能夠容納最多資訊的方式，因為這些資訊將來可能會派上用場。該有的資訊包括引證資料的資訊、摘要，有時也需要全文。

許多資料庫，包括 ERIC 的某些版本，有存檔、用電子郵件寄出，及列印引證資料的選項。引證資料可能提供不同的格式，包括 APA、MLA（Modern Language Association，現代語言學會）、芝加哥大學及其他學術引證資料的格式。搜尋時一定要做好自己儲存及記錄的程序。不論是要用比較古老的工具（像是索引卡）或比較新的工具（像是 EndNote、RefWorks 或 Zotero）記錄或整理引證資料，重要的是要完整正確記錄書目資訊。列出的書目有錯誤時，如果想再去找那份資料，會讓人非常惱火喔。

搜尋 ERIC 現在要在線上找參考資料工具（及其他大多數的參考資料）比以前容易而且快得多。除了有摘要與引證資料以外，許多文獻也可以立即以 PDF 格式下載。而 ERIC 的另一項重要特色是，搜尋時可同時使用不只一個描述詞。

假設現在一位研究者想找的是，關於科學課堂上提問方面的資訊。在 ERIC

資料庫上利用 *questioning techniques* 和 *science* 的描述詞，就可以找到幾個論文的摘要及引證資料。注意，ERIC 裡，*source*（來源）這個詞是指到哪裡去找這篇論文。在我們的搜尋結果裡，一個是在 *Research in Science and Technological Education* 這份期刊裡，另一個是在 *International Journal of Science Education*。

搜尋 PsycINFO 搜尋 PsycINFO 的方式類似 ERIC。搜尋用的關鍵詞、主題詞及描述詞三者，都可以單獨使用或合併使用。看到有興趣的論文就可以到所列出的期刊裡找。要做徹底的搜尋，最好的方式如下：

1. 1965 年以前，搜尋 Education Index。
2. 1966 到 1968 年之間，搜尋 ERIC 及 Education Index。
3. 1969 年至今，搜尋 ERIC、Education Index 及其他教育資料庫。

◆ 獲得第一手資料來源

搜尋一般性參考資料之後，就找到一串書目資料。下一步是找出每項資料的來源，讀這些文章，並同時記下相關的重點。第一手資料有兩大類主要來源——期刊與報告。*

專業期刊 許多教育類期刊會刊載研究報告。有些期刊所刊載的論文涵蓋教育的各種主題，但有些期刊只涵蓋一種特定主題，像是社會研究教育。許多研究者很熟悉自己領域內的期刊，並會不時翻閱。這類期刊像是 *American Educational Research Journal*、*Child Development*、*Educational Administration Quarterly*、*Journal of Educational Research*、*Journal of Research in Science Teaching*、*Reading Research Quarterly* 及 *Theory and Research in Social Education*。

報告 許多重要的研究發現一開始都以報告的方式發表。幾乎所有由機構資助的研究計畫案，於計畫完成時都會產出一份結案報告，說明其方法、步驟與研究發現。並且，每年美國政府、州教育局、私人機關、學區及專業協會，都會出版許多研究計畫的報告。還有，許多研究者也會將他們的研究結果在專業會議及學術研討會發表。

大多數報告的摘要有收錄在 ERIC，且有 PDF 檔。許多論文，像是主席特別工作小組的專題報告（reports of presidential task forces）、全國學術研討會的

---

* 學生寫論文時應參考第一手資料來源，避免使用二手資料來源。

論文，或特別召開的專業會議所發表的論文，都只會以報告的形式發表。這些通常比專業期刊裡的論文詳盡許多，內容也是較新的研究結果，並且沒有版權的問題。報告是取得最新資訊的一項非常有價值的來源，而且其資訊是無法從別處取得的。

找出第一手資料來源 大多數的第一手資料來源是學術期刊，因為這是大多數教育研究結果的發表之處。雖然愈來愈多的期刊可經由圖書館網站線上取得，但若要徹底把相關的第一手資料來源都找出來，很可能還必須以手動搜尋那些只以紙本形式出版的期刊。大多數的圖書館裡，研究者都可以直接從書架上那些以字母排列的期刊中找到自己要的，但有些圖書館則必須由館員代勞。

每一位研究者大概都會面臨的一個問題是，圖書館沒有想找的書或期刊。這種時候通常可以直接從作者那裡取得。作者的聯繫方式（電子郵件及通訊地址）常會列於教育資料庫，有時也可以在一些專業協會的通訊錄找到，例如 *American Educational Research Association Biographical Membership Directory* 或 *Who's Who in American Education*。如果從作者那裡無法取得抽印本或書，也可能經由館際合作（**interlibrary loan**）的方式從別的圖書館取得；幾乎所有圖書館都有館際合作的服務。使用者將資訊輸入資料庫，就可在幾秒之內查出，某一限定區域內的哪些圖書館，有你想要找的書或期刊。

利用第二手資料來源找出第一手資料來源 雖然文獻探討的主要目標，是評估那些已經發表於學術期刊的實證研究報告，第二手資料來源也可能是有用的工具。找出已經發表的評論文章——不論是文獻探討或我們下一段會介紹的**後設分析**——都能讓研究者對於跟研究主題相關的文獻之深度與廣度得到一些概念。只要在一開始搜尋文獻時，在所使用的搜尋詞彙或描述詞之後再加上關鍵字 "review"，就可以在研究評論的文章裡找出一長串的參考資料清單（或書目），這種技巧稱為「分生」（branching）。還有，**地標研究**（landmark studies）常被專家認為是要了解該項主題極端重要的文獻。閱讀評論文章時，研究者可能會重複看到某位研究者的名字，或有作者直接說某一項研究特別重要。這種時候就應該把這些地標資料來源加入必讀清單，未來加入文獻探討中。

研究者常從理論的觀點討論自己實證研究的發現。為文獻探討做準備時，一項最重要的工作，是要了解跟該項主題最有關的理論和提出理論的學者——尤其是地標理論學家（landmark theorists）。搜尋電子資料庫時，可將 "theory"

○ **好的期刊論文摘要該具備些什麼？**

- 要探討的問題
- 研究目的
- 研究假設（如果有的話）
- 研究者使用的方法
- 研究對象的描述
- 結果
- 結論

一詞作為關鍵詞或描述詞加入，搜尋地標理論。一般來說，有名的理論學家會自己做研究，而其中有些研究被認為是地標研究。在文獻探討中討論主要的理論與理論學家，可提供審查者一些重要的背景資訊，幫助他們了解將要評估的實證研究之發現。

後設分析 在學術期刊裡，伴隨研究報告的文獻探討通常必須要簡短。不幸的是，這使得個別的研究無法被一一批判分析。並且，傳統的文獻探討之深度與廣度，基本上主要由探討者做決定，因此容易流於主觀。

為了要減少這種主觀的傾向，並降低要探討同一主題內的許多研究所需要的時間，就發展出了**後設分析**（**meta-analysis**）的概念。用最簡單的話來說，研究者做後設分析，就是將所選取的研究報告之結果發現加以平均後得出的平均數，可被視為某個結果或關係的大略指標。做後設分析的第一個需求，是結果必須以統計的方式描述，最常見的是計算效量（effect sizes）及相關係數（correlation coefficients）（稍後會說明兩者）。最早使用後設分析的其中一個研究，[1] 是分析心理治療的有效性，所選用的實證研究有 375 個，最後的結論是，經過治療以後，平均來說，個案的情況都比一般沒有治療的個案有明顯好轉。

你可能已經猜到，這項方法可應用在許多領域──到目前為止，已經有千百篇後設分析論文。學界對後設分析的許多質疑，有些至少已經利用統計調整做部分補救。我們認為最嚴厲的批評是，其一，設計不良的研究跟經過細心規

劃與執行的研究,在後設分析裡的權重竟是相同的;其二,後設分析最後所得的結果,雖然有依據一定的規則,但仍然含有主觀判定。對於第一個批評的補救辦法是,剔除「不好的」研究,但這又涉及研究者個人的主觀認定,且後設分析理想上是要降低主觀認定的。很清楚地,後設分析還會繼續被使用。但是,就像一些人所認為的,我們也相信,後設分析不能取代一個小心探討每份個別研究,並提供足夠背景資訊的論文。不論如何,文獻探討必須也搜尋相關的後設分析報告及個別的研究論文。

評估第一手資料來源 當所有需要的期刊論文與文件都蒐集齊全,文獻探討的工作就開始了。最好是由最新近的論文開始,再往回閱讀。這麼做的原因是,最新近的論文大多會引述先前的論文,因此可為先前的研究提供一個快速的整體回顧。論文要怎樣閱讀?雖然沒有完美的方法,但還是有些竅門。

先讀摘要。先讀摘要可以很快判定這篇文章是否值得從頭到尾整個念完。將書目資訊記錄下來,並且邊讀邊用你喜歡的工具做筆記(電腦、手寫,或兩者混用)。幾乎所有研究論文的格式都一樣,通常有一個摘要;接著是引言,在這裡提出研究問題或研究問句,及回顧其他相關的研究;而後是研究目標或要檢定的研究假設;說明研究步驟,包括研究對象、研究設計及蒐集資料的量表與工具;研究結果或發現;一份摘要(如果先前沒有摘要);及研究者的結論。並且一定要做先前提到的所謂「分生」,也就是利用列在論文最末的參考資料(或書目),幫你找到其他相關的資料來源。

做筆記時必須盡可能簡要,但也不要遺漏掉寫文獻探討時可能需要的資訊。做筆記時,必須注意以下事項:

1. **問題**:清楚陳述。
2. **假設或研究目標**:一字不變地從論文抄出。
3. **步驟**:列出所使用的研究方法(實驗、個案研究等等)、研究對象的人數和他們是如何被選中的,及所使用的資料蒐集工具〔問卷、畫記表(tally sheet)等等〕。記下該研究所使用的任何不尋常的技巧方法。
4. **發現**:列出主要的發現。指出研究目標是否有達成,假設是否獲得支持。通常會將發現用表格方式摘要列出。
5. **結論**:將作者的結論記錄或摘要下來。寫下你對於作者意見的不同看法及原因,如果這個研究的某些優點或缺點,致使結果對你的研究問題而言特別有

- 引言：有清楚描述研究問題嗎？（研究者有説服你，讓你覺得這項問題的確重要有意義嗎？）研究的目的陳述得清楚嗎？研究的範圍是否定義得過於狹窄？或太廣泛？研究的關鍵詞彙是否有清楚解釋與定義？
- 文獻探討：所呈現的文獻有幫你了解要研究的問題嗎？研究者有説明自己的研究跟先前的文獻差異在哪裡嗎？研究者有説明相關的理論嗎？研究者有指出目前文獻中尚待釐清的問題嗎？
- 設計與研究方法：研究情境與樣本描述得夠詳細？研究者的觀察方法或所使用的測量工具有任何明顯的瑕疵或缺點嗎？抽樣有明顯的瑕疵嗎？（例如，所使用的樣本是否合適？）步驟與觀察方法是否描述得夠詳細？有遺漏任何重要的細節嗎？
- 發現與結論：結果的描述是否清楚易懂？結果是否可支撐作者所做的結論？是否遺漏任何需用以評估研究發現的重要資訊？整體而言，研究是否有助於提升學界對於該議題的知識？

圖 3.7　評斷研究論文時要問的問題

用或不甚有用，也要記錄下這些優缺點。圖 3.7 列舉一些評判分析研究論文時，大略要問的問題。

避免無意間犯下剽竊行為的訣竅　何謂剽竊？簡單的說，就是：呈現的是別人的想法，卻沒有明說，讓讀者誤以為是作者自己的想法。寫文獻探討時，最具挑戰的一項工作就是，用自己的話語陳述第一手資訊的內容。如果原作者有提供研究論文的摘要，這項工作又更困難。很多情況下，學生會因為在報告裡誤用或沒有列出所引述的資料，而無意間犯下剽竊的錯誤。無論故意或無意，剽竊是很嚴重的錯誤，大學或學院有許多學生因為被認定剽竊而遭退學。摘要研究論文時，大致有一些訣竅如下：(1)抄錄別人的文字時一定要提供出處，或把這些文字前後加入引號。(2)依據某種（如美國心理學會或社會學會）學術論文寫作的格式，正確地交代出處（不當的引述方法也會被視為剽竊）；(3)少用引號；(4)雖然過度引用比引用不足好，但還是不要太過。

▌▌▌ 撰寫文獻探討報告

一旦找到並評估了所有跟主題相關的資料來源後，就可以開始文獻探討準備工作的最後幾個步驟。找到並評估所有的資料來源後，接下來的步驟是組織、整合及融合這些資料。這個過程是歸納性的，常讓研究者覺得自己一直在回頭

重新調整，而沒有進展。身為研究學者和教授，我們自己寫過文獻探討，並指導過許多學生寫。根據這些經驗，我們建議，要有耐心，還要能有彈性！雖然過程中你可能覺得自己像是一直回頭做修改（沒有前進），但這就是做研究時，發現過程中的一部分。這個過程中的一部分，是重新形成那引導你進行文獻探討的主要研究問題。例如，假設你的文獻搜尋的主題，鎖定在小學班級的混合能力分組。你原先想問的是「小學裡，異質分組的情形如何？」回顧了文獻，熟習了這個主題所使用的字彙與背景後，你把問句修改為「融合教育（inclusion practices）對於小學生的學業成就有什麼效應？」這個修改後的問句好了很多，因為它：(1)包含了該領域研究者目前所使用的關鍵詞或字彙；(2)幫忙釐清文獻探討的目的與範圍；(3)藉由探索「融合教育」（事先預設的因）與學生成就（事先預設的果）之間可能的關係，更深入探討該主題。

做文獻探討時，為相關資料來源做評量、整合與融合的過程，也就包含了分析文獻並分類成大主題與次主題的工作。有許多方法可以組織文獻探討的架構，一個常見的方法是納入摘要表，讓讀者對於研究相關的內容有概略的了解（overview）。這些內容像是：(1)重要的建構與測量的定義；(2)其他有關相同主題或現象的研究所使用的不同研究方法；及(3)研究的主要特色與發現。

以表格列出相關文獻的摘要，有助於提供讀者一個文獻的概括全貌。尤其當研究主題很複雜時，這些摘要或稱為**文獻重點摘要表**（annotated table），幫助更大；但若文獻的主題並不複雜時，不應以表格取代文字敘述。也就是：摘要表的使用必須是合理有必要的。圖 3.8 列出的文獻重點摘要表，是有關學生是否用心於學校活動（school engagement）之實證研究的主要特色與發現。注意到，這些文獻是依據第一作者姓氏的字母順序排列。

文獻探討在形式上可能會有不同，但通常都會包括下列五個部分：

1. 在**引言**部分簡短說明研究問題的性質，並陳述研究問句。研究者也會在這裡解釋自己想做這個研究的原因，並說明為什麼這個議題重要而值得研究。

2. 在文獻探討的**主體**部分簡要報告其他人的發現，或其他人對於研究問題的想法。相關的研究通常會放在一起討論，同列在一個次標題之下（比較容易讀）。重要的研究說明得比較詳細，比較不重要的則只要以一兩行提及即可；後者操作的方式是以單一個句子提幾個有類似結果的研究，有點像是「還有幾個小規模的研究也有類似的結果（Avila, 2009; Brown, 2006; Cartwright,

研究論文	定義與測量	樣本	方法	主要發現
Alexander, Entwisle & Horsey (1997)	學業用心：以行為測量（成績單裡讀書習慣的得分及教師是否認為有行為偏差）	巴爾第摩地區一年級學生的隨機樣本；也蒐集學生是否畢業的資料	調查；長期追蹤設計（longitudinal design）；邏輯迴歸	研究發現低年級時行為上顯示的不用心，跟後續從高中輟學之間有很強的關係。
Battistich, Solomon, & Schaps (1997)	學業用心：教室觀察（觀察學生的課堂參與度、及做練習時的行為）	參與 Caring School Communities 計畫的 24 所學校，這些學校的學生來自各族群	使用多個方法：教室觀察、對學生與教師做調查	學生的社區感跟其學業用心程度有正向關係。
Birch & Ladd (1997)	用心／學校適應；使用量表，測量喜愛程度、逃避程度、合作學習，及自我導向的能力（self-directedness）	幼兒園學生，主要是白人	調查；橫斷性研究設計；迴歸分析	對師生關係愈依賴者，對學校的用心程度較低。
Blumenfeld & Meece (1988)	認知用心；學生自述的學習策略；區分浮面的學習策略及較高層級的學習策略	四到六年級學生的科學課：中產階級學區的學校	使用多個方法：調查、訪問，及教室觀察；橫斷性研究設計；當學生的認知用心得分差異大時，同時使用量化與質化方法分析課程	作業的程序複雜度與較高層級的認知策略之使用呈現負相關；嚴格要求學生學習的老師，及對學生表現高期望的老師，他們的學生認知用心的程度較高。

圖 3.8　文獻重點摘要表舉例

資料來源：Fredricks, J. A., Blumenfeld, P. C., & Paris, A. H. (2004). School engagement: Potential of the concept, state of the evidence. *Review of Educational Research, 74* (1), 59-109. Reprinted with permission.

2009; Davis & Lim, 2008; Martinez, 2007）」。

3. 文獻探討的**摘要**部分，將回顧文獻的過程中所顯現的幾個主要脈絡合併，勾勒出主題相關的已知與未知。回顧所得到的發現可用表格列出，讓讀者了解有多少位其他研究者有相同或類似的發現或有類似的意見。

4. 研究者根據文獻所透露的資訊而得到的任何合理**結論**，都應該納入。根據文

獻探討的結果，解決問題該採取怎樣的行動才合適？有哪些重要的研究問題也必須檢視？

5. 文獻探討中提到的所有文獻之資料，都必須列成**參考資料清單**（或書目），每一項都要有完整的書目資料。清單的格式有許多種，但由美國心理學會（APA）出版的 *Publication Manual of the American Psychological Association* （2009）所設計的格式特別易於使用。

使用 APA 寫作格式 高等教育界目前使用數種論文寫作格式（例如，*MLA Handbook for Writers for Research Papers*、*University of Chicago Manual of Style*， 及 Turabian 的 *A Manual for Writers of Term Papers, Theses, and Dissertations*）。大多數的教師都會要求學生使用該領域慣用的格式寫報告或論文。教育研究領域裡，APA 格式是最被廣泛使用的。1950 年代時，APA 格式起初被視為一套標準（指引與規則），讓投稿到學術期刊的文章在格式上有一致性。如今 APA 手冊已經到第六版（2009 年出版），其中也涵蓋其他類型文稿的格式，包括碩博士論文及一般的期末報告。手冊有四百頁，包含兩百多條規則，架構上則是圍繞在三個主要的類別：頁面格式的規則、內文的規則，及記錄的規則。**頁面格式的規則**包括邊框大小、段落起始時的內縮規則、行距、圖與表格的安排等。**內文的規則**，則是說明如何直接引用他人文句。**記錄的規則**是指引證資料和參考資料的規則。許多網站提供了或多或少 APA 的規則，但這些網站的 APA 版本可能不同。雖然其中有些網站可能會有幫助，但還是要確定 APA 手冊本身的內容。大多數的校內書店或網路書店都找得到 APA 手冊，我們也鼓勵學生上 APA 網站，下載他們免費的 APA 寫作格式初階的教學軟體：www. apastyle.org/learn/tutorials/basics-tutorial.aspx。

◆ 搜尋全球資訊網

全球資訊網（**World Wide Web, WWW**）是網際網路（Internet）的一部分。在許多領域的各種主題上，網際網路都蘊藏了極豐富的資訊。1993 年以前，文獻探討部分很少會提到網際網路，但現在它已經成為不能忽視的資訊來源。雖然研究的主題跟教育有關時，ERIC 及（有時候）PsycINFO 是資料庫的首選，但也應該考慮搜尋網路的資料。篇幅有限，我們無法詳細描述網路，但還是希望能指出它的一些重要特色。

幾乎不管什麼主題，只要點幾下滑鼠按鍵，就可利用**網路瀏覽器**（**Web browser**）（讓你能進入網路的電腦程式）找到許多資源。網路上有些資訊被歸類到索引（**indexes**），搜尋很簡便，只要從一個類別轉換到另一個類別即可。除此以外，還有數種搜尋引擎（**search engines**）可用，搜尋引擎在很多方面很像我們在 ERIC 資料庫裡做搜尋時所使用的功能。以下稍微較詳細說明索引與搜尋引擎。

索引 索引將相似**類別**的網站歸成一群，例如：**澳洲的大學、倫敦的藝廊、科學實驗室**等是不同的類別。這很像圖書館將類似種類的資料來源歸成一類。以某一索引做搜尋，就能找出所有跟該主題有關的網站。如果要找澳洲某一大學的網站，就應該試試用索引。

索引是做文獻探討的一個好起點，尤其是對研究問句或主題沒有很清楚的概念時，更是如此；瀏覽主題的索引可能會是得到想法的有用來源。Felden 提了一個譬喻：

> 打一個實際的比方，假定我需要一些家用五金器具來修補東西，但是不太清楚到底需要什麼工具。假設是東西的某一部分壞了，當然我可以努力把它搬到五金店裡去一個一個試。幸好，大多數的五金用品店都井然有序，每一排都擺同一類的東西，有些是水電工的用具，有些是釘子和釘鈕，有些是粗繩和細繩，還有其他是用來細綁的材料。我只需依序走過這些類別（諸如電子類、水電類、木工類等等），就可以走到大概對的貨架，看看哪一層有我需要的東西。我可以仔細研究這些材料，想想它們可能的用途，然後決定要買什麼。[2]

搜尋引擎 如果想要找更具體的資料，像是 George Orwell 的傳記資訊，就應該使用搜尋引擎，因為它會搜尋一個網站裡**所有**的內容。像 Google Scholar 或 Librarians' Index to the Internet 這類搜尋引擎，使用的軟體程式〔有時稱為**網路蜘蛛**（spiders）或**網路爬蟲**（Web crawlers）〕，能搜尋整個網際網路，查看無數的網頁，然後以索引型態標示出其中相符的字。搜尋到的資料通常是根據相關程度（relevancy）排序（也就是，搜尋詞彙在文件中出現的次數，或該文件跟**搜尋詞彙**看起來有多吻合）。

像 Google Scholar 這類的搜尋引擎,即使網站本身與研究者要找的資訊無關,還是會找出該網站中與搜尋詞彙相符的每一個網頁,結果使研究者往往要跋涉過許多無關的資料。Felden 這樣比喻:

> 回到五金店的比喻。如果我想找一些螺絲來修家具,我不用我天賦的靈巧,而用一個機器人在(物品都分類安排就緒的)貨架間找尋。可以想見的,機器人在店裡走一遭後,可能會把所有有螺絲的東西都搬來。這些東西可能千奇百怪,可能有一盒盒各種尺寸的螺絲(其中也許有我所需要的),但還有更多東西都不是我要的,比方說,可能有好幾個用螺絲固定住木板做成的鳥屋、以螺絲組合成的工具,用螺絲把釘耙和柄鎖在一起的耙子等等。但其實機器人是成功執行了你給它的命令;你要它去找螺絲,它的確徹底地把所有的螺絲都找來了,雖然實在不怎麼聰明。[3]

因此,要能對搜尋結果滿意,就必須知道該怎麼下指令,及該怎樣下清楚的指令,才能提高得到滿意結果的機會。例如,如果想找關於大學的資訊,但不是英語系國家的大學,就應該給這種明確的指令。

所以,雖然做文獻搜尋只搜尋網路是不對的(會忽略許多其他明顯較有組織的資訊),但對於某些類別的研究而言,它絕對有其優點。很可惜的是,網路搜尋也有一些缺點。以下是一些優點與缺點:

● 搜尋全球資訊網的優點

- **最新的訊息**:網際網路上的許多資源都快速更新;它們常常代表某個主題的最新資訊。
- **可接觸廣泛多樣的資料**:許多資源,包括藝術作品、手稿,甚至整座圖書館的藏書,都可以用個人電腦輕鬆觀看。
- **多種形式**:網際網路的資料可利用多種形式傳送,包括文字檔、影像檔、聲音或動畫等。
- **立即性**:網際網路二十四小時「開放」。在自己的電腦上就可查資訊,或將資料儲存在硬碟或光碟上,下線時也可檢閱研究。

● 搜尋全球資訊網的缺點

- **缺乏組織**：可惜的是，網路上的許多資訊都沒有經過規劃分類。目前還很少將圖書館和檔案室使用的分類系統運用於網路資訊的分類，因此研究者絕對需要有很好的線上搜尋技巧。

- **耗費時間**：需要持續搜尋，才能有最新更完整的資訊。在網路搜尋往往（如果不是通常）會花很多時間，而且有時搜到的資訊比使用較傳統的資料做的搜尋還少。

- **（有時候）缺乏可靠性**（credibility）：任何人都可在網路上發表東西，因此，找到的資料大多沒什麼可靠性。

- **可信賴度**（reliability）**不確定**：因為很容易就可在網路上發表訊息，所以經常很難判斷網路資料的價值。圖書館藏書最有價值的一點，是因為這些資料經過審慎篩選，圖書館員只選取禁得起時間考驗的重要作品。而在網上找到的資料，許多是屬於未經仔細推敲或基本上是瑣碎膚淺的資訊。

- **違反研究倫理**：因為網路上的資料很容易獲得，許多研究者比較容易做出未經允許或沒有引述出處就使用資料的事情。因此違反著作權的情形比使用傳統資料更容易發生。

- **過度依賴**：過去數年來網路上的資料量飛速成長，以致許多研究者誤以為可以在網路上找到所有一切需要的資料，而忽略掉其他許多不在網路上、較傳統的資訊來源。

搜尋網路想獲得最好的結果，以下有一些小竅門：[4] 這些竅門也可用來搜尋 ERIC 和 PsycINFO。

- **盡可能使用最獨特的關鍵詞**：花一些時間列出你想找的網頁裡可能出現的詞彙，然後使用其中最不尋常的。例如，如果你在找有關亞洲老虎保育工作的資料，不要使用 tigers 這個字作為搜尋詞彙，否則會找到一大串 Detroit *Tigers*（底特律老虎隊）及 Princeton *Tigers*（普林斯頓老虎隊）和其他一堆隊名裡有老虎的球隊的網頁。應該以你所知的瀕臨絕種的老虎種類作為搜尋詞彙，像 *Bengal tiger*（孟加拉虎）、*Sumatran tiger*（蘇門答臘虎）或 *Siberian tiger*（西伯利亞虎）等。[5]

- **分成幾個步驟做**：不要以為搜尋一次就能獲得所要的資料。先檢視所搜尋到的前面幾頁的資料，特別去看那些含有所需資料的網站。這些網頁裡有什麼獨特的字詞嗎？就用這些字詞再搜尋一次。

- **利用先前的結果縮小搜尋範圍**：如果選用的關鍵詞搜尋到太多資訊，就在第一次搜尋所得的資料中做第二次搜尋，這稱為**選定搜尋**（set searching）。怎麼做呢？有個小訣竅很管用：只要在原先的搜尋指令裡，再加上另一個關鍵詞，再做一次搜尋即可。

- **從網頁的標題找尋關鍵詞**：最好的策略常是在網頁的標題尋找可用的獨特關鍵詞。例如：如果你在找尋的，是在中學的歷史課以主題探討法教學的資訊，可以先找出以**主題探討法教學**為標題的網頁，然後在這些資料中做第二次搜尋，找尋有**中學歷史課**的資料。

- **檢查搜尋詞彙的大小寫是否會使結果不同**：檢查一下你所用的搜尋引擎是否因為搜尋詞彙的大小寫不同，而找出不同的資料。例如，「你輸入 java 時，搜尋引擎是否也會給你 JAVA 的網站資料？」

- **檢查拼字**：如果你認為自己已經用了最好的關鍵詞，可是搜尋引擎的回報卻是「找不到資料」（或類似情形）時，這時候要做的第一件事是先檢查拼字。經常發現的情形是：搜尋引擎之所以未能找到資料，是因為拼字或打字錯誤。

- **評估網路資料的可靠度與可信賴度**：要快速評估網路上的資訊是否正確客觀，一個方法是去查 URL 或網域位址。如果網址的結尾是 .gov、.edu 及 .org，表示這個網頁是分別由政府、教育機關及非營利機構支持的。雖然這些資源並不一定就完全沒有錯誤或偏見，但比起 URL 結尾是 .com 的網址，前三者的資訊相對較為可靠，因為 .com 的網址代表的是營業商家，常利用網頁打廣告獲利。此外，可以看一下維護網址的機構所陳述的機構目的及作者的學經歷資料（及聯絡資訊），再判斷其可靠度與可信賴度。

  有提供教育資源與資訊的公家網站包括：

- **The National Center for Education Statistics**（http://nces.ed.gov）：NCES 位於美國教育部及教育科學研究院，是蒐集與分析教育相關資料的首要中央機關。

- **California Department of Education**（http://www.cde.ca.gov）：所擁有的資料包括：由加州的學校所蒐集的關於測驗與課責（accountability）、課程與教學、財政與計畫經費補助，及用來評估需求與測量表現的資料與統計值（注意：也查查其他州的教育局的網站）。

● **RAND Education**（**http://www.rand.org/education**）：RAND Education 是個教育「智庫」，一個專為教育系統的主要問題，做政策方面的研究與分析的非營利組織。該網站提供免費的近期報告與文獻評論，及與它的其他出版品與書籍的連結。

● **The Urban Institute**（**www.urban.org**）：是一個無黨派的智庫，專做影響都市區域之經濟與社會的政策研究，它有一個教育政策中心（Education Policy Center），其研究重點是移民者的子女、貧窮及保健。出版內容包括書籍及研究與報告，這些通常在其網站上可以找到。

● **Google Scholar**（**http://scholar.google.com**）：提供一個非常簡單的方式搜尋多種學術文獻，包括經同儕審查的論文、學位論文、書籍、摘要及論文。但只能把 Google Scholar 當作搜尋學術資料庫以外的補充，而不能取代這些資料庫。

其他透過大多數圖書館都可以找到的教育資料庫包括：

● **ProQuest Education Journals**：包含超過 745 種頂尖的教育刊物，其中將近 600 種有全文可供檢索。

● **Education Research Complete**：所涵蓋的主題包括教育的各層級，從幼兒教育到高等教育都有，還有各種教育專業，像是多語教育、健康教育及測驗。

● **Education Full Text**：是由 H. W. Wilson Company 所建立的一個書目資料庫，列出的資料包括索引、摘要及超過 350 種期刊的論文全文，這些全文的年代最早可回溯到 1996 年。

● **ERIC**（**EBSCO**）：有超過 750 種專業期刊的論文，數以千計未出版的研究報告、研討會論文，及各教育領域的課程指引。

● **Academic Search Premier**：提供近 1,560 種教育、人文，及社會與自然科學的學術期刊全文。

● **JSTOR**：蒐羅超過 169 種（美）國內與國際期刊的全文。JSTOR 於 1995 年成立，目的是利用其數位資料庫提倡全球性的學術專業。

● **Web of Science**：ISI Web of Science 是學術機構使用 ISI Citation Databases（引述資料庫）的網路介面。ISI Citation Databases 的引述資料涵括超過一萬種重要的期刊，書籍資料及學會的研討會論文集也超過十萬份。

回到本章最前面的**互動與應用學習**所列出的一系列互動與應用活動。到線上
學習中心（OLC, http://highered.mheducation.com/sites/125991383x）
去做小測驗、練習關鍵詞彙，及複習本章內容。

本章重點

文獻探討的價值

- 文獻探討幫助研究者了解，關於某一主題，其他人已經寫了些什麼。也
  讓研究者看到其他相關研究的結果。
- 規劃碩博士論文時，常必須做詳細的文獻探討。

文獻探討資料來源的類型

- 做文獻探討時，研究者必須熟習三類基本的資料來源（一般性參考資
  料、第一手資料來源，及第二手資料來源）。
- 一般性參考資料工具是研究者要找到其他資料來源時必須去檢視的資
  訊。
- 第一手資料來源是由研究者自己報告其研究結果的出版品。大多數的第
  一手資料來源都是期刊論文。
- 第二手資料來源指的是描述其他人的研究結果的出版品。
- 教育領域最常見的第二手資料來源是教科書。
- 搜尋詞彙是研究者用來找相關的第一手資料來源時所使用的關鍵詞句。

文獻搜尋的步驟

- 搜尋文獻的基本步驟包括：(1)盡可能精確定義研究問題；(2)決定搜尋的
  範圍程度；(3)決定要搜尋哪些資料庫；(4)訂定搜尋詞彙；(5)利用一般性
  參考資料工具搜尋相關的第一手資料來源；(6)閱讀這些第一手資料來
  源，並做筆記摘記要點。

做文獻搜尋的方法

- 有兩種做文獻搜尋的方法——手動，利用影印／紙本工具尋找紙本資料
  來源；及以電腦做電子資料庫的搜尋。但最常見及常用的方法，是利用
  電腦在線上搜尋。不論使用哪種工具，搜尋的程序都類似。

- 研究者在為一項研究做筆記時，必須記錄五個基本要項（問題、假設、步驟、發現，及結論）。

做電腦搜尋

- 以電腦搜尋文獻有許多好處——快速、不貴、可印出，而且研究者能一次利用多個描述詞做搜尋。
- 傳統的手動搜尋的步驟跟用電腦搜尋的步驟類似，但大多數人都以電腦做搜尋。
- 搜尋文獻時，除了在 ERIC 及 PsycINFO 搜尋以外，一定要考慮在網路搜尋。
- 網路上有些資訊會被歸類到不同的索引；索引是將類似的網站歸成一類。
- 要得到更多明確的資訊時，必須使用搜尋引擎，因為搜尋引擎會搜尋一個網站裡的所有內容。

文獻探討報告

- 文獻探討報告包括引言、探討的主體、摘要、研究者的結論，及書目。
- 文獻探討必須包括的，除了個別的研究報告外，也要搜尋是否有相關的後設分析報告。
- 後設分析大致的概念是，針對某一特定主題挑選出眾多研究，將這些研究的結果加以平均，得到的就是該主題（可能是某項結果或某種關係）的大略指標。

關鍵詞彙

問題討論

1. 在擬定研究計畫之前不先做文獻探討，為什麼可能是不明智的做法？

2. 許多出版的研究論文只引證少量與該研究相關的參考資料。你如何解釋這種情形？這樣適當嗎？

3. 在文獻探討中，你認為強調何者較重要——該領域專家的意見，還是相關的研究？為什麼？

4. 在文獻探討中很少看到作者引證書籍。你認為為什麼會這樣？你認為引證書籍是妥當的嗎？

5. 有任何類型的資訊是不該在文獻探討出現的嗎？如果有，請舉例。

6. 瓊斯教授說，他不要學生在規劃碩士論文時先做文獻探討，是因為這些「花太多時間」，而希望學生們盡快開始蒐集資料。根據我們在本章所提供的資訊，你會怎樣跟他說？為什麼？

7. 有任何類型的研究不會因為做了文獻探討而受益的嗎？如果有，可能是哪類研究？

註釋

1. Smith, M. L., Glass, G. V., & Miller, T. I. (1980). Primary, secondary, and meta-analysis research. *Educational Researcher, 5*(10), 3-8.

2. Felden, N. (2000). *Internet research: Theory and practice* (2nd ed., pp. 124-125). London: McFarland.

3. 出處同上，p. 127。

4. Glossbrenner, A., & Glossbrenner, E. (1998). *Search engines* (pp.11-13). San Francisco: San Francisco State University Press.

5. 出處同上，p. 12。

研究練習 3 文獻探討

利用問題卷 3，根據你的文獻探討規劃，列出你希望探究的問題和／或問句。說明你會使用哪些類別的資料來源、不會使用哪些，並說明原因。接著根據你所做的文獻探討，將你得到的結論做摘要。

問題卷 3 文獻探討

1. 你的文獻探討要探究的問題或問句是什麼？請盡量明確寫出。＿＿＿＿＿

＿＿＿＿＿＿＿＿＿＿＿＿＿＿＿＿＿＿＿＿＿＿＿＿＿＿＿＿＿＿＿＿＿

＿＿＿＿＿＿＿＿＿＿＿＿＿＿＿＿＿＿＿＿＿＿＿＿＿＿＿＿＿＿＿＿＿

2. 你用了哪些一般性參考資料工具做搜尋（列出所查詢的電子資料庫名稱）？

＿＿＿＿＿＿＿＿＿＿＿＿＿＿＿＿＿＿＿＿＿＿＿＿＿＿＿＿＿＿＿＿＿

3. 你使用了哪些搜尋詞彙？

a.＿＿＿＿＿＿＿＿＿＿＿＿＿＿ d.＿＿＿＿＿＿＿＿＿＿＿＿＿＿

b.＿＿＿＿＿＿＿＿＿＿＿＿＿＿ e.＿＿＿＿＿＿＿＿＿＿＿＿＿＿

c.＿＿＿＿＿＿＿＿＿＿＿＿＿＿ f.＿＿＿＿＿＿＿＿＿＿＿＿＿＿

4. 說明你的探討範圍，並解釋你決定將資料列入或排除的標準（也就是，有包括哪些？沒有包括哪些？為什麼？）＿＿＿＿＿＿＿＿＿＿＿＿

＿＿＿＿＿＿＿＿＿＿＿＿＿＿＿＿＿＿＿＿＿＿＿＿＿＿＿＿＿＿＿＿＿

＿＿＿＿＿＿＿＿＿＿＿＿＿＿＿＿＿＿＿＿＿＿＿＿＿＿＿＿＿＿＿＿＿

5. 做搜尋時，有哪些跟你的研究問題及問句相關的主題及次主題出現？

＿＿＿＿＿＿＿＿＿＿＿＿＿＿＿＿＿＿＿＿＿＿＿＿＿＿＿＿＿＿＿＿＿

＿＿＿＿＿＿＿＿＿＿＿＿＿＿＿＿＿＿＿＿＿＿＿＿＿＿＿＿＿＿＿＿＿

6. 根據你文獻探討的發現，結論是什麼？＿＿＿＿＿＿＿＿＿＿＿＿＿＿

＿＿＿＿＿＿＿＿＿＿＿＿＿＿＿＿＿＿＿＿＿＿＿＿＿＿＿＿＿＿＿＿＿

＿＿＿＿＿＿＿＿＿＿＿＿＿＿＿＿＿＿＿＿＿＿＿＿＿＿＿＿＿＿＿＿＿

這份問題卷（英文版）在線上學習中心（OLC, http://highered.mheducation.com/sites/125991383x）有電子檔。你可以利用電子檔填寫並列印、儲存或以電子郵件寄送。

Chapter 4

倫理與研究

- 一些不合乎倫理的研究行為
- 倫理的原則
- 保護參與者不受傷害
- 確保研究資料的機密性
- （如果需要，）在怎樣的情況下，欺騙研究對象是還可以接受的？
- 以三個例子探討倫理議題
- 以兒童為研究對象
- 研究的管理法規
- 學術欺騙與剽竊

雖然我不能要求你參加這項研究，但如果你想要在這門課拿到好成績……

欸，慢著，妳這不符合倫理喔！

學習目標 >> 讀完本章後，你應該能：

- 簡要描述何謂「合乎倫理的」研究。
- 簡要描述研究者最好能遵循的三項重要的倫理原則。
- 說出研究者在開始做研究之前，必須要問的一個有關倫理的基本問題。
- 說出研究者必須處理的三個問題，以保護研究參與者不受傷害。
- 描述研究者必須遵循什麼程序，才能確保研究所蒐集的資料之機密性。
- 描述做研究時，哪些情況下欺騙研究對象是可以接受的，並說明研究者在這種情形下的責任。
- 描述以兒童做研究時必須特別考慮的事項。

互動與應用學習 在閱讀本章的同時，或讀完本章後：

到線上學習中心（Online Learning Center, OLC），
網址 http://highered.mheducation.com/sites/125991383x：
- 了解更多有關符合倫理的研究之條件

到線上學生精熟活動簿（Student Mastery Activities Book）做下列活動：

- 活動 4.1：合乎倫理嗎？
- 活動 4.2：一些倫理的兩難
- 活動 4.3：違背倫理的做法
- 活動 4.4：這些研究做法為什麼不合乎倫理？

　　瑪麗與拉麥都是一所大型大學的大二學生。他們每週一次一起吃中餐。瑪麗說：「我真不敢相信！」

　　「怎麼了？」拉麥回答。

　　「湯瑪士教授說，如果我們期末想要及格過關，就必須參加他的一個研究計畫。他說這是修他這門課的必要條件。這應該不對吧？我覺得很不舒服。你相信有這種事嗎？」

　　「哇！他可以這樣做嗎？這樣合乎倫理嗎？」

不合乎倫理！瑪麗的抱怨是合理的。這項議題——教授是否可以要求學生必須參加其研究計畫，才讓他及格過關——是有時會發生的一種不合乎倫理的研究行為。

怎樣做才合乎倫理——及不合乎倫理——是本章的焦點。

一些不合乎倫理的研究行為

倫理（ethics）一詞指涉的是對與錯的問題。當研究者思考倫理問題時，必須問自己，做某項研究或進行某些步驟是「對的」嗎？也就是說，是否做的是**合乎倫理的研究**（**ethical research**）。是不是有某類的研究是不應該做的？沒錯！以下是一些不合乎倫理的研究或做法：

- 要求一群高中二年級的學生在一張表單上簽名，同意參加一項研究。
- 問小學一年級的學生一些敏感的問題，而沒有事先取得家長的同意。
- 將不符研究假設的資料刪除。
- 要一群大學生填寫一張關於他們的性行為的問卷。
- 讓一群八年級學生參與研究，研究過程可能會傷害他們的心理，卻沒有事先告知這些學生或他們的父母。

以上的每一種情況都至少違背了一項研究倫理。研究者考慮倫理議題時，要問的基本問題是：「我的研究會造成任何人心理或生理的傷害嗎？」當然，沒有人會希望任何一位研究對象在自己的研究過程中發生這種事。由於這是很重要的議題（但常遭忽視），我們必須稍加詳細討論。

較廣義來說，倫理討論的是對或錯的問題。行為合乎倫理，這個人所做的事就是對的。但對研究而言，「對」是表示什麼？

倫理的原則

倫理與**道德**（moral）常被互相流用，但倫理較常用於專業領域的行為規範。因此，研究者認為合乎倫理的，大都是研究領域的協議。幾年以前，美國心理學會的科學與專業倫理委員會（Committee on Scientific and Professional Ethics of the American Psychological Association）發行了一份清單，列出研究者以

人作為研究對象時，所應遵守的倫理原則。我們將其中許多原則稍加修改，使其適用於教育研究領域。請細心閱讀，並思考它的意涵。

決定是否從事某項研究，是個別的教育者經過細心考量後所做的判斷；而判斷的基礎就是「怎樣才能對科學與人類的福祉做出最大的貢獻」。一旦決定要著手研究後，教育者開始考量各種能使用其才華與研究資源的方式。以此考量為基礎，教育者進行研究時，尊重並關心研究對象的尊嚴與福祉；並熟知聯邦政府與州政府各種有關以人作為研究對象的規定，也了解專業領域在這方面的標準。

a. 策劃研究時，研究者有責任審慎評估各種可能有倫理爭議的事項。只要是以下所列的倫理原則之任一點有被違反的可能時，研究者就有遵守嚴格保護措施的嚴肅義務，以保護參與者的權利。

b. 根據所認知的標準，考慮研究參與者是否將會「有風險」或「有最小的風險」，是研究者的首要倫理考量。

c. 研究者要負責確保研究的過程合乎倫理的要求，並負責使其同儕、助理、學生及員工，以合乎倫理規範的行為，對待研究參與者；並且這些同儕、助理、學生及員工等，也有類似的義務。

d. 除非是風險最小的研究，否則研究者於開始研究前，應與研究參與者取得明確而公平的協議，說明兩方的義務與責任。研究者有義務要實現在協議中對參與者所做的承諾與保證。研究者將研究計畫中各種可能影響參與意願的事項都告知參與者，並誠實回答參與者的所有問題。若在取得參與者的知情同意（informed consent）前，無法將所有訊息完整告知，則必須有更多的保護措施，以保障參與者的福祉與尊嚴。再者，若研究對象是兒童或任何身心障礙者，理解力或溝通能力有限時，也必須有特別的保護措施。

e. 有時由於研究設計的需要，必須對研究對象有所隱瞞或欺騙。做這種研究時，研究者有特別的責任去：(1)評估這種方法是否可對科學或教育領域有重要的貢獻，再決定是否值得使用；(2)查明是否還有其他不必欺騙或隱瞞研究對象的方法；(3)確保參與者能盡早獲得充分的解釋。

f. 研究者尊重他人拒絕參與的權利，也尊重參與者隨時想退出研究的權利。當研究者居於權威或對參與者具影響力時，這項義務就特別重要。這種權威的地位包括（但不限於）參與研究被視為雇用內容的一部分，或參與者是研究者的學生、個案或員工。

g. 研究者保護參與者，使之不因研究的進行而產生生理與精神上的不適、傷害或危險。若有發生這些情形的風險，研究者必須將實情告知參與者。如果研究程序可能對參與者造成嚴重或持久的傷害，最好不要使用；除非不使用這些程序可能會對參與者造成更大的傷害，或者除非研究結果可能帶來極大的益處，並且事前有明白將風險告知參與者，並獲得每位參與者自發的同意。必須要將研究者的聯繫方法告知參與者；萬一研究進行中或研究結束後的合理時間範圍內，當參與者感到壓力或造成傷害時，可以通知研究者。

h. 資料蒐集完畢後，研究者將研究的性質告知所有的參與者，並盡最大的努力釐清研究過程中可能產生的誤解。若為了科學或人道的理由而延遲或不做這項工作，研究者就必須負起另一項特別的責任，負責小心監控整個研究，確保沒有對參與者造成有害的後果。

i. 當研究的進行對個別參與者造成不好的後果，研究者有責任去察覺並移除這些後果，或採取補救措施改正後果，包括有長期影響的後果。

j. 研究過程中所獲得的參與者相關資訊，除非事前經過參與者同意公開，否則都應視為機密。若其他人有可能獲得這類資訊，研究者必須在尋求參與者的知情同意時，將這種可能性告知參與者，同時說明將以什麼方法保護這些資訊。[1]

以上這些倫理原則，提出了每位研究者都必須考慮的三個非常重要的議題：保護參與者不受傷害、確保研究資料的機密性，及欺騙參與者的問題。這三個問題要如何探討？參與者的權益該如何保護？

研究的爭議
CONTROVERSIES IN RESEARCH

● 臨床試驗──值得做嗎？

　　臨床試驗是新藥的最後一項測試，讓自願加入試驗的人試吃該項新藥，讓藥廠有機會證實這項全新而且先前完全沒有使用過的藥物是安全而有效的。然而，最近有愈來愈多對於這種試驗的控訴。最惡名昭彰的例子是在 *San Francisco Chronicle*[*]引述的一項報導：在一項臨床試驗裡，一位科學家讓一位自願參與者服用實驗藥物，後來竟發現其劑量足以致命。

　　臨床試驗愈益增多，相對地自願參與試驗的人數也持續增加。1995 年時約有 500,000 位自願參加試驗的人，到了 1999 年，人數已經躍升到 700,000 人。[†] 像是幹細胞的研究，為人們帶來無限希望，許多近乎絕望的病人爭著要參加基因治療的研究。但專家則建議，必須先考慮清楚該領域還未知的各種科學與倫理問題後，才進入臨床試驗。[‡] 另一個讓人擔憂的現象是，試驗的結果會跟有些執行試驗的醫師的金錢利益有關。目前還沒有一致的法律規定研究者是否應向自願參與者透露自己在試驗中所可能得到的金錢利益。

　　支持臨床試驗的人認為，執行得好時，臨床試驗為一些新藥物及新醫療程序做了鋪路的工作，而這些新藥及新醫療程序已經救了許多人的命。自願參與的人可以比一般大眾更早獲得帶來新希望的藥；而且這些接受試驗的病人通常會得到醫師與護理師非常好的照顧。最後，這種照護通常還是免費的。

　　你認為呢？臨床試驗該做嗎？

---

[*] Abate, T. (2001, May 28). Maybe conflicts of interest are scaring clinical trial patients. *San Francisco Chronicle*.

[†] 該報告發佈於 Association of Clinical Research Professionals Convention, San Francisco, California, May 20, 2001。

[‡] Hall, C. (2005, September). For stem cell experts, hopes are longterm. *San Francisco Chronicle*.

▌▌ 保護參與者不受傷害

　　每位研究者最基本的責任，是盡自己最大的能力，確保參與者不因研究程序而受到身體或心理的傷害、覺得不適或發生危險；這或許也是最重要的倫理考量。任何種類的研究，若可能對參與者造成持久、甚至嚴重的傷害或不適，都不應該執行；除非這項研究的發現可能對人類有極大的助益。即使如此，仍然要讓參與者完全明白研究所含的危險，並且絕不能命令其參與。

　　在保護參與者不受傷害方面，研究者更進一步的責任是，如果參與者有可能暴露於任何風險，研究者必須先徵得這些人的知情同意（**informed consent**）（圖 4.1 是同意書的樣本）。幸好，幾乎所有教育研究的內容，都是在學校或其他機構一般正常上課的程序之內，因此幾乎沒有風險或完全沒有風險。訂定法律時也認知到這一點，因此大部分教育研究都免去正式審核的程序。然而，研究者還是必須小心找出任何風險的可能性，若有，則必須將之完整提供給參

• 同意成為研究對象 •

　　我同意成為以下研究計畫的研究對象，該項研究計畫名稱是：＿＿＿＿＿＿＿

＿＿＿＿＿＿＿＿＿＿＿＿＿＿＿＿＿＿＿＿＿＿＿＿＿＿＿＿＿＿＿＿＿＿＿＿＿＿

　　該項研究的性質、大致的目的及已知可能的危險性已由＿＿＿＿＿＿＿＿＿＿

（人名）向我解釋過。研究主持人已經有我的授權，可以展開研究，並且我在任何時間都可以退出研究。

　　我了解目前已知的風險有：＿＿＿＿＿＿＿＿＿＿＿＿＿＿＿＿＿＿＿＿

＿＿＿＿＿＿＿＿＿＿＿＿＿＿＿＿＿＿＿＿＿＿＿＿＿＿＿＿＿＿＿＿＿＿＿＿＿＿

　　我也清楚，實驗研究的過程中可能產生的危險，不可能在事前全部預料得到；而且我相信，這項研究計畫採取了合理的保護措施，將所有已知及可能發生的風險減到最低。

見證人＿＿＿＿＿＿＿＿＿＿＿＿＿＿＿＿　　簽名＿＿＿＿＿＿＿＿＿＿＿＿

　　　　　　　　　　　　　　　　　　　　　（研究對象）

　　　　　　　　　　　　　　　　　　　　日期＿＿＿＿＿＿＿＿＿＿＿＿

由研究主持人收執

圖 4.1　同意書一例

與者，再由參與者（或其監護人）簽寫正式同意書。關於在研究過程受到傷害的問題，無論是什麼研究，研究者都要問自己三個重要的倫理問題：

1. 研究期間有人有可能會受到（心理的或身體的）傷害嗎？
2. 若上題的回答為「是」，有其他方法能找出研究者想要知道的問題答案嗎？
3. 這項研究所能獲得的資訊真的這麼重要嗎？即使可能傷害參與者，也值得嗎？

　　這些問題都難以回答，所有的研究者都必須詳細討論，審慎考慮。

▌▌▌ 確保研究資料的機密性

　　研究資料一旦蒐集完成，研究者必須確定，其他任何人（也許除了幾個重要的助理之外）都無法取得這些資料。若可行，所有研究參與者的姓名都必須從所有的資料蒐集表單中刪除。方法可能是在原始資料中代以數字或字母，或者請參與者以匿名方式提供資料。如此一來，甚至研究者本人都無法將資料與原提供者再連結起來。然而，有時某些研究必須保留原提供者的資料，這時，代碼與姓名的連結系統就必須小心保護。

　　所有研究參與者都必須獲得資料機密性的保證，任何描述這項研究的出版品，都不能公開這些參與者的姓名。而且每位參與者必須都要有權可隨時退出研究，或要求自己的資料不要被使用。

▌▌▌ （如果需要，）在怎樣的情況下，欺騙研究對象是還可以接受的？

　　欺騙的問題非常複雜。許多研究若不能欺騙參與者，就無法實施，因為在自然的情況下，某些行為很少會發生。例如，研究者可能要等很久，才會看到老師以某種特定方式鼓勵學生；若能找老師加入研究團隊，請他以某特定方式來鼓勵學生，由研究者觀察它對學生的影響，就容易許多。

　　有時，為了某些特別的研究目的，也許欺騙研究對象比造成他們的痛苦或創傷來得好。著名的 Milgram 服從研究就是一個好例子。[2] 在這項研究中，研究對象要對另一個研究對象施予愈來愈強的電擊；被處罰的這位研究對象是坐在一面簾幕之後，這些施用電擊處罰人的研究對象看不見被責罰的人。這些責

罰者不知道的是，被他們以電擊處罰的人其實是實驗團隊的人，因此並沒有人實際遭到電擊。依變項就是研究對象拒絕這樣繼續施予電擊之前的電壓數。40位研究對象中，26位遵照研究者的「指示」，（以為自己）所施予的電壓最高達到450伏特！雖然並沒有任何人實際受到電擊，研究結果公布時還是造成了極廣泛的爭議；許多人認為這項研究不合乎倫理，有人則認為它很重要，值得這樣欺騙研究對象。這項研究不但引出了欺騙的議題，也引出傷害的討論，因為有些參與者可能在日後想起自己的行為時，會良心不安而痛苦。

目前這方面的專業指導原則如下：

- 研究者應盡可能選用不必欺騙研究參與者的方法來進行研究。
- 若無法設計出不必欺騙參與者的方法，研究者必須要檢討，這項研究未來得到的結果，在科學、教育或應用科學上的價值，是否值得欺騙參與者。
- 若必須欺騙參與者，研究者必須盡快對參與者做充分的解釋。

或許欺騙參與者最嚴重的問題是，它最終會傷害到科學社群的名譽。若一般人開始認為科學家與研究者都是騙子，或是一群對自己的研究蓄意扯謊的人，那麼科學整體的形象將受戕害。願意參加研究實驗的人會因此日益稀少，想要追求可靠的知識將會極端困難。

以三個例子探討倫理議題

以下簡短描述三個研究。我們從三方面來考慮其中可能包含的倫理議題：(1)對研究參與者可能造成傷害；(2)確保研究資料的機密性；(3)欺騙參與者（圖4.2 有一些不合乎倫理的研究做法）。

研究一 研究者計畫在不打擾上課的情況下，觀察四十個班級的學生，每班觀察八次，每次四十分鐘。觀察的目的是在尋找學生行為與教師的某些行為模式之間的關係。

- **對參與者造成傷害的可能性**：關於這一點，這項研究可能屬於免受審查的一類；老師或學生都不會因研究而有任何危險，而且觀察已是學校教學的一部分。
- **研究資料的機密性**：這方面唯一可能出現的問題（但機率很小）是：某位老師的行為不合法或不合倫理（例如：責打學生或咒罵學生）。若是前一個情

況，研究者依法必須呈報教師的不合法行為；若是後者，研究者就必須權衡兩種做法下，會遇到的倫理困境：不報告這件事呢？還是要違反資料機密性的保證？

● 欺騙：雖然沒有完全的欺騙，然而要觀察上課的情形，研究者必須給教師一個理由。如果將所要觀察的行為（例如：控制的需求）明白告訴教師，教師在這方面的行為表現將可能受影響。要避免這種情形發生，研究者也許可以只說是要研究不同的教學風格，而不透露詳細的情形；在我們看來，這並不會不合倫理。另一種方式是告訴老師，細節必須待資料蒐集完成才能透露，以免他們

圖 4.2 不合乎倫理的研究做法舉例

的行為有所改變；然而，若是採用這種方法，有些老師可能會拒絕參與研究。

研究二 研究者希望研究為高中生而辦的自殺防範研習會的價值。研習會將包含三場討論會，討論自殺的危險訊號、自殺的原因，及社區內提供自殺諮商的資源；每場兩小時。學生將採自願參加的方式，而且其中一半的學生將被分配到對照組，不參加研習會。實驗結果將比較兩組學生關於自殺的資訊與態度。

細說研究

MORE ABOUT RESEARCH

● 一項不合乎倫理的研究

1950 與 1960 年代的一系列研究報告，引起了心理學界與教育界廣泛的注意，並使研究者聲名大噪，有人甚至因此獲得騎士爵位。這些研究所討論的是，智商測驗分數中，有多少是遺傳而來，還有多少是由於環境因素的影響。

研究者長期研究各種不同類別的兒童，包括一起長大或分開撫養的同卵雙胞胎、一起長大或分開撫養的異卵雙胞胎，及親手足等各種情形。研究結論是：智商 80% 來自遺傳，20% 是受環境影響；研究結果也被廣為引用。

當另一名研究者發現自己的研究對象中，遺傳因素所占的比例，比先前所宣稱的低許多時，才有人開始提出質疑。經過詳細探究這些先前的研究*之後發現，先前的研究者可能對這些資料做了不合研究倫理的操弄，包括：極端令人懷疑的統計處理法、研究程序含糊不明確、不當的分數調整。這些偶爾會出現的例子，說明了重複研究的重要性，及公開資料與所有研究程序以隨時受公眾檢驗的必要性。

---

* Kamin, L. (1974). *The science and politics of I.Q.* New York: John Wiley.

● **對參與者造成傷害的可能性**：此項研究是否符合免受審查的標準，要看它在進行的學校中是否算是不尋常的研究。我們認為，在大部分的學校裡，這種研究算是少見。再者，可以想見的是，它所用的材料（教材）可能會造成學生的情緒反應。無論如何，研究者都必須將研究的性質與其所可能包含的風險告訴家長，並且獲得他們的同意，讓子女參加研究。

● **研究資料的機密性**：這方面尚未能預見任何問題，但研習會時會發生什麼事，這方面的機密性是無法保證的。

● **欺騙**：這方面尚未能預見任何問題。

研究三 研究者想探討「失敗」與「成功」的影響。研究方式是教國中生一項運動技能，每次教十分鐘，一共六次。每上完一次，教練就告訴學生，與別的學生比起來，他的表現如何。為了要控制一些外在（extraneous）變項（例如：學生的手眼協調能力），研究者打算將學生隨機分組——其中一半的評語

都是「表現較差」，另一半的評語都是「表現得不錯」，而忽略學生實際的表現。

- **對參與者造成傷害的可能性**：這項研究有幾個問題。「失敗組」的學生可能會受挫苦惱。在大多數的學校裡，學生表現所得到的評語通常都很類似；而這項研究所給的評語可能與學生之前的經驗完全不同。但研究者不能將此研究的欺騙性質告訴家長或學生，否則研究將失去意義。

- **研究資料的機密性**：本研究的資料機密性似乎不成問題。

- **欺騙**：很明顯地，欺騙參與者是本研究的一大問題。另一種研究方式是：給學生的評語是根據其實際表現；然而這樣會無法解釋研究結果的原因，因為每位學生之前的經驗歷史不但會影響其表現，也影響他對於評語的詮釋。這些外在變項中，有些是可以控制的（也許查學生過去的記錄資料，或預試學生的能力），但並不是所有都能控制。還有另一種方法是：減輕實驗處理的嚴重度，以減少學生受挫苦惱的可能性（例如：對「失敗組」的學生說：「你的表現沒有像大部分的人一樣好。」）並只訓練一次，而非六次。然而，這兩種方法都會減低任何關係（相關）出現的可能性。

▌▌▌ 以兒童為研究對象

以兒童為研究參與者時，研究者將面臨一些特別的問題。兒童在某些方面較為脆弱，法律上所擁有的權利較少，也可能不懂知情同意書中的用語。因此，研究者必須考慮以下幾點準則：

- 未成年的研究參與者，研究者必須獲得其父母或法定監護人的同意。研究者必須先將所有關於研究的必要資訊以明確易懂的文字，提供給父母或法定監護人，並且讓他們有拒絕的機會（圖 4.3 是同意未成年者作為研究對象的同意書樣本）。

- 研究者向父母做研究結果報告時，不是以診斷者或輔導者的身分；兒童在研究過程中所透露的秘密，也不能報告給家長。

- 絕不能強迫兒童參與研究。

- 無論兒童所獲得的是任何形式的酬勞，都不影響這些（和其他）倫理原則的適用性。

舊金山州立大學
家長同意未成年子女參加研究
研究計畫名稱

一、目的與背景

我的名字是_____，是舊金山州立大學的（研究生／教授）。我正進行一項研究，是要探討_____。我希望邀請您的子女參與這項研究，因為他／她_____。
（敘述研究的目的，目的必須與研究計畫書所述相同。事實上，這份同意書的所有內容必須與研究計畫書內容完全一致。說明為什麼這位研究對象會被邀請參與研究。例如，「他有參加我在研究的課後輔導班」。）

二、步驟

如果您同意讓您的子女參加這項研究計畫，我們將會進行以下事項：
- 您的子女將會被要求（玩數學遊戲及做一項測驗）。
- 這項研究會在平時的課堂進行，作為我排定的課程的一部分。
- 您的子女會在社會研究課程中參與小組討論，討論的是有關他們對於課外活動的態度。討論會被錄音（或……）。
- 您的子女會受邀參加學校的課後一對一教學課程。一對一教學課程會在第二學期的星期二和星期四下午 3：45 到 4：45 之間舉行，維持五週。

（說明研究在哪裡進行、維持多久，及一天的哪個時段舉行。說明每一步驟會花費的時間，及總共需要多少時間。）

三、風險

這項研究會有喪失隱私權的風險，但研究者在研究報告裡不會使用真實姓名及其他可以指認身分的資訊，以降低風險。研究者會將所有的資料放在一個安全地點內的一個上鎖的檔案櫃中。只有研究者可以接觸到資料。研究結束時，資料會_____（見「資料保存指引」）。
您的子女被問到某些問題時，可能會覺得有些不舒服。您的子女可以只回答他想回答的問題，或可以在任何時間點停止整個流程，而不會受到任何懲罰。
（說明所含的風險，及研究者會用什麼方法降低風險。如果問題非常敏感，可能造成焦慮或其他負面情緒，研究者必須列出研究對象可以諮詢的輔導者名單。）

四、保密

說明你會怎樣保護所蒐集到的資料的機密性。你會把資料儲存在哪裡；如果放在電腦裡，是否有密碼保護；如果是紙本資料，是不是放在有上鎖的辦公室裡。資料會被保存多久，計畫結束後，這些資料會有什麼命運？（會被銷毀嗎？還是被保留為未來研究所用？如果是後者，未來研究的目的必須跟原先的目的一致。）

五、直接利益
六、費用
七、補償
八、問題

如果您對於您的子女作為研究參與者所應有的權利有任何問題，或對於本研究有任何意見或不滿，都可以跟本校的「研究對象保護辦公室」聯絡。

九、同意

您已經拿到這份同意書的副本。**您是自願參與這項研究**。您可以自由地拒絕讓您的子女參與這項研究計畫。您可以在任何時間點讓您的子女退出本研究而不受任何懲罰。不論您是否決定參與這項研究計畫，都不會影響您或您的子女現在或未來在本校的狀態。

兒童姓名_____

家長簽名_____ 日期_____

研究者簽名_____ 日期_____

圖 4.3　授權未成年者參與研究的同意書一例

▌▌▌研究的管理法規

　　最直接影響研究者的法律是 1974 年的《國家研究法案》（National Research Act）。該項法案要求，所有獲得聯邦政府經費的研究機構，必須成立所謂的**倫理審核委員會（institutional review boards, IRBs）**，以審核與核准研究計畫。不論研究是由一位或一群研究者執行，都必須經過這樣的審核。由聯邦政府支持的研究計畫，若沒有遵守這項規定，該項計畫所屬的整個機構（例如，大學）就可能完全失去政府的補助（例如，計畫經費、獎學金）。不用說，這是一項非常嚴厲的懲罰。「健康與人類服務部」（Department of Health and Human Services, HHS）這個聯邦機構，就是主要負責為那些以人為對象的研究，建立指導原則。

　　在聯邦政府資助的機構中任職的任何研究相關人員（包括共同研究人員、研究技師，及學生助理），只要是打算以人為研究對象，就必須通過一項由國家健康研究院（National Institutes of Health, NIH）或 CITI（Collaborative Institutional Training Initiative）所製作的線上研究訓練課程。若成功完成該項課程，就會獲得完成課程的證書，有效期限三年（NIH 課程的網址是 http://phrp.nihtraining.com，CITI 課程的網址是 http://about.citiprogram.org/en/homepage）。兩種課程大約都要花兩到三小時的時間完成，但也都可以將網頁標記下來，而不必一次就得上完課。CITI 的課程花的時間多一點，但是我們推薦給社會、行為與教育類別的研究者，因為它有選修模組，可針對研究者需求做調整。研究者與學生都必須問清楚自己機構裡關於這項訓練課程的規定與步驟。通常，要向 IRB 申請審核時，都必須附上完成證書及其他研究工作手冊等資料。

　　IRB 必須至少包含五位成員，有男有女，其中至少有一位是非科學家，並且必須有一位是不屬於該機構的人。IRB 會邀請在某項相關領域的才能或成就夠高的人參與審核，但他們在最後的表決中不能投票。再者，有利益衝突的人士也必須排除，但他們可以提供一些資訊。

　　如果 IRB 定期審核的研究計畫，是以較為脆弱的幾類人作為研究對象（例如，有發展障礙者），IRB 就至少必須有一位成員是特別關心這些研究對象之福利的人。

　　IRB 依據一些基本的標準檢視所有的研究計畫案。有時 IRB 用來決定一項計畫案是否可以「免於審核」的標準，可能跟 HHS 所使用的不同（見第 112 頁的「細說研究」，有討論 HHS 修訂過的法規）。研究機構所建立的標準，常比聯邦政府所制定的更保守；這是因為研究機構需要降低管理風險，像是訴訟與撤銷補助之類的風險。研究者與研究生最好要了解自己機構的 IRB 的規定與步驟。IRB 有可能會要求研究案必須修改內容，達到它所要求的標準，才能讓這項計畫案通過審核。如果提出的研究案無法滿足其中任一項標準，該項案子就不能被核可（見表 4.1）。

表 4.1　IRB 核准的標準

- 參與者的風險最小化（例如，使用步驟不會讓研究對象暴露在不必要的風險中）。
- 跟預期中的利益相比，可能發生的風險是在合理範圍之內。
- 公平的選擇方式——也就是，研究提案不會歧視人口中的某些人。
- 脆弱群體的保護（例如，兒童、孕婦、囚犯、智能不足者，或經濟狀況不好的人等）。
- 知情同意——有關研究案的所有層面中，可能跟參與者的利益相關的各方面，研究者都必須提供完整的資訊，並以研究參與者能輕易理解的形式提供。
- 參與者有權在任何時間點退出研究而不受任何懲罰。
- 將知情同意做成適當的文件。
- 監控所蒐集的資料，確保參與者的安全。
- 隱私權與保密——若研究中所獲得的任何及所有的資訊會造成參與者的尷尬或傷害，必須確保這些資訊不會被研究團隊以外的人士取得。

　　IRB 將研究計畫案分為以下三類：

- **類別一（豁免審核）**：研究內容對於成人研究對象不會造成任何可能的風險（例如，一項匿名處理的郵寄問卷，詢問的是無害的主題，或匿名觀察公共場合中的行為）。這類研究案不需要獲得研究對象的知情同意書。

- **類別二（速件審核）**：研究內容對於參與者造成的風險極微小。這類研究的典型例子是，研究成人個體或群體的行為，並且沒有做任何心理的介入措施或有任何欺騙的事項。這類研究案不需要紙本的知情同意書，但必須要有口頭的同意。大多數教室內的研究計畫屬於這一類。

- **類別三（完整審核）**：研究內容可能產生問題，像是研究對象是特殊的群體、脆弱的個人、不常見的設備或步驟、欺騙、介入，或某種類型的侵入性測量。這時所有的 IRB 成員都必須一起開一次會，提案的研究者必須親自列

研究的爭議
CONTROVERSIES IN RESEARCH

● 合乎倫理嗎？

1998 年 9 月，美國一位地方法院的法官下令中止一項研究。這項研究始於 1994 年，目的是要評量美國輔導就業委員會（U.S. Job Corps）的功效。連續兩年期間，研究者從每十二個合格的申請者中隨機挑選一位成為控制組，在三年之內不輔導這位申請者就業；一共有六千名這樣的申請者。若申請者不願簽名同意加入研究，就被告知：兩年後再來重新申請。一些控制組的申請者集體訴訟，稱這項研究傷害了他們的心理與情感，並危害他們的經濟。法官判決的基礎，是這項研究沒有達到一項聯邦法律的要求：將研究方法讓公眾檢視。初步的和解條件承諾是，要在 2000 年以前找回所有被分派到控制組的應徵者，邀請他們接受就業輔導（如果還合格），並付給每人 1,000 美元。*

然而，1999 年 4 月，《瓊斯媽媽》（*Mother Jones*）雜誌的讀者投書†中，卻出現了一封為這項研究辯護的信。這封信是由「人力管理研究公司」（此公司**不是**當初拿到錢做研究的公司）的總裁 Judith M. Gueron 所寫，理由如以下兩點：(1)由於該委員會所提供的機會名額有限，隨機選取合格的申請者，比起「先來先贏」的原則，可說是較為公平；(2)受拒的申請者聲稱受到傷害，是否真實不得而知；因為他們還是可以再找其他的就業或受訓的機會。

你認為呢？

---

* Price, J. (1999, January/February). Job Corps lottery. *Mother Jones*, 21-22.
† Backtalk. (1999, April). *Mother Jones*, 13.

席，說明及回答關於該研究的問題。

IRB 特別關注研究對象可能面臨的風險。如果一項計畫案看起來可能會對研究對象造成嚴重傷害，IRB 可以終止該項計畫。任何及所有對研究對象的潛在風險都必須降到最低；也就是說，因研究所產生的任何風險，都不能比一般日常生活，或做一般的身體或心理檢查或測驗時會碰到的風險高。

有些研究者不喜歡 HHS 在 1974 年發布的法律，因為他們認為該項法律干擾了風險極低的研究計畫案，但這種干擾沒必要。他們的反對意見促使了 1981

年的修訂法則，這些法則在 2005 年又修訂了一次（見第 112 頁的「細說研究」）。這些法則適用於任何由 HHS 所補助的研究計畫。如前所述，是 IRB 決定哪些研究案可以豁免受審核，所以，任何計畫案都要記得先問過 IRB，不要直接認定它是屬於免審一類。

另一個影響研究的法律是 1974 年頒布的《家庭隱私權法案》（Family Privacy Act），也稱為巴克利修正案（Buckley Amendment）。這項法案目的在於保護學生的教育記錄之隱私。其中一條規定是，除非經過學生同意，或如果學生不到法定年齡，則需經父母或監護人的同意，否則不可讓他人取得能讓人指認出學生的資料，但有一些例外。同意書的格式裡必須明確指出要揭露什麼資料、揭露的目的，及資料由誰取得。

研究倫理審查目前的指導原則與質性研究之間的關係，不像它跟量化研究那樣清楚。因此，近幾年來，出現了一些關於質性研究的倫理規範的建議。[3]量化研究裡，研究者可以很明確地告知研究對象，該研究的內容及可能的風險。但在質性研究裡，研究與參與者的關係則隨時間而演化。就如Bogdan 與 Biklen 所言，以資訊提供者（informant）做質性研究，「比較像是維持一段友誼，而不是訂契約。被研究的人可以影響關係的品質，而且他們不斷地決定自己的參與態度或程度」。[4] Bogdan 與 Biklen 建議質性研究者，如果 IRB 的標準不適用時，可以考慮以下的標準：[5]

1. 應避免選在一些可能會讓資訊提供者覺得自己是被迫參與的場所進行研究。
2. 尊重資訊提供者的隱私權——想辦法讓資訊提供者主動選擇參與研究。
3. 告訴正被訪問的參與者，這次的訪談會花多少時間。
4. 除非資訊提供者同意，否則應該保護他們的身份，不讓他們因為自己所透露的資訊感到尷尬或受到傷害。不但文字的報告需要保持匿名，口頭的資訊提供也需要保持匿名。
5. 尊重資訊提供者，並在研究中尋求他們的合作。資訊提供者需要知道研究者想了解什麼事物，並且要得到資訊提供者的同意，才能開始進行研究。一定要得到紙本同意書。
6. 若有跟參與者的協議，必須讓所有參與者清楚了解該協議書中每一個條款的內容與意義。
7. 撰寫及報告發現時，必須要說實話。

細說研究
MORE ABOUT RESEARCH

● 健康與人類服務部（HHS）修訂了以人為對象之研究的法規

　　HHS的修訂法規使部分研究計畫免受IRB的審查。但還是請研究者要跟自己機構的 IRB 確認其免審規定。

1. 在教育場所施行的研究，包括正常的教學程序，如(1)特殊教育或一般教育的教學策略之研究，或(2)教學技巧、課程或教室管理方法的效益或比較之研究。

2. 使用教育測驗（認知、診斷、性向及成就）、調查、訪談，或在公共場所做觀察的研究，除非

   (1) 所蒐集的資訊之記錄方式，可以直接或間接指認出參與者的身分。

   (2) 若參與者的回答被公布之後，可能使某個參與者受刑事或民事的告訴，或可能影響參與者經濟或職業上的名聲。

3. 研究使用教育測驗（認知、診斷、性向及成就）、調查、訪談，或在公共場所做觀察，若符合以下任一條件，就不屬於規則 2(2)的免審：(1)研究對象是經過選舉或指派的官員或政界候選人；或(2)聯邦法律無例外地要求，在研究的過程及結束後，所有可辨識個人的資訊都必須維持保密。

4. 研究所蒐集或研究的文獻檔案、記錄、現存的資料、病理標本或診斷標本，是一般大眾都可能取得的資源，或者蒐集這些資料時是以匿名方式處理，其他人無法直接或間接辨識資料提供者的身分。

5. 研究計畫經過部門或機關首長的許可，而且這些計畫的目的是要評鑑或檢視(1)民眾可獲得補貼或服務的政策；(2)這些政策規定民眾要經由哪些程序才能獲得補貼或服務；(3)這些政策或程序是否有可改進之處；(4)這些政策的補貼方法或金額大小，或提供服務的方式，是否有可改進之處。

6. 食品的味道與品質的評鑑研究及消費者接受度研究，如果(1)研究的是完整且無添加物的食物；或(2)食品所包含的添加物，是美國食品藥物管理局（Food and Drug Administration）認證為可食用的，且劑量在安全範圍以內，或該食品所含的農業用藥或環境汙染物，是環境保護局（Environmental Protection Agency）或美國農業部的食品安全檢驗局（Food Safety and Inspection Service）所核准的。

　　美國健康與人類服務部，45CFR 46.101(b) (1)-(6).

112

45CFR 46.101(b) (1)-(6)說明的是，以人作為研究對象的研究中，哪些可以獲得 IRB 免審。（根據 45CFR Part 46，相關機構及其 IRB 不得增列免審的類別。）機構中對於什麼人有權決定哪些研究根據 46.101(b)可獲得免審，必須要有明確的判斷標準。

---

* www.hhs.gov/ohrp/policy/hsdc95-02.html

最後還必須提醒一項法律問題。律師、醫師及神職人員受到法律的保護，可以不必提供別人向他們私下吐露的資訊。研究者卻沒有這種法律保障。因此，任何一位研究對象如果在問卷裡承認自己犯了罪，是有可能被捕、被起訴的。因此，研究對象向研究者承認自己參與了一項犯罪事項時，就會有風險。如果需要這類資訊才能達成研究目的，研究者避免造成這種問題的方法是，不要讓受訪者在問卷中留下任何可能遭指認的資訊。如果是用郵遞問卷，研究者可以請每一位研究參與者在寄回問卷時，另外寄一張明信片表示自己已填完問卷，這樣研究者就可以知道哪些人還沒回答問卷。

▌▌▌ 學術欺騙與剽竊

要討論倫理與研究，就必須也提到學術欺騙。許多教育者相信，網際網路使得學生更容易欺騙及剽竊，因為他們很容易就取得電子化的論文與資源。網際網路出現之前，**剽竊**（**plagiarism**）──將別人的作品當作是自己的作品之行為──比較不容易做，也比較不容易躲過被發現的命運。現在網路上有一些抓剽竊的工具，像是 Turnitin，可以讓教師或學生找出是否有剽竊的文句。這類工具是將學生的作業跟電子資料庫裡的出版品相比對，以此找出剽竊的文句或文句的不當引用。正如第三章所言，大多數的學院與大學有針對學術欺騙制定校規，被抓到的學生必須面臨嚴重的後果，像是該門課不及格，或甚至勒令退學。以我們在大學部及研究所教書的經驗，我們相信，許多學生是**無意**間犯下剽竊的行為。我們認為，許多學生都不清楚如何適當使用與引用已出版及未出版論文的相關規定。因此，請參考第三章第 81 頁，如何避免無意間犯下剽竊之誤的小竅門。

> **OLC** 回到本章最前面的**互動與應用學習**所列出的一系列互動與應用活動。到線上
> 學習中心（OLC, http://highered.mheducation.com/sites/125991383x）
> 去做小測驗、練習關鍵詞彙，及複習本章內容。

本章重點

基本的倫理原則

- 倫理指的是對與錯的問題。
- 有一些倫理原則是所有研究者都必須清楚的，並且必須用於他們的研究中。
- 所有研究者必須考慮的一個基本倫理問題是，研究的進行是否可能造成任何一個人身體或心理的傷害。
- 所有研究對象都必須獲得保證，自己透露的任何資訊或任何關於自己的資訊，都會被視為機密不外洩。
- 欺騙這個詞用於研究時，是指故意向研究對象提供有關研究主題的一部分或所有層面的錯誤資訊。
- 剽竊是將別人的作品當作自己作品的行為。
- 適當地使用與引述出版或未出版的資料，可以避免無意間犯下剽竊行為。

以兒童為研究對象

- 以兒童為研究對象時，研究者所面對的問題和以成人為研究對象時不同。兒童比較脆弱，法律上的權利較少，並常不了解所謂知情同意的意義。

研究的管理法規

- 在獲聯邦政府補助的機構裡，要執行任何以人作為研究對象的計畫之前，都必須要由該機構的倫理審核委員會（IRB）審查。
- 研究計畫以人作為對象時，主要負責為這類計畫建立指導原則的聯邦機構是「健康與人類服務部」（HHS）。

關鍵詞彙

合乎倫理的研究（ethical research）　97
知情同意（informed consent）　101
倫理審核委員會（institutional review boards, IRBs）　108
剽竊（plagiarism）　113

問題討論

1. 以下有三種研究想法。哪一種（如果有的話）可能有倫理問題？為什麼？

　a. 一位研究者想探討飲食對生理發展的影響。他比較兩組研究對象，兩組都是十一歲的兒童。其中一組將給予營養豐富的飲食，富含維他命，這種飲食已在先前的研究裡發現可強健發展。第二組不供給這樣的飲食。兩組兒童將由研究者任教的大學附近的小學選出。

　b. 一位研究者想探究音樂對於注意力持久程度的影響。她設計了一項實驗研究，要比較高中兩個班級上政治學課程的情形。其中一班上政治學課時，連續五週的時間，教室都輕聲播放著古典音樂，教師則照常講授當時正進行的單元並與學生做課堂討論。另一班也以同樣的方式教授同樣的內容，但在這五週內都沒有播放古典音樂作為背景音樂。

　c. 一位研究者想研究藥物對人的影響。他要當地的監獄典獄長找一些人來參加他的實驗研究。典獄長派了幾個囚犯來參加，但沒有告訴他們要研究什麼。這些囚犯被注射了一些不明功效的藥物，而後研究者再詳細描述他們對這些藥物的反應。

2. 根據第 112 頁「細說研究」中的修訂條例，以上是否有哪一個研究可以豁免審查？

3. 有什麼研究是以兒童為對象就會有倫理上的問題，但若以成人為對象就沒有問題的嗎？你能想出一個這樣的研究嗎？

4. 有任何研究問句是不該在學校探討的嗎？如果有，為什麼不應該？

5. 「有時研究設計需要隱瞞或欺騙研究對象。」試討論之。如果一個研究計畫案欺瞞研究對象是合理而可以被諒解的，你能想像可能是怎樣的研

究嗎?

6.「任何一種研究,只要可能對任何一位研究對象造成長久或甚至嚴重的傷害或不適,都不應該執行,除非該研究所提供的資訊,有可能對人類帶來極大的好處。」你同意這個觀點嗎?如果同意,為什麼?這類資訊可能是什麼?請舉例。

註釋

1. 改編自 Committee on Scientific and Professional Ethics and Conduct. (1981). Ethical principles of psychologists. *American Psychologist, 36*, 633-638.

2. Milgram, S. (1967). Behavioral study of obedience. *Journal of Abnormal and Social Psychology, 67*, 371-378.

3. 例如,見 Cassell, J., & Wax, M. (Eds.). (1980). Ethical problems in fieldwork. *Social Problems, 27*(3); Curry, B. K., & Davis, J. E. (1995, Sept.-Oct.). Representing: The obligations of faculty as researchers. *Academe*, 40-43; Lincoln, Y. (1995). Emerging criteria for quality in qualitative and interpretive research. *Qualitative Inquiry, 1*(3), 275-289.

4. Bogdan, R. C., & Biklen, S. K. (2007). *Qualitative research for education: An introduction to theory and methods* (5th ed.). Boston: Allyn & Bacon.

5. 出處同上,pp. 49-50。

研究練習 4 倫理與研究

利用問題卷 4，重述你在問題卷 3 所發展的研究問句。如果要做像這樣一個研究，是否有任何可能的倫理問題？請找出，並說明這些問題可以如何補救。

問題卷 4 倫理與研究

1. 我的研究問句是： _____

_____

2. 參與者可能受到的傷害如下： _____

_____

我會用以下的方法處理這些問題： _____

_____

3. 可能會有的保密問題如下： _____

_____

我會用以下的方法處理這些問題： _____

_____

4. 可能會有的欺騙的問題如下： _____

_____

我會用以下的方法處理這些問題： _____

_____

5. 你認為你的這項研究可能屬於 IRB 的哪一類別（一、二或三）？請說明原因。 _____

_____

_____

這份問題卷（英文版）在線上學習中心（OLC, http://highered.mheducation.com/sites/125991383x）有電子檔。你可以利用電子檔填寫並列印、儲存或以電子郵件寄送。

變項與假設

- 研究關係的重要性
- 變項
  變項是什麼？／數量變項相對於類別變項／自變項相對於依變項／調節變項／中介變項／外在變項
- 假設
  假設是什麼？／列出研究問句也陳述研究假設，有什麼好處？／陳述假設的缺點／重要的假設／方向性的假設相對於無方向的假設／假設與質性研究

你可以找出多少個變項？

學習目標 >> 讀完本章後，你應該能：

- 解釋何謂「變項」，並舉出五個教育研究者可能研究的變項。
- 解釋變項與常數間的差異。
- 分辨數量變項與類別變項。
- 解釋自變項與依變項間的關係。
- 舉一個調節變項的例子。
- 解釋何謂假設，並形成兩個教育界可能研究的假設。
- 說出將研究問句作為假設時的兩個優點與兩個缺點。
- 辨別方向性與無方向的假設，並各舉一例。

互動與應用學習 在閱讀本章的同時，或讀完本章後：

到線上學習中心（Online Learning Center, OLC），

網址 http://highered.mheducation.com/sites/125991383x：

- 更加了解是否該陳述假設

到線上學生精熟活動簿（Student Mastery Activities Book）做
下列活動：

- 活動 5.1：方向性相對於無方向的假設
- 活動 5.2：檢定假設
- 活動 5.3：類別變項相對於數量變項
- 活動 5.4：自變項及依變項
- 活動 5.5：形成一個假設
- 活動 5.6：調節變項

　　瑪姬與金娜開完了研究生的教育研究討論會後，正在一起喝咖啡。兩個人對於今天會議上迸出的一些想法都覺得不解。

　　「我不太能同意那瑟女士（授課老師）的想法，」金娜說。「她說，事先預測你的研究結果會有很多好處。」

　　「對啊，我懂。」瑪姬回答。「但我倒覺得形成假設是個好主

意。」

　「哦，也許吧。可是這樣做也有些缺點。」

　「是嗎？我想不出什麼缺點哩。」

　「呃，像是……？」

　事實上，金娜與瑪姬都沒錯。除了陳述研究問句外，如果也陳述假設，會有優點也會有缺點。這一章會為兩者都舉一些例子。

▌▌▌ 研究關係的重要性

　第 2 章提到，許多研究問句的一項重要特色是：它們暗示了所要探究的某種關係。然而，並非所有的問句都會暗示要研究的關係。有時，研究者只想獲得一些描述性的資訊，以了解人們想什麼、有什麼感覺，或描述人們在某種情況下的行為如何；而有時是要描述某項計畫或某個活動。這類的問題也是值得探究的。因此，研究者可能會問類似以下的問題：

- 高二學生的家長對於學校新的社會與情緒學習課程有什麼想法？
- 教師可能會希望課程有怎樣的改變？
- 高中念升學班的有色人種學生人數，近四年來有變動嗎？
- 本學區的新閱讀課程與以前的相比，有何不同？
- 批判教學法（critical pedagogy）在中學課堂裡的樣貌為何？

　你有沒有留意到，以上的問句中，並沒有隱含任何關係。研究者只想找出特色、行為、感覺或想法。我們常需要取得類似的訊息，作為設計其他研究或做成某種教育決定的第一步。

　純粹描述性的研究問句的問題是，這些問句的答案無法幫助我們理解，為什麼某些人會有某種感覺、想法或行為，為什麼某個課程有某些特色，為什麼某個策略要在某個時間運用，等等。我們也許可由結果得知發生了什麼事，或何時何地（甚至如何）發生了某事，但卻無法了解為什麼發生；這些使我們對於某個情況、某一群人或某種現象的了解受到限制。因此科學家認為，在研究問句指出要研究某種關係是非常重要的，因為這些問句的答案能幫助我們解釋我們所處世界的性質。我們是經由嘗試解釋世界各個部分之間的關係，而逐漸了解這個世界的；在這個過程中，我們開始找出一些**模式**（patterns）或各部分

之間的關聯性。

我們相信，理解常是經由發覺事物間的關聯而增進。因此，我們比較偏好的假設是預測某種關係存在；也有的時候是研究者希望假設某種關係**不**存在。為什麼呢？我們所知唯一可信的理由是，為了要顯現出某個廣被接受（但可能是錯誤）的想法是矛盾的。例如：如果我們可以證明，許多人在證據不足的情況下相信，男孩較女孩缺乏同情心；而這時有個研究發現兩者同情心的多寡沒有差異（也就是，性別與同情心之間**沒有**關係），這個研究可能就有價值（可能有人做過這種研究，但我們不知道）。可惜的是，大多數研究方法所犯的錯誤（例如：使用不適當的測驗工具或研究參與者人數太少），使得研究結果較容易顯示變項間沒有關係（往後幾章將討論幾種這類錯誤）。

▌▌▌ 變項

◆ 變項是什麼？

此刻，我們必須介紹變項的概念，因為「關係」是關於變項的陳述。什麼是變項？一個變項（**variable**）就是一個概念（concept）——一個名詞，代表著某種類別的個體之間的變異，例如：**椅子、性別、眼珠的顏色、成績、動機，或跑步的速度**。即使是**精神勇氣、風格及對生命的熱愛**都是變項。要注意的是，同一類別的個體必須有所不同，才能算是變項。若是某個類別中，所有的個體都一模一樣，這個類別就不是變項，而是**常數**（**constants**），因為其中的個體不能有變異而必須都一樣。任何研究都會把某些特性看作是變項，其他特性則視為常數。

舉個例子也許會讓兩者的區別更明顯。假設某個研究者想研究增強（reinforcement）對於學生成績的影響。這位研究者很有系統地將一大群九年級的學生分為三組，而後訓練這三組的老師，當學生完成各種功課後，以不同的方法增強學生（第一位用口頭讚美，第二位用金錢鼓勵，第三位用加分的方法）。在這個研究裡，**增強**便是一個變項（包含三個不同的變化），而學生的年級則是常數。

你可能會發覺，有些概念較容易理解，有些卻沒有這麼容易。例如，**椅子**

代表我們所坐的各種物體，這些物體有腳、一個座部及一個靠背；並且，不同的觀察者對於某些椅子與其他椅子相比有何不同，可能也有相同的想法。然而，要了解動機代表什麼，或讓大家對它的意義有相同的看法，就沒有這麼容易了。此時研究者就必須非常明確，必須盡可能將動機定義清楚，這樣它才能被測量或操弄。如果我們無法定義某個變項，就無法做有意義的測量或操弄。如上所述，許多教育研究是在尋找變項間的關係，但是，是什麼變項呢？

在真實世界中，有許多變項可供研究；很明顯地，不可能把所有的變項都拿來研究，必須有所選擇。研究者選擇某些變項，是因為他們懷疑這些變項間有某種關聯性，並且相信若能發掘這個關係的性質，就能幫我們多加理解我們這個世界。

◆ 數量變項相對於類別變項

我們可用不同的方式將變項分類，其中一種方法是分為數量變項與類別變項。數量變項（quantitative variables）以不同程度（而不是有或沒有）的方式存在於一條數線上，由較少到較多，而且我們可以利用數字來表示某個物體或某人在該變項的數值高低。兩個明顯的例子就是高度（約翰高 6 英尺，莎莉高 5 英尺 4 英寸），和重量（亞當思先生重 150 磅，他太太重 140 磅，但他們的兒子重200磅）。我們也可以用數字來代表不同的人對某個科目的「興趣」：5 表示極感興趣，4 表示感興趣，3 表示有點興趣，2 表示興趣低，1 表示興趣極低，0 表示完全沒興趣。若以類似這種方法分派數字，就形成了興趣這個變項。

數量變項又常可（但不是一定都可）再被細分為更小的單位。例如，「長度」可用英里丈量，也可用碼、英尺、英寸，或任何比英寸更小的單位丈量。相對地，類別變項（categorical variables）就沒有量或程度上的變化，而是在質上有所不同。例子包括眼珠的顏色、性別、宗教信仰、職業、棒球隊裡的守備位置，及研究中大多數的「實驗處理」（treatments）或「方法」。例如，假設某研究者想比較兩個黨派的選民在某些方面的態度，所包含的變項就有「黨派」——一個類別變項：選民若非屬於一個政黨，就是屬於另一個政黨，而不是在兩黨之間的某一點。這個變項同一類別中的人，都視為屬於相同黨派（見圖 5.1）。

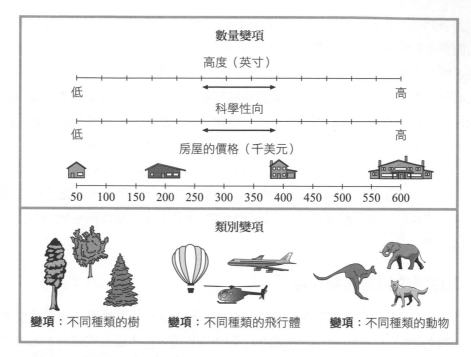

圖 5.1　數量變項相較於類別變項

　　教學方法可視為一種變項嗎？是的，可以。假設有研究者想研究使用不同教學法的老師，就可以去找使用不同教學法的老師：一位純粹講課的、另一位除了口頭講以外還利用投影片、影片及電腦影像教學，第三位則利用個案研究法（case-study method）教學，而不講課。教學方法有不同嗎？有。你可能需要練習思索各種方法或各種群體（例如：教師與行政人員之間）的不同點，把它們視作變項。若能嫻熟運用這種思考方式，將對研究法的學習有極大助益。

　　以下是幾個變項，哪些是數量變項？哪些是類別變項？*

1. 汽車廠牌
2. 學習能力
3. 族群
4. 凝聚力
5. 心跳速率
6. 性別

---

* 1、3、6 代表類別變項，2、4、5 代表數量變項。

● 一些已經被教育研究釐清的重要的關係

1. 「初學閱讀者花在發音的時間愈多，日後的閱讀能力愈好。」（雖然有許多關於這方面的研究，但這項敘述卻無法獲得清楚的支持或駁斥。因為大家都知道語音教學是教學重要的一部分，卻不知道需要投資多少時間於語音教學）*

2. 「小學的數學課若使用可讓學生動手操弄的教具，可提高學生的數學學習成就。」（研究證據頗能有力支持這種教數學的方法）†

3. 「要教導有嚴重學習障礙的學生一些簡單的技術，行為改變技術是一種有效的方法。」（許多證據都支持這項敘述）‡

4. 「教師的科目知識愈豐富，該科教得愈好。」（雖然「老師一定要知道得比學生多」的道理看來似乎很明顯，但是研究所獲得的證據卻不是很確定）§

5. 「語言尚未發展即變成聽障的兒童中，父母沒有聽覺障礙的兒童與父母也有聽覺障礙的兒童相比，前者的閱讀能力較佳。」（許多研究的結果駁斥這項陳述）‖

---

* Calfee, R., & Drum, P. (1986). Research on teaching reading. In M. C. Wittrock (Ed.), *Handbook of research on teaching* (3rd ed., pp. 804-849). New York: Macmillan.

† Suydam, M. N. (1986, February). Research report: Manipulative materials and achievement. *Arithmetic Teacher, 10*, 32.

‡ Deno, S. L. (1982). Behavioral treatment methods. In H. E. Mitzel (Ed.), *Encyclopedia of educational research* (5th ed., pp. 199-202). New York: Macmillan.

§ Shulman, L. (1986). Paradigms and research programs in the study of teaching. In M. C. Wittrock (Ed.), *Handbook of research on teaching* (3rd ed., pp. 3-36). New York: Macmillan.

‖ Kampfe, C. M., & Turecheck, A. G. (1987, March). Reading achievement of prelingually deaf students and its relationship to parental method of communication: A review of the literature. *American Annals of the Deaf, 10*, 11-15.

　　教育研究所研究的關係不外乎：(1)兩個（或更多）數量變項間的關係；(2)一個類別變項及一個數量變項間的關係；或(3)兩個或多個類別變項間的關係。以下是這些關係的例子：

1. **兩個數量變項**
   - 年齡與喜歡上學的程度
   - 閱讀成就與數學成就
   - 教室內的人本主義氣氛與學生的動機
   - 看電視的時間與行為的攻擊性

2. **一個類別變項和一個數量變項**
   - 教閱讀的方法與閱讀成就
   - 輔導的方法與焦慮的程度
   - 國籍與喜歡上學的程度
   - 學生性別與教師所給予的讚美次數

3. **兩個類別變項**
   - 族群與父親的職業
   - 教師的性別與所教的科目
   - 行政風格與大學時的主修科系
   - 宗教信仰與所屬政黨

　　有時也可以選擇是否要將某個變項當作類別或數量變項，例如，有研究者將焦慮這個變項只分成兩類：「高焦慮」的學生與「低焦慮」的學生；就是將「焦慮」視為類別變項。雖然這樣做沒什麼不對，但其實在這種情況下，最好改以數量變項處理，原因有三個：

1. 在概念上，「焦慮」是程度的問題，而不是「有」或「無」的情形。

2. 將一個變項粗分成兩類（或甚至幾類），就無法使用該變項更詳細的資料，因為同一類之中的每個個體間的差異都被忽略了。

3. 各個類群的分界線（例如：高焦慮組、中度焦慮組與低焦慮組的分界）幾乎都是主觀認定的（缺乏任何好的理由）。

◆ 自變項相對於依變項

　　要思考變項的一個常見且有用的方式是，把它們歸類成**自變項**或**依變項**。自變項（**independent variables**）是研究者選擇研究的變項，用以評估它們對另一個或多個變項可能的影響。自變項被預設為會對另一個變項有某種影響（至少造成部分影響），而研究者預設會被影響的變項，則稱為**依變項**（**dependent** variable）。以一般的用語表示，依變項的性質「依據」自變項對其的影響而有所差異。例如，研究**兒時數學成就與成年後的職業選擇**之間的關係時，研究者會將前者稱為自變項，而成年後的職業選擇為依變項。

同一研究可以研究不只一個自變項（也可研究不只一個依變項）。但為了讓說明簡單明瞭，我們舉的例子只有一個依變項和一個自變項。

自變項與依變項之間的關係可以圖表描述如下：

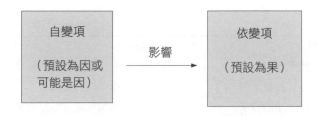

我們來看看你懂了沒？假設現在有一位研究者想探討以下的問題：「被一組三個老師教的學生，和被一位老師教的學生，哪一種學生在科學這個科目學得較多？」這個問題的自變項與依變項是什麼？*

請注意：自變項中有兩種情況〔通常稱為**層級**（level）〕：「三位教師」與「一位教師」；而依變項不是「科學的學習」而是「科學的習得**量**」。你看得出來是為什麼嗎？

現在事情開始變得有點複雜。自變項可以**被操弄**或**被選擇**。被操弄的變項（**manipulated variable**）是研究者**創造**的變項。這類變項通常在實驗研究法裡出現（見第 13 章）。例如，假設有一位研究者要探討不同程度的增強，對於閱讀成就的影響，他將學生有系統地分派到三個組。一組是在每天的閱讀課都受到不停的讚美；一組只是被告知「繼續保持這樣的好表現」；第三組則沒有得到任何的增強。這位研究者實際上是在操弄實驗的情境，藉以創造出**增強的量**。每當研究者設立實驗情境時，就創造了一個或多個變項。這類變項稱為被操弄的變項、**實驗變項**（**experimental variables**），或實驗處理變項（**treatment variables**）。

有時研究者**選擇**一個已經存在的自變項。這種時候就必須找出並選擇這個

---

* 自變項（類別變項）是**老師數**，依變項（數量變項）是**科學的習得量**。

變項的例子，而不是創造這個變項。在先前閱讀方法例子裡的研究者，可能需要找出並選擇每一種已經存在的閱讀方法的例子，而不是安排情境讓它們發生。這種以選擇的方式決定的自變項，並不只有在比較不同實驗處理的研究才有；相關性研究法與因果比較研究法（見第 15 章及第 16 章）也有。以選擇方式決定的自變項，可以是類別變項也可以是數量變項。關鍵的重點是，自變項（不論是以選擇方式創造的或被操弄的）是被認為會影響依變項的變項。以下的例子是以選擇方式決定的自變項與依變項之間的可能關係：

自變項	依變項
性別（類別變相）	音樂天分（數量變項）
數學能力（數量變項）	生涯選擇（類別變項）
加入幫派（類別變項）	後續的婚姻狀態（類別變項）
測驗焦慮（數量變項）	測驗表現（數量變項）

注意到，以上的自變項，沒有一個可以直接由研究者操弄。此外，某些例子裡，自變項與依變項的關係有可能是反過來的，就看研究者認為哪個是因，哪個是果。例如，研究者可能認為測驗表現會造成焦慮，而非焦慮影響測驗表現。

　　大致而言，教育界大部分的研究，如果一個是數量變項，一個是類別變項，則通常是在比較不同的方法或實驗處理。如先前所言，這類研究裡的自變項（不同的方法或實驗處理）代表了一個類別變項。另一個變項（依變項）常是數量變項，並被稱為**結果變項**（**outcome variable**）。*原因很清楚。畢竟，研究者有興趣的是，各種方法之間的差異對於一個或多個結果（學生成就、動機、興趣等等）所造成的影響。

　　我們來看看你了解了沒。假設一位研究者想探討以下的問題：「相較於以個案研究法教學，如果是以主題探討法教學，學生會不會更喜歡歷史這一科？」這個問題的結果變項是什麼？†

---

* 結果變項也可能是類別變項。例如，「是否完成大學學業」這個變項可分為**輟學**與**大學畢業**兩個類別。
† 對歷史的喜愛程度是結果變項。

◆ 調節變項

　　調節變項（**moderator variable**）是一種特殊的自變項。它是次級的自變項，被選擇放入研究的目的，是要觀察它是否影響或**調節**（modifies）首要自變項與依變項之間的關係。因此，若實驗者認為變項 X 跟 Y 之間的關係，可能被第三個變項 Z 所影響而改變，Z 就必須納入研究作為調節變項。

　　想像以下的例子。如果研究者想比較「以討論為導向」的教學方式，相對於「以視覺為導向」（觀看影片）的教學方式，對於美國歷史某單元的授課效益之影響。並且研究者猜測，「以討論為導向」的教學方式，對女生可能比較有利（女生似乎較會以言語表達；經由與人對話的學習，可能比男生學習得更好），而「以視覺為導向」的方式，對男生比較有利（男生似乎看影片時精神就來了）。單元課程結束後，學生的測驗分數可能顯示兩個方法的整體效果沒有差異；但如果把男女生的成績分開看，男女生的成績在兩種教學方式可能會有差異。如果是這樣，那麼性別這個變項就**調節了教學法**（自變項）與效益（依變項）的關係。圖 5.2 可看出這個調節變項的影響。

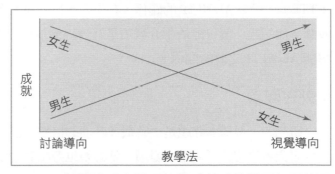

圖 5.2　教學法（自變項）與成就（依變項）間的關係，被學生性別所調節

　　以下是兩個包含調節變項的研究問句。

研究問句 1　「焦慮影響測驗成績嗎？如果有影響，會因為考試的經驗而不同嗎？」

- 自變項：**焦慮層級**
- 調節變項：**考試的經驗**
- 依變項：**測驗成績**

研究問句 2　「主要是接受主題探討法教學的高中學生，相較於主要是接受展演法教學的高中學生，前者在批判思考測驗的表現是否較佳？若較佳，是

否因年級而有不同？」

- 自變項：**教學方法**
- 調節變項：**年級**
- 依變項：**在批判思考測驗的表現**

如你所見，在研究裡加入一個（甚至兩個或三個）調節變項，比起只研究單一個自變項，前者所可能提供的訊息多了許多。只要是情況適當，我們推薦你在研究裡加入調節變項。

◆ 中介變項

調節變項可能影響或改變兩個變項間的關係強弱，而中介變項（**mediator variable**）則企圖解釋兩個變項間的關係。前頁研究問句 1 裡，焦慮層級（AL）跟重大考試（如 SAT）的測驗成績（TP）的關係裡，調節變項是考試的經驗（TTE），因為 AL 和 TP 的關係，在先前參與過重大考試（如 SAT）的學生中較強。而這裡一個可能的中介變項是社會經濟地位（SES），因為它可能可以解釋 AL 和 TP 之間的關係。

◆ 外在變項

研究的一個基本問題是，有很多其他的自變項都可能對依變項產生效應。一旦研究者決定該研究哪些變項，就必須也考慮其他變項所可能有的影響或效應。這類變項通常稱為外在變項（**extraneous variables**）。研究者的工作是以某種方法控制這些外在變項，以消除其效應或將效應減到最小。

第 127 頁關於協同教學的研究問句中，有什麼其他變項可能會影響學生的課堂學習？

有許多可能的外在變項。參與教師的人格、學生的經驗層級、在一天中的哪個時間上課、教授的科目性質、使用的教科書、老師使用的學習活動類型及教學方法——這些都是這個研究裡可能影響學習的外在變項。圖 5.3 說明找出外在變項的重要性。

控制外在變項的一個方式，是讓研究對象在這些性質上完全相同。例如，如果研究只用男生作為研究對象，**性別**這個變項就被控制住了；也就是，研究對象在性別沒有變化；性別是個常數。

某高中有兩位老師以不同的教學法教授歷史課。現在校長在比較這兩個班級的期末成績，卻沒意識到這兩個班級由於**外在變項**的影響，在許多方面也很不一樣。兩個班級的差異是：

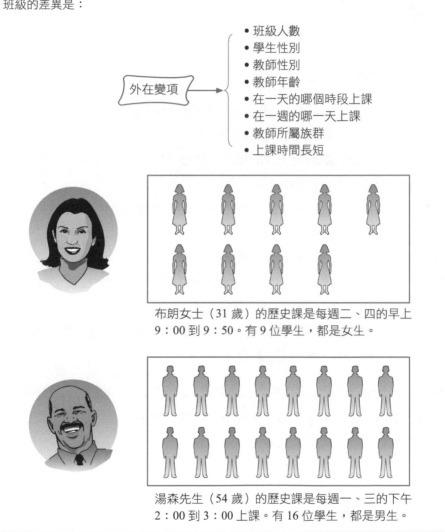

外在變項 →
- 班級人數
- 學生性別
- 教師性別
- 教師年齡
- 在一天的哪個時段上課
- 在一週的哪一天上課
- 教師所屬族群
- 上課時間長短

布朗女士（31 歲）的歷史課是每週二、四的早上 9：00 到 9：50。有 9 位學生，都是女生。

湯森先生（54 歲）的歷史課是每週一、三的下午 2：00 到 3：00 上課。有 16 位學生，都是男生。

圖 5.3　外在變項的例子

　　研究者必須持續思考，該如何控制外在變項可能的效應。第 9 章會討論得稍微詳細些；但在這一章，你必須要知道依變項與自變項之間的差異，及知道有外在變項的存在。請為以下的研究問句找出這些種類的變項：「女學生由女

老師教歷史課，比起由男老師教歷史課，前者會比較喜歡這門科目嗎？」*

▌▌▌ 假設

◆ 假設是什麼？

簡單地說，**假設**（**hypothesis**）就是對於研究可能結果的預測。例如，以下是一項研究問句，我們把它改寫成假設的形式：

● 問句：被同性別教師教歷史課的學生，和被不同性別老師教的學生相比，前
　　　　者會比較喜歡這門科目嗎？

　問句：被同性別老師教歷史課的學生，和被不同性別老師教的學生相比，前
　　　　者會比較喜歡這門科目。

下面還有兩個研究問句及其以假設敘述的型態：

● 問句：使用「以個案為中心」的諮商師與使用「行為改變技術」的諮商師相
　　　　比，兩者與其個案的關係是否不同？

　假設：使用「以個案為中心」的諮商師與使用「行為改變技術」的諮商師相
　　　　比，前者與個案的關係較佳。

● 問句：將有學習障礙的學生納入普通班級一起上課，普通班教師的態度如何？

　假設：某個學區的教師相信，將有學習障礙的學生跟正常發展的學生融合，
　　　　會增進前者的學業技巧。

或是

　　　　某個學區的教師相信，將有學習障礙的學生跟正常發展的學生融合，
　　　　會讓前者被汙名化。

單一個研究問題可能產生許多不同的假設，請見圖 5.4 的說明。

---

* 依變項是**對歷史的喜愛程度**，自變項是**教師性別**，可能的外在變項包括**教師的人格與能力、學生的人格與能力、使用的教材**（如教科書）**、教學風格、教師及學生的種族及年齡**，等等。研究者能控制住愈多外在變項愈好。

圖 5.4 單一個研究問題可能有多種假設

◆ 列出研究問句也陳述研究假設，有什麼好處？

陳述假設有優點也有缺點。優點是什麼呢？第一，列出假設強迫我們更深入專注地思考研究可能的結果。形成假設使得研究問句更明確，同時也使自己對於研究問句的深層涵義與涵蓋的變項，有更精緻的理解。常常，像前述的第三個例子一樣，當研究問題能引出的假設不只一個時，就不得不謹慎思考自己到底要探討什麼。

將問題以假設方式重述的第二個優點，源自科學的一項哲學。這項哲理的論點如下：如果除了想找到某個特定問題的答案外，還想建構一套知識，那麼陳述假設就是一個好策略，因為這樣做，我們能根據之前的證據或理論，做出非常明確的預測。如果這些預測在自己的研究中獲得實證支持，整個研究過程將不但具有說服力，也具有效率。一個典型的例子，就是愛因斯坦的相對論。許多假設都根據愛因斯坦的理論結果形成，這些假設後來都一一經由研究被證實。當愈來愈多的假設被證實為真，不但這些預測本身變得有用處，而且假設

的起源——也就是愛因斯坦的理論中原創的想法,也獲得愈來愈多支持。

最後,陳述假設幫我們看清自己是否在探討某種關係;如果不是,可能會發現自己需要規劃出一種可研究的關係。

◆ 陳述假設的缺點

基本上,陳述假設有三方面的缺點。第一,陳述假設可能導致研究者的偏誤(**bias**),不論是有意識或是無意識的。研究者一旦陳述了假設,可能忍不住想從研究步驟的設計上動手,或研究所得的資料動手腳,使結果能如其所願。

這種情況可能只是少數的例外。一般都相信,研究者從事研究時都是誠實的——雖然有一些著名的例外。所有的研究必須經得起同領域研究者的檢視;過去就曾經有研究經過檢視後,發現其方法有許多不當之處,使得它的發現失去可信度。而任何一個研究也都可以利用完全相同的步驟重做相同的研究(re-plicated),以驗證其研究發現是否為真。不幸的是,很少有教育研究會被重複做,因此這方面的「保護」似乎是個幻象,使得不誠實的研究者有相當的機會可以偽造研究發現而不被察覺。為什麼會有人故意扭曲自己的研究發現呢?可能是因為發表重要發現的研究者,能獲得該領域的肯定及錢財的報酬。

然而,即使是那些占大多數的誠實研究者,定下假設也可能會使他們扭曲研究結果,雖然這種扭曲不是有意而是不自覺的。但教育研究領域,可能沒有一個研究者真的對研究結果完全不在意;因此研究者的態度或知識可能會使自己偏好某種結果。所以,我們認為,研究者最好能讓別人了解研究者本身對假設結果的偏好;這也讓研究者能採取實際行動,盡量避免讓自己的偏誤影響結果。

一開始就陳述假設的第二個缺點是,有些研究不必要、甚至不適合提出假設,例如描述性調查或民族誌研究。在許多這類的研究裡,預測可能的發現不但無意義,也會顯得研究者過於高傲。

陳述假設的第三個缺點是,將注意力集中於一個假設,可能使研究者忽略了其他對研究而言也很重要的現象。舉例而言,若研究者決定探討人本教室對學生學習動機的影響,他可能會忽略了它對其他方面的影響,例如學生對於兩性角色的看法或做決定的方式;而對於一個不只專注於探討動機的研究者,這些都會是很容易注意到的現象。這論點讓人明白:並非所有的研究都需要由假

設檢定來引導。

再回頭想一想本章之前舉的例子。這個研究問句是：「將有學習障礙的學生融入普通班級一起上課，普通班教師的態度如何？」兩個（可能更多）可能由這個問題導出的假設是：(1)「讓有學習障礙的學生跟正常發展的學生同班一起上課，會增進這些學生的學業技巧」；及 (2)「讓有學習障礙的學生跟正常發展的學生同班一起上課，會讓這些學生被汙名化」。這兩個假設都隱約暗示著要比較，將學習障礙的學生融入或不融入普通班級對於學生的影響。因此，所要探討的關係是教師的信念與班級的環境。你注意到：必須將教師對於融合教育的看法，跟他們對於其他種類的班級安排的看法做比較。如果只看教師對融合教育的看法，而沒有了解他們對其他種類的班級安排的看法，就無法知道他們對融合教育的看法是否真的不同。

◆ 重要的假設

開始思索研究問句所可能隱含的假設時，就會領悟到，有些假設比其他的假設更重要。**重要**在此處的意思是什麼呢？「重要」只是表示有些假設可能帶來較有用的知識。例如，比較下面三組假設，你認為各組的哪一個假設較有意義？

● 第 1 組

　a. 小學二年級的學生比較喜歡看電視，而較不喜歡上學。

　b. 小學二年級的學生比小學一年級的學生較不喜歡上學；但比小學三年級的學生喜歡上學。

● 第 2 組

　a. 大部分有學習障礙的學生喜歡待在普通班，不喜歡在特教班。

　b. 有學習障礙的學生，若被編在特教班，對自己的態度會比較負面；若被編在普通班，對自己的態度比較沒那麼負面。

● 第 3 組

　a. 使用「以個案為中心」治療法的諮商師，與使用傳統治療法的諮商師，兩者所得到來自個案的反應不同。

　b. 接受「以個案為中心」治療法治療的個案，與接受傳統治療法治療的個案相比，前者對於諮商過程較滿意。

以上三組假設，我們認為第二個假設都比較重要；因為（根據我們的判斷）在第二種假設中，不但研究者所要研究的關係比較明確清楚，較可能獲得較多的知識，並且，我們認為所獲得的知識對於在相關方面有興趣的人而言較為有用。

◆ 方向性的假設相對於無方向的假設

我們來區分一下方向性與無方向的假設。方向性的假設（**directional hypothesis**）指出研究者預期某項關係會出現一個明確方向（例如：較高、較低、較多或較少）。所指出的預期方向，可能是根據各種資料而下的判斷，例如：從文獻或理論獲知，或由個人的經驗中認知而來。前述三組中的第二個假設都是方向性的假設。

有時研究者很難做出明確的預測。若研究者懷疑某種關係可能存在，但不確定關係的方向，就無法做成方向性的假設。一個無方向的假設（**nondirectional hypothesis**）不對研究結果的方向做確定的預測。前述三組假設若改成無方向的假設，會變成：

1. 小學一、二、三年級的學生對於上學的感覺會有不同。
2. 被編在特教班的學習障礙學生，與被編在普通班的學習障礙學生，兩者在態度量表上的分數會有差異。
3. 接受「以個案為中心」治療法治療的個案，與接受傳統治療法治療的個案，他們對諮商過程表達的滿意度會有不同。

圖 5.5 說明方向性與無方向的假設之間的不同。假使某個人正走向街角，當他到達街角時，有三種可能會發生：

• 他會繼續直直看著前方。
• 他會向右方看。
• 他會向左方看。

無方向的假設會預測他可能會看向任何一方。而方向性的假設則預測他只會看向某個方向（例如右方）。由於方向性假設的風險較大（因為較不可能發生），如果之後受到研究結果肯定，就會較具說服力。*

---

* 如果他直直看向前方，方向性或無方向假設都不被支持。

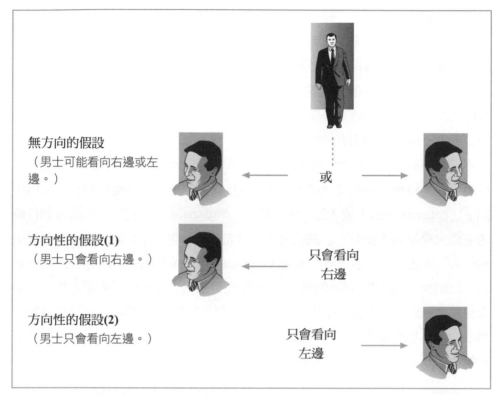

圖 5.5　方向性相對於無方向的假設

　　方向性假設與無方向假設都會出現在研究文獻裡，你應該要學會辨識。

◆ 假設與質性研究

　　質性研究裡的假設形成，通常**不是**在研究一開始就形成，而是隨著研究的進展而逐漸*浮現*。質性研究不像量化研究做假設檢定，而比較可能隨著工作的進展，以新假設的形成作為發現結果——因為他們的研究是在自然的情境下觀察模式與關係，而非事前就針對這些模式及關係的內容做假設。許多質性研究者，*的確*在研究開始前就陳述一些想法，但這些通常稱為命題（**propositions**）而不是假設。[1] 命題跟假設的不同點在於，命題並不是要用來跟資料分析的結果相比對（如量化研究所做的）；而是被視為可用以指引研究者蒐集及分析質性資料的工具，並且是有彈性、可變通的（flexible）工具。質性研究者之所以不願一開始就形成假設，是因為他們深信各研究的研究對象與研究發生的情況，

差異通常很大，必須先了解才可能提出任何的假設。

　　儘管如此，命題可以幫助質性研究者，在蒐集資料時知道要將焦點聚集在哪些區塊，讓蒐集過程較容易駕馭。命題的產生可能來自理論或實證結果的研究文獻，也可能來自專業或經驗知識。以下的命題例子，是本書作者之一在舊金山州立大學的一位博士班學生進行質性研究的理論型命題，她的研究是要探討菁英大學裡第一代移民的有色人種大學生，如何成功兼顧課業與社會的挑戰：「本研究屬於現象學研究，探索的命題是：舊金山大學第一代移民的有色人種學生，能夠持續就讀在這個篩選嚴格的四年制大學，是因為他們尋求『反抗空間』（counterspaces）或『第三個空間』（third spaces）；這種空間讓他們持續著完成大學學業的動機。」訪談過幾位研究參與者後，這位研究者發現，使用Bhabha[2] 的社會文化第三空間理論（sociocultural third space theory）比較不適合，反倒是一些跟身分改變有關的心理學理論較為合適。由於命題是作為協助資料蒐集聚焦於某些區塊的可變通工具，這位研究者可以放棄這項原先的命題，修改命題為檢視轉型的抵禦理論（transformational resistance theory）[3] 在學生能持續大學學業的過程中所扮演的角色。

OLC 回到本章最前面的**互動與應用學習**所列出的一系列互動與應用活動。到線上學習中心（OLC, http://highered.mheducation.com/sites/125991383x）去做小測驗、練習關鍵詞彙，及複習本章內容。

本章重點

研究關係的重要性
- 找出變項間的關係可增進了解。
- 了解變項間的關係幫助我們解釋我們所處世界的性質。

變項
- 變項是某個群體內，各個個體之間互有變異的某個特質。
- 常數是某個群體內，各個個體都相同、沒有差異的某個特質。
- 數量變項是在量或程度上有不同，而不是在類別上有不同。
- 類別變項是在種類上有不同，而非量或程度上有差異。

- 教育研究探討幾類變項，其中最常見的是自變項與依變項。
- 自變項被預設會影響其他變項。
- 自變項有時被稱為**實驗變項**或**被操弄的變項**。
- 依變項（或結果變項）是會被一個（或更多個）自變項所影響的變項。
- 自變項可能被操弄或被選擇。被操弄的變項是由研究者所創造。被選擇的變項是已經存在的變項，研究者找出它們並選擇研究它們。
- 調節變項是次級的自變項，研究者選擇研究它們，因為研究者認為這個變項可能影響了他希望觀察的自變項與依變項之間的關係。
- 外在變項是一種自變項，它們可能在某個研究中對依變項造成非預期的效應。
- 命題是質化研究者所做的暫時性且有彈性的陳述，用以協助指引他們的資料蒐集與分析。

假設

- 研究中所謂的假設指的是對結果的預測，通常在研究開始前就做假設。
- 將研究問句陳述為假設，有優點也有缺點。
- 重要的假設是指，一旦研究結果獲得肯定，它所挖掘出來的知識比不重要的假設豐富許多。
- 方向性的假設是某種關係的特定性質之預測；例如：方法 A 比方法 B 有效益。
- 無方向的假設是預測某種關係存在，但沒有明確指出其性質。例如：方法 A 與方法 B 會有不同（而沒有說哪一個比較有效益）。

關鍵詞彙

問題討論

1. 以下是一些研究問句。哪些暗示了兩項事物間的關係？

   a. 今年高二這一班有多少學生註冊？

   b. 文章的難度提高時，學生發音上的錯誤數量也提高嗎？

   c. 自認社交上有吸引力的人，是否預期自己的另一半在外人看來也頗具社交吸引力？

   d. 教師不喜歡新英語課程的哪些部分？

   e. 在四年級生中，哪個學生最聰明？

   f. 標準化的閱讀測驗得分在第 90 百分位數以上的學生，其標準化寫作測驗的成績也會在第 90 百分位數以上嗎？

   g. 哪一個政黨最多清教徒，共和黨還是民主黨？

2. 你認為第 1 題當中的研究問句，若依重要性排列，次序為何？請說明理由。

3. 如果研究者陳述的是方向性的假設，而非無方向的假設，你認為原因可能是什麼？如果倒過來呢？

4. 有任何的變項是研究者不該研究的嗎？請解釋。

5. 常聽人說，如果我們無法定義一個變項，就不必想對該變項做有意義的測量。這個說法對嗎？一定都是這樣嗎？請討論。

6. 「專注於一項假設可能造成無意或無意識的扭曲。」你同意這句話嗎？
   如果同意，請舉一個這種假設的例子。

7. 如果有一個研究的情況是，若研究者做事先的預測，會被認為是「過於
   傲慢」。你能想出一個這種研究的例子嗎？

註釋

1. Maxwell, J. A. (2005). *Qualitative research design: An interactive approach* (2nd ed., p. 69). Thousand Oaks, CA: Sage.

2. Bhabha, H. K. (1994). *The location of culture*. New York, NY: Routledge.

3. Solorzano, D., & Delgado Bernal, D. (2001). Examining transformational resistance through a Critical Race ant LatCrit Theory Framework: Chicana and Chicano students in an urban context. *Urban Education, 36*, 308-342.

研究練習 5　變項、假設與命題

如果你正在設計一個量化研究,請以你在研究練習 2 所發展的研究問句做一個可以檢測的假設。利用問題卷 5,以一句話或兩句話陳述你的假設,並檢查這項假設是否暗示了至少兩個變項之間的關係。如果沒有,請加以修訂,讓它能顯示兩個變項間的關係。接著,指出哪一個是依變項,哪一個是自變項。而後,列出你所能想像得到,任何可能影響你的研究結果的外在變項。另一方面,如果你設計的是質性研究或混合方法研究,請陳述你的命題。

問題卷 5　變項、假設與命題

我的研究問句是:＿＿＿＿＿＿＿＿＿＿＿＿＿＿＿＿＿＿＿＿＿＿＿＿＿＿

＿＿＿＿＿＿＿＿＿＿＿＿＿＿＿＿＿＿＿＿＿＿＿＿＿＿＿＿＿＿＿＿＿＿

1. 如果是**量化**研究,我的假設是:＿＿＿＿＿＿＿＿＿＿＿＿＿＿＿＿＿

＿＿＿＿＿＿＿＿＿＿＿＿＿＿＿＿＿＿＿＿＿＿＿＿＿＿＿＿＿＿＿＿＿＿

2. 這項假設暗示了至少兩個變項間的關係:＿＿＿＿＿＿＿＿＿＿＿＿＿＿＿

　a.＿＿＿＿＿＿＿＿＿＿＿＿＿＿＿＿＿＿＿＿＿＿＿＿＿＿＿＿＿＿＿＿

　b.＿＿＿＿＿＿＿＿＿＿＿＿＿＿＿＿＿＿＿＿＿＿＿＿＿＿＿＿＿＿＿＿

　c.＿＿＿＿＿＿＿＿＿＿＿＿＿＿＿＿＿＿＿＿＿＿＿＿＿＿＿＿＿＿＿＿

3. 說得更明確些,我的研究裡,依變項與自變項分別是:

　a. 依變項＿＿＿＿＿＿＿＿＿＿　(這是類別變項還是數量變項?請圈選)

　b. 自變項＿＿＿＿＿＿＿＿＿＿　(這是類別變項還是數量變項?請圈選)

4. 可能影響結果的外在變項包括:

　a.＿＿＿＿＿＿＿＿＿＿＿＿＿＿＿＿＿＿＿＿＿＿＿＿＿＿＿＿＿＿＿＿

　b.＿＿＿＿＿＿＿＿＿＿＿＿＿＿＿＿＿＿＿＿＿＿＿＿＿＿＿＿＿＿＿＿

　c.＿＿＿＿＿＿＿＿＿＿＿＿＿＿＿＿＿＿＿＿＿＿＿＿＿＿＿＿＿＿＿＿

5. 我正在設計一個**質性**研究或**混合方法**研究。其命題是:＿＿＿＿＿＿＿

這份問題卷(英文版)在線上學習中心(OLC, http://highered.mheducation.com/sites/125991383x)有電子檔。你可以利用電子檔填寫並列印、儲存或以電子郵件寄送。

Chapter 6

抽樣

- 樣本是什麼？
  樣本與母群體／定義母群體／目標母群體相對於可接觸到的母群體／
  隨機抽樣相對於非隨機抽樣

- 隨機抽樣的方法
  簡單隨機抽樣／分層隨機抽樣／群集隨機抽樣／二階段隨機抽樣

- 非隨機抽樣的方法
  等距抽樣（或稱系統抽樣）／便利抽樣／立意抽樣

- 抽樣方法總複習

- 樣本數

- 外部效度：從樣本擴論
  母群體可擴論性／當隨機抽樣不可行時／生態可擴論性

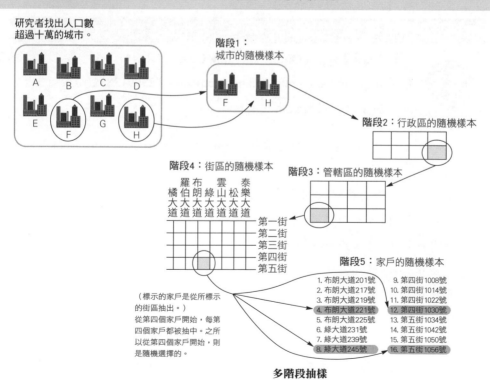

研究者找出人口數
超過十萬的城市。

階段1：
城市的隨機樣本

F   H

階段2：行政區的隨機樣本

階段4：街區的隨機樣本

階段3：管轄區的隨機樣本

羅　　雲　泰
橘伯朗綠山松樂
大大大大大大大
道道道道道道道

第一街
第二街
第三街
第四街
第五街

階段5：家戶的隨機樣本

（標示的家戶是從所標示
的街區抽出。）
從第四個家戶開始，每第
四個家戶都被抽中。之所
以從第四個家戶開始，則
是隨機選擇的。

1. 布朗大道201號　　　9. 第四街1008號
2. 布朗大道217號　　 10. 第四街1014號
3. 布朗大道219號　　 11. 第四街1022號
4. 布朗大道221號　　 12. 第四街1030號
5. 布朗大道225號　　 13. 第五街1034號
6. 綠大道231號　　　 14. 第五街1042號
7. 綠大道239號　　　 15. 第五街1050號
8. 綠大道245號　　　 16. 第五街1056號

多階段抽樣

學習目標 >> 讀完本章後,你應該能:

- 分辨樣本與母群體之間的不同。
- 解釋「代表性樣本」的意義。
- 解釋目標母群體與可接觸到的母群體之間的區別。
- 解釋何謂「隨機抽樣」,並簡要描述三種取得隨機樣本的方法。
- 利用亂數表從母群體中選取一個隨機樣本。
- 解釋分層隨機抽樣與群集隨機抽樣之間的差異。
- 說明「等距抽樣」(或稱系統抽樣)、「便利抽樣」與「立意抽樣」的意義。
- 解釋樣本數對於樣本代表性的影響。
- 解釋何謂「外部效度」。
- 區別母群體可擴論性與生態可擴論性之間的不同,並討論在哪些狀況下適合(或不適合)將研究結果擴論到樣本以外的群體。

互動與應用學習 在閱讀本章的同時,或讀完本章後:

到線上學習中心(Online Learning Center, OLC),

網址 http://highered.mheducation.com/sites/125991383x:

- 更加了解抽樣與樣本代表性

到線上學生精熟活動簿(Student Mastery Activities Book)做下列活動:

- 活動 6.1:辨認抽樣的類型
- 活動 6.2:抽取一個隨機樣本
- 活動 6.3:何時適合做擴論?
- 活動 6.4:對還是錯?
- 活動 6.5:分層抽樣
- 活動 6.6:設計一個抽樣計畫

羅莎是東部一所大型大學的研究教授。她想研究一項新的數學課

程對於全美國數學表現不好的小學生在數學成就上的影響。由於一些
因素（時間和錢只是其中兩個），羅莎和同事不可能對全美國所有這
樣的小學生進行這項研究；他們一定得抽取一個**樣本**。樣本到底是什
麼？有不同類別的樣本嗎？對研究而言，不同類別的樣本有好壞之分
嗎？到底要怎樣才能獲得一個樣本呢？這些問題的答案，是你在本章
將學到的。

當我們想了解某個群體時，通常會去找那個群體中認識或不認識的幾個人
來研究了解。對這幾個人的「研究」結束後，我們通常會對他們所來自的群體
（而非僅這幾個人）歸納幾個結論。許多「常識性」的觀察，事實上就是根據
對少數幾個人的觀察而來。例如，我們常會聽到類似的評語：「大部分的女學
生不喜歡數學」、「沒幾個老師會投票給共和黨」、「大部分的督學都是男
性」等等。

▌▌▌ 樣本是什麼？

我們認為，大部分的人對某一群體（學生、共和黨、足球員、演員等）的
看法，都是根據他們與這一個群體中頗為少數〔也就是**樣本**（sample）〕的個
人互動而得到的結論。有時他們的看法的確能很準確地描述這個群體的行為或
想法，但情形常常並非如此。結論的準確度，完全取決於樣本之於該群體有多
少代表性（也就是有多像）。

研究過程中最重要的步驟之一，是選擇一群人（或物）作為樣本參加研究
（被觀察或被詢問）。所謂**抽樣**（sampling）就是選取這一群人（或物）的過
程。

◆ 樣本與母群體

研究中的樣本，指的是研究者要從其中實際獲取資料的一群人（或物）；
而研究者希望將研究所得的結果應用於一個大群體，這個大群體則稱為**母群體**
（population）。* 例如，州立大學數學系所有的 700 位（或某個實際的數目）

---

* 有時樣本和母群體會完全一樣。

學生，是一個母群體；其中 50 個學生就構成一個樣本。有汽車的學生是另一個母群體，住在學校宿舍的學生又是另一個母群體。在此，你注意到，同樣一個群體，在某個情境下是樣本，但在另一個情境下有可能是母群體。州立大學裡擁有汽車的學生，是該大學擁有汽車的學生的母群體，但他們也是美國所有州立大學中擁有汽車的學生裡的一個樣本。

如果可能，研究者當然希望能研究他們感興趣的整個母群體，但這通常不可能。研究者想了解的母群體通常都很龐大，其中份子的變異大，而且分散在廣大的地理區域。要找到母群體中所有的個體就很耗時傷本，更遑論接觸了。因此，必要時，研究者常會選一個樣本來研究。以下是幾個從母群體選取樣本的例子：

- 研究者想研究某個大都市裡，小學三年級學生的飲食如何影響其注意力持續集中的時間。該市的小學共有 1,500 個三年級學生，研究者選了 150 名，也就是從五個學校各取 30 名學生，作為研究樣本。
- 大型的市區高中裡，有位行政主管想了解，學生對於學區內新規劃的一個輔導活動的看法。這個學區有六所高中，共 14,000 名學生。行政主管從該學區所有學校的學生名單中，選了 1,400 名學生作為樣本（九到十二年級，每一年級 350 人），並打算郵寄一份問卷去問這些人對於新的輔導活動的看法。
- 一個小學校長想了解該學區使用一本新的美國歷史教科書的結果。學區中使用這本新教科書的老師共有 22 位，她從中選取 6 位，並打算將這 6 位老師所教的學生的成績，跟另外 6 位沒有使用這本教科書的老師的學生成績做比較。

◆ 定義母群體

選取樣本的第一件工作，是定義想研究的母群體。到底研究者是對什麼群體有興趣？他希望將研究結果應用在什麼人身上？換句話說，所謂母群體就是研究者有興趣的群體，是研究結果的擴論目標。以下是幾個母群體的例子：

- 美國所有的高中校長。
- 加州所有的小學諮商師。
- 2005 年至 2006 年間內布拉斯加州奧馬哈鎮（Omaha）的中央高中所有的學生。
- 華爾頓小學裡布朗先生所教的三年級班級裡的所有學生。

由以上這些例子可以看出，母群體的大小不定，但都至少有一個（有時是好幾個）特徵使它與其他母群體不同；這裡要注意的是：一個母群體包括了具備該（或某些）特徵的**所有**個體。

在教育研究中，我們感興趣的母群體，常是一群具有某些特徵的人（學生、老師，或其他人）。然而，有時母群體也可能是一些教室、學校或甚至設備。例如：

- 達拉威爾（Delaware）所有五年級的教室（研究假設可能是：若教師在教室展示較多及較多樣的學生作品，該班級的學生學習成就較佳）。
- 內華達州所有高中的體育館（研究假設可能是：具有「較好」體育設備的學校，校隊會贏得較多的獎牌）。

◆ 目標母群體相對於可接觸到的母群體

不幸的是，研究者想擴論的真正的母群體〔稱為目標母群體（**target population**）〕常常是不可得的。而研究者能將研究結果擴論到的母群體，稱為**可接觸到的母群體（accessible population）**。前者是研究者理想上的選擇；而後者是他實際擁有的選擇。請看下面的兩個例子：

- **要研究的問題**：電腦輔助教學對於加州地區小學一、二年級學生閱讀成就的影響。
- **目標母群體**：加州所有小學一、二年級的學生。
- **可接觸到的母群體**：加州帕希非卡鎮（Pacifica）拉古納沙拉達（Laguna Salada）地區，小學一、二年級學生。
- **樣本**：加州帕希非卡鎮拉古納沙拉達地區，小學一、二年級中，10%的學生。

- **要研究的問題**：第五年的實習教師對於他們的實習教學經驗的態度。
- **目標母群體**：美國所有師資培育機構第五年的實習教師。
- **可接觸到的母群體**：紐約州立大學所設的師資培育機構中，所有第五年的實習教師。
- **樣本**：從紐約州立大學所設的師資培育機構的第五年實習教師中，抽選出的200名第五年實習教師。

研究者若將母群體定義得愈狹窄，就愈能省時間、力氣與（可能）金錢，

但同時也愈限制了結果的可擴論性。研究者必須仔細描述研究的母群體與樣本，如此讀者才能判斷此研究結果是否適用於他自己的狀況。發表在期刊的研究論文中，最普遍的弱點之一，就是對於目標母群體與所用的樣本定義不清。此外要注意的一點是，由於樣本中有些人會拒絕參加、有些人會中途退出研究，或資料遺失等等因素，有時真正使用的樣本會與原先所選擇的樣本有所不同。因此，我們必須再說一次，仔細描述最後真正使用的樣本所具有的特點是非常重要的一件事。

◆ 隨機抽樣相對於非隨機抽樣

以下是這兩類抽樣法的例子：

● **隨機抽樣**：中西部某個大學的教育學院院長想了解，對於大學最近實行的一項制度（教授在哪些條件下每六年可休假一年），學院的教師看法如何。她將全院 150 位教師的名字做成紙條放在帽子裡，徹底混合後，從帽裡抽出 25 人做訪談。*

● **非隨機抽樣**：同一所學校的校長最近推出一項新的升遷制度（其中也採納了學校教師委員會的意見），他想了解校內年資淺的教師對於這項制度的看法。全校共六個學院，1,000 名教師，他準備從中選取 30 名進行訪談。每個學院將依下列標準選出五位教師：他們必須在學校教書不滿五年、尚未獲得教授的終身職位（nontenured）、是學校任何一個教師協會的一員，且沒有參加過協助校長起草這項新制度的教師委員會。

在第一個例子裡，那 25 人是由帽裡的紙條中抽出的，而且紙條事先有充分混合過。這種方法稱為**隨機抽樣**（**random sampling**），因為母群體（教育學院的 150 名教師）的每個人被抽中的機會相等。當然，還有其他更細緻的方法可抽出一個隨機樣本（random sample），但它們都有相同的目的：從母群體中選取一個**具代表性**（representative）的樣本（見圖 6.1）。隨機樣本的基本概念是，選中的所有個體會與整個母群體非常相似。當然，沒有人能確定這一點；但若樣本是經由隨機選取的，而且樣本數夠大，研究者就應該能對母群體的情況獲得正確的了解。要做到這一點，最好的方法是，確認選取樣本的過程中沒

---

* 很快會再介紹更好的方式，這只是讓你有清楚的概念。

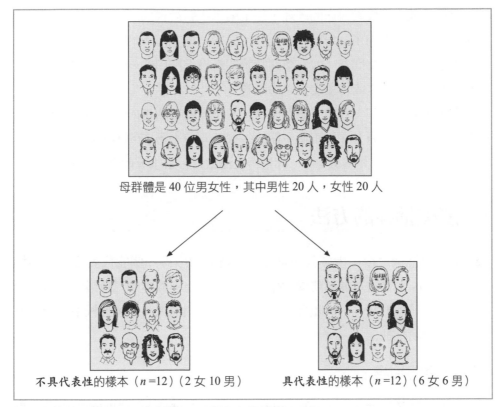

母群體是 40 位男女性，其中男性 20 人，女性 20 人

不具代表性的樣本（n =12）（2 女 10 男）　　　　　具代表性的樣本（n =12）（6 女 6 男）

圖 6.1　具代表性的樣本相對於不具代表性的樣本

有任何的偏誤——也就是研究者（或其他因素）不能影響任何人被選中的可能性，不論是有意識的或無意識的。稍後我們再解釋如何將這種偏誤降到最低。

　　在第二個例子裡，大學校長希望他所選的樣本具有代表性，但更希望樣本是由具有某些特性的教師所組成，因此他明確要求所選取的樣本都要符合所有的條件。所以這個母群體裡（整個大學內的教師），**並非**所有人中選的機會都相等；事實上，有些人根本沒機會被選中，這就是非隨機抽樣（**nonrandom sampling**），有時亦稱為立意抽樣（purposive sampling，見第 160 頁）。以下是另一個隨機樣本相對於非隨機樣本的例子。

● **隨機**：研究者想了解中西部某州，所有社會研究科教師對於該州新頒布的中學歷史課程指導方針的看法。該州共有 725 位社會科教師。研究者取得了所有教師的姓名，並將之按照姓氏的字母順序排列，再將它們從 001 到 725 加以編號。然後利用統計課本裡的亂數表，選出 100 名教師作為樣本。

● 非隨機：某大學校園書店的經理，想了解學生對於書局所提供的服務有何想法。因此，她準備了一份簡短的問卷，連續兩週在每天的午餐時間，請每位進入書店的人填寫問卷，並在離開時將問卷投進門口的一個箱子裡。兩週過後，她共獲得了 235 份填寫完整的問卷。

你是否有留意到，在第二個例子裡，並不是所有的書店使用者都有相同的機會被選入樣本；只有在這兩個星期的午餐時間有去書店的人，才能成為樣本的一部分。所以這不是隨機樣本。你是否也注意到，並非所有的人都會填問卷。

隨機抽樣的方法

決定要抽樣之後，大多數的研究者都會盡力取得一個能代表母群體的樣本，也就是：他們盡可能做隨機抽樣。而能獲得這種樣本的三種最常見的抽樣法是：簡單隨機抽樣、分層隨機抽樣，與群集隨機抽樣。一種比較不常用的方法是二階段隨機抽樣。

◆ 簡單隨機抽樣

一個簡單隨機樣本（**simple random sample**）就是，在選取的過程中，母群體的每一份子被抽中的機會，都是相同而且獨立（也就是不被其他份子所影響）的。如果樣本數大，簡單隨機抽樣是人類所設計的抽樣方法中，選取具有代表性的樣本的最好方法。讓我們來看一個例子：現在我們將母群體定義為某個學區內所有八年級的學生，假設共有 500 位學生。若你也是其中的一位，並且抽樣方法的確是隨機抽樣，那麼你被選中的機會將是 1/500。每個人被選中的機會都相等。

隨機樣本的樣本數愈大，就愈可能代表母群體。當然，隨機樣本並不能保證一定具有代表性，但是比起其他任何方法，隨機樣本具代表性的可能性最高。在隨機選取的方式下，任何樣本與母群體之間的差異都應該會很小，而且不是系統性的誤差；並且，任何的差異都是因為偶然機會所造成，而非研究者的偏誤。

要取得一個隨機樣本，最重要的是要使母群體的每一個份子被抽中的機率都相等且獨立。利用**亂數表**（**table of random numbers**），我們就可以獲得這

樣一個隨機樣本。亂數表裡有很多的數字，而且這些數字出現的順序完全不依任何規則排列。許多統計書的最後幾頁會附亂數表。表 6.1 是亂數表的一部分。

例如，要從 2,000 人的母群體中選出一個 200 人的樣本，利用亂數表，我們先挑出某一直行，再從這一行的任一點開始讀出四位數的號碼（為什麼是四位數？因為母群體中最後的號碼 2000，是四位數，而且每一個人的號碼必須有相同的位數；也就是第一人的號碼是 0001，第二人是 0002，第 635 人是 0635，等等）。研究者就開始抄出這一行的前兩百個不大於 2000 的數字。

讓我們拿表 6.1 第一行數字的前四碼為例。這一行的第一個數字的前四碼是 0117，因此母群體清單中的第 117 號被選入樣本。再看第二個數字的前四碼，是 9123。但母群體裡沒有第 9123 號（因為整個母群體只有 2000 人），因此，研究者繼續看到第三個數字。第三個數字的前四碼是 0864，因此母群體清單中的第 864 號被選入樣本。亂數表的第四個號碼是 0593，所以第 593 號被選入樣本。第五個號碼是 6662，但母群體沒有第 6662 號，所以研究者又繼續看下一個號碼，直到選出 200 個號碼為止，每一個號碼都代表母群體中某個被選中的個體。大多數的研究者會用電腦產生的亂數來抽隨機樣本。用 EXCEL 可以頗輕易地抽出樣本（見第 11 章第 362 頁，標題為「利用 EXCEL：抽取隨機

表 6.1　亂數表的一部分

011723	223456	222167	032762	062281	565451
912334	379156	233989	109238	934128	987678
086401	016265	411148	251287	602345	659080
059397	022334	080675	454555	011563	237873
666278	106590	879809	899030	909876	198905
051965	004571	036900	037700	500098	046660
063045	786326	098000	510379	024358	145678
560132	345678	356789	033460	050521	342021
727009	344870	889567	324588	400567	989657
000037	121191	258700	088909	015460	223350
667899	234345	076567	090076	345121	121348
042397	045645	030032	657112	675897	079326
987650	568799	070070	143188	198789	097451
091126	021557	102322	209312	909036	342045

樣本」的專欄）。

　　簡單隨機抽樣的好處是，如果樣本數夠大，它很可能會產生具有代表性的樣本；但最大的缺點是，簡單隨機抽樣並不容易執行，因為在抽樣之前，必須先確認母群體中的每一個個體；在大多數的情況下，我們必須要能聯絡上所選出的個體，而且還得一定要知道（譬如）第 117 號是誰。

　　再者，若研究者希望**確保**樣本中某些次團體所占的比例，要與它們在母群體的比例一樣，就不會使用簡單隨機抽樣。要達到這個目的（讓樣本的次團體比率與母群體的次團體比例相同），就必須使用所謂的分層隨機抽樣。

◆ 分層隨機抽樣

　　進行分層隨機抽樣（**stratified random sampling**）時，次團體〔或稱為層（strata）〕的抽中比例，與它們在母群體中所占的比例相等。假設某個學區正考慮讓十二年級的學生採用新的「美國政府」課本，研究者想了解學區內的高三學生對於這個新課本的反應。她打算比較使用新課本與使用舊課本的學生在這門課的成績。因為她知道性別是個可能影響結果的重要變項，所以決定要確保她的研究對象裡，男女學生的比例要和母群體中男女的比例相同。抽樣的步驟如下：

1. 她確認目標（也是可接觸到的）母群體：該學區有上「美國政府」這門課的十二年級生共有 365 位。

2. 她發現母群體中共有 219 位女生（占 60%），146 位男生（占 40%）；並決定取母群體的 30% 作為樣本。

3. 她利用亂數表，從母群體中的**每一層**各取 30% 作為樣本，共抽取 66 位女生（219 的 30%），44 位男生（146 的 30%）。因此母群體與樣本中，男生與女生的比例都各是 40% 與 60%（圖 6.2）。

　　分層隨機抽樣的優點是它增加樣本代表性的可能性，尤其當樣本不是很大時，可藉由分層的手段，使得被抽中個體在重要特性上的比例，與它們在母群體中所占的比例相同。母群體的重要的特色在樣本的比例，幾乎都能跟在母群體的比例相同。但它的缺點是研究者必須多費一些功夫。

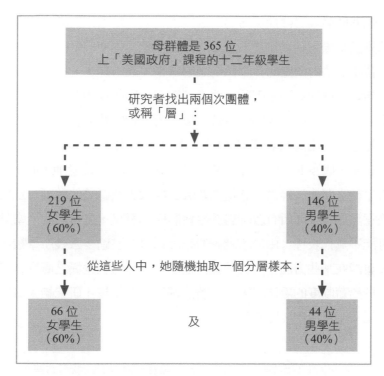

圖 6.2 抽出一個分層樣本

◆ 群集隨機抽樣

使用簡單隨機抽樣或分層隨機抽樣時，研究者都希望確保具有某些特質的個體有被選為樣本。但有時候並無法將個體逐一從母群體中抽選出來，例如，有時研究者無法取得目標母群體所有成員的名單；這時就無法使用簡單隨機抽樣或分層隨機抽樣。常常，研究者是因為行政或其他方面的限制，而無法逐一抽取個體；學校尤其如此。例如，假使現在目標母群體是某個學區內所有上「美國歷史」這門課的高二學生，研究者不可能從不同的教室裡，將隨機選出的樣本學生拉出來參加他的實驗課程；就算真的可以，所花費的時間和精神將極巨大，使得工作進行困難。研究者最可能做得到的，是研究幾個不拆班的班級，也就是現有的班級。這種選取多個群體而非多個單一個體的方法，即稱為**群集隨機抽樣**（**cluster random sampling**）。當然，群集隨機抽樣和簡單隨機抽樣一樣，群體個數愈大，效果愈好。

　　讓我們考慮群集隨機抽樣的另一個例子。東岸都市某個聯合學區的督學想了解教師對於依表現給薪制度的看法。該區共有 10,000 名中小學教師，有 50 所學校。督學無法對全區的教師做全面的調查（錢不夠），但需要盡快了解教師對這項給薪制度的看法。因此，他沒有從每一所學校隨機抽出教師，而是在選中的學校面談該校所有教師；這時，每一所學校的教師就構成一個群集。督學將學校編號，再用亂數表選出 10 所學校（母群體的 20%），所有中選學校的教師就構成一個樣本。訪談者在這 10 所學校詢問每一位老師，而不必在該區的每一所學校之間疲於奔命。若這些教師真能代表該區其他教師，那麼督學以該樣本的意見作為該區所有教師對於給薪制度的意見，是合理的。當然，這個樣本也可能不具代表性；由於所調查的教師只來自該區少數幾所學校，這少數幾所學校可能在某些方面不同於該區其他學校，而這些差異之處影響了這些學校教師對於給薪制度的看法。因此，若能選擇愈多學校，研究結果愈能適用於該區的整個教師母群體（圖 6.3）。

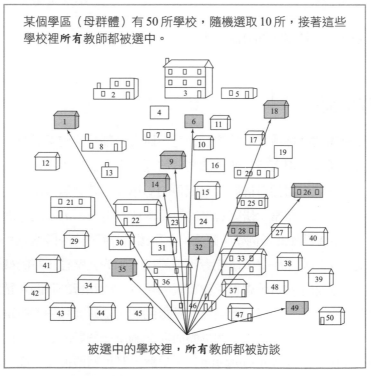

圖 6.3 群集隨機抽樣

群集隨機抽樣類似簡單隨機抽樣，只是前者隨機是以群體為抽取單位，抽出的是多個群體，而後者是以個體為抽取單位，抽出的是多個個體。群集隨機抽樣的優點是，當我們無法或很難隨機選取個體時，可使用群集隨機抽樣。在學校做群集隨機抽樣會容易得多，而且通常也比較不耗時。缺點則是，所抽取的樣本不具代表性的機會也大了許多。

許多新進的研究者在做群集隨機抽樣時常犯一個錯誤，那就是只隨機抽一個群體作為樣本，然後觀察該群體內的所有個體。即使所抽中的群體裡有很多個體，所隨機選中的仍是這群體，而非這些個體，因此研究者不可以將這樣的研究結果推論到目標母群體的所有個體。但仍然有些研究者做了這種推論，這是不對的。

◆ 二階段隨機抽樣

我們可以將簡單隨機抽樣（抽個體）與群集隨機抽樣合併使用，這就是二階段隨機抽樣（**two-stage random sampling**）。研究者要抽出 100 位九年級生時，不必從所有 100 個班級內的 3,000 位學生中抽出，而可以從這 100 班的母群體中隨機抽出 25 班，再從這 25 個班級內，每班隨機選取 4 位學生。比起到 100 個班級去抽學生，這種做法省時許多。而這種方法也比抽 4 個班，再調查這 4 班所有學生的方法好。為什麼？因為 100 個班級只抽 4 班，抽樣的數目過少，即使是隨機選取的，也不容易確保其代表性。

圖 6.4 以圖示說明以上介紹的幾種隨機抽樣的方法。

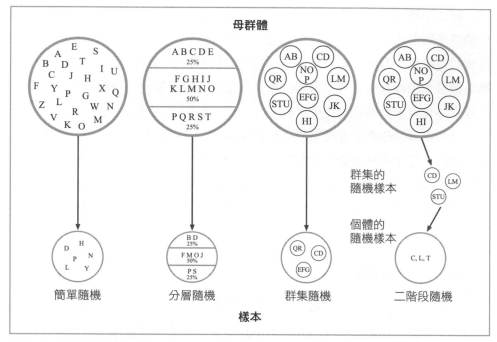

圖 6.4　隨機抽樣的方法

▌▌▌ 非隨機抽樣的方法

◆ 等距抽樣（或稱系統抽樣）

　　等距抽樣（**systematic sampling**，或稱系統抽樣）中，是將某固定間距的個案都納入樣本。例如，樣本清冊裡有 5,000 個名字，要選一個 500 人的樣本，研究者就從每 10 個名字中抽第 10 個名字出來，成為樣本，直到選了 500 人為止。下面是這種抽樣法的例子：一所大型的中學（收六到八年級的學生）有 1,000 名學生。該校校長想了解學生對於學校餐廳新菜單的看法，她取得一份全校學生的名單，並將名字依照學生姓氏的第一個字母順序排列，然後將名單上的每 10 個名字中的第 10 個都選進樣本。為了避免產生偏誤，她將 1 到 10 的號碼都放在帽子裡，從中抽出一個號碼。她抽中了 3 號，所以她選了 3 號、13 號、23 號、33 號、43 號，以此類推，直到抽出 100 位學生為樣本，然後跟這些學生面談。

　　以上抽樣法稱為**隨機開始**（**random start**）的等距抽樣。並且，談到等距抽樣時，常談到兩個詞。第一個是**抽樣區間**（**sampling interval**），也就是母群體清冊裡，每兩個被選中的個體之間的距離。在上面的例子裡，抽樣區間是10。決定抽樣區間的公式很簡單：

$$\frac{母群體所含的個數}{預定要抽的樣本數}$$

　　抽樣比率（**sampling ratio**），是母群體中個體被選為樣本的比率。在上面的例子中，抽樣比率是0.10，或者10%。決定抽樣比率的公式也很簡單：

$$\frac{預定要抽的樣本數}{母群體所含的個數}$$

　　等距抽樣有一個危險，有時卻會被忽略：若母群體清冊已按照某種原則排序——也就是清冊中個體的順序是按照某種規律而定，並且這種規律恰巧與抽樣區間相符合——就會產生很明顯的偏誤樣本。這種情形有時稱為**週期性**（**periodicity**）。假設前一例中的中學生名單不是依照姓氏的第一個字母順序排列，而是按照班級排，而且班導師是按照學生的學業成績由高而低排序。如此一來，成績好的學生都列在班級名冊的前面。假設每一班都是30人，若校長在抽樣時，第一個號碼是1號、2號或3號，之後每隔10人抽1人，那麼她的樣本將會是學校裡較優秀的學生，而不能代表整個學校的學生（你看得出來為什麼嗎？因為每一個班級裡，功課最差的學生號碼都在24到30之間，而這些學生都不會被抽中）。

　　因此，準備由清冊中選取樣本時，研究者應該要小心檢查，確定其中沒有任何循環性的排列方式。若清冊是按某一種規則排列，研究者必須確定這種排列法不會使樣本產生任何偏誤，而扭曲了研究結果。若樣本可能因此產生偏誤時，為使樣本具有代表性，研究者應該要採取措施——例如，從每一個循環的部分隨機選取個體。事實上，若是母群體清冊是採隨機編排的方式，等距抽樣法抽出的樣本還是一個隨機樣本。

◆便利抽樣

很多時候，要選取一個隨機或等距樣本是非常困難的（有時甚至不可能）。這種時候，研究者可以使用**便利抽樣**（**convenience sampling**）；便利樣本（convenience sample）就是容易取得、可供研究的一群個體（見圖 6.5）。因此，某小學的校長要研究者幫忙評量一個新的拼字課本時，研究者可能就直接研究該校兩班三年級的學生。以下是一些便利樣本的例子：

• 東岸某一所大學想了解學生對於該校學生活動中心所販賣的食物的看法。因此中心主任在某個星期一的早上，站在自助餐廳的大門外，訪問前 50 個由餐廳走出的學生。

• 某高中的諮商員訪問所有來找他諮商的學生，問他們有關自己生涯規劃方面的問題。

• 某個地區性電視台的新聞記者在市中心的一個街角，針對該市要在附近的郊

圖 6.5 便利抽樣

區建棒球場的計畫，詢問路人的看法。

• 某大學教授將她統計課的學生對於兩本不同的教科書的反應加以比較。

以上這些例子裡，研究者之所以用某個樣本，是因為他們都是隨手可得的一群人。這種抽樣明顯的優點就是很方便；但主要的缺點也很明顯：所取得的樣本很可能有偏誤。舉那位在街角訪問路人的電視台記者來說，她的樣本存在許多可能的偏誤。首先，任何人只要那一天不在市中心，就都沒有被訪問的機會。第二，不願意透露自己看法的人也不會被訪問。第三，願意接受訪問的人可能對這項議題有很強烈的看法，不論是正面或反面。第四，在一天中的某些時段被採訪的人，很可能是沒工作的，或是所從事的工作是不必待在室內的，等等。

大致而言，便利樣本不能代表母群體，因此若有可能，必須避免採用。不幸的是，有時便利樣本是研究唯一的選擇。如果遇到這種情況，研究者必須格外小心，盡量提供所用樣本的人口學方面的資料與其他任何的特徵。而且必須以幾個其他的類似樣本**重做相同的研究**（replicated），以降低研究所得的結果恰巧只是少數例外情況的可能性。我們稍後會再更深入討論重做相同研究的概念。

◆ 立意抽樣

有時，基於先前對於某個母群體的了解及研究的特殊目的，研究者會依個人的判斷選取樣本；他們認為自己對該母群體的了解，能判斷某個樣本是否具有代表性。下面是幾個例子：

• 某個八年級的社會研究科的教師，選了班上該科學期成績最好的 2 位學生、在該科的學期成績居於中間的 2 位學生，和該科的學期成績最低的 2 位學生。她想了解，若把討論時事作為每堂課的慣例活動，學生會有什麼反應。她以前取過類似的樣本，這些樣本的意見可代表全班的意見。

• 某研究生想了解 65 歲以上的退休老人對於自己的「黃金歲月」（golden years）的看法。他的一個教授是老化與老年人口的專家，而這位教授告訴他，當地的「退休勞工聯誼會」的成員可代表 65 歲以上的退休者。他決定訪問 50 位該會會員，以了解他們的看法。

以上這兩個例子，研究者事前的資訊都使他們相信，所選的樣本可具有母

群體代表性。另有一種立意抽樣,研究者不認為所選中的人本身具有母群體代表性,但卻擁有研究者所需要的**關於**母群體的訊息。例如:

- 某個研究者必須要找出某高中檯面下的(unofficial)權力階層(power hierarchy)。她決定去訪問校長、教師會代表、校長秘書及學校工友,因為事前的資料使她相信,這些人擁有她所需要的訊息。

- 過去五年來,中西部某學區的教師聯合會領袖們,一直代表該學區四分之三的老師對於一些重要議題的看法。因此今年該區的行政主管決定只訪問這些領袖,而不從該學區的所有教師中抽樣做訪問。

　　立意抽樣(**purposive sampling**)與便利抽樣的不同點是:立意抽樣時,研究者並非研究任何容易找得到的人,而是要運用自己的判斷選出樣本,而且根據事前的資訊,他們相信這個樣本能提供所需的訊息。立意抽樣的主要缺點在於:研究者的判斷有可能是錯誤的──他們對於樣本代表性的估計,或對這些人所能提供的訊息準確性的估計,都可能有錯。例如,前述例子裡,今年教師聯合會的領袖們所持的意見,有可能跟其他會員的意見大不相同;這時研究者所得的資料就不準確了。圖 6.6 說明便利抽樣法、立意抽樣法與等距抽樣法。

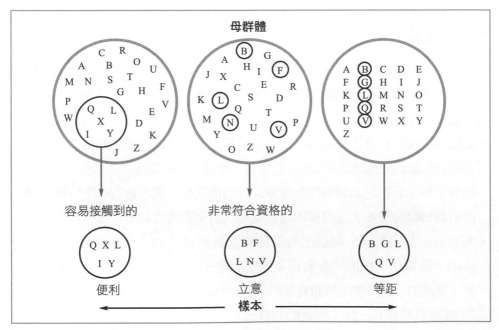

圖 6.6　非隨機抽樣的方法

▌▌▌ 抽樣方法總複習

讓我們用同樣的研究假設來說明前面舉的幾個抽樣法。研究假設：「自尊低的學生，學校的學科成就測驗分數較低。」

● **目標母群體**：加州所有八年級生。

● **可接觸到的母群體**：舊金山灣區（共有 7 個郡）所有八年級生。

● **能力範圍許可的樣本數**：$n = 200$ 至 250 之間。

● **簡單隨機抽樣**：將這 7 個郡所有公私立學校的八年級生（估計約 9,000 名）全部列舉，並予編號。利用亂數表選出 200 個學生為樣本。這種方法的困難在於：要將舊金山灣區的每一名八年級生都一一列舉，還要為了對校內的一、兩名學生施測而（可能）需要聯絡大約 200 所學校，是非常耗時的。

● **群集隨機抽樣**：找出 7 個郡內有八年級生的所有公私立學校，將學校編號。然後隨機抽選 4 所學校，並將這 4 所學校裡的所有八年級生都納入樣本裡（我們估計：一個學校 2 個班級×一個班 30 名學生×4 所學校＝240 名學生）。群集隨機抽樣比簡單隨機抽樣容易執行得多；但這種方法有它的限制，因為我們只用了 4 所學校；即便這些學校是隨機抽選的，也難以具代表性及可擴論性。例如，只選 4 個學校，私立學校的學生可能被排除在外（因為私立學校少，被選中的機會低）。

● **分層隨機抽樣**：分別取得私立學校與公立學校的八年級生人數，並據以決定兩類學校的學生比例（例如：公立占 80%，私立占 20%）。決定要從兩類各取多少學生：公立學校＝200 的 80%＝160；私立學校＝200 的 20%＝40。最後從公立學校隨機選取 160 名學生，私立學校 40 名學生。分層也可用以確保樣本在其他特色上具有母群體代表性。分層的困難在於：研究者必須知道母群體的每一層所占的比例，而且據以分層的變項愈多，就愈難獲得正確的比例。例如：想像一下，若分層的變項不只是公私立學校，還有學生的族群、性別、學生家庭的社經地位，及教師的性別與經驗，該怎麼進行分層。

● **二階段隨機抽樣**：從可接觸到的母群體學校隨機選取 25 所學校，而後從每一所學校隨機選取 8 名八年級生（$n = 8 \times 25 = 200$）。這種方法比簡單隨機抽樣容易執行得多，也比群集抽樣更具代表性。這可能是這個例子裡最好的方

法選擇，但還是要獲得 25 所學校的允許，並且要有足夠的資源，才能從各所學校蒐集資料。

● **便利抽樣**：從研究者可以接觸到的任 4 所學校中選出 240 名學生（我們估計每所學校抽兩班，每班 30 名，$n = 30 \times 4 \times 2 = 240$）。這個方法事先就排除了將研究結果擴論到母群體的可能性；除非研究者有強力的論證，並且所獲得的資料也能佐證，顯示這個便利樣本與整個可接觸到的母群體類似，才可能做擴論。

● **立意抽樣**：從 7 個郡的所有學校裡，選出 8 個班級，而且這些班級就人口學的資料而言，能代表八年級生的母群體。必須要特別注意的變項是自尊與成就測驗的分數；研究者不太可能獲得這些資料，而且這些資料也難消除樣本與母群體之間在其他變項上可能的差異——例如教師態度與學校的資源。

● **等距抽樣**：將所有學校的學生清冊依據姓氏第一個字母排列，每 45 位學生中的第 45 名選為樣本。

$$\frac{\text{學生樣本數 } 200}{\text{學生母群體人數 } 9000} = \frac{1}{45}$$

這種方法幾乎與簡單隨機抽樣一樣不方便，並且可能造成偏誤的樣本，因為每個學校依據姓氏第一個字母排序的第 45 名學生，很可能是排在該校倒數三分之一的學生（假定每校有 60 位八年級生），可能造成種族或文化上的偏誤。（譯者註：若將所有學校的名單合併後，再依姓氏第一個字母排列，就不會出現這個問題。但的確，等距抽樣容易因為名單的排列方法而造成樣本有某特性。使用時必須先多思考，怎樣的排列法比較不可能選出有偏誤的樣本。）

▌▌▌ 樣本數

對一個樣本完成研究後，無論怎樣努力想對母群體的某些性質下結論，都永遠無法完全令人滿意，因為研究者永遠無法確定所用的樣本是否能完全代表母群體。當然，樣本與母群體間一定會有些差距，但若樣本是隨機選取的而且樣本數夠大，這些差異常是微小而不重要的。因此，剩下的問題就是，樣本數要多大才夠？

○ 樣本或普查

　　使用樣本做研究時，只觀察母群體的一部分；而做**普查**時，則是觀察整個母群體。美國人口普查局（U.S. Census Bureau）負責做美國的普查，每十年一次。它估計，2010 年的普查遺漏大約 150 萬屬於少數民族的公民，其中大多是住在低收入市區的非裔美國人及墨西哥裔美國人。做普查的步驟包括：送出信件，接著逐戶清查（canvassing）沒有回答（寄回填答後的問卷）的人。

　　有些統計學家建議要另對一個具有代表性的樣本做調查，並利用這些資料估算普查時沒有回答者的人數及人口變項的資料，藉以擴大（augmenting）普查所得到的人頭數（headcount）。支持這個想法的人認為這能對母群體提供較好的形貌描述；反對者則認為這個提議裡所包含的假定及執行時的處理誤差都會造成更多的誤差。

　　對整個母群體取得一個大型的隨機樣本，再加上比較密集地追蹤沒有接受訪問的人所提供的資訊，相信會比目前的步驟所提供的資料正確，並且額外的花費也不多。但這個做法的可能性直接就被憲法排除〔要了解更多這方面的資訊，可在網路上搜尋全國普查抽樣（national census sampling）〕。

　　不幸的是，這個問題沒有一個明確的答案。假設目標母群體是某學區的 1,000 名八年級生。當然，某些樣本數明顯是太小了，例如，1 個、2 個或 3 個學生作為一個樣本就太小了，不可能具有代表性。也許任何少於 20 到 30 個學生的樣本都是太小，因為他們只是母群體的 2% 或 3%。從另一方面來看，若要考慮研究者所需花費的時間與精力，有些樣本也可能會過大。在這個例子裡，也許 250 人的樣本就過大了，而且不需要，因為 250 人就是母群體的四分之一了。但 50 人或 100 人的樣本呢？這樣夠大嗎？200 人的樣本會過大嗎？到底在哪一點上，樣本數不再過小，而是夠大呢？答案是：樣本數必須要與研究者花費了合理的時間與精力後所能獲得的樣本一樣大。當然，這個答案也許對於一個想知道答案的人沒有很大的幫助，但它卻提示了：研究者必須在合理的範圍內盡可能獲得大樣本。

細說研究
MORE ABOUT RESEARCH

◉ 由樣本擴論的困難度

1936 年時，當時一本很受歡迎的雜誌《文學摘要》（*Literary Digest*），從美國選民裡抽樣，問他們在即將舉行的美國總統大選中，準備投誰一票——蘭登（Alf Landon）（共和黨），還是羅斯福（Franklin Roosevelt）（民主黨）。該雜誌的主編從美國境內，汽車擁有者和電話擁有者的名單裡，找到 2,375,000 個人作為樣本（寄出的明信片中，約 20% 寄回填好的問卷）。根據這些回收的問卷，該雜誌預測蘭登將會大勝羅斯福。但事實上，選舉結果是羅斯福大勝。這項研究哪裡出了問題？

當然不是樣本數的問題。最常聽到的解釋有：資料蒐集時間距選舉日期太遠，**許多人**在這期間改變了主意；而且（或是）取樣偏誤太厲害，樣本都是較為富有的人；還有（或是）20% 的回收率本身就造成很大的偏誤。你認為呢？

新進研究者常有的錯誤觀念，在下面這種想法中表露無遺：「雖然我的隨機樣本都是舊金山區的學校學生，但把我的研究結果用於加州整個區域應該沒問題，因為舊金山的學校（我的樣本也是）包含了各種社經地位、各種族群的學生與各種的教學風格。」這樣的想法是不對的，因為種類多並不等於具代表性；要讓舊金山區的學校能代表加州的學校，這些學校必須要在各種特色上極相似（理想上是完全相同），例如剛才提到的那些特色。問問你自己：「舊金山區的學校，在學生族群的組成方面，能代表整個加州嗎？」答案當然是：「不能！」

關於所需的**最小樣本數**，以下我們建議幾個指導原則。如果是描述性研究，我們認為至少 100 位研究對象是基本的。若是相關性研究，至少需要 50 位研究對象才能建立一項關係的存在。若是實驗及因果比較研究，我們建議每一組至少要有 30 位研究對象。但有時實驗研究如果有受到高度緊密的控制，每一組只有 15 人也可被接受；然而，每一組只有 15 人的研究，在它的結果發現得到很多認可前，大概都應該要重複多做幾次。[*]質性研究裡，樣本的研究對象人數通常在 1 個到 20 個之間。

---

[*] 第 11 章第 360 頁的「研究訣竅」專欄有提供比較詳細的指引。

▊▊▊ 外部效度：從樣本擴論

本章稍早曾說過，研究者將研究發現應用在該研究的人物或情境之外時，就是擴論。科學的整個信念正是植基於擴論（**generalizing**）的想法上。每一種科學都希望找到基本的原理或原則，再將這些原理原則應用到各種不同的情形；而社會科學則希望應用到許多人身上。大多數的研究者都希望能將他們的發現擴論到合適的母群體。但怎樣才是適當的擴論？什麼情況下研究者才能很有自信地說，他們在樣本身上所發現的，也會在母群體上出現？考慮是否能擴論時，我們不但必須考慮樣本的特性，也要考慮研究進行時的環境或情境。研究結果能擴論到怎樣的程度，就決定了該研究的外部效度（**external validity**）。接下來的兩章將討論，效度的概念如何應用於測量工具（工具效度）及如何應用於研究的內部設計。

◆ 母群體可擴論性

母群體可擴論性（**population generalizability**）指的是樣本可以代表母群體的程度。若某個研究結果只能適用於該研究使用的樣本，且該樣本很小而且定義狹窄，則不論研究有任何發現，其用處都受到嚴重限制；這就是為什麼具有代表性的樣本是很重要的。由於做一個研究要花相當的時間、精力與金錢，研究者通常會希望研究結果的適用性愈廣愈好。

然而，談到代表性（**representativeness**），我們指的只是母群體的基本或有關的特徵。何謂**有關的**（relevant）？其實只是說那些特徵可能影響研究的結果。例如：若研究者想找一、二年級的學生作為樣本，研究閱讀方法對於小學生閱讀成就的影響，則像身高、眼珠的顏色或跳躍的能力等方面的特徵可能就是無關的特徵——也就是說，我們不認為這些方面的差異會影響兒童學習閱讀能力，因此我們不會太擔心樣本裡這些特徵是否具有代表性。但其他的特徵，例如年齡、性別或視覺的敏銳度，可能對閱讀成就有影響（從邏輯上來猜測），因此必須在樣本裡具有合理的代表性。

使用立意樣本或便利樣本時，若能顯示樣本至少在某些有關的變項上能代表母群體，那麼研究結果的可擴論性就會增加。然而，這並不能保證樣本在所

有其他有關的變項上都具代表性。

使用實驗法做研究時,教師、諮商師、行政人員或其他執行實驗的人方面的特性,是可擴論性常被忽略的一面。我們必須記得,這種研究法包含的不只是學生、個案或其他受實驗方法影響的人,還包括了那些負責執行不同方法的人。因此,若某研究只有隨機選取學生而沒有隨機選取老師,則**除非**所有的方法都由同一位老師執行,該研究的結果才能擴論到學生母群體;否則無法擴論到學生母群體。若要將結果擴論到其他老師,則必須隨機選取老師的樣本,而且樣本數需要夠大。

最後,我們必須記住,樣本是產生研究資料的團體。若我們無法從原始樣本裡的大部分人獲取資料,那麼即使有最好的抽樣法也是沒有價值。一旦決定了樣本,一定要盡力從樣本的每一個人獲得必要的資料。這一步常常很困難,尤其是問卷調查;但研究結果卻值得你所花的每一分時間與精力。不幸的是,我們並不清楚,研究對象流失多少之前,樣本還能保有代表性。任何研究,若所流失的樣本占原始樣本達 10% 以上時,最好能在研究報告中指出這方面的限制,並據此討論研究的結果與結論。

大多數的研究者會想要把研究發現擴論到所研究的樣本之外。但質性研究者無法像量化研究者一樣,用隨機選取的具代表性樣本,以統計方法做擴論。後者這種過程也稱為機率抽樣。但質性研究並不常用機率抽樣,而較常使用非隨機方式,像是立意抽樣(見第 18 章「質性研究法的抽樣」一節)。質性研究者不用統計法擴論到母群體,而是企圖經由所謂的**可轉移性**(transferability)的過程,建立理論。可轉移性指的是研究發現的擴論是由研究的消費者自做,而非由製造者做。換句話說,讀者能轉移資訊,但前提是研究者必須提供研究參與者及研究情境的充足而詳細的資料,讀者才能自行做轉移。第 18 章「質性研究法的擴論」一節,有更多關於可轉移性的資訊。

研究者都希望擴論嗎?只有在研究結果適用於某個時刻的某個特定團體,或者適用的對象正是研究的樣本時,研究者才會不想將研究結果擴展到樣本與研究情境範圍之外。例如某個小學裡的教職員對於某個議題的看法(像是是否該開始一項新數學的課程),可能就屬於這種情況。這些意見也許對該小學的決策有價值,但對其他人並沒有用處。

◆ 當隨機抽樣不可行時

我們有提過，有時很難，或甚至不可能取得隨機樣本。在這種情況下，研究者必須盡可能詳細描述所用的樣本〔例如，年齡、性別、族群，及社經地位（socioeconomic status）〕，讀者才能自行判斷，研究結果在什麼情況下適用於哪些人，及適用到什麼程度。這很明顯不如隨機取樣的結果能擴論的範圍，但有時這是唯一的辦法。

無法取得隨機樣本時，還有另一種可能性：**重做相同的研究（replication）**。研究者利用不同的樣本、在不同的情況下，重複做同一項研究。如果同一項研究，即使採用不同的樣本，在不同的情況下（地理環境、社經地位、能力等）重複做，但所得的結果基本上都類似，那麼研究者對於研究結果的擴論可更具信心。

教育界做的研究，絕大多數都不是使用隨機樣本。這可能有兩個原因：第一，也許教育研究者不太明白，沒有使用隨機樣本，擴論時將存在許多危機；第二，許多研究中，研究者根本就無法以有限的時間、金錢或其他資源取得隨機樣本。要使研究結果能擴論到較大的群體時，研究者就必須提出有力的說詞，證明樣本雖然不是隨機選取而得，但還是能代表目標母群體。然而，這是很難的一件事，因為說詞總是會受不同的論點挑戰。

◆ 生態可擴論性

生態可擴論性（ecological generalizability）指的是，研究結果可以沿用到其他情境或狀況的程度。研究者必須說明研究環境的情況特性。若研究者希望強調研究結果在別的情況也能適用時，新情況在所有重要的面向上，必須與原先的情況完全相同。例如，我們不能將閱讀教學法在大型市區的小學所獲得的實驗結果，擴論到數學的教學上，即使教的也是大型市區學校的學生；而且市區學校的環境下所產生的結果，可能也無法適用於郊區或鄉村的學校；使用投影片教學的效果，也無法擴論到使用教科書教學產生的效果。即使對於某個研究對象而言、或使用某些材料時、在某種情況下、或在某些時刻下，的確有效果，但這並不表示我們能任意擴論這種結論到其他的研究對象、材料、情況或時刻。

　　一個不當的生態擴論的例子是：有項研究發現，若使用某種方法教數所學校五年級的學生讀地圖，學生較能將所學轉移，因而較能對地圖做一般性的詮釋；因此研究者就建議，可以使用這種方法教別的科目，像數學和科學，而忽略了資源、教師經驗等等可能的差異，也忽略了各個科目實際上包含不同的內容、材料與必須有的學習技巧。像這種不適當的生態擴論，仍然是許多教育研究的一大問題。

　　不幸的是，要做到具生態可擴論性的隨機抽樣，幾乎是不可能的事。雖然我們可以想像，研究者可以找出各種組織型態、材料、教室情境等等的「母群體」，然後從各種可能的組合中隨機選取適量的組合來一一研究，但是做這些的複雜度會使任何人都無法承受。因此，研究者要擴論任何一個研究結果時，都要格外謹慎。只有在不同的環境重複做研究，而且研究結果都確定類似後，才能將結果擴論到這些情況裡。圖 6.7 說明母群體擴論與生態擴論的不同。

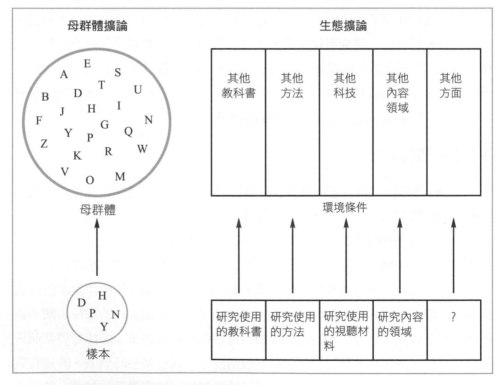

圖 6.7　母群體擴論相對於生態擴論

回到本章最前面的**互動與應用學習**所列出的一系列互動與應用活動。到線上
學習中心（OLC, http://highered.mheducation.com/sites/125991383x）
去做小測驗、練習關鍵詞彙，及複習本章內容。

本章重點

樣本與抽樣

- 研究裡所謂的**抽樣**，指的是選取一群人作為樣本參加研究（例如，被觀察或被詢問）的過程。

- 一個樣本是一個母群體的任一部分；研究資料是從樣本得來。有很多因素會使最終使用的樣本與原先選取的樣本不同。

樣本與母群體

- 研究裡所謂的**母群體**，指的是某個群體的所有個體。母群體是研究者想研究的群體，也是研究者想將研究結果擴論的對象群體。

- 目標母群體是研究者實際上想將研究結果擴論的對象母群體；而可接觸到的母群體則是研究者真正能將研究結果擴論，而且不會受批評的對象母群體。

- 具代表性的樣本是一個在所有特質上都跟母群體類似的樣本。

隨機抽樣相對於非隨機抽樣

- 抽樣的方法有隨機與非隨機之分。隨機抽樣法包括簡單隨機抽樣、分層隨機抽樣、群集隨機抽樣，及二階段隨機抽樣。非隨機抽樣法包括等距抽樣（或稱系統抽樣）、便利抽樣，與立意抽樣。

隨機抽樣的方法

- 簡單隨機樣本是指，抽樣時的方式，是讓母群體中的每一分子都有相同的機會被抽中。

- 分層隨機樣本是指，抽樣時的方式，使樣本中某些特性的分布比率和母群體的分布比率相同。

- 群集隨機樣本的取得過程中，抽樣單位是群體而非個體。

- 二階段隨機樣本的取得，是先隨機抽出群體，再從這些群體中隨機抽出

個體。

● 亂數表是一張布滿了數字的表，這些數字的排列毫無任何規則。亂數表可用來選取隨機樣本。

非隨機抽樣的方法

● 等距樣本的選取方法，是將母群體排列後，再將某一固定間距的個體都選入樣本。

● 便利樣本是任何恰巧可供研究的群體。

● 立意樣本的選擇，是因為其中的個體都具有某種資格，或由於事先知道他們具有代表性。

樣本數

● 研究者在花費合理的時間與精神的情形下，必須盡量加大樣本。樣本數的建議如下：若從事描述性研究，樣本數至少要 100；相關性研究法，樣本數至少要 50；若是實驗及因果比較研究法，則每一組的樣本數至少要達到 30。

外部效度（可擴論性）

● 研究裡所謂的**外部效度**，指的是研究結果能從樣本擴論到母群體的程度。

● **母群體可擴論性**指的是，研究結果可擴論到母群體的程度。

● **生態可擴論性**指的是，研究結果可擴論到研究情境以外的狀況的程度。

重做相同的研究

● 重複做某個研究時，研究者是使用不同的樣本，有時研究情境也不同。

關鍵詞彙

二階段隨機抽樣（two-stage random sampling） 155

分層隨機抽樣（stratified random sampling） 152

代表性（representativeness） 165

可接觸到的母群體（accessible population） 147

外部效度（external validity） 165

母群體（population） 145

母群體可擴論性（population generalizability） 165

問題討論

1. 有一個研究團隊想了解學生對於學生活動中心休閒設施的看法。這個團隊在校園中央的路上，攔下碰到的前 100 個學生，詢問他們對於學生活動中心的看法。這個樣本可能在哪些方面是有偏誤的？

2. 假設有位研究者想了解音樂對學習的影響。他獲得附近一所小學校長的許可，以該校三年級的兩個班級作為樣本。根據標準化測驗、學期成績及教師的看法所顯示，這兩班的能力程度相當。研究者在其中一個班級播放輕柔的古典音樂一個學期，另一個班級則沒有播放音樂。學期終了時，他發現有播放音樂的班級，算術平均成績明顯比另一班高，但其他方面都沒有差異。這項研究結果可能擴論到怎樣的母群體？音樂對學習的影響如何，研究者可以做的結論是什麼？

3. 在什麼情況下研究者不會想要把研究結果擴論出去？請解釋。

4. 「樣本數愈大，研究者擴論到母群體時的理由愈充分。」你認為這句話
   對嗎？為什麼對？或為什麼不對？

5. 有些人認為，絕不可能研究整個母群體。你同意嗎？為什麼同意？或為
   什麼不同意？

6. 「研究者將母群體定義得愈狹隘，研究結果的可擴論性就愈受限制。」
   這句話一定對嗎？請討論。

7. 「如果抽出的樣本中，有大部分人最後都沒有提供資料，那麼即使是最
   好的抽樣計畫也沒有價值。」為什麼這樣說？請討論。

8. 「從生態擴論的角度看，要做到具生態可擴論性的隨機抽樣幾乎是不可
   能的事。」為什麼如此？你能想出任何可能的研究是可以做生態擴論的
   嗎？如果可以，請舉例。

研究練習 6　抽樣計畫

請利用問題卷 6 盡可能清楚描述你的樣本——也就是你的研究對象。說明你將使用的樣本類型，及如何取得這個樣本。請指出你是否預期自己的研究將有母群體可擴論性。如果有，將擴論到怎樣的母群體？如果沒有，為什麼？接著指出你的研究是否有生態可擴論性？如果有，將擴論到怎樣的情境？如果沒有，為什麼？

問題卷 6　抽樣計畫

1. 我的研究問句是：＿＿＿＿＿＿＿＿＿＿＿＿＿＿＿＿＿＿＿

2. 我想採用的樣本（要參與我研究的人）是（**說明是誰及有多少**）：＿＿＿

＿＿＿＿＿＿＿＿＿＿＿＿＿＿＿＿＿＿＿＿＿＿＿＿＿＿＿＿

3. 他們的關鍵人口特性（樣本的特徵）如下〔例如，年齡範圍、性別比例、種族比例、社經地位、區域（這些人在哪裡）等等〕：＿＿＿＿＿＿

＿＿＿＿＿＿＿＿＿＿＿＿＿＿＿＿＿＿＿＿＿＿＿＿＿＿＿＿

4. 說明你將使用哪一種類型的樣本（也就是，便利、立意、簡單隨機、分層隨機、群集、等距）。＿＿＿＿＿＿＿＿＿＿＿＿＿＿＿＿＿＿

＿＿＿＿＿＿＿＿＿＿＿＿＿＿＿＿＿＿＿＿＿＿＿＿＿＿＿＿

5. 我將經由以下步驟跟樣本接觸或得到他們的聯絡方法：＿＿＿＿＿

＿＿＿＿＿＿＿＿＿＿＿＿＿＿＿＿＿＿＿＿＿＿＿＿＿＿＿＿

6. 你將研究的對象，有設定納入／排除的標準嗎？有哪些？＿＿＿＿

＿＿＿＿＿＿＿＿＿＿＿＿＿＿＿＿＿＿＿＿＿＿＿＿＿＿＿＿

7. 外部效度：

a. 你認為你的研究結果可以擴論到怎樣的母群體？請說明原因。

＿＿＿＿＿＿＿＿＿＿＿＿＿＿＿＿＿＿＿＿＿＿＿＿＿＿＿

b. 如果可以，你的研究結果可以擴論到怎樣的情境狀況呢（生態效度）？

＿＿＿＿＿＿＿＿＿＿＿＿＿＿＿＿＿＿＿＿＿＿＿＿＿＿＿

c. 如果你的研究結果無法擴論，為什麼無法擴論？

＿＿＿＿＿＿＿＿＿＿＿＿＿＿＿＿＿＿＿＿＿＿＿＿＿＿＿

這份問題卷（英文版）在線上學習中心（OLC, http://highered.mheducation.com/sites/125991383x）有電子檔。你可以利用電子檔填寫並列印、儲存或以電子郵件寄送。

工具的使用

學習目標 >> 讀完本章後,你應該能:

- 解釋何謂「資料」。
- 解釋何謂「工具的使用」。
- 舉出研究者蒐集資料的三種可能的方法。
- 解釋何謂「蒐集資料的測量工具」。
- 描述教育研究中,五種由研究者完成的測量工具。
- 描述教育研究中,五種由研究對象完成的測量工具。
- 解釋何謂「不具干擾性的測量方法」,並舉出兩個例子。
- 說出四種測量量尺,並各舉一例。
- 簡短描述常模參照測量工具與效標參照測量工具之間的不同。
- 簡短描述如何評分、製表及過錄資料,作為分析之用。

互動與應用學習 在閱讀本章的同時,或讀完本章後:

到線上學習中心(Online Learning Center, OLC),

網址 http://highered.mheducation.com/sites/125991383x:

- 更加了解如何發展測量工具

到線上學生精熟活動簿(Student Mastery Activities Book)做下列活動:

- 活動 7.1:測量工具的主要類別及其使用
- 活動 7.2:哪一種測量工具最恰當?
- 活動 7.3:量尺種類
- 活動 7.4:常模參照測量工具相對於效標參照測量工具
- 活動 7.5:發展一個評等量表
- 活動 7.6:設計一個測量工具

摩妮卡及班卡倫正在討論昨晚教育研究法的課堂內容。

「我得承認自己真的有點目瞪口呆。」摩妮卡說。

「為什麼?」

　　「法藍教授昨天晚上所列出的各種測量工具啊。有問卷、評等量表、是非題測驗、人際社交圖、事件記錄、軼事記錄、畫記表……簡直沒完沒了！我從來不知道有這麼多種方法可以做測量──這麼多種測量工具。而且他講到測量時，真的又讓我開了眼界！記得嗎？他說，任何事物，只要存在，就可以測量！」

　　「是啊。真是厲害！但我也得承認，我不太知道是不是所有的事物都可以被測量。如果那個東西很抽象也可以測量嗎？」

　　「比如說？」

　　「呃，像是疏離啦，動機啦，妳會怎麼測量這些？我真的不能相信什麼都**可以**測量！」

　　「這樣啊，要是我會這樣做，」摩妮卡說，「我會……」

　　你會怎樣測量動機呢？真的有測量工具可以測量這麼抽象的東西嗎？要知道這些，請讀本章。

▌▌▌什麼是資料？

　　資料（**data**）這個詞，指的是研究者從研究對象取得的各種訊息。人口統計學方面的資料，像年齡、性別、種族、宗教等，是一種資料；外購的測驗的得分，或研究者自行設計的測驗的得分，是一種資料；調查研究中，對於研究者的問題做的口頭回答，或寫在問卷上的回答，是另一種資料；學生寫的短文、學校學期成績的記錄、教練所記載的每位隊員每次練習時的表現、教師或諮商師做的記錄──這些都是研究者在研究過程中可能想蒐集的資料。因此，每位研究者在策劃研究的過程中，要做的一項重要決定就是，自己究竟想蒐集些什麼資料。而用以蒐集資料的手段（例如一項紙筆測驗、一份問卷或一個評等量表）就稱為**測量工具**（instrument）。[*]

---

[*] 大部分（但不是所有的）研究都需要使用某種測量工具。若研究使用的資料完全是取自已經存在的記錄（例如學期成績、出席記錄等），就不需要測量工具。

◆ 關鍵的問題

　　一般而言，準備蒐集資料的整個過程就稱為工具的使用（**instrumenta-tion**）。工具的使用不但包括選擇與設計測量工具，還包括要在怎樣的*程序和情況*下施測。這時就會產生幾個問題：

1. 資料要在**何處**蒐集？這個問題指的是資料蒐集的**地點**，是要在哪裡蒐集資料呢？教室？學校操場？私人家中？還是街上？

2. 要**什麼時候**蒐集資料？這個問題指的是資料蒐集的**時間**，是要什麼時候蒐集資料呢？早上？下午？晚上？還是週末？

3. 資料要**多久**蒐集一次？這個問題指的是蒐集的**頻率**，資料要蒐集幾次？只有一次嗎？兩次？還是不只兩次？

4. **誰**要去蒐集資料？這個問題指的是測量工具的**施行**，誰要去做？研究者嗎？還是某個由研究者選出後經過訓練的人？

　　這些問題都很重要，因為研究者對於這些問題的答案，都可能影響所尋得的資料。若以為研究者只要找到或發展出一個「好的」測量工具即可，那就錯了。任何測量工具所提供的資料，都可能受之前的決定中任何因素的影響。例如，即使是評價最高的測量工具，若是施測失當，或受測者討厭施測者，或施測情境嘈雜、不舒適，或受測者極度勞累，所產生的還是無用的資料。

　　因此，以上的問題，在開始蒐集資料*之前*，研究者就必須仔細思考並找到答案。研究者決定的資料蒐集地點、時間、頻率與施測者，都會受到打算要使用的測量工具的影響；而任何的測量工具，不論是哪一種，都必須能讓研究者對研究對象的能力或其他的特質有準確的結論。

◆ 效度、信度與客觀性

　　所謂有效的（valid）測量工具，一種常被使用（但有點老舊）的定義是，這個測量工具測量到了它該測量的東西。效度（**validity**）另一項較精確的定義是，研究者以測量工具蒐集到資料之後，能為自己的推論做多少辯護。畢竟，測量工具只是一種蒐集資料的手段，而研究者用這些資料對某些人的特質做推論，*

---

* 有時測量工具並不是用來從個人蒐集資料，而是從其他地方，像是群體、規劃案及環境等，蒐集資料。但由於本書大多討論教育研究中的個人，所以我們都將使用這個術語。

這些推論必須是正確的才可能有用。因此所有的研究者都希望,所使用的測量工具能讓他們對於研究對象的特質(能力、學業成就、態度等等),做出正確或有效的結論。

例如,要測量數學成就,研究者對於打算使用的測量工具是否真能測量這種成就,要有一些把握。若另一個研究者想了解人們對某個主題的想法,也需要確定所用的測量工具能讓自己獲得正確的推論。有幾種不同的方法能確定測量工具是否符合研究的需求,我們在第 8 章會討論這些方法。

第二個考量是信度(**reliability**)。所謂可靠的(reliable)測量工具,就是產生的結果具有一致性的工具。例如,若研究者在兩次或多次不同的時間測量同一組人的數學成就,每次得到的結果都應該跟前一次的結果相近。這種一致性使得研究者能有信心,相信研究結果的確代表了研究參與者的成就。如同效度一樣,也有幾種方法能決定測量工具的信度,我們在第 8 章會討論。

最後一個考量是客觀性。**客觀性**(**objectivity**)指的是不帶主觀的判斷。研究者必須盡可能對於研究對象的成就、表現或特質,不做任何主觀的判斷。但是,很不幸,完全的客觀是不可能的。質性研究者認知到這一點,所以在研究裡企圖使用一些方法處理主觀性的問題,藉以盡量減少偏誤,增強效度。

我們在第 8 章會更詳盡地討論這些概念;本章我們先看幾種教育研究可利用的測量工具,並討論如何選擇。

◆ 可用性

有些實際的問題是每位研究者必須考量的;其中之一就是:測量工具是否易於使用。施測的時間要多久?指導語清楚嗎?適合這一個群體的受試者嗎?評分的難易度如何?詮釋結果的難易度如何?要花多少錢?這個測量工具有複本(equivalent forms)嗎?使用過這項測量工具的人發現過什麼問題嗎?測量工具使用手冊有提供效度及信度的資料嗎?若能針對這些或類似的問題得到滿意的答案,研究者就可以省卻許多時間與精力,尤其可減少許多頭痛的問題發生。

▌▌▌ 用以蒐集資料的測量工具之分類方式

測量工具可以用各種方式歸類。以下是幾個最有用的方式。

◆ 誰提供資訊？

一般而言，教育研究領域中有三種可以取得資訊的方法。研究者可以：(1)自己取得資訊，無須外人介入；(2)直接從研究對象獲取資訊；(3)從別人得來，這些人通常稱為資訊提供者（**informants**），對於研究對象有相當的認識。讓我們舉一個例子來說明這三種方法。研究者的假設是：歷史課上，教師以主題探討法教學會比使用講授法教學，能使學生有較高層次的思考（higher-level thinking）。要測試這項假設，研究者可能選擇第一種方式蒐集資料，那麼他就必須在教室觀察學生，當學生的發言顯示出其思維是屬於較高層次時，就記錄下來，以便統計次數；或者研究者也可以去查閱學生的記錄，例如測驗結果、作業或報告，可能顯現學生的思維屬於較高層次。如果研究者選擇第二種方法，他可能會給學生一個測驗，或請學生寫短文或回答問題；或者用一些能看出歷史（或其他主題）思考能力的問題來訪談學生。最後，如果選第三種方法，他可能會去訪談一些人（老師與其他學生），請他們填一些評等量表，要他們根據先前的經驗，評量每位學生的思考技巧。以下再為每種方法各舉幾個例子：

1. **由研究者完成的測量工具**
   - 研究者想要了解學習與記憶的發展，他在一家托兒所觀察所內幼兒要重複幾次才能走出托兒所庭院一角的迷宮，再將每個人所需的次數都以畫記表（**tally sheet**）記錄。
   - 對於「相互的吸引力」有興趣的研究者，在**田野筆記**（field notes）裡描述，在各種場所中一起工作的人，行為表現是如何不同。

2. **由研究對象完成的測量工具**
   - 一位研究者**每週**給某小學的學生做**拼字**測驗，要學生正確拼出該星期學到的生字。
   - 一位行政人員應研究者的請求，在教師會議時發下一份問卷（**question-naire**），詢問教師對於該學區新近開始施行的數學課程的看法。

- 研究者請高中英文教師幫忙，要求他們的學生**每天記錄**對於每週所讀的劇本的感想。

3. **由資訊提供者完成的測量工具**

- 研究者請老師幫忙，要他們使用一份**評等量表**（rating scales）來評定自己學生的讀音（phonic reading）技巧。
- 研究者請父母幫忙，當家中的學前兒童模仿電視裡的人物時，就做**軼事記錄**（anecdotal records）並描述這些被模仿的電視人物。
- 研究者訪問學生會主席，詢問他一般學生對於校規的看法，學生會主席的回答都被記錄在**訪談大綱**（interview schedule）裡。

◆ 測量工具從何處來？

基本上，研究者可以用兩種方法獲得測量工具：(1)使用原本已經存在的測量工具；或者(2)研究者自行發展或由別人發展一套新的測量工具。

若由研究者自行發展測量工具，有它的問題存在；主要是這件工作不簡單。要發展一套「好的」測量工具要花相當的時間與精神，當然還要有相當的技巧。

因此，如果能夠的話，選一套原本已存在的測量工具會比較輕鬆。這類工具常是由具備必要技能的專家所設計的。比起自己研發一套，選一個現成而且測量相同特質的工具，所花費的時間會少得多。

設計自己的測量工具是一件相當耗時的大工程，如果沒有相當的時間、精神與金錢可投資在這項工程，我們不建議做這件事。幸好，有一些已經發展完成的優良測量工具存在，而且用電腦也不難找得到。ERIC 資料庫有完整的測驗工具清單，網址是 http://eric.ed.gov（圖 7.1）。

例如，我們在名稱為 Search Terms 的方格內輸入"social studies" 這個詞（要用引號" "）及 *instruments*，搜尋出 765 份文件。這實在太多了，我們把搜尋詞改成"social studies" *competency-based instruments*。這次產生了五個結果，容易處理得多，如圖 7.2 所示。我們點擊第一項結果「1. Social Studies, Competency-Based Education Assessment Series」，就看到該工具的說明文字（圖 7.3），及一份全文的 PDF 檔文件，其中就包括該測量工具及說明如何計分。

幾乎任何的主題都可以用這種方式搜尋，並獲得一份清單，列出用以測量

● 自行發展工具的訣竅

1. 確定自己要評量什麼變項。如果變項定義不清，會浪費許多時間與力氣。如果要評量的變項不只一個，要確定讓一個變項的定義和它所用以測量的題項，要和其他變項的定義及所用以測量的題項之間，有所區別。一般說來，一個題項或一個問題只能用來測一個變項。

2. 參考那些現有且測量類似變項的工具，以決定題項的形式，也可從中獲得靈感。

3. 每個變項都要決定其測量的形式。雖然有時可以將多重選擇題、是非題、配對題、評等題與開放式問題混合使用，但這樣做會使評分的步驟變得複雜，因此通常不建議這種方式。記住：不同的變項常需要不同的題型。

4. 開始彙編題目或自己寫題項。要確定，根據你的判斷，每個題項在邏輯上是有效的——也就是每一題都適合你的變項定義所需。還要注意，你的用字遣詞也要符合研究對象的程度。

5. 請同事幫你檢討題項的邏輯效度。將變項的定義給這些同事看，並說明研究對象的背景。要請他們就題型與內容兩方面做評論。

6. 根據同事提的意見修改題項。這時候，手邊的題數盡量要有你想施測的題項數（通常至少要 20 題）的 2 倍。記住，題目愈多，通常代表信度會愈高。

7. 找一群人，這群人必須是在你研究的議題上有相關經驗的人。請他們幫你檢討題項的邏輯效度。根據建議做任何必要的修改，並將題項定案。現在你必須有預定題數 1.5 倍的題項。

8. 找一群與你預定的研究對象背景盡可能類似的人，將你的測量工具給他們試做。做完之後，在他們的年齡、成熟度允許的範圍之內，跟他們討論這份工具。

9. 如果可以的話，將這些試做的資料，利用統計技巧為每一題做個題項分析（item analysis）（至少要有 20 份完成的試卷）。這些分析並不難做，尤其如果有電腦會更容易。每一題的分析結果就代表那一題的效益（effectiveness）程度，有時甚至可以從中看出該如何改進題項。你可以參考一些教育測量或心理測量的書籍，例如 Murphy, K. R., & Davidshofer, C. O. (1991). *Psychological testing: Principles and applications*. Englewood Cliffs, NJ: Prentice Hall。

10. 再次修改題項之後再選擇題項，直到這份測量工具的題數夠了為止。

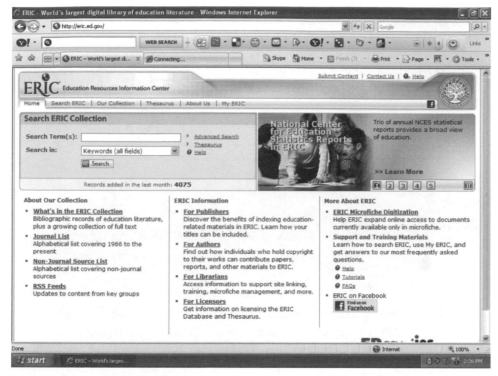

圖 7.1　ERIC 測驗資料庫

擷取自 ERIC（Educator Resources Information Center）。US Department of Education 資助，由 Computer Sciences Corporation 運作。www.eric.ed.gov

或評量該主題的某一面向的測量工具。一般而言，包含該測量工具的電子檔，都可直接立即下載，或可從 ERIC 的文件複印服務部門（Document Reproduction Service）取得。

　　ERIC 的測驗資料庫目前有超過 9,000 個各種類別的測量工具。幾年前 ERIC 經歷頗大的改變，ERIC clearing-houses 已經在 2004 年初關閉，2004 年 9 月時成立了一個新的網站，改善了搜尋能力，使得在 ERIC 資料庫（1966 年至今）內搜尋更有效率。2004 年 10 月，ERIC 開始免費提供非期刊類的文件全文檔，其中包括超過 10 萬份的全文文件。使用者現在可以利用 ERIC 的 thesaurus 及各種 ERIC 的編排法，自行在其搜尋結果內做進一步的搜尋。例如，現在可以把 ERIC 的搜尋結果限制到只列出有含測量工具（像是測驗或問卷）的出版品（去玩一玩吧！）。

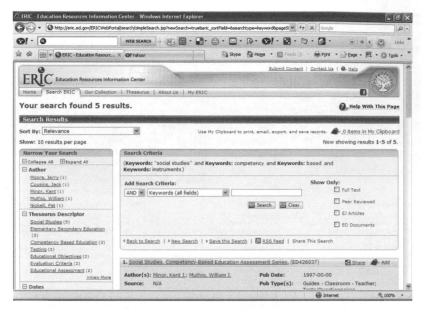

圖7.2 Social Studies Competency-Based Instruments 的搜尋結果

擷取自 ERIC（Educator Resources Information Center）。US Department of Education 資助，由 Computer Sciences Corporation 運作。www.eric.ed.gov

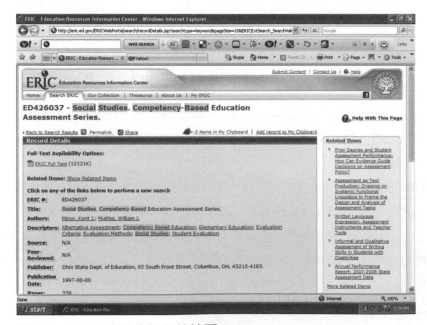

圖7.3 ERIC 資料庫提供的摘要

擷取自 ERIC（Educator Resources Information Center）。US Department of Education 資助，由 Computer Sciences Corporation 運作。www.eric.ed.gov

要了解現有測量工具的使用方式、效度及信度，可以查閱《心理測量年鑑》（*The Mental Measurements Yearbooks*）及《測驗彙編》（*Tests in Print*），這兩種參考書都是由內布拉斯加大學（University of Nebraska）的布羅絲學院（Buros Institute）*定期出版，兩個出版年間則另出版補遺（supplements）。在上一期的年鑑之後新出版的標準化測驗，新的年鑑都會加以評論。該學院出版的《測驗彙編》是很完整的坊間出版的測驗摘要目錄。可惜的是，網路上只有這些測驗工具的名稱與評介的參考資料；實際的測量工具本身只能從出版商取得紙本。

研究者既然有這麼多的測量工具可用，我們建議，除非是很特別的情況，否則最好是將精力花在改寫（和／或改善）這些現有的工具，而不要嘗試從頭開始發展全新的測量工具。

以下是幾個有用的網路資源，包括尋找測驗的服務、對於如何選擇及評量測驗的建議、對於已出版的測量工具的評介、關於「公平的測驗方式」的資訊，及幾個可在其中搜尋的資料庫的連結；對於要尋找特定測驗資訊的研究者，這些資源可能會有幫助：

- **The ERIC Clearinghouse on Assessment and Evaluation**（**http://ericac. net**）：ERIC/AE 是網路的測驗搜尋服務，由 ERIC、ETS（Educational Testing Service）、布羅絲學院和 Pro-Ed 出版公司合作提供。
- **ERIC/ ETS Test Collection Test File**（**http://www.ets.org/testcoll**）：是 ERIC 與 ETS 的合作計畫，包含的記錄記載了超過 9,500 個測驗與研究測量工具。
- **The Buros Test Review Locator**（**http://buros.unl.edu/buros/jsp/search. jsp**）：提供的評量包括對測驗，及超過 4,000 種坊間出版的測量工具。

◆ 填答相對於實作

另一種將測量工具分類的方式是，這項工具是要求受試者填寫回答，還是用來評量研究對象的實作表現。填答測量工具（**written-response instruments**）包括客觀測驗（例如選擇題、是非題、配對題或簡答題）、申論題、問卷、訪談大綱、評等量表，及檢核表（checklists）。**實作測量工具**（**performance in-**

---

* 該機構是以 Oscar Buros 的姓氏命名，Buros 在 1938 年開始編這本年鑑。

struments）包括任何用以評量程序或成品的工具。**程序**（procedures）就是做事的方法，例如混合某種化學溶液、診斷汽車的毛病、寫信、解謎題，或者在打字機上設定每頁的邊界。**成品**（products）是過程最終的結果，例如正確的化學溶液、找到汽車確實的毛病，或是沒有錯字的信。實作測量工具的目的，是要觀察受試者是否能照著一定程序完成某事，並評量最後成品的品質。

　　通常研究者較喜歡使用填答測量工具，因為使用實作測量常很耗時，而且所需的設備和其他資源常不是現成的。例如，要讓一小群學生完成高中科學實驗的步驟，就要花相當長的時間，想想，35 個學生要花多少時間！

▌▌▌ 蒐集資料的測量工具舉例

　　若非研究者（或其助理或資訊提供者）親自**施用**測量工具，否則就必須請研究對象提供所需的訊息。因此，在下面的討論中，我們將測量工具依照其完成者（由研究者或由研究對象完成）加以分類。以下是這兩種工具的幾個例子：

● **由研究者完成：**

評等量表（rating scales）

訪談大綱（interview schedules）

觀察表（observation forms）

畫記表（tally sheets）

對話方向圖（flowcharts）

標準動作檢核表（performance checklists）

軼事記錄（anecdotal records）

密集觀察記錄（time-and-motion logs）

● **由研究對象完成：**

問卷（questionnaires）

自我檢核表（self-checklists）

態度量表（attitude scales）

人格（或特質）量表（personality/ character inventories）

成就／性向測驗（achievement/ aptitude tests）

實作測驗（performance tests）

投射測驗（projective devices）

人際社交測驗（sociometric devices）

　　當然，這種分類並不是絕對的。我們所列的工具中，有些有時候也可由研究者或研究對象完成。

　　然而，大部分的質性研究裡，研究者自己就是主要的資料蒐集工具（我們在第 18 章「質性研究法的擴論」一節，及第 19 章「觀察與訪談」會再討論這

一點）。以開放式問題蒐集質性研究資料的工具，像是訪談、焦點團體及觀察草案（observational protocol）等，蒐集到的資料是由研究者做詮釋，因此是屬於由研究者完成的測量工具。大致而言，質性研究者相信，一位研究者的世界觀或其理論架構，都深深影響其研究設計及資料詮釋（見第 18 章「質性研究法相對於量化研究法所隱含的哲學假定」一節）。

◆ 由研究者完成的測量工具

評等量表 評等是指經過測量後所做的某種判斷。當我們將別人分等級時，我們是根據他的行為或作品打等級。因此，行為（例如學生的口頭報告的表現）或作品（例如所交的報告本身）都可以拿來評等。

要注意的是，**觀察**與**評等**是不同的。一項評等表達了評判者對於某人的行為或作品的判斷。而觀察只是要指出某種特定行為是否出現（見第 196 頁圖 7.12 的密集觀察記錄）。當然有時候研究者兩種都做。例如，某個小組在討論時，成員的活動可被觀察也可被評等。

● **行為評等量表**（behavior rating scales）：行為評等量表有幾種不同的形式，但最常用的，是讓觀察者在數線（continuum）上圈出或畫出某個值，代表他給的評分。這種形式中最容易做的，是**數字型評等量表**（numerical rating scale），裡面一系列的數字代表了不同等級的評分。

圖 7.4 是一個用來評老師的數字型評等量表。這種量表的問題是，不同的評分者可能對於數字所代表的等級（**優良、中等**等）有不同的想法。換句話說，量表上評量點的意義不夠清楚。因此，同樣一個人，也許不同的評量者給的分數會差異很大。解決這種問題的一個做法是，將每一個評量點的意義說明清楚。例如，在圖 7.4 中，「5」可以定義為

說明：請就以下的行為，圈選出適當的數字；這些數字的意義為：5＝優良，4＝高於一般水準，3＝一般水準，2＝低於一般水準，1＝拙劣。

A. 清楚地解釋教材內容
　　1　　2　　3　　4　　5
B. 與學生建立良好關係
　　1　　2　　3　　4　　5
C. 提出高水準的問題
　　1　　2　　3　　4　　5
D. 課堂活動多樣化
　　1　　2　　3　　4　　5

圖 7.4　節錄自某教師行為評等量表

「教過你的所有老師中的前5%」。如果沒有這種定義，研究者必須要給回答者一些說明或訓練，否則必須把這些回答當作是個人主觀的意見。

　　圖示型評等量表（graphic rating scale）是改善數字型評等量表模糊不清的缺點的一種方法。圖示型評等量表將有待評量的行為特點詳細地描述，並將它們放在一條數線上，讓觀察者在這條線上勾

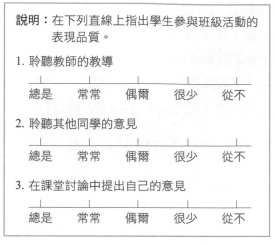

圖 7.5　節錄自某一圖示型評等量表

選。圖 7.5 就是一個圖示型評等量表。這張量表若加上一些定義又會更好；例如將**總是**定義為「95% 到 100% 的時間」，將**常常**定義為「70% 到 94% 的時間」。

- **作品評等量表**（product rating scales）：我們之前曾提過，有時研究者想評量作品。教育研究界常被評量的作品包括讀書報告、地圖、圖表、說明圖、圖畫、筆記、作文，及各種有創意的作品。評量行為必須在某段時間內完成（當研究者可以觀察這項行為時），而評量作品的一大好處就是，任何時候都可以評量作品。*圖 7.6 是一個評量「寫字」的評等量表。要使用這個量表，先要蒐集學生寫的字。然後將這些字一一與量表上的句子相比對，直到確定它與某一行字的品質最相似為止。雖然這種方法已經用了五十多年，但還是這種評等量表的經典範例。

　　訪談草案　訪談草案（interview protocol）與問卷基本上是一樣的測量工具——它們都是要讓研究對象回答的一套問題。但要如何施行，則有一些重要的差異。訪談是以口頭方式進行，可能是面對面或經由電話，並由研究者（或其他經過訓練的人）記錄。這種方式的好處是，研究者可澄清模糊的答案；並

---

* 有些行為評等量表是用來評估一段時間內的行為，例如，教師多常問學生一些需要做高階思考的問題？

等第	寫字量表	年齡當量（以月計算）
3.0		99
3.5		105
4.0		111
4.5		117
5.0		123
5.5		129
6.0		136
6.5		142
7.0		148
7.5		154
8.0		160
8.5		166
9.0		172

圖 7.6 作品評等量表的例子

資料來源：加州成就測驗的寫字量表，Form W (1957), CTB/McGraw-Hill, Monterey, CA. Copyright © 1957 by McGraw-Hill.

可在聽到特別重要或值得深究的答案時，要求回答者詳細說明。另一方面，它的一項大缺點是，完成一項訪談的時間比填寫一份問卷所花的時間要長許多。而且，有研究者（訪談員）在場，研究對象可能不會說出他真實的想法。跟訪談對象（研究參與者）建立良好的關係是做訪談的重要第一步。

　　圖 7.7 是一份結構式的（structured）訪談大綱的例子。注意到，使用這份

---

1. 你認為學生的學業學習情況是優良、好、尚可,還是差?
   a. 如果你去年也在本校,你認為今年學生的學業學習狀況比往年如何?
   b. 請舉出具體的例子。
2. 你認為一般而言,學生對於學校的態度是優良、好、尚可,還是差?
   a. 如果你去年也在本校,你認為今年學生對學校的態度比往年如何?
   b. 請舉出具體的例子。
3. 你認為學生對於學習的態度是優良、好、尚可,還是差?
   a. 如果你去年也在本校,你認為今年學生對於學習的態度比往年如何?
   b. 請舉出具體的例子。
4. 你認為學生對自己的態度是優良、好、尚可,還是差?
   a. 如果你去年也在本校,你認為今年學生對自己的態度比往年如何?
   b. 請舉出具體的例子。
5. 你認為學生對於其他學生的態度是優良、好、尚可,還是差?
   a. 如果你去年也在本校,你認為今年學生對其他學生的態度比往年如何?
   b. 請舉出具體的例子。
6. 你認為學生對你的態度是優良、好、尚可,還是差?
   a. 如果你去年也在本校,你認為今年學生對你的態度比往年如何?
   b. 請舉出具體的例子。
7. 你認為學生的創造與自我表達能力是優良、好、尚可,還是差?
   a. 如果你去年也在本校,你認為今年學生的創造與自我表達能力比往年如何?
   b. 請舉出具體的例子。

圖 7.7　訪談大綱(教師用)用以評估一所市中心學校實施能力為本的課程後的效果

訪談大綱時,除非訪談過程有錄音下來,否則訪談者必須現場寫下很多內容。有些訪談大綱會限制研究對象的回答只能落入幾種類別;這種方法有時稱為**預先過錄**(precoding)。使用預先過錄式的訪談大綱,訪談者只要勾選出適當的答項,而不必將研究對象的回答做成逐字稿;這也省去研究對象等待訪談者記錄的時間。

　　圖 7.8 是一份半結構式的(semi-structured)質性訪談草案,是某位博士研究生做論文時,用來訪問一位成功從社區大學轉入四年制大學的非裔學生的問卷。注意到,訪談草案從頭到尾都提醒訪談者要「追問」,讓受訪者多講。**追問**(probes)是依據受訪者的回答,由訪談者即席提出的問題。

　　觀察表　以紙筆方式記錄的觀察表〔有時稱為**觀察大綱**(observation schedules)〕很容易做。圖 7.9 是這種表的一個例子。你可以看到,使用這種表,

1. 你從社區大學轉到州立大學的過程中，哪些人或服務對你幫助最大？
2. 你認為自己成功轉學的原因是什麼？（**追問**：請告訴我，你是如何達成自己的目標的？）
3. 在社區大學時，有任何人給你個人的支持或幫助，讓你轉到州立大學來嗎？（**追問**：你覺得，在你成功轉學的過程中，給你最大幫助的那個人是怎樣的人？那個人說了什麼或做了什麼而幫助了你？）
4. 你準備要轉學的過程中，需要跟什麼奮鬥？主要的障礙有哪些？（**追問**：你回想一下，在那段日子，有沒有哪一天讓你覺得自己一定轉不了學了？講一下那一天的情形吧。）
5. 如果你能跟州立大學的主管或教授談關於這段轉學的過程，你會想要跟他們說什麼？可以怎樣改善轉學的程序，才能幫助其他像你一樣的非裔美國人？

圖 7.8　半結構式的訪談草案

說明：

1. 每一次教師做了以下的事，就打一個勾：　　　　　　　　　　　　　　　次數
   a. 問個別的學生一個問題　　✓　✓　✓　✓　✓　✓　6
   b. 問全班的學生一個問題　　✓　✓　2
   c. 教訓學生　　✓　1
   d. 叫學生安靜　　✓　✓　✓　3
   e. 問學生是否有問題　　✓　1
   f. 把學生叫到黑板前　　✓　✓　2

2. 每一次教師所問的問題需要以下這些事項，　　　　　　　　　　　　　　次數
   就打一個勾：
   a. 記憶或回想某項資訊　　✓　✓　✓　✓　✓　5
   b. 比較　　✓　✓　2
   c. 推論　　✓　✓　✓　3
   d. 擴論　　0
   e. 特定的應用　　✓　1

圖 7.9　觀察表範例

觀察者不但需要記錄某些行為，也要評量其中一些行為。

　　觀察表必須以嘗試性質的方式，先在類似的情境試用，才能看出觀察表是否有所不足或不清楚。許多觀察表的一個常見缺點是，要求觀察者記錄太多行為，而使他們無法精確記錄，或要求觀察者一次觀察太多研究對象。還是像給

一般的測量工具的建議一樣,工具愈簡單愈好。

畫記表 研究者常使用畫記表來記錄學生的某種行為、活動或言語發生的次數。例如,消防演習時,多少高中生會依循指揮行動?小學生在操場上有多少攻擊行為及多少助人行為?在喬登先生五年級的美國歷史課上,學生問問題的頻率如何?他們多常問一些推論的問題?要回答這類問題,畫記表是很好的工具。

畫記表只是一張紙,上面列了各項活動或行為。每次只要觀察到一位研究對象有某種行為或從事某種活動,研究者就在表中該項目畫一條直線。例如,學生在課堂上說的話,常可以顯示他們對於各種概念或想法的理解程度,這時候,可能的分類法也許就有無限多種,圖 7.10 是其中一種。

發言的種類		
1. 詢問事實性的資訊	跟課文有關	卌
	跟課文無關	|
2. 要求澄清概念	跟課文有關	卌 ||
	跟課文無關	
3. 要求解釋	跟課文有關	卌 |||
	跟課文無關	
4. 要求做臆測	跟課文有關	|
	跟課文無關	
5. 問另一位學生問題	跟課文有關	|
	跟課文無關	||
6. 針對議題提出自己的看法	跟課文有關	|
	跟課文無關	|||
7. 回應另一位學生	跟課文有關	
	跟課文無關	||||
8. 為另一位學生的發言摘要重點	跟課文有關	
	跟課文無關	
9. 被老師問,但沒有回答老師的問題	跟課文有關	
	跟課文無關	||
10. 被另一位學生問,但沒有回答那位學生的問題	跟課文有關	|
	跟課文無關	

圖 7.10 討論分析畫記表

標準動作檢核表 最常使用的測量工具之一就是檢核表。標準動作檢核表裡列出某項表現（試用顯微鏡、打一封信、算出一道數學題，等等）所有該有的行為。它用來決定某人要完成某項工作時，是否有做出某些特定的（通常是希望看到的）行為？如果觀察時發現某項行為有出現，研究者就在該行為的後面打勾。

圖 7.11 是八十多年前發展出來的一個標準動作檢核表的一部分，它是用來評量學生使用顯微鏡的技巧。請注意，這張表上的項目（像其他架構良好的檢核表應該有的），是使用顯微鏡應該有的動作。當動作出現時，觀察者才在上頭打個勾。學生做得多好，觀察者不須做主觀判斷。若需要做主觀判斷，應該放在評等量表裡。

軼事記錄 另一種記錄個人行為的方式是軼事記錄。這種方式恰如其名——以軼事的方式記載所觀察到的行為；它沒有固定的形式，研究者可以自由記下任何他認為重要的行為，不必在意每位研究對象是否有相同行為。然而，要使軼事記錄發揮最大的用處，觀察者的記錄必須要盡可能精確、與事實相符，避免使用評量、詮釋，或過於含糊的用語。美國教育委員會（The American Council on Education）描述了四種軼事，並強調要避免前三種，只有第四種才是好的。

1. 評量或判斷學生乖不乖、好壞、得不得人歡喜的軼事——**評量性的陳述**（必須避免）。

2. 為學生的行為解釋的軼事，常常只根據一個事件或理論來解釋——**詮釋性的陳述**（必須避免）。

3. 以一般性的字眼描述的軼事，描述的語氣像是某事常發生，或說成像是某學生的特質一般——**擴論性的陳述**（必須避免）。

4. 準確說出學生做了什麼或說了什麼，具體描述行為言語發生的情境，並清楚交代別人又說了或做了什麼的軼事——**明確或具體的描述性陳述**（最好的一種）。[1]

以下為這四種軼事各舉一例。

● **評量性的**：詩選課時，朱利亞一直講話，而且講得很大聲；只想做他想做的，說他想說的，不管別人要不要上課。我只好叫他坐到我旁邊，他的態度不好。

● **詮釋性的**：上週沙米每天動個不停。他長得很快，所以一刻都靜不下來。

1. 拿起載玻片 _____
2. 以拭鏡紙擦拭載玻片 _____
3. 以布擦拭載玻片 _____
4. 以手指擦拭載玻片 _____
5. 將培養液瓶在桌上輕微
   搖晃 _____
6. 將一兩滴培養液滴在
   載玻片上 _____
7. 加入更多的培養液 _____
8. 加入少許幾滴水 _____
9. 尋找蓋玻片 _____
10. 以拭鏡紙擦拭蓋玻片 _____
11. 以布擦拭蓋玻片 _____
12. 以手指擦拭蓋玻片 _____
13. 以手指調整蓋玻片 _____
14. 擦掉多餘的液體 _____
15. 將載玻片放在顯微鏡的
    鏡台上 _____
16. 以右眼看接目鏡 _____
17. 以左眼看接目鏡 _____
18. 轉成最低倍數的物鏡 _____
19. 轉成低倍數的物鏡 _____
20. 轉成高倍數的物鏡 _____
21. 閉上一隻眼睛 _____
22. 尋找光源 _____
23. 調整凹面鏡 _____
24. 調整平面鏡 _____
25. 調整隔板 _____
26. 沒有碰隔板 _____
27. 一隻眼睛仍在接目鏡上，
    調低粗調節輪 _____

28. 弄破蓋玻片 _____
29. 弄破載玻片 _____
30. 眼睛離開接目鏡，調低
    粗調節輪 _____
31. 將粗調節輪往上調得很高 _____
32. 一隻眼睛在接目鏡上，將
    細調節輪調得很低 _____
33. 眼睛離開接目鏡，將細調
    節輪調得很低 _____
34. 將細調節輪調得很高 _____
35. 將細調節輪扭轉幾圈 _____
36. 將玻片移離鏡台 _____
37. 以拭鏡紙擦拭物鏡 _____
38. 以布擦拭物鏡 _____
39. 以手指擦拭物鏡 _____
40. 以拭鏡紙擦拭接目鏡 _____
41. 以布擦拭接目鏡 _____
42. 以手指擦拭接目鏡 _____
43. 準備另一組玻片 _____
44. 拿另一個顯微鏡 _____
45. 找到接物鏡 _____
46. 等了一會兒 _____
47. 問「你要我做什麼？」 _____
48. 問是否要用高倍率 _____
49. 說「我很滿意。」 _____
50. 說玻片適合他的眼睛 _____
51. 說「我不會做。」 _____
52. 被告知要重新準備一組
    玻片 _____
53. 被指導以低倍率找到物體 _____
54. 被指導以高倍率找到物體 _____

圖 7.11　用以觀察學生行動的標準動作檢核表

資料來源：*Educational Research Bulletin* (1922-61) by R.W. Tyler.

……當然是內在的改變使他煩躁。

● **擴論性的**：這幾天沙米實在是一刻不得閒。每當他沒事時就在吹口哨；進行各種分組討論時，即使他有興趣，他的手還是動來動去，不然就是捶隔壁的人。我跟他說話時他還笑。

● **明確的**（最好的）：天氣冷得要命，所以我們今天沒去操場。下課時間學生都在教室玩。安德魯和賴瑞要玩一種叫作「偷燻豬肉」的遊戲，正在將其他小朋友分兩組。他們在選邊時，我正在教室前頭跟一群小朋友講話。忽然我聽到賴瑞大叫說所有的小朋友都要在安德魯那邊，不跟他一邊。安德魯說：「他們要跟我一邊，我有什麼辦法？」[1]

　密集觀察記錄　有時候研究者希望仔細觀察某個人或某群體。例如，想理解某人或某群體的問題或困難（動作很慢、交不出作業、不專心等）的真正原因時，常常就需要密集觀察記錄。

　　密集觀察研究是連續觀察，並詳細記錄某人或某群體在某段時間內的活動（例如：15 分鐘的實驗器材操作說明）。在短而規律的期間內，觀察者盡可能客觀地將被觀察者所做的事一一記錄下來（例如每觀察 3 分鐘休息 1 分鐘）。

　　一位教育評量的前輩 Hilda Taba 曾引用　位四年級老師的密集觀察記錄。這位老師認為她班上的學生動作非常慢，是因為他們寫作業時極端小心翼翼。要確定是不是這樣，她決定對一位典型的學生進行密集觀察研究。研究結果顯示，這名學生並非過分拘泥於小處，而是根本一刻也不能專心在他手邊的工作上。圖 7.12 是她所做的觀察之一部分。

◆ 由研究對象完成的測量工具

　問卷　第 190 頁圖 7.7 的訪談大綱也可當作問卷使用。使用問卷時，研究對象在答案卷上將他的答案寫下或畫記。問卷的優點是，可以郵寄出去，或同一時間內由許多人自行填寫。缺點是，不清楚或看似模糊的問題無法獲得說明，而且遇有重要或值得追問的問題時，問卷回答者也沒有機會說明其答案的意義。第 17 章會介紹更多有關電子問卷，及可用以設計網路調查的軟體（例如 SurveyMonkey）的資訊。

　　問卷裡選擇型題項（selection item）包括多重選擇題、是非題、配對題，或詮釋性的題目。供給型題項（supply item）則有簡答題或申論題。稍後討論

時間	活動	時間	活動
11:32	把紙疊好 拿起筆 寫下自己的名字 把紙移近一點 繼續閱讀 揉鼻子 看看阿特寫的東西 開始寫		看看蘿莉 對著她笑 擦掉剛寫的東西 舉手 笑一笑，看著 D 老師 D 老師去看他有什麼問題
11:45	寫一寫又看一看 做鬼臉 咯咯笑了幾聲。看著蘿莉微笑 向阿特借看他寫的東西 擦掉自己寫的 把紙疊一疊 閱讀 把紙挪來挪去 短暫寫了一點 把紙拿起來讀 把大拇指放進嘴裡，看看 D 老師	11:50	看看蘿莉 用手指輕敲桌面 寫字 癱在椅子上 把手舉到頭旁，聽 D 老師跟蘿莉 講話 用力吐氣 把紙快速挪動 看看其他人 托下巴 看看查理 手撐著頭閱讀 塗掉剛寫的內容 手托下巴，看看其他人 做個鬼臉，打呵欠，扭動不安 拿手去撐頭 邊讀邊用手指著字 寫字 把頭趴在桌上 托下巴 閱讀 揉眼睛
11:47	寫一寫又看一看 D 老師 做鬼臉 咯咯笑 對蘿莉微笑 把紙拿起來讀 搗一搗眼睛 看布告欄有什麼內容 把紙放下，又再閱讀 把紙快速挪動 玩鉛筆和自己的手指 看看我	11:55	寫字

圖 7.12 密集觀察記錄

資料來源：Taba, H. (1957). Problem identification. In *ASCD 1957 Yearbook: Research for Curriculum Improvement*, pp. 60-61.

成就測驗時，我們將會為這些題型一一舉例。

自我檢核表 自我檢核表上列出研究者想研究的幾種特質或活動。研究者將自我檢核表給研究對象，請他們看一看上面所列的各項，然後勾選出他們所擁有的特質，或他們曾從事的活動。當研究者希望學生自我診斷或評估自己的表現時，常會使用自我檢核表。圖 7.13 是一張小學生用的自我檢核表。

態度量表 所有態度量表的基本假定是，讓受試者回答一連串關於其喜好的敘述，研究者就能察覺他的態度。因此，若是受試者同意「想取得教師執照的人應該要修一門哲學課」這句話，研究者會推論，這些學生對於這種課有正面的態度（這裡是假定學生都了解這句話的意義，並且所做的回答也是出自真心）。所以，態度量表就是由許多陳述句所構成，受試者則針對這些陳述句做回應。這些回答所呈現的型態，就被視為受試者所持有的態度的證據。

態度量表在形式上常跟評等量表相似；研究對象圈選出最能代表他們對於該陳述的看法的代碼。教育研究領域常用的一種態度量表是李克特氏量表（**Likert scale**），李克特就是這種量表的設計者。[2] 圖 7.14 是李克特氏量表的幾個例

日期：_____　　姓名：_____

指導語：若上星期你有參加下表所列的活動，請在該活動的那一行、該日的空格處打一個勾。若你覺得你未來幾週應該多參加某項活動，請將那項活動圈出。

	星期一	星期二	星期三	星期四	星期五
1. 我參加了課堂討論。	✓	✓	✓		
2. 別人講話時，我沒有打斷他們。	✓	✓	✓	✓	✓
3. 我鼓勵其他人發表意見。			✓		✓
4. 我聆聽別人要說的話。	✓	✓	✓		✓
5. 別人要我幫忙，我有幫她（他）的忙。				✓	
6. 如果別人說的話我不很了解，我會問清楚。		✓		✓	
7. 不知道該怎麼拼的字，我就查字典。					✓
8. 我考慮別人的建議。	✓	✓	✓		
9. 我盡量使我的話對別人有用。	✓	✓		✓	
10. 當我覺得別人做得不錯時，我讚美他們。					✓

圖 7.13　自我檢核表的例子

說明：請從以下敘述下方的選項，圈選出一個代表你的看法。

1. 應該規定所有教育學院的教授每五年都要在國小或中學教學至少六個月的時間。

非常同意	同意	未決定	不同意	非常不同意
(5)	(4)	(3)	(2)	(1)

2. 教師工會應該被廢止。

非常同意	同意	未決定	不同意	非常不同意
(1)	(2)	(3)	(4)	(5)

3. 應該立法規定所有的學校行政主管每年至少要在公立學校教授一個班級。

非常同意	同意	未決定	不同意	非常不同意
(5)	(4)	(3)	(2)	(1)

圖 7.14　以李克特氏量表測量教師賦權態度的題目例子

子。有些項目裡，5（非常同意）代表正面的態度，給 5 分。而有些題項中，1（非常不同意）也代表正面的態度，也是給 5 分（因此在計算整個量表的得分時，兩端的分數要對調），如圖 7.14 的第二個題項。

有一種特殊的態度量表特別適用於課堂研究，那就是**語意級差**（**semantic differential**）。[3] 語意級差讓研究者得以測量受試者對某個概念的態度。這種量表上有幾組相反的形容詞。每一組形容詞（例如：**好—壞，冷—熱，無價的—無用的**，等等）各置於線的兩端。受試者要在線上圈選出適當的位置來表達他們的態度。圖 7.15 是一個例子。

要了解幼童的態度，可使用簡單幾筆畫成的臉孔。若研究的對象是國小年齡或更小的兒童時，這些幼童只要在一個臉孔下做個記號，如圖 7.16，就能表示他們對於某個話題的感受。

在評量與測驗發展兩個研究領域中，態度量表被討論得相當多；有興趣想多了解態度量表的讀者，可以參考這方面的教科書。[4]

人格（或特質）量表　人格量表是用來測量個人的某些特質，或評量他們對自己的看法。這類量表有明尼蘇達多面向人格量表（Minnesota Multiphasic Personality Inventory）、IPAT 焦慮量表（IPAT Anxiety Scale）、皮耶海利斯兒童自我概念量表（我對自己有什麼看法）〔Piers-Harris Children's Self-Concept Scale（How I Feel About Myself）〕，及庫德喜好記錄（Kuder Preference Re-

說明：以下所列是幾組的形容詞。請在其間的線段打一個勾（✓），以表示你的感覺。

　　例如：曲棍球：

　　　刺激：＿＿：＿＿：＿＿：＿＿：＿＿：＿＿：＿＿：＿＿：無聊

如果你認為曲棍球非常刺激，你就在最靠近**刺激**這個詞的線段上畫個勾；如果你覺得曲棍球非常無聊，你就在最靠近**無聊**的線段上畫個勾。如果你有點不能決定，就在中間的位置畫個勾。現在請評量以下所列舉的活動（*這裡我們只列了一種活動*）。

在小團體裡與其他的學生一起完成作業

　友善：＿＿：＿＿：＿＿：＿＿：＿＿：＿＿：＿＿：＿＿：不友善

　快樂：＿＿：＿＿：＿＿：＿＿：＿＿：＿＿：＿＿：＿＿：難過

　輕鬆：＿＿：＿＿：＿＿：＿＿：＿＿：＿＿：＿＿：＿＿：困難

　有趣：＿＿：＿＿：＿＿：＿＿：＿＿：＿＿：＿＿：＿＿：像做苦工

　　熱：＿＿：＿＿：＿＿：＿＿：＿＿：＿＿：＿＿：＿＿：冷

　　好：＿＿：＿＿：＿＿：＿＿：＿＿：＿＿：＿＿：＿＿：不好

　歡笑：＿＿：＿＿：＿＿：＿＿：＿＿：＿＿：＿＿：＿＿：哭

　美麗：＿＿：＿＿：＿＿：＿＿：＿＿：＿＿：＿＿：＿＿：醜陋

圖 7.15　語意級差的例子

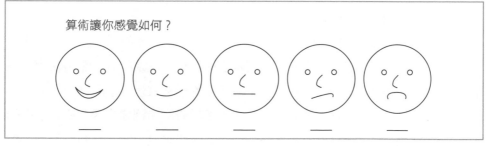

圖 7.16　用於測量幼童的圖示態度量表

cord）。圖 7.17 是這種量表的一些典型題項；每個題項反映了該量表要檢測的變項。

成就測驗　成就測驗（achievement test）或能力測驗，都是測量個人在某一領域或學科上的知識或技巧。它們最常在學校使用，以測量學生的學習或教學的效益。例如，加州成就測驗（California Achievement Test）測量閱讀、語言及算術上的成就。史丹佛成就測驗（Stanford Achievement Test）測量數種不同領域的成就，像語言的使用、文字的意義、拼字、算術的計算能力、社會學

說明：請選出最符合你的情形。			
自我評價	常常	有時	幾乎沒有
1. 你認為你的朋友都比你聰明嗎？	＿＿	＿＿	＿＿
2. 你滿意自己的外貌嗎？	＿＿	＿＿	＿＿
3. 你避免認識新朋友嗎？	＿＿	＿＿	＿＿
壓力	常常	有時	幾乎沒有
1. 你睡不好嗎？	＿＿	＿＿	＿＿
2. 你覺得可以掌控一切嗎？	＿＿	＿＿	＿＿
3. 你覺得有太多事做不完嗎？	＿＿	＿＿	＿＿

圖 7.17　某一人格量表的題目範例

科與科學。其他常用的成就測驗還有基本能力測驗（Comprehensive Tests of Basic Skills）、愛荷華基本能力測驗（Iowa Tests of Basic Skills）、都會區成就測驗（Metropolitan Achievement Test）、課業進展連續性測驗（Sequential Tests of Educational Progress, STEP）。要比較不同的教學方法時，學生的成就常是依變項，因此常要使用這類測驗。

　　成就測驗可以依幾種不同的方法分類。一般的成就測驗通常是一系列（batteries）的測驗（例如 STEP 測驗），測量包括字彙、閱讀能力、語言使用、數學及社會學科等能力。一般成就測驗中最常見的一種就是 GRE（Graduate Record Examination），這是申請研究所時，大多數研究所都要求學生必須通過的測驗。另一方面，特定科目的成就測驗則是測量學生某一特定學科的能力，例如英語、世界歷史，或者生物。圖 7.18 是某個成就測驗上的幾種題項。

性向測驗　另一種知名的能力測驗是所謂的一般性向測驗（**aptitude test**），或稱智力測驗（intelligence test），這些測驗評定的能力，大部分是學校課程沒有特別教導的能力。在研究的領域，對於一般能力的測量結果常可能是當作依變項或自變項。例如，若是要評量不同教學法的效益，常常必須（而且很重要）控制住這個變項，使得接受不同教學方法的學生群體不會在一般能力上有明顯差異。

　　性向測驗是想要測量個人成就的潛力；但實際上，它們測量的是個人現有的能力或技巧。它們在目的上與成就測驗不同，內容上也常不同，通常是包羅

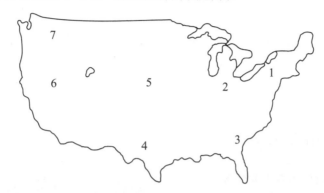

說明：利用下圖回答第 1、2 題。將正確的答案圈選出來。

1. 哪一個數字所代表的區域，人口正在減少？
   A. 1
   B. 3
   C. 5
   D. 7
2. 哪一個數字所代表的區域是屬於墨西哥？
   A. 3
   B. 5
   C. 6
   D. 以上皆非

圖 7.18　某項成就測驗的題目範例

較廣泛的各種技巧或知識。同一個測驗可以是成就測驗，也可能是性向測驗，視測驗的目的而定。例如，一項數學成就測驗也可能是在測量未來學習更多數學知識的能力。雖然性向測驗主要是由諮商師用來幫個別的學生找出他可能在哪些方面具有潛力，但性向測驗也可用於研究：作為控制變項尤其有用。例如，某一教學法的目的是要提升學生解決數學問題的能力，若要測量該教學法的效益，研究者可能決定使用性向測驗來為學生能力上的原始差異做調整。圖 7.19 是某個性向測驗的一種題項。

　　性向測驗可以個別施測，也可團體施測；兩者都各有其優缺點。團體測驗的最大優點是，比較方便且省許多時間。缺點是，學生需要看很多指導語，閱讀速度慢的學生就居劣勢。再者，受試者很難有機會可以澄清指導語的意義，或與監試者互動（有時這會提高分數）。最後一點，團體測驗可能的題目類型

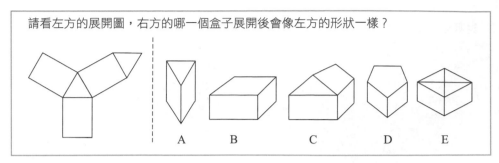

請看左方的展開圖，右方的哪一個盒子展開後會像左方的形狀一樣？

A B C D E

圖 7.19 某項性向測驗題目的範例

比個別測驗的題目類型少很多。

　　加州心理成熟測驗（California Test of Mental Maturity, CTMM）和奧提斯—藍農（Otis-Lennon）都是團體測驗。最知名的個別性向測驗是史丹佛—比奈智力量表（Stanford-Binet Intelligence Scale），但魏氏量表（Wechsler scales）較普遍。史丹佛—比奈量表只給一個 IQ 得分，而魏氏量表的幾個大項都各有得分（subscores）。魏氏量表有兩種，一種稱為魏氏兒童智力量表（Wechsler Intelligence Scale for Children, WISC-III），適用於 5 至 15 歲的兒童與青少年；另一種稱為魏氏成人智力量表（Wechsler Adult Intelligence Scale, WAIS-III），適用於較年長的青少年與成人。

　　當智力測驗是為了特定目的而用於特定人群時（例如預測中產階級白人青年的大學成績），許多都能提供可信且有效的證據。另一方面，當它們是為了別的目的或用於其他類別的人群時（例如篩檢出某些少數人種的兒童，將他們編到特殊教育班級），就受到愈來愈多的攻擊。而且，愈來愈多的人也了解到，智力測驗並不能測量許多其他重要的能力，包括能夠指認某些事物間的特殊關係，或將這些關係轉化成概念的能力。因此，研究者在使用任何測驗時，必須審慎評量，判斷它是否適於研究的目的（第 8 章談效度時，我們會討論幾種評量的方法）。圖 7.20 是某項智力測驗中的幾種題項。

　　實作測驗 我們曾提過，實作測驗是測量個人在做某項工作上的實作表現。例如：打字測驗，測驗的成績即決定於打字的準確度與速度。

　　正如 Sawin 曾說，要稱一項測量工具是**實作測驗**（performance test）、**標準動作檢核表**（performance checklist），還是**實作評等量表**（performance *rating scale*），有時並非一件容易的事。[5] 實作測驗是三者中最客觀的。當我們需

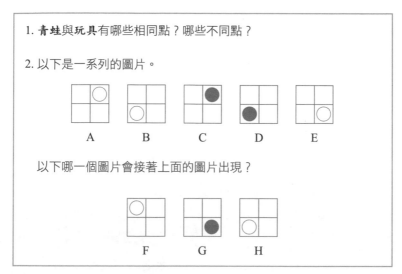

1. 青蛙與玩具有哪些相同點？哪些不同點？

2. 以下是一系列的圖片。

    A   B   C   D   E

以下哪一個圖片會接著上面的圖片出現？

    F   G   H

圖 7.20　某項智力測驗的題項範例

要做許多判斷才能決定某項表現的各方面是否正確時，所需要的工具較可能被歸類為檢核表或評等量表。圖 7.21 是一項七十多年前發展的實作測驗，是用來測量縫紉的能力。在這項測驗的 A 項中，受試者必須車縫在線上，B 項中，受試者則必須車縫在兩線之間。[6]

投射測驗　投射測驗（**projective device**）是任何一種以模糊的刺激，讓受試者將他們的興趣、偏好、焦慮、偏見、需要等等，經由其回答而投射出來的測量工具。這種測驗沒有「正確」答案（或任何明確的答案），只是經由其形式讓受試者表達其人格的一面，因此有多種可能的回答。

也許最有名的投射測驗是羅夏克墨漬測驗（Rorschach Ink Blot Test）。這個測驗裡有許多形狀模糊的墨漬，而受試者必須說明這些墨漬像什麼。另一個有名的投射測驗是主題統覺測驗（Thematic Apperception Test, TAT）。這項測驗裡有許多具有「劇情」的圖像（pictures of events），受試者要為每一張圖像編一個故事。圖畫情境量表（Picture Situation Inventory）則將投射測驗應用於班級內的情境，也是少數特別為班級內的狀況而編製的投射測驗。這個測驗裡有許多像卡通般的圖畫，每一張都是以班級為情境，其中某位學生正在說話。受試的學生必須要替老師回答，藉此可看出學生自己在這種情況下的傾向。圖 7.22 是此測驗中的兩道題目。

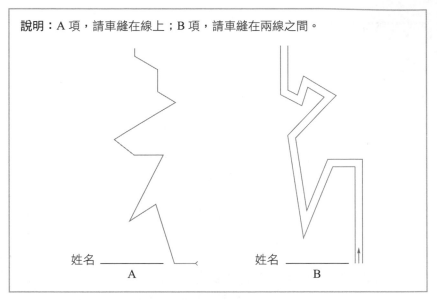

圖 7.21　布蘭縫紉機測驗的試題例子

資料來源：Blum, M. L. Selection of sewing machine operators. *Journal of Applied Psychology, 27*(1), 36. Copyright 1943 by the American Psychological Association. Reproduced with permission.

圖 7.22　圖畫情境量表題項的範例

資料來源：Rowan, N. T. (1967, p. 68). The relationship of teacher interaction in classroom situations to teacher personality variables. Unpublished doctoral dissertation. Salt Lake City: University of Utah.

人際社交測驗 人際社交測驗（**sociometric devices**）要受試者以某種方式評量他們的同儕，兩個例子是社交圖與「團體戲劇」（group play）。**社交圖**（sociogram）是以視覺表徵（通常是箭頭）來表示個人互動對象的選擇。它通常用來評量班級的氣氛及人際關係的結構，但並不限於班級的情境。在這種測驗裡，通常每位學生都以一個圓圈（女生）或三角形（男生）代表；而學生就根據不同的問題以箭號表示他們所做的選擇。例如，題目可能要學生列出班上的三位領導人物、最崇拜的班上同學、班上最樂於助人的同學、希望能跟他交朋友的同學、做研究報告時希望能在同一組的同學，等等。學生所給的回答就構成人際社交圖。圖 7.23 是一個社交圖的範例。

題型 不同的測量工具所使用的題項或問題可能有各種形式，這些形式可以大致歸為兩類：選擇型題項或供給型題項。**選擇型題項**（selection item）提供可能的選項，讓受試者從中選擇。**供給型題項**（supply item）則讓受試者自行發揮，自己提供答案。以下是這兩種題項的幾個例子。

● **選擇型題項：是非題**（true-false item）：是非題提供一項陳述，可能為真也可能為假，回答者則必須畫記真（T）或假（F）。除了真、假之外，常用的字眼還有是—不是及對—錯，這兩者在問幼童或訪談幼童時，較易被了解。下面是一個是非題的例子：

　　　　T　F　　對公眾講話時，我變得非常緊張。

多重選擇題（multiple-choice items）：多重選擇題有兩部分：題幹，也就是問題本身，及幾種（常是四種）可能的選擇。下面是一個例子：

　　　　以下哪一項能表達你對墮胎的看法？
　　　　a. 是很不道德，該被禁止的。
　　　　b. 該被遏阻，但在某些特殊的情況下，應被容許。
　　　　c. 在多種情況下都應被允許。
　　　　d. 這完全是個人的選擇。

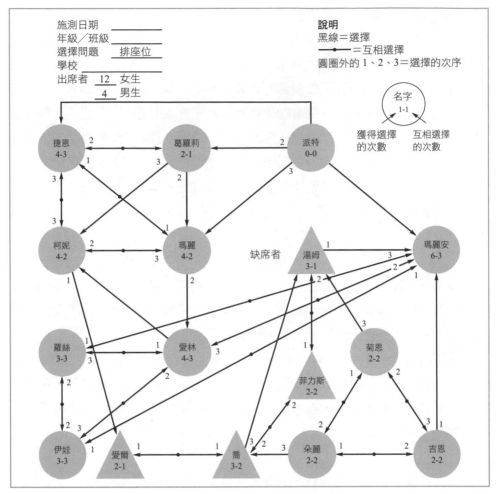

圖 7.23 社交圖的例子

　　配對題（matching items）：配對題是多重選擇題的一種變化。配對題分成兩欄：第一欄，也就是左欄，是需要回答的問題；第二欄，也就是右欄，是這些問題可能的答案。受試者必須從第二欄挑選出答案，與第一欄的問題配對。下面是一個例子：

說明：請從右欄中，為左欄的每一個題項選出最能代表你的立即反應
的答項，將代表該答項的字母寫在空格處。每一個答項都可以
不限次數使用或完全不使用。

左欄　　　　　　　　　　　　　　　右欄

為以下這些學生設的特殊教育班級：

_____ 1. 重度智能不足　　　　　a. 應該增加

_____ 2. 中度智能不足　　　　　b. 應該維持

_____ 3. 聽覺障礙　　　　　　　c. 應該減少

_____ 4. 視覺障礙　　　　　　　d. 應該取消

_____ 5. 學習障礙

_____ 6. 情緒障礙

● **供給型題項：簡答題**（short-answer items）：簡答題要求受試者提供一個字
詞、一句話、一個數字，或一個符號來完成敘述或回答問題。例如：

　說明：在空格處填上一個最恰當的字詞以完成句子。

　當測驗的題數增多時，該測驗分數的_____傾向於隨之增高。

　（答案：信度。）

◆ 不具干擾性的測量方法

　　許多測量工具需要受試者的合作，並會干擾其活動的正常進行；因此有時
受試者並不喜歡或甚至厭惡被測驗、被觀察或被訪問。再者，受試者對研究者
使用測量工具的過程（也就是被測驗、被觀察或被訪問）的反應，常在某種程
度上影響到研究者所獲得的資料品質。

　　要消除這種效應，研究者有時會嘗試使用所謂的**不具干擾性的測量方法**
（**unobtrusive measures**），[7] 也就是不影響正常活動進行的資料蒐集法。不具
干擾性的測量方法大都不需要測量工具，只要以某種方式做記錄即可。以下是
幾個例子：

● 要測量學生在聽了鬼故事後所產生的恐懼程度，可觀察他們圍坐的圓圈半徑
縮小了多少。

- 圖書館的借書記錄，可視為社會科的中國歷史部分添加了一個新單元所產生的影響。
- 兒童對於聖誕節或其他假日的興趣，可由其圖畫中聖誕老人或象徵其他假日的物體被畫得特別大的程度看出。
- 要比較兩所小學的種族態度，可比較兩者的操場與餐廳裡，不同種族的兒童一起圍坐或遊戲的頻率。
- 比較不同國家人民的價值觀，可分析它們的各種出版品，例如：教科書、劇本、青年組織手冊（handbooks for youth organizations）、雜誌的廣告，及報紙的頭版新聞。
- 要了解醫院對病患的照顧品質，可觀察病床邊的記錄簿上，護理師做記錄的頻率，包括非正式的記錄及醫院規定要求的記錄。
- 大學生所感受的壓力，可由他們去學校健康中心看病的頻率及病因來評定。
- 學生對於各種議題的興趣及態度，可經由觀察校園牆上有關這些議題的塗鴉而了解。

　　許多變項至少在某種程度上可以經由不具干擾性的測量方法來評量。而這種方式所獲得的推論，其效度與信度則因方法的不同而有別。然而，對研究者而言，不具干擾性的測量方法無疑是另一種重要且有用的資料來源，尤其可當作訪談與問卷資料以外的另一項補充資料，用以驗證（或否定）這些較傳統的資料所透露的訊息。[8]

▌▌▌ 常模參照測量工具相對於效標參照測量工具

◆ 常模參照測量工具

　　個人所得到的分數，乃因與同一團體內其他人的得分相比較而產生意義。這也意味著，該團體的性質非常重要。當研究者在做這種比較時，一定要非常清楚所使用的參照團體（reference group）是合理有意義的。例如，將一位男生的文法測驗成績跟一群女生在該文法上的成績相比較，也許有誤導之虞，因為女生的文法得分通常都比較高。用來當作比較基準的群體，就稱為**常模團體**（**norm group**），而提供這類資訊的測量工具則稱為**常模參照測量工具**（**norm-**

referenced instruments）。

◆ 效標參照測量工具

一般常用的成就測驗與實作測驗多是常模參照測量工具。另一種選擇則是效標參照測量工具（**criterion-referenced instrument**），這通常是測驗。

這種測驗的意圖與常模參照測驗的用意有點不同；效標參照測驗的焦點較集中於教學，它是以每位受試者應該達到的某個特定目標或標的〔稱為**效標**（criterion）〕為基礎，而非以分數的增減來評量學生進步與否（例如，成就測驗從 40 分進步為 70 分）。這種「及格」或「通過」的效標通常是以答對某個高百分比（例如 80% 或 90%）的題數為準。效標參照評量的敘述與常模參照評量的敘述舉例如下：

效標參照：學生……

- 在每週的拼字表上將每個字都拼對。
- 至少解出 75% 的指定問題。
- 期末考滿分 100 分裡，至少得 80 分。
- 5 分鐘之內至少做 25 個伏地挺身。
- 一星期至少念一本非小說類的書。

常模參照：學生……

- 得分至少在該團體的第 50 個百分位數。
- 分數超過該班 90% 以上的學生。
- 英國文學的學期平均分數是該校最高的。
- 跑步的速度是該隊的第二快。
- 與班上另一名學生同是期中考得 A 的唯一兩名學生。

效標參照測量工具的優點是，它讓學生與老師都有一個明顯的努力目標；因此被視為提升教學效益的一種很好的工具。然而，實際應用時，它有一些問題。第一，雖然理想上，教師可以為每個學生訂定個別的目標，但實際上很難做到。實際狀況常是：只有一個班級目標，而理想是每個學生都要達到這個目標；當然有些會達不到，但很多學生會超過這個標的。第二個問題是，即使只是設定一個有意義的班級效標也很不容易。例如，五年級學生的數學該達到什麼程度？許多人會說：解應用題。我們同意，但應用題要多複雜？要包含多少

分項技能（subskills）？由於缺乏一項獨立的標準，我們不得不回到現有對學生數學能力的期望，而要知道這些期望是什麼，通常是（雖然不一定要）去研究現有的教科書與測驗卷。所產生的結果是，效標參照測驗的題項常無法與常模參照測驗的題項有任何區別。兩者的一項重要差異是：無論是幾年級，效標參照測驗幾乎都比常模參照測驗簡單；要讓大部分的學生都能做對 80% 或 90% 的題目，就**一定**得出簡單一些的題目。要準備這種測驗，研究者出的題目必須盡量能讓 80% 的學生答對——畢竟他們不想讓 50% 的學生不及格。而對常模參照測驗題項而言，最佳的困難度（difficulty level）是大約 50%，以盡可能分辨出每位學生的能力。

雖然有時在某些情況下，效標參照測驗**也許**比一般較常使用的常模參照測驗好用（這項議題還未定論），但若是為了研究的目的，前者通常比較不佳。為什麼？因為通常效標參照測驗分數的變異量（variability）比常模參照測驗的變異量少得多，原因是前者比較簡單。雖然常模參照測驗的分數範圍，通常會比其可能的分數範圍（也就是從 0 到該測驗的總題數）稍微小一些，但若是效標參照測驗有達到其設計理想（也就是一般的 80% 或 90% 的學生都能通過），則大部分的（至少一半的）學生都會得高分。由於做研究時，我們希望有最大的變異量，才可能發現變項間的關係，因此，若使用效標參照測驗將不利於研究發現。*

▋▋▋ 測量量尺

記得第 5 章我們說過，有兩類基本的變項——數量變項與類別變項。它們各使用不同的分析方法，也必須使用不同的測量量尺（measurement scales）。測量量尺有四類：列名量尺、順序量尺、間距量尺，與比率量尺（圖 7.24）。

◆ 列名量尺

列名量尺（**nominal scale**）是最簡單的一種測量。使用列名量尺時，研究

---

* 要評量政府所推動的計畫則是一個例外。有些研究者在這種時候會提倡使用效標參照測驗，因為他們想知道有多少學生達到了事前設定的標準（效標）。

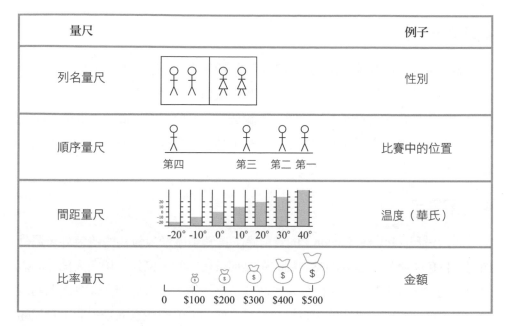

量尺		例子
列名量尺		性別
順序量尺	第四　　　第三　第二 第一	比賽中的位置
間距量尺	-20° -10° 0° 10° 20° 30° 40°	溫度（華氏）
比率量尺	0　$100 $200 $300 $400 $500	金額

圖 7.24　四種測量量尺

者只要將不同的號碼代表不同的類別，以表示類別間的差異即可（圖 7.25）。例如，設定性別變項時，只要將性別資料分成男性與女性兩組，以「1」代表女性，「2」代表男性即可。又若研究者是研究不同的閱讀教學法，就可使「1」代表「全字法」（whole-word method），「2」代表「字母拼讀法」（phonics method），「3」代表「混合法」（mixed method）。大部分的情況下，以數字代表變項的

圖 7.25　列名量尺的測量

好處是便於在電腦上分析；數字的大小不具任何意義，例如字母拼音法（以 2 代表）不比全字法（以 1 代表）的任何一方面「高」。

◆ 順序量尺

順序量尺（**ordinal scale**）的資料可依某種特性排序，由高至低或由少至多。例如，教師可將學生的一項生物測驗成績加以排序；然而，須注意的是，分數之間的差距或實際能力的差距，不論是第一高分與第二高分之間的差距，或是第五高分與第六高分之間的差距，都不必一定相同；順序量尺只能指出個體間的相對位置，如圖 7.26 所示。

◆ 間距量尺

間距量尺（**interval scale**）的資料除了具備順序量尺資料的特色外，還外加另一特色：量尺上任何兩點之間的距離都是相等的。例如，坊間大部分的數學成就測驗，分數之間的距離通常被認作是相等的，像 70 分至 80 分之間的距離，與 80 分至 90 分之間的距離被認為是一樣的。但要注意的是，間距量尺的 0 並不真的代表被測量的物體或特質不存在；因此，溫度在華氏 0 度並不是*沒有溫度*。

更具體的說明，我們舉 IQ 分數為例。IQ 90 分到 100 分之間的差距與 40 分到 50 分之間的差距一樣嗎？與 120 分至 130 分之間的差距呢？如果我們認定 IQ 分數是屬於間距量尺，就**必須**預設這些差距 10 分的意義都是相同的。可以確定這樣的預設是對還是錯嗎？不能，現在就解釋原因。

對於某些測量，我們可以具體看出不同點之間的距離是相等的；使用一項

圖 7.26　順序量尺：賽馬的結果

研究的爭議
CONTROVERSIES IN RESEARCH

◎ 哪一種統計指數才是有效的？

測量當然不是只限於測驗得分及類似的分數。例如，一項廣為使用的測量工具是由勞動統計局（Bureau of Labor Statistics）所提供的「失業指數」。這項指數的許多用途之一，是研究失業與犯罪的相關。但這種用法的效度，最近被一位研究者所質疑，因為這位研究者發現，使用該指數時，會發現失業率與財產犯罪無關，但如果使用另外兩種可以反映長期（而非短期）失業的指數時，失業率與財產犯罪之間的相關頗高。這位研究者的結論是：「很清楚地，我們對於恰當指標的選擇，所需要做的思考與探索，必須跟選擇恰當的統計模式及統計方法一樣多。」*

你認為呢？為什麼不同的指數會有不同的結果？

---

* Chamlin, M. B. (2000). Unemployment, economic theory, and property crime: A note on measurement. *Journal of Quantitative Criminology, 16*(4), 454.

大家公認的標準單位就能做到這點，這也是華盛頓的度量衡標準署（Bureau of Standards）存在的原因之一。你可以到那裡去實際看看標準的 1 英寸、1 英尺、1 盎斯等單位。雖然可能做來不易，但你可以用這「標準的 1 英寸」來檢驗一下你的捲尺，看看你的尺的每 1 英寸是否都是標準的 1 英寸；你可以實地拿著這「標準的 1 英寸」放在你捲尺上的任何一點。

但 IQ 或其他教育研究常用的變項，卻沒有標準單位這回事。多年的研究發展了一些極精巧的方法，讓後續的研究者能使用間距量尺的變項。這些方法的細節超出本書之外，但你應該要知道，這些方法是建立在令人高度質疑的前提假設上。

實際應用上，大多數研究者的態度是，直接將變項視為屬於間距量尺，因為這樣才能使用較敏銳的資料分析程序；而且，經過這些年的累積經驗發覺，這種做法所獲得的結果也頗合理。然而，直接將資料視為屬於間距量尺，背後的前提假設是否為真，卻（至少到目前為止）無法證明。

◆ 比率量尺

含有真正、實際的「0」的間距量尺就是**比率量尺**（**ratio scale**）。例如測量高度的量尺就是一個比率量尺，因為該量尺的零點代表著高度的不存在。同樣地，體重計上的零點也表示零重量、沒有重量。教育研究幾乎不會碰到比率量尺，因為研究者所做的測量極少包含一個真實的零（即使某個學生在某個測驗得了零分，也不代表該測驗所測量之物完全不存在於該生）。其他**真正**屬於比率量尺的變項有收入、所花的時間與年齡等。

◆ 重新思考測量量尺

看到這裡，你也許會說：「好吧，那又怎樣？這些區別為什麼重要？」你對於這四種量尺必須有一些初步的了解，原因有二：第一，這些量尺所傳遞的訊息份量不同。比率量尺所提供的訊息多於間距量尺；間距量尺比順序量尺多；順序量尺又比列名量尺多。因此，研究者必須盡可能使用能提供最大資訊量的測量方法，以回答所探討的研究問題。第二，各種量尺都有其適用與不適用的統計方法。資料的蒐集法會限制統計方法的使用，使得某些統計方法不能用於分析該類的資料（我們在第 11 章會再稍微詳細說明這一點）。表 7.1 將這四種測量量尺做一個大略的整理。

研究者常常必須做抉擇，決定要把資料視為順序性的還是間距性的。例如，假設研究者使用一項自陳式（self-report）問卷，測量學生的自我價值；問卷給分的方式是顯示高自我價值回答的個數；樣本數是 60，測量結果，學生的分數最低為 30 分，最高為 75 分。

研究者這時可將這些分數視為間距性的資料，如果這樣，她就是預先假設：得分的差距若相同（例如：30 到 34、35 到 39、40 到 44），代表自我價值

表 7.1　四種測量量尺的特質

測量量尺	特質
列名	僅止於將資料分類成不同的群體；描述頻率或比例。
順序	將資料分等級；數字僅用於代表等級。
間距	假定得分之間的差距若相同，代表所測量的變項之間差異也相同。
比率	包含間距量尺的特質，並有一個真正的零。

上的差距也相同。*若覺得這種預設不符合實際情形，也能利用這些資料將受試者由最高分（第 1 名）至最低分（第 60 名）排序。若之後也是只利用這些排名分析資料，則研究者是將測量工具所產生的分數定位為順序性的資料。

幸運的是，研究者可以避免做這種抉擇。他們有另一種選擇，那就是分別根據這兩種預設來試行處理資料（也就是先將這些分數視作順序性資料，再將它們依間距性資料的方式處理）。必須要了解的是，在蒐集資料與整理分析資料時，研究者必須能為自己所選用的量尺辯護。

▋▋▋ 整理資料作為分析之用

一旦測量工具施用完畢，研究者就必須為每一份蒐集到的資料評分，然後整理這些資料，以便進一步的分析。

◆ 為資料評分

資料評分的方式必須正確而具一致性，否則任何由此獲得的結論都是錯誤的，會誤導讀者。每位受試者的試卷（問卷、文章等）都必須以完全相同的步驟與標準加以評分。若是使用坊間出版的測量工具，評分的步驟就會簡單許多，因為通常撰寫測驗的人或出版商會提供一份評分手冊，裡面除了有標準答案，也會有評分的步驟。但無論如何，最好能將自己的給分檢查一次，以免發生錯誤。

要為自行發展的測驗評分時，可能會產生困難，因此研究者必須極端小心，使自己的評分方式正確且標準一致。若測驗是考文章寫作，評分標準將極難達到一致。因此，最好能有第二個人複閱。研究者必須非常小心地準備評分標準，事先將標準寫下，並且先將測量工具與這些評分標準試用於一群人——當然這群人必須跟自己預定的樣本盡可能相似；這種預先試用的辦法，可以及早發現施測與評分上的問題並設法解決。

---

* 要留意，研究者不能把這些分數當作比率性的資料，因為即使得分為零，也無法假定該生是零自尊。

◆ 製表及過錄資料

　　資料評分結束後，研究者必須計算每種得分出現的次數或將資料製表；通常的做法是將資料轉成某種摘要性的報表或卡片。重要的是要正確而有系統地記錄資料。若記錄的是類別性資料，就可清點每一類別所包含的人數；若記錄的是量化的資料，這些資料通常是放在一個或多個直行（columns）中，視研究中有幾組而定。例如，若分析資料時只是要比較兩組的後測（posttest）分數，資料就可能被分為兩個直行，一組一行，由高而低排列。如表 7.2，假設它是某研究所產生的資料，這項研究比較兩種諮商方法，使用的測量工具則是測量諮商師與個案之間的關係。若要比較前測與後測的分數，就必須再增加兩行。也可以列出各種次團體的得分。

　　若是蒐集了各種不同的資料（例如，使用幾種不同的測量工具所得到的分數），則受試者的基本資料（性別、年齡、種族等）加上這些資料，通常都被輸入電腦或記在資料卡上，一張卡記錄一位受試者的資料。這樣一來，分析時若要比較或分組（與重組）資料，都會簡便許多。另一點，資料也可能以代碼

表 7.2　假想中的某個研究所產生的結果：
兩種諮商方法的比較

「關係」得分	方法 A	方法 B
96-100	0	0
91-95	0	2
86-90	0	3
81-85	2	3
76-80	2	4
71-75	5	3
66-70	6	4
61-65	9	4
56-60	4	5
51-55	5	3
46-50	2	2
41-45	0	1
36-40	0	1
	$N = 35$	35

過錄；過錄碼能用以保護研究對象的隱私權，例如受試者的姓名可以用流水號過錄。若要使用電腦分析資料，則過錄資料尤其重要，因為任何非數字的資料必須先依某種系統以數字代替（即過錄），才輸入電腦。因此類別性資料若要以電腦分析，通常會過錄成數字（例如，前測是「1」，後測是「2」）。

　　過錄資料的第一步常是給每位提供資料的研究對象一個編號代碼。例如，若研究中有 100 位研究對象，則研究者可將他們從 001 編到 100。若代碼的最大值是三位數（像 100），那麼每個人的代碼都必須是三位數（例如第一位受試者的編號是 001，而非 1）。

　　第二步則是決定類別性資料要如何過錄。假設研究者想分析 100 份問卷中的某些人口學資料，而研究對象包括十一年級生與十二年級生，十一年級生也許過錄為「11」，十二年級生過錄為「12」。或者，若是研究對象被要求要從四個選項中選擇一項較符合自己心意的（像一些多重選擇題），研究者則把每一個選項都過錄（例如，(a)、(b)、(c)、(d) 分別過錄為「1」、「2」、「3」、「4」）。要記得的是，這些過錄系統必須一致，也就是，一旦決定了為某人過錄的方法之後，所有其他研究對象也必須以完全相同的方法過錄，並且這項（及所有其他項）過錄規則必須讓所有參與過錄的人都明白。

OLC 回到本章最前面的**互動與應用學習**所列出的一系列互動與應用活動。到線上學習中心（OLC, http://highered.mheducation.com/sites/125991383x）去做小測驗、練習關鍵詞彙，及複習本章內容。

本章重點

什麼是資料？
- 資料一詞指的是研究者由研究對象所獲得的訊息。

工具的使用
- **工具的使用**一詞指的是做研究時整個蒐集資料的過程。

效度與信度
- 選擇測量工具時一項重要的考量是效度：工具使用所獲得的結果，能容許研究者對於研究對象的特徵，做多少合理有力的結論。

- 具有高信度的測量工具，是指其對同一研究對象所產生的測量結果具一致性。

客觀性與可用性

- 研究者必須盡可能不對研究對象做主觀判斷，不論是他們的成就、表現或特點等。
- 選擇或設計測量工具時，一項重要的考量是：這項測量工具是否易於使用。

分類測量工具的方式

- 研究所使用的測量工具可以依照許多種方式分類。較常用的幾種是：誰提供資料、蒐集資料的方法、誰蒐集資料、受試者必須提供的反應類型是什麼。
- 研究資料的取得，是經由直接或間接評量研究對象而來。
- 自陳式資料是由研究對象自行提供。
- 資訊提供者提供的資料，是由熟知研究對象者提供，而不是研究對象本人自行提供。

測量工具的種類

- 由研究者完成的測量工具有許多種。幾種較常用的是評等量表、訪談大綱、觀察表、畫記表、對話方向圖、標準動作檢核表、軼事記錄及密集觀察記錄。
- 由研究對象完成的測量工具也有許多種。幾種較常用的是問卷、自我檢核表、態度量表、人格（或特質）量表、成就／性向測驗、實作測驗、投射測驗，及人際社交測驗。
- 由研究對象完成的測量工具的題項也有許多種形式，但都可分為選擇型的或供給型的。選擇型題項包括是非題、多重選擇題、配對題；供給型題項包括簡答題。
- 要搜尋可用的測量工具，一個好網站是 ERIC 資料庫。
- 不具干擾性的測量方法不需要介入事物進行的正常程序。

常模參照測量工具相對於效標參照測量工具

- 測量工具提供的分數，可讓研究者將研究對象的得分跟一個合適的參照團體相比較時，稱為**常模參照測量工具**。

- 當測量工具是根據學習者要達到的一個特定目標時，稱為效標參照的測量工具。

測量量尺

- 教育研究使用的四種量尺是列名量尺、順序量尺、間距量尺與比率量尺。
- 列名量尺是以數字代表所屬的類別。
- 順序量尺是以數字將分數由高至低排序或排列。
- 間距量尺是以數字代表數線上的相同間距。
- 比率量尺是以數字代表從一個已知的零點起算的相同距離。

整理資料作為分析之用

- 所蒐集的資料必須依照相同的標準正確且一致地評分。
- 一旦評完分，就必須將所有的資料製表及過錄。

關鍵詞彙

人際社交測驗（sociometric device）　205

工具的使用（instrumentation）　178

不具干擾性的測量方法（unobtrusive measure）　207

比率量尺（ratio scale）　214

列名量尺（nominal scale）　210

成就測驗（achievement test）　199

投射測驗（projective device）　203

李克特氏量表（Likert scale）　197

性向測驗（aptitude test）　200

信度（reliability）　179

客觀性（objectivity）　179

效度（validity）　178

效標參照測量工具（criterion-referenced instrument）　209

填答測量工具（written-response instrument）　185

問卷（questionnaire）　180

常模參照測量工具（norm-referenced instrument）　208

問題討論

1. 你認為哪一類型的測量工具最適用於取得下列資料？

   a. 十年級學生組成的籃球隊的罰球得分能力。

   b. 某醫院的護理師們對於該醫院最近實施的管理政策的看法。

   c. 家長對於學校為增加圖書館藏書而發起的募款活動的看法。

   d. 高年級的班級中「最受喜愛」的男生與女生。

   e. 某個學區內「最好」的行政主管。

   f. 食品管理課程的學生擬定一份營養均衡的菜單的能力。

   g. 某中西部大學的所有生物系學生的特質。

   h. 兩所學校學生數學能力的比較。

   i. 各所高中學生修習大學課程的潛力。

   j. 一個幼兒園班級的學生喜歡或不喜歡學校的哪些方面。

2. 你認為哪一項最容易測量：班級學生的注意力高低、學生對某首詩的興趣，還是班級討論的參與程度？為什麼？哪一項最難測量？

3. 我們有可能測量一個人的自我概念嗎？如果可能，要怎麼做？有可能測量一個人對自己身體外表的概念（body image）嗎？

4. 有任何東西（想法、物體，等等）是無法測量的嗎？如果有，請給一個例子。

5. 本章所介紹的所有測量工具中，你認為哪一個（些）最難使用？哪一個（些）最易於使用？為什麼？你認為哪一個（些）能提供最真實可靠的

資料？為什麼？

6. 有時候，即使是將某人的分數與其他在同一測驗裡的人所得的分數相比，也不公平。為什麼？

註釋

1. American Council on Education. (1945). *Helping teachers understand children* (pp. 32-33). Washington, DC: American Council on Education.

2. Likert, A. (1932). A technique for the measurement of attitudes. *Archives de Psychologie, 6* (140), 173-177.

3. Osgood, C., Suci, G., & Tannenbaum P. (1962). *The measurement of meaning*. Urbana, IL: University of Illinois Press.

4. 例如，可參見 Popham, W. J. (1992). *Educational evaluation* (3rd ed., pp. 150-173). Englewood Cliffs, NJ: Prentice Hall.

5. Sawin, E. I. (1969). *Evaluation and the work of the teacher* (p. 176). Belmont, CA:Wadsworth.

6. Blum, M. L. (1943). Selection of sewing machine operators. *Journal of Applied Psychology, 27* (2), 35-40.

7. Webb, E. J., Campbell, D. T., Schwartz, R. D., & Sechrest, L. (1966). *Unobtrusive measures: Nonreactive research in the social sciences*. Chicago: Rand McNally.

8. 不具干擾性測量工具的使用，本身也是一種藝術。在此我們只能略微介紹其皮毛。若希望了解得更多、獲得更多有趣的例子，請參考前述 Webb 等人（1966）的著作。

研究練習 7 工具的使用

列出你在研究裡打算使用的所有測量工具,及說明這些工具是現成的,或者你想要自己發展。說明你將如何利用這些測量工具(也就是,你蒐集所需資料的時間、地點及方法),及每一項測量工具有幾個題項。接著說明如何評分及如何詮釋。

問題卷 7 工具的使用

1. 我的研究問句是:_____

2. 說明你在研究中將使用的測量工具類型(例如,訪談草案、態度調查、成就測驗、觀察量表、問卷、焦點團體的規劃)。_____
_____

3. 這是現成的測量工具,還是你想要自己設計發展?_____
_____

4. 如果是現成的,請說出該工具的名稱。並且,說明你為什麼會決定用這項測量工具?_____
_____

5. 該測量工具是要測量什麼?_____
_____
_____

6. 該測量工具有多少個題項?_____
_____
_____

7. 該測量工具如何評分及詮釋?_____
_____
_____

這份問題卷(英文版)在線上學習中心(OLC, http://highered.mheducation.com/sites/125991383x)有電子檔。你可以利用電子檔填寫並列印、儲存或以電子郵件寄送。

效度與信度

- 有效的測量工具之重要性
- 效度
  與內容效度有關的證據／與效標效度有關的證據／與建構效度有關的證據
- 信度
  測量誤差／再測法／複本法／內部一致法／測量標準誤／評分一致性／
  質性研究中的效度與信度

學習目標 >> 讀完本章後，你應該能：

- 解釋教育研究中，使用測量工具時，「效度」的意義為何。
- 說出三種可取得的效度證據，並各為每一種舉一例。
- 解釋何謂「相關係數」，並簡短描述正相關與負相關之間的差異。
- 解釋何謂「效度係數」與「信度係數」。
- 解釋教育研究中，使用測量工具時，「信度」的意義為何。
- 解釋何謂「測量誤差」。
- 簡要解釋何謂「測量標準誤」，並說明其用法。
- 簡要描述三種估算測量工具的信度的方法。
- 描述如何獲得並評量評分一致性。

互動與應用學習　在閱讀本章的同時，或讀完本章後：

到線上學習中心（Online Learning Center, OLC），
網址 http://highered.mheducation.com/sites/125991383x：

- 學到更多關於效度與信度的知識

到線上學生精熟活動簿（Student Mastery Activities Book）做
下列活動：

- 活動 8.1：測量工具的效度
- 活動 8.2：測量工具的信度(1)
- 活動 8.3：測量工具的信度(2)
- 活動 8.4：哪一類的證據：內容相關、效標相關，或建構相關？
- 活動 8.5：什麼樣的資訊可構成與建構效度有關的證據？

「太扯了！湯尼！」

「什麼事太扯啊？莉莉。」

「李歐娜女士的測驗啊！真是莫名其妙！」

「那些測驗怎麼了？」

「好，拿我們最近這一次考的內戰試題來說。最近這幾個禮拜，

她上課的內容及班級討論，都是在談內戰的原因與影響。」

「所以呢？」

「可是這一次考試，她卻考了一堆的戰役、將軍，和其他我們根本沒念的東西。」

「你有問她為什麼嗎？」

「有，我問了。她說她想測試我們的思考能力。可是她要我們思考的，卻是她在課堂沒教過也沒討論過的內容。這是我為什麼覺得她很扯的原因。」

莉莉是對的。在這個例子裡，老師的做法並不適切。莉莉雖然沒有用效度這個詞，但她實際上是在講**效度**。似乎李歐娜女士的測驗**不具效度**。這是什麼意思？為什麼老師（或任何的研究者）不應該做這種事？這大致是本章要討論的內容。

▍▍▍ 有效的測量工具之重要性

用於研究的測量工具品質非常重要，因為研究者所做的結論，是根據他們利用這些測量工具所獲得的資訊而得到的。所以，研究者會使用幾個步驟確認，他們根據蒐集到的資料所做的推論，是有效而且穩定可信的。

效度（validity）指的是研究者所做的推論之適切性、具有意義、正確性及有用的程度。**信度**（reliability）指的是每一次施測，及從不同題組所得到的分數或答案之一致性。研究者在選擇或設計測量工具時，這兩個概念都很重要。因此，本章將討論效度與信度。

▍▍▍ 效度

準備或選擇測量工具時，效度是最重要的考量。研究者最希望的就是，經由測量工具所獲得的訊息能符合他們的目的。例如，為了要了解某學區教師對於學區新近通過的政策的看法，研究者需要的，是能取得資料的測量工具，及確定自己以此獲得的資訊，能對教師的意見**做出正確的結論**。利用一次評估取得的資料所做的結論，其正確度為何，就是效度所要討論的內容。能以一個數

值摘要出每個人提供的資料，雖然這種數值資訊也許並非必要，卻能大幅簡化對資料的理解與運用。由於大多數的測量工具都能提供這類的數值資訊，以下的討論就以此為背景。

近年來，效度（**validity**）的定義指的是，研究者根據蒐集到的資料所做的**推論之適切性、正確性、具有意義與有用的程度**；而**驗證**（validation）則是蒐集及分析證據以支持這些推論的過程。蒐集證據的方法有許多種，我們很快就會討論其中幾種。但在這裡，你必須了解的是，當研究者使用某種測量工具獲得資料並據以做推論，效度指的就是這些證據能支持推論的程度。要注意的是，所驗證的是關於測量工具實際用途的推論，而不是測量工具本身；*這些推論必須適切、有意義、正確，而且是有用的。

有人說，這種定義法使得測驗出版者不必再提供效度的證據。我們不同意這種說法，我們認為，出版商有義務說明某項測驗是要測量什麼，並且要提供有力的證據。然而，研究者仍然必須注意該如何詮釋自己所獲得的資料。

適切的推論必須與研究的目的相關，例如，若研究目的是要了解學生對於非洲文化的理解程度，則根據非洲地理的測驗分數做這方面的推論，就不合邏輯。

有意義的推論指的是，測量工具所得到的資訊（如：測驗得分）之**詮釋**：在某項測驗得高分究竟代表什麼？得到這樣一個分數的人，我們能說他具有什麼特質？得高分的人跟得低分的人有什麼不同？諸如此類。從別人蒐集資訊是一回事：我們都會蒐集資料——姓名、地址、生日、鞋的尺寸大小、汽車的車牌號碼等等；但除非我們能由資料中做出一些有意義的推論，否則這些資料一點用處也沒有。做研究的目的不只是蒐集資料，而且是要利用這些資料對提供資料的人（與其他跟他們相似的人）做有意義的推論。

有用的推論則能幫助研究者對其所欲發現的事項做出決定。例如，若想了解與主題探討相關的教材對於學生成就的影響，研究者就需要用資料來推斷學

---

* 這種詮釋較之從前的詮釋法稍有改變。新的詮釋法是根據三個學會——美國教育研究學會、美國心理學會，及全國教育測量委員會（National Council on Measurement in Education）——共同成立的聯合委員會所制定的標準而做的。參見 American Psychological Association (1985, pp. 9-18; 19-23). *Standards for educational and psychological testing*. Washington, DC: American Psychological Association.

生的成就是否受這些教材的影響，並且，如果真的受到這些教材的影響，是如何影響的。

因此，有多少證據能支持研究者對於資料所做的詮釋，及這些證據是什麼類型，這兩者都是決定效度的因素。最重要的問題是：評量的結果，對於研究議題或測量的變項能提供有用的資訊嗎？

研究者可能蒐集哪些類型的證據呢？基本上，主要有三種：

● 與內容（content）效度有關的證據：指的是工具的內容與格式。內容有多適切？有多完整？從邏輯上思考，這份測驗工具的內容是探測所要測量的變項嗎？工具所包含的題項或問題是否足夠代表所要評量的內容？問題的格式合適嗎？測量工具的內容與格式都必須適合變項的定義與研究對象。

● 與效標（criterion）效度有關的證據：指的是使用測量工具所得的分數，與其他一種或多種工具或測量所得的分數（通常稱為**效標**）之間的相關。這個相關有多強？這種分數在估計目前或預測未來的某種表現時，有多準確？

● 與建構（construct）效度有關的證據：指的是工具所測量的心理建構或特質的性質。這項建構解釋人們行為或表現差異的能力如何？我們在本章稍後會進一步解釋這項複雜的概念。

圖 8.1 說明這三種類型的證據。

◆ 與內容效度有關的證據

假設研究者希望了解一項新的數學課程對於五年級學生數學能力的影響，結束該課程後，研究者預期學生能正確地解答幾種不同的應用題。為了要評估他們的能力，研究者計畫舉行一個數學測驗，共 15 道這些類型的題目。學生在這項測驗的表現最多只能用以證明他們解答這類問題的能力：**若**這項測驗包含了足夠的題目類型（該課程上所教授的）樣本，學生在該測驗（測量工具）的表現，就足以對他們的數學能力提供有效的證據。若測驗內容都是簡單的、都是很難的，或都是冗長的題目，或者只有某類不相干的題目，那麼測驗將不具代表性，而無法提供資訊作為推論的依據。

因此，與內容效度有關的證據（**content-related evidence of validity**）中，一項重要的元素就是取樣的適當性。大多數的測量工具（尤其是成就測驗）只針對可能的問題提供一組樣本，因此，內容效度的驗證工作，其中一部分就是

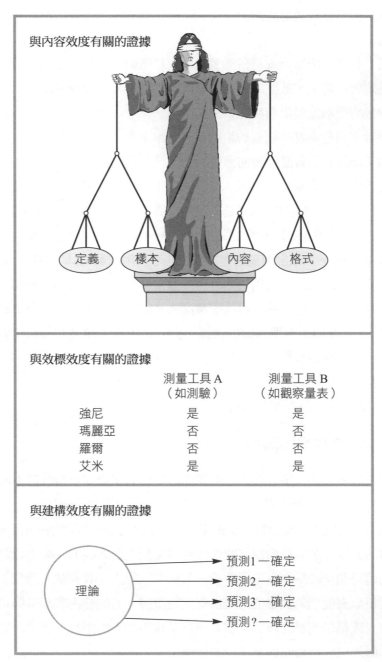

圖 8.1　各類效度的證據

要決定測量工具所包含的樣本題項，是否足以代表該測量工具所應測量的範圍內容。

驗證內容效度的另一層面，與測量工具的格式（format）有關，包括印刷的清晰度、字體大小、留給受試者作答的空白處是否足夠、使用語言的合適性及指導語的清晰度等。不論測量工具的題目本身是否適當，如果格式不當（例如以英文測試兒童，但這些兒童的英文能力薄弱），仍無法獲得有效的結果。因此，在選擇測量工具時，必須注意要適合受測者的特質。

要如何蒐集與內容效度有關的證據？一個常用的方法就是請專家協助檢查工具的內容與格式，評斷是否恰當。所謂的專家指的是能對測量工具的適切性做正確判斷的人；換句話說，也就是對於測量的內容所知甚多，可做判決的人。

一般的步驟約略如下：研究者在紙上寫出自己想測量的內容的定義，而後將這張定義，連同測量工具及研究對象特性的描述，一起交給這位（或這些）專家。專家們看過定義、看完測量工具後，在他們認為不符合定義（例如，測量目標）的題項或問題前做個記號，也在沒被工具測量到的研究內容之前畫記；最後並評估測量工具格式的適當性。研究者就根據專家們的意見修改或重寫題目，並／或為沒有測量到的定義或目標加寫題目，之後再將測量工具交回給專家。這樣的動作一直重複，直到專家認同了工具中的所有題項或問題，並且認為工具中的總題數足以代表所要測量的變項之整體範圍內容。

為了要說明研究者如何建立內容效度，讓我們看下面兩個例子。

例一 假設一位研究者想測量學生**使用先前所獲得的資訊**的能力。當被問到這句話指的是什麼時，這位研究者做了以下的定義：

> 學生必須能做到以下三件事，才能證明他們能使用先前所獲得的資訊：
> 1. 根據所提供的資訊，（以口頭或書面方式）報告正確的結論。
> 2. 根據所提供的觀點，指出一個或多個合理的推論。
> 3. （以口頭或書面方式）說出兩種想法是否完全相同、類似、無關，或是互相矛盾。

研究者如何才能得到這些證據？她決定準備一項筆試，其中包含各種問題

讓學生回答；學生的回答將構成她所要的證據。以下是她心目中的三種題目型態，每一種各用以引出上面所列出的三種證據中的一種。

1. 若 A 大於 B，且 B 大於 C，則：
   a. A 必須大於 C。
   b. C 必須小於 A。
   c. B 必須小於 A。
   d. 以上都為真。

2. 相信提高消費是刺激經濟的最好方法者，會提倡：
   a. 提高利率。
   b. 提高個人免稅額度。
   c. 減低低收入階層的賦稅。
   d. 減低政府開支。

3. 比較美國政府過去十年花在以下三方面的費用：(a)償還債務；(b)國防；(c)社會服務。

現在，把每一道題目與其相對的測量目標做對照比較，你認為每一道題目都有測量到它應測量目標嗎？若沒有，為什麼沒有？*

例二 下面是另一位研究者設計來測量（至少部分是）學生**解釋事件為何發生**的能力。

細讀以下的指導語，並回答問題。

指導語：這裡有幾個事實。

事實 W：一個風大的日子，有個露營的人在森林裡生火煮飯。

事實 X：森林裡靠近營火處，一堆乾草開始起火。

以下是另一件事實，發生在同一森林同一天稍晚時。

事實 Y：森林裡的一座房子燒毀了。

請解釋房子燒毀的原因（事實 Y）。事實 W 與事實 X 會是你說明原因的一部分嗎？

---

* 我們認為第一題的正確答案（d）與第二題的正確答案（c）是有效的證據，但第一題也許值得商榷，因為學生可能覺得它有陷阱。我們覺得第三題的答案不是有效的證據，因為這時候學生所做的不是在比較對照不同的觀念，而只是對照事實。

a. 會的，事實 W 與事實 X，及這些事實之間可能的因果關係都可派得上用場。

b. 會的，事實 W 與事實 X 都用得上，即使兩者可能並非因果關係。

c. 不會，因為事實 W 與事實 X 中，只有一個才可能是事實 Y 發生的原因。

d. 不會，因為事實 W 與事實 X 都不是事實 Y 發生的原因。[1]

同樣地，請檢視這個問題及所要測量的目標，這道題目有真正測量所鎖定的目標嗎？如果沒有，為什麼沒有？*

像這些要取得證據的企圖（在以上的例子裡，必須有不同的專家同意這些題目能測量要測的能力），是獲得與內容效度有關的證據時都會經歷的過程。然而，如同我們先前已經提過的，專家本身的資格是很重要的，而且專家也必須將預定受測者的特質列入考慮。

◆ 與效標效度有關的證據

要獲得與效標效度有關的證據（**criterion-related evidence of validity**），研究者通常是將測量工具的測量結果與其他獨立的效標比較。所謂效標（**criterion**），指的是另一種測驗或其他評量的過程，當然它們都必須測量相同的變項。例如，某項測量工具是用來測量學業能力，我們就能拿學生在這份測量工具的分數與他們的學期成績相比較（外在效標）。若測量工具的確是測量學業能力，那麼在這份測驗得高分的學生，其學期成績也應當得高分。你知道為什麼嗎？

效標效度有兩種形式——預測性質的（predictive）與同時性質的（concurrent）。要獲得預測效度（**predictive validity**）的證據，研究者先施以要測試的測量工具，經過一段時間之後（也許幾個月或甚至更久之後），再施以作為效標的測驗。例如，研究者可能對高中生施以科學的性向測驗，之後再將這項測驗的分數與他們科學學科的期末成績相比較。

---

* 我們認為答對這項問題，可視為學生具有解釋事件發生原因的能力之有效證據。

　　另一方面，若測量工具的資料與效標的資料幾乎是在同時取得，並兩相比較，這時研究者是要取得同時效度（concurrent validity）的證據。例如研究者可能對一群八年級的學生施以自尊量表，再將量表的分數與大約同一期間老師對學生自尊的評分相比較。

　　這兩種效度的一個重要指標是相關係數。* 相關係數（correlation coefficient）是以英文字母 r 表示，它指出個人在不同的兩項測驗所得到的分數之間的關係大小。如果在一項測驗得高分的人，在另一項測驗也得高分，或者在一項測驗得低分的人，在另一項測驗也得低分時，是正相關。負相關表示，在一項測驗得高分的人，卻在另一項測驗傾向得低分，或者在一項測驗得低分的人，卻在另一項測驗傾向得高分。相關係數值都落在 ＋1.00 與 －1.00 之間；如果 r ＝.00 則代表兩項測驗得分之間沒有關係。

　　當相關係數是用來描述同一群人在某項測量工具的分數與某種效標分數之間的關係時，這時的相關係數稱為效度係數（validity coefficient）。例如，若同一群人在某個數學性向測驗的分數（預測項）與其數學成就測驗（效標）的效度係數等於 ＋1.00，則表示這一群人中的每個人在兩種測驗的分數排序完全相同。如果研究者能獲得這樣高的效度係數，就能百分之百毫無失誤地根據數學性向測驗的分數，來預測數學成就測驗。雖然這樣高的相關係數不太可能出現，但這個例子說明了效度係數的意義：效度係數愈高，研究者所做的預測就愈準確。

　　Gronlund 建議，也可利用期望表來勾畫效標效度的證據。[2] 期望表（expectancy table）只是一般的交叉表，預測項的類別由上而下列於表的左邊，效標類別則由左至右列於表的上端。研究者在效標類別的欄位裡填寫的是，每一個預測項類別的分數中，有多少百分比是落在某個效標類別。

　　表 8.1 是一個期望表的例子。從這個表中你可以看見，被專家評定為具有傑出音樂性向的學生中，有 51% 在交響樂課程的成績拿到 A，35% 拿 B，14% 拿 C。雖然這張表只說明這一群學生的情形，但我們也可以用來說明被同一群專家評定的其他對音樂有興趣的學生。如果某位學生被評為「傑出」，我們可

---

* 相關係數在第 10 章還會詳加說明，它是一種用處極多的統計值，作為效度係數只是眾多用處之一。

表 8.1　期望表一例

評審所做的 音樂性向評分	交響樂課程的成績（獲得不同成績等第的百分比）			
	A	**B**	**C**	**D**
傑出	51	35	14	0
水準以上	20	43	37	0
一般水準	0	6	83	11
水準以下	0	0	13	87

以大略預測，他在交響樂課程得 A 的機會是 51%，得 B 的機會是 35%，得 C 的機會是 14%。

　　期望表尤其適用於在學校蒐集的資料，因為它容易製作、容易了解，並且很清楚地顯示出兩項測量之間的關係。

　　我們必須要了解的是，效標的性質是在蒐集效標效度的證據時，必須考慮的最重要因素。如果效標工具與預測工具之間的關係無邏輯可言，即使相關係數很高，也不具任何意義。例如，測量科學性向的測驗分數若與體能測驗的分數相關係數很高，也不能作為這兩者中任何一方效標效度的證據。再回到我們之前舉的測驗問題的例子，這些問題是要測量學生解釋事件為何發生的能力；我們可用什麼樣的效標來建立效標效度的證據呢？

◆ 與建構效度有關的證據

　　與建構效度有關的證據（**construct-related evidence of validity**）是我們討論的這三種效度的證據中最廣泛的一種，任何一項單一的證據都無法完整證明建構效度。研究者必須蒐集各種**不同類型**的證據——數量與種類愈多愈好——才能做有效的推論。例如，研究者蒐集了各種不同的相關證據之後，才能強調，她依據學生在某個自尊量表所得的分數，能對於學生自尊的高低做正確的推論。

　　通常要取得建構效度的證據，有三個步驟：(1)清楚定義想要測量的變項；(2)根據該變項背後的理論，形成假設；這種假設通常是：「在這個變項得分高者在某種特定情況下會有某種行為，而得分低者在同樣的情況下又會有怎樣不同的行為」；(3)將假設以邏輯推論與實證的方法檢定。

　　我們來看一個例子，才能更了解這些步驟。假設某位研究者想要發展一項紙筆測驗，測量誠實。現在他要為他的量表建立建構效度。首先，他定義何謂

誠實。接著,他形成理論,說明「誠實」與「不誠實」的人在行為上的差異。例如,他的理論可能認為,誠實的人如果撿到一項物品,可能會盡力去找到該物品的主人。根據這項理論,研究者的假設可能就是:「在這項誠實測驗得分高的人,會花比較多的力氣去找到物品的主人;而得分較低者所花的力氣會較少。」然後研究者就將這項測驗給一群人做,再將分數分為高低兩組,然後給每個人一個表現其誠實度的機會。例如,他可能會把放著 5 元鈔票的皮夾丟在測驗室門口,接受測驗的人一眼就能看見並撿起來。皮夾裡很容易就能找到失主的姓名與電話號碼;如果研究者的假設沒錯,打電話要歸還皮夾的人之中,高分組的人數會比低分組的人數多(這可由電話答錄機裡留下姓名和電話號碼的記錄查得)。根據這些人測驗得分的高低,這項記錄可用來作為支持研究者關於誠實的推論的一個證據。

然而,我們必須強調,研究者必須做幾種不同的研究以取得**各種**證據,而且這些證據都必須顯示:測量工具的分數能使研究者對於某個變項做正確的推論;當然,這個變項必須是這項工具所要測量的特質。因此,所需要的證據範圍極廣,而不只是某個單一種類的證據。

再看第二個例子。要證明某測驗的確是在測量數學推理能力,以下是一些可被接受為證據的例子:

• 專家們沒有經過事先商量卻都同意,該測驗上所有的題目都需要數學推理能力。

• 專家們沒有事先商量卻都同意,該測驗上的任何特色(該測驗的格式、指導語、評分法,或所需的閱讀能力)都不會阻礙學生從事數學推理的過程。

• 專家們沒有事先商量卻都同意,該測驗所評量的思考步驟與從事數學推理所需的步驟密切相關,並且具有代表性。

• 該測驗的成績與數學的學期成績有高相關。

• 受過數學推理訓練的學生在該測驗得高分。

• 學生在解答測驗題目時,若要求他們將腦海中的思考過程說出來,會發現這些學生的確在從事數學推理。

• 該測驗的分數與教師評定的數學推理能力有高相關。

• 數學系學生在該測驗的得分比一般科學學系的學生高。

還有許多其他種類的證據也可列為支持這項測驗的證據(也許你可以想到

幾種），但我們希望這些足以讓你了解，研究者要取得的證據並不只限於一種，而是要有許多種。如果要決定，利用某項測量工具而得的分數是否能測量某個特定的變項，就必須研究：這項測量工具是如何發展出來的？所依據的理論是什麼？對不同的人施測及在不同的情況下施測，其表現如何？該測量工具的分數與其他相關測量工具所得到的分數之間的關係如何？因此，要確定建構效度，必須做各種不同的步驟與蒐集各種不同類型的證據，包括內容效度的證據與效標效度的證據。研究者從愈多的管道蒐集到愈多的證據，對於如何詮釋測量工具的分數就愈有信心。

▮▮▮ 信度

　　信度（**reliability**）指的是所獲得的分數的一致性，也就是，同一個人在不同的時間做同一測驗，所得分數的一致性；或做兩套不同（但包含的內容及程度相同）的題目時，所得分數的一致性。例如，現在有一個測驗是測量打字的能力，如果測驗是穩定可信的，我們就能預期：第一次施測時得分高的學生，第二次施測時得分亦高；也許兩次的分數不會完全相同，但必須很接近。

　　從同一測量工具所獲得的分數可以是很穩定可信的，但不一定是有效度的。假設某位研究者將評估對美國憲法了解程度的兩套測驗題目，都對同一群八年級學生施測，並發現他們的分數有一致性；也就是，在 A 套題目得分高的學生，在 B 套題目的得分也高，而且在 A 套題目得分低的學生，在 B 套題目得分亦低。這時，我們說這些分數是穩定可信的，也就是它們具有高信度。但如果研究者想用這些分數來預測學生體育課的學習成就，別人可能會拿不可置信的眼光瞧她，因為根據美國憲法的測驗得分來推論體育成績，這樣的推論是不具效度的。但是，反之又如何呢？若某項測量工具所產生的分數不穩定、不具信度，這樣的工具可能產生有效的推論嗎？不可能！如果某個人的得分完全不一致，這些分數就無法透露任何有用的訊息；因為我們完全無法得知要使用哪一個分數，才能推論那個人的能力、態度或其他特質。

　　圖 8.2 顯示效度與信度之間的區別。信度與效度的高低都取決於測量工具使用的情境。在不同的情境下，一項測量工具可能會產生具有信度的分數，但也可能不會。若資料不具信度，則不可能產生有效（合理）的推論，如圖 (a)。

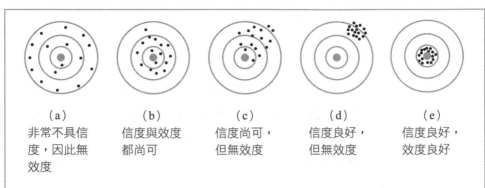

（a）
非常不具信
度，因此無
效度

（b）
信度與效度
都尚可

（c）
信度尚可，
但無效度

（d）
信度良好，
但無效度

（e）
信度良好，
效度良好

箭靶的紅心代表所要尋求的資訊；每一點則代表測量工具所得到的分數。紅心上的一
點代表所獲得的資訊正是研究者希望取得的資訊。

圖 8.2　信度與效度

當信度提升時，效度可能提升，如圖 (b)，也可能不會提升，如圖 (c)。一項測
量工具可能有良好的信度，但效度卻很低，如圖 (d)；當然，最好的情況是具有
高信度也有高效度，如圖 (e)。

◆ 測量誤差

　　將同一份試題對同一人施測兩次，他們的表現很少能完全相同，也就是所
得的分數通常不會一模一樣。這
可能有很多因素（動機不同、體
力不同、焦慮程度不同、測驗情
況不同，等等），也無可避免。
這些因素導致測量誤差（**errors
of measurement**）（如圖 8.3）。

　　由於測量誤差多少都會出
現，因此當同一測驗對同一群人
不只一次施測時，或者當同一測
量工具的不同兩套題目對同一群
人施測，或甚至是同一測驗的不
同部分時，研究者都會預期這些
測驗分數會出現一些變動（例

圖 8.3　測量的信度

如，可能出現於回答或評等時）。信度的估計值讓研究者能大略預知分數之間變異量有多大。這種估計值常以相關係數來表示，但稱為信度係數（**reliability coefficient**）。

如我們先前曾提過的，效度係數代表同一群人在兩種**不同的**測量工具所獲得的分數之間的關係；而信度係數也是表達一種關係，但它是同一群人在不同的時間使用**相同的**測量工具所得的分數之間的關係，或者是同一群人在同一測驗的不同部分所得的分數之間的關係。獲得信度的方法中，三種最為人熟知的是再測法、複本法，與內部一致法。跟其他相關係數的應用所不同的是，信度係數的範圍必須是由 .00 到 + 1.00，沒有負值。

◆ 再測法

再測法（**test-retest method**）是將同一測驗對**相同的**一群人施測兩次，中間間隔一段時間。研究者可算出兩次分數間的信度係數，了解兩組分數之間的關係。

信度係數會受兩次測驗間隔時間長短的影響。間隔時間愈久，信度係數可能愈低，因為時間愈長，受測者改變的可能性愈大。因此，要求再測信度的證據時，必須要找出最合適的間隔時間；這段間隔時間的長度不能過長，這一群受試者必須仍然保留他們在團體中原有的相對位置。

研究一個在個人內變動幅度太大的變項，是沒有意義的。例如當研究者評定某人具有學術研究的天分，或打字技術高超，或自我概念不佳時，他們都預設這些特質在一段時間內會讓個人之間的差異持續存在。我們不可能研究一個沒有任何穩定性的變項。

研究者並不認為每個變項都一樣穩定。經驗告訴我們，人的某些能力（例如寫作能力）比其他能力（例如抽象思考）易於變化。某些人格特質（例如自尊）被認為比其他人格特質（像青少年的職業興趣）穩定。「心情」依據定義是只能在短期內維持穩定，可能是幾分鐘或幾小時而已。但即使是測量短暫時間內的心情，除非測量工具是穩定可信的，否則我們也無法找到它與其他變項（例如輕鬆的程度）之間有意義的關係。就大部分的教育研究而言，分數的穩定性若能達到二至三個月，則被視為具有再測信度的充分證據。最後，報告再測信度時，也要報告兩次測驗的間隔時間。

◆ 複本法

使用複本法（equivalent-forms method）時，我們將一個測量工具的兩套不同但具有同等作用的（equivalent，也稱為 *alternate* 或 *parallel*）題目（稱為複本），在相同的時間，對相同的一群人施測。雖然兩個複本中的題目不同，但兩者都必須取樣自相同的內容，而且兩者也必須分別撰寫。信度係數是經由計算兩組分數之間的相關而來，係數高表示信度高，也就是兩個複本是測量相同的變項。

我們也可以合併使用複本法與再測法，也就是將同一測驗的兩個複本在不同的時間施測，兩次施測也是間隔一段時間。如果獲得高信度係數，則表示這兩個複本不但是測量相同的變項，而且兩者間的一致性能維持一段時間（consistency over time）。

◆ 內部一致法

到目前為止，我們所講的方法都需要兩次施測，但也有幾種估量信度的內部一致法（internal-consistency methods）是只需施測一次的。

折半法 折半法（split-half procedure）是將同一人的測驗卷分成兩半（通常是單數題一半，雙數題一半）各自評分，再計算兩者之間的相關係數。由相關係數可以看出兩半的題項測量結果的相似程度，因此是描述該測驗的內部一致性。

信度係數是利用一般所稱的斯布公式（*Spearman-Brown prophecy formula*）計算。該公式的一種較簡化的形式如下：

$$整體測驗分數的信度 = \frac{2 \times 一半測驗的信度}{1 + 一半測驗的信度}$$

因此，如果利用折半法求得一項測驗的折半相關係數是 .56，那麼整項測驗的信度會是：

$$整體測驗分數的信度 = \frac{2 \times .56}{1 + .56} = .72$$

這說明了信度的一項重要特徵：一項測驗（或任何測量工具）的信度，通常可以利用增加測驗長度的方法而增強，當然，條件必須是所增加的題項與原有題項類似。

克理氏法 也許最常用以決定內部一致性的方法，就是克理氏法（**Kuder-Richardson approach**），尤其是 KR20 與 KR21。計算 KR21 只需要三項資料：測驗的總題數、測驗分數的平均值（mean）及測驗分數的標準差（standard deviation）。但是，必須注意的一點是：只有當測驗的每一題項的難度都確認是相等時，才能使用 KR21。*常被使用的一種 KR21 形式如下：

$$\text{KR21 信度係數} = \frac{K}{K-1}\left[1 - \frac{M(K-M)}{K(SD^2)}\right]$$

其中 $K=$ 測驗的總題數，$M=$ 測驗分數的平均值，$SD=$ 測驗分數的標準差。†

雖然公式看來有點嚇人，但其實用來卻很簡單。例如，假設 $K=50$，$M=40$，$SD=4$，信度係數的計算如下：

$$\text{信度} = \frac{50}{49}\left[1 - \frac{40(50-40)}{50(4^2)}\right] = 1.02\left[1 - \frac{40(10)}{50(16)}\right] = 1.02\left[1 - \frac{400}{800}\right]$$
$$= 1.02(1-.50) = 1.02(.50) = .51$$

因此，這項測驗的信度估計值是 .51。

信度 .51 是好還是壞？高還是低？我們有一些方法來評量信度係數。第一，我們可將所得的係數與可能出現的極端係數相比：係數是 .00 時，表示沒有任何相關，因此也是完全沒有信度可言；1.00 則是最高的係數值。第二，可將所得的係數與同性質的測量工具的係數值相比較。例如，許多坊間的成就測驗的係數，若使用克理氏公式計算，常高達 .90 以上。而許多教師自製測驗的信度係數則是 .70 以上。與這些例子相比，.51 似乎低了些。若是為了研究的目的，一個簡單的大原則是：信度至少要達到 .70 以上，最好更高些。

---

* KR20 的好處是：我們不需要預設所有的題項都有相同的難度。它的計算式比較複雜，但一般的電腦軟體都能計算。若研究者不能預設所有題項的難度都相等時，就必須以 KR20 來計算。

† 第 10 章有標準差的說明。

● 檢查信度與效度

第 7 章所介紹的投射測驗「圖畫情境量表」有 20 個圖像。每一個都是評量**控制的需求**與**溝通**兩變項。例如，以下是幾個對於圖 7.22 第一個圖像的反應。「控制的需求」變項的定義是「想要控制學生每一刻的活動」，其評分法如下：

- 「我以為你會想做一點特別的事情。」（得 1 分）
- 「我想看看你能做得多好。」（得 2 分）
- 「你跟湯姆不同。」（得 3 分）
- 「沒錯，但是我希望你能把它完成。」（得 4 分）
- 「請快完成。」（得 5 分）

這項測驗除了似乎有內容效度之外，也有一些證據顯示它的確能測量這兩項變項（控制與溝通）。

Rowan 研究這兩個變項與其他幾個測量之間的關係，所使用的樣本是一群國小教師。[*] 她發現在「控制的需求」得分高的教師，也較可能：(1)被教室觀察者視為要掌控整個教室，並比較強調自己的說話內容；(2)被訪談者認為對於是非的判斷比較僵化；(3)在專制傾向的測驗上得分較高。

有某個學程是專門訓練市中心區（inner-city）學校的老師，而有一項研究為了要預測這個學程的功效，就使用了圖畫情境量表。結果證據顯示，學員在該項量表的控制需求的得分的確具有預測的價值。[†]

研究發現，學員在這項測驗的控制需求的得分與之後所做的各種測量都有關，包括實習教學時的教室觀察結果及第一年教學時的教室觀察結果。最明顯的發現是，在這項測驗的控制需求得分高者，他們的教室比較不吵鬧。此發現為這項測驗增添了一些效度的證據，因為我們可以預期，控制需求度較高的教師所在的教室會比較安靜。

這項測驗的兩個變項的信度還算適當：折半信度是.74 和.81。間隔八年後的再測信度就低了許多（.61 和.53），但這是可以預料的。

---

[*] Rowan, N. T. (1967). The relationship of teacher interaction in classroom situations to teacher personality variables. Unpublished doctoral dissertation. Salt Lake City: University of Utah.

[†] Wallen, N. E. (1971). *Evaluation report to Step-TTT Project*. San Francisco, CA: San Francisco State University.

α 係數 另一種檢查測量工具的內部一致性的方法是計算 **α 係數**〔**alpha coefficient**，常稱為克龍巴 α（**Cronbach alpha**），克龍巴是提出這種係數的人〕。α 係數是 KR20 的另一種形式；當測驗的評分法不是以對錯決定，而是在一定的範圍內有各種分數時（例如申論題的評分），就必須使用α 係數。[3]

表 8.2 簡單列出檢驗測量工具的各種效度與信度的方法。

表 8.2　檢驗效度與信度的方法

效度（「真確性」）			
方法	步驟		
與內容有關的證據	專家的判斷		
與效標有關的證據	將之與另一個測量相同變項的測量工具求相關		
與建構有關的證據	評估根據理論所做的預測是否實現		

信度（「一致性」）			
方法	內容	時間間隔	步驟
再測	完全相同	不一定	以完全相同的測量工具施測兩次
複本	不同	無	施以測量工具的兩個複本
複本／再測	不同	不一定	施以測量工具的兩個複本，但中間間隔一段時間
內部一致性	不同	無	將測量工具分做兩半，個別計分，用 KR 法求內部一致性
觀察者間的一致性	完全相同	無	比較不同觀察者所評的分數

◆ 測量標準誤

　　測量標準誤（**standard error of measurement, SEMeas**）是一種指數，從測量標準誤的數值，我們可看出重複施測時，測量的狀況如果改變，測量結果可能改變的程度（也就是**測量誤差**的量）。由於測量狀況可能的變化有千萬種，一次的分數就可能包含多種誤差。誤差愈多，標準誤就愈大。例如，由於內容不同而造成的誤差（內部一致性或複本信度），相較於因內容不同與時間的流逝兩者一同造成的誤差（再測信度），前者的標準誤會比後者的小。假定這些測量誤差是遵循常態分布（**normally distributed**）（見第 10 章第 300 頁），則我們可以利用測量標準誤，將受試者的測驗分數換算為一個估計區間。

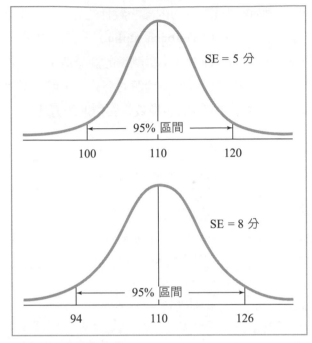

圖 8.4 測量標準誤

　　就許多智力測驗而言，若兩次測驗間隔一年並且兩個有不同題項的測驗，其測量標準誤大約是 5 分。若間隔十年，測量標準誤約 8 分。這表示，兩次測量的時間拉得愈長，分數變動得愈厲害。因此，得分 110 的人，可以預期他一年以後的分數會在 100 跟 120 之間，五年以後的分數則在 94 和 126 之間（見圖 8.4）。注意到，計算未來預期得分的區間時，我們使用 2 倍的標準誤，因為這樣做，我們對於自己估計的正確率有 95% 的把握。

　　測量標準誤的計算公式是 $SD\sqrt{1-r_{11}}$，其中 SD 是分數的標準差，r_{11} 是信度係數。上一段中，第一個例子的標準誤 5 是這樣得來的：

$$SD = 16, \quad r_{11} = .90$$
$$SEM = 16\sqrt{1-.90} = 16\sqrt{.10} = 16(.32) = 5.1$$

◆ 評分一致性

　　大多數的測驗或測量工具都是使用非常明確的指導語施測，並使用客觀評分法（也就是有固定的答案，毋需評分者自做判斷）。雖然不同的施測者或評

分者仍可能會導致分數的差異，但這樣的情形通常極少發生。然而，有些測量工具卻極容易受到施測者或評分者（或兩者）的影響，而使最後的分數有差異，例如論述文的評量就是這種情形。尤其使用直接觀察法的測量工具，更是非常容易因觀察者之間的差異而受到影響；使用這種工具的研究者必須深入了解情形，並報告評分一致性（**scoring agreement**）的程度。若能事先給予觀察者良好的訓練，並且增加觀察的次數，評分一致性就能提高。

使用每種工具所需要的訓練各不相同。一般而言，觀察技巧需要非常多的訓練才能讓工具發揮最大功效。這種訓練通常包括講解與討論各種測量步驟，然後受訓者一邊觀察實際的情境或錄影帶中的情境，一邊使用測量工具；所有的受訓者都觀察同樣的內容，再討論大家評分之間的差異。這樣的過程或是類似這樣的過程，要一直重複，直到受訓者對於相同的情境所做的評分都達到某種可接受的一致性；評分者之間的相關最好能達到 .90 以上，或者一致性達到80% 以上。通常即使是經過了這般嚴格的訓練，還是需要觀察 8 到 12 次，才能獲得足夠的信度。

讓我們利用一個實際的測驗來計算測驗題項的內部一致性，以進一步說明信度的概念。圖 8.5 是我們所改編的一項非典型智力測驗。請根據它的指導語

說明：請閱讀下面的每一道題目，並將你的答案寫在另一張紙上。考試時間是 10 分鐘。

1. 房裡有兩個人。第一個人是第二個人的兒子，但第二個人不是第一個人的父親。兩個人是什麼關係？
2. 葛蘭特的墳墓下埋的是什麼人？
3. 有些月份有 30 天，有些月份有 31 天。幾個月份有 28 天？
4. 如果你只有一根火柴，走進一間黑暗的房間。房間裡有一盞油燈、一台油暖爐，及一些柴火。你會先點哪一個？
5. 如果有位醫生給你三顆藥，告訴你每半小時吃一顆。這些藥能維持多久？
6. 一個人蓋了一幢房子，有四面牆，房子是長方形的，每一面都有向南的窗戶。一隻大熊晃了進來。熊是什麼顏色？
7. 一位農夫有 17 隻羊，死得只剩 9 隻。他還有幾隻羊？
8. 30 除以 1/2，再加 10。正確答案是什麼？
9. 從三個蘋果中拿兩個蘋果。你有什麼？
10. 摩西將各種動物各帶幾隻上方舟？

圖 8.5 「快速又簡單」智力測驗

作答，然後我們就計算折半信度。

下方的註釋中有答案。答對一題給一分。假設這份測驗的分數代表智力，那麼測驗的每一題都測量智力的一部分。因此我們可以將這份 10 題的測驗分為兩半，每半各 5 題；也許可以依照單雙號分半：單數題為一半，雙數題為另一半。現在，算出你在單數題的得分，再算雙數題的得分。

現在我們想看看，雙數題對於智力所做的測量，是否與單數題所做的測量類似。如果是這樣，那麼你在單數題的得分應該跟雙數題的得分很接近。如果兩個得分不接近，那麼這兩組題目沒有得到一致的結果。果真如此，那麼整個測驗（10 題）也無法得到一致的結果；測驗所得的分數就不可信。

找其他五個人來做這項測驗。將他們在單數題與雙數題的分數分別記錄在圖 8.6 的表格中。

看看這五人在兩個半測驗的分數，再與你自己的測驗分數比較。你認為這些測驗分數的信度如何？研究者根據這項測驗的分數能對智力做什麼推論？這些推論的效度呢？*

必須注意的是，我們只檢驗了信度的一面（內部一致性），如果讓受試者

人名	測驗一（共五題） （第 1、3、5、7、9 題）	測驗二（共五題） （第 2、4、6、8、10 題）
自己	_____	_____
1 號	_____	_____
2 號	_____	_____
3 號	_____	_____
4 號	_____	_____
5 號	_____	_____

圖 8.6　檢驗信度的練習單

---

* 你也可以評估一下這份測驗的內容效度。你會怎樣定義**智力**？根據你的定義，你覺得這份題目是否足以作為測量智力的工具？

「**快速又簡單**」智力測驗的答案：1. 母親與兒子。2. 葛蘭特。3. 12 個月份都有。4. 火柴。5. 一小時。6. 白色。7. 9 隻。8. 70。9. 兩個。10. 零隻（把動物帶到方舟上的不是摩西，而是諾亞）。

◉ 後果效度是有用的概念嗎？

近幾年來，愈來愈多人在討論後果效度（consequential validity）。後果效度是 Samuel Messick 在 1989 最先提出的。[*]他提出時，並不是想改變效度的核心意義，而是想把它擴展，包含兩個新意義：「價值觀意涵」（value implications）和「社會後果」（social consequences）。

要了解測量工具的價值觀意涵，就必須「判斷建構的名稱所含的價值觀意涵，判斷測驗的詮釋所依據的理論，及該理論的意識形態根源。」[†]這就是擴展我們先前所討論的建構效度相關證據的概念。社會後果指的是「判斷所使用的測驗之實際與潛在的社會後果。」

對 Messick 的提議表示不贊同的，主要是在於實際應用其想法時的發現。Reckase 以自己發展 ACT 測驗（美國被廣為使用的大學入學測驗之一）的經驗，有系統地分析這個概念的可行性。他的結論是，要批判分析測驗的價值意涵雖然不容易，但的確可以做得到而且有用。[‡]

然而，Reckase 認為要決定測驗使用後實際與潛在的社會後果，等於是要評估一項因果關係；而這項工作不但困難而且做不到。他引述美國國家測驗與公共政策委員會（National Commission on Testing and Public Policy）指出的憂慮，該委員會認為這類的測驗常會動搖最重要最必要的社會政策。[§]他認為，想要推論這項因果關係，似乎是不太可能找得到必需的資料；再者，根據定義，沒有預想到的後果，本就不可能事先判斷其好壞程度，因為沒人知道會有些什麼沒預想到的後果。

你對 Messick 的提議有什麼想法？

---

[*] Messick, S. (1989). Consequential validity. In Linn, R. L. (Ed.), *Educational measurement* (3rd ed., pp. 13-103). New York: American Council on Education.

[†] Messick, S. (1989). Consequential validity. In Linn, R. L. (Ed.), *Educational measurement* (3rd ed., p. 20). New York: American Council on Education.

[‡] Reckase, M. D. (1998). Consequential validity from the test developer's perspective. *Educational Measurement Issues and Practice, 17*(2), 13-16.

[§] National Commission on Testing and Public Policy. *From gatekeeper to gateway: Transforming testing in America* (Technical report). Chestnut Hill, MA: Boston College.

在不同的時間重複做該測驗（再測信度），我們還不知道他們的分數會怎樣變化。如果將其中五題先給一群人施測，經過一段時間之後，再將另五題給同一群人施測，那麼我們將有另一種信度的資料（複本再測信度）。你可以找幾個人試試，同樣利用圖 8.6 的格式。

通常研究者是用上述的步驟建立信度；當然，會需要對很多人施測，蒐集很多分數（至少 100 個）。還有，大部分的測驗所包含的題目也都不只 10 題，通常比較長的測驗信度較高，因為有比較多的行為樣本。

總而言之，研究設計的一個主要面向是獲得可信、穩定且有效的資訊。由於信度與效度的高低，與如何使用測驗工具及研究者想做怎樣的推論都有很大的關係，因此研究者絕不能憑空假設蒐集的資料能提供有用的資訊。如果所用的測量工具本身就有信度與效度的資料，而且完全按照該測量工具的使用方法（也就是在相同的情況下）使用，那麼研究者才能比較有信心。但即使如此，研究者還是不能有十足的把握；因為即使其他所有狀況完全相同，但可能僅只是時間的間隔久遠就會使測量工具失去效用。

這也就是說，在研究的過程中小心地檢查信度和效度，是絕對不能省的工作。我們幾乎沒什麼藉口可以不檢查內部一致性，因為所需的資料就在手邊，不必再多花力氣蒐集任何資料。若要檢驗再測信度，的確必須將工具再施測一次，但這也常可以做得到。當考慮做再測信度時，要注意的是，你不必對全體所有的研究對象都再施測一次，雖然能這樣更好。最好能利用一個由樣本中隨機選取的小樣本做再測，或者使用原樣本中的便利樣本亦可；這些都比完全沒有再測信度的證據來得好。另一個選擇是測驗與再測時使用不同的樣本，但這兩個樣本必須非常類似。

要獲得效度的證據通常較為困難，但也不是窒礙難行。通常我們可以得到與內容效度相關的證據，因為只需要幾個相關知識豐富的專家做檢定，就能得到這方面的證據。想要獲得許多關於建構效度方面的證據是不太可能的，但很多研究還是能取得效標效度的相關證據，不過這必須至少施行另一項測驗來測試。要找到或發展出另一種蒐集資料的方法，有時是很困難的事，有時更是根本不可能（例如，受訪者在問卷中對於性行為問題回答的真假，可能沒有任何方法可以確定），但若能獲得這些資料，所花的時間與精力將會相當值得。就像做再測信度一樣，這時的樣本可以利用原樣本中的小部分樣本，或使用另一

個與原有樣本極類似的樣本。

◆ 質性研究中的效度與信度

有許多質性研究者也使用我們這裡所介紹的方法，取得信度與效度的證據，但也有些質性研究者認為信度與效度和他們的研究無關或不適用，因為他們的研究是要描述某人眼中的情況或事件；他們強調的是研究者的誠實、可信、專精及正直的特質。但我們仍必須堅持，所有的研究者都必須確定他們據以做推論的資料，是使用適當可信的工具得來的，並且具有本章所介紹的各種效度與信度的證據。

增進質性研究的信度與效度的方法，我們在第 18、19 及 21 章會再討論。下一章我們討論**內部效度**的概念，及如何將它應用在質性與量化研究中。

OLC　回到本章最前面的**互動與應用學習**所列出的一系列互動與應用活動。到線上學習中心（OLC, http://highered.mheducation.com/sites/125991383x）去做小測驗、練習關鍵詞彙，及複習本章內容。

本章重點

效度

- 研究者必須要用有效的測量工具，因為他們所做的結論，是依據這些工具所獲得的資訊。
- 效度一詞在研究領域指的是，一位研究者所做的推論之適切性、有意義、正確性及有用的程度；這項推論則是依據他利用某項測量工具所獲得的資料而做的。
- 與內容效度有關的證據指的是，對於將用於某特定研究的測量工具之內容及邏輯架構的判斷。
- 與效標效度有關的證據指的是，某測量工具所提供的資訊跟使用其他工具所得到的資訊，兩者間相符的程度。
- 效標是指用以做判斷的標準。用於討論效度時，效標是第二個測量工具，以此第二個測量工具檢視以第一個測量工具得到的結果。

- 與建構效度有關的證據，是指工具整體所獲得的資訊，與理論上的預期相吻合的程度。
- 效度係數是一種數字指標，用以代表某測量工具與作為效標的測量工具所得到的資訊，兩者間相符合的程度。
- 期望表是一種交叉表，用以評估效標效度的證據。

信度

- 信度一詞用於研究時指的是，某項測量工具所提供的得分或答案的一致性。
- 測量誤差指的是，由同樣的人在同樣的測量工具上所獲得的分數之間的差異。
- 使用再測法估算信度，是把相同的測量工具對同一群人施測兩次，並且兩次施測有間隔一段時間。
- 使用複本法估算信度，是將兩個不一樣，但內容可視為同等的測量工具，對同一群人在同一時間施測。
- 使用內部一致性的方法估算信度，是將一項測量工具的不同部分所獲得的結果加以比較。
- 評分一致性要能顯示不同的評分者之間的評分結果，具有令人滿意的一致性。
- 測量標準誤是一種用於表示測量誤差大小的數值指標。

關鍵詞彙

問題討論

1. 本章中我們說過，一項測量工具所獲得的分數可能有信度，卻沒有效度，但是不可能具有效度卻缺乏信度。為什麼？

2. 你認為哪一種信度的證據最容易取得，跟內容有關的、跟效標有關的，還是跟建構有關的？哪一種最難取得？為什麼？

3. 測量工具的格式可能會對該工具的效度有什麼影響？

4. 「沒有任何一項單一的證據可以滿足建構效度。」這句話對嗎？請解釋。

5. 你認為信度和效度的證據，哪一項比較難獲得？為什麼？

6. 信度有可能會比效度更重要嗎？請解釋。

7. 你會如何評估圖 8.5「快速又簡單」智力測驗的效度？請說明。

8. 做研究時使用有效的測量工具，是極端重要的。為什麼？

註釋

1. Wallen, N. E., Durkin, M. C., Fraenkel, J. R., McNaughton, A. J., & Sawin, E. I. (1969). *The Taba Curriculum Development Project in Social Studies: Development of a comprehensive*

curriculum model for social studies for grades one through eight, inclusive of procedures for implementation and dissemination (p. 307). Menlo Park, CA: Addison-Wesley.

2. Gronlund, N. E. (1988). *How to construct achievement tests* (4th ed., p. 140). Englewood Cliffs, NJ: Prentice Hall.

3. 見 Cronbach, L. J. (1951). Coefficient alpha and the internal structure of tests. *Psychometrika, 16,* 297-334.

研究練習 8　效度與信度

利用問題卷 8 說明你計畫如何檢驗你使用測量工具所獲得的效度與信度。如果你計畫用現有的測量工具，請摘要出你對該工具的效度與信度之了解。如果你想要自己發展一項測量工具，則請說明將如何確保這項測量工具的效度與信度達到一定的水準。不論是哪一種情況，都請說明如何獲得證據來檢視效度與信度。

問題卷 8　效度與信度

1. 我的研究問句是：＿＿＿＿＿＿＿＿＿＿＿＿＿＿＿＿＿＿＿＿＿＿＿＿＿＿＿

　＿＿＿＿＿＿＿＿＿＿＿＿＿＿＿＿＿＿＿＿＿＿＿＿＿＿＿＿＿＿＿＿＿＿＿

2. 如果你計畫用**現有的**測量工具，請摘要出你對該工具的效度與信度之了解。＿＿＿＿＿＿＿＿＿＿＿＿＿＿＿＿＿＿＿＿＿＿＿＿＿＿＿＿＿

　＿＿＿＿＿＿＿＿＿＿＿＿＿＿＿＿＿＿＿＿＿＿＿＿＿＿＿＿＿＿＿＿＿＿＿

　＿＿＿＿＿＿＿＿＿＿＿＿＿＿＿＿＿＿＿＿＿＿＿＿＿＿＿＿＿＿＿＿＿＿＿

3. 如果你想要**自己發展**一項測量工具，請說明你將如何利用本書第 7 章第 182 頁所提供的訣竅，以確保這項工具的效度與信度達到一定的水準。

　＿＿＿＿＿＿＿＿＿＿＿＿＿＿＿＿＿＿＿＿＿＿＿＿＿＿＿＿＿＿＿＿＿＿＿

　＿＿＿＿＿＿＿＿＿＿＿＿＿＿＿＿＿＿＿＿＿＿＿＿＿＿＿＿＿＿＿＿＿＿＿

4. 如果你目前還沒確定要使用哪一種測量工具，請明確說出你要如何檢驗以下的信度與效度：

　a. 內部一致性＿＿＿＿＿＿＿＿＿＿＿＿＿＿＿＿＿＿＿＿＿＿＿＿＿＿＿＿＿

　＿＿＿＿＿＿＿＿＿＿＿＿＿＿＿＿＿＿＿＿＿＿＿＿＿＿＿＿＿＿＿＿＿＿＿

　b. 穩定性（一段時間內的信度）＿＿＿＿＿＿＿＿＿＿＿＿＿＿＿＿＿＿＿＿

　＿＿＿＿＿＿＿＿＿＿＿＿＿＿＿＿＿＿＿＿＿＿＿＿＿＿＿＿＿＿＿＿＿＿＿

　c. 效度＿＿＿＿＿＿＿＿＿＿＿＿＿＿＿＿＿＿＿＿＿＿＿＿＿＿＿＿＿＿＿＿＿

　＿＿＿＿＿＿＿＿＿＿＿＿＿＿＿＿＿＿＿＿＿＿＿＿＿＿＿＿＿＿＿＿＿＿＿

這份問題卷（英文版）在線上學習中心（OLC, http://highered.mheducation.com/sites/125991383x）有電子檔。你可以利用電子檔填寫並列印、儲存或以電子郵件寄送。

Chapter 9

內部效度

- 何謂內部效度？
- 對內部效度的威脅
  研究對象的特質／研究對象的流失（損耗）／地點／工具的使用／測驗／
  歷史／成熟／研究對象的態度／迴歸／研究的執行／
  哪些因素會降低變項間的關係被發現的可能性
- 研究者如何將這些對內部效度的威脅減到最小？
  需要強調的兩點

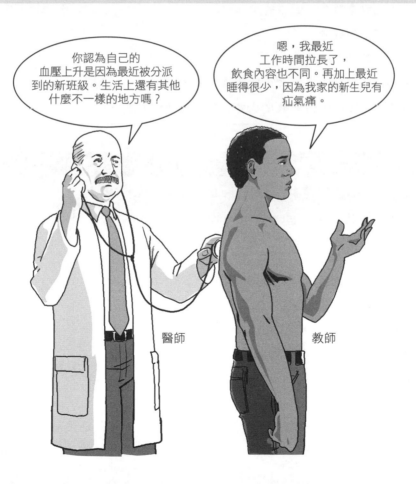

你認為自己的血壓上升是因為最近被分派到的新班級。生活上還有其他什麼不一樣的地方嗎？

嗯，我最近工作時間拉長了，飲食內容也不同。再加上最近睡得很少，因為我家的新生兒有疝氣痛。

醫師　　　　教師

學習目標 >> 讀完本章後，你應該能：

- 解釋「內部效度」的意義。
- 解釋以下這些威脅的意義，並為每一種威脅舉一個例子：

  「研究對象特質」的威脅

  「損耗」的威脅

  「地點」的威脅

  「工具的使用」的威脅

  「測驗」的威脅

  「歷史」的威脅

  「成熟」的威脅

  「研究對象態度」的威脅

  「迴歸」的威脅

  「研究執行」的威脅

- 指認出已出版研究論文內所隱藏的對內部效度的威脅。
- 對於每項可能的內部效度威脅，建議可能的補救方法。

互動與應用學習 在閱讀本章的同時，或讀完本章後：

到線上學習中心（Online Learning Center, OLC），

網址 http://highered.mheducation.com/sites/125991383x：

- 更加了解內部效度

到線上學生精熟活動簿（Student Mastery Activities Book）做

下列活動：

- 活動 9.1：對內部效度的威脅
- 活動 9.2：什麼類型的威脅？
- 活動 9.3：控制可能威脅內部效度的因素

　　假定現在有一項研究發現，以主題探討法教學的高中歷史班級，學生的批判思考測驗成績平均，比以講授法教學的班級學生高。這些

分數上的差異，是因為教學法的差異嗎──因為兩組是以不同的教學法上課？當然，做這項研究的研究者會希望做這樣的結論。你立即的反應也可能是這樣想。然而，這可能不是合理的詮釋。

　　會不會是以主題探討法教學的學生，一開始就有比較好的批判思考能力？會不會是主題探討組的一部分學生也同時在附近的一所大學修習一門相關的課程？會不會是主題探討組的老師就是比較好？以上這些因素的任何一項，都可能解釋為什麼主題探討組的學生在批判思考測驗上的成績較高。如果真是這樣，研究者的結論如果是說兩種方法的效益有差異，就大錯特錯了；因為所獲得的差異可能**並非**源自教學方法上的不同，而是其他因素所致。

　　任何一項描述或測試變項間關係的研究裡，資料所顯現的關係都有可能是實際上源自於其他的因素。果真如此，所觀察到的關係就完全不是表面上看到的，並且完全失去了表面上所顯現的意義；換句話說，要解釋研究的結果時，許多其他的假設都可能存在。這些不同的解釋常稱為**對內部效度的威脅**。這些威脅是本章要討論的內容。

▌▌▌ 何謂內部效度？

　　也算是不幸吧，**效度**一詞被研究者用於三種不同之處。除了本章所講的內部效度，第 8 章也討論了測量工具（或測量）效度，第 6 章則是外部（或擴論）效度。

　　當一項研究具有內部效度（**internal validity**），就表示該研究所觀察到的變項間的關係，意義都是明確的，而不是由於「其他因素」所致。所謂「其他因素」，正如我們前面所提，可能是一些因素的其中之一或不只一項，例如研究對象的年齡與能力、研究施行時的情境，或是所使用的材料種類等。如果這些因素不用一些方法加以控制或考量，研究者就無法排除這些其他因素是研究結果的原因的可能性。易言之，內部效度的意義是，在依變項所觀察到的個體差異，是直接與他們的自變項有關，而不是由於其他未曾留意的變項。

　　在質性研究中，如果不同的解釋（也就是「其他因素」）都被有系統地排除，則該研究就有好的內部效度。要達成這項目標，質性研究者必須規劃自己

要如何處理歧異或不符合理論的資料。不論研究是質性或量化，如果研究者沒有對這種「相抗衡的假設」加以控制或事先考慮處理，就永遠無法確定這些假設不是所觀察到的結果的原因。

讓我們考慮以下的例子。假設研究者發現一群國小學童（一年級到五年級）的身高與數學測驗分數之間的相關是 .80，也就是身高愈高的學生，其數學分數愈高。這樣的結果是極容易誤導視聽的。為什麼？因為這個結果很明顯是年齡的副產物。五年級的學生比一年級的學生高，數學成績也比較好，是因為他們年紀較大，也較成熟。我們毋須再進一步探討這項關係，若讓它影響了學校的教學措施更是荒謬。

再考慮另一項研究。這項研究的研究者假設，學習障礙班級的教師預期失敗的心理，與學生在課堂上出現擾亂的行為有關。假設研究者果真發現這兩變項有高相關，她能下定論認為這是有意義的關係嗎？也許吧！但是這項相關也可能以另一個變項解釋，像是該班級的能力程度（能力程度差的班級可能出現較多擾亂行為，並且教師預期失敗的心理也較重）。*

依據我們的經驗，策劃研究時，研究者最常忽略的，就是周密考量對內部效度的威脅（**threats to internal validity**）；研究者對這類威脅常常隻字不提，也許是因為這些考慮並不被視為從事研究的一項重要步驟吧！研究者對於該研究有哪些變項、該如何取得樣本、該如何蒐集資料、分析資料，都無法逃避，必須做成決定；但他們卻可以忽略，或根本不考慮研究結果任何其他可能的解釋法——直到研究已經完成才不得不面對這些可能的詮釋；但這時幾乎已為時太晚，不能做任何補救。另一方面，若在研究規劃的階段找出可能的威脅，常能引領研究者利用設計消除這些威脅或至少把它們減到最小。

近年來，學者們漸漸開發出許多類別，讓研究者可以從這些方向考慮內部效度可能受到的威脅。雖然這些類別大多原本用於實驗研究設計上，但有些也能應用於其他種類的研究法。我們將在本章討論其中最重要的幾種威脅。

研究學界也已經設計出各種不同的方法來控制這些威脅；本章會討論其中一些方法，其餘的也將於本書陸續介紹。

---

* 你能想出其他變項能夠解釋教師預期失敗與學生課堂上的擾亂行為間的高相關嗎？

▌▌▌ 對內部效度的威脅

◆ 研究對象的特質

選取人作為研究對象時，很可能會使得所選的人（或組）之間的差異，跟研究的變項有關。有時這稱為**選取偏誤**（selection bias），或稱為**研究對象特質的威脅**（**subject characteristics threat**）。例如前一節所提到的教師預期與學生擾亂行為的例子，班級的能力程度就屬於這種威脅。在比較各組差異的研究裡，各組成員可能在年齡、性別、能力、社經背景等等都有差異，如果不加以控制，這些變項會瓦解研究結果可能的意義。研究對象的特質歷數不盡，可能影響研究結果的特質也是繁不勝數，其中一些包括：

- 年齡
- 力氣
- 成熟度
- 性別
- 種族
- 身體各部分的協調程度
- 速度
- 智能

- 詞彙
- 態度
- 閱讀能力
- 語言流暢度
- 手指的靈活度
- 社經地位
- 宗教信仰
- 政治信仰

在研究中，研究者必須根據先前的研究或經驗，決定哪些變項最可能產生問題，並盡力預防或將這些問題的影響減低到最小程度。若要比較不同組之間的差異，有一些方法可以使兩組「相等」；我們在第 13 章與第 16 章會討論這些方法。若是採用相關性研究法，也有幾種統計法可用以控制這些變項；我們在第 15 章會討論這些方法。

◆ 研究對象的流失（損耗）

不論研究者如何小心翼翼地選擇研究對象，有一些人還是會在研究的過程中「流失」（圖 9.1）；這是所謂的損耗的威脅（**mortality threat**）。有些人會

圖 9.1　損耗對內部效度的威脅

在研究途中由於各種因素（例如生病、搬家，或是必須參與其他活動）而退出研究；尤其是大部分的介入性研究（intervention studies）更常有研究對象流失的情形發生，因為這類研究進行的時間較長。

研究對象可能在研究者蒐集資料時缺席，或沒寫測驗、沒填問卷或其他的測量工具。沒有完成測量工具，尤其是問卷，是研究的一大問題；這類的研究，有20%以上的研究對象沒繳回問卷並不少見。要記住的是，一項研究實際可用的樣本，是最後蒐集到資料的那些人而已；而不是所有當初選出的人。

當然，研究對象流失不只限制研究的可擴論性；**如果**流失的研究對象對於測量工具可能會有的反應，不同於繼續留下的研究對象的回答，也會導致偏誤。這常是有可能發生的，因為那些沒有反應或缺席的人，可能是有原因才會這麼做。我們之前所舉的例子，研究者想研究教師預期失敗的心理與學生在課堂上的擾亂行為之間可能的關係；那些沒有提供自己對學生的期望給研究者的教師（這些人也因此從研究中「流失」），就可能跟其他有提供訊息給研究者的教師不同，而且這些不同處可能就影響了學生的擾亂行為。

在比較組間差異的研究中，如果各組之間的流失情形大致相同，也許就不會是問題；但如果各組間的流失人數差異大，不論研究結果如何，都可能是結果發生的因素之一。在考慮不同教學方法對學生的影響時（例如：講授法與討論法），我們可以預期，兩組中成績較差的學生比較可能會中途退出；如果其中一組成績差的學生退出較多，這一組所使用的方法看起來將會比實際的效果更有效。

損耗可能是所有對內部效度構成的威脅中最難控制的一種。一個常見的錯誤觀念，是以為遞補研究對象就能除去這種威脅；但實際上，不管遞補的方式如何，即使是隨機選取的新樣本，研究者也永遠無法確定這些遞補者對測量工

具的反應，是否會與先前的研究對象相同。比較可能的情況是，他們的反應**不會**相同。你知道為什麼嗎？*

　　有時研究者還是能申辯，說研究對象的流失不是一個問題。辦法是去探討流失的原因，並說明這些原因為何與該項研究無關。例如，測驗當天缺席的情形，可能兩組的情況都差不多，因為缺席應該是偶發而非蓄意的，除非測驗的日期與時間有預先宣布。

　　另一種去除損耗威脅的方法是提供證據，證明那些流失的樣本與留下的研究對象，在相關的特質上（例如年齡、性別、種族、前測分數，或其他可能與研究結果有關的變項）是相同的。雖然這種方法也不錯，卻無法百分之百證明，那些流失的研究對象的反應不會和繼續參與研究的人反應不同。因此，解決損耗的問題，最好的方法就是盡可能預防損耗或將損耗減到最低。

　　以下兩個例子是損耗的威脅：

- 一位高中英文教師決定用不同的方法教兩個班級。他讓下午一點上課的班級花很多時間做劇本分析；而讓下午兩點上課的班級花很多時間演出相同的劇本，並且討論其中幾部分。學期中時，兩點上課的那一班學生，有幾個必須參加學校一年一度的戲劇演出而無法上課，因此他們就從研究中「流失」了。如果這一群學生比班上其他學生都優秀，失去他們將會降低兩點鐘這一班學生的表現。

- 一位研究者想了解一項新的飲食配方對於長跑者增進耐力的效用。她獲得一項計畫補助，要花兩年的時間研究某個學區內幾所高中田徑隊的長跑隊員。她的研究是要比較使用這項新的飲食配方的長跑者，跟學區中其他沒有使用這項配方的長跑者，兩者之間的差異。然而，使用這項新配方的一組長跑選手中，5% 是十二年級學生，另一組也有 20% 的十二年級學生；他們都在研究開始後的第一年底畢業，退出研究。由於十二年級的學生可能是比較優秀的長跑者，他們的退出會使得沒有使用新配方的這一組看起來較差。

---

* 由於退出者之所以退出是有原因的，因此遞補他們的人至少在這一方面就跟他們不同，遞補的人看事情的態度可能不同，感受可能不同，對研究處理的回應也就會不同。

◆ 地點

蒐集資料之處，或者實驗研究進行的地點，都可能會成為研究結果的另一種解釋法；這就稱為**地點的威脅**（**location threat**）。例如，以主題探討法上課的班級可能比以講授法上課的班級，資源更豐富（書籍及其他的供應品、設備、家長的支持等等）、教室比較大、燈光比較充足，或有比較多設備齊全的電腦；這些變項都可能會使學生的表現較佳。學生的擾亂行為與教師預期失敗的例子中，是否有資源、助手及家長協助等的支持，都可能影響兩者之間的關係。資源較少的班級，我們可預期他們的擾亂行為會較頻繁，教師預期失敗的心理也會比較高。

舉行測驗、面試，或施用其他測量工具的地點，都可能影響作答者的反應（圖9.2）。家長對於子女的評量，在家做可能就跟在學校做不同；如果施測的環境嘈雜或燈光不足，學生在測驗上的表現就會較低；觀察學生之間的互動行為時，也會受到教室內的某些安排所影響。這類差異都能成為研究結果的另一種合理解釋。

控制地點的威脅最好的辦法，就是將所有的地點都保持一致，也就是使所有的參與者在完全相同的狀況下（研究所要測量的變項除外）進行研究。但如果無法做到這一點，研究者就必須盡可能使情境上的不同點不會對研究結果造成影響；這時就必須額外蒐集各個地點各方面的細節。

圖 9.2 地點可能造成差異

以下兩個例子是地點的威脅：

- 一位研究者要探討的主題是，教師單獨教美國歷史，和一組三位教師共同教同樣的科目相比，學生對歷史的態度有什麼不同。教師單獨教學的班級裡，書籍與教材都比三位教師共同教學的班級來得少。

- 一位研究者決定要訪問主修特殊教育與主修教育輔導的學生，比較他們對於該系碩士研究所的態度。三個星期內，他訪問了兩個研究所的所有學生。雖然大部分的學生都是在學校教室接受訪問，但由於上課衝堂的因素，使得他無法在教室裡訪問其餘的學生；因此有20位主修輔導的學生是在學校的咖啡廳進行訪問。

◆ 工具的使用

使用測量工具時也可能造成對內部效度的威脅。正如我們在第8章所言，使用測量工具所獲得的分數可能缺乏效度的證據；然而，缺乏這種證據並不一定會對內部效度構成威脅，但也可能會。*

工具的衰敗 如果測量工具的性質在某一（或某些）方面改變了（包括評分的方式），使用這種測量工具就會產生問題；這通常稱為工具的衰敗（instrument decay）。這種情況的發生，通常是因為測量工具的結果有各種不同的詮釋法（像是申論文的測驗）；或是因為測量工具過長或難以評分，使得評分者疲累（圖9.3）。當研究者一份接一份不停地評閱測驗而覺得疲累時，將使他前後的評分標準有所不同（例如開始時較嚴格，漸漸地就放寬了）。控制測量工具衰敗的主要方法，是排定資料蒐集的日期與評分的時間，才能將測量工具或評分過程中的任何變化都減到最低。

以下兩個例子說明工具的衰敗：

- 一位教授在五小時之內評完了100份論文形式的期末考考卷，沒有休息。每篇論文約10至12頁。他改完了一班的考卷之後，才改另一班的考卷，然後比較各班的成績。

- 某個大型學區的行政主管改變了該區學校彙報學生缺席的方式。只有被視為

---

* 一般而言，如果測驗分數的效度低，它與效標之間的相關會很低。但有時有些「不佳」的測量工具會增加「假」關係（"phony" 或 "spurious" relationship）出現的機會。

圖 9.3　工具衰敗的一個例子

逃學（沒有理由的缺席）的學生才算是缺席；有書面理由（家長或學校人員寫的）的學生不必報為缺席。該學區報告指出，自從新的彙報方式開始施行之後，該學區的學生缺席人數降低了 55%。

[資料蒐集者的特質]　資料蒐集者的特質所構成的威脅，是大部分使用測量工具時不可避免的一部分，也會影響研究結果。資料蒐集者的性別、年齡、種族、語言模式或其他特質，都會影響他們所獲得的資料的性質（圖9.4）。如果這些特質又跟研究所探討的變項有關，就成為研究結果另一種可能的解釋法。

圖 9.4　資料蒐集者特質的威脅

假設在前面教師預期失敗與學生擾亂行為的研究中，資料蒐集者有男性也有女性，如果女性資料蒐集者比男性獲得較多教師承認預期失敗的自白，並且在教室觀察時學生擾亂上課的行為也較多；這時候，無論教師預期失敗與學生的擾亂行為兩者之間的相關係數有多高，（至少有部分）都可能被視為資料蒐集者造成的結果。

控制這種威脅的主要方法有：從頭到尾都由相同的資料蒐集者來進行、個別分析每一位蒐集者所獲得的資料，或者（若是比較組間差異的研究）讓每一位資料蒐集者在每一組都蒐集資料。

資料蒐集者的偏誤 資料蒐集者及／或評分者也可能不自覺地扭曲資料，使得某些結果（像是支持研究假設的證據）較易於產生。例如：讓某些班級的測驗時間較長；訪談者使用「引導式」問題詢問受訪者；由於教室觀察者知道教師的期望高低，而影響其所記錄的行為之種類與數量；或是評量學生申論文的考官（不自覺地）給某一組的學生較高分。

避免資料蒐集者的偏誤（**data collector bias**）的兩種主要技巧是：將所有程序標準化（這通常需要訓練資料蒐集者），及不讓資料蒐集者有任何可以扭曲結果的訊息——亦稱**有計畫的封鎖資訊**（planned ignorance）。不能讓資料蒐集者知道研究的假設，或者不要讓他們知道即將蒐集資料的團體（或個人）的特質。研究者不必告訴資料蒐集者他們所觀察測驗的群體是使用哪種方法，也不必告訴他們這些人在別的測驗的表現。

以下四個例子是資料蒐集者的偏誤所構成的威脅：

- 一個學區之內的所有老師都被訪問了，訪問的內容是關於他們未來的目標及他們對於教師會的看法。研究假設是：未來希望成為行政主管的教師，相較於打算繼續從事教職的教師，前者對於教師會的看法比較負面。訪問是由各校的副校長負責進行；教師們可能因此而受影響，使得研究假設獲得訪談資料的支持。
- 訪問時，一位訪員聽到某些問題的某些特定答案時，會不自覺地微笑。
- 一位觀察者比較偏好主題探討的教學法，因此她在主題探討教學的班級比在其他方法教學的班級裡，觀察到較多學生專心上課的行為。
- 一位研究者在評閱研究的後測試卷時，知道哪些學生是接受哪一種教學法。

◆ 測驗

介入性研究的資料是在一段期間之內陸續蒐集的，而在方法介入前，研究者常會先施行一項測驗〔前測（pretest）〕。所謂**測驗**（testing），我們指的是使用任何一種測量工具，而不限定於「測驗」。如果發現研究對象的後測（posttest）分數有進步（相對於前測分數），研究者就能說這些進步是由於參

與者受到介入的方法影響。但是另一種可能的解釋是：這些分數上的進步是因為使用了前測。為什麼？讓我們來看看其中的原因。

假定某個研究的介入法是使用一種新的教科書。研究者想知道，相對於使用舊教科書，學生若使用這種新教科書，成就測驗的分數是否比較高。研究者在開始使用新教科書之前先做前測，在使用教材六個星期之後做後測。也許學生在做前測時，就從前測的題目中發現了研究的主要內容，因此在六個星期內較用心地學習這些內容。這時學生的進步，就可能是因為比較努力（而不是新教科書的因素）。另一種可能的解釋是由於前測的「練習」，使學生在後測時有所進步。這就是所謂的測驗的威脅（**testing threat**）（圖 9.5）。

讓我們想想以下的例子：假設一所大型高中的諮商師想知道，學生對於心理健康的興趣是否受該科目某個特別的單元所影響。因此他決定在介紹該單元之前先做一個前測，了解學生的態度；介紹完該單元之後，再將同樣的態度量表給學生填答。然而，前後兩個分數之間的差異，都可能是因為前測激起學生的一些看法或討論，而不是該特殊單元介入的影響。

要注意的是，造成測驗效應的並不一定都是由於前測本身；前測與介入的方法之間的「交互作用」，也可能造成測驗效應。施行前測可能會讓學生警覺或察覺到接著會發生的事，因而使得他們對於接續而來的一些介入措施較為敏銳。有些研究者認為前測對於其研究結果產生的影響可能很大，因此決定不做前測。

如果使用測量工具時，研究對象發現了研究的性質，也會發生類似的問

圖 9.5 測驗對內部效度的威脅

題。這種情形最容易發生於研究單一團體在態度、意見，或其他非能力的變項上的變化（相關性研究法）。例如，研究者可能會問學生有關他們對於老師的看法及一些科目的態度，而研究假設是：學生對於教師的態度，跟他們對於該教師所任教科目的態度有關。學生們也許會發現這兩組（關於教師與學科的）問題之間的關聯性，尤其如果這些問題是放在同一張表中一起回答。

　　以下三個例子是測驗的威脅：

- 一位研究者用完全一樣的題目來測量學生解數學應用題的能力在一段期間之內的變化。第一次做這項測驗的時間，是剛開始教授某單元時；第二次施測則是在三星期後，該單元結束之時。如果學生們的分數有提高，可能是因為第一次的測驗使得他們對於題目增加了敏銳度，或是第一次測驗具有練習效應（practice effect），而不是解決問題的能力真的提高了。

- 一位研究者將測量自尊與成就動機（achievement motivation）的問題都放在同一份問卷裡。回答者可能會猜出研究者想要了解的是什麼，並且依照研究者的預期回答。

- 研究放鬆訓練的成效時，研究者將研究對象分為兩組，一組給予放鬆訓練（實驗組），另一組則為控制組（control group）（不給予任何相關訓練）；並且利用「焦慮程度」的前測與後測來比較兩組個別的變化。若是實驗組的後測分數較低（焦慮程度較低），也許真的是由於接受放鬆訓練的緣故，但也可能是因為前測而使該組研究對象對該訓練特別敏銳。

◆ 歷史

　　有時，一些意料之外的事件在研究進行期間發生，而影響了研究對象對於研究的反應（圖 9.6）。這種情形在教育研究法領域稱為歷史的威脅（history threat）。例如，我們提過的要比較主題探討法與講授法的研究中，若在考試前夕來了一位煩人的參觀者，並對講授法班上的學生發表談話，就是一個歷史的威脅的例子。若該參觀者的談話使得講授法班上的學生上課興趣低落，他們的考試成績可能比原來（若參觀者沒出現時）差。本書作者之一也曾實際經驗了一個例子。他記得很清楚，那天是甘迺迪總統被刺殺的日子，因為他排定了在當天給學生考試。但這些學生被總統死亡的消息嚇得張口結舌而無法考試。這時，若要將那天的考試成績與其他時候的考試成績相比，是無意義的。

圖 9.6　歷史對內部效度的威脅

　　研究者永遠不可能確定每一組所經歷的事情都一樣，因此必須在研究的過程中隨時保持警覺，留意是否有類似的影響發生。第 13 章你將會看到，有些研究設計比其他設計更能有效防止這種威脅的產生。

　　以下兩個例子是歷史的威脅：

- 一位研究者想了解腦力激盪遊戲（simulation games）對種族優越感（ethnocentrism）的影響。她選了兩所高中做實驗，對兩校的學生都做前測，了解他們對於少數民族的態度；接著連續三天，A 校的學生在社會科學的課堂上進行腦力激盪遊戲，而 B 校的學生則觀看旅遊的影片。最後，兩校的學生將再次接受同樣的測驗（後測），看這兩組學生對於少數民族的態度是否改變了。研究者按規劃執行研究，但是在前測與後測的期間內，A 校卻突然放映一段種族偏見的紀錄片。

- 研究者找了 10 所小學加入研究，其中 5 所的一些教師將使用合作學習法進行教學，另 5 所對照組班級的教師則不使用合作學習法。研究結果將是比較兩組學生的成就測驗成績。但是在研究的過程中，有一所學校（沒有使用合作教學法）的教師跟學校校長起了衝突。

◆ **成熟**

　　介入性研究期間所發生的改變，常可能是由於時間的消逝而變化，而非因

新方法的介入而產生（圖
9.7）；這是所謂的**成熟的
威脅**（**maturation threat**）。
例如，經過了一學期之後，
尤其是年幼的孩童，在許多
方面會產生變化，而這只是
因為長大了及經驗增加了一
些的緣故。假設某位研究者
想了解一些特殊的「抓取練
習」對兩歲幼童操弄物體能
力的影響，她發現，在六個
月內，幼童操弄物體的能力
有極大的進步，而且這些進

圖 9.7　這裡是因為成熟的緣故嗎？

步似乎跟練習有關。然而，兩歲的幼童成熟的速度非常快，他們操弄物體能力
的進步也許只是因為成熟這個原因，而非抓取練習的影響所致。只有在使用一
個組（沒有對照組）的介入性研究中，或者長期的研究裡，成熟才會是一項嚴
重的威脅。控制成熟的威脅最好的辦法，就是在研究中多加一個小心選出的對
照組。

　　以下兩個例子是成熟的威脅：

- 一位研究者指稱，文學院的學生在大學四年之間變得比較不能接受權威，並
  且將這種情形歸因於在大學期間感受到的一些具有「解放」意義的經驗。這
  也許是一種原因，但也可能只是因為他們更成熟了。
- 一位研究者連續六年，每年都測驗相同的一群「具有藝術潛能」的班級學生；
  這種測驗從這些學生五歲起就開始。經過這六年的時間，她發現他們的繪畫
  能力進步很大。

◆ 研究對象的態度

　　研究對象如何看待他們所參與的研究，及所抱持的參與態度，都可能對研
究的內部效度構成威脅。一個有名的例子就是**霍桑效應**（**Hawthorne effect**）。
「霍桑效應」第一次被發覺是在幾十年前的西部電力公司（Western Electric

Company）霍桑廠。[1] 研究者無意中發現，不但是工作環境較為改善（例如休息時間的次數增加、照明設備改善）的區域，工人的生產力有提升，甚至連工作環境無意間被弄得更糟（休息時間的次數減少、燈光變得較暗）的區域，工人的生產力也有提升。一般對於這種狀況的解釋是：工人覺得自己受到特別的注意是主要原因；工人覺得有人在關心他們、想要幫忙他們。這種由於對研究對象特別注意所造成的正面效應，自此以後就被稱為霍桑效應。

有研究者曾提出懷疑，認為接受實驗處理的參與者表現得比較好，可能是因為實驗的方法新鮮，而不是因為要測試的方法性質本身所致。因此，知道自己正參與一項研究的研究對象，可能會因為覺得自己正受到特別的待遇，而顯得有進步，不管這項特別的待遇是什麼（圖 9.8）。

在介入性研究裡，每當對照組沒有獲得任何特殊的對待時，就可能發生相反的效應。這時對照組的研究對象可能因而士氣不振或心懷怨恨，而表現得比實驗組更糟。因此，這時會顯得實驗組是由於該實驗處理而表現得較佳，但事實並非如此。

對這類研究對象態度的威脅（**subject attitude threats**），一個補救的辦法

圖 9.8 研究對象的態度可能造成差異

是,也讓對照組或控制組的成員像實驗組的成員一樣,接受某種特別的措施,或是也讓他們覺得像研究組的成員般,有新鮮感。雖然理論簡單,但是在教育研究的情況下卻不容易做到。另一種可能的辦法是,有時候可以讓學生以為實驗中的新方法只是正常教學的一部分,而不覺得自己正參與一項研究。例如,有時不需要對學生說明正在以他們進行實驗研究。

以下兩個例子是研究對象態度的威脅:

- 一位研究者想探討考試時播放古典音樂對於減輕考試焦慮的效用。她從一個大型市區學區的 5 所高中裡,所有上高一代數課的班級中,隨機選出 10 個班。其中 5 個班級在考試時播放輕柔的古典音樂,另 5 個班級則沒有播放音樂。但是這些控制組的學生知道其他班級考試時有播放音樂,老師卻說在班上不能放音樂,因此覺得不快。他們心裡的不痛快可能使他們考試時焦慮更高,或是故意誇大自己的焦慮,使焦慮分數提高。

- 一位研究者的假設是:批判性思考的技巧與留心細節的程度有關。他將一項有點特別的測驗給一群八年級的學生做,該測驗對這兩個變項(批判性思考與留意細節)各有一個單獨的分數。測驗的新奇特別也許會使一些學生覺得奇怪,也會使一些學生覺得可笑。不論是奇怪還是可笑,這些學生在兩個變項的分數可能都會比較低,只因為測驗題的形式奇特,而不是因為他們真的缺乏這些能力;因此,結果看來似乎研究者的假設獲得了支持。但是對這些學生而言,這兩種分數都無法代表他們在這兩方面實際的能力。另一方面,學生們這種態度上的反應也對內部效度構成威脅。

◆ 迴歸

當研究的對象團體在前測的分數極高或極低時,就會出現迴歸的威脅(re-gression threat)(圖 9.9)。特殊教育方面的研究尤其容易受到迴歸的威脅,因為這些研究中的學生被選進實驗研究,常常就是因為他們之前的表現極低落。迴歸的現象可用統計的概念說明,它的大致概念是:被研究的團體如果是因為特別差(好)的表現而被選中時,他們下一次的測驗分數,一般而言會比較接近平均值,不論中間發生了什麼事。因此,一般能力極低的學生,預料在後測的得分都會比較高,不論他們所接受的是什麼實驗方法。像成熟的威脅一樣,使用特性相當的控制組或比較組,就可以解決迴歸所構成的威脅;已出版的研

圖 9.9 迴歸倒轉方向

究報告也是利用這種方法處理迴歸的威脅。

以下兩個例子是迴歸的威脅：

- 一位奧林匹克徑賽的教練挑選訓練選手的方式，是從多種比賽的最後決賽中挑出速度最快的選手。但是她發現他們再跑一次的時候，平均的速度減慢了，她把這個情況歸因於場地的不同，但卻是錯誤的歸因。
- 所有在一項數學測驗得分是全班最後 20% 的學生，都接受了特別的輔導。六個月後，他們在一項類似的測驗中平均分數提高了，但並不一定是因為特別輔導之故。

◆ 研究的執行

在任何實驗研究中，實際執行所試驗的處理方式或方法的人，可能是研究者、參與研究施行的教師、諮商師，或其他人。這可能造成實驗組所接受的待遇不是研究計畫預定的或不是必要的，而使實驗組的成員占了某種優勢；這就是所謂的研究執行的威脅（**implementation threat**）。發生的情形有兩種。

日常生活中對內部效度的威脅

想一下以下這些常有的想法：

- 由於自殺之前常有失敗的發生，有人認為失敗是構成自殺的原因。（可能存有歷史與損耗的威脅）
- 男生天生比女生具有數學天分。（可能存有研究對象的態度與歷史的威脅）
- 女生天生比男生具有語言天分。（可能存有研究對象的態度與歷史的威脅）
- 少數族群學生的學業能力比來自主流文化的學生差。（可能存有研究對象的特質、研究對象的態度、地點、工具的使用與歷史的威脅）
- 接受社會救濟的人很懶惰。（可能存有研究對象的特質、地點與歷史的威脅）
- 學校教育使學生變得叛逆。（可能存有成熟與歷史的威脅）
- 將「不乖」的學生逐出校園的政策，提高了學校的測驗分數。（可能存有損耗的威脅）
- 不重思考判斷只一味灌輸的教導方式會改變人的態度。（可能存有測驗的威脅）
- 所謂的神蹟藥丸（miracle drugs）會治癒智能障礙。（可能存有迴歸的威脅）
- 抽大麻的人最後會使用古柯鹼和海洛英。（可能存有損耗的威脅）

第一種是實驗者分派不同的人去執行不同的實驗方法，而這些人之間的差異正好與研究結果有關。例如前一個例子，我們比較使用主題探討的班級與講授法教學的班級，也許使用主題探討的教師本身就是比較好的老師。

有幾種方法可以抑止這種可能性的發生。研究者可事先評估這些執行者與研究結果相關的特質（像教學能力），然後設法使每一組在這方面都相同（例如每一組都分派能力相同的教師）；但很明顯地，這是很艱難而耗時的工作。另一種方法是要求所有的教師都要使用所有的方法教學。如果能做得到，這會是比較好的解決辦法，但缺點是：有些老師可能在執行不同方法上的能力有所不同。還有另一種方法則是，每一個方法都用**幾個**不同的人來執行，藉以降低任何一種方法可能占的優勢。

◎ 關於後設分析的一些思考

我們在第 3 章曾經提過，強調要做後設分析（meta-analysis）的主要論點是：將許多研究結合之後，個別研究中的弱點應該會被互相抵銷或降低。簡言之，做後設分析的研究者希望，藉由統計的方法，將一些（希望是很多）主題相同的研究結果合併，可以補救任何一項研究的缺點。因此，本章所討論的對內部效度的各種威脅應該會降低，而研究結果的可擴論性也應提高。

怎麼做後設分析呢？基本上是計算所謂的**效量**（effect size）（見第 12 章）。要做後設分析，研究者先盡最大的努力，將所有探討同一主題的研究（也就是具有相同的自變項的研究）都找出來，再算出每一個研究的依變項的效量，最後算出所有這些效量的平均效量。* 例如，Vockell 和 Asher 就合作學習（cooperative learning）的效果做後設分析，結果發現它的平均效量（average delta, Δ）是.80。†

我們已提過，後設分析是將許多重複研究的結果加以量化的一種方法。然而，要注意的是，所謂**重做相同的研究**（replication）用於後設分析時，定義是很寬鬆的，因為研究者所找到的個別研究，可能除了自變項相同之外，很少有其他相同之處。我們的疑慮有兩點：第一，即使這些研究都有相同的自變項，並不一定表示它們的缺點能互相抵銷──它們也許都有**一樣的**缺點。第二，無論研究品質好壞，後設分析都給它們一樣的權重，對於精心設計小心施行的研究與比較不精緻的研究都一視同仁。例如，使用大型隨機樣本所做的精心研究，與利用便利樣本或立意樣本而且控制不佳的研究，兩者在後設分析的計算過程中，都獲得一樣的比重。

我們認為可以部分解決這些問題的方法是，將後設分析與判別個別研究的品質兩種方法合併使用。曾有研究者將個別研究作好壞之分，再比較兩組所得的結果；有時候結果是相同的。然而，如果好的研究數目足夠（我們認為至少

---

* 因為已發表的報告常常沒有後設分析所必要的資訊，後設分析並不總是很容易執行，但有時也可以從報告的數據中推導出這些訊息。

† Vockell, E. L., & Asher, J. W. (1995). *Educational Research* (2nd ed., p. 361). Englewood Cliffs, NJ: Prentice Hall.

要七個研究），我們認為不需要再將不好的研究放入後設分析。

後設分析的研究還會繼續出現，我們也相信這些研究會提供有價值的知識，但我們認為不需對這種方法持過多的期望；畢竟，它像其他許多統計方法一樣，只是一種工具，並非萬靈藥。

研究的執行第二種可能發生的威脅是，有些人也許本身對於某種方法有偏好。單是這種偏好，而不是方法本身，就可能使學生的表現較優。研究者之所以盡可能**不要**自己去執行研究所比較的任何一種方法，這種威脅就是一個重要的原因。有時候研究者能瞞著執行方法的人，不讓他們知道該研究的性質。但這通常是很困難的，一部分原因是研究者必須要給教師或參與施行研究的人一個參與研究的理由。一個解決之道是讓各人選擇希望使用的方法，但這又造成了前一段所討論的，執行者本身不同的特質可能影響執行結果。另一種方法是要求所有執行者都要執行所有的方法，但事先知道他們對各種方法的好惡。這裡要注意的是，使用了某種方法**後**才對這種方法產生偏好，並不會構成威脅，這只是該方法的一種副產品。其他副產品也是一樣，例如，如果教學技巧或家長參與的程度，由於某種方法的施行而獲得改善，這並不構成威脅。最後，研究者也可以觀察，看這些方法是否有依照規劃或理論執行。

以下兩個例子是研究執行的威脅：

- 一位研究者想研究一項新的食物配方對於幼童體能的影響。他取得了所有家長的同意後，將一群一年級的學生隨機分派在兩組：實驗組和對照組。實驗組的學生要連續三個月試用這項新的食物配方，對照組的學生則按照原來的飲食方式進食。然而研究者忽略了一項事實：實驗組的教師教學技巧很好，已經有五年的教學經驗，而對照組的教師則是一位才剛聘的新進教師。

- 一群口吃的個案接受一種稱為**普遍化訓練**（generalization training）的新治療法。這種治療法其中的一部分，是要讓治療師與其個案都在「真實的世界」與他人互動。經過六個月的治療後，這些個案將與接受傳統室內（in-the-office）治療法的個案相比較，以檢測新方法是否促使個案的流利度增加較多。但是使用新方法的語言治療師可能比控制組的語言治療師的能力強。果真如此，則實驗組的進步可能不是由於新方法的緣故，而是因為治療師本身的技巧較佳。

圖 9.10 圖示我們所討論的各種威脅，表 9.1 則以文字說明。

* 這似乎不太可能。
† 如果這些老師的特質是因為他們所任教的學校環境所造成，就不構成內部效度的威脅。

圖 9.10　對內部效度的各種威脅

注意：我們並不是在暗示這些說法都一定對；但我們猜有些是對的，有些是錯的。

表 9.1 對內部效度的各種威脅

威脅	定義
研究對象的特質	選擇研究對象進行研究的方法，可能在無意間導致個人或群體間的差異，而且這些差異跟所要研究的變項有關。亦稱為「選取偏誤」。
損耗	研究中若是因為研究對象的流失、退出研究或低參與率而失去研究對象，都可能導致偏誤並影響研究的結果。
地點	蒐集資料的地點，或介入措施執行的地點，可能會讓研究結果有不同的原因解釋。
工具的使用	使用測量工具的方式可能造成一種對內部效度的威脅。工具的使用可能造成的威脅包括：測量工具的改變及計分方式的改變、資料蒐集者的特質，及／或資料蒐集者的偏誤。
測驗	在介入性研究中使用前測，可能造成「練習效應」，而影響研究結果，及／或研究對象對該介入措施的反應。
歷史	當沒有預見或不在計畫中的事件在研究的過程中發生了，就形成了歷史的威脅。
成熟	介入性研究期間發生的改變，有時可能是跟時間因素有關，而非跟該介入性措施有關。
研究對象的態度	研究對象看待研究的方式及參與的態度，都可視為對內部效度的威脅。研究對象的態度對於介入性措施所產生的正面影響是所謂的「霍桑效應」。
迴歸	當所研究的群體是屬於在前測中表現極高或極低的一群時，迴歸的威脅就可能發生。平均而言，不論介入性研究的實際效果如何，這種群體在後續的測驗得分會比較接近平均值。
研究的執行	實驗組被對待的方式，可能在無意間讓他們有一些不應得的優待，因而影響研究結果。

◆ 哪些因素會降低變項間的關係被發現的可能性

我們所討論過的各種因素，都可能**降低**研究裡變項間的關係被發現的可能性。例如，若研究中所比較的方法沒有被適當地執行，那麼兩者在結果所造成的差異可能會被模糊掉。同樣地，如果對照組或實驗組的成員發現了實驗的措施，他們可能會由於覺得被忽略而格外努力，使得兩組之間實際成就上的差異降低，否則應該更高。有時候，對照組的老師為了要提振組裡的學生士氣，會做某種「補償」（破壞了研究的不智之舉），也會使得實驗處理的影響減低。最後，若使用的測量工具不具信度或樣本太小，都會使發現變項間的關係的可能性降低。

▌▌▌ 研究者如何將這些對內部效度的威脅減到最小？

本章討論這些內部威脅時，我們也介紹了幾種技巧或步驟，以控制這些威脅，或將這些威脅可能產生的影響減到最小。基本上，這些方法可歸為四類；研究者可嘗試任何一種或全部都試試。

1. 將研究的情境標準化，像是研究措施執行的方式（介入性研究中），或是資料蒐集的方式等等。這有助於控制地點、工具的使用、研究對象的態度，及研究的執行等的威脅。

2. 取得更多有關研究對象的資訊（也就是與研究相關的特質），並將這些資訊用於研究結果的分析與詮釋。這有助於控制研究對象的特質與（也許）損耗的威脅，及成熟與迴歸的威脅。

3. 取得更多有關研究細節的資訊，也就是研究在何時何地發生，及當時外在發生的事件等等。這有助於控制地點、工具的使用、歷史、研究對象的態度，及研究的執行等的威脅。

4. 選擇一個適當的研究設計。合適的研究設計能有力控制這些對內部效度的威脅。

因為利用研究設計控制內部效度的威脅的產生，主要是在實驗研究法與因果比較研究法才可能做到，我們在第 13 章與第 16 章會再詳細討論。以上四種方法摘要於表 9.2。

◆ 需要強調的兩點

在結束本章之前，我們希望強調兩件事。第一，這些對內部效度的威脅發生的可能性，可經由研究前的細心規劃而大為降低；第二，這樣的規劃常常需要在研究開始**前**（或正在進行研究時）蒐集額外的資訊。當資料已經蒐集完畢才考慮要如何控制這些威脅，常常是為時已晚。

表 9.2　一般用以控制對內部效度的威脅的方法

威脅	方法			
	將情境標準化	取得更多有關研究對象的資訊	取得更多有關研究細節的資訊	選擇適當的研究設計
研究對象的特質		×		×
損耗		×		×
地點	×		×	×
工具的使用	×		×	
測驗				×
歷史			×	×
成熟		×		×
研究對象的態度	×		×	×
迴歸		×		×
研究的執行	×		×	×

回到本章最前面的**互動與應用學習**所列出的一系列互動與應用活動。到線上學習中心（OLC, http://highered.mheducation.com/sites/125991383x）去做小測驗、練習關鍵詞彙，及複習本章內容。

本章重點

內部效度的意義

● 一項研究若缺乏內部效度，其研究結果就會有不只一種的解釋法。這些可能的解釋法被研究者稱為**對內部效度的威脅**。

● 研究若具有內部效度，表示研究觀察到的變項間的任何關係，意義都很明確，不可能是別的因素所造成。

對內部效度的威脅

● 一些比較常見的對內部效度的威脅有：研究對象的特質、損耗、地點、工具的使用、測驗、歷史、成熟、研究對象的態度、迴歸，以及研究的執行。

● 選擇研究對象時，可能在無意間造成各組間的某些特質不同，但這些特質上的差異卻可能跟研究要探討的變項有關。

- 不論研究樣本的選擇是如何小心，在研究的過程中流失其中一些人，是很平常的事。這就是所謂的損耗。這種流失研究對象的情形，可能會影響研究結果。

- 蒐集資料的地點或執行介入措施的地點，都可能成為研究結果有不同詮釋的理由。

- **工具的使用方法**也可能構成對於內部效度的威脅。工具的使用可能造成的威脅有：工具的改變、資料蒐集者的特質及／或其偏誤。

- 在介入性研究中使用前測，有時會造成「練習效應」，而影響了研究的結果；因為前測有時可能會影響研究對象對於介入措施的反應。

- 偶爾會有一件或一些意料之外的事件在研究過程中發生，而且這些事可能會影響研究對象的反應；這是所謂的**歷史的威脅**。

- 有時在介入性研究過程中所發生的改變，可能大部分是因為時間的流逝而自然發生的變化，而非介入性措施產生的影響；這是所謂的成熟的威脅。

- 研究對象對於研究（及其參與）的態度，可能產生對於內部效度的威脅；這是所謂的**研究對象態度的威脅**。

- 當研究對象因參與研究而獲得較多的注意時，他們的回應也可能因此受影響；這是所謂的霍桑效應。

- 每當一群人是由於他們在某一項前測中的分數特別高或特別低，而被選為研究對象時，這一群人不論是否真的因為介入性的措施而產生任何改變，他們在後測時的平均分數會比較接近平均值；這是所謂的**迴歸的威脅**。

- 每當實驗組被對待的方式不是依照計畫進行的，或被對待的方式不是實驗步驟中必要的一部分時，就會產生研究執行的威脅。

控制對內部效度的威脅

- 研究者可以用許多種方法控制對內部效度的威脅，或將這些威脅減低到最小。基本上，這些方式可歸為四類：(1)將研究的情境標準化；(2)取得更多有關研究對象的資訊，並加以運用；(3)取得更多有關研究細節的資訊，並加以運用；(4)選擇適當的研究設計。

關鍵詞彙

問題討論

1. 研究者能夠非常肯定地證明某個研究有內部效度嗎？請解釋。

2. 在第 6 章我們討論過外部效度的觀念。內部效度與外部效度之間如果有任何關聯，你認為它們之間如何相關？一項研究可能有內部效度，但沒有外部效度嗎？如果可能，是怎樣的情況？相反地，一項研究可能有外部效度，但沒有內部效度嗎？如果可能，是怎樣的情況？

3. 學生常會將內部效度的觀念與測量工具效度的觀念混淆。請解釋兩者之間的不同。

4. 下列幾個例子中，存有哪些對內部效度的威脅？

   a. 一位研究者決定在附近的一所小學測試一項新的數學課程，並計畫將該校學生的數學成就測驗成績，與另一所使用原本數學課程的小學的學生之數學成就測驗成績相比較。然而，研究者沒注意到，使用新課程的學生，教室內有電腦可使用，但另一所學校的學生沒有。

b. 一位研究者在某個學期，讓兩個高中化學課的班級各使用一種教科書，以比較這兩種教科書的優缺點。她發現，做單元測驗時，其中一班有 10% 的缺席率，另一班有 20% 的缺席率。

c. 一項研究探討受訪者的婚姻狀態與其眼中近五年社會的改變，兩者之間的關係，但發現，女性受訪者對相同問題的回答，因訪員性別而異。

d. 使用一項實驗性質的英語課程的教師，及使用一般英語課程的教師，都分別監考自己班的前測與後測。

e. 自願個別教導三年級學生學習閱讀的八年級學生，他們自己的閱讀成績進步的幅度大於比較組的學生；比較組的學生沒有輔導三年級學生。

f. 一位研究者比較每週一次的個別諮商與團體諮商對於讀書習慣的改進效果。參與團體諮商的學生在每次諮商會議的最後，都要填一份問卷報告自己的進展。但參加個別諮商的學生則是把問卷帶回家中填寫。

g. 一所位於經濟狀況不佳學區的學校，學業成績在最後 10% 的學生都被派去參加一個特殊的益智課程。這項課程提供特別的遊戲、額外的彩色用具或材料、特別的零嘴，還有新書讓學生使用。這些學生在加入這項課程六個月後，成就測驗的分數高出了許多。

h. 請一群老年人填寫一項探討「活動程度」與「對生活的滿意度」兩者間可能關係的問卷。

5. 怎樣可以確定你在第 4 題所指出的威脅是否的確存在？

6. 本章所討論的各種威脅中，你認為哪一個最重要，是研究者必須小心考慮的？為什麼？你認為哪一個會是最難控制的？請說明。

註釋

1. Roethlisberger, F. J., & Dickson, W. J. (1939). *Management and the worker*. Cambridge, MA: Harvard University Press.

研究練習 9 內部效度

在問題卷 9 的最上方寫下你的研究問句或研究假設。接著在所指示的位置勾選可能對你研究的內部效度構成威脅的項目。接著說明為什麼這些會構成威脅？再說明你打算怎樣控制最可能發生的威脅（也就是怎樣使它們不會影響你的研究結果）。最後，你要怎樣說服其他人，讓他們相信你的研究結果是可信的，而不只是因為其他剛好發生的情況或只是恰巧而已？

問題卷 9 內部效度

1. 我的研究問句是：＿＿＿＿＿＿＿＿＿＿＿＿＿＿＿＿＿＿＿＿＿

＿＿＿＿＿＿＿＿＿＿＿＿＿＿＿＿＿＿＿＿＿＿＿＿＿＿＿＿＿＿

2. 請在下列威脅中勾選出可能影響到你的研究的威脅：

研究對象的特質＿＿＿　　工具的使用＿＿＿　　成熟＿＿＿

損耗＿＿＿　　測驗＿＿＿　　歷史＿＿＿　　研究對象的態度＿＿＿

研究的執行＿＿＿　　地點＿＿＿　　迴歸＿＿＿　　其他＿＿＿＿＿＿

3. 請說明你想要如何控制以上所勾選的威脅。

威脅 1：＿＿＿＿＿＿＿＿＿＿＿＿＿＿＿＿＿＿＿＿＿＿＿＿＿

威脅 2：＿＿＿＿＿＿＿＿＿＿＿＿＿＿＿＿＿＿＿＿＿＿＿＿＿

威脅 3：＿＿＿＿＿＿＿＿＿＿＿＿＿＿＿＿＿＿＿＿＿＿＿＿＿

威脅 4：＿＿＿＿＿＿＿＿＿＿＿＿＿＿＿＿＿＿＿＿＿＿＿＿＿

4. 你想宣稱自己的研究發現是有效的，你能提供什麼保證（經由研究設計、抽樣步驟等等）以支持自己的研究結果？換句話說，你將如何說服讀者，讓他們相信你研究所發現的內容或關係，不是因為你所宣稱的因素以外的其他原因？＿＿＿＿＿＿＿＿＿＿＿＿＿＿

＿＿＿＿＿＿＿＿＿＿＿＿＿＿＿＿＿＿＿＿＿＿＿＿＿＿＿＿＿＿

＿＿＿＿＿＿＿＿＿＿＿＿＿＿＿＿＿＿＿＿＿＿＿＿＿＿＿＿＿＿

這份問題卷（英文版）在線上學習中心（OLC, http://highered.mheducation.com/sites/125991383x）有電子檔。你可以利用電子檔填寫並列印、儲存或以電子郵件寄送。

PART 3
資料分析

第三部分介紹統計這一門科目。

統計是常被研究者用來分析資料的重要工具。

第 10 章討論敘述統計，

並提供一些摘要數量資料與類別資料的技巧。

第 11 章處理推論統計，

也就是研究者要如何決定自己的結果是否可被擴論，

並簡短說明幾種最常用的推論統計法。

第 12 章將前兩章所學應用於實際研究分析。

我們提供幾個例子，藉以做群體比較，

及將同一群體內的變項之間的關係做連結，

最後並針對敘述統計與推論統計的使用提供一些建議。

敘述統計

- 統計值相對於母數
- 數字型資料的兩種基本類別
  數量資料／類別資料
- 分數的種類
  原始分數／衍生分數／用哪種分數？
- 摘要數量資料的方法
  次數多角圖／偏斜的多角圖／直方圖與枝葉圖／常態曲線／集中量數／散布／
  標準分數與常態曲線／相關
- 摘要類別資料的方法
  次數分配表／長條圖與圓形圖／交叉表

一個常態分布？

學習目標 >> 讀完本章後，你應該能：

- 說明統計值與母數間的差異。
- 分辨類別資料與數量資料之間的差異，並各舉一例。
- 說出用於教育研究的三種分數，並各舉一例。
- 根據資料建立一個次數多角圖。
- 根據資料建立一個直方圖及一個枝葉圖。
- 解釋何謂「常態分布」及「常態曲線」。
- 計算資料的平均數、中數與眾數。
- 計算資料的範圍及標準差。
- 解釋何謂五個數字的摘要。
- 解釋一個盒型圖傳達的意義。
- 解釋如何以標準分數的單位來詮釋常態分布內的數值。
- 解釋何謂「z 分數」，並說明為什麼以 z 分數來表示分數比較好。
- 解釋如何詮釋一個常態分布。
- 建立一個散布圖，並解釋其所傳達的意義。
- 將相關係數的意義解釋得更完整。
- 計算皮爾森相關係數。
- 建立次數分配表、長條圖及圓形圖，並詮釋它們所傳達的意義。
- 建立一個交叉表並詮釋之。

互動與應用學習 在閱讀本章的同時，或讀完本章後：

到線上學習中心（Online Learning Center, OLC），

網址 http://highered.mheducation.com/sites/125991383x：

- 複習樣本統計
- 學習更多有關摘要數量資料與類別資料的方法

到線上學生精熟活動簿（Student Mastery Activities Book）做下列活動：

- 活動 10.1：建立次數多角圖

- 活動 10.2：比較次數多角圖
- 活動 10.3：計算平均數
- 活動 10.4：計算標準差
- 活動 10.5：計算相關係數
- 活動 10.6：分析交叉表
- 活動 10.7：比較 z 分數
- 活動 10.8：準備一份五個數字的摘要
- 活動 10.9：摘要薪資
- 活動 10.10：比較分數
- 活動 10.11：拘留次數
- 活動 10.12：蒐集資料

　　提姆、維恩及朱利亞剛上完早上九點的統計課，正在活動中心邊喝咖啡邊討論一些想法。

　　提姆：「我剛看了今天的報紙，中學教師每年的平均薪資是 52,000 美元。」

　　維恩：「真的？沃倫博士說是大概 43,000 美元。」

　　朱利亞：「那麼兩個其中一個是錯的！」

　　提姆：「不一定喔，有這種平均數、那種平均數，各種不同的平均數。」

　　沒錯，提姆答對了。我們在這一章會說明這一點，並介紹其他更多的知識。請繼續看下去。

統計值相對於母數

　　敘述統計值（**descriptive statistics**）的主要優點是，隱含在大筆資料裡的訊息，研究者用幾個指標，像平均值或中數之類（本章將討論更多這類的指標），就可以描繪清楚。若是利用從母群體選出的樣本資料計算出這些指標，這些指標就稱為統計值（**statistics**）；如果是利用整個母群體的資料計算這些指標，這些指標就稱為母數（**parameters**）。由於大部分的教育研究所用的資

料都是得自樣本，而非得自母群體，本章我們姑且都稱為統計值。本章將介紹摘要資料時最常使用的幾個統計方法；其中有些是在詮釋任何一種資料時都必須使用的，畢竟，長長一串分數或一大堆的類別，根本是不可能輕易就能理解掌握的。

數字型資料的兩種基本類別

第 7 章我們列舉了許多用於教育研究的測量工具，研究者使用這些工具的目的，是要蒐集某種資訊——能力、態度、信念、反應等——才能針對研究問題，從所研究的樣本獲得一些結論。

我們也了解，這種資訊可用幾種不同的方法蒐集，但只能用三種方法報告：經由文字、經由數字，有時也可經由圖表來顯示某種模式或關係。有些研究法，像訪談、民族誌研究法，或個案研究，研究者常會使用敘事的（narrative）方式來描述他們的發現。他們不願將資訊化成分數的形式，而要將它以一種描述的形式呈現出來，而且要盡可能豐富完整。我們在第 19 章、第 20 章及第 21 章會舉一些這種報導方式的例子。但本章將集中於討論各種以數字報告研究資料的方法。

教育研究結果的報告常包括某些種類的數值，像是測驗分數、百分比、學期平均分數、等第、次數等等；原因很明顯：數字是簡化訊息的有用工具。以數字型態出現的資訊，通常稱為**資料**（data），可用兩種基本的方式區分：類別資料或數量資料。

正如同我們可以把變項分為類別變項和數量變項（見第 5 章），數字型（numerical）資料也有兩種。類別資料是**種類**的不同，而非程度或數量的差異；另一方面，數量資料則是**程度**或**數量**的不同。

◆ 數量資料

當一個變項是依據某個量尺測量而得，並且該量尺能指出該變項存在量的多寡時，我們就得到了**數量資料**（**quantitative data**）。數量變項是以數字的型態呈現；數字較大表示該變項（例如重量、學業能力、自尊，或對數學的興趣等等）的程度較明顯或量較多，而數字較小則表示該變項的程度較不明顯或量

利用Excel ➤ 做統計計算

> 我們可利用 Mirosoft Office 裡 Excel 的表格及公式，做資料的分析及運算。本書無法為 Excel 的使用做完整的說明，但我們在本章及下一章會簡短說明，如何使用Excel計算本書所介紹許多敘述統計值，包括平均數、標準差及相關係數。Excel 還可用來做許多假設的檢定，包括獨立樣本*t*-檢定、重複測量 *t*-檢定、變異數分析（analysis of variance, ANOVA）及卡方檢定（chi-square tests）。
>
> 我們在附錄D為這些步驟提供較詳細的說明，並說明如何使用ToolPak〔要在 Excel 裡使用統計函數，必須裝置 ToolPak（工具箱）〕。但使用Macintosh 的人，則必須上網（www.microsoft.com）到 Microsoft 的網頁找尋相關資訊，因為 Mac 電腦的介面跟 PC 不同。

較少。以下是幾個數量資料的例子。

- 某個學區內各所學校一學期之內花在運動設備方面的費用（該變項是**花在運動設備方面的費用**）。

- SAT（Scholastic Aptitude Test，學業性向測驗）的分數（該變項是**學業性向**）。

- 內布拉斯加州的奧馬哈鎮某一年9月到12月間的氣溫記錄（該變項是**氣溫**）。

- 2014 年舊金山州立大學所有一年級新生的焦慮分數（該變項是**焦慮**）。

◆ 類別資料

類別資料（**categorical data**）指的是研究者所發現的，某個類別的物體、人或事件的總數。因此，若研究者報告有多少人支持或反對政府的某項政策，或報告完成學業的學生人數時，是在報告類別資料。要注意的是，在這種情況下，研究者要找的是某種特質、物體、個人或事件出現的頻率。但若能將這些頻率轉成百分比，也常是很有用的。以下是幾個類別資料的例子。

- 學校中不同族裔學生的註冊情形（該變項是**族裔**）；例如：白人 1,462 人（41%），黑人 853 人（24%），西班牙裔 760 人（21%），亞裔 530 人（15%）。

- 一堂化學課的男女生人數（該變項是**性別**）。
- 一個學區內的教師使用：(1)講授法；或(2)討論法的人數（該變項是**教學法**）。
- 一間工作室裡各種工具的數量（該變項是**工具種類**）。
- 一間大百貨公司裡，各種貨品的數量（該變項是**貨品的種類**）。

　　翻到本書第 7 章第 211 頁的圖 7.24，溫習一下內容，會有助於你的了解。順序量尺、間距量尺與比率量尺，都屬於數量資料；而列名量尺則屬於類別資料。

▌▌▌ 分數的種類

　　量化的資料通常是以分數的型態出現。分數又分許多種形式，但重要的是要了解原始分數與衍生分數之間的區別。

◆ 原始分數

　　幾乎所有的測量都由所謂的原始分數（**raw score**）開始。原始分數也就是原先獲得的分數，可能是某項測驗中受試者答對的題數、在態度題量表表示同意的次數、具攻擊性的行為出現的次數、教師給的評分等。例如某個自然科測驗中答對的題數、態度量表中「正向」回答的次數、觀察到的「攻擊性」行為的次數、教師給的「自尊」測量的分數，或是在該班學生的社交圖上被提及的次數。

　　個人的原始分數本身難以詮釋，因為它意義不大。例如，若我只說某個學生在某項測驗的分數是 62 分，不告訴你任何其他資料，62 分有任何意義嗎？即使你知道該測驗有 100 題，你還是無法得知 62 分是很高還是很低的分數，因為測驗可能很難也可能很簡單。

　　我們常想知道某人的分數跟同一測驗中的其他分數相較之下，算是好還是不好，也（可能）想知道他在不同時間接受類似測驗時，成績如何。每當我們想詮釋某個個別的分數時，都會這樣想。由於原始分數本身不易詮釋，因此常被轉換為所謂的**衍生分數**。

◆ 衍生分數

衍生分數（**derived scores**）是原始分數經過某種標準化的過程，轉換而成的分數。由衍生分數可看出某個分數與同一分布內的其他分數之間的關係，因此研究者可以清楚說出某人相較於所有其他接受同一測驗的人，成績表現如何。衍生分數的例子有年齡當量分數、年級當量分數、百分等級及標準分數。

年齡當量分數與年級當量分數 年齡當量分數（**age-equivalent scores**）與年級當量分數（**grade-equivalent scores**）告訴我們，某一分數是幾歲或幾年級學生的典型分數。例如，假設某州的八年級學生學年剛開始時的算術測驗平均分數是 62 分（滿分 100），那麼在該測驗分數達到 62 分的學生，其在該測驗的年級當量分數就是 8.0，不論該生實際是幾年級；六年級、七年級、八年級、九年級或十年級也好，該生在該測驗的表現就是八年級學生典型的表現。同樣地，某生的年紀是 10 歲 6 個月，他在某測驗的年齡當量分數有可能是 12-2，也就是他在測驗上的表現是一般 12 歲又 2 個月的學生的表現。

百分等級 百分等級（**percentile rank**）指的是，與某個原始分數相同或更低的分數，占所有的分數的百分比。百分等級有時也稱**百分位數**（percentiles），但後者其實與前者不同，因此並不是正確的同義詞。*

百分等級易於計算，將原始分數轉換成百分等級（PRs）的公式如下：

$$PR = \frac{\text{比該分數低的學生人數} + \text{得分等於該分數的學生人數}}{\text{所有參加測驗的學生總人數}} \times 100$$

假設有 50 名學生參加一項考試，而其中 9 名的原始分數高於 85 分，2 名學生的分數為 85 分，因此共有 39 名學生的分數低於 85 分。獲得 85 分的 2 名學生，他們的百分等級是多少？利用以上的公式：

$$PR = \frac{39 + 2}{50} \times 100 = 82$$

---

* 百分位數是指某個**點**（得分），該百分比的分數都落在這個點（分數）之下。例如，第 70 個百分位數是指，在某一分布內，70% 的分數都比這個分數低；第 99 個百分位數是指 99% 的分數都比這個分數低，以此類推。因此，若某個樣本中，20% 的學生得分低於 40 分，則第 20 個百分位數就是 40 分；得分為 40 分的學生，其百分等級就是 20。

這兩名學生的百分等級都是 82。

若要使用百分等級，常是將該群體中的每一個分數都一起轉化成百分等級。表 10.1 是某項測驗的所有原始分數及其百分等級。

表 10.1　原始分數及其百分等級舉例

原始分數	出現次數	累計次數	百分等級
50	1	1	4
54	2	3	12
58	1	4	16
62	1	5	20
65	2	7	28
70	6	13	52
75	4	17	68
79	1	18	72
85	3	21	84
88	2	23	92
93	1	24	96
95	1	25	100
	$N = 25$		

標準分數　標準分數是將個別分數與團體中的其他分數做比較的另一種方法。從標準分數（**standard scores**）我們可看出某個原始分數距離一個參照點（reference point）有多遠。標準分數尤其能幫我們比較同一受試者在不同測量工具上的表現（像是將受試者在化學成就測驗的表現，與化學教師對他在實驗室的表現所做的評量，兩者相比較）。標準分數有許多種，但教育研究界最常使用的是 z 分數（z scores）與 T 分數（T scores）。我們稍後將討論這兩種標準分數。

◆ 用哪種分數？

有這些不同種類的分數，研究者該用哪一種呢？衍生分數的用處主要是使個別的原始分數對學生、家長與老師而言，變得有意義。但是即使在這方面有它們的價值，若是研究者已經預設這些分數是屬於間距量尺，有些衍生分數就不能用於教育研究。例如，百分等級就絕不能用在這種情形，因為百分等級幾

乎百分之百可以肯定是不屬於間距量尺。同樣地，年齡當量分數與年級當量分數，由於其換算的方式，也有嚴重的限制。通常最好的是使用標準分數，有些測量工具的使用手冊裡也會提供標準分數，即使沒有，自己換算也不難。若不使用標準分數，那麼最好使用原始分數——例如，若必要，將衍生分數轉換回原始分數——而不要用百分等級或年級、年齡當量分數。

摘要數量資料的方法

請注意：這些用於摘要數量資料的技巧，都不適用於類別資料；它們都只適用於數量資料。

◆ 次數多角圖

以下是一群共 50 位學生的期中考生物成績：

64, 27, 61, 56, 52, 51, 3, 15, 6, 34, 6, 17, 27, 17, 24, 64, 31, 29, 31, 29, 31, 29, 29, 31, 31, 29, 61, 59, 56, 34, 59, 51, 38, 38, 38, 38, 34, 36, 36, 34, 34, 36, 21, 21, 24, 25, 27, 27, 27, 63

有幾位學生得 34 分？大部分學生得分都在 50 分以上嗎？幾位學生低於 30 分？如你所見的，如果資料的排列像這樣沒有明顯的秩序，就很難立即找出這些問題的答案。

要從這筆資料得到任何大致的概念，我們必須將它們依某種秩序排列。最常用的方法是製作次數分配表（**frequency distribution**）。製作的方法是將分數由高而

表 10.2　次數分配表舉例 [a]

原始分數	次數
64	2
63	1
61	2
59	2
56	2
52	1
51	2
38	4
36	3
34	5
31	5
29	5
27	5
25	1
24	2
21	2
17	2
15	1
6	2
3	1
	$n = 50$

[a] 次數分配表應該包括所有可能的分數，即使該分數實際出現的次數是零次，也應該列上。在此我們刪除這些出現零次的分數，以簡化之。

低排列，並記下該分數出現的次數（見表 10.2）。我們也常看到將分數合併成若干組，就形成了**併組次數分配表**（**grouped frequency distribution**）（如表 10.3）。

雖然表 10.2 和表 10.3 的次數分配表透露了較多訊息，但仍然無法令人一目了然。為了進一步了解與詮釋數量資料，常用的另一種方法是利用圖形表示。其中一種圖形表示法稱為**次數多角圖**（**frequency polygon**），圖 10.1 的多角圖是依據表 10.3 的資料而畫成的。

畫次數多角圖的步驟如下：

1. 將所有的分數依序列出，並記下獲得該分的學生人數。如果必要，可以將分數合併成若干組。*

表 10.3　併組次數分配表舉例

原始分數 （5 分為 1 組）	次數
60-64	5
55-59	4
50-54	3
45-49	0
40-44	0
35-39	7
30-34	10
25-29	11
20-24	4
15-19	3
10-14	0
5-9	2
0-4	1
	$n = 50$

2. 在橫軸標出所有可能的分數，由左而右從最低分開始，每個分數之間的距離相同。

3. 將縱軸標示為出現的次數，每個數目之間的距離相同，並且必須從零開始。

4. 依據次數分配表上的資料，找出橫軸的每一種分數（群）與其在縱軸的次數交會點，並畫一個黑點作為記號。記得，出現次數為零的分數也必須要（在橫軸上）畫點。

5. 以直線依序連結所有的點。

　　如圖 10.1 所示，許多學生的得分集中於中間分數的這個事實，由圖即可一目了然。†

---

* 數值分布很廣時，常須將它們歸成 5 個或更多個區間。一般建議縱軸最好有 12 到 15 個區間。

† 學生常犯的一個錯誤，是將縱軸的數字當作是某個受試者。這是不對的，縱軸的數字代表的是**次數**；縱軸上的每個點是用來代表獲得某一種分數的人數。例如在圖 10.1 中，在 25-29 的區間正上方的點，代表的是有 11 個人的分數是在這個範圍之內。

利用Excel ➤ 建構次數分配表及直方圖或長條圖

你可以在 Excel 中，利用「直方圖資料分析工具」建構次數分配表及畫出相應的直方圖或長條圖。首先，要建立次數分配表，點選**資料（Data）→資料分析（Data Analysis）**的指令，從中選擇**直方圖（Histogram）**，並按**確定（OK）**。接著在直方圖的對話方塊，利用選取範圍（input range）的方塊，指定你要用以建立次數分配表及直方圖的資料。如果你的資料範圍已經包含資料名稱，勾選標記（Labels）方塊。接著，利用**輸出選項（Output Options）**的按鈕告訴Excel，你的次數分配表及直方圖的存放位置。如果你想把它們放在另一個工作表，就選擇新工作表的選項。想要依據規劃設計直方圖，你必須要利用**輸出選項**。例如，點選累積百分比（Cumulative Percentage），Excel 會在新的一欄列出直方圖的累積百分比。最後，選擇**圖表輸出（Chart Output）**，告訴 Excel 要把直方圖跟次數分配表一起輸出，再點選**確定（OK）**。〔記得要安裝分析工具箱（Analysis ToolPak），才能做統計分析。詳見附錄 D。〕

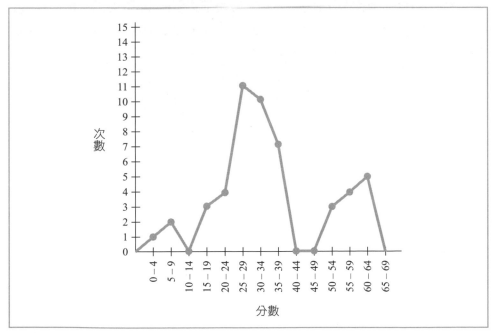

圖 10.1 次數多角圖一例

◆ 偏斜的多角圖

資料可能以任何一種形狀散布。例如,如果研究者得到的資料,其中許多人得低分,資料分布的形狀就會有點像圖 10.2 的次數多角圖。在這項分布裡,只有少數一些人得到較高分。圖 10.2 的次數多角圖稱為正偏(**positively skewed**),因為這個分布右邊的尾巴細而長,也就是尾巴拖向較高分數的值(偏向正)的方向。假定尾巴是拖向左方,也就是研究的資料裡,只有少數人得到較低分,那麼分布的形狀就會有點像圖 10.3 的次數多角圖。這時的多角圖是負偏(**negatively skewed**),因為這時較長的尾巴是拖往左邊。

次數多角圖對於比較兩組或多組特別有用。第 7 章第 216 頁的表 7.2 中,我們提供了一些假想的研究所得到的結果;該研究比較兩種諮商方法。圖 10.4 即是使用表 7.2 的資料所繪的圖。

這個圖揭示了幾項重要的發現。首先,很明顯,方法 B 整體而言所獲得的分數比方法 A 高。第二,很明顯,方法 B 的得分也比較分散。第三,方法 B 的整體得分較高,並不是因為低分者較少(雖然這可能發生,但這個例子裡沒有發生)。事實上,兩組在 61 分以下的人數幾乎完全相同:方法 A 10 人,方法 B 12 人。方法 B 的整體得分較高的原因是,中等分數(60 到 75 之間)的人較

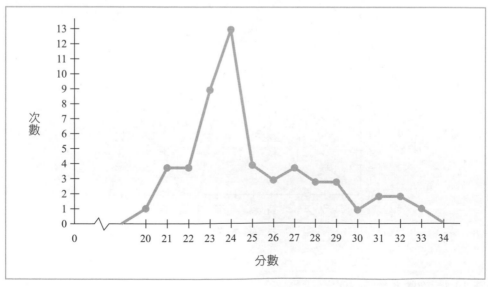

圖 10.2 正偏多角圖一例

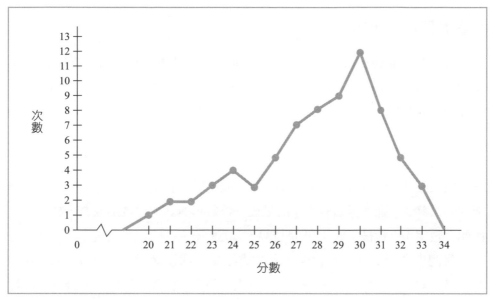

圖 10.3 負偏多角圖一例

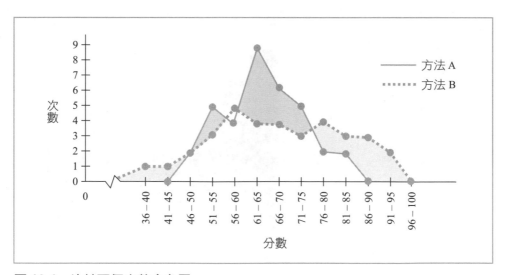

圖 10.4 比較兩個次數多角圖

少,且 75 分以上的人較多。如果你還是覺得不清楚,研究一下著色的部分。許多時候我們想知道的不只是哪一組的整體得分較高,還想知道組間的差異在哪裡。在這個例子裡,我們看到方法 B 的得分變異量較大,並且在高分區的人數比方法 A 多。

◆ 直方圖與枝葉圖

　　直方圖（**histogram**）是用來展示間距量尺或比率量尺資料的長條圖（bar graph）。圖上的長方條由左而右排列在同一水平軸上；長方條的寬度顯示每一條所代表的數值範圍。次數的多寡是顯示在縱軸。橫軸與縱軸交叉點一定都是零。再者，直方圖裡的長條（不是長條圖裡的長條）緊密相連，表示它們是數量資料而非類別資料。圖 10.5 的直方圖是表 10.3 的併組次數分配資料。

　　枝葉圖（**stem-leaf plot**）是將資料組成一種可看出形狀與分布的圖形。這種圖的「葉子」通常是資料數字的最後一位數，而其他位數則成為「枝幹」。例如，數字 149 會被拆成：14 是枝幹，9 是葉子。

　　我們來利用下列這些數學小考的成績做一個枝葉圖：29、37、32、46、45、45、54、51、55、55、55、60。首先，將每一個數字拆成一個枝幹及一片

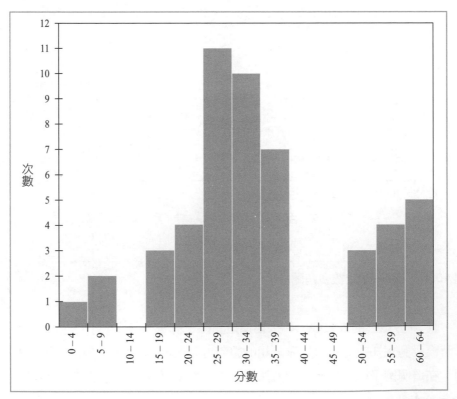

圖 10.5　表 10.3 資料之直方圖

葉子。由於這些是兩位數，十位數部分就是枝幹，個位數部分則是葉子。接著將有相同枝幹的數字集中在一起，依據數值大小排列如下：

數學小考成績	
枝幹	葉子
2	9
3	72
4	655
5	41555
6	0

最後，將葉子部分的數值依大小順序排列：

數學小考成績	
枝幹	葉子
2	9
3	27
4	556
5	14555
6	0

枝葉圖相較於直方圖的一個優點是，前者顯示的不只是某一範圍內的數值出現次數，還有該範圍內所有出現的值。

枝葉圖在比較及對照兩個分布時尤其有用。例如，以下是一個枝葉圖，比較的是 Babe Ruth 在紐約洋基隊期間打的全壘打，及 Mark McGwire 在聖路易斯紅雀隊期間的全壘打。

Babe Ruth		Mark McGwire
	0	9,9
	1	
5,2	2	2
5,4	3	2,3,9,9
9,7,6,6,6,1,1	4	2,9
9,4,4	5	2,8
0	6	5
	7	0

你認為哪一位比較會打全壘打?在 2003 年打了 73 支全壘打的舊金山巨人隊 Barry Bonds 跟他們比起來,哪一位比較厲害?

◆ 常態曲線

研究者在畫次數多角圖時,將各點連接起來時,用的常不是直線,而是平滑的曲線。使用平滑的曲線意味著,研究者不只是在連接一些點而已,而是在呈現一種可擴論到所有可能的分數的分布,並不限於研究所選用的樣本。這些曲線稱為分布曲線(distribution curves)。

許多資料的分布常會傾向於類似所謂的常態分布(normal distribution)。當一個資料檔或一個母群體的分布曲線呈常態時,其中絕大部分的分數都會落於分布的中段部分,而且離中段部分愈遠的分數,其出現次數愈低,如圖 10.6。

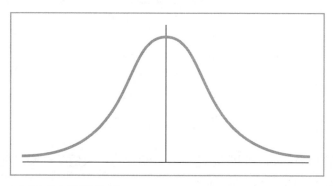

圖 10.6　常態曲線

常態曲線(normal curve)是根據精確的數學式所形成,分布的兩端對稱而且成鐘形。許多人類的特質都被認為是呈常態分布,如身高、體重、空間能力、手的靈巧度、創造力等。因此,常態分布對於教育研究者而言非常有用。我們稍後會更加詳細地討論。

◆ 集中量數

集中量數(measures of central tendency)讓研究者能以單一個數字摘要次數分布中的資料。最常使用的集中量數是眾數、中數與平均數。三者都代表一個團體中的個體在某種測量上所獲得的一種集中量數或典型分數。

〔眾數〕　眾數(mode)是一項分布裡最常出現的數,也就是最多人得到的分

數。以下這項分布，哪一個是眾數？

25, 20, 19, 17, 16, 16, 16, 14, 14, 11, 10, 9, 9

眾數是 16。這項分布裡的眾數呢？

25, 24, 24, 23, 22, 20, 19, 19, 18, 11, 10

這個分布〔稱為**雙眾數分布**（bimodal distribution）〕有兩個眾數，24 和 19。然而，由於眾數所透露的訊息實在不多，因此不常用於教育研究。

中數　中數（median）是指分布裡上下都各有 50% 的個數的那一個點，也就是中點。如果一項分布的觀察值個數是單數，則中數是最中間的那個分數（分數是按大小排列）。因此，5、4、3、2、1 的分布，中數就是 3。如果總共的個數是雙數，則中數是最中間的兩個分數的中間點。例如，若一項分布是 70、74、82、86、88、90，則中數是 84。因此，中數不一定是實際存在於分布中的數字。

要注意的是，兩項非常不同的分布可能會有相同的中數，例如：

分布一：98, 90, 84, 82, 76
分布二：90, 87, 84, 65, 41

兩項分布的中數都是 84。

看來中數似乎不難算出；如果數字沒有被合併（成若干組）時的確如此，但數字若經過合併，要求中數就得花一番功夫。不過我們也可以利用次數多角圖，找出剛好將次數多角圖所圍的面積切割成一半的數字，就是中數了。

如果資料呈偏斜分布，最適當的集中量數是中數。

平均數　平均數（mean）是另一種集中量數，*求法是將一項分布裡所有的數字加總之後，除以該分布分數的總個數。例如，52、68、74、86、95、105 的分布，其平均數是 80。怎麼算的呢？把所有的分數都加起來是 480，再將它除以 6（分數的總個數）即得。用符號表示，求平均數的公式如下：

---

* 事實上，有好幾種平均數〔幾何平均數（geometric mean）、調和平均數（harmonic mean）等等〕，但它們是用於較特殊的情況，也較少見。我們這裡指的是算術平均數（arithmetic mean）。

表 10.4　計算一個分布中的眾數、
中數及平均數的例子

原始分數	次數
98	1
97	1
91	2
85	1
80	5
77	7
72	5
65	3
64	7
62	10
58	3
45	2
33	1
11	1
5	1
	$n = 50$

眾數＝62；中數＝64.5；平均數＝66.7

表 10.5　一家小公司的職員年收入

戴維斯先生	$ 10,500
湯普森先生	20,000
安潔羅女士	22,500
史密特先生	24,000
威爾女士	26,000
布朗女士	28,000
葛林先生	36,000
亞當先生	43,000
富蘭克林女士	65,000
培森先生（老闆）	475,000

$$\overline{X} = \frac{\sum X}{n}$$

其中 $\sum$ 代表「加總」，X 代表任何原始分數，n 代表分數的總個數，$\overline{X}$ 代表平均值。

表 10.4 是一個測驗分數的次數分布，還有上述三種集中量數。你可以看到，每一種集中量數所透露的訊息都有點不同。最常出現的數字是 62，但你會認為這是最典型的數字嗎？也許不會。中數是 64.5，平均數是 66.7。也許平均數能對這項分布做最好的描述，但它也不是完全令人滿意，因為這個分布有一點偏斜。表 10.4 顯示，這些集中量數只是分布的**摘要**，並且其值通常不同，並不能告訴我們關於數值之間變異或者散布的情形（圖 10.7）。

那麼，這三種集中量數，究竟哪一個最好？要視情況而定。平均數是三者中唯一使用了分布中所有的訊息而得到的一種指標，因為計算平均數時要把所有的分數都用上；一般也比較偏好平均數。但它受極端分數的影響較大（你知道為什麼嗎？）。因此有時候，中數的訊息反而比較能準確指出分布中的典型分數。例如，假設某個小公司的職員年收入如表 10.5 所示。

這些收入的平均數是 75,000 美元。

如果說這是這家公司的平均年薪，正確嗎？很明顯這是不正確的。公司老闆非常高的年薪使得平均數膨脹了許多。將平均數當作這些職員一年的平均收入，

圖 10.7 平均數可能會讓人被誤導!

會給人一個錯誤的印象。在這樣的例子中,中數會是比較合適的,因為它不會受老闆自己薪水的影響。而中數是 27,000 美元,比平均數恰當多了。

◆ 散布

　　雖然集中量數可將一項分布裡的所有數字做個摘要,但這還是不夠。例如,兩項分布也許有一樣的中數和平均數,但是其他方面可能有極大的不同。讓我們看看下面兩項分布:

分布 A:19, 20, 25, 32, 39

分布 B:2, 3, 25, 30, 75

這兩項分布的平均數都是 27,中數都是 25,但兩項分布非常不一樣。分布 A 的數字較為集中,並且都集中在平均數的附近;而分布 B 的數字卻極為分散。因此,這兩項分布在統計學家所稱的變異性(**variability**)上,有明顯不同。圖 10.8 還有兩個例子。

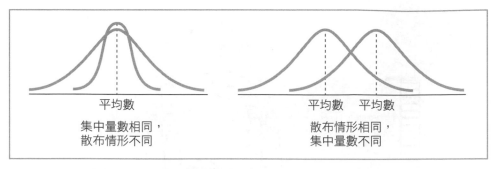

圖 10.8 比較不同分布的集中量數及散布情形

因此，只報告集中量數的值，而沒有任何關於資料散布的情形，很容易造成誤導。例如說美國 NBA 選手 1998 年的平均年收入是 275,000 美元，這其中隱瞞了一件事實，那就是有些選手的年薪遠低於這個數字，而 Michael Jordan 那年的收入則不只 500 萬美元！選手們的年薪分布是向右偏斜而且非常分散。在這種情況下，只知道平均數不足以讓我們了解美國 NBA 選手年薪的分布情形。

因此，研究者還需要一些方法來描述一項分布中資料**散布**（或者說變異性）的情形。我們考慮三種：四分位數間的範圍、整體範圍和標準差。

〔四分位數和五個數字的摘要〕當分布不對稱而呈偏斜時，要了解分布的變異和大致的形狀，只要有幾個**百分位數**即知。將一組數值由高而低排列後，我們可以為每一個數值計算一個百分位數。百分位數（**percentile**）代表一個數值（n）在整組數字的位置：整組數值中有多少百分比的數值都比該數值（n）小。

如果你曾經參加過標準化測驗，像 SAT 或一些智力測驗，你可能就接觸過百分位數。例如，若你的 SAT 測驗成績報告是：「原始分數 630 分，百分位數是 84」。那麼你的分數是 630 分，但比較有用的訊息是：同樣參加該考試的人之中，有 84% 的人考試成績比你低。

中數是第 50 個百分位數；其他重要的百分位數有第 25 個及第 75 個百分位數。第 25 個百分位數就是**第一個四分位數**（first quartile, Q_1）；第 75 個百分位數則是**第三個四分位數**（third quartile, Q_3）。要描述一個偏斜分布，一個好辦法就是提供所謂的五個數字的摘要（**five-number summary**），也就是極小值、Q_1、中數、Q_3、及極大值。四分位數間的範圍（interquartile range，簡寫為 IQR）則是第一個與第三個四分位數之間的差距（$Q_3 - Q_1 = \text{IQR}$）。

盒型圖　一項分布有了五個數字的摘要之後，還可利用盒型圖（**boxplot**）做成圖示。盒型圖特別適於比較兩項以上的分布。圖 10.9 是以盒型圖來比較兩個班級在相同的生物期中考試題上得到的成績分布。中央的盒

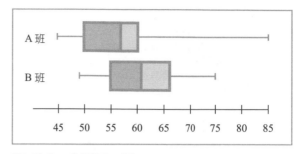

圖 10.9　盒型圖一例

子都是從各自的 Q1 始至 Q3 止。而中數由盒子裡的直線表示。盒旁的兩條線稱為「鬍鬚」（whisker），各自延伸到該分布的最低分與最高分而止。[*]

圖 10.9 讓我們能立刻比較兩個班級成績的差異。整體而言，B 班成績較佳，但 A 班右端的長「鬍鬚」表示最高分在 A 班。圖 10.9 是我們能利用圖表有效傳達訊息的例子。

雖然五個數字的摘要對於描述數值的分布極為有用，但卻不是最常使用的。最常使用的方法是平均數（集中量數之一種）與標準差（表示分數分散的程度）的結合。**標準差**與它的兄弟——**變異數**（variance）——都是傳達一項分布裡的分數分散在平均數周圍的情形，因此它們必須與平均數一起使用。

範圍　一項分布的整體範圍（**range**）指的是，該項分布的最高分與最低分之間的距離。因此，如果一項分布的最高分是 89，最低分是 11，則該分布的範圍是 89 − 11 = 78。由於它只包含了分布的兩個最極端的分數，因此只能算是對於該分布的變異程度一種粗略但快速的估算。

標準差　標準差（**standard deviation, SD**）這一個數值能代表一項分布的分數散布情形，是了解變異量最有用的指標。它跟平均數相同之處是，必須利用分布中所有的分數才能計算標準差；計算的方法也不複雜：

1. 計算該分布的平均數：$\overline{X} = \dfrac{\Sigma X}{n}$。
2. 將每個數字減去平均數，用 $X - \overline{X}$ 表示。
3. 將這些差異值平方：$(X - \overline{X})^2$。
4. 將所有這些平方數加總：$\Sigma (X - \overline{X})^2$。

---

[*] 盒型圖有時也稱**盒鬚圖**（box-and-whiskers diagrams）。

羅博老師，
我想我今天沒辦法去上課
了。我覺得自己今天低於平均數
好幾個標準差。

5. 將最後的總數除以分數的總個數，所得的值稱為**變異數**（**variance**）。

6. 將變異數開根號，就是標準差。

以上步驟可以摘要如下：

$$SD = \sqrt{\frac{\Sigma(X-\overline{X})^2}{n}}$$

其中 SD 是標準差，Σ 代表「加總」，X 代表分布中的任何分數，$\overline{X}$ 代表平均數，n 代表分數的總個數。

這個過程看似複雜，其實不然，也不難計算。表 10.6 是一項有 10 個分數的分布及計算標準差的過程。

你將會發覺，一項分布的分數愈分散，離差愈大，標準差就愈大；分數愈集中，離散程度愈小，標準差就愈小。因此，在描述同一份測驗的兩項分布時，其中一項的標準差是 2.7，另一項是 8.3，那麼我們就知道，第一項分布的變異量少了許多，也就是其數值大小較為集中。

如果該分布是一個常態分布，那麼標準差有一個有趣的現象：平均數加減三個標準差所涵蓋的分數，占該分布的 99%。例如，假設一個常態分布的平均數是 72，標準差是 3，那麼大約 99% 的分數都落於 63 和 81 之間。圖 10.10 說明標準差的意義。

常態分布中的標準差 常態曲線下的面積代表常態分布裡的所有分數。在常態分布中，平均數、中數和眾數都落在同一點，因此平均數也是最常發生的數字（眾數），各有 50% 的分數落在它的兩邊，而由於常態曲線是兩邊對稱的，所以它也是分布的最中間點（中數）。

以下是關於常態分布的一些特性：

• 50% 的觀察值（數值）各落在平均數的兩端（見圖 10.11）。

• 任何的常態分布中，68% 的觀察值落在平均數兩端一個標準差之內；其中一半（34%）落在平均數左端的一個標準差（也就是低於平均數一個標準差）

表 10.6 計算一項分布的標準差

原始分數（X）	平均數（$\overline{X}$）	$X - \overline{X}$	$(X - \overline{X})^2$
85	54	31	961
80	54	26	676
70	54	16	256
60	54	6	36
55	54	1	1
50	54	-4	16
45	54	-9	81
40	54	-14	196
30	54	-24	576
25	54	-29	841
			$\Sigma = 3640$

$$變異數（SD^2）= \frac{\Sigma(X-\overline{X})^2}{n} = \frac{3640}{10} = 364^a$$

$$標準差（SD）= \sqrt{\frac{\Sigma(X-\overline{X})^2}{n}} = \sqrt{364} = 19.08^b$$

[a] 樣本的變異數常以 s^2 表示；而母群體的變異數則以 σ^2 表示。

[b] 樣本的標準差常以 s 表示；而母群體的標準差則以 σ 表示。

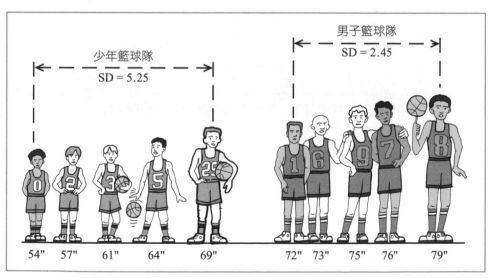

圖 10.10 少年籃球隊與男子籃球隊的身高標準差

之內，另一半則落在平均數右端的一個標準差（也就是高於平均數一個標準差）之內。

• 另 27% 的觀察值落在離開平均數兩端各一到二個標準差的範圍之內。因此 95% 的觀察值（68% 加上 27%）是落在平均數兩端的兩個標準差之內。

• 99.7% 的觀察值則落在平均數上下三個標準差之內。圖 10.12 說明以上三種事實，常稱為 **68-95-99.7 原則**（**68-95-99.7 rule**）。

由上可知，一項常態分布中，幾乎所有的數值都落在平均數加減三個標準差的範圍之內；只有約 0.13% 的數值落在正負三個標準差之外。

假定有一組分數是屬於常態分布，如果知道某個分數距離平均數有幾個標準差，我們就能準確地詮釋該分數的意義。例如，假設某個常態分布的平均數是 100，標準差是 15。若某個分數比平均數多一個標準差，則該分數是 115；

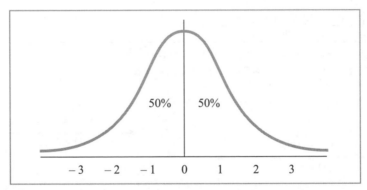

圖 10.11 常態曲線下，平均數的兩邊各有一半的分數

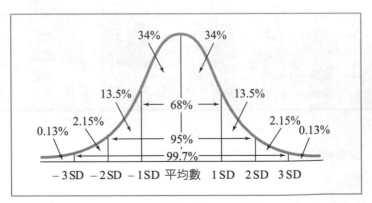

圖 10.12 常態曲線下各標準差之間所占的百分比

若另一個分數比平均數少一個標準差，則該分數是 85。比平均數高 1.5 個標準差的分數是多少呢？*

在同一常態分布內的數值，還可以利用標準差的觀念，來了解某一個分數在群體的表現。例如，若某個分數恰好比平均數多一個標準差，那麼我們就知道，大約有稍大於 84%（不到 85%）的分數，比這個分數低。†如果某個分布是常態分布，而且我們知道它的平均數與標準差，那麼我們就可以算出比任何一個數字高（或低）的數值，共占該分布的比率是多少（見圖 10.12）。這是常態分布最好用的特色之一。

◆ 標準分數與常態曲線

研究者常希望比較（來自不同測量工具的）兩個分數之間的差異。要做這種比較，研究者必須將原始分數轉化成衍生分數。先前我們介紹過兩種衍生分數——年級當量分數與年齡當量分數及百分等級；但只有稍微提了一下另一種衍生分數：標準分數。現在我們做一些更詳細的討論，因為它們非常好用。

標準分數（standard scores）是利用相同的量尺，以比較個別差異。若要比較同一個人在不同的測量工具的表現，標準分數尤其有用。教育研究界最常用的兩種標準分數是 z 分數與 T 分數。

z分數 標準分數中最簡單的一種是 z 分數（z score）。它代表的是：某個原始分數離所屬團體的平均數有多少個標準差。若某原始分數剛好等於其所屬團體的平均數，則其 z 分數等於零；若某原始分數剛好比其所屬團體的平均數多一個標準差，則其 z 分數等於 +1；而若一原始分數剛好比其所屬團體的平均數少一個標準差，則其 z 分數等於 −1。以此類推，若原始分數剛好比平均數多兩個標準差，則其 z 分數等於 +2，等等。因此一個 z 是一個標準差（$1z = 1SD$），$2z = 2SD$，$-0.5z = -0.5SD$，等等（見圖 10.13）。因此，若一項分布的平均數是 50，標準差是 2，那麼原始分數是 52 的 z 分數是 +1；原始分數是 46 的 z 分數是 −2，以此類推。

---

* 122.5

† 分布中 50% 的分數比平均數低，34% 的分數介於平均數與 +1SD 之間。因此，分布中 84%（50%＋34%）的分數低於 +1SD 所代表的分數。

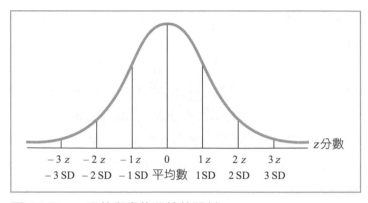

圖 10.13 z 分數與常態曲線的關係

　　z 分數的一大優點是，可藉以比較不同測驗得來的分數。例如，假設某個學生的生物測驗原始分數是 60 分，化學測驗的原始分數是 80 分。第一眼看去，我們可能會立即說這位學生的化學比生物好。但這也許是錯誤的判斷，因為我們要知道了平均數和標準差之後，才能決定該生的成績與其他人的比較結果。我們再進一步假設，該項生物測驗的平均數是 50，化學測驗的平均數是 90，生物的標準差是 5，化學的標準差是 10。這些訊息告訴了我們什麼？該生的生物科原始分數（60）事實上比平均數高了兩個標準差（z = +2），而其化學的原始分數（80）比該科的平均數低了一個標準差（z = −1）。因此，該生的化學測驗得分雖然看來比生物測驗得分高，但他其實是在生物的表現較好，而非化學測驗的表現。表 10.7 將這位學生在兩個測驗的原始分數、z 分數及百分等級做一番比較。

表 10.7 比較兩個測驗的原始分數與 z 分數之間的關係

測驗	原始分數	平均數	標準差	z 分數	百分等級
生物	60	50	5	+2	98
化學	80	90	10	−1	16

　　當然，z 分數並不一定都是離平均數正好一或二個標準差，我們可以利用下列的公式來求 z 分數：

$$z \text{ 分數} = \frac{\text{原始分數} - \text{平均數}}{\text{標準差}}$$

因此若某原始分數是 80，該分數所屬團體的平均數是 65，標準差是 12，則該分數轉換成的 z 分數是：

$$z = \frac{80 - 65}{12} = 1.25$$

機率與 z 分數 常態分布的另一個重要特質是，在常態曲線下的面積所占的百分比可視為機率。機率（**probability**）是以小數點的形式呈現的百分比，指的是事件發生的可能性。例如：若某事件會發生的可能性是 25%，則該事件發生的機率是 .25。同樣地，有 90% 發生機率的事件，其機率是 .90。因此，所有跟常態曲線下的面積有關的百分比，都可以用小數點的方式呈現，並視為機率的敘述。圖 10.14 標示的是常態曲線中一些較常用的機率。

將常態曲線下的面積視為機率，對研究者而言是很有用的一種觀念。我們已經看過，常態分布中約 34% 的數值位在平均數和上下一個標準差之間，而且因為 50% 的數值會比平均數高，因此大約 16% 的數值會比一個標準差 1 z 的數值高（50 − 34 ＝ 16）。如果我們隨機從一個母群體抽取一個個體，且該個體的數值必須比平均數高一個標準差，那麼我們抽到這樣一個個體的機率就是 .16，我們通常用 $p = .16$ 來表示，p 就是機率。同樣地，若抽出的樣本之數值低於平均數兩個標準差 − 2SD 或更低，或介於 ＋1SD 和 − 1SD 之間，我們也都可以算出隨機抽取到他們的機率。圖 10.14 顯示，抽到的個體數值低於 − 2SD 的機率 $p = .0228$，也就是 100 個個體中大約有 2 個個體得到這樣的分數；而隨機選取一個數字，落在 ＋1SD 和 − 1SD 之間的機率則是 $p = .6826$，等等。

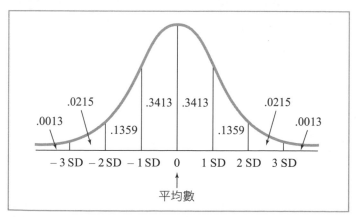

圖 10.14 常態曲線下各標準差之間的機率

利用Excel ➤ 計算一項分布的平均數、中數及標準差

	A	B	C
1	45		
2	56		
3	76		
4	87		
5	88		
6	61		
7	34		
8	67		
9	55		
10	88		
11	92		
12	85		
13	78		
14	84		
15	77		
16	71.53		
17	77		
18	17.7		

Excel 可以用來計算多種敘述統計值。你只要點擊一個空格，再點選**插入（Insert）**指令下的**函數（Function）**，就會出現一個對話方塊。你可以在其中搜尋函數，像是**平均數、中數**或**標準差**。在**搜尋函數（Search for a function）**的方塊裡打上你想要的函數，接著點擊**開始（Go）**。Excel 會把所有可能符合說明的函數列在選取函數的方塊中，你就可以從中選取想使用的函數。你也許會需要使用左下角的函數說明，才能了解一些相近的函數之間的差異（例如，**STDEV** 是樣本標準差，而 **STDEVP** 是母群體標準差）。點擊你要用的函數，然後點擊**確定（OK）**，就會出現**函數引數（Function Arguments）**的對話方塊。你可以在其中輸入計算所需的儲存格號碼，或在工作表中你所想要使用的資料欄位上，以點擊第一個儲存格並拖曳到最後一個儲存格的方式，選出資料。最後，在**函數引數**的對話方塊上點擊**確定（OK）**。Excel 就會計算結果，並把結果呈現於你一開始在表單上選定的空格。

如果你已經知道常用的函數名稱，就無須靠以上所說的方式，而可直接輸入。上方的表就是一例。首先，打開 Excel 的工作表，在 A1 到 A15 輸入上方欄位裡的資料。接著點選我們希望統計值出現的一個空格，輸入以下的指令：

- 要計算平均數，輸入：= **AVERAGE(A1:A15)**[*]
- 要計算中數，輸入：= **MEDIAN(A1:A15)**
- 要計算標準差，輸入：= **STDEV(A1:A15)**

[*] **注意**：在開始輸入任何的函數指令**前**，都必須以等號（＝）開始。並且，輸入完畢後必須按 Return/Enter 鍵，結果才會出現在所指定的空格內。詳見附錄 D。

我們是在 A16、A17 及 A18 輸入這些指令。每輸入一個指令就按一次 Re-turn/Enter 鍵。所需要的統計值*就會出現在這些空格。71.53 是平均數，77 是中數，17.7 是標準差。

---

* 取到小數第二位。

我們可以利用統計表來查這些機率。例如從附錄 B 中，我們可以查出，當某個數字的 z 分數＝1.10（也就是比平均數高 1.10 個標準差）時，從平均數到該點的面積占整體面積的 .3643，而大於 z 的面積則是 .1357。因此，研究者在描述某個特定數值在團體所占的地位時，就能描述得非常精確。圖 10.15 是這種統計表的一部分（附錄 B 有全部的統計表）。

T 分數 原始分數若比分布的平均數低，轉換成 z 分數的時候，就變成了負數；這也許會讓人覺得不自然。要避免負的 z 分數，一個方法就是再把 z 分數轉換成 **T 分數**；**T 分數（T scores）**因而只是以另一種方式表達的 z 分數。將 z 分數轉換成 T 分數的方法是：將 z 分數先乘以 10，再加上 50。所以，z 分數＝＋1，代表 T 分數＝60（T＝1×10＋50＝60）；z 分數＝－2，就代表 T 分數＝30（T＝－2×10＋50＝30）；而 z 分數＝0（原始分數恰等於平均數）表示

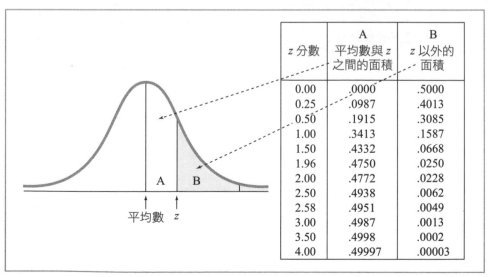

z 分數	A 平均數與 z 之間的面積	B z 以外的面積
0.00	.0000	.5000
0.25	.0987	.4013
0.50	.1915	.3085
1.00	.3413	.1587
1.50	.4332	.0668
1.96	.4750	.0250
2.00	.4772	.0228
2.50	.4938	.0062
2.58	.4951	.0049
3.00	.4987	.0013
3.50	.4998	.0002
4.00	.49997	.00003

平均數　z

圖 10.15 表中顯示的是介於平均數與各種 z 分數之間的面積所占的百分比

T分數＝50。從這些你也應該可以看出 T 分數的分布，其平均數是 50，標準差是 10；而 T 分數是 50 時，該分數是第 50 個百分位數。

　　研究者若知道（或可以預設）某一資料檔是呈常態分布，T 分數和 z 分數都可以用百分等級來詮釋，因為兩者有直接的關係。圖 10.16 說明了這種關係。其他的分數轉換系統，像是最常見的 GRE 和魏氏智力量表，都與 T 分數類似，差別只在所選擇的平均數和標準差的單位不同，例如 GRE 的平均數是 500，標準差是 100，而魏氏智力量表的平均數是 100，標準差是 15。這兩種系統也都呈現在圖 10.16 之中。

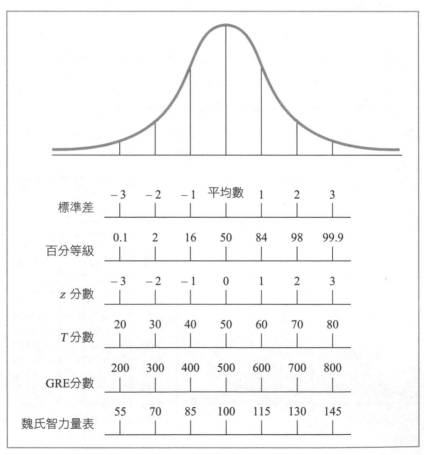

圖 10.16　各種標準分數

常態曲線與 *z* 分數的重要性 你也許已經注意到,我們討論 *z* 分數與百分比、機率之間的關係時,都加上這個條件:「**如果數值的分布呈現常態分布**」。不論原始數值的分布如何,我們都可以算出它們的 *z* 分數;但**只有**在常態分布的條件成立下,將這些 *z* 分數或 *T* 分數轉成百分比或機率才是合理的。幸好,許多分布**的確**近似常態曲線,尤其當樣本是從一個廣泛定義的母群體中隨機選出的(例如:如果樣本都是資優生,他們成就測驗的分布可能就不是常態分布了)。

當實際的資料不近似常態曲線時,還是可以利用一些方法,將這些資料的分布變得較像常態分布。換言之,任何的分布都可以被「常態化」,而且使用的方法並不複雜;但做這種轉換,就需預設這些特質「實際上」是呈常態分布的。坊間許多使用標準分數來詮釋得分意義的測驗,都將分數的分布常態化〔譯者註:normalized,但較常使用的字眼是標準化(standardize)〕,才能將 *z* 分數轉換成百分比。*z* 分數與常態曲線下的面積百分比之間的關係,也是許多推論統計的基礎。

◆ 相關

我們在本書多處都提過,最有意義的研究是能找出或確認變項間的關係。將不同群體的研究對象的表現加以比較,也是研究這種關係的一種方法。在這種研究裡,其中一個變項是類別變項(也就是定義研究對象所屬群體的變項,例如方法 A 與方法 B),另一個變項最常是數量變項;這種研究設計使用的統計方法,通常是利用各組的次數多角圖、平均數及分散度來比較兩組之間的差異,而非散布圖或相關係數。

在相關性研究中,研究者想做的是確定兩個數量變項之間是否有相關,像年齡與體重的相關,或讀與寫兩種能力之間的關係。有時我們可利用這種關係來做預估,但最常見的目的是要了解變項間是否有因果關係。雖然因果關係不能由相關性研究證明,研究者還是希望由研究結果獲得因果關係方面的結論。經由許多研究的努力,最後終於揭開肺癌與吸菸之間的關係,就是一個例子。我們在第 15 章會更詳細討論相關性研究法。

利用Excel ➤ 計算相關

要以 Excel 計算相關，首先在工作表單把資料輸在兩欄中，*X* 變項的值在一欄，*Y* 變項的值在另一欄。接著，選取**資料（Data）→資料分析（Data Analysis）**，在資料分析的對話方塊，從資料分析工具的清單中選取**相關係數（Correlation）**，接著點擊確定（OK）。輸入 *X* 變項與 *Y* 變項的資料範圍。如果輸入範圍包含變項名稱，就點選「類別軸標記是在第一列上」（Labels in the First Row）的方塊。勾選**分組方式（Grouped By）**的按鈕——不論是逐行（Rows）或逐列（Columns），反映你資料的架構。接著，利用**輸出選項（Output Options）**的按鈕，告訴 Excel 要把計算所得的相關係數放在哪裡。例如，若要把結果放在你目前的工作表的某個範圍，就點選輸出範圍（Output Range）的按鈕，在跳出來的方塊裡輸入範圍的位置。如果想要把結果放在新的工作簿，就點選「新工作簿」（New Workbook）的按鈕。再按**確定（OK）**。Excel 就會為所選定的資料計算出相關係數的值及其顯著性，並將結果放在你所指定的位置（見附錄 D 的範例）。

散布圖 要決定變項間的關係，必須要有工具，而散布圖就是一種檢視數量資料之間關係的工具。**散布圖（scatterplot）**是將兩個數量變項之間的關係以圖形表示的方法。

只要能避免一些常見的錯誤，散布圖很容易畫。要畫散布圖，首先，研究對象必須在兩個變項都有資料；第二，同一變項內，數值的間距必須相等；第三，**每個**研究對象都只能以一個（*x* 座標與 *y* 座標的交會）點表示。圖 10.17 的散布圖是根據表 10.8 的資料畫成的。製作圖 10.17 的步驟如下：

1. 決定哪個變項要在哪一軸；事實上在哪一軸都沒有影響。我們把變項 1 放在 *x* 軸，變項 2 放在 *y* 軸。

2. 將每一軸都均分成 12 至 15 個等分。軸上每一點都代表了一個數值或一組數值，因此要確定使每一個軸都能容納資料中有出現的數值。

3. 如果需要，可將變項中的數值合併。我們不需要將變項 1 的數值合併，因為它所有的數值都落在 15 這個點上。但是變項 2 的數值分布太廣，如果要在

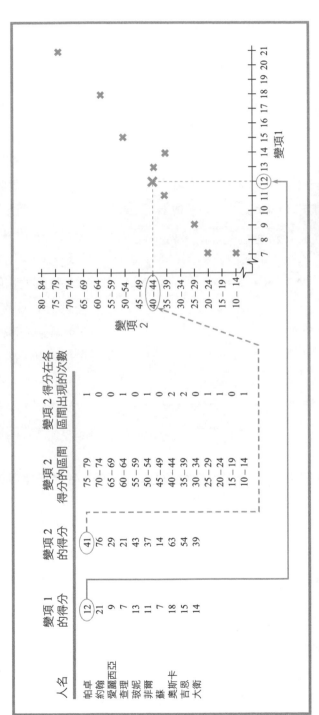

表 10.8 用以建立圖 10.17 的散布圖資料

圖 10.17 以表 10.8 的資料繪製而成的散布圖

利用Excel ➤ 繪製散布圖

　　Excel 也可用來畫散布圖，以視覺方式說明兩個數量變項間的關係。要使用的兩個變項資料必須放在同一個工作表單的兩欄，X 變項在一欄，Y 變項在另一欄。資料輸入完成後，拉下**插入**（**Insert**）的選單，點選**圖表**（**Chart**）。圖表的視窗打開後，點選**散布圖**（**Scatter**），再點選對話方塊下方的**下一步**（**Next**）按鈕。這時會開啟另一個對話方塊，點擊兩欄資料左上方的第一格，並一直拉到資料的右下方的最後一格。接著點擊對話方塊下方的**完成**（**Finish**）按鈕，就會出現完成的散布圖。這裡所顯示的，

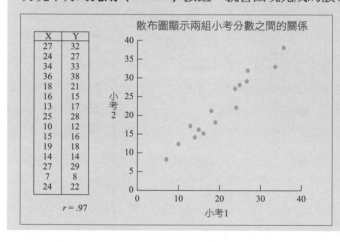

是高中某個 15 人的班級兩次化學小考分數之間的關係。要注意的是，相關係數顯示在散布圖的左方。這個例子裡，相關係數 $r = .97$，顯示這群學生兩次小考的成績有非常強的正相關。

　　y 軸將**每一**點都明確標示，勢必費很多力氣。因此，我們把變項 2 的數值合併，每 5 分合成一組，在軸上則以一點表示。

4. 每個研究對象的兩個變項的值在圖上的交會處，以一個點表示。例如，帕卓在變項 1 的得分是 12，所以我們先找出 x 軸上 12 的那一點；他在變項 2 的得分是 41，我們也在 y 軸找出那一點（在 40-44 組）。然後想像從這兩點畫垂直線，直到兩線交叉，交叉點的座標就是（12, 40-44），我們在這個交叉點畫一個×或一個點，代表帕卓的資料。

5. 以同樣的方法將所有 10 名學生的資料都畫在圖上，就完成了一份散布圖。

● **詮釋散布圖**：研究者如何詮釋散布圖？我們希望散布圖透露什麼訊息？研究者不但想知道兩個變項間是否存有某種相關，還想了解相關的程度。散布圖能透露的，正是變項間相關的程度。

　　研究一下圖 10.17。關於變項 1 與變項 2 之間的關係，它告訴了我們什麼？這個問題可從幾方面來回答：

1. 我們可以說，在變項 1 得分高者，變項 2 的得分也高（像約翰的情形）；變項 1 得分低者，變項 2 得分也低（像蘇的情形）。

2. 我們可以說，若知道學生在一個變項的得分，就可以猜測他在另一個變項的得分，而且還可以猜得滿準的。例如，有另一位學生在變項 1 的得分是 16，你猜她在變項 2 的得分可能是多少呢？你也許**不會**猜是 75 或 25 吧，而是猜在 45 到 59 之間。

3. 對於出現像圖 10.17 的散布圖，一般的詮釋是「兩個變項之間有非常明顯的關係」。

● **極端分數**：極端分數（**outliers**）是與群體所有其他分數相差極多的分數，研究者需要將它（們）當作特別的情形，小心處理。它們都是一個群體大致模式中的例外，利用散布圖、次數分配表、直方圖，或次數多角圖，都可以找出它們來。圖 10.18 的散布圖顯示的是家庭凝聚力和學校成就之間的關係。注意到，右下角的角落裡有一個極端分數，它代表的是高家庭凝聚力及低學校成就。為什麼會有這樣的情況？這位學生的老師應該會對答案有興趣。

相關係數和散布圖

圖 10.19 有幾個散布圖。研究一下它們，你就會了解相關的涵義，也能增加你對相關係數的了解。我們在第 8 章提過，以 r 表示的相關係數（**correlation coefficient**）指的是兩個變項的分數之間的關係密切程度。*當受試者在一個變項得高分時，在另一個變項也傾向得高分；或者在一個變項得低

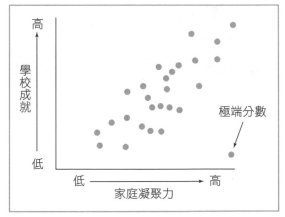

圖 10.18 某一群學生的家庭凝聚力與其學校成就之間的關係

---

* 我們在這裡指的是任何兩個**變項**之間的關係；在第 8 章，相關係數是用來評估測量工具的信度與效度。

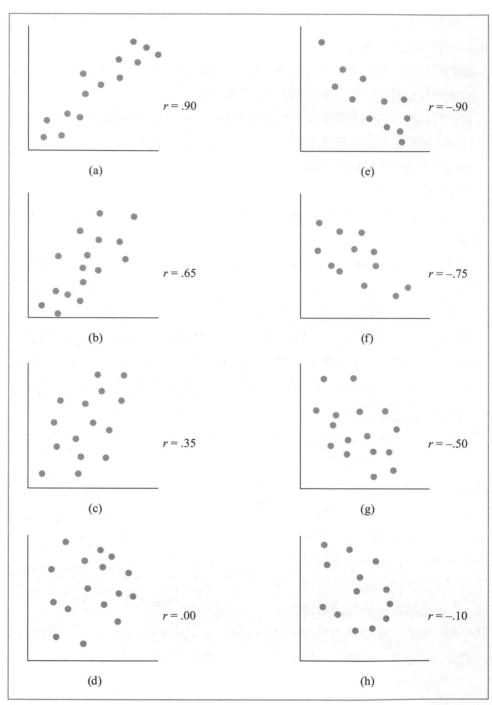

圖 10.19 更多散布圖的例子

分時，在另一個變項也傾向得低分，我們就說兩個變項之間存有正相關。如果在一個變項得高分時，在另一個變項傾向得低分；或者在一個變項得低分時，在另一個變項傾向得高分，我們說這兩個變項之間存有負相關（圖 10.20）。

你應該記得，相關係數絕不會大於＋1.00，如果等於＋1.00，表示兩變項之間有完美的正相關；相關係數也絕不會小於－1.00，如果等於－1.00，表示兩變項之間有完美的負相關。但完美的正相關或負相關，即使有，也很少發生（如圖 10.21）。如果兩個變項之間有高相關，我們會得到接近＋1.00 或－1.00的相關係數（像 .85 或－.93 之類）。相關係數愈接近這兩個極限，相關的程度就愈密切。如果兩變項之間幾乎沒有關係，則相關係數會等於 .00 或接近 .00。計算相關係數所用的資料和製作散布圖所用的資料相同，都是使用一個群體的成員在兩個變項的得分。

圖 10.20　完美的負相關！

圖 10.21　正相關與負相關

　　圖 10.19 的八個散布圖表示了不同程度的相關性，其中有正相關的圖，也有負相關的圖。(a)、(b)和(c)的散布圖是不同程度的正相關，而(e)、(f)、(g)和(h)則是不同程度的負相關。(d)的散布圖則顯示兩變項無相關。

　　建議你利用圖 10.19 做下列兩個練習，才能更加了解不同的相關值所代表的意義。

1. 將一支筆平放在圖(a)上，盡量讓筆能涵蓋住愈多點愈好。你注意到，的確有一種「最好」的擺法，例如，你不會將筆放得與 x 軸平行。用同樣的方法試試其他散布圖，比較各個散布圖可被涵蓋的面積有什麼變化。

2. 在圖(a)畫一條平行 x 軸的線，而且這條線必須將所有的點約略分成上下兩半；一半的點在線的上面，另一半的點在線的下面。再畫一條平行y軸的線，而且這條線也必須將所有的點約略分成左右兩半；一半的點在線的左端，另一半的點在線的右端。用同樣的方法試試其他的圖，比較各個散布圖之間是否有不同。

　　皮爾森積差相關係數　在不同的情況，有各種不同的方法計算不同的相關係數。目前為止我們所描述的，都是最常使用的一種：**皮爾森積差相關係數**〔**Pearson product-moment coefficient**，也稱為**皮爾森 r（Pearson r）**〕，以 r 表示。當兩個變項的資料是以數量的形式蒐集時，我們就可以用皮爾森 r；皮爾森 r 假定兩變項間的關係以直線表示最佳；它適用的對象則是間距或比率量尺的資料。皮爾森 r 並不難計算，我們在第 12 章會說明。

　　eta　另一個較常見的相關指數是 **eta**（以 η 表示）。我們在此不介紹如何計算 eta（因為它的計算方法超出本書範圍），但你必須了解的是，如果散布圖所顯示的像是曲線而非直線時，就必須使用 eta。例如，圖 10.22 的散布圖所顯示的，很明顯比較像曲線而非直線，這時我們就必須使用 eta。

　　eta 的詮釋方法與皮爾森 r 的詮釋法極類似，但 eta 的最大值是 1.00，最小值是 0.00，而皮爾森 r 的範圍則從 $+1.00$ 到 -1.00。像其他相關係數一樣，eta 的值愈大，表示相關愈高。

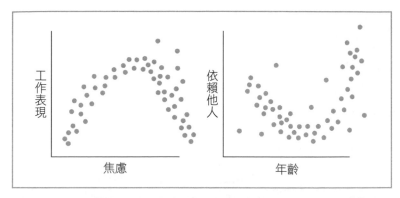

圖 10.22 非線性（曲線）關係的例子

摘要類別資料的方法

◆ 次數分配表

假設有一位研究者利用一份問卷，針對 50 位教師蒐集資料，這些教師是從一個大型都市學區內的學校隨機選出的樣本。問卷包含了許多有關他們的興趣與做的課堂活動的變項，其中一個變項是**課堂上我最常使用的學習活動**。這位研究者將該變項的資料整理成次數分配表，使每一類型的學習活動都能顯示出被教師們列出的次數。研究者製作次數分配表的方法是，每當有一位教師提到某項活動，就在該活動的右方畫一條直線，每 5 條線一組。將這 50 位教師的資料都記錄完畢之後，她的次數分配表也完成了，看起來會像下表：

回答	計次	次數
講授	IIII IIII IIII	15
課堂討論	IIII IIII	10
口頭報告	IIII	4
圖書館找資料	II	2
自習	IIII	5
示範	IIII IIII	8
觀賞視聽教材	IIII I	6
		$n = 50$

每一橫行最後所列的是計次的總數，表示該項活動有多少位教師提到。一

般研究者使用類別資料時,感興趣的是每一種類別出現的次數占所有類別出現
次數的比例,因為他們希望由樣本資料(如果是隨機樣本)估計母群體的比例。
因此,每一類別的總數常會被換算成其占所有類別的百分比。表 10.9 就有出現
的次數,與換算出來的百分比,這時的資料是由所占比例最高的活動開始,由
高而低成遞減排列。

表 10.9　問卷回答出現的次數與百分比

回答	次數	占總和的百分比(%)
講授	15	30
課堂討論	10	20
示範	8	16
觀賞視聽教材	6	12
自習	5	10
口頭報告	4	8
圖書館找資料	2	4
總和	50	100

◆ 長條圖與圓形圖

　　還有兩種方法可以表示各組所占比例的差異,其中一個就是利用長條圖
(**bar graph**),如圖 10.23;另一個則是使用圓形圖(**pie chart**),如圖
10.24。

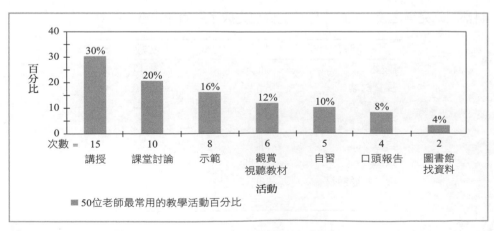

圖 10.23　長條圖的例子

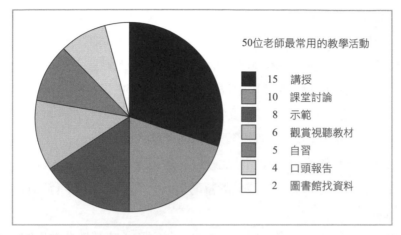

圖 10.24 圓形圖的例子

◆ 交叉表

　　若研究者希望說明兩個變項之間的關係，通常會將資料以交叉表（**cross-break table**）方式呈現〔有時也稱列聯表（**contingency table**）〕。最簡單的交叉表是一個 2×2（也就是變項各有兩種類別）的表，如表 10.10。每個人在一個空格內只被計一次，而且空格所對應的性別和級別要與該人的性別與級別相符。每一個格子裡的數目代表的是，符合該格子特徵的總人數（例如，國中男教師的人數是 40）。雖然有時表中列出的是百分比或比例，但我們不推薦這種做法，因為這常會誤導視聽（例如，樣本數太小時，百分比不甚有意義）。

　　由表 10.10，你也許已經看出了教師性別與所任教的年級高低之間的關係：國中教師比較可能是女性，而高中教師比較可能是男性。但許多時候，變項間的關係並不是這麼清楚，所以，我們常常需要計算每個格子「預期的」次數〔稱為期望值（expected frequencies）〕，才能更清楚研究的結果。什麼是期望值？如果變項之間沒有關係，我們會「預期」每個格內的比例（也就是一個變項的

表 10.10　年級與教師性別（假設性資料）

	男性	女性	總和
國中教師	40	60	100
高中教師	60	40	100
總和	100	100	200

其中一個類別）會與該類別占該變項的比例相同。例如表 10.11 中，正好一半（50%）的教師是女性；如果性別跟任教年級無關，則我們會「預期」50% 的國中教師會是女性，而且同樣 50% 的高中教師也會是女性。換句話說，如果性別與任教年級沒有相關，女性國中教師的期望值是 50，女性高中教師的期望值也是 50，而非實際資料中的 60 位女性國中教師與 40 位女性高中教師。表 10.11 的每一格都有列這些期望值與實際觀察值，括號內的是期望值。*

比較期望值和觀察值，我們就比較能了解兩變項關係的方向與程度。如果交叉表更複雜時，這種方法對我們的幫助更大。例如表 10.12 有三個變項，而不只兩個變項。

蒐集這份資料的研究者，研究假設是：將行政（或其他非教學的）職位而非教學職位分派給教師的因素，包括：(1)性別；及(2)種族。雖然可以將表10.12做整體性的檢視，但是分項看會比較容易了解三者之間的關係。我們來逐一檢視兩變項間的關係：(1)職位與種族；(2)職位與性別；(3)性別與種族。表 10.13 是職位與種族的交叉表，表 10.14 是職位與性別的交叉表，表 10.15 是性別與種族的交叉表。

表 10.11　表 10.10 加上期望值（置於括號內）

	男性	女性	總和
國中教師	40 (50)	60 (50)	100
高中教師	60 (50)	40 (50)	100
總和	100	100	200

表 10.12　在學校的職位、性別與種族（假設性資料）

	行政主管		教師		總和
	白人	非白人	白人	非白人	
男性	50	20	150	80	300
女性	20	10	150	120	300
總和	70	30	300	200	600

---

* 也可以根據理論或先前的經驗，事先提供期望值。像是在這個例子裡，如果這位研究者想知道某所國中的教師特質是否與全國性的資料所發現的特質相符，就可以先利用全國的百分比算出期望值。

日常生活中的相關

　　許多司空見慣的關係（不論是真是假），都可用相關的概念表示。例如，波以耳定律（Boyle's law）說，當溫度維持一定時，氣體的體積與壓力之間的關係成反比（也就是 V＝p／k）；而另一種表達法則是：體積與壓力的相關是－1.00。但這個完美的相關只有在理論上成立，也就是說，只有在完全真空的狀態下，完全純粹的氣體，壓力與體積之間的關係才能如此完美。一般實際生活中，這個相關比較低。

　　想一想以下的這些諺語：

1. 「不用棍子，寵壞孩子」（Spare the rod and spoil the child）暗示著處罰與被寵壞的行為之出現兩者間的負相關。
2. 「閒散的手是魔鬼的工作場所」（Idle hands are the devil's workplace）暗示著懶散與禍事之間的正相關。
3. 「再沒有比一個老傻子更蠢的」（There's no fool like an old fool）暗示著愚蠢與年紀之間的正相關。
4. 「及時的一針省卻事後的九針」（A stitch in time saves nine）暗示著改正行動拖延的時間長短與所需要的補救措施之間的正相關。
5. 「早起的鳥有蟲吃」（The early bird catches the worm）暗示著早起與成功之間的正相關。
6. 「老狗教不會新把戲」（You can't teach an old dog new tricks）暗示著成人的年齡與學習能力之間的負相關。
7. 「一天一蘋果，醫生不會來」（An apple a day keeps the doctor away）暗示著蘋果的消耗量與疾病之間的負相關。
8. 「軟弱的心志贏不了美人的芳心」（Faint heart never won fair maiden）意味著膽怯與女性的接受度之間的負相關。

　　我們來利用表 10.13 複習如何計算期望值。表 10.13 是關於職位與種族之間的關係。由於這筆資料中，有 1/6（100/600）是行政主管，因此，若是職位與種族無關，我們會預期，62 位白人會是行政主管（370 的 1/6），38 位的非白

人會是行政主管（230 的 1/6）。而由於這筆資料中，有 5/6 是教師，我們預期308 位白人會是教師（370 的 5/6），192 位非白人是教師（230 的 5/6）。然而，實際上有 70 位行政主管是白人（而非 62 位），30 位是非白人（而非 38位）；且實際上有 300 位教師是白人（而非 308 位），200 位是非白人（而非192 位）。這顯示，我們的期望值（如果職位和種族無關）和實際獲得的資料有差距。表 10.14 和表 10.15 也顯示期望值和實際資料間，有或大或小的出入。

將表中的差異加總，可作為關係強弱的一種大略指標。表 10.13 的差異總和是 32，表 10.14 是 80，表 10.15 是 60（計算方法見表 10.16）。差異最大的是表 10.14 職位與性別的交叉表，第二大的是表 10.15 性別與種族的交叉表，最

表 10.13 在學校的職位與種族，加上期望值（由表 10.12 而得）

	行政主管	教師	總和
白人	70 (62)	300 (308)	370
非白人	30 (38)	200 (192)	230
總和	100	500	600

表 10.14 在學校的職位與性別，加上期望值（由表 10.12 而得）

	行政主管	教師	總和
男性	70 (50)	230 (250)	300
女性	30 (50)	270 (250)	300
總和	100	500	600

表 10.15 性別與種族，加上期望值（由表 10.12 而得）

	白人	非白人	總和
男性	200 (185)	100 (115)	300
女性	170 (185)	130 (115)	300
總和	370	230	600

表 10.16 表 10.13 至表 10.15 的預期次數分配與實際出現次數之間的差異總和

表 10.13		表 10.14		表 10.15	
(70 vs. 62)	= 8	(70 vs. 50)	= 20	(200 vs. 185)	= 15
(30 vs. 38)	= 8	(30 vs. 50)	= 20	(170 vs. 185)	= 15
(300 vs. 308)	= 8	(230 vs. 250)	= 20	(100 vs. 115)	= 15
(200 vs. 192)	= 8	(270 vs. 250)	= 20	(130 vs. 115)	= 15
總和	32		80		60

小的是表 10.13 職位與種族的交叉表。在第 11 章我們還會介紹一種較為精緻的關係強弱指數，稱為「列聯係數」（contingency coefficient）。

交叉表中的資料顯示，白人的行政主管比非白人的行政主管較預期稍微多一些（表 10.13）；白人男性與非白人的女性與預期之間的差異又更高一些（表 10.15）；與期望值有最大差異的是表 10.14，男性行政主管與女性教師都比預期多，顯示性別與職位的關係是三者之中最明顯的。結論是：如果是位男性，具有行政職位的可能比女性的機會大，而且若又是白人，這種機會又稍大一些。

前面的例子，每個變項都是類別變項（種族、性別及職位），但研究者有時會有選擇的機會，可以選擇將變項視為類別變項或數量變項。例如，若一位研究者要利用自陳式問卷中幾項回答「是」或「否」的問題，來測量自尊，得分高者表示自尊高。研究者也許決定利用這些分數把這個樣本（共 60 人）分成高、中、低三類。他可以只用這樣（三類）的資料，而將這個變項視為類別變項，如表 10.17。但是，最好不要這樣做，因為這是在「浪費」分數差異之間所透露的訊息，比如同一類別的分數之間的區別就被忽略了。相對地，如果把自尊的分數當作數量變項，研究者就可以比較男女自尊平均數之間的差異。

表 10.17　交叉表顯示自尊與性別之間的關係（假設性資料）

性別	自尊		
	低	中	高
男性	10	15	5
女性	5	10	15

在這類情況下（也就是當一個變項是數量變項，另一個被當作類別變項時），檢驗變項間的相關係數是另一種選擇。當可被視為數量變項的變項被分成兩類（如大、小）時，可計算「二系列相關係數」（biserial correlation coefficient），且其詮釋法與皮爾森 r 相同。*如果所分的類別可被視為真實的類別，則可計算「點二系列相關係數」（point biserial coefficient），但這時必須小心詮釋。

---

*　這些統計值的計算方式超出本書範圍。如欲了解細節，可參考一般的統計書籍。

OLC

回到本章最前面的**互動與應用學習**所列出的一系列互動與應用活動。到線上
學習中心（OLC, http://highered.mheducation.com/sites/125991383x）
去做小測驗、練習關鍵詞彙，及複習本章內容。

本章重點

統計值相對於母數

- 母數是母群體的一個特性；是以數據或圖像的方式，將母群體中獲得的
  資料予以摘要。

- 另一方面，統計值是樣本的一個特性，是以數據或圖像的方式，摘要樣
  本資料的內涵。

數值資料的類別

- 研究者可以蒐集兩種數值的資料：數量資料是經由決定研究對象在量尺
  上的位置而產生，量尺上不同的位置表示數量的多寡或程度的高低；類
  別資料的獲得是經由決定變項中的各類別發生的次數而產生。

分數的種類

- 原始分數是使用測量工具時最初所獲得的分數；衍生分數則是將原始分
  數轉換到某種標準化的基礎，變成較有用或較容易詮釋的分數。

- 年齡／年級當量分數是一種衍生分數，顯示的是一個原始分數所代表的
  典型的年齡或年級。

- 百分等級是在某特定群體裡，得分等於或低於某原始分數的人數百分
  比。

- 標準分數是一種運算而得的衍生分數，可用於比較在不同的測量工具所
  得到的成績。

摘要數量資料的方法

- 次數分配表有兩欄，由高而低列出所有的數值，及其出現的次數。併組
  次數分配表的數值則是經過合併，每一組數值的間距必須相等。

- 次數多角圖是用圖形呈現次數分配表的方法，也就是利用圖示摘要一個
  數量變項的方法。

- 次數多角圖中，若只有少數的數值是落在極端高分的位置，則稱為**正偏多角圖**；若只有少數的數值是落在極端低分的位置，則稱為**負偏多角圖**。
- 直方圖是一種長條圖，用以呈現間距量尺或比率量尺的數量資料。
- 枝葉圖類似直方圖，但前者列出各個數值，而不只是長條。
- 常態分布是一種理論上的分布，它是兩端對稱的，而且大部分的分數都集中在中央。
- 分布曲線是將次數多角圖中連接各點的直線變得平緩順暢。
- 常態分布的分布曲線稱為**常態曲線**。常態曲線呈鐘形，而且其中數、眾數與平均數都相等，在同一點上。
- 用來摘要數量資料的集中量數有幾種，其中最常見的是平均數和中數。
- 一項分布的平均數算法是，將所有的分數加總之後，除以分數的個數。
- 一項分布的中數是該分布的正中點，在該數值的上下各有一半的分數個數。
- 眾數是一項分布中最常出現的分數。
- 研究中所謂的**變異性**，是指一個數量變項中所有數值分散的程度。
- 教育研究中最常使用的變異性量數是標準差。
- 另一種變異性量數是範圍，也就是極大值與極小值之間的差距。
- 一個數量變項的分布中，所謂五個數字的摘要包括極小值、第一個四分位數（也就是第 25 個百分位數）、中數（第二個四分位數，也是第 50 個百分位數）、第三個四分位數，及極大值。
- 我們常用盒型圖來表示這五個數字的摘要。

標準分數與常態曲線

- 標準分數利用共同的量尺來說明某個體相較於群體其他個體的地位。最簡單的標準分數是 z 分數。z 分數表達的是，該原始分數距離平均數有多少個標準差。
- 標準分數的主要優點是，在比較不同測量工具所獲得的結果時，它們比原始分數較能提供良好的比較基礎。
- 研究中所謂的機率指的是某事件有多常發生。機率通常以小數表示。

相關

- 相關係數是一種數字型的指標，代表的是兩個數量變項之間關係密切的程度。教育研究最常使用的是皮爾森 r。
- 散布圖是用來描述兩個數量變項之間的關係。

摘要類別資料的方法

- 研究者可用幾種不同的方法來摘要類別變項，包括次數分配表、長條圖和圓形圖。
- 交叉表是以表格方式顯示兩個或多個類別變項之間的關係。

關鍵詞彙

eta（η） 322

T 分數（T scores） 313

z 分數（z score） 309

68-95-99.7 原則（68-95-99.7 rule） 308

中數（median） 301

五個數字的摘要（five-number summary） 304

分布曲線（distribution curve） 300

平均數（mean） 301

正偏（positively skewed） 296

母數（parameter） 287

皮爾森積差相關係數／皮爾森 r（Pearson product-moment coefficient/Pearson r） 322

交叉表／列聯表（crossbreak table/contingency table） 325

年級當量分數（grade-equivalent score） 291

年齡當量分數（age-equivalent score） 291

次數分配表（frequency distribution） 293

次數多角圖（frequency polygon） 294

百分位數（percentile） 304

百分等級（percentile rank） 291

併組次數分配表（grouped frequency distribution） 294

問題討論

1. 你認為下列的相關會是正的，還是負的？為什麼？

　a. 打保齡球的得分與打高爾夫球的得分。

　b. 六年級學生的算術分數與閱讀分數。

c. 5 歲兒童的年齡與體重；70 歲以上老人的年齡與體重。

d. 抽菸的次數與 40 歲以後的平均餘命。

e. 初中生的體型與力氣。

2. 你覺得為什麼這麼多人不信任統計數字？有什麼方法可以減輕這種不信任感嗎？

3. 兩項不同的分布可能有相同的標準差，但平均數不一樣嗎？反之呢？請解釋。

4. 「一個分布的標準差愈大，分布中的分數異質性愈高。」這句話對嗎？請解釋。

5. 「次數多角圖可提供一項分布最完整的資訊。」這句話對嗎？請解釋。

6. 將次數分配表中的分數合併，有其優點，但也有缺點。請各舉幾個例子。

7. 「任何一個原始分數本身並無法告訴我們任何資訊。」你同意嗎？請解釋。

8. 年齡跟力氣之間的關係，是曲線性的。這是什麼意思？這項關係有沒有例外？可能有什麼因素促成例外的產生？

研究練習 10 敘述統計

如果打算做一個量化研究,請指出你想要用哪些敘述統計值,來摘要描述你想蒐集的資料。即使是做質性或混合方法的研究,有些情況下也可提供敘述統計值並做一些資料分析,因為這些資訊可能還是會有益於掌握資料。最後,如果所蒐集的資料中,有跟其他資料非常不一樣的案例或極端值,請說明你將怎麼處理。

問題卷 10 敘述統計

1. 我的研究問句是:＿＿＿＿＿＿＿＿＿＿＿＿＿＿＿＿＿＿＿＿
＿＿＿＿＿＿＿＿＿＿＿＿＿＿＿＿＿＿＿＿＿＿＿＿＿＿＿＿＿

2. 如果你在設計一項量化研究,而且打算使用以下列出的敘述統計值,請在該統計值旁打✔。

次數多角圖＿＿＿　　五個數字的摘要＿＿＿　　　盒形圖＿＿＿

百分比＿＿＿　　　平均數＿＿＿　　中數＿＿＿　　標準差＿＿＿

次數分配表＿＿＿　　長條圖＿＿＿　　圓形圖＿＿＿　　相關係數＿＿＿

散布圖＿＿＿

3. 以下這些方法,如果你會用來描述所發現的關係,請勾選。

a. 比較多個次數多角圖＿＿＿＿

b. 比較集中量數＿＿＿＿

c. 交叉表＿＿＿＿

d. 相關係數＿＿＿＿

e. 散布圖＿＿＿＿

f. 百分比＿＿＿＿

4. 如果在資料分析的過程中,發現到跟其他資料非常不一樣的案例或極端值,你要如何處理?＿＿＿＿＿＿＿＿＿＿＿＿＿＿＿
＿＿＿＿＿＿＿＿＿＿＿＿＿＿＿＿＿＿＿＿＿＿＿＿＿＿＿＿＿
＿＿＿＿＿＿＿＿＿＿＿＿＿＿＿＿＿＿＿＿＿＿＿＿＿＿＿＿＿

這份問題卷(英文版)在線上學習中心(OLC, http://highered.mheducation.com/sites/125991383x)有電子檔。你可以利用電子檔填寫並列印、儲存或以電子郵件寄送。

推論統計

- 推論統計是什麼？
- 推論統計的邏輯
  抽樣誤差／樣本平均數的分布／平均數的標準誤／信賴區間／
  信賴區間與機率／比較多個樣本／兩樣本平均數間差異的標準誤
- 假設檢定
  虛無假設／假設檢定：總整理
- 實務上的重要性相對於統計上的顯著
  單尾檢定與雙尾檢定／評量虛無假設的使用
- 推論技巧
  用於分析數量資料的有母數分析法／用於分析數量資料的無母數分析法／用於分
  析類別資料的有母數分析法／用於分析類別資料的無母數分析法／綜合歸納／統
  計檢定法的檢力

學習目標 >> 讀完本章後，你應該能：

- 解釋何謂「推論統計」。
- 解釋抽樣誤差的概念。
- 簡要描述如何計算信賴區間。
- 說出研究假設與虛無假設之間的差異。
- 簡要描述假設檢定的邏輯。
- 說明「顯著水準」和「統計上顯著」兩者的意義。
- 解釋單尾顯著檢定與雙尾顯著檢定之間的差別。
- 解釋有母數的顯著檢定與無母數的顯著檢定之間的差別。
- 舉出教育研究者使用的有母數檢定法其中三種。
- 舉出教育研究者使用的無母數檢定法其中三種。
- 敘述統計檢定中所謂「檢力」的意義。
- 解釋隨機取樣對於使用推論統計的重要性。

互動與應用學習 在閱讀本章的同時，或讀完本章後：

到線上學習中心（Online Learning Center, OLC），

網址 http://highered.mheducation.com/sites/125991383x：

- 以樣本圖表練習
- 學到更多推論統計的目的

到線上學生精熟活動簿（Student Mastery Activities Book）做
下列活動：

- 活動 11.1：機率
- 活動 11.2：學會閱讀 t 值表
- 活動 11.3：計算 t-檢定的值
- 活動 11.4：做卡方檢定
- 活動 11.5：做 t-檢定
- 活動 11.6：大遊戲

「保羅，我很擔心。」

「怎麼了？珠莉」

「你知道嗎，我是這個小學學區的新數學課程方案的主任，我必須了解這個方案下的學生表現。今年我們會給五年級生做一次測驗。」

「是嗎？所以呢？妳擔心什麼？」

「上星期，我讓湖佛小學五年級的其中一個班級做了一個期末考試。今天拿到結果了。」

「然後呢？」

「你知道嗎？他們的平均分數是 65 分，而滿分是 100 分！當然，這只是一個班而已，但是，我還是很擔心可能所有五年級的班級都這麼糟。」

「不一定啦，珠莉。要看湖佛小學的學生跟妳學區內的其他學生有多類似。你應該要想辦法估算學區內所有五年級生的平均得分，但是不能只從這一班的結果來推斷。」

「你是在講推論檢測嗎？」

「沒錯，你答對了！」

珠莉要怎樣估算呢？閱讀本章後你就可以找到答案。

▌▌▌ 推論統計是什麼？

敘述統計只是研究者用以分析資料的其中一種統計方法。很多時候，研究者會希望依據自己從樣本所獲得的資料，對母群體做推論。要做推論，可以使用推論統計。我們來想想該怎麼做。

假設一位研究者使用坊間的智力測驗對一個有 65 位學生的樣本施測，這群學生是由某個國小學區選出的。她發現這個樣本的平均分數是 85。關於該區整個學生母群體的智力商數，這個平均分數告訴了她些什麼？該區學生的平均智力商數也是 85 嗎？或者，平均而言，該樣本的學生與該區的其他學生有何差異？如果這些學生的確有所不同，是在哪一（些）方面不同？他們的智力商數比較高嗎？還是比較低？

該研究者需要的,是以某種方法來比較該樣本與母群體的智商,才能了解她的樣本學生與學生母群體是否不同,而且如果真有不同,情況又是如何。推論統計就是這樣的一個方法。

推論統計(inferential statistics)包括數種方法,這些方法能讓研究者根據從樣本得到的發現,而對母群體做一些推論。第 6 章我們討論過隨機樣本的觀念,也曾指出取得隨機樣本是很重要的,因為隨機樣本讓研究者較能確定,自己的樣本具有母群體代表性。當樣本具有代表性時,我們認定,樣本擁有母群體所有的特質,而且程度相同。然而,即使是隨機抽樣,也沒有任何一個抽樣法能保證得到完全具代表性的樣本;但如果使用隨機抽樣,獲得代表性樣本的機會將比任何一種抽樣方式都高。而樣本愈具有母群體代表性,研究者就愈有把握認定,自己從樣本中獲得的訊息,在母群體中亦為真。推論統計所做的就是,根據隨機樣本的資料,對母群體做一些推論。

與敘述統計類似的是,不同種類的資料(類別資料或數量資料)需要不同的推論統計法來分析。本章將從適用於數量資料分析的方法開始,因為經由這些方法最能看出推論統計的邏輯,也因為大部分的教育研究都蒐集數量資料。本章最後會介紹一些類別資料的分析法。

▓▓▓ 推論統計的邏輯

假設研究者想了解男女生之間對於歷史的興趣的差異,並假設女生比男生對歷史更有興趣。他決定做下列這個研究以測試假設。他從一個附近的學區選了兩個隨機樣本:一個是 30 位正在修習歷史的男學生,這些學生是從 500 名正在修習歷史的十年級男學生(母群體)中隨機選出的;另一個樣本是 30 位正在修習歷史的女學生,這些學生是從 550 名正在修習歷史的十年級女學生(母群體)中隨機選出的。所有學生都完成一份態度量表,因此研究者現在有兩份資料,一份是男學生的態度量表得分,另一份是女學生的態度量表得分。研究設計如圖 11.1。研究者想知道,男生的母群體和女生的母群體是否有所不同;也就是,男生在態度量表的平均分數與女生在態度量表的平均分數是否有任何差異。但是研究者沒有兩個母群體的平均數,只有兩個樣本的平均數。他必須靠這兩個樣本提供關於母群體的訊息。

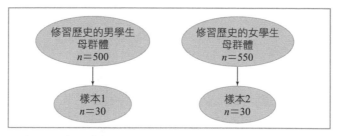

圖 11.1 從兩個不同的母群體中各選出一個樣本

　　如果認定這兩個樣本能代表各自的母群體，這樣做合理嗎？這兩個樣本當然可能具有代表性，因為它們是隨機樣本；但另一方面，這兩個樣本的人數都很少，只占母群體的一小部分，而且，在任何一種特質上，樣本很少能與母群體完全相同。研究者從這兩個樣本所蒐集的資料完全是由樣本裡每位學生提供的資料而決定；如果他再去找兩個隨機樣本（從原來的 500 名男生及 550 名女生的兩個母群體），這兩個樣本的組成會與原先的兩個樣本不同，態度量表得分的平均數也會不同，因此研究者就會有不同的另一套資料。研究者怎樣能夠確定自己選的樣本具有代表性？他不能確定；也許另一個樣本會比較好。

◆ 抽樣誤差

　　樣本不可能與母群體完全相同，這是當我們從樣本獲得資料時，必須面對的基本困境。樣本與母群體之間的差異就稱為**抽樣誤差**（**sampling error**）（見圖 11.2）。再者，沒有兩個樣本會在所有的特質上完全相同，任何兩個從同樣的母群體選出的樣本都不可能完全相同，因為它們是由不同的個體組成，在測驗（或其他測量工具）的得分可能會不同，也可能會有不同的樣本平均數。

　　試想一下美國的高中生這樣一個母群體。我們可以從中選出數以千計的不同樣本，但假設現在我們只從中抽兩個樣本，每個樣本 25 人，測量他們的身高。你認為兩個樣本的平均身高完全一樣的機會有多少？非常非常小。事實上，如果我們抽很多的樣本，要找到兩個平均身高完全一樣的樣本，機會可能還是很小。

◆ 樣本平均數的分布

　　以上的討論似乎意味著，研究者在決定樣本與母群體的同異時，沒有任何

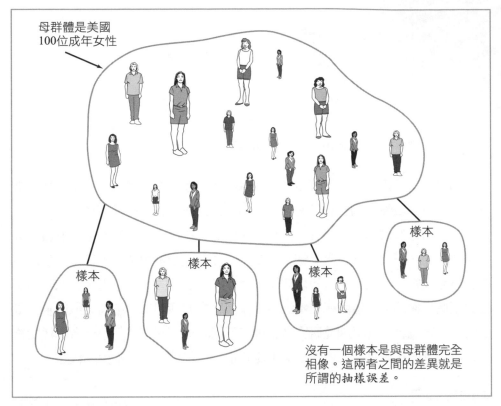

母群體是美國
100位成年女性

樣本

樣本

樣本

樣本

沒有一個樣本是與母群體完全
相像。這兩者之間的差異就是
所謂的抽樣誤差。

圖 11.2　抽樣誤差

的法則可以遵循。幸好情況並非如此。如果從同樣的母群體選出無數個隨機樣本，這些樣本會顯現出一種模式，研究者就能由所選取的樣本，準確地預測母群體的某些特質。

如果我們能從同一母群體選取無限多個隨機樣本（每個樣本所包含的個體數目都相同；也就是樣本數 n 相同），算出每個樣本的平均數，而後把這些平均數畫成次數多角圖，就會發現這些平均數的分配形狀非常眼熟。若有大量的隨機樣本，除非樣本數過小（小於 30）**而且**母群體本身不是常態分布，否則這些樣本所產生的平均數會傾向於常態分布。然而，一旦樣本數達到 30，即使母群體並非常態分布，**樣本平均數的分布**也會非常近似常態（我們知道這並不是很明顯易懂的，如果你想要較多的說明，可參考統計入門教科書）。

就像所有的分布，樣本平均數的分布〔稱為**抽樣分布（sampling distribution）**〕也有自己的平均數與標準差；平均數抽樣分布的平均數（也就是所有

樣本平均數的平均數）等於母群體的平均數。從同一母群體抽取的無限多個樣本中，有些樣本的平均數會比母群體的平均數大，而有些比母群體的平均數小（見圖 11.3），這些差異會互相抵銷，而使得整體的平均數與母群體的平均數相等。讓我們來看一個例子。假設有一個母群體只有三種數值——1、2、3，平均數是 2。現在，將樣本數定為 2，並選出所有可能的組合，會有多少種樣本？答案是九種，也就是（1, 1）、（1, 2）、（1, 3）、（2, 1）、（2, 2）、（2, 3）、（3, 1）、（3, 2）、（3, 3）。這些樣本的平均數各是 1、1.5、2、1.5、2、2.5、2、2.5、3。將這些加總再除以 9（也就是 18÷9＝2），則這些平均數的樣本平均數等於 2，跟母群體平均數相等。

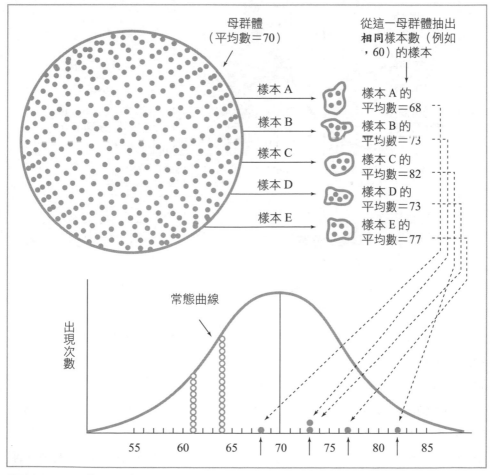

圖 11.3 平均數的抽樣分布

◆ 平均數的標準誤

平均數抽樣分布的標準差稱為平均數的標準誤（**standard error of the mean, SEM**）。因此，像所有的常態分布一樣，68-95-99.7 原則也可以應用在這裡：大約68%的樣本平均數，落在距離母群體平均數上下一個SEM之中；大約95%的樣本平均數，落在距離母群體平均數上下兩個 SEM 之內；大約 99.7% 的樣本平均數，落在距離母群體平均數上下三個 SEM 之內（見圖 11.4）。

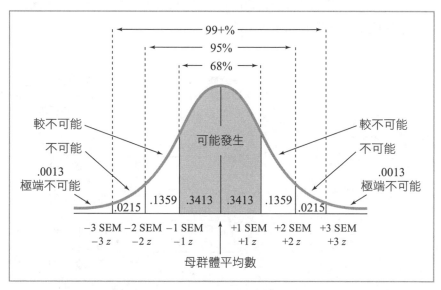

圖 11.4　樣本平均數的分布

如此一來，若我們知道抽樣分布的平均數與標準差，或可以正確估計這兩者，我們就能決定某個樣本平均數是否可能來自某母群體。例如，假設某母群體的平均數是 100，而平均數的標準誤是 10，若某個樣本平均數是 110，則它是落在＋1 SEM 上；若另一樣本平均數是 120，則它是落在＋2 SEM 上；若還有一個樣本平均數是 130，則它是落在＋3 SEM 上，以此類推。

如果從這個母群體抽取樣本，抽出樣本的平均數會超過＋3 SEM 的機會將是很小的，為什麼？因為在常態分布中（別忘了**平均數**的抽樣分布是呈常態分布），所有數值中只有 0.13% 會比＋3 SEM 高。從這母群體中抽取的樣本，平均數是 105 的機會不小，但平均數是 130 的機會卻極微小。

我們可以用 z 分數的概念，描述某個樣本平均數在平均數抽樣分布中的位置。第 10 章我們曾討論過 z 分數，我們現在想要以 z 分數來表示平均數；還記得 z 分數表示的意義是：某個數值與其所屬團體平均數之間的距離，只是這距離是以標準差為單位罷了。在抽樣分布的情況下，z 分數則是告訴研究者，某個樣本平均數距離母群體平均數（也就是平均數抽樣分布的平均數）有多少個標準誤。例如，z 分數是 $+2$（也就是 $+2$ SEM），就表示該平均數比母群體平均數大二個標準誤。該抽樣分布的所有樣本平均數中，大約只有 2% 會比這個 z 分數等於 $+2$ 的樣本平均數高。因此，樣本平均數是 $+2\,z$ 的機會不高。

估計平均數的標準誤 我們如何求得平均數的標準誤？很明顯地，我們不能直接計算而得，因為那就要實際取得無數個樣本，一一取得它們的平均數，再求這些平均數的標準差，[*] 就是平均數的標準誤。但統計學家已經發現了一種簡易的估算法，只要有母群體的標準差與樣本數即可。雖然我們不太可能會知道母群體的標準差，但幸好，這又可以用樣本的標準差**估計**。[†] 要計算 SEM，只要將樣本的標準差除以樣本數減 1 的根號值，即可求得：

$$SEM = \frac{SD}{\sqrt{n-1}}$$

我們複習一下目前為止所介紹的一些基本觀念：

1. 平均數的（或任何其他敘述統計值的）抽樣分布，是在（理論上）獲得無限多個具有相同樣本數的樣本，取得各樣本的平均數（或其他敘述統計值）後，這些平均數（或其他敘述統計值）的分布。

2. 許多情況下（但非所有情況），抽樣分布的型態呈現出常態分布的型態。

3. SEM（平均數的標準誤），也就是平均數抽樣分布的標準差，可利用以下公式估算：將樣本的標準差除以樣本數減 1 的根號值。

4. 如果知道母群體的平均數，則某個特定樣本平均數在抽樣分布中出現的機率，可利用其 z 分數（與母群體平均數的差距以 SEM 為單位表示）在抽樣分布的位置來估計。

---

[*] 如果真有這些平均數，我們就將這些平均數視為個別的數值，利用求標準差的公式計算實際的標準誤。

[†] 由於標準誤是根據估計值再估計出來的，而非根據實際的數值計算，因此在這過程中多了一個不精確的因素。

◆ 信賴區間

現在我們可以利用 SEM 來指出母群體平均數可能的邊界範圍，這種邊界範圍稱為信賴區間（**confidence intervals**）。信賴區間是如何決定的呢？

我們先回到先前一位研究者對一群共 65 位小學學生施以智力測驗的例子。記得她獲得的樣本平均數是 85，而她想以此樣本平均數推論母群體平均數。現在我們可以幫她一點忙。

我們假定已經算出該樣本平均數的標準誤是 2.0。將這個數值與平均數抽樣分布結合，我們可以說，母群體平均數落在 $85 \pm 1.96(2) = 85 \pm 3.92 = 81.08$ 到 88.92 範圍之內的機會有 95%。為什麼是 1.96 呢？因為在常態曲線下，$\pm 1.96z$ 的範圍涵蓋了整個常態分布 95% 的面積。[*]如圖 11.5 所示。[†]

假設這位研究者想要知道一個比 $p = .95$ 更大的區間，讓自己在推論母群體平均數時更有把握，那麼她可以計算 99% 的信賴區間；99% 的信賴區間的計算

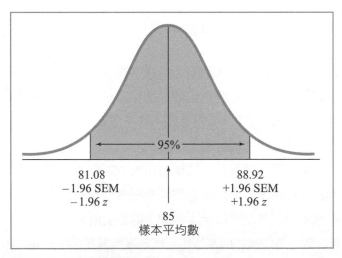

圖 **11.5** 95%的信賴區間

---

[*] 查看附錄 B 的表，你會發覺平均數（0 z）與 +1.96 z 之間的面積是 .4750。將此數乘以 2（平均數的兩邊），就等於 .95，也就是常態曲線整體面積的 95%。

[†] 嚴格說來，將母群體平均數想成是落在樣本平均數的周圍是不恰當的，但實際應用時，我們是以這種詮釋法在使用信賴區間。說明這種做法的合理性所需的背景超出本書的範圍。

方法，與 95% 信賴區間的方法類似。根據常態分布的特質，0.5% 的面積是低於 − 2.58 SEM，而有 0.5% 的面積則是高於 ＋ 2.58 SEM（見第 10 章第 308 頁圖 10.12）。在先前的例子，樣本平均數是 85，SEM 是 2.0，99% 的信賴區間的算法如下：85 ± 2.58(SEM) ＝ 85 ± 2.58(2.0) ＝ 85 ± 5.16 ＝ 79.84 到 90.16 的範圍之間，如圖 11.6。

現在研究者可以約略知道樣本平均數跟母群體平均數差異多大了；雖然她不知道真正的母群體平均數，但是卻可指出它可能存在的「邊界」（見圖 11.7）。這些邊界範圍就稱為**信賴區間**。95% 的信賴區間在常態曲線下所占的面積是整體面積的 95%，而我們也有 95% 的把握認為母群體平均數是落在這個範圍之內。99% 的信賴區間在常態曲線下所占的面積是整體面積的 99%，使得我們有更大（99%）的把握，認為母群體平均數是落在這個範圍之內。* 當然，

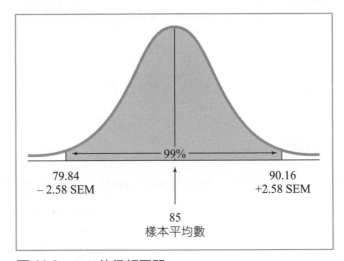

圖 11.6 99%的信賴區間

---

* 注意：「母群體平均數有 95% 的機會是落在樣本平均數的 95% 信賴區間內」的說法是**不對的**。母群體平均數是一個固定的值，而且是「在這個區間內」或「不在這個區間內」。信賴區間的正確觀念是把它想成重複做相同的研究所得的結果。假設我們用另一個樣本重做研究，並為之計算一個 95% 信賴區間。再假設我們這樣反覆做，直到做了 100 次研究，我們得到 100 個樣本平均數，並為每一個樣本平均數計算一個 95% 的信賴區間。就會發現母群體的平均數落在其中 95% 的信賴區間之內，所以我們就大膽下結論，母群體平均數是落在這個區間範圍之內。

圖 11.7 我們可以 99%的肯定

這種把握有可能是錯的,也許母群體平均數不是落在這些區間之內,但機會很小!*

◆ 信賴區間與機率

我們再回到第 10 章所介紹的機率的概念。機率(**probability**)在這裡的意思只是相對出現的機會,或相對頻率。當我們說某件事在 100 次中會發生 5 次,表達的正是機率的觀念;因此可以直接說「機率是 0.05」。因此,先前的例子裡,我們可以說,母群體平均數在 81.08 到 88.92 的範圍(95% 信賴區間)之外的機率是 5%;而在 79.84 到 90.16 的範圍(99% 信賴區間)之外的機率則是 1%。但習慣上機率都以小數表示,因此,我們寫成 $p = .05$ 或 $p = .01$。$p = .10$ 代表什麼呢?†

---

* 母群體平均數落在 95% 信賴區間範圍之外的可能性只有 5%;落在 99% 信賴區間範圍之外的可能性有 1%。類似的推理步驟可用於樣本數小於 30 的情況。

† 表示 100 次中有 10 次的機率。

◆ 比較多個樣本

到目前為止，我們都在討論如何利用單一個樣本資料推論母群體平均數；但更多時候，研究者是要比較兩個或兩個以上的樣本。例如，研究者可能想了解四年級男生與女生對於數學的態度的差別；或者講授法班上的學生與討論法班上的學生在成就測驗的差別，等等。

我們之前所使用的邏輯也能應用到這種情境中。例如，若研究者發現兩個樣本在測驗分數的平均數之間有差異，她會想了解兩個樣本所各來自的母群體之間是否有差異（圖 11.8）。基本上我們問的問題，與一個樣本時的問題是一樣的，只是這時候我們的問題是關於平均數之間的差異：「如果兩個母群體的平均數相同，我們所發現的差異是可能還是極不可能發生的事件？」所發現的差別，有可能只是由於抽樣誤差所造成；如果抽其他的樣本，也許就沒有差異了（也就是所謂「抽籤的運氣」吧）。推論統計也可以在這方面幫助我們做決定。

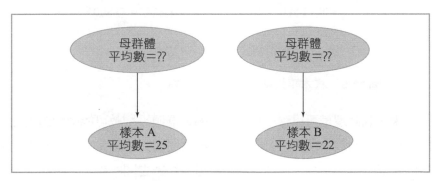

圖 11.8　樣本的差異是反映母群體的差異嗎？[a]

[a] 問題：兩樣本平均數之間 3 分的差異是反映了母群體 A 和 B 之間的差異嗎？

◆ 兩樣本平均數間差異的標準誤

幸好，兩個樣本平均數之間的差異，所形成的分布也可視為屬於常態分布。兩樣本平均數的差異分布也有自己的平均數和標準差：樣本平均數之間的差異所形成的分布（抽樣分布），其平均數等於兩個樣本所各來自的兩個母群體的平均數之間的差異；其標準差稱為差異的標準誤（**standard error of the dif-**

ference, SED），計算公式是：

$$SED = \sqrt{(SEM_1)^2 + (SEM_2)^2}$$

其中 SEM_1 與 SEM_2 表示這兩個樣本（樣本 1 與樣本 2）平均數的標準誤。

　　再一次應用常態分布的觀念：由於是呈常態分布，大約 68% 的兩母群體平均數的差異會落在 ±1 SED 的範圍之內；95% 的兩母群體平均數的差異會落在 ±2 SED 的範圍之內；99% 的兩母群體平均數的差異會落在 ±3 SED 的範圍之內（見圖 11.9）。

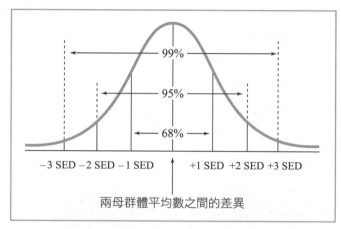

圖 **11.9**　樣本平均數間之差異的分布

　　接下來，我們還是可以應用估計個別的母群體平均數可能範圍的概念，來估計兩母群體平均數的差距之可能範圍；我們需要先估計SED，再利用兩樣本平均數的差異及常態曲線，才能估計母群體平均數之間的差距之可能範圍（信賴區間）。

　　讓我們舉例說明。假設兩個樣本原始分數的平均數差距是 14 分，SED 是 3。就像估計單一母群體平均數的範圍一樣，我們可以估算兩母群體平均數之間的差異可能的範圍。如果我們說兩母群體平均數的差異是在 11 與 17 之間（±1 SED），猜中的機會就約有 68%；如果說兩母群體平均數的差異是在 8 與 20 之間（±2 SED），猜中的機會就約有 95%；若是要有 99% 猜中的機會，我們的猜測範圍就必須相對擴大，猜測的範圍為 5 與 23 之間（±3 SED）。圖 11.10 是這些信賴區間。

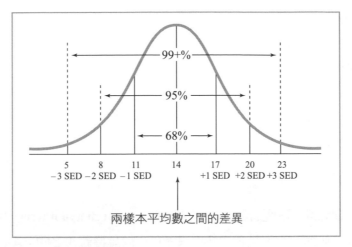

圖 **11.10** 信賴區間

　　若另兩個樣本平均數的差距是 12，SED 是 2，兩母群體平均數的差距範圍在 10 與 14 之間的可能性大嗎？*

▌▌▌ 假設檢定

　　這些觀念與方法要如何應用在研究問句和研究假設？記得研究假設主要是在預測變項間的關係嗎？第 10 章我們介紹過一些找尋變項間存在的關係的方法；在其他章節也曾指出，幾乎所有變項間的關係可由三種方法中的任一種發現：比較平均數、計算相關係數，或做交叉表。從這些方法，我們都會發現或大或小的關係。如果發現了關係，變項在母群體中是否真的也有關係呢？還是這項關係只是由抽樣誤差引起的呢（也就是，也許抽到別的樣本就不會發現有關係）？這時候推論統計又可以幫上忙了。

　　先前討論過的邏輯可以用在任何一種假設的檢定，以及各種檢視資料的方法。也就是，檢定樣本的相關係數與母群體的相關係數之間的差異所使用的方法，基本上跟檢定樣本與母群體的平均數之間的差異相同；我們只要找出相關係數的標準誤即可。檢定交叉表的方法與平均數的方法不同，但邏輯還是相同的，本章稍後會討論。

---

* 還算大，因為兩母群體平均數的差異落在這個範圍之內的機會是 68%。

　　檢定假設時，習慣採用的方法與前一節的方法稍有不同：我們並不去找出母群體平均數（或任何母數）可能的範圍，而是先假定（例如）兩樣本各來自的母群體之間沒有相關（也就是兩母群體的平均數之間沒有差異），然後在這樣的先決條件下，檢視樣本所獲得的值（也就是兩樣本平均數的差異）出現的可能性是多少。換句話說，研究者先形成研究假設，再依據它形成虛無假設；要檢定研究假設，研究者是以檢定虛無假設的方式行之。

◆ 虛無假設

　　你應該還記得，研究者必須在研究假設（**research hypothesis**）中預測研究的結果。許多研究假設都是預測某項關係存在於母群體（之間）；例如：「使用方法 A 的學生母群體平均數，比使用方法 B 的學生母群體平均數高。」

　　虛無假設（**null hypothesis**）則是用以假定母群體之間不存在任何關係；例如：「使用方法 A 的學生母群體平均數跟使用方法 B 的學生母群體平均數，兩者之間沒有差異。」（也就是說兩者之間的差異是零。）圖 11.11 比較研究假

圖 11.11　虛無假設與研究假設

設與虛無假設兩者。

接著研究者就開始檢定虛無假設，他所需要的資訊跟以往相同：確定抽樣分布是常態分布，算出平均數差異的標準誤（SED）。假設檢定使用的步驟與先前計算母群體平均數差異範圍的步驟，兩者不同之處在於：檢定假設時，我們是用零*來作為抽樣分布的平均數（如我們在信賴區間所做的），而非樣本的結果（樣本平均數間的差異）。

接著我們就能計算，如果母群體的差異是零，獲得像樣本結果這樣的值（例如樣本平均數間的差異）機率有多少？使用的方法就是：檢視樣本結果落在抽樣分布上的位置。如果機率很小，研究者就可以拒絕虛無假設，獲得些許證據支持研究假設。這樣的結果稱為**統計上的顯著**（statistically significant）。

何謂「小」？也就是，怎樣才算不太可能？也許你已經在想這個問題了。教育研究領域習慣將發生機率小於 .05（$p \leq .05$）的事件視為不太可能的結果；這就是所謂的 .05 的顯著水準（**level of significance**）。若我們把顯著水準設定在 .05，而且拒絕了虛無假設，就意味著「如果虛無假設為真，那麼我們所得到的結果出現的機率，100 次中只有 5 次或更少次」。有些研究者希望更嚴謹，而將顯著水準設在 .01；這時如果他也拒絕了虛無假設，就表示（如果虛無假設為真）他的研究結果出現的機會，100 次中只有 1 次或更少次。

◆ 假設檢定：總整理

我們來整理一下目前所學到關於假設檢定的原則。研究者若希望檢定假設，他必須採取的步驟程序如下：

1. 陳述研究假設（例如：「使用方法 A 的學生母群體平均數，與使用方法 B 的學生母群體平均數不同」）。
2. 陳述虛無假設（例如：「使用方法 A 的學生母群體平均數，與使用方法 B 的學生母群體平均數，沒有不同」或「兩母群體平均數間的差異為零」）。
3. 決定檢定所需的統計值（例如：樣本 A 的平均數，與樣本 B 的平均數）。
4. 虛無假設為真的條件下，決定所獲得的結果（也就是 A、B 兩樣本平均數的差距）出現的機率。

---

* 事實上，我們可以使用任何一個值，但零是教育研究領域最常用的。

5. 如果機率很小，就拒絕虛無假設，轉而接受研究假設。

6. 如果機率大，就不能拒絕虛無假設，表示研究者不能接受研究假設。

讓我們利用先前的例子：樣本平均數的差距是 14 分，SED 是 3（圖 11.10）。從圖 11.12，我們可以看到，14 在抽樣分布中遠落在 ＋ 3 SED 之外，甚至超出 ＋ 4 SED。因此，如果兩母群體的平均數之間沒有差異（虛無假設），那麼，獲得這樣的結果的機會遠小於 .01。如果樣本平均數的差距是 4，而非 14，我們能不能拒絕虛無假設呢？*

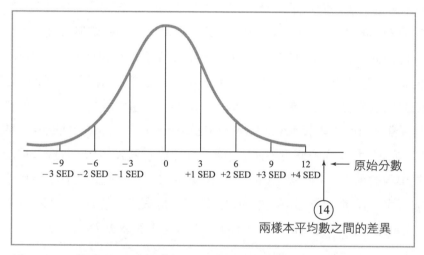

圖 11.12　舉例說明研究者何時會拒絕虛無假設

▌▌▌ 實務上的重要性相對於統計上的顯著

　　即使研究結果在統計上是顯著的，也不一定意味著它在我們的生活或工作中，有任何實際或教育上的價值。統計上的顯著（**statistical significance**）只表示，如果虛無假設為真，研究結果發生的機會小於某個比例，譬如 5%。這又怎樣？要記得的一點是，這僅止於表示我們所觀察到的關係在母群體中可能的確存在，但這不一定表示這種關係很**重要**！通常只要隨機樣本夠大，幾乎任何結果（只要不是等於零）都會被檢定為在統計上達到顯著的水準。因此，也許

---

*　不能，得到差異為 4 的機率很高，比 .05 大很多。

一個很小的相關係數都有可能達到統計上的顯著水準，但**實務上的重要性**（**practical significance**）即使有，可能也很低。同樣地，即使平均數的差異很小，也是可能達到統計上的顯著水準，但在教育上卻幾乎沒有任何重要性。

我們舉幾個例子。假設某一個隨機樣本有 1,000 位美國東岸的高中棒球投手，他們快速球的平均速度是每小時 75 英里，而另一個隨機樣本有 1,000 位美國中西部的高中棒球投手，他們快速球的平均速度則是每小時 71 英里。也許這 4 英里的差異會達到統計上的顯著水準（因為樣本大），但我們懷疑棒球迷會認為這有任何實際的重要性（見圖 11.13）。另一個例子：一位研究員以十一年級的學生為對象，實驗一種新的數學教學法。她發現接受新方法（方法 A）的學生，期末考的平均分數比對照組〔接受傳統方法（方法 B）的學生〕的平均分數高 2 分，而且這個差異值也達到顯著水準。然而我們懷疑，數學教育界會只憑著這 2 分，就立刻鼓勵所有老師採用新方法教數學。如果是你，你會嗎？

諷刺的是，大部分的教育研究所使用的樣本都比較小，這一點倒是在研究結果的實務重要性上占了一個好處。因為，即使母群體真的有差異，小樣本比較難拒絕虛無假設；需要母群體間的差異大一點，研究者才能發現統計上顯著

圖 **11.13** 多少才夠？

的差異。這是因為小樣本使得平均數差異的標準誤（SED）較大，因而需要大一點的差異才能達到統計的顯著水準（見圖11.10）。然而，有時候具有實務上重要性的潛在關係，卻因為樣本小沒有達到顯著水準而被忽略了，這也是有可能的（下一章將更詳細討論這一點）。

詮釋結果時，要非常小心──畢竟，打個比喻，只因為某個廠牌的音響名氣比另一個廠牌大，而且達到統計顯著水準，並不表示所有想買音響的人，都該去買第一種廠牌的音響。

◆ 單尾檢定與雙尾檢定

第5章我們討論過方向性與無方向的假設。陳述方向性的假設，對於假設檢定而言占了一個優勢。我們再利用之前的例子，該例中平均數差異抽樣分布的SED＝3。我們曾詮釋過平均數差異為14時統計上顯著的意義；這麼大的差異，在統計上的顯著是非常明顯的。但如果現在假設這個差異值不是14，而是5.5，要決定是否達到統計顯著的情況，就要先了解研究者的假設是方式性的假設，還是無方向的。如果假設是方向性的，也就是研究者根據理論或先前的研究，事先（在抽取樣本之前）認定某個組的平均數會比較高（例如「使用方法A的學生，平均數會比使用方法B的學生的平均數高」）。

在這種情況下，只有當樣本A的平均分數高於樣本B的平均分數（而且達到統計的顯著水準），研究者的假設才能獲得研究結果的支持。研究者必須事先決定，他要以樣本A的平均數減去樣本B的平均數；即使發現樣本B的平均數比樣本A高出很多，他的假設也不能獲得支持。因此如果樣本A平均數－樣本B平均數＝＋2，至少研究結果的方向是對了，可以繼續做假設檢定；如果樣本A平均數－樣本B平均數＝－2，則方向不對，假設完全沒有獲得研究的支持。由於只有在研究者獲得的差異值是正數時，假設才有獲得結果支持的機會，他就可以只使用抽樣分布正向的一方（尾）來做假設檢定。這就稱為統計顯著性的單尾檢定（**one-tailed test**）（圖11.14）。

在.05的顯著水準（p＝.05）下，只有當樣本平均數之間的差異在一端達到或超過1.65 SED*時，虛無假設才能被拒絕。如圖11.15，整個常態曲線中，

---

* 查看附錄B的常態曲線表，你可以找出1.65 z 之外的面積是.05，也就是曲線下整體面積的5%。

1.65 SED 就是兩個樣本平均數要差距至少大約 5 分。*我們先前得到的差異 5.5，換算成 SED 的單位（也就是 5.5÷3＝1.83）等於 1.83 SED＞1.65 SED，因此，這樣的差異有達到顯著水準，我們得以拒絕虛無假設。

　　如果假設是無方向的，情形會是如何呢？如果假設是無方向的，研究者事先不去預測哪一組的平均數會較高，而只是預測兩組會有差異；這時候只要**任何一端**有顯著差異，研究假設都可獲得支持，這就是所謂的統計顯著性的**雙尾**

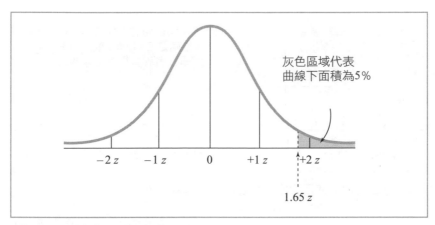

灰色區域代表
曲線下面積為5%

$-2z$　　$-1z$　　0　　$+1z$　　$+2z$

$1.65z$

圖 11.14　單尾檢定的顯著區域

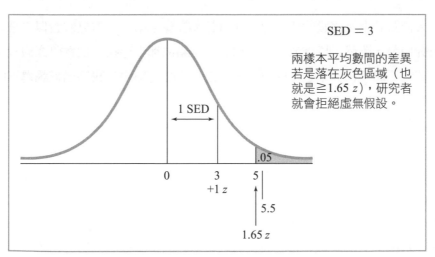

SED ＝ 3

兩樣本平均數間的差異
若是落在灰色區域（也
就是≧1.65 z），研究者
就會拒絕虛無假設。

1 SED

.05

0　　3　　5
　　　$+1z$

5.5

$1.65z$

圖 11.15　單尾檢定，使用樣本平均數間之差異的分布

＊　由於在曲線一端的面積是整體面積的 5%時，恰是 1.65 z，而 SED 是 3，我們將 1.65 乘以
　　3，就是在 1.65 z 這個點的樣本平均數的差異：1.65(3)＝4.95，也就是將近 5 分。

檢定（**two-tailed test**）。如果研究者使用的是 .05 的顯著水準，那麼常態曲線下兩端的面積總和必須是全體面積的 5%，就是兩端必須各留 2.5% 的面積。接續上例，SED＝3，若樣本平均數差異是 5.5，將這個差異數換算成 SED 的單位只有 1.83 SED，不到 1.96 SED，因此我們無法拒絕虛無假設的可能性。差異數必須達到 1.96 (3)＝5.88，才能拒絕虛無假設（見圖 11.16）。

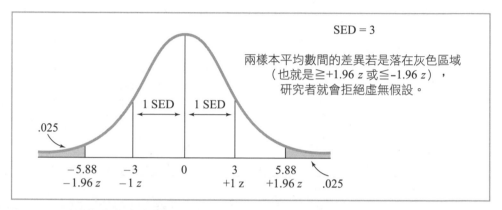

圖 11.16 雙尾檢定，使用樣本平均數間之差異的分布

◆ 評量虛無假設的使用

人們對於虛無假設的使用似乎存有許多誤解：第一，虛無假設似乎常常取代研究假設。雖然，以虛無假設（預測任何關係都不存在）代替研究假設（預測某種關係的存在）不是一件難事，但也沒什麼好理由。我們已經說過，虛無假設只是一種方法上的工具。

第二，.05 或 .01 的顯著水準，並沒有任何神秘奇妙之處，只是許多人習慣用這兩個標準（在某些研究領域，也有人使用 .1 的顯著水準）。例如，若發現某個樣本發生的機率是 .06，就斷言不能拒絕虛無假設，這樣的情況就有點荒謬；而且這樣做很可能犯下所謂的第二類型錯誤（**Type II error**），也就是當虛無假設其實是錯誤的，應該被拒絕，卻沒有將它拒絕。另一方面，第一類型錯誤（**Type I error**）則是當虛無假設其實是對的，研究者卻將之拒絕。例如，在樣本平均數的差異是 14 分的例子裡，我們在 .05 的顯著水準拒絕了虛無假設；這也意味著我們了解，我們的決定有 5%（.05）的機會是錯誤的，也就是說虛無假設（預測母群體的平均數沒有差異）有 5% 的機會是對的，不該被拒

絕。圖 11.17 舉例說明第一類型錯誤與第二類型錯誤的意義,並說明其中的關係。

最後,以零作為檢定的標準並非一定不可變的圭臬。例如,在先前的例子中,我們也可以將虛無假設定為「兩母群體平均數的差異是 1(或 3,或任何數)」,來檢定所得到的值(14,或 5.5,等等)。只以零為檢定的標準有時會產生誤導的作用,誇大了所獲得的關係的重要性。因此我們相信,推論統計應報告的是信賴區間,而非僅止於報告達到顯著水準與否。

	蘇西實際上有肺炎。	蘇西實際上沒有肺炎。
醫師說蘇西的症狀,健康的人中只有 5% 的情況會出現。為了安全起見,他決定要治療蘇西的肺炎。	醫師是對的。蘇西的確有肺炎,而醫師也治好了她。 ☺	醫師是錯的。蘇西根本不必接受治療。而且這次的經驗可能不愉快,費用也昂貴。 第一類型錯誤(α) ☹
醫師說蘇西的症狀,健康者之中有 95% 的人都會出現。因此,依他的判斷,她的症狀只是虛驚一場,他決定不必依肺炎治療蘇西。	醫師錯了。蘇西沒經過治療可能會有嚴重的後果。 第二類型錯誤(β) ☹	醫師是對的。蘇西避免了一場不必要的治療。 ☺

圖 11.17　做推論時犯的第一類型及第二類型錯誤

‖‖ 推論技巧

受限於本書的範圍,我們無法在此一一介紹每一種推論統計的方法,但我們還是會簡短說明一些研究者較常用的統計顯著檢定法,並說明如何做這些檢定。

第 10 章中,我們曾經區別了數量資料與類別資料之間的差異;我們指出,研究者所蒐集的資料類別會影響他所使用的統計分析法。適於分析數量型資料的統計法,通常不適於分析類別資料。

研究者使用的推論法,基本上有兩個類別。有母數分析法(**parametric techniques**)對於樣本所來自的母群體特質做許多的預設;而**無母數分析法**

研究訣竅

RESEARCH TIPS

○ 樣本數

　　許多學生常會希望老師給他們更明確的樣本數原則；但不幸的是，這方面卻沒有簡單的原則。然而，在某些條件下，還是有幾個大原則可遵循。其中最重要的條件就是隨機樣本，但還有一些其他的要求，在統計教科書有討論。假設這些條件都符合了，就能使用以下的大原則。

　　基本上，如果母群體的數值（相關係數、平均數、平均數的差異等）愈大，要達到顯著水準所需的樣本數就愈小（但如果母群體的標準差愈大，要達到顯著水準所需的樣本數卻需要愈大。為什麼？想一想顯著檢定的公式）；如果固定母群體的數值，顯著水準訂得愈嚴苛，所需樣本數就愈大。雖然研究者就是因為要了解母群體的數值才會做研究，因此不可能知道母群體確切的數值，但有時還是可以從相關文獻中，或別的研究者所做但沒有出版的研究報告中，略知大概。

　　以下兩個表，**上表是各種樣本相關係數**的值，在 .05 的顯著水準下要達到統計上顯著所需要的樣本數。

　　下表則是**樣本平均數的差異**需要的樣本數。這些計算必須知道母群體的標準差，或以樣本的標準差做估計值。在這裡，我們假設兩個母群體的標準差都是 15，而且兩個樣本的樣本數相同。

樣本 r 值	.05	.10	.15	.20	.25	.30	.40	.50
所需樣本數	1,539	400	177	100	64	49	25	16

樣本平均數間的差異	2 分	5 分	10 分	15 分
所需樣本數	434	71	18	8

（**nonparametric techniques**）則對於母群體特質不做預設，即使有，也只做非常少的預設。有母數分析法的優點是，它們在統計顯著檢定上的力量（也就是所謂的「檢力」），比無母數分析法的力量大*（也就是使用有母數分析法，研究者較容易拒絕虛無假設），因此如果母群體之間真的有關係存在，使用有母

---

* 本章稍後會討論統計檢定法的檢力。

數分析法時，關係被發現的機會較高。它們的缺點則是，研究者常不能滿足使用有母數分析法所需要的條件（預設）（例如：變項的母群體呈常態分布）。無母數分析法的優點則是，當研究者無法滿足使用有母數分析法所需要的條件時，使用無母數分析法比較安全。

◆ 用於分析數量資料的有母數分析法[*]

平均數的 *t*-檢定 *t*-檢定是一種有母數分析法，它是用來檢定兩個樣本平均數的差異是否達到顯著水準。當研究者不知道母群體的標準差是多少時，必須使用 *t*-檢定。這種檢定所獲得的值稱為 *t* 值（通常稱為「獲得的 *t* 值」）；研究者再將此 *t* 值對照一個統計表（類似附錄 B 的表，但分布的名稱是 *t* 分布，而不是常態分布），以決定是否達到顯著水準。就像之前提過，如果達到 .05 的顯著水準，習慣上就拒絕虛無假設，而結論則是母群體中存有真正的差異。

　　t-檢定有兩種，一種是檢定兩個獨立樣本的平均數之間的差異，另一種是檢定兩個相關樣本的平均數之間的差異。獨立樣本平均數 *t*-檢定（**t-test for independent means**）是用來比較兩個**不同**而無關的樣本。例如，如果隨機選取兩組八年級的學生（每一組31人）分別接受兩種不同的教學法，而後於學期末接受相同的成就測驗，這兩組個別的成就測驗平均數就可以利用獨立樣本 *t*-檢定來比較。如果研究者認為接受教學方法 A 的學生，學期末的成就測驗成績會顯著比接受教學方法 B 的學生高，她因此形成了以下的虛無假設與研究假設：

● **虛無假設**：教學方法 A 的母體群平均數＝教學方法 B 的母體群平均數
● **研究假設**：教學方法 A 的母體群平均數＞教學方法 B 的母體群平均數

　　她發現，接受教學方法 A 的學生，期末的成就測驗平均值是 85，接受教學方法 B 的學生在期末成就測驗平均是 80。很明顯地，兩個樣本的平均值不同。但這樣的差距也可能只是偶然碰巧發生的（也就是抽樣誤差）。關鍵問題是，這些平均數的差距是否**足夠**讓研究者斷定，這樣的差異很可能不是偶然碰巧發生，而是因為兩種教學法實際上的差異。

---

[*] 許多教科書會將適用於各種不同量尺的資料的分析方法做區別（見第 7 章）。結果發現，大部分的情況下，有母數分析法最適用於間距量尺的資料，而無母數分析法則較適用於順序量尺及列名量尺的資料。一般的研究者幾乎都不能確知他們的資料是否適於使用有母數分析法，但還是照用。

利用Excel ➤ 抽取隨機樣本

　　Excel 也可用來從一個母群體抽出一個隨機樣本。以下說明做法。首先，將你的資料（母群體）放在Excel工作表的任何欄內。在**資料（Data）**底下，點擊**資料分析（Data Analysis）**，接著點**抽樣（Sampling）**。在抽樣的對話方塊裡，指出你放置母群體資料的欄位。在「樣本類型」（Type of Sample）下，點選**隨機（Random）**，接著在「樣本數」（Number of Samples）方格中輸入你所想要的樣本數。然後點擊你要放置抽出樣本的儲存格。

　　以下是一個例子。依照以上所說明的步驟，我們輸入「15」，想從有100 個數字的母群體中得到一個有 15 個數字的隨機樣本。母群體所放的位置是 A1:E20，而 G1:G15 是抽出樣本所放的位置。

有 100 個分數的母群體						
列	A	B	C	D	E	F	G
1	67	65	33	98	9		55
2	74	71	36	87	14		67
3	92	92	69	85	51		85
4	77	80	65	57	32		32
5	88	86	58	59	87		73
6	81	78	57	94	98		9
7	73	70	45	91	68		57
8	72	70	45	28	52		65
9	71	78	41	27	21		11
10	90	89	12	65	30		55
11	89	93	11	38	38		67
12	95	96	10	55	37		92
13	80	82	9	56	59		7
14	70	73	58	66	58		46
15	84	85	57	88	46		37
16	67	65	41	71	60		
17	45	73	12	7	80		
18	55	26	13	40	11		
19	62	33	28	32	12		
20	12	11	29	31	29		

隨機
樣本

　　要評估研究假設，研究者做了一個獨立樣本單尾 t-檢定，得到 t 值是 2.18。要在 .05 的顯著水準，自由度 60，t 值至少必須達到 1.67（因為是單尾檢定）。由於所得到的 t 值是 2.18，超過 1.67，在虛無假設的條件下，這樣的值（2.18）不太可能出現，因此決定拒絕虛無假設。研究者的結論則是，兩個平均數之間在統計上有顯著差異；換句話說，兩組的差異不是單純的偶然事件，而是代表兩組在成就測驗得分上的真實差異。

　　我們稍微談一下上例中提到的自由度（**degrees of freedom,** df）。自由度的概念在許多推論統計檢定中頗為重要。基本上，它指的是在次數分配表中，可以「自由變化」的——也就是非固定的——數值。例如，假設你的分布只有三個數值，a、b、c，這三個數值加總必須等於 10。很明顯地，a、b、c 可以有數種不同的組合（像是 3、5、2；1、6、3，或是 2、2、6 等）。但是任何兩個數值一旦被固定住了，第三個數值就不能更動了，也就是不能自由變化了。

　　所以，如果 a＝3 和 b＝5，則 c 一定得等於 2。因此，我們說這個分布的自由度是 2；也就是其中任何兩個數值可以自由變化；但它們一旦固定了，第三個也被固定了。獨立樣本 t-檢定裡，自由度的算法是從**兩組**個數的總和（樣本數總和）減去 2。* 在這個例子裡，有兩組人（兩班八年級的學生），每班 31 人。所以每班有 30 個數值可以自由變化，自由度則是 60。

　　相關樣本平均數 t-**檢定**（t-**test for correlated means**）是用來比較同一樣本在實驗處理前後的平均數差異，用以檢視所得到的任何改變是否顯著；也可用以比較兩組經過精心配對的樣本平均數。還可用以比較**同樣**一組人接受不同實驗處理的結果。

　　以下是一個例子。一位運動心理學家相信，當籃球比賽的比數非常接近時，這時若有罰球（free throws）的機會，焦慮常會讓球員射不進球。她想要探討放鬆訓練對於降低球員在這種情況下的焦慮，及改善罰球表現的效果。她做了以下的假設：

● **虛無假設**：罰球的表現沒有變化。
● **研究假設**：罰球表現會改善。

　　她隨機選取了 15 位球員作為樣本接受訓練。在訓練課程（實驗處理）開始

---

* 如果研究裡只有一組，就從該組的總樣本數減去 1。

之前的一星期，她測量球員的焦慮程度。接著讓球員接受訓練課程。一星期之後再測量一次這些球員的焦慮程度。

她發現，訓練前球員在每場比賽平均投中五個罰球，訓練後則平均七個。她做了重複測量 *t*-檢定，得到 *t* 值 2.43。以單尾檢定的標準，自由度是 14 時，若要在 .05 的顯著水準達到顯著，*t* 值必須至少達到 1.76。因此，她所得到的 *t* 值達到統計上的顯著；她的結論是，這樣的結果不太可能只是出於偶然碰巧的，所以她拒絕了虛無假設，提出放鬆治療可以降低這些運動員的焦慮程度。

變異數分析 當研究者想了解兩組**以上**的平均數之間的差異是否達到顯著水準時，通常會使用所謂的變異數分析（analysis of variance, ANOVA）。變異數分析的概念其實是 *t*-檢定概念的延伸，適用於比較三個或更多組的結果（也可用於比較兩組）。它所計算的是各組的組內變異量和各組間的變異量，並加以比較，而產生所謂的 *F* 值。如同做 *t*-檢定般，研究者將這個 *F* 值與 *F* 分布中的值（也是有表可查，但不在本書範圍之內）相比較，以檢測這些變異量是否達到統計的顯著水準。詮釋的方法也是非常類似 *t* 值的詮釋法，也就是 *F* 值愈大，達到顯著水準的機率就愈高。

例如，假設有位研究者想探討三種頭痛藥的功效。她隨機選取了三組常有頭痛毛病的人（每組 20 人），並做了以下的假設：

● **虛無假設**：三組之間沒有差異。

● **研究假設**：三組之間有差異。

研究者得到的 *F* 值是 3.95。雙尾檢定以這樣的自由度，要在 .05 的顯著水準達到統計顯著，所需的值是 3.17。因此她拒絕虛無假設，並提出了「三種頭痛藥的藥效不同」的結論。

如果只有兩組相比較，*F* 檢定相當於雙尾 *t*-檢定，研究者可藉以判斷是否兩組之間的差異達到顯著水準；但如果研究者比較的不只是兩組，則只做 *F* 檢定並無法確實知道是哪兩組的差異達到顯著水準。這時還要做另一種檢測，稱為**事後分析**（post hoc analysis）。有時研究者探討的自變項不只一個時〔例如**多因子設計**（factorial designs）〕，也必須使用 ANOVA。我們將在第 13 章討論多因子設計。

共變數分析 共變數分析（analysis of covariance, ANCOVA）是將變異數分析稍做一點變化得來的。共變數分析使用的時機是：當參與研究的各組都有

參加前測，這份前測不但跟研究焦點的依變項（也就是後測）有密切關係，而且各組的前測平均數有差異。使用共變數分析，研究者能依據前測調整後測的分數，以彌補各組間原有（在前測上）的差異。前測在此分析中稱為**共變項**（covariate）。後測分數調整的多寡，則決定於各組在前測平均數的差異量及前後測（也就是共變項與依變項）之間的相關。ANCOVA 檢定中可容許數個共變項；因此研究者除了前測之外，還可放入其他與依變項密切相關的變項作為共變項，以調整各組的依變項（我們在第 13 章會進一步討論這點）。ANCOVA 像 ANOVA 一樣，也是產生 F 值，需要查表比較，才能知道組間的差異是否達到統計的顯著水準。

多變項變異數分析 多變項變異數分析（multivariate analysis of variance, MANOVA）與 ANOVA 差異之處只有一點：前者必須有兩個以上的依變項，而後者只能有一個依變項；因此前者可同時了解不同組之間在不同變項上的差異，及這些變項間的相關。只有當研究者相信兩個以上的依變項之間有相關，才使用 MANOVA。同樣地，**多變項共變數分析**（multivariate analysis of covariance, MANCOVA）也是 ANCOVA 的延伸，其所包含的依變項也必須有兩個以上。MANOVA 和 MANCOVA 所計算的值是 **Wilk's lambda**，是與 ANOVA 裡的 F 值意義相同的一種統計值。

相關係數 r 的 t-檢定 r 的 t-檢定（t-test for r）是用以檢測樣本所取得的相關係數值是否顯著，也就是在樣本所來自的母群體，這樣的值是否代表不為零的相關。它跟檢測平均數的 t-檢定類似，只是這裡所要檢測的統計值是相關係數（r），而非平均數之間的差異。r 的 t-檢定會產生一個 t 值（也稱為「所獲得的 t 值」），研究者將此「所獲得的 t 值」與 t 分布的統計機率表比較，以觀察前者是否達統計顯著。就像其他有母數的檢定法一樣，所獲得的 t 值愈大，顯著的可能性愈高。

例如，一位研究者以一般的雙尾檢定法，顯著水準 $\alpha = .05$ 的標準，檢測某群體兩變項之間的相關是否不為零。他隨機選取了 30 人作為樣本。他從特定的統計表（皮爾森相關係數的臨界值）找到 $\alpha = .05$，樣本數 $n = 30$（$df = 28$）時，統計表所列的臨界值（critical value）是 0.361。因此樣本所得到的相關係數的絕對值（不論正負號如何）必須大於等於 0.361，他才能拒絕虛無假設，而說兩個變項間在母群體是有顯著相關的。在 $+0.361$ 和 -0.361 之間的任何係數值，

都被認為可能源於抽樣誤差，因此沒有達到統計顯著。

◆ 用於分析數量資料的無母數分析法

曼－惠特尼 U 檢定 曼－惠特尼 U 檢定（**Mann-Whitney U test**）可說是無母數統計法中用於分析等級資料（ranked data）的 t-檢定。使用這種檢定時，研究者將兩組的分數混合為一，按分數的高低由低而高排列，並以排列的次序取代原來的分數。這時將兩組再重新分開，分別計算兩組的次序之總和。這項測驗最後得到一個 U 值；研究者再將此 U 值與特定的機率表相比較。這種檢定的邏輯如下：如果兩組的母群體基本上是相似的，那麼兩組的次序總和應該相近；如果兩個總和之間的差異很大，就可能達到顯著水準。

克－瓦二氏單因子等級變異數分析 當研究者有兩個以上的獨立樣本時，可用克－瓦二氏單因子等級變異數分析（**Kruskal-Wallis one-way analysis of variance**）檢定這些獨立樣本是否來自相同的母群體。它的方法頗類似曼－惠特尼 U 檢定：先將各組的分數混合，並將之依照分數由小而大排序編號；而後再比較各樣本的次序總和。這種分析法會得到一個 H 值，研究者再將此值與適當的統計機率表比較。

符號檢定 符號檢定（**sign test**）用於分析兩個相關（而非獨立）的樣本。相關樣本表示兩樣本的某些特質是有關聯的。例如，研究者常會努力讓兩樣本的各成員在智商、性別、年齡，或其他變項上的值是相同或非常相似的，因此這兩個是**配對**（matched）樣本；配對的樣本除了在研究或測驗上沒有做配對外，其他變項都盡可能做配對，藉以盡可能確定兩組的差異不是這些變項所造成。相關樣本的另一種例子是同一個樣本的前測與後測的成績（也就是同一樣本經過兩次測驗），換言之，每一個人是在兩個不同的場合施測（如同相關樣本平均數 t-檢定）。

這種檢定非常易於使用。研究者只要查看每一配對中得分較高的是屬於哪一個樣本，比較兩個樣本得到高分者各有幾個。如果兩組得到高分者人數相差不大，則兩者的差異不顯著；反之，如果兩組中得到高分者的人數相差大，則其差異可能會達到統計的顯著水準。同樣地，這一樣是要查適當的統計機率表。

弗里曼二因子等級變異數分析 如果有不只兩個相關樣本時，就能使用**弗里曼二因子等級變異數分析**（**Friedman two-way analysis of variance**），例如

研究者若使用四個配對的樣本，則必須使用這種分析法。

◆ 用於分析類別資料的有母數分析法

比率的 *t*-檢定 分析類別資料時最常使用的有母數檢定法是比率差異的 *t*-檢定（*t*-test for a difference in proportions），也就是檢定某一類別（例如男性）所占的比率是否與另一類別（女性）所占的比率不同。如同平均數的 *t*-檢定，它也有兩種形式，一種是用於兩個獨立的比率，獨立比率 *t*-檢定（*t*-test for independent proportions）；另一種則是用於兩個相關的比率，相關比率 *t*-檢定（*t*-test for correlated proportions）。後者主要用於同樣一群人獲得某種實驗處理的前後，在兩類別的比率分配的改變情形。例如同一群人在聽取了一場演說後，對於某一議題看法的改變情形（聽演說前後，同意者所占的比率）。

◆ 用於分析類別資料的無母數分析法

卡方檢定 卡方檢定（chi-square test）是用來分析類別資料的方法。例如，研究者可能想了解某一學區的男女性教師對於某個即將實施的課程的看法；他訪問 50 位老師，問他們是贊成還是反對該課程。如果男女性老師的意見差異不顯著，那麼我們可以預期，男女性老師贊成（或反對）該課程的比率會相當接近。

卡方檢定主要是比較實際獲得的頻率與預期頻率之間的差異。如果實際獲得的頻率與預期的頻率類似，研究者的結論就是：兩種類別之間沒有顯著差異（在此例即是男女性教師對於該課程的態度沒有顯著不同）。另一方面，若實際獲得的頻率與預期的頻率相差甚遠，則研究者的結論是：兩方的態度（此例）有明顯差異。

如同先前所介紹的一些推論統計法，卡方檢定也產生一個值（χ^2，也就是卡方值）。但卡方檢定並不限定於比較兩變項的預期頻率與實際頻率，還可以比較更多的變項。例如表 10.12 就是一個例子。

計算出 χ^2 後，我們要決定，如果母群體中這些變項之間沒有相關，產生該樣本卡方值的機會有多少？也就是，所獲得的結果是否只是因為所抽到的樣本的關係，而非表示變項在母群體中真的有相關。我們也是藉由查統計機率表（附錄 C 的卡方分布表）來決定。

附錄 C 的卡方分布表中也有一欄的名稱是「自由度」。交叉表中,自由度的算法如下〔假設某個交叉表有三行(row)二列(column)〕:

步驟 1:將交叉表的行數減 1,即 3 − 1 = 2。

步驟 2:將交叉表的列數減 1,即 2 − 1 = 1。

步驟 3:將步驟 1 所得之數與步驟 2 所得之數相乘,即 2×1 = 2。

因此,一個具有三行二列的交叉表,其自由度為 2。

● **列聯係數**。整個過程的最後一個步驟就是計算列聯係數(**contingency coefficient**),以字母 C 表示,我們在第 10 章提過。列聯係數是在測量交叉表中兩變數的相關聯(association)程度。我們在第 12 章會說明如何計算卡方檢定與列聯係數。

列聯係數的詮釋並非完全與相關係數相同;詮釋時必須使用表 11.1。這張表顯示列聯係數 C 在各種不同大小的交叉表時,有不同的上限值。

表 11.1 各種大小的交叉表的列聯係數值

交叉表的大小 (格數)	列聯係數 C 的上限[a]
2 × 2	.71
3 × 3	.82
4 × 4	.87
5 × 5	.89
6 × 6	.91

[a] 行數與列數不相等的交叉表(例如 2×3 或 3×4)中,列聯係數的上限可從表中估計得知。例如,3×4 交叉表的列聯係數上限大約是 .85。

◆ 綜合歸納

表 11.2 列有最常用的推論統計法及其適用之資料種類。

閱讀時碰到這些詞彙,就可參考這張表。這些統計法的數學觀念與計算法雖然大不相同,但有一些最重要的概念是你必須了解的。我們把它們整理如下:

1. 所有推論過程的最終產品都是相同的:說明樣本資料來自母群體的機率。

2. 所有的推論統計法都預設樣本是經由隨機抽樣而來。如果樣本實際並非經由隨機抽樣而來,那麼推論最後關於機率的結論就是錯的,而且我們無法知道錯誤的程度是多少。

3. 推論統計只能協助研究者回答一個問題,那就是:從樣本資料看來,母群體特質可能為何?推論統計並**不能**幫研究者決定這些結果是否有意義或在實務上有用;它們只能指出這些資料可能的擴論程度。

表 11.2　常使用的推論技巧

	有母數	無母數
數量的	獨立樣本平均數 t-檢定	曼一惠特尼 U 檢定
	相關樣本平均數 t-檢定	克一瓦二氏單因子等級變異數分析
	變異數分析（ANOVA）	符號檢定
	共變數分析（ANCOVA）	弗里曼二因子等級變異數分析
	多變項變異數分析（MANOVA）	
	r 的 t-檢定	
類別的	比率差異的 t-檢定	卡方檢定

◆ 統計檢定法的檢力

　　一項統計檢定法的檢力（**power of a statistical test**）就像望遠鏡的放大倍率（power）。天文學家如果以低放大倍率的望遠鏡觀測金星或火星，也許只能看到這些星球像是球形，卻不能看出這些星球間的差異。但如果使用放大倍率較高的望遠鏡，他們就能看到這些星球之間的差異了。統計檢定法的目的是要評估差異，而統計檢定法的檢力（power）就是它有多大的機率可導出正確的結論：當母群體中確實存在差異時，它所導出的結論也是有差異存在。

　　假設一位足球教練想研究一種踢球進球門的新方法。他隨機找了 30 位高中球員，每位都踢 30 個球門球。教練教了他們新方法之後，又接受同樣的測驗（踢 30 個球門球）。接受指導之前，他們踢進球門的平均數是 11.2；接受指導之後，平均數是 18.8，兩者之間差了 7.6。本研究的虛無假設是：任何差異（也就是接受指導前後學生踢進球門的平均數的差異）都只是偶然的，實際母群體的差異是零；我們使用單尾 t-檢定來評估其統計顯著性。

　　假設我們以 .05 作為拒絕此虛無假設的顯著水準，而查表得知，對應於 .05 的臨界值是 5.8，也就是任何比 +5.8 大的值都能讓研究者得以拒絕虛無假設。由於我們從樣本所得到的值是 7.6，因此我們拒絕虛無假設，結論則是球員們接受訓練的前後，踢進球門的成功率有顯著差異（見圖 11.18）。

　　假設我們知道母群體中實際的差異是 8.0，如圖 11.19。圖中深色陰影的區域（也就是小於 5.8 的部分）代表：「使用 5.8 作為臨界值時，不能拒絕虛無假設（現在我們「知道」虛無假設是錯誤的，因為實際差異是 8 而非 0）的機率」；這個區域代表的是：「當虛無假設是錯誤的，而研究者卻無法拒絕虛無

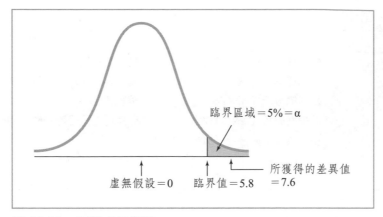

圖 11.18　拒絕虛無假設

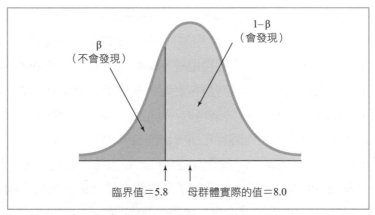

圖 11.19　以某母群體的值作為檢力的舉例說明

假設的機率」也就是β，面積可經由查 t 值表得知。相對地，α的意義是：「當
虛無假設是正確的，但研究者卻拒絕虛無假設的機率」，也就是一般所謂的顯
著水準。而當我們知道母群體的實際值時，統計檢定法的檢力就是淺色陰影的
區域，也就是 1 − β。在本例中，由於實際的值是 8，因此將 t-檢定的顯著水準
p 設為 .05，常無法偵測到實際的差異（檢力不足）。

　　設定不同的母群體實際值，都可以按照這種方法分別算出其統計檢定法的
檢力（1 − β）。如果我們以 x 軸為不同的母群體實際值，每一個實際值所相對
的檢力值為 y 軸，所連成的曲線即稱為**檢力曲線**（power curve），類似圖
11.20。如果比較每一種檢定法在某一特定狀況下所構成的檢力曲線（例如比較
t-檢定與曼－惠特尼 U 檢定），就能了解各個方法在該特定情況下偵測到實際

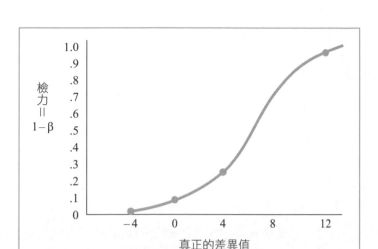

圖 11.20 檢力的曲線

差異的檢力。一般而言，有母數檢定法（例如 ANOVA、*t*-檢定）的檢力通常優於無母數檢定法（例如卡方檢定與曼－惠特尼 *U* 檢定），但並不一定都是這樣。

很明顯，如果可以，研究者會希望使用檢力好的統計檢定法，才能檢測出母群體真實存在的關係。因此，如果可以增加檢力，就應該去做。要怎麼做呢？

除了使用有母數檢定法以外，至少有四種方法可以增加檢力：

1. 利用以下三種方法以減少抽樣誤差：

   a. 增大樣本數：可利用檢力分析法估算所需的樣本數。要估算樣本數 *n*，必須要先估算你想使用的統計方法中所需要的統計量之數值。例如，參見第 389 頁表 12.2 計算 *t*-檢定的公式。*

   b. 利用穩定可信的測量方法，以減少測量誤差。

   c. 限制樣本人口變項的差異（例如，將樣本限縮於九年級生，而非高中生；當然，這也使得分析結果最多只能應用在九年級生，不能泛指高中生），以減少樣本的變異性。

2. 控制外在變項（亦即不在研究範圍，但會影響依變項或與依變項密切相關的

---

* 如果預先有想達到的效量（見第 383 頁）及想要的檢力，有表格可供估算所需的樣本數。亦請見 Lipsey, M. W. (1990). *Design sensitivity: Statistical power for experimental research.* Newbury Park, CA: Sage.

◎ 統計檢力分析可能造成誤導嗎？

統計檢力分析可能誤導研究者嗎？一個例子是，一項研究發現聯邦政府在 1994 年禁止個人擁有具攻擊性武器後的那一年，槍枝殺人案件比預估低了 6.7%。這項差異沒有達到統計顯著。研究者做了一個統計檢力分析後認為，如果這項禁令真的有效果，我們還需要較大的樣本及較長的時間，才能有足夠的統計檢力可察覺槍枝禁令的效果。*

Kleck 反駁說，即使把樣本數增大，把時間拉很長（以增加檢定法的統計檢力），槍枝禁令的效果仍然會是非常小（因為攻擊性武器只占犯罪案件中所使用槍枝的 2%），「我們無法確定偵測出這麼微小的影響。」† 他同意該研究作者的說法，認為所發現的減低可能源於其他因素，像是高犯罪率社區的古柯鹼用量降低（在統計分析時沒有控制到的外在變項）。他問：已經知道這些限制了，這類研究還值得做嗎？Koper 及 Roth 則回答，這類研究還是值得做，因為這類研究非常重要，攸關社會政策議題的最後決策。‡

你認為呢？這類研究值得做嗎？

---

* Koper, C. S. & Roth, J. A. (2001). The impact of the 1994 assault weapon ban on gun violence outcomes: An assessment of multiple outcome measures and some lessons for policy evaluation. *Journal of Quantitative Criminology*, *17*(1), 33-74.

† Kleck, G. (2001). Impossible policy evaluations and impossible conclusions: A comment on Koper and Roth. *Journal of Quantitative Criminology*, *17*(1), 80.

‡ Koper, C. S. & Roth, J. A. (2001). A priori assertions versus empirical inquiry: A reply to Kleck. *Journal of Quantitative Criminology*, *17*(1), 81-88.

變項），因為外在變項會使所研究的關係顯得模糊。

3. 增強實驗處理的效力（如果有做實驗），方法可能是拉長實驗時間。

4. 如果情況合適，利用單尾檢定。

回到本章最前面的**互動與應用學習**所列出的一系列互動與應用活動。到線上
學習中心（OLC, http://highered.mheducation.com/sites/125991383x）
去做小測驗、練習關鍵詞彙，及複習本章內容。

本章重點

推論統計是什麼？

- 推論統計指的是，可容許研究者根據樣本資料為某一母群體做推論的一
  些統計步驟。
- **機率**一詞在研究領域，指的是為某事件會發生的可能性所預測的相對頻
  率。

抽樣誤差

- **抽樣誤差**一詞指的是，重複從同一母群體抽樣時，這些樣本所獲得的統
  計值之間的變異。

樣本平均數的分布

- 平均數的抽樣分布，是一種次數分布，這是將來自同一母群體的非常多
  的樣本所得到的平均數繪製成圖。
- 平均數的標準誤，是平均數的抽樣分布的標準差。平均數間差異的標準
  誤，是指樣本平均數之間的差異所形成的抽樣分布之標準差。

信賴區間

- 信賴區間橫跨樣本統計值（例如樣本平均數）上下的範圍，母群體的母
  數（例如母群體的平均數）被認為會落在這個區間；但這種認定，可能
  有某一定的機率會是錯的。

假設檢定

- 統計的假設檢定，是在假定母群體的實際數值是某個數值的情況下，算
  出某個（研究者所得到的）樣本統計值會出現的機率的一種過程。
- 研究者在研究假設裡，說明自己認為母群體存在的某些變項之間，有怎
  樣的關係。
- 虛無假設通常設定母群體中不存在這種關係。

顯著水準

- 研究領域所謂的**顯著水準**，是指所得到的樣本統計值，完全是由於抽樣誤差的機率。
- 教育研究領域最常使用的顯著水準是 .05 和 .01。
- 統計上的顯著與實務上的重要性並不一定相同。某個結果達到顯著水準，並不意味著它具有（教育）實務上的重要性。

統計顯著的檢定

- 做顯著性的單尾檢定時，只使用抽樣分布半邊的機率，因為研究者做的是方向性的研究假設。
- 做顯著性的雙尾檢定時，則使用抽樣分布兩端的機率，因為研究者做的是無方向的研究假設。

數量資料的有母數檢定法

- 做有母數的統計檢定時，需要對於樣本所來自的母群體之性質做各種預設。
- 分析數量資料時，常用的有母數統計檢定法包括：平均數的 t-檢定、ANOVA、ANCOVA、MANOVA、MANCOVA、r 的 t-檢定。

類別資料的有母數檢定法

- 分析類別資料時最常使用的有母數統計檢定法，則是利用 t-檢定探討兩比率間的差異。

數量資料的無母數檢定法

- 無母數的統計檢定法對於樣本所來自的母群體不做預設，即使有，也是很少。
- 分析數量資料時，最常用的幾種無母數檢定法，包括：曼—惠特尼 U 檢定、克—瓦二氏單因子等級變異數分析、符號檢定、弗里曼二因子等級變異數分析。

類別資料的無母數檢定法

- 卡方檢定是分析類別資料時最常使用的無母數檢定法。
- 列聯係數是一種敘述統計，說明兩個類別變項間關係的程度。

統計檢定法的檢力

- 所謂統計檢定法的檢力就是，如果母群體的母數間的確存有差異，該檢

定法能夠做出正確結論（也就是拒絕虛無假設）的可能性。

● 一般來說，有母數檢定法比無母數檢定法較具檢力，但並非一定如此。

關鍵詞彙

問題討論

1. 「假設永遠不可能被證實，只能被支持。」這句話是否為真？請解釋。

2. 沒有任何兩個樣本的所有特質都是完全相同的。為什麼？

3. 什麼樣的情況下，研究者可能不需要利用推論統計分析資料？

4. 「沒有任何一個抽樣過程能確保得到一個完全具代表性的樣本，即使是隨機抽樣也一樣。」這句話對嗎？請討論。

5. 一項研究的結果可能在實務上具重要性，卻因為沒有達到統計上的顯著水準而被忽略嗎？反之可能嗎？請為兩種情況各舉一例。

研究練習 11 推論統計

請用問題卷 11 指出哪一種推論統計法適用於你的研究。說明你是否將做顯著檢定及／或計算信賴區間。如果不做，請說明原因。如果不打算在你的研究中使用任何推論方法，也請解釋原因。

問題卷 11 推論統計

1. 我的研究問句是：_____

   _____

2. 適合於我的研究的推論統計法是：_____

   _____

3. 說明將使用**有母數**分析法抑或**無母數**分析法，並說明原因。_____

   _____

   _____

4. 說明是否要做**顯著檢定**，並說明原因。_____

   _____

5. 說明是否要計算**信賴區間**，並說明原因。_____

   _____

6. 我的研究不用推論統計法，因為：_____

   _____

7. 我的樣本類型是：_____

   _____

8. 我的研究使用這種樣本，會對我所能使用的推論統計法造成以下的限制：_____

   _____

這份問題卷（英文版）在線上學習中心（OLC, http://highered.mheducation.com/sites/125991383x）有電子檔。你可以利用電子檔填寫並列印、儲存或以電子郵件寄送。

善用統計法

學習目標 >> 讀完本章後，你應該能：

- 比較多組的結果資料時，能應用本章所推薦的幾種方法。
- 探討同一群體內各變項間的關係時，能應用本章所推薦的幾種方法。
- 解釋何謂「效量」。
- 能簡要描述如何使用次數多角圖、散布圖及交叉表來詮釋資料的意義。
- 能分辨研究結果在統計上的顯著及實務上的重要性之間的不同。

互動與應用學習 在閱讀本章的同時，或讀完本章後：

到線上學習中心（Online Learning Center, OLC），

網址 http://highered.mheducation.com/sites/125991383x：

- 更加了解統計上的顯著相對於實務上的重要性

到線上學生精熟活動簿（Student Mastery Activities Book）做下列活動：

- 活動 12.1：統計上的顯著相對於實務上的重要性
- 活動 12.2：合適的方法
- 活動 12.3：詮釋資料
- 活動 12.4：蒐集一些資料

「結果出來了，」塔瑪拉說。「去年我們參與的研究，我拿到了教授的報告。」

「什麼研究？」法莉莎問。兩人正一起開車去愛森豪中學上班，兩人在學校裡教八年級的社會研究。

「妳不記得了嗎？這位大學教授去年要我們幾個教社會研究的老師嘗試一種主題探討教學法。」

「喔，我想起來了。我是實驗組的，我們用了一系列他們設計的主題探討取向的課程。他們後來把學生的成績，跟其他沒有用這些課程的老師所教的班級學生相比較，還有先確認這些學生的能力跟我們學生的能力是類似的。報告說什麼？」

　　「嗯，報告說，跟沒有使用主題探討教學法的班級學生相比，有使用這種方法的班級測驗成績顯著比較高。但我不是很確定這表示什麼。」

　　「表示主題探討法比其他班級的老師所使用的方法好，是嗎？」

　　「不知道耶。我想那要看他們所謂的顯著，是指統計上的顯著而已，還是具有實務上的重要性。」

　　「有什麼差別嗎？」

　　統計顯著跟實務重要性的差別，在討論研究結果時是重要的差異。這是你在本章會學到的觀念之一。

　　你已經對敘述統計法與推論統計法都有點概念了，現在我們要把它們跟實務進一步連結在一起。這些統計法該怎麼用才恰當？該怎樣詮釋才合適？做研究或讀研究報告時，有哪些常見的錯誤是你該注意的？

　　敘述統計法與推論統計法都各有它們正確的用法，但有時兩者的使用方法卻不是很恰當。因此，本章希望討論應如何正確使用先前兩章介紹的敘述統計法與推論統計法。我們將提出一些研究者在考慮使用哪種方法時，應該要考慮的問題。*

▌▌研究的方法

　　許多教育研究不是比較多組之間的差異，就是探討同一群體內各變項之間的關係。而資料的種類不是數量型就是類別型。我們依這兩個面向（研究方法與資料類別）組合，就有四種不同的研究，如圖 12.1。

　　記得，每一個群體都是由個別的單位所組成，而大多數的情況下，這個單位通常是一個人，一個群體則是一群人。但有時候一個單位本身就是指一群人（例如一個班級），這種時候，所謂「一個群體」指的則是一些班級。例如，若研究假設是「教師友善的態度與學生的學習有關」，就必須使用一些班級，測量每個**班級**的教師的「友善態度」與學生的平均學習情況。

---

* 我們了解，並非所有的研究者都會贊同我們提出的意見。

	資料類別	
	數量型	類別型
比較兩個群體或多個群體		
同群體內的變項間有相關		

圖 12.1 資料類別與研究方法的組合

　　有些研究中，同樣的個體會接受兩種以上不同的實驗處理，這時的情況就更複雜一些了。我們要比較這些方法時，並不是比較不同組的人，而是比較不同組的分數，但這些分數是由同一群人在不同的時間接受不同的方法實驗時所獲得的。我們有統計法可以做這樣的比較。第 13 章會進一步討論這一點。

▌▌▌ 比較各群體：數量資料

◆ 方法

　　當我們比較兩個以上的群體的數量資料時，有幾種方法可用：繪製次數多角圖、計算集中量數，和／或計算變異量數（散布）。次數多角圖能透露最多訊息；集中量數是各組表現的有用摘要；而變異量數則告訴我們每一個群體內的變異程度。

　　因此，當分析兩個群體的資料時，研究者必須做的第一件事，就是為每一個群體繪製次數多角圖；次數多角圖能顯示出每一個群體的資料所擁有的資訊，並且協助研究者決定該計算哪些統計值。例如，檢視了次數多角圖之後，研究者可以決定是要計算中數（若資料有偏斜）還是平均數，才會是最合適的集中量數。因此，比較兩群體的數量資料時，我們推薦下列做法：

● **推薦 1**：第一步，畫出每一群體的次數多角圖。
● **推薦 2**：利用次數多角圖決定計算哪一種集中量數。如果多角圖顯示某一端有極端值，就必須計算每一群體的中數而非平均數；或者除了中數外，還要

計算平均數。

◆ 詮釋

一旦計算了敘述統計的值，就必須加以詮釋。這時的工作是要以文字描述多角圖，或這些集中量數透露了些什麼關於研究問句或假設的訊息。一個關鍵問題是：兩組的平均數差異必須有多大才算重要？差異要多大才算真的**有差別**？我們怎麼判斷？相信你還記得，這是第 11 章中我們討論過的，也就是統計上的顯著相對於實務上的重要性之議題。

利用已知團體的資料 可惜的是，在教育研究的領域裡，「差異要多大才算真的有差別」這種訊息非常不易取得。有時，前人的經驗可能幫助我們做這種決定。舉例來說，利用 IQ 分數的一大好處就是，經過這許多年，教育界的人士對它們很熟稔，知道需要多大的差異才有實質上的意義。例如，大多數有經驗的諮商師、行政人員與教師都了解，若兩組智商平均數的差異不到 5 分，這樣的差異即使統計上達到顯著水準，也沒有什麼實用價值；如果智商平均數的差異達到 10 分左右，這樣的差異就具有相當重要的意義。有些研究者則有一個參考架構或參考標準，作為詮釋平均數間差異大小的重要性之參考。其中一種參考標準就是某些**已知團體**的平均數。本書作者之一，曾參加過一個增進批判思考能力的研究。其中一群十一年級的學生接受了一項特別課程一年之後，發現他們的平均分數比一般的十一年級學生高，**並且**與一群大學一年級的學生相近。而比較組學生的平均分數則比這兩個群體（接受特別課程的學生與大一學生）都低。由於接受特別課程的學生在接受一學期的特別課程之後，在第一學期和第二學期間的平均成績進步幅度，又是比較組學生進步幅度的兩倍，因此，經由比較這三種團體的表現後，所獲得的證據顯示，特別課程組學生所獲得的進步具有重要的實質意義。

計算效量 評估平均數差異的重要性，另一種方法是計算所謂的效量（**effect size, ES**）。[*]

效量考慮的是兩平均數之間的差異量，不論該差異是否達到統計的顯著水準。最常用的效量指數稱為 delta（Δ）；它的算法是將兩平均數的差異除以比

---

[*] **效量**一詞概指某一類的統計指數，這些指數的共通目的都是要澄清關係的強度。

較組的標準差。也就是：

$$\Delta = \frac{實驗組平均數 - 比較組平均數}{比較組的標準差}$$

若比較兩組前後測平均的進步分數時，它的公式是：

$$\Delta = \frac{實驗組進步量的平均 - 比較組進步量的平均}{比較組進步量的標準差}$$

進步量（gain score）的標準差算法是：先求出每個人進步了幾分，再按照一般計算標準差的算法，計算其標準差即可。*

　　雖然效量可用來評估兩組平均值的差異強度，但它還是無法替研究者決定所獲得的差異量是否具有實質上的重要性。這就像決定顯著水準一樣，基本上是自行決定。大多數的研究者認為效量是 .50（也就是超過對照組的 0.5 個標準差）或以上，就是重要的發現。由於常態分布下，平均數左右各三個標準差的距離，就包含了該分布的 99% 以上，也就是該組最高分與最低分幾乎都包括在這六個標準差之內了。因此，如果兩組的分數屬於常態分布，效量為 .50 就表示，實驗組的平均分數比對照組高出的程度，約是對照組的（最高分到最低分）分數範圍的十二分之一。當評估兩組平均數之間差異的強度時，我們建議做以下兩件事：

● 推薦 3：如果有可能，將所得的結果與已知團體的平均數相比較。

● 推薦 4：計算效量；將效量大於或等於 .50 的差異詮釋為重要的差異（較小的效量雖然在實務上的重要性也許不高，但也可能有理論上的重要性）。

　　<u>使用推論統計法</u>　要判斷兩組平均數的差異的重要性，第三種方法是利用推論統計法（inferential statistics）。我們常發現，研究者常還沒有檢視多角圖或平均數的差異，就直接計算推論統計值（例如 t-檢定、變異數分析等），而且把推論統計值當作評量結果的重要性的唯一標準。這樣的做法近年來遭受愈來愈多的抨擊，原因如下：

---

* 　還有其他更好的方法可以求得進步量，但我們留待往後幾章再討論。

● 統計推論檢定——好還是不好？

我們對於統計推論所推薦的做法，並不是完全沒有爭議。在這項爭議中，其中一端的觀點，代表人物是 Carver[*] 與 Schmidt[†]，兩人都認為，教育研究界應該禁止使用統計推論檢定。2000 年一項對美國教育研究學會（AERA）會員所做的調查顯示，19% 的會員同意這項觀點。[‡]

另一個極端的觀點則認同 Robinson 與 Levin 的想法，「研究者第一步必須先指出所得到的效應是否為統計上不太可能發生的事，並且，**只有**是統計上不太可能發生的事實，才可以說效應有**多大或多重要**（這項差異會造成改變嗎？）。」[§]

Cahan 則持相反的論述，他認為，要避免對所得到的效應做出讓人誤導的結論，不應使用顯著檢定，而應該使用信賴區間，並且樣本數也要加大。[‖]

1999 年美國心理學會的統計推論工作小組（Task Force on Statistical Inference）所做的決定則建議，不應禁止推論檢定，但研究者「在報告 p 值時，一定都要提供某種效量估計值」，並且進一步建議，「在引述先前的研究時，必須要報告及詮釋效量；這是好研究的**基本**工作」。[#]

你認為呢？教育研究是否應該禁止使用顯著檢定？

---

[*] Carver, R. P. (1993). The case against statistical significance testing revisited. *Journal of Experimental Education, 61*, 287-292.

[†] Schmidt, F. L. (1996). Statistical significance testing and cumulative knowledge in psychology: Implications for training of researchers. *Psychological Methods, 1*, 115-129.

[‡] Mittag, K. C., & Thompson, B. (2000). A national survey of AERA members' perceptions of statistical significance tests and other statistical issues. *Educational Researcher, 29*(3), 14-19.

[§] Robinson, D. H., & Levin, J. R. (January/February 1997). Reflections on statistical and substantive significance, with a slice of replication. *Educational Researcher, 26*, 22.

[‖] Cahan, S. (2000). Statistical significance is not a "Kosher Certificate" for observed effects: A critical analysis of the two-step approach to the evaluation of empirical results. *Educational Researcher, 29*(5), 34.

[#] Wilkinson, L., & the APA Task Force on Statistical Inference (1999). Statistical methods in psychology journals: Guidelines and explanations. *American Psychologists, 54*, 599.

1. 除非所比較的各組都是隨機選取自明確定義的母群體（通常是不太可能），否則研究結果（機率、顯著水準、信賴區間）常會有所偏誤，且我們根本無從得知偏誤的程度。

2. 研究結果受樣本數的影響極大。例如，如果兩組各有 100 人，若兩組的 IQ 平均數相差 4.2 分，這將達到 .05 的顯著水準（假設該標準差像一般的 IQ 測驗一樣，是 15）。雖然在統計上是顯著的，但這樣的差異在實務上的重要性還有待進一步探討。

3. 平均數差異的實際強度，有時會被減到最小，或者被忽略。

4. 推論統計法的目的是要探討研究結果是否能擴論到母群體，而非評量樣本的結果。

　　因此，關於推論統計法的使用，我們推薦研究者做下列四件事：

● 推薦 5：只有在你能使別人相信平均數間差異的強度是很重要時，才考慮使用推論統計法（圖 12.2）。

● 推薦 6：不要用顯著檢定法來評量樣本平均數間差異的強度；只有在判斷樣本的可擴論性時才使用顯著檢定；這才是顯著檢定法的目的。

● 推薦 7：除非所使用的樣本是隨機樣本，否則在詮釋機率和／或顯著水準時，只能把它們視為粗略的指標，不可將它們當作精確的結果。

● 推薦 8：將推論的結果以信賴區間表示，不要僅以顯著水準表示。

圖 12.2　沒有造成差異的差異！

舉例 我們以一個例子說明這類的分析。我們會詳細說明適當的方法及詮釋結果。想像有兩組八年級的學生，一組有 60 人，兩組人在社會研究課程接受了一學期不同的教學方式。其中一組老師使用的是主題探討法，另一組則使用講授法。研究者的假設是主題探討法會讓學生的「解釋技能」進步較多，接受講授法的學生則在這方面進步較少。解釋技能則是由第 8 章的「解釋能力測驗」（見第 230-231 頁）測量。每位學生在學期初與學期末都做了這份有 40 道題的測驗。學生在前測的得分從 3 分到 32 分不等，得分範圍是 29 分。我們求出每位學生的進步量（後測得分－前測得分），表 12.1 列出兩群學生各種進步量的出現次數，圖 12.3 則是以表 12.1 繪製成的次數多角圖。

　　這些多角圖顯示，比較兩組的平均數是合適的，為什麼？* 主題探討組的平均數是 5.6，講授組的平均數 4.4，兩組差異 1.2。這個例子裡，不能把這些跟已知團體的平均數相比，因為沒這種資料。計算效量的結果是 .44，稍微比多數研究者認為具顯著意義的 .50 低一些。但檢視圖 12.3 可發現，不可忽視兩組平均數的差異。圖 12.4 與表 12.2 顯示，主題探討組至少進步 7 分以上的學生有

表 12.1　解釋能力測驗的進步量：主題探討法與講授法

進步量 [a]	主題探討法		講授法	
	次數	累積次數	次數	累積次數
11	1	60	0	60
10	3	59	2	60
9	5	56	3	58
8	7	51	4	55
7	9	44	4	51
6	9	35	7	47
5	6	26	9	40
4	6	20	8	31
3	5	14	7	23
2	4	9	6	16
1	2	5	4	10
0	3	3	5	6
−1	0	0	1	1

[a] 負值表示前測得分高於後測得分。

* 這些多角圖兩端沒有極端值，幾乎是對稱的。

25 位,但講授組只有 13 位(大約只有主題探討組的一半)。在一份 40 題的測驗中進步了 7 分,可謂進步頗大,尤其若考慮前測得分的高低差距只有 29 分,7 分更顯得多。如果我們看的是進步至少 8 分的人數,則主題探討組有 16 人,講授組 9 人。如果以進步 6 分的標準看,主題探討組 34 人,講授組 20 人。我們認為這些差異在這個情況下算是夠大,主題探討教學法在此比講授法好。

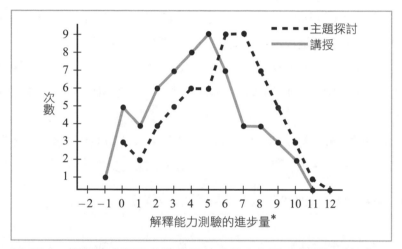

圖 12.3 解釋能力測驗的進步量的次數多角圖:主題探討組與講授組

*負值表示前測高於後測。

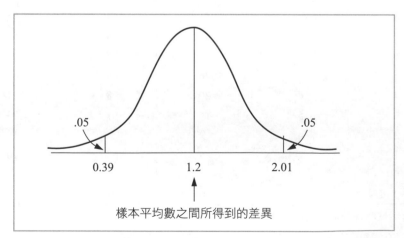

圖 12.4 樣本平均數差異 1.2 分的 90% 信賴區間

表 12.2 表 12.1 的計算

主題探討組						講授組					
進步量	f^a	fX^b	$X-\overline{X}^c$	$(X-\overline{X})^{2d}$	$f(X-\overline{X})^{2e}$	進步量	f	fX	$X-\overline{X}$	$(X-\overline{X})^2$	$f(X-\overline{X})^2$
11	1	11	5.4	29.2	29.2	11	0	0	6.6	43.6	0.0
10	3	30	4.4	19.4	58.2	10	2	20	5.6	31.4	62.8
9	5	45	3.4	11.6	58.0	9	3	27	4.6	21.2	63.6
8	7	56	2.4	5.8	40.6	8	4	32	3.6	13.0	52.0
7	9	63	1.4	2.0	18.0	7	4	28	2.6	6.8	27.2
6	9	54	0.4	0.2	1.8	6	7	42	1.6	2.6	18.2
5	6	30	−0.6	0.4	2.4	5	9	45	0.6	0.4	3.6
4	6	24	−1.6	2.6	15.6	4	8	32	−0.4	0.2	1.6
3	5	15	−2.6	6.8	34.0	3	7	21	−1.4	2.0	14.0
2	4	8	−3.6	13.0	52.0	2	6	12	−2.4	5.8	34.8
1	2	2	−4.6	21.2	42.4	1	4	4	−3.4	11.6	46.4
0	3	0	−5.6	31.4	94.2	0	5	0	−4.4	19.4	97.0
−1	0	0	−6.6	43.6	0.0	−1	1	−1	−5.4	29.2	29.2
−2	0	0	−7.6	57.8	0.0	−2	0	0	−6.4	41.0	0.0
總和		$\Sigma=338$			$\Sigma=446.4$			$\Sigma=262$			$\Sigma=450.4$

$$\overline{X}_1 = \frac{\Sigma fX}{n} = \frac{338}{60} = 5.6 \qquad \overline{X}_2 = \frac{\Sigma fX}{n} = \frac{262}{60} = 4.4$$

$$SD_1 = \sqrt{\frac{f(X-\overline{X})^2}{n}} = \sqrt{\frac{446.4}{60}} = \sqrt{7.4} = 2.7 \qquad SD_2 = \sqrt{\frac{f(X-\overline{X})^2}{n}} = \sqrt{\frac{450.4}{60}} = \sqrt{7.5} = 2.7$$

$$SEM_1 = \frac{SD}{\sqrt{n-1}} = \frac{2.7}{\sqrt{59}} = \frac{2.7}{7.7} = .35 \qquad SEM_2 = \frac{SD}{\sqrt{n-1}} = \frac{2.7}{\sqrt{59}} = \frac{2.7}{7.7} = .35$$

$$SED = \sqrt{(SEM_1)^2+(SEM_2)^2} = \sqrt{.35^2+.35^2} = \sqrt{.12+.12} = \sqrt{.24} = .49$$

$$t = \frac{\overline{X}_1-\overline{X}_2}{SED} = \frac{1.2}{.49} = 2.45 \qquad p < .05$$

$$ES(\Delta) = \frac{\overline{X}_1-\overline{X}_2}{SD_2} = \frac{1.2}{2.7} = .44$$

[a] $f=$ 次數
[b] $fX=$ 次數×分數
[c] $X-\overline{X}=$ 分數 − 平均數
[d] $(X-\overline{X})^2=$ (分數 − 平均數)^2
[e] $f(X-\overline{X})^2=$ 次數×(分數 − 平均數)^2

　　一項推論統計法（獨立樣本平均數 t-檢定）顯示，單尾檢定的 $p < .05$（表 12.2）。[*] 這時研究者下的結論是：兩組間所觀察到的平均差異，1.2 分，這可能不只是因為所使用的樣本而已。至於這項機率是否可被視為正確無誤，則主

[*] 有方向性的假設可使用單尾檢定（見第 356 頁）。

要看這些樣本是否為隨機樣本。圖 12.4 是 90% 信賴區間，*顯示兩母群體的差異值 0 並不在這個信賴區間之內。

▌▌▌ 探討同一群體內各變項間的關係：數量資料

◆ 方法

要探討同一群體內兩個數量變項之間的關係時，適用的統計法是散布圖（**scatterplot**）與相關係數（**correlation coefficient**）。散布圖以視覺化的方式說明所有資料，而相關係數則以數字的方式對資料做摘要。因此分析一群體內的資料時，研究者第一步應該先畫散布圖；散布圖不但將所有的資訊呈現在眼前，而且還能透露，該計算哪一種相關係數〔皮爾森 r 適用於線性相關（**linear relationship**）或稱直線相關（**straight-line relationship**），而當兩變項間的關係呈現曲線相關（**curvilinear relationship**）或曲線的關係（curved relationship）時，則必須使用 η（**eta**）〕。†

想一想圖 12.5 的五種散布圖。這些散布圖的皮爾森相關係數都接近 .50，但是只有在圖(a)時，皮爾森相關係數（$r = .50$）才沒有遺漏任何關係的訊息。皮爾森相關係數低估了圖(b)中的關係，因為這兩個變項之間的關係不是直線，而是曲線；如果計算 η，可以發現兩者的相關高於 .50。至於圖(c)，皮爾森相關係數不能反映出兩者的關係有扇形的特性。在圖(d)，皮爾森相關係數則無法告訴我們，實際上有兩個壁壘分明的小群體。而圖(e)中，如果除去那幾個不尋常的資料，皮爾森相關係數將會大幅降低；因為這幾個不尋常的資料使皮爾森相關係數膨脹了不少。雖然這幾個圖也許有點誇大，但類似的情形常會出現在實際的資料中。

---

* 從 1.65 SED 開始，常態曲線右邊的尾端占 0.5% 的面積。1.65 (SED) = 1.65(.49) = 0.81。1.2 ± 0.81 的區間範圍是 0.39 到 2.01。這是 90% 信賴區間。用 1.65 而不用 1.96 是合理的，因為研究者**只**關心**正**的增量（單尾檢定）。當然，95% 或任何其他的信賴區間也是可以用的。

† 由於這兩種相關都描述關係的強弱，它們也都是效量的一種（見第 383 頁的註腳）。

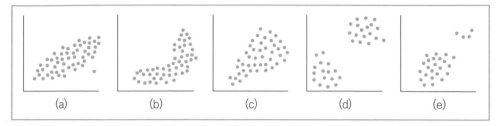

圖 12.5 皮爾森相關係數 $r = .50$ 時，各種可能的散布圖

　　因此，在探討同一群體內各變項間的關係時，我們推薦以下三點做法：

● 推薦 9：第一步先做散布圖。
● 推薦 10：利用散布圖呈現的形狀，決定選用哪一種相關係數。
● 推薦 11：詮釋結果時，**同時**利用散布圖與相關係數。

◆ 詮釋

　　詮釋相關係數與散布圖時，也會碰到類似詮釋平均數差異的問題。相關係數必須多高，兩者的關係才算**重要**？兩者的關係若是重要，呈現於散布圖會是怎樣的情形？

　　做研究或是評量研究並不是只照著規則去做就可以；做研究或評量研究必須先獲得許多的知識與資訊後，才能下決定。判斷一個相關係數時，我們必須先判斷它是否適用於該筆資料，就像我們判斷圖 12.5 的各種散布圖一樣，例如，若散布圖顯現出來的不是線性關係，就不能利用皮爾森相關係數。如果散布圖是類似圖 12.5(a)，那麼皮爾森相關係數就是合適的統計值，多數的研究者也會同意表 12.3 中對於皮爾森相關係數強度的詮釋。

表 12.3 檢定研究假設時，如何詮釋所獲得的相關係數

r 的強度	詮釋
.00 到 .40	除非是特別的情況，否則無任何實際的意義；也許有理論的價值 [a]
.41 到 .60	具有實質的意義及理論的價值
.61 到 .80	非常重要的相關，但教育研究中極少出現
.80 以上	可能是計算錯誤；若否，則是變項間具有極高的相關性

[a] 若是從一個很大的母群體選取極少的人，這樣小的相關也可能具有預測的價值。

利用推論統計法來判斷相關的強度，就像利用推論統計法判斷平均數間的差異強度一樣，都是常見而錯誤的做法。因為相關係數就像其他的推論統計法一樣，其所使用的樣本愈大，愈容易達到顯著水準。例如，如果樣本數是 100，相關係數只要 .20，就能達到雙尾檢定 .05 的顯著水準。因此，在詮釋相關係數與散布圖時，我們推薦下列各項做法：

● **推薦** 12：詮釋散布圖時，如果發現兩變項間的關係是線性相關，可以在圖上畫一條直線，盡量使這條直線靠近所有的點；如果所有的點距離這條直線愈近，表示兩變項間的線性相關（也就是皮爾森相關係數）愈高。[*]

● **推薦** 13：只有在你能使別人相信該樣本所發現的關係很重要時，才考慮利用推論統計法。

● **推薦** 14：不要用統計顯著檢定法來評估變項間關係的強度，只用它們來判斷樣本的可擴論性。

● **推薦** 15：除非樣本是隨機樣本，否則所獲得的機率或顯著水準都必須詮釋為概略的指標，而非精確的數值。

● **推薦** 16：將推論的結果以信賴區間表示，而勿僅以顯著水準表示。

舉例 我們舉一個例子說明如何分析兩變項間是否有關係。假定一位研究者想測試以下的假設：諮商個案經過六個月的諮商後，其婚姻滿意度的改善程度跟開始進行諮商時的自尊有相關；也就是說，開始諮商時自尊較高的人，預期他們在六個月的治療後，對婚姻滿意度的進步幅度會比開始諮商時自尊較低者為大。研究者找了一群個案，共 30 人，每位在進行諮商之間都填寫了自尊量表及婚姻滿意度量表。六個月的諮商結束之後又再填寫一次婚姻滿意度量表。資料列於表 12.4。

表 12.4 所列的計算並沒有想像中的難。以下是我們算出 $r = .42$ 所使用的步驟：

1. 將 n 與 ΣXY 相乘：$30\,(7,023) = 210,690$
2. 將 ΣX 與 ΣY 相乘：$(1,007)\,(192) = 193,344$
3. 以步驟 1 的結果減去步驟 2 的結果：$210,690 - 193,344 = 17,346$
4. 將 n 與 ΣX^2 相乘：$30\,(35,507) = 1,065,210$

---

[*] 試試在圖 12.5 畫直線。

表 12.4　自尊得分與婚姻滿意度改善幅度

個案	諮商前的自尊得分(X)	X^2	諮商後婚姻滿意度的改善幅度(Y)	Y^2	XY
1	20	400	-4	16	-80
2	21	441	-2	4	-42
3	22	484	-7	49	-154
4	24	576	1	1	24
5	24	576	4	16	96
6	25	625	5	25	125
7	26	676	-1	1	-26
8	27	729	8	64	216
9	29	841	2	4	58
10	28	784	5	25	140
11	30	900	5	25	150
12	30	900	14	196	420
13	32	1024	7	49	219
14	33	1089	15	225	495
15	35	1225	6	36	210
16	35	1225	16	256	560
17	36	1269	11	121	396
18	37	1396	14	196	518
19	36	1296	18	324	648
20	38	1444	9	81	342
21	39	1527	14	196	546
22	39	1527	15	225	585
23	40	1600	4	16	160
24	41	1681	8	64	328
25	42	1764	0	0	0
26	43	1849	3	9	129
27	43	1849	5	25	215
28	43	1849	8	64	344
29	44	1936	4	16	176
30	45	2025	5	25	225
總和 (Σ)	$\Sigma=1,007$	$\Sigma=35,507$	$\Sigma=192$	$\Sigma=2,354$	$\Sigma=7,023$

$$r = \frac{n\Sigma XY - \Sigma X \Sigma Y}{\sqrt{[n\Sigma X^2 - (\Sigma X)^2][n\Sigma Y^2 - (\Sigma Y^2)]}} = \frac{30(7023) - (1007)(192)}{\sqrt{[30(35507) - (1007)^2][30(2354) - (192)^2]}}$$

$$= \frac{210690 - 193344}{\sqrt{(1065210 - 1014049)(70620 - 36864)}} = \frac{17346}{\sqrt{(51161)(33756)}}$$

$$= \frac{17346}{\sqrt{1726990716}} = \frac{17346}{41557} = .42$$

5. 取 ΣX 的平方：$(1,007)^2 = 1,014,049$

6. 將步驟 4 的結果減去步驟 5 的結果：$1,065,210 - 1,014,049 = 51,161$

7. 將 n 與 ΣY^2 相乘：$30\,(2,354) = 70,620$

8. 取 ΣY 的平方：$(192)^2 = 36,864$

9. 將步驟 7 的結果減去步驟 8 的結果：$70,620 - 36,864 = 33,756$

10. 將步驟 6 的結果與步驟 9 的結果相乘：$(51,161)\,(33,756) = 1,726,990,716$

11. 取步驟 10 的平方根：$\sqrt{1,726,990,716} = 41,557$

12. 拿步驟 3 的結果除以步驟 11 的結果：$17,346\,/\,41,557 = .42$

　　利用表 12.4 呈現的資料，研究者畫了一個散布圖，發現了兩件事。第一，開始時自尊較高的人，相較於自尊較低者，婚姻滿意度傾向有較大幅度的改善。第二，兩者的關係似乎較適合以曲線相關來描述──也就是說，自尊高**或**自尊低的人，比自尊在中等程度的人，在婚姻滿意度上的改善幅度較小（記得，這只是編造的資料）。皮爾森相關係數是 .42，而所得到的 η 值則達 .82，顯示兩者間的相關極高。但由於 η 的計算比較複雜，我們沒有計算 η 的值。自尊與改善程度之間的關係顯示於圖 12.6 的平滑曲線。

　　研究者接著計算的推論統計值（r 的 t-檢定），看 $r = .42$ 是否顯著。

$$r\text{的標準誤} = \mathrm{SE}_r = \frac{1}{\sqrt{n-1}} = \frac{1}{\sqrt{29}} = .185$$

$$t_r = \frac{r - .00}{\mathrm{SE}_r} = \frac{.42 - .00}{.185} = 2.3; \, p < .01$$

如你所見，t 值是 2.3，單尾檢定的機率是 $p < .01$。如果檢視資料前就已經預測了關係的方向（正相關），就可使用單尾檢定。η 的機率則需要用雙尾檢定（除非研究者事前有經由圖 12.6 預測曲線的形狀）。η 值 .82 在 $p = .01$ 的情況下也是顯著的；顯示所發現的這項關係不太可能是恰巧由於所使用的樣本特殊而已；但到底這些機率是否正確，則要看樣本是否為隨機樣本。圖 12.7 是為所獲得的 r 值所繪製的 95% 信賴區間。

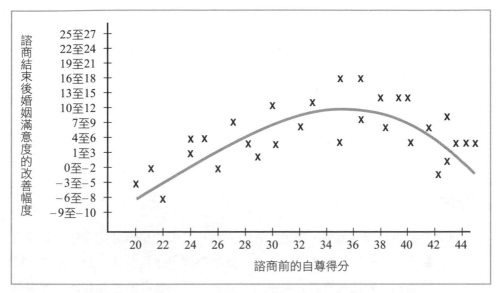

圖 12.6 散布圖說明諮商個案起始的自尊與婚姻滿意度的改善幅度間的關係

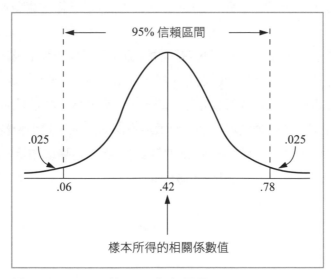

圖 12.7 *r* = .42 的 95% 信賴區間

▌▌▌ 比較各群體：類別資料

◆ 方法

當樣本資料是以類別資料呈現時，我們可以利用交叉表中的百分比（比率）或次數（頻率）來比較群體間的差異。表 12.5 是一個假想的例子。

◆ 詮釋

我們必須小心觀察摘要（描述）性質的資料，即使是百分比亦然。有時百分比也會騙人（例如樣本數極少時），因此如果提供了百分比，還必須提供樣本數，才能確知百分比間差異的重要性。例如，第一眼看去，表 12.5 的發現似乎很重要，但如果知道這個樣本包含 60 位女性與 10 位男性，你就不會覺得它有什麼重要性了。表 12.6 以交叉表形式呈現了表 12.5 各組的實際人數，而不是百分比。

表 12.7 是另一個假想的例子，它探討教師性別與其任教年級之間的關係。你可以看見，男老師最多的年級是七年級，而女老師最多的年級則是四年級。但是我們必須問的是：這些次數分配之間的差異要多大，才能確定它們具有重要的價值？類別變項的限制之一是：要做這方面的評估，類別資料比數量資料更難做。可能的辦法之一是：檢視先前其他研究者的經驗或知識。表 12.7 的確暗示，男老師的比例似乎隨著年級的升高而升高，但是，這樣的趨勢夠明顯、值得重視嗎？

表 12.8 顯示相同但卻沒有這麼明顯的趨勢。也許先前某位研究者的經驗或研究顯示：每當同一年級內的差異達到 10% 以上時，性別的差異就變成一個重要預測變項。但是這樣的資訊不易取得，因此我們必須考慮使用**列聯係數**這個摘要統計法（見第 11 章第 368 頁）。要計算列聯係數，**必須**將資料以交叉表（又稱列聯表）的方式呈現；而列聯係數的計算卻很容易，用手算或用電腦都可以。但是列聯係數的詮釋卻不如相關係數那麼簡單明瞭，因為在詮釋時，我們還必須考慮交叉表中一共有幾格，才能決定它所代表的是高相關還是低相關。儘管如此，我們還是建議使用它。

表 12.5 性別與政治偏好（百分比）

	男性百分比	女性百分比
民主黨員	20	50
共和黨員	70	45
其他	10	5
總和	100	100

表 12.6 性別與政治偏好（人數）

	男性	女性
民主黨員	2	30
共和黨員	7	27
其他	1	3

表 12.7 教師性別與任教年級：第一種情形

	四年級	五年級	六年級	七年級	總和
男性	10	20	20	30	80
女性	40	30	30	20	120
總和	50	50	50	50	200

表 12.8 教師性別與任教年級：第二種情形

	四年級	五年級	六年級	七年級	總和
男性	22	22	25	28	97
女性	28	28	25	22	103
總和	50	50	50	50	200

也許是因為這方面的困難度，大部分的研究者在利用交叉表或百分比報告研究結果時，都不用列聯係數，而使用推論統計法來評估關係的強度。如果所用的不是隨機樣本，這樣的做法會遭遇到在數量資料的情況下相同的問題。因此，分析類別資料時，我們推薦以下做法：

- 推薦 17：將資料做成交叉表。
- 推薦 18：算出列聯係數，以了解資料中可能存在的關係或趨勢。
- 推薦 19：不要用顯著檢定來評估關係的強度；用顯著檢定來判斷資料的可擴論性。
- 推薦 20：除非使用的樣本是隨機樣本，否則應將機率或顯著檢定的結果詮釋為概略的值，而非精確的數值。

舉例 我們再用一個例子來分析，這次是比較兩組的類別資料。我們回到表 12.7 與表 12.8 來說明分析類別資料時所推薦的步驟。先看表 12.7。由於 200 位老師中，四到七年級每一年級有 50 位老師（占 25%），因此可以預期，**每一個年級的男老師**，都會占所有男老師的 25%，而**每一個年級的女老師**，也都會占所有女老師的 25%。在這所有的 200 位老師中，80 位是男性，120 位是女性，因此，每一個年級預期的男老師人數會是 20 位（80 的 25%），而每一年級預期的女老師人數是 30 位（120 的 25%）。這些預期的次數（期望值）在表 12.9 的括號裡。接著算出列聯係數為 .28。

表 **12.9** 教師的性別與年級交叉表，加入期望值（使用表 12.7 的資料）

	四年級	五年級	六年級	七年級	總和
男性	10(20)	20(20)	20(20)	30(20)	80
女性	40(30)	30(30)	30(30)	20(30)	120
總和	50	50	50	50	200

參考第 11 章第 368 頁的表 11.1，我們估計，一個 2×4 的表格裡，列聯係數的上限是 .80。因此，這裡的列聯係數值 .28，顯示兩變項間的關係程度不高；所以就不建議檢測顯著程度。但如果檢測顯著程度，再去查卡方機率表，自由度（df）等於 3 時，計算所得的卡方值至少需要 7.81 才能達到 .05 的顯著水準。計算所得的卡方值則是 16.66，表示所發現的關係雖然小，但卻可能實際存在於樣本所來自的母群體。[*]這個例子也看到了統計上的顯著與實務上的重要性之間的差異。我們所得到的相關是 .28，達到統計顯著，但在實務上可能無甚重要意義。大多數的研究者會認為相關係數 .28 在實務上沒有什麼重要性。

如果我們也為表 12.8 做相同的分析，可算出列聯係數為 .10。這樣的相關對所有實務上的用途而言，更是完全沒有意義。但如果我們想看看它是不是達到統計的顯著水準，經過計算與查表，就會發現得到的卡方值是 1.98，遠低於卡方機率表所要求的 7.81；所以沒有達到統計的顯著水準。

以表 12.9 的資訊計算卡方值並不難，步驟如下：

---

[*] 假定是隨機樣本。

1. 計算第一格（四年級的男老師）：將實際觀察值（O）減去期望值（E）：

   $(O-E)=10-20=-10$

2. 將步驟 1 的結果平方：$(O-E)^2=(-10)^2=100$

3. 步驟 2 的結果除以期望值 E：$\Sigma \dfrac{(O-E)^2}{E}=\dfrac{100}{20}=5.00$

O	E	$O-E$	$(O-E)^2$	$\dfrac{(O-E)^2}{E}$	
10	20	-10	100	100/20	$=5.00$
40	30	10	100	100/30	$=3.33$
20	20	0	0	0	$=0$
30	30	0	0	0	$=0$
20	20	0	0	0	$=0$
30	30	0	0	0	$=0$
30	20	10	100	100/20	$=5.00$
20	30	-10	100	100/30	$=3.33$

4. 為每一格的資料都重複這個動作。

5. 將所得到的值加總：$5.00+3.33+5.00+3.33=16.66=\chi^2$

6. 要計算列聯係數，使用以下的公式：

$$C=\sqrt{\frac{\chi^2}{\chi^2+n}}=\sqrt{\frac{16.66}{16.66+200}}=0.28$$

▌▌▌ 探討同一群體內各變項間的關係：類別資料

　　雖然之前我們討論的是比較群體間的差異，但同樣的思考與方法可用於探討同一群體內各變項間的關係。稍微想想就知道是為什麼：我們所有的方法都是一樣的──百分比或交叉表。如果研究假設是：大學生的性別與他們的政治偏好有關。要檢定這項假設，必須將大學生樣本的資料按性別與政治偏好分類，這時我們就會得到類似表 12.6 的交叉表。由於像這樣的假設檢定都必須將資料做成交叉表，因此使用的統計法都是相同的，不論我們是將資料看作同一群體還是兩個以上的群體。

　　表 12.10 整理了類別資料與數量資料最常用的各種統計法，包括敘述統計與推論統計。

表 12.10　常用的統計法摘要

	資料種類	
	數量型	**類別型**
比較兩組或多組：		
敘述統計	• 次數多角圖 • 集中量數 • 散布 • 效量	• 百分比 • 長條圖 • 圓形圖 • 交叉（列聯）表
推論統計	• 平均數的 t-檢定 • ANOVA • ANCOVA • MANOVA • MANCOVA • 信賴區間 • 曼－惠特尼 U 檢定 • 克－瓦二氏單因子等級 　變異數分析 • 符號檢定 • 弗里曼二因子等級變異數 　分析	• 卡方檢定 • 比率的 t-檢定
研究同群體內的變項間的關係：		
敘述統計	• 散布圖 • 相關係數（r） • eta	• 交叉（列聯）表 • 列聯係數
推論統計	• r 的 t-檢定 • 信賴區間	• 卡方檢定 • 比率的 t-檢定

細說研究

MORE ABOUT RESEARCH

詮釋統計數值

- 假設有一位研究者發現，喝葡萄柚汁與後來發生關節炎的相關是 .08，而且達到顯著水準，這是可能的嗎？【很有可能。若樣本是來自隨機抽樣，而且樣本數在 500 左右，相關係數等於 .08，就會通過 .05 的顯著水準檢定。但由於相關極低（還有其他沒有控制的因素），我們不會因為這 .08 的相關而不喝葡萄柚汁。】

- 研究發現，某個介入型計畫下的兒童的平均智力商數，較之於沒有進入計畫之前高出了 12 分，但這項結果卻沒有通過 .05 的顯著水準檢定。這項研究報告會引起你多少注意？【我們會極關心這項研究。平均智力商數增加 12 分是很多的，如果有類似的計畫也獲得相同的結果，則這樣的結果是非常重要的。基本上，這個研究沒有達到顯著水準，最大的原因可能是樣本數太小。】

- 假設某個民意調查詢問選民比較喜歡民主黨候選人還是共和黨候選人，結果發現，52% 的選民比較喜歡民主黨候選人，48% 的選民則支持共和黨候選人。以顯著水準 .05 計算，誤差幅度（margin of error）是 2%。你認為這樣的差異算是重要嗎？【這項結果的一個詮釋方法是，這項差異是出於偶然碰巧的機率小於 .01。* 四個百分點的差異，在實務上是非常重要的，因為兩人選舉中，只要有一方獲得 51% 的票數，就算贏了。1948 年美國總統大選時，出現了一個非常相似的預測，但結果證實預測錯誤，杜魯門擊敗杜威。原因有說是樣本不是隨機選取的，所以不具代表性，及／或許多選民在投票前改變了主意。】

---

* 百分點的 SE 必須是把 2.00（誤差幅度）除以 1.96（顯著程度是 .05 時所需要的標準差個數值），結果大約是 1。差異的標準誤（SED）則是（$1^2 + 1^2$）的平方根，也就是 1.4。48% 跟 52% 之間的差異是 4%，除以 1.4（即 SED），得到 2.86；在虛無假設（兩百分比沒有差異）成立的情況下，這個數值出現的機率小於 .01。

▮▮▮ 推薦事項總整理

你也許已經注意到，不論使用的統計方法是什麼，我們推薦你做的事項基本上都相同。為了要強調這些事項的重要性，我們希望在此以統整的方式重述一次。

我們推薦研究者：

- 計算摘要性的統計值時，先將資料繪製成圖。特別注意是否有極端數值（outliers）。
- 利用圖表與摘要性統計值來詮釋研究結果。
- 盡可能利用外在的標準〔例如先前（其他研究者）的經驗或已知團體所得的數值〕來評估一項關係的強度。
- 評估效量（包括相關係數）的強度時，使用專家間的共識。
- 只有在能讓讀者相信你的研究發現的關係具有重要價值時，才使用推論統計法。
- 推論統計法只用於評估研究結果的可擴論性，不應將之用於評估關係的強度。
- 當所使用的樣本並非來自隨機抽樣時，將推論統計所產生的機率或顯著水準視為概約的指標，而非精準的數值。
- 務必報告信賴區間，不可僅報告顯著水準。

最後，關於有母數統計法與無母數統計法之間的區別，我們也要提供一個建議。由於電腦的發達與普及，計算各種統計數值已經是既簡單又迅速的事，因此，我們建議研究者：

- 利用有母數與無母數統計法**兩者**來分析資料；如果結果一致，對於結果的詮釋將更有力。若結果不一致，即討論可能的因素。

OLC　回到本章最前面的**互動與應用學習**所列出的一系列互動與應用活動。到線上
學習中心（OLC, http://highered.mheducation.com/sites/125991383x）
去做小測驗、練習關鍵詞彙，及複習本章內容。

本章重點

研究的方法

* 很多教育研究是用以下兩種方法中的一種來進行：比較多個群體，或探
討同一群體內各變項間的關係。
* 一項研究裡的資料可能是數量型的，也可能是類別型的。

以數量資料比較各群體

* 當利用數量資料比較兩個或更多個群體時，研究者可以利用次數多角
圖、計算集中量數，及計算分散的狀況等方法加以比較。
* 因此，我們建議，比較兩個或多個群體的數量資料時，可以建構次數多
角圖、利用已知群體的平均數資料、計算效量，及報告信賴區間。

以數量資料探討同一群體內各變項間的關係

* 研究者檢視同一群體內數量型變項間的關係時，適合的方法包括散布圖
與相關係數。
* 由於散布圖可讓人直接經由視覺觀察所有的資料，研究者分析同一群組
的資料時，第一個步驟應該就是建立散布圖。
* 因此我們建議，探討同一群體內各變項間的關係時，需要建立散布圖，
並同時使用散布圖及相關係數。

以類別資料比較各群體

* 當資料屬於類別資料時，可以利用交叉表比較各群體的百分比或次數分
布狀況。
* 在交叉表裡同時呈現百分比及實際的人數（次數）是需要的，因為只報
告百分比有時會誤導讀者。
* 因此，我們建議，當以類別資料比較兩個或更多的群體時，應該建構交
叉表及計算列聯係數。

以類別資料探討同一群體內各變項間的關係

- 若要檢視同一群體內類別變項間的關係，我們同樣建議使用交叉表及列聯係數。

最後兩項推薦

- 使用統計顯著檢定時，最好只用它們來評量資料結果的可擴論性，不要用來評量資料關係的強度。除了報告顯著程度外，也要報告信賴區間。
- 分析資料時，有母數的方法及無母數的方法要並用，不可只使用其中一種。

關鍵詞彙

曲線相關（curvilinear relationship） 390

直線相關（straight-line relationship） 390

相關係數（correlation coefficient） 390

效量（effect size, ES） 383

推論統計法（inferential statistics） 384

散布圖（scatterplot） 390

線性相關（linear relationship） 390

問題討論

1. 請舉一些例子說明，為什麼研究結果可能達到統計顯著，但在教育上卻不具重要性。有可能會在教育上具重要性，卻沒有達到統計顯著嗎？

2. 平均數之間只有一點差異（例如效量不足 .50）時，有可能仍具有實質的重要性嗎？請說明你的答案。

3. 比較不同群體時，次數多角圖可以協助我們判斷使用哪一種集中量數最合適。為什麼？

4. 從散布圖中發現有極端的數值時，需要做特別的檢視與考量。為什麼？

5. 「分析兩個群體的資料時，研究者首先應該為兩組各建立次數多角圖。」這個步驟為什麼重要？或者，這步驟重要嗎？

6. 詮釋研究結果時，為什麼併用圖與摘要指標（例如平均數），是很重要的？或者，這重要嗎？

7. 一般認為一張圖勝過千言萬語。你認為這個概念適用於分析研究結果嗎？光靠數字可以完整描繪資料的全貌嗎？為什麼可以？或為什麼不可以？

研究練習 12 善用統計法

你對於自己在問題卷 10 與問題卷 11 所設計的研究方法，有任何想要改變的地方嗎？請在問題卷 12 說明。並說明你將如何評量所發現的關係之強度。

問題卷 12 善用統計法

1. 我的研究問句是：＿＿＿＿＿＿＿＿＿＿＿＿＿＿＿＿＿＿＿

＿＿＿＿＿＿＿＿＿＿＿＿＿＿＿＿＿＿＿＿＿＿＿＿＿＿＿＿＿

＿＿＿＿＿＿＿＿＿＿＿＿＿＿＿＿＿＿＿＿＿＿＿＿＿＿＿＿＿

2. 在問題卷 10 與 11 所設計的統計方法，要做任何改變嗎？請說明：

＿＿＿＿＿＿＿＿＿＿＿＿＿＿＿＿＿＿＿＿＿＿＿＿＿＿＿＿＿

＿＿＿＿＿＿＿＿＿＿＿＿＿＿＿＿＿＿＿＿＿＿＿＿＿＿＿＿＿

＿＿＿＿＿＿＿＿＿＿＿＿＿＿＿＿＿＿＿＿＿＿＿＿＿＿＿＿＿

＿＿＿＿＿＿＿＿＿＿＿＿＿＿＿＿＿＿＿＿＿＿＿＿＿＿＿＿＿

3. 我將利用以下方法評量所發現的關係之強度：＿＿＿＿＿＿＿＿

＿＿＿＿＿＿＿＿＿＿＿＿＿＿＿＿＿＿＿＿＿＿＿＿＿＿＿＿＿

＿＿＿＿＿＿＿＿＿＿＿＿＿＿＿＿＿＿＿＿＿＿＿＿＿＿＿＿＿

＿＿＿＿＿＿＿＿＿＿＿＿＿＿＿＿＿＿＿＿＿＿＿＿＿＿＿＿＿

＿＿＿＿＿＿＿＿＿＿＿＿＿＿＿＿＿＿＿＿＿＿＿＿＿＿＿＿＿

這份問題卷（英文版）在線上學習中心（OLC, http://highered.mheducation.com/sites/125991383x）有電子檔。你可以利用電子檔填寫並列印、儲存或以電子郵件寄送。

PART 4
量化研究方法論

我們在第四部分開始比較詳細討論教育研究者使用的一些方法。

這裡我們將集中於量化研究，

分別以一章的篇幅介紹以下各種研究法，

包括：比較群體的實驗研究法、

單一對象的實驗研究法、相關性研究法、

因果比較研究法，及調查研究法。

Chapter 13

實驗研究法

學習目標 >> 讀完本章後，你應該能：

- 簡要描述實驗研究法的目的。
- 描述做實驗的基本步驟。
- 描述實驗研究法與其他形式的教育研究法兩種不同之處。
- 說明隨機分派與隨機選取兩者之間的不同，並說明兩者個別的重要性。
- 解釋何謂「變項的操弄」，並描述三種操弄變項的方法。
- 分辨各實驗設計的優缺點，並以圖解表示各個實驗設計。
- 指出不同的實驗設計對內部效度可能產生的威脅。
- 說明實驗設計中控制內部效度之威脅的三種方法。
- 解釋在實驗研究中，如何使用配對使各組在各方面相等〔等化各組（equate groups）〕。
- 簡要描述多因子設計與平衡對抗的設計之目的，並以圖解表示這些設計。
- 簡要描述時間序列設計的目的，並以圖解表示這種設計。
- 簡要描述如何評估實驗研究中可能產生的對內部效度的威脅。
- 指認教育研究文獻中所看到的實驗研究。

互動與應用學習 在閱讀本章的同時，或讀完本章後：

到線上學習中心（Online Learning Center, OLC），

網址 http://highered.mheducation.com/sites/125991383x：

- 學習更多有關實驗的構成要素

到線上學生精熟活動簿（Student Mastery Activities Book）做下列活動：

- 活動 13.1：群體實驗研究法問句
- 活動 13.2：設計一個實驗
- 活動 13.3：實驗研究法的特色
- 活動 13.4：隨機選取相對於隨機分派

　　教師合作教學可以改善高中學生在社會研究課的學習成就嗎？江森女士是明尼蘇達州明尼阿波里市一所大型高中的校長。她最近在一個教育學術研討會聽到與會者對合作教學的高度評價，於是想要試試看。回到學校，她商請幾位教十一年級世界史的老師參與實驗。其中三位老師要把他們所教的班級合併成一個大班，然後這些老師組成一個團隊，一起做教案、一起教學及一起評量學生。其他三位老師則分別負責自己的一個班級，教學方法跟以往相同。被選來參與實驗的學生在能力上相似，兩種教學法的老師也會在相同的時間上課，使用相同的課程。所有的老師都會用同樣的標準化測驗及其他的測量工具評量學生，後者包括這六位老師所準備的紙筆測驗。在學期中，江森校長會定期比較兩組學生在這些測驗的成績。

　　這是實驗的一例——在實驗裡比較的是實驗處理組及非實驗處理組。在本章，你將會學到研究者怎樣使用不同的方法進行實驗，及他們怎樣努力確保只讓實驗處理影響成就測驗的成績，而不是讓其他沒有控制的變項因素造成兩組成績的差異。

　　實驗研究法是研究者能夠使用的研究法中最有力的一種。所有可以使用的研究法中，實驗是建立變項間的因果關係的最好方法。但實驗並不容易執行。本章將說明實驗法的力量及執行實驗會面臨的問題。

▮▮▮ 實驗研究法的獨特性

　　本書所介紹的所有研究方法中，**實驗研究法**（**experimental research**）在兩個很重要的面向是非常獨特的：它是唯一企圖直接影響某特定變項的研究法，並且，若能適當應用實驗研究法，它將是檢定因果關係假設的最佳方法。在實驗研究中，研究者要探討的是，至少一個自變項對一個或多個依變項所產生的影響。實驗研究中，自變項（**independent variable**）也常被稱為**實驗變項**（**experimental variable**）或**實驗處理變項**（**treatment variable**）；而依變項（**dependent variable**）也稱為**效標變項**（**criterion variable**）或**結果變項**（**outcome variable**），指的是實驗的結果。

　　實驗研究法與其他研究法最大的不同點是，研究者得以**操弄**（manipulate）自變項。研究者在實驗中必須決定該對誰施以怎樣的實驗處理（也就是研究對象將接受怎樣的對待），及處理到怎樣的程度。教育研究中，常被操弄的自變項包括：教學法、作業的類型、學習的內容、對學生的獎勵方式，及教師在課堂上的提問類型。常被研究的依變項，則包括學生的學習成就、對於某一科目的興趣、注意力持久度、學習動機，及對學校的態度等。

　　當實驗處理已經施行了一段適當長度的時間（實驗處理應該已經發生效果）之後，研究者就開始觀察或測量接受不同實驗處理（例如可能利用後測）的群體之間的異同。換言之，研究者希望知道研究處理是否產生效果。若兩群體的後測平均分數真的有明顯差距，而研究者找不到其他合理的原因解釋這項差異，他們就能確定，實驗處理真的有產生效果，並且可能是這項差異產生的原因。

　　因此，實驗研究法讓研究者不再停留在描述與預測，或尋找現象間關係的階段，而能進一步決定，至少是部分決定，現象發生的原因是什麼。例如，相關性研究法發現，學生的家庭社經背景與其學業成就有高相關，但這種研究卻無法顯示：如果提高學生的社經背景，就真能增進他們的學業成就。只有實驗研究法才有這種能力。以下是一些教育研究者實際從事的實驗研究：

- 「小班教學對教學的影響」[1]
- 「在高風險社區的幼兒園實施提早閱讀教學對於其幼兒基礎閱讀技巧成長率的影響」[2]
- 「讓經驗豐富的教師密集與新進教師討論分享，對後者發展出平衡的教學法的影響」[3]
- 「抽獎對於網路調查回答率的影響」[4]
- 「在實習教師的訓練課程加入一門專門談霸凌的課程」[5]
- 「利用社會性故事提升學習障礙兒童化解人際衝突的技巧」[6]
- 「以催眠的方式提高學生的自我概念」[7]

▍▍▍ 實驗研究法的基本特性

　　實驗（**experiment**）一詞在研究記錄中有一段久遠而輝煌的歷史，常被稱

為是研究因果關係的方法中最有力的一種。它起源於人類歷史剛開始時，當時的人類實驗了各種取火方法。我們可以想像，在打石取火及鑽木取火被發現之前，他們可能經歷了無數次的嘗試錯誤。而現代科學之所以進步迅速，則是因為精心設計的實驗及一絲不苟地進行實驗。

所有實驗研究法的基本概念都很簡單：嘗試做某事，然後有系統地一項一項觀察所發生的變化。正式的實驗包括兩個基本的條件：第一，將至少兩種情況或方法加以**比較**，以評估這些情況或「實驗處理」（自變項）的效應。第二，研究者直接**操弄**自變項，有計畫地改變自變項並小心操弄這些變化，以了解它（們）對於結果（依變項）的影響。讓我們再詳細討論一些實驗研究法的重要特性。

◆ 各群體的比較

一項實驗通常會有兩組實驗對象，一個是實驗組，一個是控制組或比較組，但也有的實驗只有一組（施以各種實驗處理），或三組以上。**實驗組（experimental group）**接受實驗處理（像是使用新的教科書或接受不同的教學方式），而**控制組（control group）**則沒有接受任何實驗處理〔或**比較組（comparison group）**則接受另一種實驗處理〕。所有的實驗研究中，控制組或比較組都是極端重要的一部分，因為研究者必須以它們作為比較的標準，才能確定實驗處理是否有任何效用，或者肯定其中一個實驗處理是否比另一個有效用。

從歷史的角度而言，純粹的控制組是完全沒有接受任何實驗處理的一組。通常在醫學或心理學的實驗研究中，控制組完全沒有接受任何實驗處理；但在教育研究的領域裡，則很少有這樣的情形，控制組幾乎都會接受另一種實驗處理。因此，一些教育研究者喜歡用比較組的名稱，而不用控制組。

想一想下面的例子：假設某位研究者想了解某種教授科學的新方法，因此她就讓實驗組的學生接受這種新方法，而比較組的學生則繼續由他們原本的老師以他自己習慣的方式教學。研究者不可能讓實驗組接受新方法，而讓控制組**什麼都不做（不學）**。任何的教學方法都會比完全沒有方法有效一些。

◆ 自變項的操弄

所有實驗的第二種基本特質是，研究者積極主動去**操弄**自變項。這句話是

什麼意思？簡言之，就是研究者蓄意而且全權決定自變項的內涵，並決定哪一組要接受哪一種內容。例如，若某研究的自變項是授課者所表現的教學熱忱，研究者可能就會訓練兩位老師，在課堂上表現不同程度的教學熱忱。

雖然教育領域中有許多可能的自變項是可以被操弄的，有些卻不能。可被操弄的自變項例如教學方法、諮商方法、學習活動、指派的作業，及使用的教材等；而像性別、種族、年齡及宗教信仰，則是不能被操弄的自變項。例如研究者可以操弄學生在課堂上的學習活動種類，但研究者不能操弄宗教信仰——他不能為了研究的目的而把學生變成清教徒、天主教徒、猶太教徒或回教徒。所謂操弄一個變項，研究者必須決定在何時何處、什麼人要接受什麼樣的實驗處理。

在實驗研究中建立自變項的方式有幾種：(1)對照兩種（以上）的類別；(2)是否使某種實驗處理或情況發生；(3)調整同樣方法的施用量。例如，第(1)種方式可能是在化學課教學，比較主題探討法與講授法的效果。要比較是否在課堂上使用投影片（PowerPoint slides）教授統計課程，則屬於第(2)種方式。使教師在課堂展現出不同程度的教學熱忱，以觀察學生學數學的態度如何受到影響，則是第(3)種方式的例子。在第(1)與第(2)種方式中，自變項很明顯是類別變項。而第(3)種方式中的變項，實際上是數量變項（熱忱的*程度*），但研究者把它當作類別變項處理（因為只有研究者指定的幾種熱忱*程度*才會被研究），以便於操弄（也就是控制）熱忱的程度。

◆ 隨機化

許多實驗中重要的一環，就是必須將研究對象隨機分派到各組去。雖然有些研究無法做到隨機分派，但研究者還是必須盡可能做到隨機化。隨機化（randomization）是最好的實驗設計中極重要的因素之一。隨機分派有點像我們在第6章討論的隨機選取的概念，但並不完全相同。隨機分派（**random assignment**）之意為：參加實驗的每個人都有相同的機會被分派到各組去，包括實驗組與比較組。而另一方面，**隨機選取（random selection）**的意義為：母群體的每個人都有相同的機會被選為樣本的一員。若使用隨機分派，樣本的每個人都有一個號碼，研究者則利用一張亂數表（見第6章），選擇研究對象成為實驗組或比較組的一員。

　　使用隨機分派時，有三點值得注意。第一，隨機分派應該在實驗開始之前完成。第二，隨機分派是將個人分派到各組去的**過程**，而非這種分派的結果。這句話的意思是：若有兩個已經分好的組，我們無法辨識它們是經過隨機分派而決定的，還是由研究者隨意指派的。第三，使用隨機分派使研究者能從研究的初始就形成**同等的**（equivalent）實驗組與比較組；所謂「同等」，表示這些組在任何變項的差異純屬機運。換句話說，隨機分派主要是用以消除**外在變項**（**extraneous variables**）（亦即額外變項）的影響與威脅；這些外在變項包括研究者可能想到及可能沒想到的變項，而這些變項都可能會影響研究的結果。這就是隨機分派之美及其功效；這也是實驗研究法在探討因果關係方面，比其他研究方法更有效的原因之一。

　　當然，經過隨機分派後，各組仍可能會有一些差異；隨機分派只能使這些組在實驗之初同等（或至少在人為可能的力量之內，使它們「同等」）。

　　再者，除非每一組的人數都夠多，否則隨機分派並無法保證每一組都相似。例如，如果每組有 5 人，沒有人會期望隨機分派會使每一組同等。每一組需要多少人才算夠多，並沒有一定的法則；但若每一組人數少於 40 人，大多數的研究者對於隨機分派是否能造成隨機同等的各組，則存疑惑不安。

▌▌▌外在變項的控制

　　進行實驗研究的研究者，可操控整個研究的機會，比任何其他類型的研究法更多：他們決定實驗處理的方式、選擇樣本、分派樣本到各組、決定哪一組獲得哪一種處理，並設法控制其他可能會影響結果的變項，最後，當實驗處理完成時，他們觀察或測量實驗處理對各組所造成的影響。

　　第 9 章中，我們曾介紹過內部效度的觀念，並指出幾種對內部效度的威脅。做實驗研究時，非常重要的一件事就是盡可能控制（**control**）這些威脅——也就是將這些可能的威脅消除或減低到最小的程度。如果研究者不能確定其他因素不會影響所獲得的研究結果，就無法確定研究結果的確是由實驗處理所造成。例如，假如有位研究者想比較兩種教學方法對於學生歷史學習態度的影響，但他並沒有確定兩組學生的能力是同等的，那麼，不論研究結果顯示兩組的態度有多大的差異，學生的能力（而非教學方法）都可能是影響態度的原因。

　　因此，做實驗研究的研究者常會盡力控制研究對象所有可能影響結果的變項；也就是，除了實驗處理（也就是自變項）不同外，還要盡力使各組的研究對象在其他的變項都同等。

　　他們怎樣將這些研究對象的特質產生的威脅，消除或減低到最小的程度呢？方法有很多，下列則是幾種最常見的：

● **隨機化**：就像我們先前所提過，如果夠多的學生能被隨機分派到各組去，研究者就能假定這些組在各方面同等；這也是控制外在變項的最好方法。

● **使某些變項在各組保持相同（constant）**：這方法是將變項由研究中移除，以去除其可能的影響。例如，若研究者懷疑，性別可能對研究結果產生影響，她可以將所有的研究對象都限定為女性，不包括男性研究對象，就能控制住性別這個變項。換句話說，性別這個變項就保持相同了。但是，這樣做必須付出一項代價，那就是：研究結果的可擴論性也相對被限制住了。

● **將變項納入研究設計中**：將變項納入研究設計，以便評估它（們）的影響；這種方法恰與前一種方法相反。使用前一個例子但利用這種方法，研究者可在研究中包含男女研究對象（男性一組，女性一組），並於分析研究結果時，討論性別與研究目標（自變項）如何影響研究結果（依變項）。

● **配對（matching）**：通常研究者可依某些重要的變項將研究對象配對。例如，若研究者認為年齡可能影響研究結果，則可依照年齡將學生配對，然後將每一對的其中一位隨機（如果可以）分派到實驗組，另一位則分派到比較組。

● **將研究對象作為其自身的對照（控制）**：比較研究對象在不同實驗處理下的表現，就是將研究對象作為其自身的控制。因此，也許同一群學生先以主題探討法教授代數，再以講授法教代數。另一種例子則是，在開始實驗處理前，先評估研究對象的行為一段時間，再於施以實驗處理後，觀察其行為是否產生變化。

● **使用共變數分析（ANCOVA）**：第 11 章曾提過，利用共變數分析可在統計上使各組在前測或其他變項上同等，再將後測的分數依據這種情況調整。

　　接著，我們介紹幾種研究設計，藉以說明以上介紹的控制外在變項的方法，可以怎樣在實驗研究裡施行。

▋▋▋ 實驗研究法的團體設計

實驗的設計（**design**）可能有許多種，本節介紹的幾種方法中，有些比其他的好。何謂「比較好」？第 9 章我們討論了各種對內部效度的威脅，而所謂比較優良的實驗設計，是指能控制住較多威脅的設計；不好的實驗設計則只能控制住少數威脅。實驗設計的品質正決定於它能控制多少威脅。

◆ 不良的實驗設計

品質低落的實驗設計無法控制對內部效度的威脅。除了自變項外，研究結果還有許多其他可能合理的解釋。這時，使用這種實驗設計的研究者，就很難明確地評估自變項的效應。

▐ 一組且只測量一次的設計 ▌ 在一組且只測量一次的設計（**one-shot case study design**）中，只有一個組，這個組接受實驗處理之後，研究者加以觀察（測量），然後評估實驗處理的效應。圖示（diagram）如下：

一組且只測量一次的設計	
X	*O*
實驗處理	觀察（依變項）

符號 *X* 代表接受實驗處理，*O* 代表觀察（測量）依變項。符號從左至右排列，以表示時間上的先後次序；因此，先有實驗處理 *X*，之後才觀察依變項 *O*。

假設某研究者想了解某新出版的教科書是否能增進學生學歷史的興趣，於是他使用了該教科書（*X*）一學期，然後利用態度量表測量學生的興趣（*O*），就是屬於這種實驗設計，如圖 13.1 所示。

這樣的設計最明顯的弱點是，沒有控制組的對照，研究者無法得知所得到的結果 *O*（以態度量表測量），是否的確是因為實驗處理 *X*（教科書）而產生。由於沒有提供任何比較的機會，研究者既無法比較同一群學生在

X	*O*
新的教科書	測量學生興趣的態度量表（依變項）

圖 13.1　一組且只測量一次的設計案例

使用教科書前後的差異，也無法與另一群使用另一種教科書的學生比較。而且，由於這一群學生完全沒有做任何前測，研究者不知道他們使用該教科書之前的態度如何，因此無法知道該教科書是否有**任何**效果。很有可能使用這本新教科書的學生對歷史有非常高的興趣，但另一個問題又來了：這種態度是因教科書而產生的嗎？只有一組且只測量一次的設計根本無法回答這個問題。要補救這種設計，我們可以將之與另一群使用一般教科書的學生比較，當然課程內容必須相同，而且必須要是相同的授課老師（我們會討論這種實驗設計）。幸好，這種只有一組且只測量一次的設計，大多數的人都知道它的缺點，因此少見於教育研究界。

單一組前測後測的設計 在單一組前測後測的設計（**one-group pretest-posttest design**）中，只有一個組，這一組在實驗處理之前與之後，都受到研究者的觀察測量。圖示如下：

單一組前測後測的設計

O	X	O
前測	實驗處理	後測

讓我們舉一個例子：一位校長希望評估，每星期舉行一次的諮商課程對於校內一些「難以理解」的學生態度的影響。她要求學校諮商師每星期跟這些學生上一次諮商課程，為期十週。在課堂上，諮商師鼓勵學生說出他們的感覺與煩惱。在課程開始前與十週的課程結束後，她以一項 20 道題目的量表測量學生對於學校的態度。如圖 13.2 所示。

這樣的設計比「一組且只測量一次的設計」佳（研究者至少知道是否有任何的改變產生），但還是不夠好。這種設計無法控制九種對內部效度的威脅，讓這些威脅都可能成為學生產生任何改變的原因。這九項威脅是：歷史、成熟、工具的衰敗、資料蒐集者的特質、資料蒐集者的偏誤、測驗、統計的迴歸、研究對象的態度，及研究的執行。這些都可能影響研究的結果，而研究者也無從得

O	X	O
前測：學生完成 20 道題目的態度量表	實驗處理：十週的諮商	後測：學生完成 20 道題目的態度量表
（依變項）		（依變項）

圖 13.2 單一組前測後測的設計案例

知，前後測之間的差異是因為這些威脅，還是因為實驗處理的功效。要改善這種設計的缺失，可以加入一個不接受實驗處理的比較組。如此一來，研究者就能知道學生在前後測之間態度的改變，是否為實驗處理（X）的影響所致。

靜態團體比較的設計 在靜態團體比較的設計（**static-group comparison design**）中，我們比較的是已經存在的兩個團體。由於這是原本已經存在、且在實驗中不拆散的團體，有時稱為**靜態團體**（static group），因此這種實驗設計就以此命名。這種設計有時也稱為非同等控制組的設計（**nonequivalent control group design**）。圖示如下：

靜態團體比較的設計
<table>
<tr><td>X</td><td>O</td></tr>
<tr><td></td><td>O</td></tr>
</table>

圖中的虛線表示，這兩個團體原本已經存在，也就是：它們並不是經由隨機分派的樣本。X 表示實驗處理；X 下方的空白表示另一組（控制組）沒有接受該實驗處理，這組可能接受另一種實驗處理或也可能沒有接受實驗處理。兩個垂直排列的 O 則表示同時觀察測量這兩個團體。

再以剛才用來說明「一組且只測量一次的設計」的例子來說明。我們可以將「靜態團體比較的設計」應用於這個例子。研究者：(1)找兩個團體（兩個班級），讓他們保持原狀；(2)其中一班使用新教科書（X），另一班使用原有的教科書；(3)同時測量兩班對於歷史的興趣（例如學期末時）。如圖 13.3 所示。

圖 **13.3** 靜態團體比較的設計案例

雖然這種設計對於歷史、成熟、測驗及迴歸等威脅有較好的控制，[*]但卻無法避免研究對象損耗及地點的威脅。[†]尤其更嚴重的是，研究對象的特質可能差異很大。

---

[*] 歷史與成熟仍然是可能的威脅，因為研究者無法確定這兩組是否經歷了相同的外在變項的干擾，或兩者的成熟過程是否相同。

[†] 因為這兩組在實驗中流失的人數也許不同，及／或所獲得的資源也可能不同。

靜態團體前測後測的設計 靜態團體前測後測的設計（**static-group pretest-posttest design**）與前一個「靜態團體比較的設計」不同之處在於：對兩個團體都先施以前測。如圖示：

靜態團體前測後測的設計

O	*X*	*O*
O		*O*

分析資料時，研究者將每個人的後測分數都減去其前測分數，就能分析此「進步分數」或「改變」。雖然這種方法較能控制研究對象特質的威脅（因為分析的是每位學生的**改變**），但學生進步的多寡常因原先的表現而有不同；也就是前測分數高的研究對象通常進步也比較多，因此研究對象的特質還是一項威脅。再者，前測的施用可能會產生測驗的威脅。如果前測是用來配對，使各組的條件相似時，這種設計就稱為「只有配對的前測後測控制組的設計」（見第 427頁），是更有效的一種設計。

◆ 真正的實驗設計

真正的實驗設計，基本條件是將研究對象隨機分派到不同的組內。正如早先曾討論過的，隨機分派是控制研究對象特質威脅的有效方法，而內部效度則是教育研究必須仔細思考的問題。

隨機化只有後測控制組的設計 隨機化只有後測控制組的設計（**randomized posttest-only control group design**）包含有兩組，且兩組都經由隨機分派而來；其中一組獲得實驗處理，另一組則無，而後兩組再接受依變項的後測。圖示如下：

隨機化只有後測控制組的設計

實驗處理組	*R*	*X*	*O*
控制組	*R*	*C*	*O*

此處，*X* 代表接受實驗處理，*O* 代表觀察或測量依變項，*R* 則代表隨機分派研究對象到不同組，*C* 在此代表控制組。

這種設計對於某些威脅能控制得很好。經過隨機分派，研究對象的特質、成熟及統計的迴歸所構成的威脅，都能控制得很好；而由於實驗中任何研究對

象都只接受一次的測量，因此測驗的威脅不存在。如果每一組中至少有40人，這也許是所有實驗設計中最好的一種。

可惜的是，這種設計還是有一些無法控制的內部效度的威脅。第一種是損耗：由於兩組很類似，我們也許會預期兩組研究對象中途退出的比率也應相同；然而，接受實驗處理可能會使實驗組退出（或留下）的人數比例高於比較組（因為比較組沒有接受額外或不同的處理），這樣的情況下可能造成最後留下的研究對象的特質在兩組中是不相同的，因而影響後測的結果。因此，研究者必須在研究報告說明，研究的過程中兩組各有多少人中途退出。研究對象態度的威脅（霍桑效應）也可能產生，而且研究的執行、資料蒐集者的偏誤、地點及歷史的威脅也都可能存在。如果適當地將此種實驗設計稍加修改，有時這些威脅還是可以被控制。

讓我們來舉例說明。假設有個研究中，研究者要探討敏銳度訓練課程對於某個大型高中學區的教師士氣的影響。因此他隨機選取了該學區內100位教師作為樣本，然後：(1)將這些教師隨機分派到兩組之中；(2)其中一組接受該訓練，另一組則無；而後(3)利用一項問卷，測量兩組教師的士氣。圖13.4是這一研究的圖示。

我們要再次強調，一定要分辨清楚隨機選取和隨機分派的差別。兩者都有隨機化的過程，但目的不一樣。你應該還記得，隨機選取是為了要提供一個具有母群體代表性的樣本。但隨機選取後，可能會，也可能不會，接著採取將個體隨機分派到各組的程序。隨機分派是為了要讓各組相等，而且隨機分派的樣

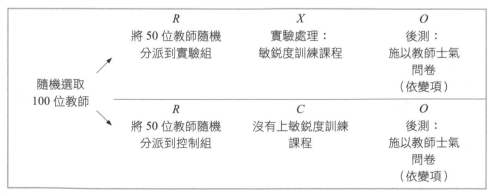

圖 13.4　隨機化只有後測控制組的設計案例

本通常沒有做隨機選取。

隨機化前測後測控制組的設計 隨機化前測後測控制組的設計（**randomized pretest-posttest control group design**）與「隨機化只有後測控制組的設計」的不同之處，在於本設計使用前測。研究者使用兩組，而且兩組都經過兩次的觀察或測量；第一次的測量是作為前測之用，第二次的測量則作為後測之用。兩組的形成也是利用隨機分派而成，而且兩組的觀察或測量都在相同的時段內。下面是這種設計的圖示。

隨機化前測後測控制組的設計

實驗處理組	*R*	*O*	*X*	*O*
控制組	*R*	*O*	*C*	*O*

前測的使用常會引起前測與實驗處理的交互作用（**pretest treatment interaction**），而對研究結果產生測驗的威脅，因為前測可能會使實驗組的研究對象警覺，而在後測的表現較佳（或較差）。但前測所帶來的好處則是：它能讓研究者確認是否隨機分派真的使兩組相似。如果兩組人數少（少於 30 人）時，前測尤其需要。如果前測顯示兩組並不同等，研究者可以利用稍後將介紹的**配對設計**（**matching designs**）使這些組同等。而如果我們要評估的是改變的量，前測也是必要的。

讓我們用先前敏銳度訓練課程的例子來說明這種設計。圖 13.5 圖示說明如何使用這種設計。

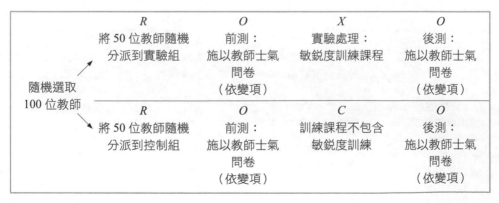

圖 13.5 隨機化前測後測控制組的設計

　　隨機化所羅門四組設計 隨機化所羅門四組設計（**randomized Solomon four-group design**）是一種企圖消除前測效應的設計。這種設計隨機將研究對象分派到四組，其中兩組有接受前測，兩組則否。接受前測的其中一組及沒有接受前測的其中一組都接受實驗處理；另兩組則否。最後這四組都接受後測。如下圖所示：

隨機化所羅門四組設計

實驗處理組	R	O	X	O
控制組	R	O	C	O
實驗處理組	R		X	O
控制組	R		C	O

　　「隨機化所羅門四組設計」融合了「前測後測控制組的設計」與「只有後測控制組的設計」兩種。前兩組代表「前測後測控制組的設計」，後兩組則代表「只有後測控制組的設計」。圖 13.6 是利用這種設計的一個例子。

	R	O	X	O
隨機選取 100 位教師	將 25 位教師 隨機分派到 實驗組 （第一組）	前測： 施以教師 士氣問卷 （依變項）	實驗處理： 施以敏銳度 訓練課程	後測： 施以教師 士氣問卷 （依變項）
	R	O	C	O
	將 25 位教師 隨機分派到 比較組 （第二組）	前測： 施以教師 士氣問卷 （依變項）	訓練課程不包含 敏銳度訓練	後測： 施以教師 士氣問卷 （依變項）
	R		X	O
	將 25 位教師 隨機分派到 實驗組 （第三組）		實驗處理： 施以敏銳度 訓練課程	後測： 施以教師 士氣問卷 （依變項）
	R		C	O
	將 25 位教師 隨機分派到 比較組 （第四組）		訓練課程不包含 敏銳度訓練	後測： 施以教師 士氣問卷 （依變項）

圖 13.6　隨機化所羅門四組設計案例

「隨機化所羅門四組設計」是我們所討論過的設計中,最能控制內部效度威脅的設計;但它的弱點是,我們需要比較大的樣本,因為必須有相當四組的人數,而且,同時以四組做實驗研究,研究者需要投注大量的精神與力氣。

隨機分派並配對 為了要使實驗的各組相似的可能性增高,我們可依據某些變項作為條件,將研究對象配對,確立各組在這些變項的程度或類別上相當。至於變項的選擇,則必須依賴先前的研究、理論,或研究者自身的經驗。配好的每一對,將其中一位隨機分派至實驗組,另一位則到控制組。這種方法可以與「只有後測控制組的設計」或「前測後測控制組的設計」合用,但與後者合用的情形較為常見。這兩種設計的圖示如下:

隨機化只有後測控制組的設計,使用配對的研究對象

實驗處理組	M_r	X	O
控制組	M_r	C	O

隨機化前測後測控制組的設計,使用配對的研究對象

實驗處理組	M_r	O	X	O
控制組	M_r	O	C	O

符號 M_r 代表配對後的兩人被隨機分派到不同組(實驗組與對照組)。

雖然針對依變項做的前測常被當作配對的標準,但其實任何與依變項有密切相關的變項都可作為配對的標準。配對有兩種方式:機械性的配對或統計上的配對。兩者都需要有每一位研究對象在每一據以配對的變項上的數值。

機械性的配對(mechanical matching)是將在變項上數值相近的兩位研究對象配成對的過程。例如,若兩位女生的數學性向測驗與考試焦慮分數都很相近,她們就可能依這兩個變項而配成對。整個樣本完成配對後,研究者還必須做一番檢查(通常是利用次數多角圖),以確定兩組在所有的配對變項上是同等的。然而,有兩個問題限制住了機械性配對的用處。第一,要以兩個或兩個以上的變項配對,是很困難的;我們很難找到在不少的變項上都類似的人。因此要做機械性配對,原始的樣本必須要極大,再從中挑出一對對條件相似的研究對象。第二,為了配對,有時某些人無法找到其他人與之配對,這時勢必要將這些人從研究對象的名單中除去。這樣一來,即使在配對以前是隨機樣本,最後所真正使用的樣本將不再是隨機樣本。

　　我們舉一個機械性配對並且隨機分派的例子。假設一位研究者想了解補習對於科學課程低成就學生之學業成績的影響。該研究者從當地一所小學，母群體為 125 位這種低成就的學生中，隨機選取了 60 位學生，並且以他們的學業平均成績（grade-point averages, GPA）為標準，將他們加以配對，結果發現她只能將其中 40 名配對成功。因此她將這 20 對隨機分派到實驗組或對照組。如圖 13.7 所示。

　　另一方面，**統計上的配對**（**statistical matching**）*不要求研究者捨棄任何研究對象，也不限制配對變項的個數。根據依變項與配對變項之間的相關，每位研究對象的依變項都會有一個「預測值」。每位研究對象在依變項的預測值與實際分數之間的差異，就用以比較實驗組與控制組之間的差異。

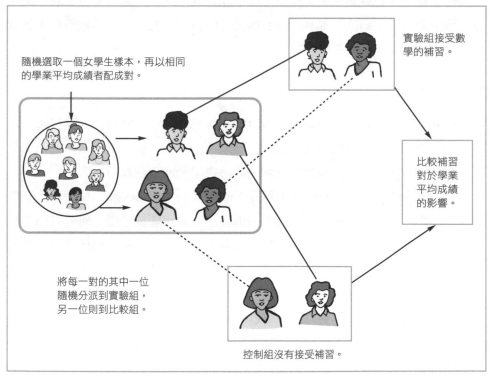

圖 13.7　隨機化只有後測控制組的設計，使用配對的研究對象

---

* 以統計法使各組相等（**statistical equating**），比統計上的配對（statistical matching）更常見，但兩者是同義字。我們覺得，對初學者而言，使用**配對**這個詞較能將意義表達清楚。

當前測的分數是用來當作配對變項時，預測分數與實際分數之間的差異稱為迴歸後的得分差異（**regressed gain score**）。這種分數比一般常用的進步分數（**gain scores**）（也就是每位研究對象的後測分數減去其前測分數）好一些，因為這種分數比較穩定。我們在第 15 章討論淨相關（partial correlation）時，會討論到另一個類似的方法。

使用機械性配對時，每對的其中一位會被隨機分派到實驗組，另一位則分派到對照組。若使用統計上的配對，實驗開始時，樣本是隨機分派到兩組去，待實驗完成，所有的資料蒐集完成後，才以統計的方法做調整。雖然有些研究者鼓吹使用統計上的配對，而不用機械性的配對，但統計上的配對也並不是萬無一失；它的主要弱點在於：它必須預設依變項與每一個預測變項（配對變項）之間都是線性（也就是直線）關係，而不能是其他的曲線關係。但不論是使用哪一種配對方式，研究者都必須以隨機分派的方式，使兩組在其他所有與依變項相關的變項上得以同等。

◆ 準實驗設計

準實驗設計（**quasi-experimental designs**，或稱類實驗設計）沒有使用隨機分派。使用這種設計的研究者利用別的技巧，控制（或至少降低）對內部效度的威脅。以下我們討論幾種準實驗設計時會用到的一些技巧。

只有配對的設計 只有配對的設計（**matching-only design**）與使用「隨機分派並配對」的設計不同之處在於：這種設計不使用隨機分派。研究者仍然以一些變項將實驗組與控制組的研究對象配對，但是他無法確定他們在別的變項是否同等。為什麼？因為研究對象是在他們原屬的團體裡參與實驗，而研究者只是依據一些變項將這兩個團體中的研究對象配成對。這是一個很嚴重的限制；但當研究者無法做隨機分派（也就是必須使用原有的團體）時，這樣做常是免不了的。但如果研究者有好幾個團體（例如十個以上）可參與實驗，這些團體可被隨機分派去接受不同的實驗處理時，這樣的設計就是隨機分派研究對象之外的另一種選擇。各團體被隨機分派到不同的實驗處理組後，研究者再將接受某一種實驗處理的研究對象與接受另一種實驗處理的研究對象配對。但若能做到像圖 13.7 的設計則更佳。

我們必須強調的是，配對（不論是機械性的配對或統計上的配對）絕不能

代替隨機分派。並且，用以配對的變項必須與依變項之間有高相關（我們建議至少要達到 .40）。你也必須了解，除非配對與隨機分派一併使用，否則配對只能控制住所配對的變項。以下圖示兩種只有配對控制組的設計。

只有配對的只有後測控制組的設計

實驗處理組	M	X	O
控制組	M	C	O

只有配對的前測後測控制組的設計

實驗處理組	M	O	X	O
控制組	M	O	C	O

M 在此指的是研究對象已經依據一些變項被配對了，但沒有隨機分派到各組去。

平衡對抗的設計 平衡對抗的設計（**counterbalanced designs**）是使實驗組與控制組同等的另一種方法。在這種設計裡，不論有幾種實驗處理，每一組都接受所有的實驗處理，但接受的順序不同；實驗處理方式的數目不限。以下圖示的例子中有三種實驗處理方式：

三種實驗處理的平衡對抗設計

第一組	X_1	O	X_2	O	X_3	O
第二組	X_2	O	X_3	O	X_1	O
第三組	X_3	O	X_1	O	X_2	O

這樣的安排包含了三組。第一組接受第一種實驗處理後，接受一次後測，再接受第二種實驗處理，再接受後測，最後再接受第三種實驗處理，再接受後測；第二組則先接受第二種實驗處理，才接受第三種實驗處理，最後接受第一種實驗處理，每接受完一種實驗處理就接受一次後測；而第三組則先接受第三種實驗處理，接著接受第一種，最後接受第二種實驗處理，也是每接受完一次實驗處理後就接受一次後測。每一組接受哪一種實驗處理的順序必須經由隨機分派決定。

研究者如何決定不同實驗處理的效應？只要將各組的同一個實驗處理的後測成績相加後平均，再比較這些平均數即可。也就是說，第一種實驗處理的效應，是將各組的第一種實驗處理的後測成績加以平均而得；它可跟第二種實驗處理的後測平均成績相比；第一種又可跟第三種的後測平均成績相比；第二種

又可跟第三種比，等等。

這種設計能有效控制研究對象特質對於內部效度所產生的威脅，但可能受到多種實驗處理的干擾：也就是，某段實驗處理之內的行為可能受到先前實驗處理的影響。因此，所有平衡對抗的研究設計所產生的研究結果都必須小心檢視。讓我們來觀察圖 13.8 的假想資料。

	研究一		研究二	
	第一至四週	第五至八週	第一至四週	第五至八週
第一組	方法 $X=12$	方法 $Y=8$	方法 $X=10$	方法 $Y=6$
第二組	方法 $Y=8$	方法 $X=12$	方法 $Y=10$	方法 $X=14$
整體平均數：	方法 $X=12$；方法 $Y=8$		方法 $X=12$；方法 $Y=8$	

圖 13.8　使用平衡對抗設計研究的結果（平均數）

研究一結果的詮釋很單純而清晰：施行的順序不論先後，方法 X 在兩組的影響都優於方法 Y；但研究二結果的詮釋就複雜許多。整體而言，如同在研究一中，方法 X 的影響優於方法 Y，而且兩項研究中，方法 X 的平均數都是 12，方法 Y 的平均數都是 8。但在研究二中，方法 X 與方法 Y 之間的差異，似乎跟先前接受的實驗處理有關。研究二裡，第一組的研究對象先接受了方法 X，結果在方法 Y 的表現很不好；而第二組的研究對象先接受了方法 Y 後，在方法 X 的表現特別好；而不論是方法 X 還是方法 Y，只要先施行，兩者的表現就沒有差異。因此結論是：我們不清楚方法 X 是否在任何情況下都較優越；但在研究一中，方法 X 在所有的情況下都明顯較優越。

時間序列設計　到目前為止我們所討論的前測後測設計，都是在實驗處理之前或之後立刻觀察或測量。但時間序列設計（**time-series design**）則是在實驗處理之前與之後的一段時間之內，反覆觀察或測量。這種設計其實是圖 13.2「單一組前測後測的設計」的延伸。利用這種設計，研究者從同一群研究對象蒐集許多資料。如果該團體在接受實驗處理之前的得分基本上都相同，而在接受了實驗處理後，後測分數提高了許多，研究者就能比較確定，是實驗處理促成了這些進步；但如果只有一次前測、一次後測、一組研究對象，研究者就無法如此肯定。例如，一位教師在開始使用新的教科書之前，一連好幾個星期，每週考一次試；而使用了新教科書後，同樣利用一週一次的考試，觀察學生的

情況。基本的時間序列設計圖示如下：

時間序列設計的基本型

O_1	O_2	O_3	O_4	O_5	X	O_6	O_7	O_8	O_9	O_{10}

這種設計可能受到的內部效度的威脅包括：歷史（在最後一次前測與第一次後測之間可能發生一些事情，因而影響研究結果）、工具的使用（如果所使用的測驗在研究的過程中改變了），及測驗（由於練習的效應）。前測與實驗處理之間發生交互作用的機會，也會隨著多次使用前測而提高。

「時間序列設計」中實驗處理的有效性，基本上是藉由分析數次的測驗分數所形成的模式而來。圖 13.9 顯示幾種可能的模式，圖中的垂直線表示該點是實驗處理介入的時間點。其中第五個點與第六個點之間的變化，就是一般使用「單一組前測後測的設計」時會產生的資料。然而，如圖所示，在實驗處理介入的前後增加了一些觀察與測量，你會發覺原來「單一組前測後測的設計」多麼容易誤導。研究(A)中，第五點至第六點的「進步」，與該研究中任何兩個時間點之間的變化沒有差別，不論是否有實驗處理介入。你可以注意到，分數的確偶爾有進步，但沒有一個明顯的趨勢或實質的進步。研究(B)的第五點與第六點之間的進步，似乎只是不斷向上進展的趨勢的一段而已；而且這樣的趨勢在

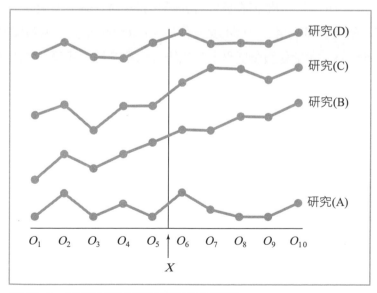

圖 **13.9** 時間序列設計可能的結果趨勢

實驗處理之前就已經開始（可能是成熟造成的）。研究(D)中，第六點的分數的確比其他點的分數都稍微高一些，但似乎只是暫時的變化，因為研究對象的表現很快又趨向於實驗處理之前的表現（這意味有一個外在事件造成了短暫的影響）。只有研究(C)中我們才看到實驗處理產生的穩定向上的效應。

「時間序列設計」是一種很有力的設計，但是它會受到歷史（外在事件可能在第五次測驗之後發生）與工具的使用的威脅（由於在不同的時間點多次施測）。然而，若使用「時間序列設計」必須多次蒐集資料，這可能是它少用於教育研究的原因。在許多研究中，尤其是學校的環境，是不可能連續八至十次施以同樣的測量工具。即使有可能，以相同的測量工具施測多次之後，測量工具效度的詮釋仍然會受到強烈的質疑；除非使用的是不具干擾性的（unobtrusive）測量方法，我們就可多次重複使用，而且依據這樣的測量結果所做的詮釋，應該還是有效的。

◆ 多因子設計

多因子設計（**factorial designs**）增多了實驗研究中可以被檢視的關係之數量。多因子設計基本上是將「只有後測控制組的設計」或「前測後測控制組的設計」（不論是否使用隨機分派）兩者加以變化，使研究者能探討較多的自變項。多因子設計的另一項價值在於它容許研究者探討一個自變項與一個或多個變項（有時稱為**調節變項**）之間的**交互作用**（**interaction**）。調節變項（**moderator variables**）可能是實驗處理變項或研究對象的特質變項。多因子設計如圖所示：

多因子設計					
實驗處理組	R	O	X	Y_1	O
控制組	R	O	C	Y_1	O
實驗處理組	R	O	X	Y_2	O
控制組	R	O	C	Y_2	O

這項設計是將「前測後測控制組的設計」修改而成。其中有一個實驗處理組和一個控制組，及一個有兩種層級的調節變項（Y_1 與 Y_2）。在這裡的例子，其中兩組會接受實驗處理（X），另兩組則無（C）。但是，接受實驗處理的兩

組，其在調節變項（Y）是不同層級的；而沒有接受實驗處理的兩組也在調節變項有不同層級。由於每個變項（或稱因子）都有兩種層級，因此上述的設計稱為 2×2 多因子設計。這樣的設計也可以不同的圖表示：

前例的另一種表示法

	X	C
Y_1		
Y_2		

　　這項設計的一種變化是使用兩個或多個不同的實驗處理組而無控制組。讓我們以先前一位研究者比較主題探討法與講授法對於學生歷史學習成就的效應為例。在此例中，自變項（也就是教學法）有兩種層級：主題探討法（X_1）與講授法（X_2）。假設研究者也希望了解班級人數是否影響學生的學習成就，那麼，Y_1 也許代表小班，Y_2 則代表大班。

　　如同我們先前提示過的，多因子設計不但能評估每一個自變項個別的效應，也能評估這些自變項合併的效應。也就是說，研究者能了解其中一個變項如何調節另一個變項（因此我們將這些變項稱為**調節變項**）。

　　我們再繼續討論教學法與班級人數對於歷史學習成就的影響。圖 13.10 說明了多因子設計能研究這些變項各種的組合。

　　因此，多因子設計能有效利用一套資料，研究多種關係。但我們要重複的是，多因子設計最大的好處在於它容許我們研究變項間的交互作用。

班級大小	教學方法	
	主題探討法（X_1）	講授法（X_2）
小班（Y_1）		
大班（Y_2）		

圖 13.10　利用多因子設計研究教學法與班級大小對於學生成就的影響

　　例如，圖 13.11 是圖 13.10 的 2×2 多因子設計可能產生的兩種研究結果。方格內是每一組（也就是每一種組合）的後測（含 50 道題目的美國歷史的測驗）分數。

　　圖 13.11 的研究(a)中，主題探討法無論在大班或小班裡，都比講授法效果佳；而小班的效果無論是使用哪一種教學方法，都比大班佳。因此研究(a)沒有交互作用。研究(b)的小班學生，無論是使用哪一種教學方法，也都比大班佳；

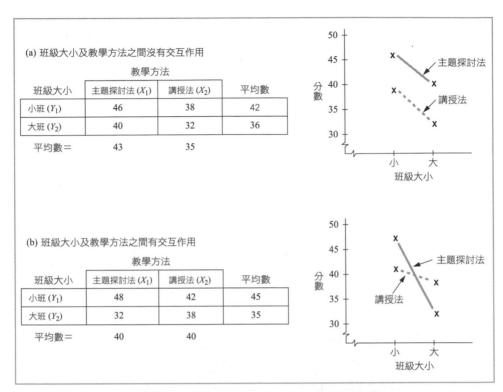

圖 13.11 2×2 多因子設計中有交互作用與無交互作用的解說

但是當小班的學生以主題探討法教學時，效果較佳，而大班則是以講授法教學效果較佳。因此，即使小班的效果一般而言都較佳，但他們表現得有多好，卻是取決於以哪一種方法教學。這樣的情況下，研究者就不能確定地說哪一種方法比較好，因為這得視班級大小而定。換言之，班級大小與教學方法之間有交互作用，而此交互作用影響了學生的學習成就。

假設研究(b)不使用多因子設計。如果研究者只比較兩種方法的效果，不將班級人數列入考量，那麼他的結論將是：兩者對於學生成就的影響沒有差別（兩種教學方法的平均數都是 40）。使用多因子設計使我們能了解到，教學法的效果必須視施用班級的大小而定；似乎教學法與班級大小之間有交互作用。

Tuckman[8] 的研究所使用的多因子設計，也是稍微修改「只有後測控制組的設計」而產生。他的自變項是教學法的類別，共有四種教學方法；而調節變項則是學習動機的多寡（兩種層級）。因此這是一個 4×2 的多因子設計（見圖 13.12）。我們也可以使用各種不同層級數的自變項與調節變項，例如我們可以

				實驗處理（X）
R	X_1	Y_1	O	X_1 電腦輔助教學
R	X_2	Y_1	O	X_2 網路教學
R	X_3	Y_1	O	X_3 電視授課教學
R	X_4	Y_1	O	X_4 講授與討論法
				調節變項（Y）
R	X_1	Y_2	O	
R	X_2	Y_2	O	Y_1 高學習動機
R	X_3	Y_2	O	Y_2 低學習動機
R	X_4	Y_2	O	

實驗處理

	X_1	X_2	X_3	X_4
Y_1				
Y_2				

圖 13.12　一個 4×2 多因子設計的例子

做 3×3，4×3，3×2×3 的設計等。多因子設計可用來探討兩個以上的變項，雖然通常一項研究很少超過三個變項。

內部效度威脅的控制：摘要

表 13.1 是我們先前所討論的設計，對於控制各種內部效度的威脅的效果；我們在第 9 章討論過這些對內部效度的威脅。但這些評估只是我們（本書作者）的判斷，並非所有的研究者都一定會同意我們的觀點。我們利用兩個加號（＋＋）來表示該項設計能**有力**控制這種威脅（表示威脅**不太可能**發生）；一個加號（＋）表示**稍微**控制（也就是這種威脅**也許**會發生）；一個負號（－）表示只有**微弱**的控制（該威脅**可能**會發生）；而問號（？）則表示我們無法決定該威脅是否會發生。

你會發現，這些設計最能有效控制研究對象的特質、損耗、歷史、成熟及迴歸的威脅。損耗在幾種設計中都獲得控制，因為任何一位研究對象退出研究，等於實驗組與控制組都少了一位研究對象，所以不會使任何一組顯得少了一人。地點的威脅在「時間序列設計」中算是輕微的，因為在這種設計中，實驗處理通常從研究開始至結束都會在相同的地點。資料蒐集者特質的威脅也算是輕微的，但如果不同實驗處理是由不同的資料蒐集者蒐集資料，那麼這項威脅也可

表 13.1　實驗設計在控制內部效度的威脅上的效果

設計	研究對象的特質	損耗	地點	工具的衰敗	資料蒐集者的特質	資料蒐集者的偏誤	測驗	歷史	成熟	研究對象的態度	迴歸	研究的執行
一組且只測量一次	－	－	－	(NA)	－	－	(NA)	－	－	－	－	－
單一組前測後測	－	?	－	－	－	－	－	－	－	－	－	－
靜態團體比較	－	－	－	＋	－	－	＋	?	＋	－	－	－
隨機化只有後測的控制組	＋＋	＋	－	＋	－	－	＋＋	＋	＋＋	－	＋＋	－
隨機化前測後測的控制組	＋＋	＋	－	＋	－	－	＋	＋	＋＋	－	＋＋	－
隨機化所羅門四組	＋＋	＋＋	－	＋	－	－	＋＋	＋	＋＋	－	＋＋	－
隨機化只有後測的控制組，經過配對	＋＋	＋	－	＋	－	－	＋＋	＋	＋＋	－	＋＋	－
只有配對的前測後測的控制組	＋	＋	－	＋	－	－	＋	＋	＋	－	＋	－
平衡對抗	＋＋	＋＋	－	＋	－	－	＋	＋＋	＋＋	＋＋	＋＋	－
時間序列	＋＋	－	＋	－	＋	＋	－	－	＋	－	＋＋	－
多因子有隨機化	＋＋	＋＋	－	＋＋	－	－	＋	＋	＋＋	－	＋＋	－
多因子無隨機化	?	?	－	＋＋	－	－	＋	＋	＋	－	?	－

說明：（＋＋）＝有力控制，威脅不太可能發生；（＋）＝稍微控制，威脅也許會發生；（－）＝微弱的控制，威脅可能發生；（?）＝無法決定；（NA）＝威脅不適用於此種情況。

能構成問題；但這還容易控制。不幸的是，「時間序列設計」極可能會遭受工具的衰敗及資料蒐集者的偏誤兩者的威脅，這是因為研究者必須多次（經由觀察）蒐集資料，而資料蒐集者不太可能自始至終都不清楚研究的目的。

　　資料蒐集者無意識的偏誤，無法經由以上任何一種設計獲得控制。實驗執行者或資料蒐集者都可能在無意中扭曲了研究的結果。如果可以，不應讓資料蒐集者知道哪一組獲得哪一種實驗處理；而且必須確認實驗處理的執行與資料的蒐集，是按照研究者的計畫進行。

　　表 13.1 也顯示，許多研究都存有測驗的威脅，但是這種威脅的強度視施測的次數與性質而定。當研究對象對於同一份測量工具做一次以上的回應時，測驗的威脅就會發生。

　　「平衡對抗的設計」最能控制態度（或士氣低落）效應的威脅，因為每一位研究對象都接受全部的實驗處理。在其他的設計中，這種效應則可藉由提供

● **安慰劑有效嗎？**

　　長久以來，醫師及其他從事臨床試驗的研究者都相信安慰劑的效果——也就是預期有些病人，不論給他們怎樣的治療，即使只給一顆糖衣錠，病況都會好轉。但安慰劑的效果真的存在嗎？

　　丹麥的兩位研究者最近發現，安慰劑的效果常常並不存在。他們找到了114篇臨床試驗的結果報告，這些臨床試驗裡的病人分為三組——獲得真的治療、獲得安慰劑，或完全沒有任何治療。他們的論文在2001年5月刊登於《新英格蘭醫學期刊》（*New England Journal of Medicine*），所得到的結論是，安慰劑對數十種病症——從感冒、暈船，到高血壓及阿茲海默症——的治療效果，「比起『沒有任何治療』，並沒有顯著的好處」（唯一的例外是疼痛的緩解，似乎光靠糖衣錠就可讓15%的病人的疼痛獲得緩解）。[*]研究者猜測，安慰劑的效果之所以存在，可能是因為病人不自覺地想要討好醫師。

　　你認為呢？有病人會在無意識之中想要討好醫師嗎？

---

[*]　報導取自 *Time*, June 4, 2001, p. 65。

「特別的」經驗給另一組（或控制組）研究對象，而加以控制。在此我們必須提一下雙盲（double-blind）類型的實驗設計。這類研究在醫學研究常用，但在教育研究界則難以使用。雙盲類型實驗的關鍵點在於：研究對象和研究者都不知道哪個人得到哪一種實驗處理。這個關鍵點在醫學研究最容易安排——只要使用跟研究中的藥物外表完全相同的**安慰劑**（placebo，通常是糖衣錠）即可。

　　迴歸威脅若發生，其程度在實驗組及對照組也會相同，因此除了「單一組前測後測設計」之外，迴歸應不致構成威脅。但是如果兩組原先的差異大，而且沒有經過隨機分派，那麼迴歸威脅也可能在「靜態團體前測後測控制組設計」中發生。

▌▌▌ 評估實驗研究中對內部效度構成威脅的可能性

策劃一項實驗研究或評估研究結果時，一個必須考量的要點是對內部效度構成威脅的可能性。如同我們先前的說明，許多內部效度的威脅都可能存在，研究者必須要問的是：**某一項威脅在這項研究存在的機會有多高？**

要估算這種可能性，我們建議你以下的步驟：

● **第一步**：問自己：已經知道有哪些變項會影響依變項？或者有哪些變項由邏輯上推論，也可能影響依變項（研究者**不必擔心**與研究不相關的變項）？

● **第二步**：問自己：每一組在這些變項上有差異的可能性是多高（若某變項在各組的值都相同，則此變項不能解釋各組間的差異）？

● **第三步**：評估這些威脅的可能性，並設法加以控制。如果某項威脅無法控制，則必須說明。

我們以圖 13.13 說明第二步的重要性。圖 13.13 溫度計顯示的是各組的表現。圖(a)中，接受方法 A 的研究對象在後測表現得比較好，但是他們在前測**也**表現得比較好；因此兩組在前測的差異可能說明了兩組在後測的差異。圖(b)中，接受方法 A 的研究對象在後測表現得比較好，但他們在前測時並**沒有**表現得較好；因此兩組在後測的差異**無法**以前測的差異（或未接受任何實驗處理前已存在的差異）來解釋。

我們利用一個例子來說明如何使用這三個步驟。假設某位研究者想探討兩種教學法（例如講授法與主題探討法）對於學生批判思考能力的影響（批判思考能力由批判思考測驗的得分來評量）。研究者計畫利用兩組十一年級的學生進行研究，其中一組由一位教師以講授法教學，另一組則由另一位教師以主題探討法教學。假定是使用原本的班級（靜態團體），而沒有將學生隨機分派到不同的教學法。以下我們利用這三個步驟來討論第 9 章所介紹的幾種對內部效度的威脅；我們認為這些是規劃一項研究時必須做的思考。

研究對象的特質 雖然可能有多種研究對象的特質都會與其批判思考能力有關，在這裡我們只考慮兩種：(1)初始時的批判思考能力；與(2)性別。

1. 批判思考的能力。**第一步**：接受過實驗處理後的批判思考能力幾乎一定與初始時的批判思考能力有關。**第二步**：除非有經過隨機分派或配對，否則兩組

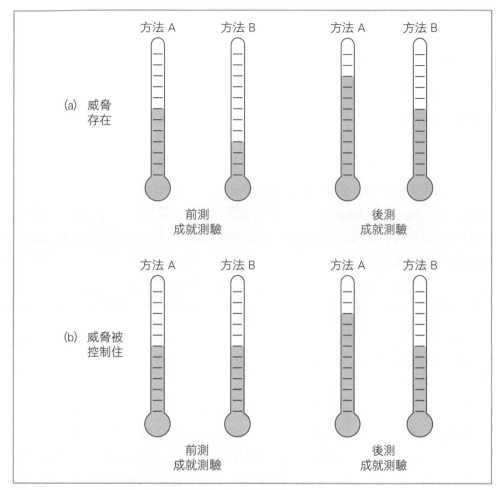

圖 13.13　比較團體間的差異時，處理內部效度的原則

間很可能在這個變項上有差異。**第三步**：若沒有加以控制，它影響結果的機會：高。

2. **性別**。**第一步**：接受過實驗處理後的批判思考能力可能與性別有關。**第二步**：除非兩組事先以性別做配對，否則兩組的組成在性別上可能有差異。**第三步**：若沒有加以控制，它影響結果的機會：中等。

損耗　**第一步**：可能會影響接受實驗處理後的任何一種批判思考測驗的分數，因為自動退出或因其他任何原因而退出的研究對象，其分數可能會比較低。**第二步**：兩組間損耗的研究對象人數可能差異不大，但還是必須經過確認。　**第**

細說研究

MORE ABOUT RESEARCH

● 實驗研究的重要發現

我們認為，在社會心理學方面的發現，其中一些最重要而且對教育有重要意義的，是合作型的社會互動對於人們負面態度（也就是討厭別人）的影響。1940 年代開始的一系列實驗研究使得社會心理學家們得到定論：如果讓團體內的成員合作從事活動，且這些活動最後都獲得圓滿成功，將會增進團體內成員彼此的感情，不論這些成員的背景或種族如何。* 有一種新的學習方式稱為「拼圖技巧」（jigsaw technique），便是應用這項發現；這項學習方式是要求團體的每位成員教導其他成員即將學習的內容的一部分。† 一般的實驗研究大致支持這項方法的效果。

---

* Stephan, W. G. (1985). Intergroup relations. In G. Lindzey & E. Aronson (Eds.), *Handbook of social psychology*. New York: Random House.

† Aronson, E., Stephan, C., Sikes, J., Blaney, N., & Snapp, M. (1978). *The jigsaw classroom*. Beverly Hills: Sage.

三步：若不加以控制，它影響結果的機會：中等。

地點 第一步：如果兩組實驗執行的地點或資料蒐集的地點有所不同，就可能會產生地點的威脅，而影響實驗處理後批判思考測驗的分數。實驗處理後的分數預料會與班級人數、是否有書報讀物或影片這類資源有關。第二步：除非將實驗施行及資料蒐集的地點予以標準化，否則兩組的地點及資源可能會有不同。除非小心確認兩組所使用的教室及所提供的資源相當，否則兩間教室可能會有極大的不同。第三步：若不加以控制，它影響結果的機會：高到中等。

工具的使用

1. **工具的衰敗。** 第一步：工具的衰敗可能影響任何一種結果。第二步：工具的衰敗也許會構成威脅。如果兩組所使用的測量工具都經過小心的檢討與修改，這項威脅應該不是大問題。第三步：若不加以控制，它影響結果的機會：低。

2. **資料蒐集者的特質。** 第一步：資料蒐集者的特質可能會影響批判思考測驗的分數。第二步：除非兩組都使用相同的資料蒐集者，否則可能因資料蒐集者的特質而造成威脅。第三步：若不加以控制，它影響結果的機會：中等。

3. **資料蒐集者的偏誤**。**第一步**：偏誤當然可能影響批判思考測驗的分數。**第二步**：除非就施測方法加以訓練，和／或不讓他們知道是哪一組在接受實驗處理，否則可能產生影響。**第三步**：若不加以控制，它影響結果的機會：高。

測驗 **第一步**：若使用前測，則前測可能影響批判思考能力後測的分數。**第二步**：但是也許前測對兩組的影響會是相等的，而且不會與教學方法起交互作用，因為兩位授課教師都是在教批判思考的技巧，雖然是用不同的方法。**第三步**：若不加以控制，它影響結果的機會：低。

歷史 **第一步**：很難想像有什麼外在的事件可能會影響批判思考的技巧，但也許像電視上關於思考的一系列節目、有些學生可能會參加社區辦的批判思考工作坊，或在研究期間參加某些課外活動的社團（例如辯論），都可能影響學生的批判思考能力。**第二步**：大部分的情況下，這些對於這兩組的影響應該是相等的，因此可能不會造成威脅。但研究者還是必須注意到這些威脅的存在，並評量其對各組的影響程度。**第三步**：若不加以控制，它影響結果的機會：低。

成熟 **第一步**：成熟可能影響批判思考測驗的分數，因為批判思考能力與個人的成長有關。**第二步**：若兩位教師在同一段時間授課，成熟應不致構成威脅。**第三步**：若不加以控制，它影響結果的機會：低。

研究對象的態度 **第一步**：研究對象的態度可能影響後測分數。**第二步**：若任何一組的成員認為他們正受到某種「特別的關注」時，態度的效應就可能是一個威脅。任一種實驗處理對研究對象而言的「新鮮」程度，都必須小心評估。**第三步**：若不加以控制，它影響結果的機會：低到中等。

迴歸 **第一步**：除非研究對象當初是由極端（高或低）的分數群中挑選而出，否則迴歸不太可能會對後測分數構成威脅。**第二步**：雖然迴歸有可能對兩組有不同的影響，但機會很小。**第三步**：若不加以控制，它影響結果的機會：低。

研究的執行 **第一步**：授課教師的特色可能影響後測的成績。**第二步**：由於兩組所使用的方法是各由一位老師分別教授，教師的個人特質也可能有差異。但這可藉由讓每一種方法都由數位老師擔任，或藉由讓每位授課老師都使用每一種方法，或藉由監看教學來加以控制。**第三步**：若不加以控制，它影響結果的機會：高。

因此，要找出對內部效度的威脅，第一步是要想出幾種可能影響研究結果

的變項（情況、研究對象特質等），第二步則是根據證據或經驗，決定這些變項是否會對兩組造成不同的影響；如果會，它們就可能是研究結果的另一種解釋原因。如果某個變項可能會造成兩組不同的影響，它就構成了對內部效度的威脅，而必須將它的影響減低到最小的程度或加以控制，並在研究計畫的結案報告加以討論。

▌▌▌ 實驗處理的控制

本章所討論的設計都是為了要增強實驗研究的內部效度。如你所見，它們都各有優缺點，且每一種設計可以控制某些威脅，但對其他的威脅卻無以控制。

然而，另有一項議題則跟所有的設計都有關，是每一種設計都該正視的；雖然之前我們稍有談過這項議題——尤其是在討論地點與研究執行的威脅時有討論過，但我們認為它實在應該獲得比目前一般更多的重視與討論。這項議題就是關於研究者是否能完全掌控實驗處理。當然，一項良好的實驗研究，其基本的要件就是研究者必須能完全掌控實驗處理；也就是要能掌控實驗處理的對象、內容、時間與方式。研究者能完全掌控實驗處理的一個好例子是新藥品的測試：在此，新藥品就是實驗處理，而研究者可以全權決定由誰施以該藥品、在什麼情況下、什麼時間施以該藥品、給誰，及分量多少。不幸的是，在教育研究中，研究者極少擁有這種程度的控制。

在理想的狀況下，研究者可以對於實驗處理給予很精密的內容處方；然而在實際施行時，許多方法或實驗處理都太複雜而無法精確描述。例如我們先前所舉的例子中，一位研究者要比較主題探討法與講授法的效用。實施這兩種方法的教師到底確實該做些什麼？甚至可能連研究者之間對這個問題的答案差異都會很大。在描述進行實驗處理者實際該做些什麼時所無法避免的模糊，使得執行上產生了很大的問題。如果研究者無法明確指出這些方法的特點，他要怎樣訓練教師去施行實驗處理？即使假設研究者真的明確指出了這些教學法的特色，並且發展了訓練方法去訓練教師，研究者要如何才能確定這些教師有**正確**施行實驗處理？使用本章所討論的設計之任何研究者，都必須面臨這些問題。

考慮這項議題時，常會使我們考慮（或評估）不同設計間可能的得與失（trade-offs）。若研究者就是實驗處理的施行者，他在實驗處理方面獲得最大

的控制，但這也很有可能會造成實驗處理執行的威脅。研究者找愈多的實驗施行者來施行研究，一方面降低了實驗處理執行的威脅，但另一方面卻冒著扭曲或稀釋實驗處理的精神或內涵的風險。使用現存的實驗處理組（所謂現存的實驗處理組是研究者找到的一個團體，這個團體已經在接受研究者想做的實驗處理了）就是一個最極端的例子。許多人把這種研究稱為因果比較研究或**事後研究**（ex post facto studies）（見第 16 章），而不認為它們屬於實驗研究。在這種研究中，研究者必須找到已經在接受實驗處理的團體，然後使用「只有配對的設計」，或者如果時間許可，實驗處理實施前有充裕的時間，還可利用時間序列的設計。如果在這種研究中，實驗處理有經過細心的確認，它在建立因果關係的力量上，不見得會比由研究者自行分派教師實施實驗處理的研究薄弱。這兩種研究設計都可能遭遇許多我們所討論過的威脅。使用現存團體的研究，比「真正的實驗研究」較容易受到研究對象特質、地點及迴歸的威脅，但不見得一定比「準實驗設計」弱。使用現存團體的研究也比較不會有研究對象態度的效應問題，因為實驗者沒有對這個團體原本的運行方式做任何變動。歷史與成熟的威脅比較大，因為研究者對兩者較缺乏控制。研究的執行所造成的威脅則難以評估，已經在實際施行某項實驗處理的老師，如果這項實驗處理是他自己選擇的，他可能鍾愛這個處理方法，或者他也可能是比較好的老師。另一方面，被分派以這種新方法教學的老師，可能有熱情，但也可能不甘不願。因此，我們認為兩種研究法（實驗法與因果比較法）都同樣重要，也都有其存在的必要性與價值。

實驗研究論文舉例

　　本章最後將提供一份已經出版的實驗研究論文。除了提供原文外，並附上我們對論文的評論，指出其優點，及我們認為可以再改善之處。本書第 14、19、21、22 及 23 章也都會提供一篇利用該章所介紹的研究法寫作的已出版研究論文，以該章所介紹的思維分析論文。（譯者按，中文版譯本將不提供英文論文，但鼓勵教師以同樣的標準尋找類似的中文論文，並利用以下的評論類別教導學生評論已發表的文章。讓學生經由深入閱讀評量別人的論文，提高對研究法的理解與研究論文寫作的技巧。本章在原書所使用的論文標題是 *How ma-*

nipulatives affect the mathematics achievement of students in Nigerian schools。作者是 F. Ehi Aburime。）

我們選擇這些論文的標準如下：

- 該論文使用典型的研究法，但不是非常出色，可讓我們做有建設性的評論。
- 該論文必須足夠有趣，可吸引學生的注意力，即使論文的議題並非直接關聯專業領域亦無妨。
- 該論文必須簡明扼要。

總而言之，這些論文代表了教育領域多樣的研究興趣。

在評論這些研究時，我們用了多種類別的問題，相信你應該對它們頗為熟習。這些類別是：

- **目的／理由**：符合邏輯嗎？有說服力嗎？足夠嗎？論文作者有討論研究結果對於理論或實務或兩者有什麼重要意涵嗎？作者有明白指出自己研究隱含的假定嗎？
- **定義**：重要的詞彙是否有明確定義？若無，從上下文可以清楚看出這些詞彙的意義嗎？
- **先前的研究**：是否有回顧跟文章主題有關的先前文獻？足夠嗎？跟目前的這篇論文有明確關聯嗎？
- **假設**：有明確提出假設嗎？如果沒有，可從文章看出嗎？這些假設恰當嗎？
- **樣本**：使用的樣本是什麼類型？是隨機樣本嗎？如果不是，樣本特性的描述足夠嗎？作者有明示或暗示自己的結果可以擴論到某個母群體嗎？如果有，有明確指出是哪一種目標母群體嗎？作者有討論擴論時是否有任何可能的限制嗎？
- **工具的使用**：工具的使用描述得夠清楚嗎？有提供證據證明工具有足夠的信度嗎？有提供效度的證據嗎？使用該工具所獲得的推論之效度，作者所提供的證據或論述具有說服力嗎？
- **步驟／內部效度**：有什麼明顯的威脅嗎？威脅有加以控制嗎？如果沒有控制，有拿出來討論嗎？
- **資料分析**：資料整理與報告的方法適當嗎？描述統計法及推論統計法使用得對嗎？統計值詮釋得對嗎？有討論限制嗎？
- **結果**：結果有清楚報告嗎？文字描述是否跟數字或統計的結果相符？

● **討論／詮釋**：作者有把研究放在一個較大的情境下討論嗎？作者有認知到研究的限制嗎？特別是對於結果在母群體及生態擴論上的限制？

OLC　回到本章最前面的**互動與應用學習**所列出的一系列互動與應用活動。到線上學習中心（OLC, http://highered.mheducation.com/sites/125991383x）去做小測驗、練習關鍵詞彙，及複習本章內容。

本章重點

實驗研究法的獨特性

- 實驗研究法的獨特性在於它是唯一直接企圖影響某個變項的研究，而且，如果使用得當，它也是唯一可能真正測試因果關係假設的研究法。實驗設計是教育研究能用以決定因果關係的幾種最有力的方法之一。

實驗研究法的基本特性

- 實驗與其他研究法不同之處主要有兩點：研究者比較不同的實驗處理方法，並直接操弄一個或多個自變項。

隨機化

- 隨機分派是最好的實驗設計中非常重要的因素。隨機分派的意義是：參加實驗的每個個體被分派到實驗組或控制組的機會都相同。

外在變項的控制

- 做實驗研究的研究者比其他類型研究的研究者能控制更多的因素。

- 幾種最常用以控制研究對象特色之差異（在不同組內）的方法是隨機化、使某些變項在各組保持相同、將變項融入研究設計中、配對、將研究對象作為其自身的對照，或使用共變數分析（ANCOVA）。

不良的實驗設計

- 實驗研究中常使用的三種較不佳的研究設計是：「一組且只測量一次的設計」、「單一組前測後測的設計」、「靜態團體比較的設計」。由於它們沒有控制對內部效度的威脅，因此被認為是較不佳的設計。

- 在「一組且只測量一次的設計」中，只有單一一組接受實驗處理，然後就評量其效應。

- 在「單一組前測後測的設計」中，單一一組在接受實驗處理的前後，各接受一次觀察或測量。
- 在「靜態團體比較的設計」中，兩個已經存在的團體接受不同的實驗處理。

真正的實驗設計

- 「真正的實驗設計」裡，基本的元素是將研究對象隨機分派到不同的實驗處理組。
- 「隨機化只有後測控制組的設計」中有兩組，且這兩組是由隨機分派而組成，兩組接受不同的實驗處理。
- 「隨機化前測後測控制組的設計」與「隨機化只有後測控制組的設計」，其差別在於多了前測的實施。
- 「隨機化所羅門四組設計」利用隨機分派將研究對象分成四組，其中兩組接受前測，另兩組則否。

配對

- 為了要增加各組的研究對象同等的可能性，研究者可依據幾個重要的變項將研究對象配對，再將這些配對好的研究對象，隨機分派到不同組。
- 配對可以用機械性的方式或統計的方式。
- 機械性的配對是將兩個在某變項數值相近的人配成對。
- 機械性的配對有兩個困難：很難以兩個或更多的變項配對，並且為了要配對，常需要將一些無法配對的研究對象排除在研究之外。
- 統計上的配對不需要捨棄研究對象。

準實驗設計

- 「只有配對的設計」跟「隨機分派並配對」之間的唯一差異是，前者沒有使用隨機分派。
- 在「平衡對抗的設計」中，各組都接受所有的實驗處理，只是接受的次序不同。
- 「時間序列設計」則是在實驗處理前後，都重複觀察或測量研究對象。

多因子設計

- 多因子設計讓研究者得以在一個實驗研究中一次探討多個變項間的關係。

關鍵詞彙

一組且只測量一次的設計（one-shot case study design）　417

比較組（comparison group）　413

以統計法使各組相等（statistical equating）　425

只有配對的設計（matching-only design）　426

外在變項（extraneous variable）　415

平衡對抗的設計（counterbalanced design）　427

交互作用（interaction）　430

多因子設計（factorial design）　430

自變項（independent variable）　411

依變項（dependent variable）　411

非同等控制組的設計（nonequivalent control group design）　419

前測與實驗處理的交互作用（pretest treatment interaction）　422

效標變項（criterion variable）　411

迴歸後的得分差異（regressed gain score）　426

時間序列設計（time-series design）　428

配對設計（matching design）　422

控制（control）　415

控制組（control group）　413

統計上的配對（statistical matching）　425

設計（design）　417

單一組前測後測的設計（one-group pretest-posttest design）　418

結果變項（outcome variable）　411

進步分數（gain score）　426

準實驗設計（quasi-experimental design）　426

實驗（experiment）　412

實驗研究法（experimental research）　411

實驗組（experimental group）　413

實驗處理變項（treatment variable）　411

問題討論

1. 偶爾有人會批評實驗研究法：在學校要做實驗研究非常困難。你同意嗎？為什麼？或為什麼不同意？

2. 你相信在學校的環境中有真實存在的因果關係嗎？如果有，你可以舉一個這樣的因果論述嗎？例如，你同意，「具有同情心的老師『使得』小學學生比較喜歡學校」的說法嗎？

3. 實驗設計中若不只一個自變項，有什麼好處嗎？如果有，是哪些好處？如果是不只一個依變項呢？

4. 以下的研究可以用哪些實驗設計（注意：每一種都可能使用不只一種實驗設計）？

   a. 比較兩種教一年級學生拼字的方法。

   b. 每週的個別教學對於提升三年級學生閱讀能力的效益。

   c. 同一所高中在第三節上的英文課，以討論法教學與以講授法教學之比較。

   d. 「增強」對於減低有口吃問題學生的口吃之影響。

   e. 一年的重量訓練對於一群高中運動選手的影響。

   f. 學生的年齡、性別及教學方法對於學生喜愛歷史的程度之可能影響。

5. 以下的研究中，你有發現什麼缺失嗎？

　　a. 一位教師在她的班上試用一種新的數學教科書一學期。學期末時，她說學生對數學的興趣明顯升高，而且以前使用另一種教科書時，學生的興趣從來沒這麼高。

　　b. 一位教師將他的班級分成兩組，各使用不同的方法教授拼字。當他在教一組時，另一組則在一旁聽，等老師教。

　　c. 一位研究者找了一群八年級的志工當一些三年級學生的家教；這些三年級學生有閱讀方面的困難。研究者將這群志工的教學成效與另一群八年級的家教相比較；但後者不是出於自願，而是被分派去當家教。被志工家教教的學生，進步的幅度比被非自願的家教教的學生大。

　　d. 一位教師決定以他的一個社會科的班級試用一本新教科書。她使用了這本新教科書四星期後，就將這個班級的某一單元測驗的成績與她先前教的班級在同一單元的測驗成績相比；所有班級的學習內容都相同。然而，測驗中途有一個防火演習，因此該班少了十分鐘的測驗時間。

　　e. 兩群三年級的學生在接受了不同的訓練後，研究者要比較兩者的跑步能力。一組是利用體育課時間在學校的體育館內測量，另一組則是放學後在足球場上測量。

　　f. 一位研究者要比較第三節的英文課與第五節的化學課，比較的內容是學生對於該科的興趣。英文課是以討論法教學，而化學課是以講授法教學。

註釋

1. Nye, B., et al. (2001). Are effects of small classes cumulative? Evidence from a Tennessee experiment. *American Educational Research Journal, 37*(1), 123-151.

2. Lo, Y., et al. (2009). Examining the impacts of early reading intervention on the growth rates in basic literacy skills of at-risk urban kindergarteners. *Journal of Special Education, 43*, 12-28.

3. Stanulis, R. N. & Floden, R. E. (2009). Intensive mentoring as a way to help beginning teachers develop balanced instruction. *Journal of Teacher Education, 60*(3), 112-122.

4. Heerwegh, D. (2006). An investigation of the effect of lotteries on Web survey response rates. *Field Methods, 18*(5), 205-220.

5. Benitez, J. L., et al. (2009). The impact of a course on bullying within the pre-service teacher training curriculum. *Electronic Journal of Research in Educational Psychology, 7*(1), 191-207.

6. Kalyva E., & Agaliotis, I. (2009). Can social stories enhance the interpersonal conflict resolution skills of children with LD? *Research in Developmental Disabilities: A Multidisciplinary Journal, 30*(7), 192-202.

7. DeVos, H. M., & Louw, D. A. (2009). Hypnosis-induced mental training programmes as a strategy to improve the self-concept of students. *Higher Education: The International Journal of Higher Education and Educational Planning, 57*(2), 141-154.

8. Tuckman, B. W. (1999). *Conducting Educational Research* (5th ed., p. 152). New York: College Publishers.

研究練習 13 研究方法

利用問題卷 13，盡可能詳細說明你的研究步驟及結果的分析；也就是，說明你想做什麼、什麼時候、在哪裡，及怎麼做。最後指出目前規劃中你所看到還未能解決的問題。

問題卷 13 研究方法

一旦你決定要用第 13-17 章及第 19-24 章所介紹的各種研究方法中的哪一種之後，就應該完成問題卷 13。然而，你也可以想一想，自己的研究問題是否可以用別的研究方法探討。

1. 我的研究問句或假設是：＿＿＿＿＿＿＿＿＿＿＿＿＿＿＿

＿＿＿＿＿＿＿＿＿＿＿＿＿＿＿＿＿＿＿＿＿＿＿＿＿＿＿

2. 我想用的方法是：＿＿＿＿＿＿＿＿＿＿＿＿＿＿＿＿＿

＿＿＿＿＿＿＿＿＿＿＿＿＿＿＿＿＿＿＿＿＿＿＿＿＿＿＿

＿＿＿＿＿＿＿＿＿＿＿＿＿＿＿＿＿＿＿＿＿＿＿＿＿＿＿

3. 說明你將會如何執行研究，也就是，資料蒐集的過程。你要在什麼時候、在哪裡、用什麼方法蒐集資料？你的資料蒐集時間會持續多久？會在哪一類情況下蒐集？你能預見任何的限制或問題嗎？＿＿＿＿＿＿

＿＿＿＿＿＿＿＿＿＿＿＿＿＿＿＿＿＿＿＿＿＿＿＿＿＿＿

＿＿＿＿＿＿＿＿＿＿＿＿＿＿＿＿＿＿＿＿＿＿＿＿＿＿＿

＿＿＿＿＿＿＿＿＿＿＿＿＿＿＿＿＿＿＿＿＿＿＿＿＿＿＿

4. 如果你打算做一個介入研究（例如，實驗），請詳細討論想做的介入或實驗處理。＿＿＿＿＿＿＿＿＿＿＿＿＿＿＿＿＿＿＿

＿＿＿＿＿＿＿＿＿＿＿＿＿＿＿＿＿＿＿＿＿＿＿＿＿＿＿

5. 我在這個階段所能預見的主要問題如下所列：＿＿＿＿＿＿

＿＿＿＿＿＿＿＿＿＿＿＿＿＿＿＿＿＿＿＿＿＿＿＿＿＿＿

＿＿＿＿＿＿＿＿＿＿＿＿＿＿＿＿＿＿＿＿＿＿＿＿＿＿＿

這份問題卷（英文版）在線上學習中心（OLC, http://highered.mheducation.com/sites/125991383x）有電子檔。你可以利用電子檔填寫並列印、儲存或以電子郵件寄送。

Chapter 14

單一對象研究法

- 單一對象研究法的基本特質
- 單一對象設計

  圖示單一對象設計／A-B 設計／A-B-A 設計／A-B-A-B 設計／B-A-B 設計／
  A-B-C-B 設計／多重底線設計
- 單一對象研究法所面臨的對內部效度的威脅

  單一對象研究法中對內部效度威脅的控制／
  單一對象研究法的外部效度：重做相同研究的重要性／其他單一對象設計
- 單一對象研究論文舉例

學習目標 >> 讀完本章後，你應該能：

- 簡要描述單一對象研究法的目的。
- 描述此種研究法的基本特質。
- 描述單一對象研究法與其他實驗研究法在兩方面的不同。
- 解釋何謂底線，並說明為何要使用底線。
- 解釋何謂 A-B 設計。
- 解釋何謂倒轉（A-B-A）設計。
- 解釋何謂 A-B-A-B 設計。
- 解釋何謂 B-A-B 設計。
- 解釋何謂 A-B-C-B 設計。
- 解釋何謂多重底線設計。
- 指出與單一對象研究法的內部效度相關的各種威脅。
- 說明可以控制單一對象研究中對內部效度之威脅的三種方法。
- 討論單一對象研究法的外部效度。
- 評論使用單一對象研究法寫成的論文。

互動與應用學習　在閱讀本章的同時，或讀完本章後：

到線上學習中心（Online Learning Center, OLC），
網址 http://highered.mheducation.com/sites/125991383x：
- 學習更多有關單一對象研究法的基本特質

到線上學生精熟活動簿（Student Mastery Activities Book）做
下列活動：
- 活動 14.1：單一對象研究法的研究問句
- 活動 14.2：單一對象研究法的特質
- 活動 14.3：分析一些單一對象的資料

王茉香是加州聖地牙哥一所小型小學的三年級老師。她發現自己的課堂教學一直被一位學生艾力克打斷，因為他沒有一刻可以靜下

來。王茉香覺得自己被整得很累,很想找出法子制住這位學生,不知道是否有哪些「暫時隔離」(time-out)的方法可用。她問學校的其他幾位老師,如果讓艾力克暫時離開教室,會不會減少他的擾亂行為。

這正是單一對象 A-B-A-B 設計的研究最能回答的一種問題。本章你將會學到 A-B-A-B 設計的研究法的內涵、其使用方式,及其他跟單一對象研究法相關的知識。

█▌ 單一對象研究法的基本特質

第 13 章討論實驗研究法時,都是研究群體的設計。然而有時候,群體設計並不合適;尤其當一些常用的測量工具都不合適,而且蒐集資料的方法必須是使用觀察法時,群體設計即無法使用。有時則是樣本數太小,不足以構成群體研究。還有些時候則是,密集地對少數幾個人蒐集資料比較有意義。研究者若想研究有多重障礙(例如可能既聾又盲)的兒童,他也許只能找到少數幾個這樣的兒童,譬如六個而已。在這樣的情況下,再把樣本分成兩組就沒有意義了;並且,每一位兒童可能都必須詳細地觀察。

單一對象設計(**single-subject designs**)是由第 429 頁的圖 13.9 的「時間序列設計」改變而來。兩者之間的不同點在於,前者一次只蒐集分析一個個體的資料。這種設計最常用於研究某個體在接受了某介入性措施或實驗處理後,在行為上的改變。單一對象設計主要發展自特殊教育研究,因為在特殊教育中,許多一般常用的測量工具都不適用。例如,單一對象設計已被研究者用來顯示,唐氏症(Down syndrome)兒童的學習能力遠比之前一般所認為的強許多。*

以下是一些教育研究者的出版論文之標題:

• 「有系統地教導午膳情境中的社會實用語言技巧」[1]
• 「自我監督的放鬆呼吸練習對於男性青少年攻擊行為的影響」[2]
• 「一般玩具及適性玩具對於有發展障礙的學齡前兒童的影響」[3]
• 「即興演奏音樂治療法對於自閉症兒童的共同注意之行為的影響:一項隨機

---

* 單一對象研究法愈來愈常用於某些類型的研究,這些研究的觀察單位不是單一個個人,而是單一個團體。

○ **單一對象研究的重要發現**

　　長久以來，人們以為獨立生活的技能，是嚴重智力不足或情緒困擾的兒童與成人無法學習到的。但 1960 年代一系列的研究卻發現，這些人可以經由原先稱為「操作制約」（operant conditioning），而晚近稱為「行為改變」（behavior modification）或「應用行為分析」（applied behavioral analysis）的技巧，[*] 學到很多技能。最近的研究又把這些方法做了更進一步的改進。[†]

---

[*]　Bensberg, G. J., Colwell, C. N., & Cassel, R. H. (1965). Teaching the profoundly retarded self-help activities by behavior shaping techniques. *American Journal of Mental Deficiency, 69*, 674-679; Lovaas, O. I., Freitag, L., Nelson, K., & Whalen, C. (1967). The establishment of imitation and its use for the development of complex behavior in schizophrenic children. *Behavior Research and Therapy, 5*, 171-181.

[†]　Wolery, M., Bailey, D. B., & Sugai, G. (1998). *Effective teaching principles and practices of applied behavior analysis with exceptional students*. Needham, MA: Allyn and Bacon.

化的控制研究」[4]

- 「減少過量的媒體使用同時增加體能活動」[5]
- 「輔助重複閱讀（assisted-repeated reading）（類似重複帶讀）對於不同閱讀能力的學生的影響」[6]
- 「利用具有歸納與教導性質的回饋提高教學效益」[7]

▌▌▌ 單一對象設計

◆ 圖示單一對象設計

　　使用單一對象設計的研究者，大都利用線條圖（line graphs）來呈現他們的資料，以說明某一介入性措施或實驗處理的效果。圖 14.1 就是這種類型的圖。依變項（結果）是以垂直軸（或稱**縱軸**、y 軸）表示。例如，如果我們教一位多重障礙兒童一項簡單的自助技巧，他所給予我們的反應中，正確反應的次數是顯示在 y 軸。

　　水平軸（或稱**橫軸**、*x*軸）是用以表示時間，例如課程數、天數、星期數、試驗次數或月數。畫圖時，大致的原則是讓橫軸的長度為縱軸的 1.5 倍至 2 倍之間。

　　研究**情境**的描述則列於表的上端。第一個情境通常是底線（**baseline**），其後接著實驗的介入（也就是自變項）。**情境線**（condition line）將不同的情境隔開，以指出研究情境是何時開始改變。圖上的圓點則是**資料點**（data points），代表的是在實驗各階段所蒐集的資料。點的位置決定法則是由橫軸的時間（何時蒐集的資料）所畫的垂直線及由縱軸的結果所畫的水平線，此兩線的交會點。而後再將這些點以線段連結，就可看出實驗介入效果的趨勢。最後，在圖的底端，我們有圖的標題；標題大都是摘要該圖的內容，其中通常包含依變項與自變項。

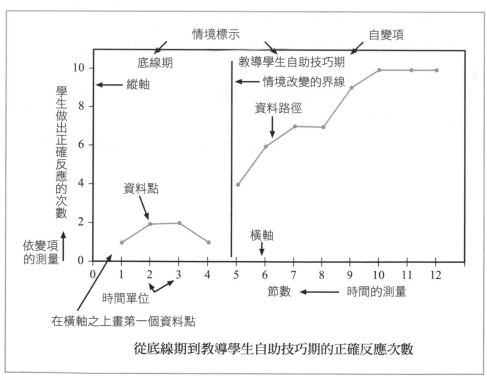

從底線期到教導學生自助技巧期的正確反應次數

圖 14.1　單一對象圖

◆ A-B 設計

使用 **A-B** 設計（**A-B design**）的研究者，其基本的方法都是在兩種情境或兩種階段下，從同一研究對象蒐集資料，讓該研究對象作為自己的控制組。第一個情境是實驗處理前的情境，通常稱為**底線期**（baseline period），以 A 表示。底線期內，研究對象常被重複評估，直到研究者認為自己已能頗為確定研究對象的典型行為。底線在單一對象研究法中極其重要，如果實驗處理沒有發生，底線是研究對象最可能表現的行為。研究者必須蒐集足夠的資料點，才能清楚勾勒出目前的情形；當然，研究者在實施實驗處理前，必須至少蒐集三個資料點。事實上，底線的資料點是用以跟研究對象在處理情況後的行為做比較。

一旦底線的情況已確定，研究者就可以進入第二階段，以 B 表示，也就是施加實驗處理或介入性措施，並將第二階段維持一段時間。通常（但不必然如此）在實驗處理的情況時，教師大多會教導該研究對象一個非常明確的動作，而後教師（也是資料蒐集者）記錄研究對象在某一固定的嘗試次數之內有多少正確的回應（例如回答問題）或行為（例如看著老師）。

例如，若研究者想了解，言語的讚美對於一位在數學課上沒反應的學生的影響。她可以先連續五天（有數學課時）觀察該生在數學課的行為，然後在之後五堂課上都讚美他，再觀察他獲得讚美後立即發生的行為。圖 14.2 說明這樣的一個 A-B 設計。

你可以看見，實驗介入前，有五次的測量，實驗介入期間也有五次的測量。圖 14.2 也顯示，該項介入似乎有效果。學生有反應的次數在接受了讚美後明顯增加了。然而，A-B 設計有一個大問題；它就像「一組且只測量一次的設計」，研究者無法確定個案行為上的改變是**因為**實驗處理之故。有可能其他的因素（而非讚美）造成了學生行為的改變，或甚至這種改變其實會自然發生，無需任何實驗處理的介入。因此，A-B 設計無法控制各種對內部效度的威脅，無法除去各種可能的外在因素的影響，因而無法決定自變項（讚美）對於依變項（學生的反應）的影響。所以，研究者常利用 A-B-A 設計以改善 A-B 設計的缺點。*

---

* 另一個選擇是多找幾個研究對象，在不同的時間施以同樣的實驗處理，這樣就可以避免由於時間的流逝或其他情況造成研究對象行為改變的可能性。

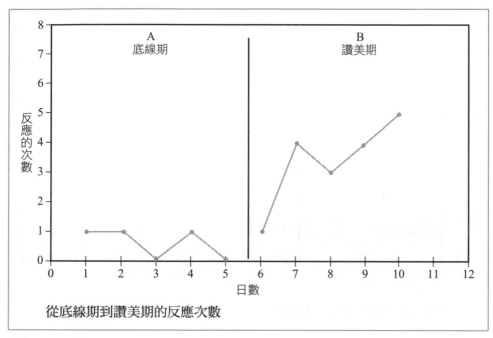

圖 **14.2** A-B 設計

◆ A-B-A 設計

使用 **A-B-A** 設計（**A-B-A design**）〔有時稱為*倒轉設計*（reversal designs）〕時，研究者只是多加了一個底線期，但這項動作卻可大為改善研究設計。如果個案在兩個底線期的行為都與實驗介入期不同，那麼我們就有較強的證據證明實驗處理的效果。例如，在前一個例子中，研究者可以在讚美了學生五、六天後，不再讚美他，並連續五天觀察學生的行為。這樣一來，內部效度的威脅降低了許多，因為，如果實驗處理期的同時還有另一件事發生，而且這事使得學生行為的次數增加，又在實驗處理撤去時使學生行為出現的次數減少，這種事會發生的機會應該很小。圖 14.3 是 A-B-A 的設計。

雖然減低了對內部效度的威脅，的確是 A-B-A 設計的優點，但這樣的設計就實驗倫理而言有明顯的缺點；那就是，這種研究回到底線 A 的情況後即結束。而如果個案本身沒有明顯的進步，許多研究者也許會覺得於心不安。因此，這種設計的延伸——A-B-A-B 設計，就常被使用。

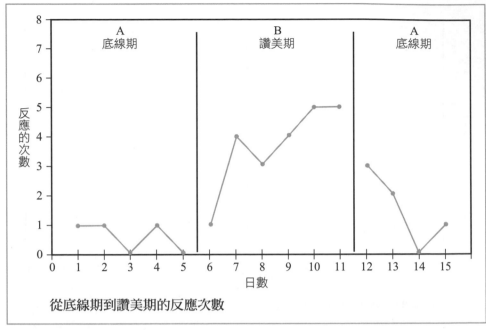

圖 14.3 A-B-A 設計

◆ A-B-A-B 設計

　　A-B-A-B 設計（**A-B-A-B design**）中，有兩個實驗處理期與兩個底線期。
這樣的設計更進一步增強了任何有關研究結果的結論，因為在這種設計中，實
驗處理的效果顯示了**兩次**。當然，如果研究者希望，第二次的實驗處理期也可
被無限期延伸。若個案在兩次實驗處理期的表現基本上相同，而且都比底線期
良好（或更糟），那麼由其他因素造成行為改變的機會就小了許多。另一個優
點則很明顯：避免了先前所提的倫理問題。

　　繼續拿先前的例子為例，實施 A-B-A-B 設計，研究者在第二個底線期之
後，可以再連續五天施行 B——實驗處理（讚美），並觀察個案的行為。在此，
研究者像使用 A-B-A 設計一樣，希望看到依變項（有反應的程度）隨著自變項
（讚美）的有無而改變。如果從第一次的底線期到第一次的實驗處理期時，研
究對象的行為有改變，而且從第一次的實驗處理期到第二次的底線期時又有變
化，後續又再變化，那麼研究者就有證據證明讚美的確是造成學生行為變化的
原因。圖 14.4 是一項 A-B-A-B 設計的結果。

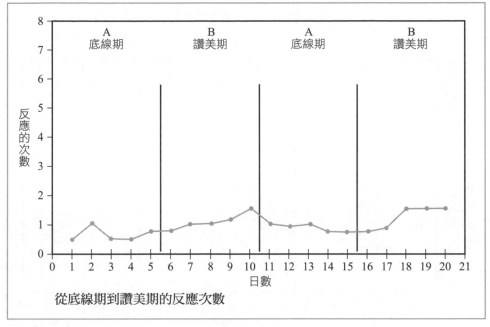

圖 14.4 A-B-A-B 設計

在圖 14.4 中，研究者建立了一個清楚的底線，接著實驗處理開始後，學生的反應開始增加，而當實驗處理停止後，學生的反應又降低了一些，但當實驗處理又開始之後，學生的反應又升高了。這樣的趨勢算是頗為有力的證據，可以證實是實驗處理造成學生的進步，而非歷史、成熟或其他因素所造成。

雖然類似圖 14.4 所顯示的趨勢算是頗為有力的因果證據，但也許你也注意到了，A-B-A 和 A-B-A-B 設計都有相同的限制：資料蒐集者的偏誤（施以實驗處理者通常也是資料蒐集者），及可能產生的測量工具使用的效應（需要多次蒐集資料），兩者都可能導致資料蒐集時的情況發生變化。

◆ B-A-B 設計

有時學生的問題行為非常嚴重，或影響正常的作息（例如，可能課堂上及下課時間都在打架、惹事生非），研究者沒有時間建立一個底線期。這時，他可以使用 **B-A-B 設計**（**B-A-B design**）。這種設計是先有實驗處理，接著建立底線期，再回到實驗處理期。其他可以使用這種設計的時機包括：目標行為從未出現過（例如，研究對象以前從未表現過研究者希望看見的行為，像是專

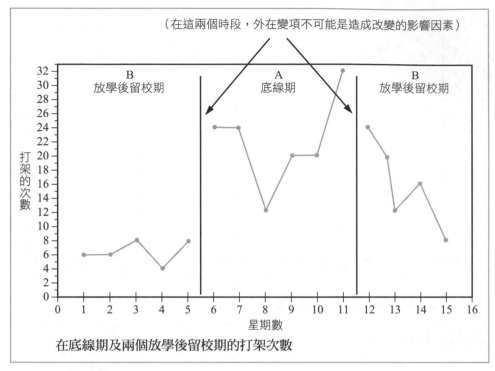

圖 14.5 B-A-B 設計

心），或者當某介入性實驗處理已在實行中（例如放學後留校輔導），而研究者希望了解這種介入性實驗處理的效果。圖 14.5 是 B-A-B 設計的圖示。

◆ A-B-C-B 設計

A-B-C-B 設計（**A-B-C-B design**）是更進一步修改 A-B-A 設計而成。C 指的是將實驗處理 B 稍加變化。研究者在前面兩個情境 A、B 之下，蒐集了底線期及實驗處理期的資料，而後在 C 情境，將實驗處理做一些**改變**，以控制個案在 B 情境時可能獲得的一些額外的注意。例如，在先前的例子中，可能有人會懷疑，是個案所獲得的額外注意使其增加了反應的次數（若有增加），而非讚美本身。

因此，C 情境在此也許是不論個案如何回應（不管有沒有反應），都給予讚美。這樣一來，如圖 14.6 所示，研究者就可下結論，認定是**適時地**（或**選擇性地**）給予讚美，才使學生的反應增加，而非讚美的總次數為之。

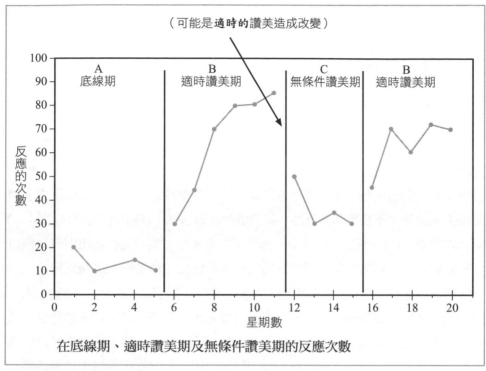

圖 14.6 A-B-C-B 設計

◆ 多重底線設計

A-B-A-B 設計的另一選擇是多重底線設計（**multiple-baseline designs**）。當研究者不可能，或基於倫理而不能撤回實驗處理、回到底線時，可採用多重底線設計。使用多重底線設計時，研究者不只對一位個案的一項行為蒐集資料，而是對一位個案的多項行為蒐集資料，並因此在**同一**時期獲得每一項行為的底線。

使用多重底線設計觀察多種行為時，研究者依序在不同的時間為某一行為施行實驗處理，直到所有行為都接受了實驗處理。若每一種行為都是在實驗處理之後才發生改變，就判斷該實驗處理是行為改變的因素。然而，必須注意的是，每一種被施以處理的行為之間必須是獨立無關的。例如，若第二種行為也受第一種實驗處理的影響，那麼我們就無法確知實驗處理的效益了。圖 14.7 是多重底線設計的圖示，其中包含了三種行為。

```
行為一    O  O  O  O X O X O X O X O X O  X O  X O  X O  X O
行為二    O  O  O  O  O  O  O X O X O X O  X O  X O  X O  X O
行為三    O  O  O  O  O  O  O  O  O  O  O X O  X O  X O  X O  X O
```

圖 14.7 多重底線設計

　　在圖 14.7 中，研究者先對第一項行為施以實驗處理，接著第二項行為接受實驗處理，最後則是第三項行為，使三種行為都接受實驗處理。例如，若研究者想了解「暫時隔離」（也就是暫時讓一位學生離開教室，使他冷靜下來）對於減少某位學生不良行為的效益。假設這些行為包括：(1)不遵守發言秩序；(2)撕掉作業本；(3)辱罵另一位學生。那麼研究者先是在第一種行為出現時，施以「暫時隔離」，接著對第二種行為施以「暫時隔離」的處理，最後再對第三種行為施以同樣的方法。實驗處理若能消除愈多的不良行為，表示它的效益愈大。而研究者要施用實驗處理多少次，則靠研究者自行判斷，且視個案的特質、情境及研究者想消除或減低（或鼓勵）的行為而定。多重底線設計也常被用於蒐集幾位個案在單一行為上的資料，或用以測量同一個案在兩個以上不同情境下的行為。

　　圖 14.8 是一項假想研究中的實驗處理效應，這項研究是利用多重底線設計。在此，每一種行為都只在實驗處理開始實施以後才產生變化。圖 14.9 則是將這種設計應用於不同的情境。

　　在實務上，上述的設計所獲得的資料很少能真正符合理論上理想的模式，因為資料點都會有較多的波動，而使得所顯示的趨勢不是很明顯清楚。這樣的特性使得資料蒐集者的偏誤更成為問題，尤其當所針對的行為是比較複雜的，而非只是一個像「把東西撿起來」這樣簡單的反應時，資料蒐集者的偏誤更甚。資料蒐集者的偏誤在多重底線設計上一直是需要擔憂的問題。

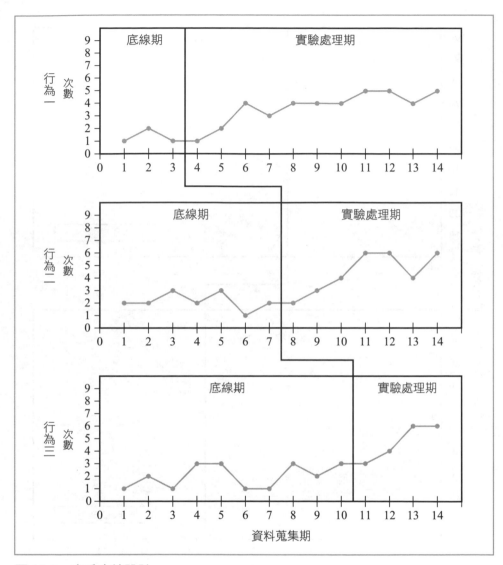

圖 14.8 多重底線設計

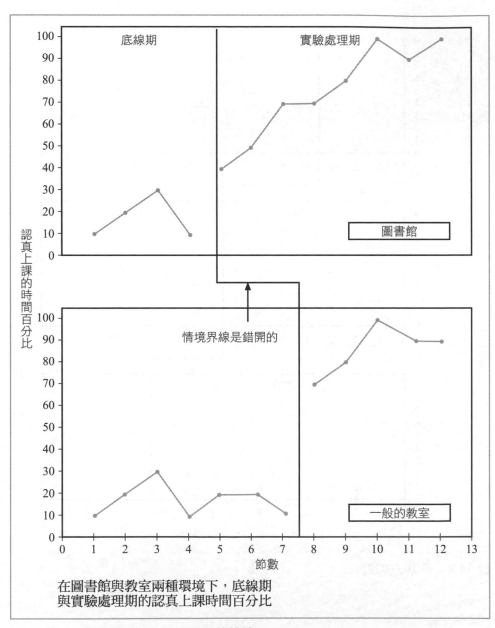

認真上課的時間百分比

圖 14.9 多重底線設計應用於不同的情境

單一對象研究法所面臨的對內部效度的威脅

正如我們先前曾提過，單一對象研究法有幾種對內部效度的威脅。最重要的幾個包括底線期與實驗處理期的情境長度、從一種情境變為另一種情境時產生變化的變項數、改變發生的程度與速度、行為是否重回到底線期、行為間是否獨立無相關，及底線情境的個數。以下讓我們一一詳細討論。

情境期的長度 情境期的長度指的是底線期與實驗處理期要維持多久；基本上也就是情境期所蒐集的資料點數量。研究者必須要有足夠的資料點（至少三點），才能看出行為的趨勢或模式。觀察一下圖 14.10(a)，底線期的資料似乎很穩定，因此研究者可施以實驗處理。圖 14.10(b)中，底線期資料點的趨勢似乎不是研究者所樂見的，因此也適於施行實驗處理。而圖 14.10(c)中，資料點顯示行為的頻率有大幅的波動，還無法看出趨勢，因此研究者必須要在底線情境再停留一陣子。圖 14.10(d)的資料點移動的方向是研究者所希望的，但如

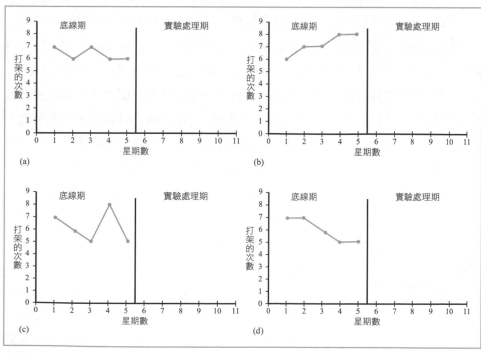

圖 14.10 底線期穩定性的變異情形

果此時結束底線情境，以實驗處理介入，研究者就很難決定實驗處理的效益。

　　當然，在真實世界中，我們常很難拿到足夠的資料點，找出清楚的趨勢。通常會有一些現實的問題迫使研究者要盡早開始研究處理，例如時間不夠，或個案表現非常危險的行為等倫理的考量。但不論如何，使用單一對象研究者，都必須將資料點的穩定性納入考量。

　　從一種情境變為另一種情境時，產生變化的變項數　這是單一對象研究法中最重要的考量之一。當從一種情境變為另一種情境時，很重要的一點是，只能有一個變項改變。例如，在我們先前的例子中，一位研究者想探究「暫時隔離」對於減少某位學生一些不良行為的效益。該研究者必須注意的是，「暫時隔離」是她在介入措施情境時唯一施以的實驗處理；這就是只改變一項變項。如果研究者不但使用「暫時隔離」，**並且**使用其他方式（像在「暫時隔離」時輔導該名學生），她就是在改變**兩個**變項。這時候，實驗處理的效益就混淆不清了，因為這時有兩個變項混在一起，兩者同時成為研究者所採取的介入性措施。如此一來，研究者只能說兩者合在一起是否有效益，而無法得知所見到的效益是出自「暫時隔離」或輔導。因此，分析單一對象研究時，必須要注意是否一次只有一個變項改變；如果答案為否，任何的結論都可能是錯的。

　　改變的程度與速度　研究者必須納入考慮的是，介入情境產生變動時（也就是當自變項開始或被移除時），行為改變發生的強度。例如，在圖 14.11(a)，底線期的資料點具有穩定性，然而，當實驗處理開始後，個案的行為在前三節課並無改變；這表示實驗處理的效益並非很強。若自變項（不論為何）很有效，個案行為的改變應該會快一些發生。當然也有可能是，自變項的確有效，但是強度沒有達到使改變立即發生的程度（或者也可能是行為不易改變）。一旦採取了介入性措施，而研究對象行為的變化很慢或延遲了一段時間才開始變化時，研究者就必須考慮所有這類的可能性。圖 14.11(b)則顯示，變化很快就發生，但強度很低。只有圖14.11(c)在引進了實驗處理之後，有戲劇性而迅速的變化。在這樣的情況下，研究者比較能肯定實驗處理的效益。

　　回到底線期　圖 14.12(a)中，即使回到了底線的情境（也就是不再有實驗處理），行為也沒有立即發生明顯的變化。這意味著，在實驗處理介入期時，有別的事情發生了；否則，如果行為發生變化的原因是實驗處理的介入，我們會預期，當研究回到底線期時，個案的行為也會回到底線時的表現。如果個案

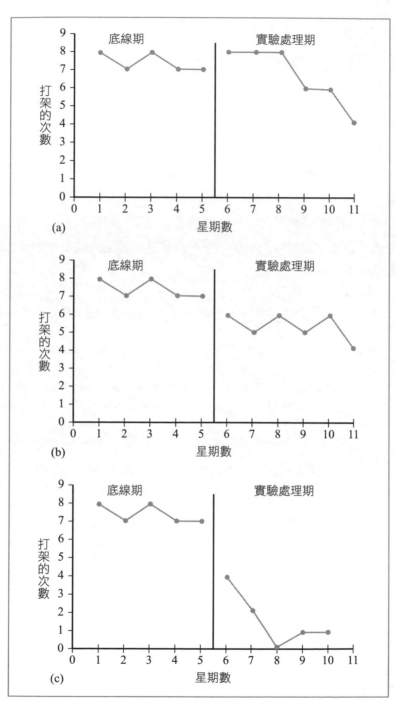

圖 **14.11** 變化的程度及速度上的差異

◉ 以單一對象設計執行的研究案例

- 「小老師」（也就是學生教導學生）對於有嚴重障礙的學生的影響（A-B 設計）。[*]
- 迅速解讀單字的訓練對於成人學習者的閱讀能力的影響（A-B-A 設計）。[†]
- 自我記錄是否能減少無法集中注意而且過動的高中生不專心的行為（A-B-A-B 設計）。[‡]
- 評估小學生習得的急救措施（多重底線多位對象的設計）。[§]
- 自我管理方法如何影響中度殘障學生在教室及學業上的表現（多重底線多種情境的設計）。[‖]

---

[*] Martella, R. C., Marchand-Martella, N. E., Young, K. R., & McFarland, C. A. (1995). *Behavior Modification, 19*, 170-191.

[†] Tan, A., Moore, D.W., Dixon, R. S., & Nichelson, T. (1994). *Journal of Behavioral Education, 4*, 177-189.

[‡] Stewart, K. G., & McLaughlin, T. F. (1992). *Child and Family Behavior Therapy, 14*(3), 53-59.

[§] Marchand-Martella, N. E., Martella, R. C., Agran, M., & Young, K. R. (1991). *Child and Family Behavior Therapy, 13*(4), 29-43.

[‖] Smith, D. J., Nelson, J. R., Young, K. R., & West, R. P. (1992). *School Psychology Review, 21*, 59-72.

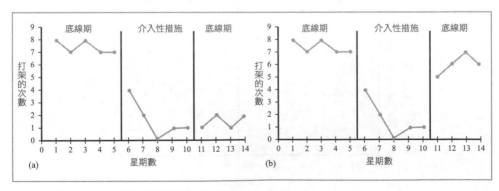

圖 **14.12** 回到底線的情境可能的情況

的行為沒有回到原底線時期的表現，表示某一（些）其他的外在變項在實驗處理介入期發生了影響，造成我們所看到的行為變化。而在圖 14.12(b)中，個案在回到底線期時，其行為也陡然地回到原底線期的行為。這意味著自變項可能是依變項變化的原因。但是，請注意，由於我們希望實驗處理有持續性的影響，若回到底線期時，個案的行為是逐漸地降回原底線期的模式，可能才是研究者所樂見的，但這又不免增加實驗結果詮釋的複雜度。

行為間是否獨立無相關 這方面的考慮在使用多重底線研究時會發生。我們想像一下，一位研究者正在探討不同的歷史科教學法。這位研究者定義了兩種她要測量的學生行為：(1)掌握核心概念的能力；及(2)摘要各種歷史文件的能力。該研究者獲得了這兩種能力的底線表現資料後，就施以實驗處理（提供學生一份練習本，提示該如何找出歷史文件中的要點）。個案掌握核心概念的能力立即大進；然而，摘要各種歷史文件的能力也進步了。很明顯，這兩種能力之間不是獨立無關的；兩者之間似乎有某種相關，極可能都是與潛在的認知能力有關，因此兩者才會同時都有進步。

底線期的次數 為了要做多重底線研究，研究者必須至少有兩個底線。雖然這些底線期都同時開始，但介入性措施卻不在同時段開始。正如我們先前說過，利用多重底線研究，外在變項影響依變項的機會將減低，因為同樣的外在事件不太可能會使兩種行為在不同的時間發生變化。而一項外在事件使得多重底線研究中的三種行為發生變化的機會當然更低。

因此，底線期的次數愈多，實驗處理的介入愈可能是行為變化的原因，因為底線期的次數愈多（也就是觀察愈多種行為），一項外在變項致使這些行為都改變的機會相對愈小。

然而，若有許多個底線同時存在，卻會出現一個問題。也就是，底線期的次數愈多，後續等著要接受實驗處理的行為就必須待在底線狀態愈久，不能獲得介入措施的時間愈長。例如，若我們按照先前所建議的原則建立穩定的資料點，那麼第一種行為的底線至少要觀察三節課，第二種行為則必須停留在底線為期六節課，第三種行為九節課。如果使用四種行為，那麼第四種行為要在底線期停留十二節課！要等十二節課才對某種不良的行為採取介入性措施，這是很長的等待時間。然而，另一方面，我們還是必須記住，底線期的次數愈少，我們就愈無法確定，實驗處理的介入是否導致行為的改變，抑或是其他外在變

項引起了改變。

◆ 單一對象研究法中對內部效度威脅的控制

單一對象研究設計最能控制研究對象的特質、損耗、測驗及歷史的威脅；至於地點、資料蒐集者的特質、成熟及迴歸的威脅，則控制較弱；控制能力最弱的則是工具的衰敗、資料蒐集者的偏誤、態度及研究執行的威脅。

地點的威脅對於多重底線設計而言通常極小，因為實驗處理實施的地點通常從頭到尾都不會改變。資料蒐集者的特質也是如此；若在研究的過程中改變了資料蒐集者，則其特質會是一個問題，將構成威脅。

單一對象設計不幸地很可能會遭受工具的衰敗及資料蒐集者的偏誤兩者的威脅，因為要在許多不同的時間點蒐集資料（通常是利用觀察），而研究者很難從頭到尾都將資料蒐集者蒙在鼓裡，不讓他知道研究的目的。

研究執行及態度的威脅兩者也很難在單一對象研究法中加以控制。研究執行者或資料蒐集者都有可能在無心之中扭曲了研究結果。當同樣一人既是資料蒐集者也是研究執行者（例如該位利用讚美減低不良行為的教師）時，資料蒐集者的偏誤尤其是一個大問題。若使用二位觀察者並各自獨立記錄觀察所得，就可以降低這種威脅，但也同時增加了完成研究所需的工作人數。測驗的威脅通常不構成威脅，因為研究對象無法影響觀察資料。

◆ 單一對象研究法的外部效度：重做相同研究的重要性

單一對象研究的外部效度（**external validity**）── 也就是它的可擴論性（generalizability），是很薄弱的。我們幾乎不可能因為某項實驗處理對某個人有效，就呼籲大家要使用該項處理方式。因此，單一對象研究設計中，若發現某項處理方式可有效改變某行為，要確立結果是否有擴論的價值，就必須以不同的個案多次重做相同的研究。

◆ 其他單一對象設計

還有許多其他較少使用的設計也算是單一對象研究設計的範圍。其中一種是**多重實驗處理設計**（multi-treatment design），也就是在A-B-A-B設計中多使用了另一種實驗處理（也就是 A-B-A-C-A）。**輪替實驗處理設計**（alternatingtreatments design），則是經過了底線期後，輪流使用兩種或多種實驗處理（也就是 A-B-C-B-C）。將這種設計稍做改變，不包含底線情境則可變成 B-C-B、B-C-B-C，或 B-C-B-C-B 等設計。**多重探試設計**（multiprobe design）與多重底線設計不同之處，只在於前者所蒐集的資料點較少，以減少資料蒐集的負擔，並避免一些內部效度的威脅。最後，研究者可自行將這些設計的特色加以組合。*

⫸ 單一對象研究論文舉例

請利用第 13 章所提供，評論論文時該問的各種問題，檢視你所閱讀的論文。

原文舉例的出版論文資訊如下：

Schirmer, B. R., & Schaffer, L. (2010). Implementation of the guided reading approach with elementary school deaf students. *American Annals of the Deaf, 155*(3), 377-385.

> **OLC** 回到本章最前面的**互動與應用學習**所列出的一系列互動與應用活動。到線上學習中心（OLC, http://highered.mheducation.com/sites/125991383x）去做小測驗、練習關鍵詞彙，及複習本章內容。

本章重點

單一對象研究法的基本特質
- 單一對象研究法必須對單獨一位研究對象廣泛蒐集資料。
- 單一對象研究法的一項優點是：當團體研究無法或極難進行時，可以採取單一對象研究法。

---

* 想詳細了解各種不同的單一對象研究設計，可參考 Barlow, D. H., & Hersen, M. (1984). *Single-case experimental designs: Strategies for studying behavior change* (2nd ed.). New York: Pergamon Press.

單一對象設計

- 單一對象設計最常用於研究某個人在接受了某項實驗處理或介入措施後，在行為上所顯現的改變。
- 使用單一對象設計的研究者主要是利用線條圖呈現資料，說明實驗處理或介入措施的效果。
- 使用 A-B 設計的研究者，基本的方式是讓同一研究對象經驗兩種不同的情境，使該研究對象為其自身的對照或控制。
- 使用 A-B-A 設計（亦稱為**倒轉設計**）時，研究者只是在 A-B 設計之後多加了一個底線期。
- A-B-A-B 設計中，有兩個底線期與實驗處理期。
- 當研究對象的行為非常嚴重或擾亂教學，使研究者來不及建立底線期時，則可使用 B-A-B 設計。
- A-B-C-B 設計中，C 情境指的是實驗處理 B 稍做變化後的實驗處理方式。將實驗處理在 C 階段稍做變化，通常是用以控制研究對象在 B 階段可能獲得的額外關注所產生的效應。

多重底線設計

- 當停止施以實驗處理可能引起倫理上的爭議，或不可能再把實驗處理移除時，可使用多重底線設計。
- 使用多重底線設計，研究者可以不只在一個情境下對一位研究對象的某一種行為蒐集資料；可以對一位對象的多種行為蒐集資料，在同樣一段時間裡為每一種行為取得底線行為。
- 多重底線設計有時也用來蒐集多個人在同一行為的變化資料，或者用以測量一位研究對象在不同情境下的行為變化。

單一對象研究法所面臨的對內部效度的威脅

- 單一對象研究法存在一些內部效度的威脅，包括底線期與介入性措施期的長度、從一種情境變為另一種情境時產生變化的變項數、改變發生的程度與速度、回到底線期、行為間是否獨立無關，及底線期的次數。

單一對象研究法中對內部效度威脅的控制

- 單一對象研究設計最能控制研究對象的特質、損耗、測驗及歷史的威脅。

- 它們對於地點、資料蒐集者的特質、成熟及迴歸的威脅控制較弱。
- 它們對於工具的衰敗、資料蒐集者的偏誤、態度及研究執行的威脅控制能力最弱。

單一對象研究法的外部效度：重做相同研究的重要性

- 單一對象研究的可擴論性很薄弱。
- 單一對象研究尤其必須要重複多次，才能決定結果是否具有擴論的價值。

其他單一對象設計

- 本章所討論的基本設計，可做的變化包括 A-B-A-C-A 設計、A-B-C-B-C 設計，及多重探試設計。

關鍵詞彙

問題討論

1. 單一對象研究設計可在中學裡施行嗎？若是可以，你認為可能會遭遇哪些困難？

2. 瓊斯教授的基礎統計課上，有一位學生老是在其他學生要回答教授的問題時擾亂他們。瓊斯教授能如何利用本章所描述的設計來降低該生的擾亂行為？

3. 一般的小學，在哪些情況下可能需要使用 B-A-B 設計？你能想出幾個情況嗎？

4. 隨機抽樣在單一對象研究法中可行嗎？為什麼可行或為何不可行？

5. 你認為單一對象研究和團體比較研究兩者，哪一種比較容易實施？為什麼？

6. 哪些種類的研究問句會必須做單一對象研究而非別種研究？

7. 哪些類型的行為可能只需要幾個資料點就可構成底線？請舉例。

8. A-B-A 設計中，在什麼情況下移除介入性措施而回到底線，是不合倫理的？請舉一例。

9. 若 1 表示極端容易，10 表示極端困難，你認為單一對象研究法的難度應得幾分？你認為這種研究法最困難之處是哪一部分？為什麼？

註釋

1. Angell, M., et al. (2008). Systematic instruction for social-pragmatic language skills in lunchroom settings. *Education and Training in Developmental Disabilities, 43*(3), 342-359.

2. Gaines, T., & Barry, L. (2008). The effect of a self-monitored relaxation breathing exercise on male adolescent aggressive behavior. *Adolescence (San Diego): An international quarterly devoted to the physiological, psychological, psychiatric, sociological, and educational aspects of the second decade of human life, 43*(170), 291.

3. Hsieh, H. (2008). Effects of ordinary and adaptive toys on pre-school children with developmental disabilities. *Research in Developmental Disabilities: A Multidisciplinary Journal, 29*(5), 459-466.

4. Kim, J., et al. (2008). The effects of improvisational music therapy on joint attention behaviors in autistic children: A randomized controlled study. *Journal of Autism and Developmental Disorders, 38*(9), 1758-1766.

5. Larwin, K., & Larwin, D. (2008). Decreasing excessive media usage while increasing physical activity: A single-subject research study. *Behavior Modification, 32*(6), 938-956.

6. Hapstak, J., & Tracey, D. (2007). Effects of assisted-repeated reading on students of varying reading ability: A single-subject experimental research study. *Reading Horizons, 47*(4), 315-334.

7. Tekin-Iftar, E., et al. (2008). Enhancing instructional efficiency through generalization and instructive feedback: A single-subject study with children with mental retardation. *International Journal of Special Education, 23*(1), 147-158.

Chapter 15

相關性研究法

- 相關性研究法的性質
- 相關性研究法的目的
  說明性的研究／預測性的研究／較複雜的相關性檢視法
- 相關性研究法的基本步驟
  問題的選擇／樣本／測量工具／設計與程序／資料的蒐集／資料的分析與詮釋
- 相關係數能告訴我們什麼？
- 相關性研究法中對內部效度的威脅
  研究對象的特質／地點／工具的使用／測驗／損耗
- 評估相關性研究法中對內部效度的威脅

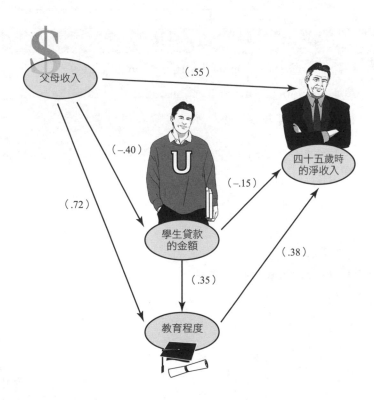

學習目標 >> 讀完本章後，你應該能：

- 簡要描述何謂關聯性研究法。
- 說出相關性研究法的兩個主要目的。
- 分辨預測變項及效標變項間的差異。
- 說明相關性研究法在探索因果關係的研究上，所扮演的角色。
- 說明如何利用散布圖來預測結果。
- 說明何謂預測方程式。
- 簡要說明複相關、因素分析與路徑分析的主要涵義。
- 指認並簡短敘述從事相關性研究法的步驟。
- 詮釋不同強度相關係數的意涵。
- 說明淨相關的基本原理。
- 描述相關性研究法中對內部效度的威脅，並說明如何辨識這些威脅。
- 討論如何控制這些威脅。
- 在閱讀教育研究文獻時，能指認出是否為相關性研究。

互動與應用學習 在閱讀本章的同時，或讀完本章後：

到線上學習中心（Online Learning Center, OLC），

網址 http://highered.mheducation.com/sites/125991383x：

- 學習更多有關相關係數可以告訴我們的事

到線上學生精熟活動簿（Student Mastery Activities Book）做
下列活動：

- 活動 15.1：相關性研究的研究問句
- 活動 15.2：哪一種相關？
- 活動 15.3：想出一個例子
- 活動 15.4：將相關係數與散布圖連結
- 活動 15.5：計算相關係數
- 活動 15.6：繪製散布圖
- 活動 15.7：日常生活中的相關
- 活動 15.8：迴歸

　　賈斯廷是高中的生物老師。去年他教的十年級學生中，有很多人很難掌握生物學的許多概念，但又有一些學生學得非常輕鬆，所以他覺得很困擾。因此，今年他想在學期開始前，看是否能預測哪些學生可能會有學習困難。如果預測夠精準，就可以建議學校開一些資源課程（像是特別的個別指導課程），以減少課堂中學習有困難的學生人數。

　　這時候賈斯廷所需要的方法稱為**相關性研究法**（correlational research）。他可以想想，有哪些資訊可能跟掌握生物學的概念的能力有關，就去蒐集學生在這些方面的資料。任何可能跟生物的學習成敗有關的變項——例如，他們對這門課的焦慮程度、現有的生物知識程度、對抽象概念的理解程度，及他們在其他科學課程的表現，等等——都會有用。這應該會讓他對於輕鬆掌握生物學中的概念的學生及無法輕鬆理解生物學概念的學生之間的差異，有較多的了解；並可進而讓他預測下學期哪些學生可能覺得生物課不容易。因此，本章為賈斯廷及你說明相關性研究法的內容。

▌▌▌ 相關性研究法的性質

　　相關性研究法就如同因果比較研究法（causal-comparative research）（我們將在第 16 章討論），都是**關聯性研究法**（associational research）的一種。從事關聯性研究時，研究者探討兩個以上變項間的關係，但不介入影響這些變項。關聯性研究中最簡單的形式——相關性研究，探討兩個變項間是否有某種相關，但探討兩個以上的變項的情形也很普遍。然而，相對於實驗研究，相關性研究並不操弄變項。

　　相關性研究有時也被認為是描述性研究的一種，因為它描述變項間所存在的關係。但是它描述這種關係的方式，卻大不同於其他類型的研究方法。相關性研究是以相關係數來描述兩者或兩者以上的數量變項間相關的程度。*

---

* 雖然我們也可以研究兩個或兩個以上的類別變項間的關係，但這種研究通常並不稱為**相關性研究**；不過兩者在整體的研究設計及內部效度的威脅上卻很相似。我們在第 16 章會再進一步討論。

變項之間有相關,就意謂其中一個變項某一範圍內的分數與另一個變項某一範圍內的分數有關聯。回想一下,正相關的意義是,其中一個變項的分數愈高,另一個變項的分數也愈高;其中一個變項的分數愈低,另一個變項的分數也愈低。負相關的意義則是,其中一個變項的分數愈高,另一個變項的分數愈低;其中一個變項的分數愈低,另一個變項的分數則愈高(見表 15.1(B))。如前所言,表 15.1 所顯現的關係可以用散布圖來表示。圖 15.1 即說明了表 15.1(A)資料的關係。

表 15.1　三種資料呈現不同方向及程度的相關

(A) $r = +1.00$		(B) $r = -1.00$		(C) $r = 0$	
X	Y	X	Y	X	Y
5	5	5	1	2	1
4	4	4	2	5	4
3	3	3	3	3	4
2	2	2	4	1	5
1	1	1	5	4	2

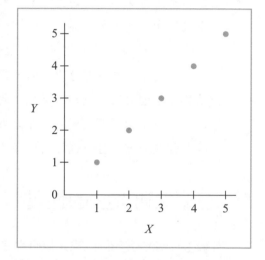

圖 15.1　顯現相關係數等於+1.00 的散布圖

相關性研究法的目的

　　從事相關性研究的基本目的有二——若非用以協助說明重要的人類行為,即是用以預測可能的結果。

◆ 說明性的研究

　　相關性研究法的一項主要目的是,經由確認變項間的關係得以理解某些重要現象。尤其在發展心理學領域中,由於實驗研究不易實施,許多發現都是經由分析變項間的關係而得到的。例如,父母語言複雜度與幼兒語言習得率之間的關係,增進了研究者對於語言習得的了解。又譬如,在所有與閱讀技巧有關的變項中,聽覺記憶與閱讀能力有高相關;這項發現擴展了我們對於閱讀這種複雜現象的理解。「抽菸會導致肺癌」這項知識,雖然部分也是由動物實驗而來,但大部分卻是基於吸菸量與肺癌發生率之間的相關性證據。

　　從事說明性研究的研究者,常會探討一些變項與某個較複雜的變項之間的

細說研究
MORE ABOUT RESEARCH

◎ 相關性研究中的重要發現

　　相關性研究中最有名也最具爭議的例子，是吸菸次數與肺癌發生率拉上關係。當這些研究開始出現時，許多人認為吸菸是肺癌的主因。反對者並不從另一個方向去反駁——也就是癌症使人吸菸——因為很明顯地，吸菸先發生。但他們反駁說，吸菸與癌症都是由其他因素所引起的，例如基因結構、生活型態（需要經常坐著的工作較可能使人吸菸、少運動），及環境（吸菸與癌症在煙塵瀰漫的都市較常發生）。

　　儘管醫學上也有相關的理論——吸菸明顯會刺激肺細胞組織——但由於因果關係的說服力不夠，醫師們不願意提出警告。直到實驗研究發現，將動物暴露於燃燒菸草的煙之中，的確會產生肺癌，醫師才提出警告。

關係，如學習或動機；他們認為這些變項與這個較複雜的變項有關聯。研究後發現沒有相關或相關低的變項（相關係數的絕對值低於 .20 者）則予以剔除，不再進一步考慮。而相關較高的變項（相關係數的絕對值高於 .40）則成為進一步研究的焦點，可用實驗研究法來決定這些相關是不是因果關係。

　　我們再多談一點因果關係。雖然發現有相關並不能決定因果關係，大多數從事相關性研究的研究者可能都還是希望了解現象的因與果。例如：假設圖 15.2 是某個研究者的研究成果，他可能會假設，教師對於學生失敗的預期高低，可能是學生擾亂上課的次數多寡之部分原因（或至少是原因之一）。

　　但我們必須強調，相關性研究本身**不能**確立因果關係。上面的例子裡，我們也可以詮釋為：學生擾

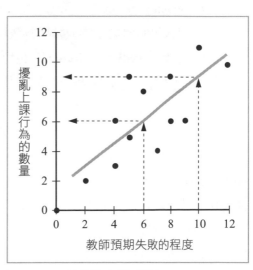

圖 15.2 利用散布圖預測

亂上課的次數影響教師對他的期望，或者教師期望與學生的擾亂行為都是由第三個因素，如班級學生的素質所造成。

然而，假使變項的測量之間有相隔一段時間，則因果關係的可能性可以增強。譬如，如果學生尚未被編到班級上課前，就先測量到教師預期著學生失敗，那麼要說學生的行為（或班上的素質）導致教師的低期望，就不合理了；倒是反過來推論會較為合理。但還是有其他可能的因果解釋，像是學生家庭的社經地位（socioeconomic level）可能包含於其中。教師可能對於社經地位較低的學生，預期失敗的程度較高；而這類的學生，不論教師預期為何，也可能較常發生擾亂上課的行為。因此，以相關性研究來探討因果關係，是困難重重的；但它的確是搜尋原因的有效方法。當討論相關性研究的內在效度的威脅時，我們還會再討論這一點。

◆ 預測性的研究

相關性研究法的第二個目的是預測（prediction）：如果兩個變項中存在的關係強度夠，則知道其中一個變項的分數，我們就能預測另一個變項的分數。例如：研究者已經發現，高中學業平均成績與大學學業平均成績有高相關。我們可以預測，高中學業平均成績好的人，大學的學業平均成績也高。用來做預測的變項就稱為預測變項（predictor variable）；而想預知的變項則稱為效標變項（criterion variable）。因此，在上面的例子裡，高中學業平均成績就是預測變項，而大學的學業平均成績稱為效標變項。就像我們在第 8 章所提到的，預測性的研究（prediction studies）也可用來判斷測量工具的預測效度。

利用散布圖來預測分數 我們可以用散布圖來說明如何做預測。例如，假設表 15.2 是我們從 12 個班級所獲得的資料。利用這些資料，我們發現，「教師預期失敗」與「擾亂上課的行為」兩變項間的相關係數是 .71。

將表 15.2 這些資料畫成座標圖就成為圖 15.2 的散布圖。一旦畫好了散布圖，我們就可以算出一條直線，也就是迴歸線（regression line）。迴歸線的算法超出了本書的範圍，但我們看圖 15.2 就能對它的用法有大致的了解。在所有任意直線中，迴歸線是與散布圖上所有的點最靠近的那條線。研究者可以利用這條線作為預測的根據。如圖所示，「教師預期失敗」的值是 10 時，我們預測他的班級「擾亂上課的行為」的值是 9；預期失敗的值為 6 的教師，他任教班

級的擾亂行為的值則被預測為 6。同樣
地，如果我們知道教師班上的「擾亂上課
的行為」的值，也可畫另一條迴歸線來預
測「教師預期失敗」的值。

知道某個人（或團體）在某個變項
的值，就能預測他（們）另一個變項的
值，這是很有用的。例如，若圖 15.2 是
根據實際資料製成，學校主管就可據以：
(1)挑選出班上學生比較不會有擾亂情形
發生的教師；(2)針對那些日後班上可能
會出現許多擾亂行為的教師，提供訓練課
程；或(3)規劃如何對這些老師提供更多
的協助。如此一來，有關的教師與學生都
可因而受惠。

簡單的預測方程式　雖然散布圖容
易使用，但若是資料量大時，散布圖就會
變得不夠有效率。幸好，我們剛才描述的

表 15.2 12 個班級中，教師預期
失敗的程度及其班級出現
擾亂上課行為的次數

班級	教師預期 失敗 （評等）	擾亂上課 行為的 次數 （評等）
1	10	11
2	4	3
3	2	2
4	4	6
5	12	10
6	9	6
7	8	9
8	8	6
9	6	8
10	5	5
11	5	9
12	7	4

迴歸線可用預測方程式（**prediction equation**）來表示，如下式：

$$Y_i' = a + bX_i$$

此處，Y_i' 是編號 i 的人在 Y（效標變項）的預測值，X_i 是編號 i 在 X（預測變
項）的分數，而 a 與 b 則是利用原本的資料計算出來的值。對任何一份資料，
a 與 b 的值都是常數。

我們稍早曾提過，高中的學業平均成績與大學的學業平均成績有高相關。
因此在這個例子裡，Y_i' 代表大一第一學期的成績（效標變項）預測值，而 X_i 代
表高中學業平均成績（預測變項）。假設 $a = .18$，$b = .73$，把它們代入公式裡，
我們就能預測學生大一第一學期的學業平均成績。所以，如果某個學生高中的
學業平均成績是 3.5，我們就能預測他的大一第一學期學業平均成績是 2.735（也
就是 .18 + .73(3.5) = 2.735）。日後我們就可以拿這位學生大一第一學期的實際
成績與此做比較，如果二者很接近，我們再使用這項方程式做預測時，就增加

了信心。

　　然而，預測的值不太可能跟實際的值完全相同，因此研究者還要計算一種預測誤差指數，也就是所謂的估計標準誤（**standard error of estimate**）。這項指數大致指出預測值可能不正確的程度。估計標準誤愈小，預測就愈準確。如你所預期的，當 r 值很小時，這個指數很大；反之，r 值大時，這個指數則很小。*

　　再者，若我們能從希望預測的對象那裡蒐集更多的資料，就可以減少預測的誤差；這就是所謂的複迴歸適用之處。

◆ 較複雜的相關性檢視法

　　複迴歸 研究者使用複迴歸（**multiple regression**）來決定一個效標變項與**兩個或兩個以上**預測變項的最佳組合之間的相關。讓我們回到高中學業平均成績與大一第一學期學業平均成績有高相關的例子。假設大一第一學期的學業平均成績，也與大學入學考試中的學業性向測驗（SAT）的語文成績有很高的正相關（$r = .68$），並且與 SAT 的數學成績有稍低但也很高的正相關（$r = .51$）。使用複迴歸，我們就能利用這三個變項來預測大一第一學期的成績。複迴歸的預測方程式跟簡單的預測方程式類似，只是它的預測變項不只一個，而常數也不只兩個。它的形式如下：

$$Y' = a + b_1 X_1 + b_2 X_2 + b_3 X_3$$

這裡，Y' 也是代表大一第一學期的成績預測值，a、b_1、b_2 和 b_3 都是常數，X_1 是高中的學業平均成績，X_2 是 SAT 語文成績，X_3 則是 SAT 數學成績。假設 $a = .18$，$b_1 = .73$，$b_2 = .0005$，$b_3 = .0002$，而某個學生的高中學業平均成績是 3.5，以及他或她的 SAT 語文和數學成績分別是 580 和 600 分。把這些代入式中，我們就可預測這名學生的大一第一學期學業平均成績是 3.15。

$$Y' = .18 + .73(3.5) + .0005(580) + .0002(600)$$
$$= .18 + 2.56 + .29 + .12$$
$$= 3.15$$

---

* 如果你不明白原因為何，請再參考圖 15.2 及圖 10.19 的散布圖。

同樣，日後我們可以拿這位學生大一第一學期的實際成績與此做比較，看我們
預測的準確度。

複相關係數 複相關係數（coefficient of multiple correlation），以 R 表
示，代表預測變項整體與效標變項之間相關的強度，可將它看作是效標變項的
實際分數與預測分數之間的簡單皮爾森相關係數（也就是本章一開始所介紹的
r）。在之前的例子，我們結合了高中學業平均成績、SAT 語文與數學成績三
者，來預測一位學生的大一第一學期學業平均成績是 3.15。之後我們可能可以
得到這位學生大一第一學期**實際的**學業平均成績（例如可能是 2.95）。如果我
們預測了 100 位學生的成績，也拿到他們的實際分數，我們就可以計算這些實
際分數與預測分數之間的相關（R）。假使得到 R 值為 1.0，則表示預測與實際
分數之間有完美的相關性（所有的點都落在迴歸線上）。當然，R 值 1.0 是非
常不可能的事。在實務上，R 能達到 .70 或 .80，就算相當高了。當然，R 愈高，
預測就愈可信。圖 15.3 顯示了效標變項與兩個預測變項之間的關係。高中學業
平均成績與大學學業平均成績重疊部分，約占大學學業平均成績的 36%，這也

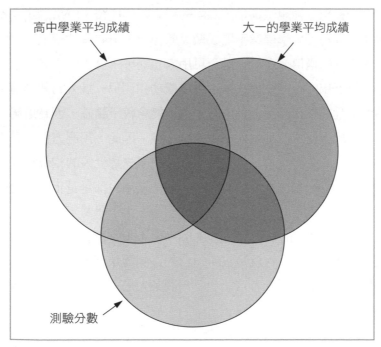

圖 15.3　複相關

就是高中學業平均成績所能預測到大學成績的部分;另外,大學成績又與測驗成績重疊,其中單獨重疊的部分,就是測驗成績所能獨力額外貢獻的部分(約占 13%)。

決定係數 一個預測變項與一個效標變項間的相關的平方,稱為**決定係數**(**coefficient of determination**),以 r^2 表示。若高中的學業平均成績與大學的學業平均成績的相關係數是 .60,則其決定係數是 .36。這代表了什麼意義呢?簡言之,決定係數是一個百分比;效標變項的變異量中某個百分比的變異量,可以由預測變項的變異來解釋,此百分比就是決定係數。因此,若高中的學業平均成績與大學的學業平均成績的相關是 .60,則學生的大學學業平均成績中,36%(.60 的平方)的差異可歸因於這些學生的高中學業平均成績。

R^2(用於複迴歸,也就是有一個效標變項,但有兩個或兩個以上的預測變項在迴歸程式中)的詮釋也類似 r^2〔用於單純迴歸(simple regression),也就是有一個效標變項,而且也只有一個預測變項在迴歸程式中〕。在我們複迴歸的例子裡(有三個預測變項),假設複相關係數 $R = .70$,則其決定係數 R^2 是 .49(.70 的平方)。我們就可以說,效標變項中 49% 的變異量可由這三個預測變項預測之。換另一種說法則是,高中的學業平均成績、SAT 的語文和數學成績三者,可共同解釋大學學業平均成績(效標變項)49% 的變異量。

預測方程式的價值,在於它是否可用來預測**另**一群人。研究者永遠無法確定,自己所發展出的預測方程式是否可以成功預測另一批人的效標變項的值。其實,預測方程式在預測另一批人時,很可能會較不精確,因為這另一批人與原先用以發展此方程式的那批人不會完全一樣。因此,預測方程式是否能成功地預測另一批人的效標變項,決定於這批人與原先那批人的相似程度。

鑑別函數分析 預測性質的研究中,效標變項大都是量化的,也就是這些效標變項是多種高低不同的數值。之前的例子,大學學業平均成績就是一個量化的變項,因為此變項的數值可能落在 0.00 至 4.00 之間任一點。但有時效標變項可能是一種類別變項,也就是它所包含的是團體類別,而不是某個範圍內各種可能的數值。例如,研究者可能想要預測某人是主修工科或主修商科的,這時,效標變項的內涵就只有兩種——一個人只能主修工科或商科,當然類別變項可以有不只兩種類別(主修工科、主修商科、主修教育、主修科學,等等)。當效標變項是類別變項時,我們不能用複迴歸或單純迴歸,而必須用所謂的**鑑**

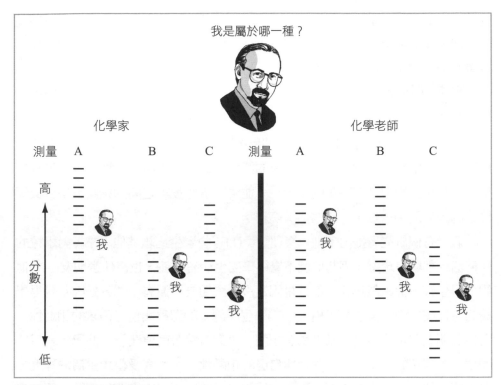

圖 15.4 鑑別函數分析

別函數分析（**discriminant function analysis**）。但這種分析的目的及其預測方程式的形式卻與複迴歸相像。圖 15.4 闡明它的邏輯；注意：此人做了三種測驗 A，B，C，得分的位置以其圖像於圖中標示。此人的分數先跟化學家的分數比，再跟化學老師的分數比。在這一個例子裡，此人在 A 的分數跟化學家較相近；而在 B 與 C 的得分則跟化學老師較相近。

> **因素分析** 在單一個研究裡，若要探討許多變項，分析詮釋資料的工作就顯得沉重。因此，最好能將這些變項合併，成為少數幾群有高度（或中等程度）相關的變項；這一群有相關的變項就稱為**因素**（factors）。

因素分析（**factor analysis**）可讓研究者決定，是否少數幾個因素就可以描述大量的變項。它所包含的計算超出本書範圍，但是基本上，它是要尋找一群集（clusters）的變項，每一群集裡的變項都彼此相關；而一群集就是一個因素。例如，智力測驗是由許多分測驗（如語文、數理、空間、邏輯等）綜合而成；而研究結果顯示，這些個別分測驗的分數可以用少數幾個因素解釋。雖然

這些研究結果仍具爭議性，但它們卻提供了一種管道讓人們了解，需要有哪些心智能力才能在這些分測驗獲得高分；這些研究也引發了另一些測驗的設計，以更有效地測試這些心智能力。

路徑分析 路徑分析（**path analysis**）是用來檢測變項間因果關係的可能性。我們所討論過的方法中，有些可用來試探理論上的因果關係，但路徑分析遠比其他方法強。雖然它的方法細節超出本書範圍，但路徑分析的基本概念是：針對某一特別現象（例如，學生疏遠的態度）的原因提出一套理論——也就是找出能解釋某現象為何發生的變項——並決定這些變項之間的相關，是否與理論上的因果關係一致。

假設有個研究者提出下列一套理論：(1)有些學生比起其他人來，對學校的任何活動都顯得疏遠，因為他們不覺得學校生活有樂趣，也沒什麼朋友；(2)他們覺得學校生活索然無味，部分是因為沒什麼朋友，還有一部分是因為覺得學校的課程與他們的需求毫不相干；(3)學生所認知的課程與自己需求的相關性，與他們朋友個數的多寡，兩者稍有相關。研究者接著就要測量一些學生在這些變項（「疏遠的程度」、「課程與自己的相關性」、「喜愛學校生活的程度」與「朋友個數」）上的表現，而後就能算出這些變項兩兩之間的相關。假定表15.3的相關矩陣（correlation matrix）是研究者所得到的結果。

針對學生疏遠態度的原因而言，表15.3透露了什麼訊息？表中的兩個變項（「課程與自己的相關性」相關係數是 –.48，「喜愛學校生活的程度」相關係數是 –.53）是疏遠態度的強力預測變項。然而，再一次提醒你，不能只因為這兩個變項可預測學生的疏遠態度，就認定是前者導致後者。而且這兩個預測變項**彼此**間存在著相關也是一個問題。如你所見，「喜愛學校生活的程度」與「課程與自己的相關性」不但可預測學生的疏遠程度，彼此間也有高相關（.65）。現在我們要問的是，不論「喜愛學校生活的程度」如何，學生所認知的「課程

表 15.3 學生疏遠態度研究中各變項的相關矩陣

	喜愛學校生活的程度	朋友的個數	疏遠的程度
課程與自己的相關性	.65	.24	–.48
喜愛學校生活的程度		.58	–.53
朋友的個數			–.27

與自己的相關性」會影響他對學校的疏遠程度嗎？反之，不論「課程與自己的相關性」如何，「喜愛學校生活的程度」會影響他對學校的疏遠程度嗎？路徑分析可以幫助研究者找出這些問題的答案。

因此，路徑分析包含了四個步驟。第一，要提出理論，將變項連在一起，以解釋某個現象的發生原因。前面的例子裡，研究者所提出的因果理論是這樣的：(1)學生覺得學校的課程與自己的需求無關時，就不會喜愛學校生活；(2)如果在學校沒什麼朋友，也會使他們不喜愛學校生活；(3)學生愈不喜歡學校，而且學校的朋友愈少，他對學校的感覺就會愈疏遠。第二，測量上述理論中所提到的變項。*第三，計算變項間所有可能的相關係數。第四，以理論為依據，分析這些相關係數之間的關係。

路徑分析的變項，常是以類似圖 15.5 的圖來表示。†理論中的每個變項都在圖裡；每一個箭號代表了所假設的因果關係；箭號所指的方向為果。因此，研究者的理論認為，喜愛學校生活的程度會影響疏遠程度，朋友的個數會影響喜愛學校生活的程度，等等。注意，圖中所有的箭頭都是單箭頭，這表示我們假設第一個變項會影響第二個變項，但第二個變項不會影響第一個變項。最後，兩兩變項間都有類似（但不完全是）相關係數的數字。如果研究結果確實如圖

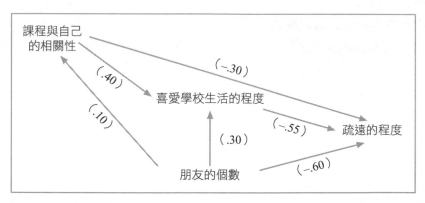

圖 15.5　路徑分析圖

---

* 注意，這個步驟很重要。所使用的測量工具必須能有效代表變項；否則路徑分析的結果將會無效。

† 實際上，路徑分析過程與所繪的路徑分析圖，常比這裡的例子複雜。

15.5 所顯示，則這項理論有獲得支持。你看得出為什麼嗎？*

結構模型 結構模型是用以探索，也可能用以確認數個變項間的因果關係的一種精巧方法，但其複雜度超過本書的範圍，我們只能說它結合了複迴歸、路徑分析及因素分析。但電腦軟體很輕易就可做運算，最常使用的電腦軟體大概是 LISREL。[1]

▌▌▌ 相關性研究法的基本步驟

◆ 問題的選擇

相關性研究中，變項的選擇必須是基於合理的推論，由經驗或理論衍生而出。研究者必須有理由認定某些變項可能相關。事先明確定義變項，之後就可以避免許多問題。一般而言，相關性研究的適用重點，主要是三種形式的問題：

1. 變項 X 與變項 Y 有相關嗎？
2. 變項 P 預測變項 C 的能力有多強？
3. 眾多變項間有怎樣的關係？根據這些資料，我們能做什麼預測？

幾乎所有的相關性研究都會希望回答其中一個問題。以下列舉一些已出版的相關性研究論文：

- 「哪些條件能有效發展專業？」[2]
- 「語言能力與教師效益」[3]
- 「霸凌與國中青少年的壓力」[4]
- 「老年人的健康知能與社會溝通技巧的關係之探討」[5]
- 「以藝術為基礎的認知發展測量之相關性研究：對兒童藝術治療師之臨床與研究的意涵」[6]
- 「學生表現、感覺及教師觀感之間的相關研究」[7]
- 「強迫症兒童的完美主義與同儕關係」[8]

---

* 因為疏遠主要是由學校生活缺乏樂趣（−.55）與朋友少（−.60）「造成」的。學校課程與自己不相關的感覺，的確會影響疏遠的程度，但這主要是因為相關性「造成」對學校的喜愛。而喜愛度有一部分是由朋友個數所造成。課程與自己有關的感覺則只稍稍受朋友個數的影響。

◆ 樣本

相關性研究的樣本選取跟做其他研究時相同，必須很小心，而且如果可能的話，最好隨機取樣。當然，選取樣本的第一個步驟是找出適當、合乎定義的母群體，而且所需的**每一個**變項的資料都可由此蒐集。大多數的研究者認為，相關研究的樣本至少必須有 30 個。以樣本數少於 30 的樣本資料所做的相關性研究，樣本間的相關性估計量可能會不精確。樣本數大於 30 較可能會產生有意義的研究結果。

◆ 測量工具

相關性研究中測量變項的工具可以有幾種不同的形式（見第 7 章），但一定都要產生量化的資料。雖然有時過去的記錄（如成績單）可作為資料，但大都會施行一些測量（如測驗、問卷調查等），有時也會做觀察。如同所有其他研究一般，不論是使用哪一種測量工具，所獲得的資料都必須是可信的。在說明性的研究中，使用的測量工具還必須具有效度。如果工具不能真正測量我們所要的變項，那麼任何得到的相關數據都不代表我們所想研究的變項間的關係。而在預測性的研究中，我們是否知道某個變項到底在測量什麼，並沒有那麼重要——只要它是個有用的預測變項就夠了。但，當然，只有當我們知道自己在測量什麼時，預測性的研究才較有成功的機會，我們也較可能滿意自己所做的研究。

◆ 設計與程序

相關性研究的基本實驗設計相當簡單易懂。若以我們在第 13 章介紹實驗設計時所用的符號來表示，它的設計圖示如右所示。

這個樣本中，**每個人都至**少有兩個（O_1、O_2）分數，每一個分數代表一個變項的

相關性研究的設計

研究對象	觀察值	
	O_1	O_2
A	—	—
B	—	—
C	—	—
D	—	—
E	—	—
F	—	—
G	—	—
等等		

值。我們以這些分數求相關係數，就能看出每對變項之間的相關強度。

　　要注意的是，我們不能說第一個工具（O_1）所測量的變項，是造成第二個變項〔以第二個工具（O_2）測量〕的分數之間有變異量的原因。如我們以前提過的，它們之間的關係有三種可能性：

1. 由 O_1 測量的變項可能導致 O_2 所測量的變項之發生。

表 15.4　由相關性設計所獲得的資料範例

學生	（O_1）自尊	（O_2）數學成就測驗分數
荷西	25	95
菲力	23	88
羅西塔	25	96
菲爾	18	81
珍妮	12	65
娜媞	23	73
莉娜	22	92
吉兒	15	71
傑克	24	93
傑米	17	78

2. 由 O_2 測量的變項可能導致 O_1 所測量的變項之發生。

3. 另外一個變項，也許是沒被察覺到也沒加以測量的變項，可能造成這兩個變項的發生。

　　相關性研究可以探討的變項數目不限（至少兩個），有時會使用複雜的統計運算。然而基本的研究設計就像剛剛舉的例子。表 15.4 是這種研究設計所可能獲得的資料。

◆ 資料的蒐集

　　做說明性的研究時，兩變項的所有資料通常會在短時間內蒐集完成。所有的測量工作常是在單一時間內一起實施，或者在緊接的兩個時段內結束。因此，如果研究者對於語文能力與記憶之間的關係有興趣，他就必須在緊接的兩個時段內測量同一群樣本的語文及記憶力。而在做預測性的研究時，效標變項的測量工作，常是等預測變項測量結束一段時間之後才進行。如果研究者想研究數學性向測驗作為預測用的價值，他就必須在數學課正式開始上課之前，實施這項測驗。等到課程結束時，再測量學生的學習成果（也就是效標變項，譬如學生在該課程得到的分數）。

◆ 資料的分析與詮釋

像我們前面所提到的，求變項間的相關就可獲得一個相關係數（correlation coefficient）。這個係數是介於 + 1.00 與 − 1.00 之間的小數，係數愈接近 + 1.00 或 − 1.00，相關就愈高。如果是正號，表示是正相關，也就是如果某人在一個變項的分數愈高，他在另一個變項的分數也會傾向於愈高；如果是負號，表示是負相關，也就是如果某人在一個變項的分數愈高，他在另一個變項的分數會傾向於愈低。相關係數如果接近 .00，則表示兩個變項之間沒有相關。

▌▌▌ 相關係數能告訴我們什麼？

我們必須要能合理詮釋相關係數的意義，因為它們常出現在與教育相關的文章或教育研究中。可惜的是，能幫助我們詮釋及了解這些係數的散布圖，卻很少一起出現。

相關係數的意義取決於它被用在何處。相關係數如果是 .35 以下，表示兩變項之間的相關不高，用於預測可說是無甚價值（當然，有時知道哪些變項沒有相關，也是很重要的。例如，我們可以預期，教學年資與學生的選課人數，兩者之間的相關很低）。介於 .40 與 .60 之間的相關係數常見於教育研究，也可能有理論或實務上的價值，端看研究的內容而定。如果希望對個體做一個粗略的預測，相關係數至少要達到 .50；而且即使如此，預測也常有錯。只有當相關係數達到 .65 以上，個人預測的精確度才算差強人意，可據此做一些決定。相關係數達 .85 以上時，表示變項間有密切相關，且可有效地預測個人的表現。但教育研究中很少有如此高的相關，除非是在測試信度。

如第 8 章所言，相關係數常用來檢驗研究使用的測驗或其他工具的信度與效度；這時相關係數就稱為**信度係數**與**效度係數**。檢驗信度時，係數應該至少達到 .70，且愈高愈好；許多測驗的信度都高達 .90。而兩個各自進行評分的評分者間的相關係數，也應該至少有 .90。當用來檢驗效度時，則應該至少達到 .50，且愈高愈好。

▮▮▮ 相關性研究法中對內部效度的威脅

第 9 章有提到，讓研究者很擔心的一個可能性就是，非研究考慮範圍之內的變項可以「解釋」研究結果發生的原因。* 相關性研究也有類似的憂慮。從事相關性研究者必須時時留心，是否變項間所發現的關係有不同的解釋法。有什麼可以說明變項間存在的相關？

再想想我們前面「教師預期失敗與學生擾亂上課的行為有正相關」的假設。建構此一研究的研究者幾乎肯定已抱有一個因果次序的想法，而且很可能就是「教師的期望是擾亂行為發生的部分原因」。為什麼？因為擾亂的行為不是大家所樂見的（因為它很明顯地會干擾學習，影響教室氣氛）。因此，若能知道怎樣使它減少，會是很有用的。雖然，也許有人會考慮將「教師預期失敗」當作依變項，但如果它對學生沒有任何影響，就不會有人想研究它，被放在依變項的可能就很低了。

但如果研究者的意圖是像我們剛才所描述，他可能已經做了實驗。然而，實在很難想像，實驗時要如何操弄「教師預期」。另一方面，我們卻可以嘗試**改變**「教師預期」，研究是否它改變之後，學生擾亂行為的次數也會**改變**。但如此的研究需要研發訓練的方法並實地操作，因此在動手進行研發與進行實驗之前，我們最好問問，是否主要變項之間有任何相關。這也就是為什麼相關性研究適合作為深入研究的第一步。

這一研究如果產生正相關，常會被解讀為：至少有一些證據顯示，調整教師的預期可能會減少學生的擾亂行為；因而成了進行實驗研究的理由（也可能有些校長或師資培育機構希望在獲得實驗證實之前，就直接進行改變教師預期的機制，就像在未獲得實驗證實前，醫師就開始警告吸菸的影響）。在將時間與資源投入於發展方法、進行實驗之前，研究者需要盡可能確定自己是正確解讀所發現的相關。如果他所發現的相關，其實是反方向的因果關係（學生的行

---

* 也有人認為這類威脅和作為預測用的相關性研究無關；他們說：即使之間的相關是由於其他變項使然，還是可以做預測，就像我們可利用高中成績來預測大學的學業成就，即使兩者與家庭的社經地位都有高相關。雖然這樣的預測的確有其實際的用處，但我們還是認為，「研究」就必須努力闡明關係的意義，使這些「關係」至少帶有解釋的意味。

為影響教師的預期），或者其實**兩者**都是肇因於第三個因素，例如學生的能力或其家庭社經地位，那麼即使教師的預期改變了，學生擾亂行為也**不**可能隨之降低。在教師尚未與學生直接接觸時，就**先**測量教師的預期，因果關係方向的問題就大致可以解決。而第二個問題——其他因素——是我們接下來要開始討論的。

我們在第 9 章所討論的一些威脅，並不適用於相關性研究。研究的執行、歷史、成熟、研究對象的態度與迴歸的威脅，在此都不適用，因為研究者沒有介入實驗；但其他的威脅還是可能發生在相關性研究。

◆ 研究對象的特質

每當一個群體（或個人）的兩個或兩個以上的特質變項有相關時，此群體**其他**的特質可能也會解釋我們所發現的關係。研究對象的其他特質可經由淨相關（**partial correlation**）的統計技巧來控制。我們以教師預期失敗與學生擾亂行為的次數兩者間的關係，來說明淨相關所含的邏輯。圖 15.6(a)是這項關係的說明圖。

研究者想控制或「去除」班級的「能力程度」變項對於這項關係的影響，因為研究者很可能會假設能力程度也許能解釋這兩變項的變異。為了要控制此一變項，她要去測量每個班的能力程度，再製成散布圖，如圖 15.6(b)與圖 15.6(c)。圖 15.6(b)的散布圖顯示學生擾亂行為的次數與班級能力程度的相關，圖 15.6(c)則顯示教師預期失敗與班級能力程度的相關。

現在，研究者可以利用圖 15.6(b)，根據班級 1 的能力程度分數，來預測其擾亂行為的次數。這樣預測的同時，研究者是假定，散布圖 15.6(b)的迴歸線正確地代表了資料中這兩變項（班級能力程度與學生擾亂行為的次數）之間的關係。將擾亂行為的**實際**次數減去所**預測**的次數，就稱為**調整後**（adjusted）**的擾亂行為次數**，也就是經過除去其中受到能力程度影響的部分之後，擾亂的次數已經調整過了。就班級 1 而言，其預測的擾亂行為次數是 7（因其班級能力程度分數是 5），實際的擾亂行為次數是 11，故調整後的擾亂行為次數是 4（即 11 − 7）。

接著，就可使用同樣的步驟來調整教師期望的分數，以除去班級能力程度的影響（10 − 7 = 3）（如圖 15.6(c)）。重複這項步驟，直到將所有班級的教師

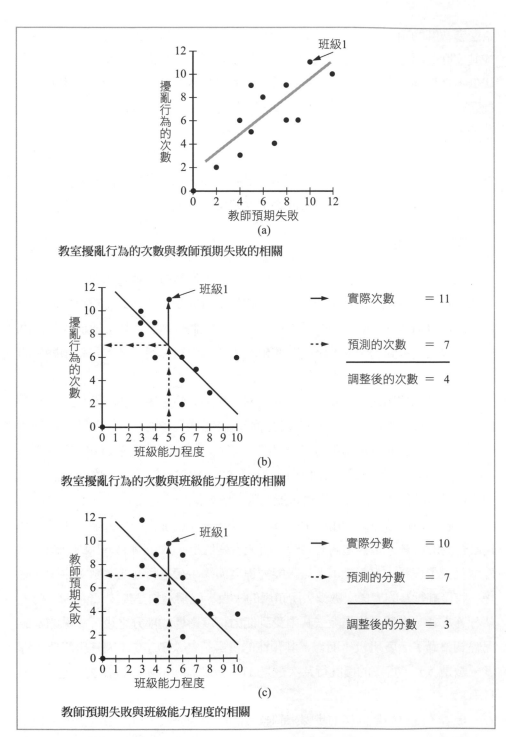

圖 **15.6** 各變項之間的散布圖

預期分數與學生擾亂行為次數都調整完畢，研究者就可以算出這兩個**調整後**的變項之間的相關。所得結果就是這兩變項間的淨相關，因為我們已經除去了（也就是控制了）班級能力程度的影響。實際計算的方法則包含了幾個不是很複雜的公式，而不必一步步照以上的過程演算。[9]圖 15.7 則是另一種說明淨相關的方式。上方兩個圓圈相交的部分是 *A*、*B* 兩變項間的相關，下方兩圓相交部分仍相同，但因減去其中又與變項 *C* 相交的部分（意即三圓相交處），而使面積減小。所剩餘的部分（也就是斜線部分）就是除去 *C* 的影響後，*A*、*B* 之間的淨相關。

◆ 地點

　　每當研究者在不同的地方對不同的研究對象施以所有的測量工具時，就會有地點的威脅。研究者常

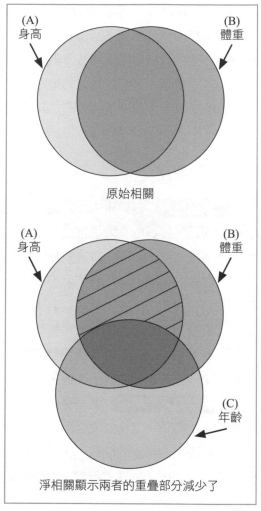

圖 **15.7**　經由淨相關除去年齡的效應

會碰到施測情境不同的問題，尤其是需要個別施測時。在某間學校裡，也許能使用燈光充足、通風良好又舒適的教室。但在另一間學校，可能需要使用貯藏室。這些情況都可能增加（或減少）研究對象的測量分數。如果施測的情境不同，所發現的相關可能其實是施測情況造成的，而非所要研究的變項造成的。例如，若只有某部分學生是在陰暗而不舒適的教室做測驗，他們的成就測驗得分可能會較低，回答「對學校的喜愛度」量表時，也較容易偏向負面的回答，所獲得的相關係數因此有誤導之虞。

　　同樣的，各學校不同的環境，也可能會解釋所觀察到的變項之間的關係。

例如，成就測驗分數與課堂擾亂行為的分數之間的高度負相關，可能只是反映了各個學校的資源多寡不同罷了。我們可以預期，幾乎沒有科學教材資源的學校學生，他們的科學成就測驗分數會較低，而且會因為課程無聊或對學校產生敵對心理而搞亂。要解決類似的地點威脅，唯一的辦法就是測量外在變項（例如資源的多寡），再利用淨相關去除威脅的影響；或者，每當施測地點的學生數夠大（至少 30 個）時，分別為每個地點求出變項間的相關。

◆ 工具的使用

工具的衰敗 任何研究，若是多次重複使用某種工具，就須考慮工具是否衰敗的問題。工具的衰敗最常發生於觀察性研究，因為大部分其他相關性研究並不會多次（至少對同一研究對象）使用同一工具。若兩個變項都是以同一觀察工具在同一時間測量，我們就必須小心確定觀察者沒有疲倦、厭倦或不專心觀察的情形（這可能需要另一個觀察者來觀察）。例如，假使某個研究中，觀察者不但要記錄教師提出「思考性問題」的次數，也要記錄學生專心的情形，疲倦（或厭倦）的觀察者可能在這兩方面都會漏記一些例子，而使得該班在這兩個變項的分數都比較低，因而扭曲了相關。

資料蒐集者的特質 如果是由不同的人使用工具蒐集兩個變項的資料，資料蒐集者的特質可能會造成對內部效度的威脅。例如，訪員性別、年齡、種族都可能影響某些特別的問題，尤其是意見或態度的測量工具；也會影響研究對象回答某些問題時的嚴肅程度。例如，如果要測量的分別是對於軍方與航太事業的態度，由穿著制服的空軍上校來施測，其所獲得的結果，與由一般公民來施測的結果，可以預期是會不同的。如果每個資料蒐集者都負責向幾個團體施測蒐集兩個變項的資料，這幾個團體由於受同一資料蒐集者的影響，其相關將會較高。幸好，兩種測量工具各由一個人負責實施，就可以避免這種威脅。

資料蒐集者的偏誤 使用測量工具時可能產生的另一個威脅，是當同一人使用工具測量兩變項或評分時，資料蒐集者不自覺的偏見所造成。尤其是做個別的技能測量，兩個變項的資料蒐集都是由同一人對同一個學生施測時，常會發生資料蒐集者的偏誤，甚至同一時間施測也會發生這種偏誤。第一次技能測驗的觀察或評量結果，常會影響第二次的施測方法和／或評分標準。由於資料蒐集者幾乎無法避免因第一次測驗而有一些看法與預期，這些想法就可能影響

他在第二次測試時的行為。例如第一次測試時，受試者成績很高，可能會使施測者預期這位學生第二次的成績也應該很高，而在第二次施測時多給學生一些時間或鼓勵。中立的監試態度對於測驗的公平度很重要，而解決這項偏誤較好的方法是，由不同的人進行這兩次測驗的實施。

◆ 測驗

相關性研究中，受試者在第一個測量工具的作答經驗，可能影響他在第二次測量時的作答。如果學生先回答了「對教師的喜愛度」量表，不久又要回答「對社會科學的喜愛度」量表，第二個量表的答案就可能受第一個量表答案的影響。你可以想像他們可能會想：「啊，我知道了。我不喜歡這個老師，所以我也應該不喜歡他教的科目。」或類似的想法。如果這種情形發生，所獲得的結果就會誤導研究者。解決的方法是，如果可以，最好在不同的時間、不同的情境實施測驗。

◆ 損耗

嚴格說來，對相關性研究而言，研究對象的流失（或稱「損耗」）並不會對內部效度造成問題，因為要求得相關係數，每個人在所測量的兩個變項都必須有資料；中途流失的研究對象，因其資料不齊全，研究者只能將之捨棄。

然而，有時因資料流失與研究的特質有關，而使剩下的資料之間的相關更（不）可能出現，這時就構成了對於**外部**效度的威脅。為什麼是外部效度？因為這時我們的樣本由於流失的結果，再也不是當初最先的樣本。讓我們重回教師預期失敗與學生擾亂行為的相關研究中，那些拒絕參加研究的老師，可能都對學生的預期失敗度很低，也就是對學生的成就期望過高；而這些老師的班級，由於教師這種不符現實的期望所帶給他們的壓力，產生許多擾亂的行為。而流失這種老師與班級，會使最後的相關係數提高。但由於我們無法得知這種臆測是否會真的發生，研究者只能盡量避免讓樣本流失。

▌▌▌ 評估相關性研究法中對內部效度的威脅

評估相關性研究中對內部效度的各種威脅，其步驟與實驗研究法類似：

● **第一步**：問自己：不論是已知或者就邏輯推論上而言，有哪些因素會影響我們所研究的兩個變項中的任何一個？

● **第二步**：問自己：這些因素影響**另一個變項**的可能性是多少？我們無須考慮與變項無關的因素；會構成威脅的是與**兩個變項都**有關的因素。*

● **第三步**：評估各個威脅的可能性，並設法加以控制。若某個威脅無法控制，則必須指出並加以討論。

接下來，像第 13 章一樣，我們舉例說明如何應用以上的步驟。假設研究者想研究重度殘障青年的就業輔導課程中，社會技巧（所觀察的結果）與工作的稱職度（由主管評定）之間的關係。以下所列是第 9 章所討論的對內部效度的威脅，讓我們根據這個例子來評估這些威脅。

研究對象的特質 在此我們只考慮許多可能性中的四種。

● **殘障程度**。**第一步**：我們預期工作稱職的程度會與殘障程度有關。**第二步**：殘障程度預期會與社會技巧有關。因此必須測量殘障的程度並予以控制（利用淨相關）。**第三步**：如果不控制，對於研究可能的影響程度：高。

● **父母的社經地位**。**第一步**：父母的社經地位可能與社會技巧有關。**第二步**：父母的社經地位不太可能與這一群年輕人的工作稱職度有關。雖然取得父母社經地位的資料有助於更加了解這群人的背景，但此種資料的取得並非研究的優先考量。**第三步**：如果不控制，對於研究可能的影響程度：低。

● **體力與身體各部位的協調度**。**第一步**：這些也許與工作稱職度有關。**第二步**：體力與身體各部位的協調度可能與社會技巧無關。雖然能取得這項（體力與身體各部位的協調度）資料也不錯，但不是研究的優先考量。**第三步**：如果不控制，對於研究可能的影響程度：低。

● **外表**。**第一步**：外表可能與社會技巧有關。**第二步**：也可能與工作稱職度有關。因此這項變項應該予以評量並加以控制（也是以淨相關為之）。**第三步**：如果不控制，對於研究可能的影響程度：高。

損耗 **第一步**：「流失的」研究對象，工作表現可能較差。**第二步**：流失的研究對象之社會技巧可能也較差。因此研究對象的流失可能使相關強度降低。**第三步**：如果不控制，對於研究可能的影響程度：中到高。

---

* 談到資料蒐集者與測驗所構成的威脅時，這項原則就必須修正，因為如果對於第一個測量工具（或所得的分數）有所了解，就可能影響他在第二個測量工具的表現或評量。

地點 第一步：由於研究對象無可避免地可能在各種行業工作，工作環境也不同，地點可能與工作稱職度有關。第二步：若社會技巧是在工作地點觀察評量，其評量結果就可能與所處的行業環境有關。雖然藉著取得工作環境的變項，也可以控制這個威脅，但更好的辦法是在相同的地點（例如職業訓練所）測量社會技巧。第三步：如果不控制，對於研究可能的影響程度：高。

工具的使用

1. **工具的衰敗**。第一步：工具衰敗的情形如果發生，可能與社會技巧評量的精確度有關。因此，必須妥當安排觀察的時間，才能免除這項威脅。第二步：工具衰敗不太可能影響工作稱職度的評量。因此工具衰敗的發生，可能無法解釋兩個主要變項間所發現的關係。第三步：如果不控制，對於研究可能的影響程度：低。

2. **資料蒐集者的特質**。第一步：可能與工作稱職度的評量有關，因為資料蒐集者必須與研究對象的主管互動。第二步：資料蒐集者的特質可能與他們對於社會技巧的觀察無關；但為了保險起見，應該由相同的資料蒐集者來觀察所有的研究對象，才能控制這項威脅。第三步：如果不控制，對於研究可能的影響程度：中等。

3. **資料蒐集者的偏誤**。第一步：工作的稱職度應該不會受資料蒐集者的個人偏見所影響，因為工作稱職度是由不同的主管評分的。第二步：社會技巧的觀察與評量，可能因觀察者對於研究對象原本就有的看法而受影響，尤其如果他們事先就知道研究對象工作稱職度的評量得分。因此觀察者不可對工作稱職度的評分結果有任何資訊。第三步：如果不控制，對於研究可能的影響程度：高。

測驗 第一步：此例中，研究對象在第一個測量工具的表現，當然不可能受第二個測量工具表現的影響。第二步：此研究中，在第二個測量工具的表現應該不會受第一個的影響，因為研究對象不知道自己在第一個測量工具的表現如何。第三步：如果不控制，對於研究可能的影響程度：零。

◆ 運用步驟評估相關研究威脅的原因

我們之前提出一個重要的原則，也就是：一個因素必須與所研究的兩個變項都有關，才能解釋此二變項間的相關。在此，我們說明其背後的邏輯。圖15.8

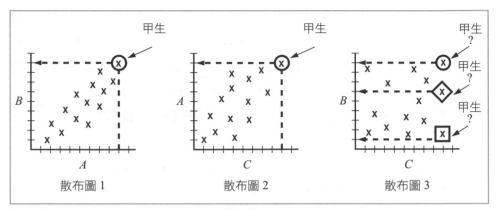

甲生　　　　　　　　甲生　　　　　　　甲生
?

甲生
?

甲生
?

| 散布圖 1 | 散布圖 2 | 散布圖 3 |

圖 15.8　散布圖說明變項 C 可能不是內部效度的威脅

是一群人在 A、B、C 三個變項間兩兩相關的散布圖。散布圖 1 顯示 A、B 之間有高相關；散布圖 2 中，A、C 之間的相關也不低；散布圖 3 顯示 B、C 間的相關為零。

　　假設研究者想確定，變項 A、B 間的相關是否可由變項 C 來解釋。換言之，A、B 是研究者想研究的主題，而我們正在探討 C 是否對內部效度構成威脅。此處，研究者不能將 A、B 之間的相關歸因於 C。以下說明原因。

　　假設我們說甲生 A、B 變項的分數都很高（如散布圖 1），是**因為**他在 C 的得分很高。當然，在 C 變項的得分高，我們**可**預測 A 的得分也會高（如散布圖 2）。但是，C 的得分高，並**不能**預測 B 的得分，因為（如散布圖 3）雖然有些人在 C 的得分高，B 的得分的確也高，但是其他同樣在 C 變項高分的人，B 的分數有中等的，也有很低的。從散布圖 3 可以看見這些說明。

　　圖 15.9 的圓形圖是另一種描述這個邏輯的方法。

　　圖 15.9 的圖 1 顯示的是 A 與 B 之間的相關。重疊部分就是它們之間的相關；重疊部分愈多，相關就愈大。圖 2 出現了第三個圓，變項 C 代表正在評估中的對內部效度的威脅。由於它與 A、B 都有相關，所以被視為可能解釋 A、B 之間至少部分的相關；這點可由 C 與 A、B 都有重疊的情形看出。對照之下，圖 3 中，C 雖然與 A 相關，但與 B 沒有相關（C、B 之間沒有重疊）。由於 C 只與 A 有重疊，C 不能被視為 A、B 相關可能的原因。換言之，圖 3 與圖 15.8 的三個散布圖所描述的情況是一樣的；也就是，A 與 B 相關，A 與 C 相關，但 B 與 C 沒有相關。

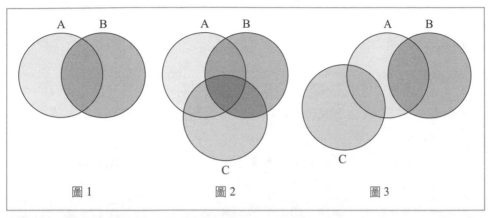

圖 15.9　變項間的關係，以圓形圖說明

圖1　　　　　圖2　　　　　圖3

OLC　回到本章最前面的**互動與應用學習**所列出的一系列互動與應用活動。到線上
學習中心（OLC, http://highered.mheducation.com/sites/125991383x）
去做小測驗、練習關鍵詞彙，及複習本章內容。

本章重點

相關性研究法的特性

- 相關性研究法的主要特色是找出變項間的關聯。

相關性研究法的目的

- 相關性研究法常用以說明人類重要的行為或者預測可能的結果。
- 若兩變項間存有足夠強度的關係，而且已知其中一個變項的值，就能預測另一個變項的值。
- 作為預測之用的變項稱為**預測變項**。
- 被預測的變項稱為**效標變項**。
- 相關性研究中，我們可用散布圖與迴歸線來預測效標變項的值。
- 預測的分數絕不可能精確無誤，因此，研究者要計算一種預測誤差的指標，稱為**估計標準誤**。

較複雜的相關性檢視法

- 複迴歸的技巧使研究者得以決定一個效標變項與兩個以上的預測變項之

間的相關。

- 複相關係數（R）代表了一個效標變項與兩個以上的預測變項之間的相關強度。
- 預測方程式的價值在於它是否能成功地預測另一個團體效標變項的值。
- 如果效標變項是類別變項而非數量變項，就必須使用鑑別函數分析（而非複迴歸）。
- 因素分析使研究者得以判斷，是否手中的許多變項只要少數的幾個因素就可描述清楚。
- 路徑分析能檢測三個以上的變項間因果相關的理論是否可能存在。

相關性研究法的基本步驟

- 就像在其他多數的研究法中，相關性研究法的基本步驟包括選擇研究問題、選擇樣本、選擇或開發測量工具、決定研究步驟、蒐集及分析資料，及詮釋結果。

相關係數及其意義

- 相關係數意義的詮釋，在於它是如何被使用。
- 相關係數在 .35 以下，表示兩變項間只有微小的關係。
- .40 到 .60 之間的相關係數可能有理論上和／或實務上的價值，視情形而定。
- 唯有當相關係數達到 .65 以上時，才能做還算準確的個別預測。
- 相關係數超過 .85 時，表示兩變項間的關係非常高。

評估相關性研究法中對內部效度的威脅

- 相關性研究法中對內部效度的威脅主要包括研究對象的特質、地點、工具的衰敗、資料蒐集者的偏誤與特質、測驗，及損耗。
- 相關性研究法的結果必須小心詮釋，因為它們有可能是顯示因果關係，但不能以此建立因果關係。

關鍵詞彙

因素分析（factor analysis）　485

估計標準誤（standard error of estimate）　482

決定係數（coefficient of determination）　484

問題討論

1. 研究結果發現有正相關，還是發現有負相關，研究者會比較高興？有差別嗎？請說明原因。

2. 效益與相關之間的差異在哪裡？哪一種比較重要，或者，可以決定哪一種比較重要嗎？

3. 有任何一種工具不能使用於相關性研究嗎？如果有，為什麼不能？

4. 研究發現的相關，有可能達到統計顯著，但對教育實務而言是無意義的嗎？如果有，請舉一例。

5. 常有人直接把相關性研究的結果視為已經證明了因果關係，你認為他們為什麼會這樣做？

6. 相關的正負號與相關的強弱之間，有什麼差異？

7. 「相關性研究本身並無法建立因果關係。」這句話對嗎？為什麼對？或為什麼不對？

8. 「（在相關性研究中）如果變項的測量之間有相隔一段時間，則因果關係的可能性可以增強。」為什麼？

9. 要合理詮釋相關係數，最好可以伴隨變項間的散布圖。為什麼？請說明。

註釋

1. Joreskog, K. G., & Sorbom, D. (1988). *LISREL VII. Analysis of linear structural relationships by maximum likelihood and least squares methods: Statistical package for the social sciences*. New York: McGraw-Hill.

2. Garet, M. S., et al. (2001). What makes professional development effective? Results from a national sample of teachers. *American Educational Research Journal, 38*(1), 915-945.

3. Andrew, M. D., et al. (2005). Verbal ability and teacher effectiveness. *Journal of Teacher Education, 56*(9), 343-354.

4. Konishi, C., & Hymel, S. (2009). Bullying and stress in early adolescence: The role of coping and social support. *Journal of Early Adolescence, 29*(3), 333-356.

5. Hester, E. (2009). An investigation of the relationship between health literacy and social communication skills in older adults. *Communication Disorders Quarterly, 30*(2), 112-119.

6. Hagood, M. (2002). A correlational study of art-based measures of cognitive development: Clinical and research implications for art therapists working with children. *Art Therpy: Journal of the American Art Therapy Association, 19*(2), 63-68.

7. Schappe, J. (2005). Early childhood assessment: A correlational study of the relationships among student performance, student feelings, and teacher perceptions. *Early Childhood Education Journal, 33*(3), 187-193

8. Ye, H., et al. (2008). Perfectionism and peer relations among children with obsessive-compulsive disorder. *Child Psychiatry and Human Development, 39*(4), 415-426.

9. Hinkle, D. E., Wiersma, W., & Jurs, S. G. (1981). *Applied statistics for the behavioral sciences*. Chicago: Rand McNally.

因果比較研究法

真正的草皮與人造草皮之間有差別嗎？

學習目標 >> 讀完本章後，你應該能：

- 解釋何謂「因果比較研究法」。
- 簡要描述因果比較研究法與相關性研究法及實驗研究法之間的異同。
- 指出因果比較研究法的步驟，並簡短描述之。
- 畫出一張因果比較研究法的設計簡圖。
- 描述因果比較研究法中，資料是如何蒐集的。
- 描述因果比較研究法中對內部效度的威脅，並討論如何加以控制。
- 在教育研究文獻中看到一篇因果比較研究的論文，能指認出來。

互動與應用學習 在閱讀本章的同時，或讀完本章後：

到線上學習中心（Online Learning Center, OLC），

網址 http://highered.mheducation.com/sites/125991383x：

- 學習更多有關因果比較研究法的概念

到線上學生精熟活動簿（Student Mastery Activities Book）做下列活動：

- 活動 16.1：因果比較研究法的研究問句
- 活動 16.2：是實驗研究法還是因果比較研究法
- 活動 16.3：因果比較的假設相對於實驗的假設
- 活動 16.4：分析因果比較的資料

　　約瑟剛在愛達荷州鄉間的一所小型高中完成了他第一年的化學教學。他的教學法主要是以講授課程內容的方式進行。在年終的教師餐會上，他跟學校的另一位教師瑪莉，討論一年來的經驗。

　　「瑪莉，我有點洩氣。事情沒有我想像中的順利。」

　　「怎麼說？」

　　「我們班很多學生似乎不喜歡我的教學，而且我給他們的期末考也考不好。」

　　「你知道嗎？布魯斯（去年教化學的老師）用了一些科學主題探

討的教材，我記得他說學生上課的反應非常好。也許你下學期可以試試。」

「不知道他的方法對我合不合適？」

要回答這類問題的一個合適方法，是做一個因果比較研究。本章將討論因果比較研究法的內容。

何謂因果比較研究法？

從事因果比較研究法（causal-comparative research）時，研究者企圖了解群體中**已經存在**的差異發生的原因**或**後果；所以它有時也如同相關性研究法，被視為關聯性研究的一種，因為兩者都是描述已存在的情況。例如，研究者可能觀察到，兩個群體在某個變項上有差異（例如教學法），因此想了解這種現象發生的**原因**，或這種現象所產生的**結果**；而這種現象是**已經存在**的。由於研究者認定的因與果都已存在，因此只能以回顧的方式探討，所以因果比較研究法也稱為**事後研究法**（ex post facto research）。因果比較研究法恰與實驗研究法成一強烈對照；因為在後者，群體間的差異是由研究者**創造**出來的，之後研究者再比較這些群體在某個或多個變項上的差異，以了解該創造出來的差異所產生的效果。

因果比較研究中，群體差異的變項可能是無法操弄的變項（例如種族），或者有可能被操弄，但由於某些原因還沒被操弄（例如教學法）。有時由於研究倫理的限制，研究者不能操弄某些變項，因此無法以實驗法研究這些變項上的差異可能有的影響。例如，研究者可能想了解一套飲食設計對於幼童的影響，但基於倫理的考量，研究者也許無法蓄意變更幼童的飲食供給內容。但研究者如果發現一群兒童**已經使用**過該種飲食設計，就可使用因果比較法，將這群幼童與另一群在其他方面類似的兒童相比較，當然，後者必須沒有使用過該種飲食設計。醫學與社會科學中有許多的研究都具有因果比較法的特質。

另一個例子是比較科學家與工程師的原創力。若是相關性研究，這兩個變項（群體及原創力）都可以當依變項或自變項：我們可能說，原創力可由其所屬的群體預測，或所屬的群體可由其原創力預測而來。但大部分這方面的研究都企圖探討因果關係而非僅止於預測。他們想知道「有原創力的人比較可能成

為科學家嗎？」或「科學家在沉湎於科學研究之後，變得比較有原創力嗎？」等這類問題的答案。須注意到的是，如果可能，做相關性研究會比較好，但如果其中一個變項是屬於類別變項（例如，在這個例子裡，組別就是類別變項），就不適於做相關性研究了。

以下是不同類型的因果比較研究法的例子：

● 第一種：探索身為某一群體的成員所產生的**影響**（依變項）。

　• 問句：性別不同會造成能力上怎樣的不同？

　• 研究假設：女性的語言能力較男性佳。

● 第二種：探索成為某一群體成員的**原因**（自變項）。

　• 問句：個人進入幫派的原因為何？

　• 研究假設：幫派的成員較諸非幫派成員，前者的人格較具攻擊性。

● 第三種：探索某一介入性措施的**結果**（依變項）。

　• 問句：接受主題探討教學法的學生，對於宣傳活動的反應如何？

　• 研究假設：接受主題探討教學法的學生，與沒有接受主題探討教學法的學生相比，前者對於宣傳活動較傾向持批判的態度。

因果比較研究常被用於研究男女性之間的差異；這些研究也已發現，在某些年齡層，女生語言能力較優，男生則是數學能力較優。但將這些差異歸因於性別的差異，也只是暫時嘗試性的，並未獲得最終的定論。我們很難將性別視為能力差異的原因，因為在這整個因果鏈之中，有許多其他可能的連結，包括社會對男女性的期待。

因此，基本的因果比較方法是，剛開始時，研究者發現兩個群體之間有明顯的差異，就去尋找這項差異的原因或差異的影響。例如，某位研究者也許想了解，為什麼有些人會酗酒成性，而有些人會對某種藥物形成依賴性。要如何了解這些情形呢？研究者可以比較這兩個群體（酗酒者與有藥癮者）的特徵，以了解他們之間的差異是否足以解釋其選擇不同物質依賴的原因。

有時因果比較研究法純粹是實驗研究法的另一種選擇。例如，假設一個位在市區的大型高中學區的課程主任正考慮是否要實施一項新的英語課程。他可能以實驗法試驗一下該課程的效果，從該學區隨機選幾個班級實施新課程，然後將學生的表現與那些繼續使用現行課程的學生表現比較。然而，這麼做可能

會耗費掉很多的時間、材料,還需開設工作坊讓老師研習新教材,等等。另一個辦法是,他可以考慮使用因果比較研究,從別的學區找到已使用新教材的學生的表現,並將它們與類似學區中沒有使用新教材的學生表現相比較。如果結果顯示,與自己學區條件類似的學區學生使用新教材後,英語的成就測驗分數較高,該位主任就有信心,直接在該學區使用新教材。因果比較研究法就像相關性研究法,研究者常是先找出變項間的關係後,再以實驗法驗證。

然而,雖然因果比較研究法有它的優點,但也有嚴重的限制。最嚴重的就是它無法控制對內部效度的威脅。由於研究者無法操弄自變項或這些操弄早已發生,我們在第 13 章所討論的許多控制的方法都無法使用。因此在詮釋因果比較研究的結果時,必須極端小心。它就像相關性研究一樣,我們可以從中找出變項間的關係,但無法確認其中的因果關係。就像我們先前曾說過,在因果比較法中找出的關係,研究者認定的「因」也許其實是「果」,而「果」可能其實是「因」,或者另一個變項才是真正的「因」,而研究者所研究的都是「果」。

◆ 因果比較研究法與相關性研究法之間的異同

有時學生會將因果比較研究法與相關性研究法兩者混淆;然而,儘管兩者有相似之處,也有很明顯的相異之處。

相同點 因果比較研究法與相關性研究法都是關聯性研究法的一種;所謂關聯性研究法即是研究者希望藉之以探索變項間的關係。因果比較研究法與相關性研究法都企圖解釋某種現象,想找出值得以實驗研究法深入探索的變項,並且兩者也常為實驗研究提供指導方向;但是兩者都無法操弄變項。雖然兩者都希望探索因果關係,但兩者中的因果關係只能以辯證法討論,無法提出實證;兩種研究法本身並無法使研究者提出有效的因果論述。

相異點 因果比較研究通常是比較兩個或多個群體;而相關性研究則需要獲得每位研究對象在每個變項的數值。相關性研究探討兩個(或多個)數量變項間的關係,而因果比較研究通常含有至少一個類別變項(組別)。相關性研究通常利用散布圖和/或相關係數來分析資料,而因果比較研究則常使用集中量數或利用交叉表。

研究的爭議
CONTROVERSIES IN RESEARCH

● 研究方法應該如何分類？

　　對於如何分類研究方法，學界有不同的意見。事實上，沒有任何一種分類方式有被廣泛接受。當然，實驗與非實驗法之間有明確的界線，而實驗研究法中，群體間的比較及單一研究對象研究之間的界線也很清楚。然而，研究者在說明非實驗研究法時，還是會使用不同的類別，但其中最常使用的幾種是本書所介紹的（相關性、因果比較，及調查）。之所以這樣分類，也只是方便或傳統習慣，並非真的反映基本的差異。相關性研究法及因果比較研究法兩者，大致上的差異在於所探討的變項之性質（數量變項相對於類別變項），及所使用的資料分析法。而調查研究法與前兩者的差異則在於目的的不同。我們必須承認，這樣的分類系統並不非常令人滿意。

　　Johnson 在 2001 年提出一套新的分類方式。*他提議合併使用**目的**（描述性、預測性，或解釋性）與**時間架構**（回溯性、橫斷性，或貫時性）來分類研究法。這樣的組合會產生九種類型。雖然他的分類法在邏輯上比較一致，但對於導論性質的教科書而言，卻不甚有用也不很合適。為什麼這樣說？這是因為相關性研究法、因果比較研究法及調查研究法所各自需要進行的研究步驟很不一樣，而學生非常需要學習這些步驟。我們覺得沒有理由照 Johnson 的分類方式做，而把事情弄得更複雜。我們也注意到，最近一項對教育研究法授課教師所做的調查發現，80% 的老師覺得應該要保留相關性研究法相對於因果比較研究法之間的區隔，他們認為這樣的區隔雖然有它的不足，但還是利大於弊。†

---

* Johnson, B. (2001). Towards a new classification of nonexperimental quantitative research. *Educational Researcher, 30*(2), 3-13.

† Allyn & Bacon. (1996). *Research methods survey*. Boston: Allyn & Bacon.

◆ 因果比較研究法與實驗研究法之間的異同

　　相同點　兩者通常都需要至少一個類別變項（組別）；兩者也都比較各組群體的表現（集中量數），以決定依變項與組別之間的關係。而兩者通常都比

較不同組的研究對象。*

相異點 在實驗研究法中，研究者操弄自變項；而在因果比較法中，自變項無法被操弄，因此因果比較法所獲得的因果關係的證據，比實驗研究法所獲得的因果關係證據薄弱許多。在實驗研究法中，研究者有時可以將實驗對象分派到各組，但因果比較法的研究者只能找出各群體的研究對象，因為這些群體早已形成，研究者不可能決定群體的成員。而且實驗研究法的研究者在研究設計的架構上，可發揮之處比因果比較研究法的研究者多得多。

▌▌▌ 因果比較研究法的步驟

◆ 形成問題

　　因果比較研究法中形成問題的第一個步驟，通常是找出並定義所要研究的現象，而後再考慮這種現象的成因或後果。例如，一位研究者對於學生的創造力有興趣。創造力的成因是什麼？為什麼有些學生非常有創造力，而大多數的學生卻沒有？為什麼有些學生剛開始時似乎有創造力，但後來卻失去了這項特質？為什麼有些人卻是剛開始時似乎沒有創造力，但後來卻變得有創造力？等等這類問題。

　　該研究者可能猜想，高創造力的原因一方面可能是社會生活不愉快，另一方面則是個人在藝術或科學方面的成就獲得肯定。他也找出其他可能解釋高低創造力之間的假設。例如，學生興趣的質與量都可能解釋創造力的差異：高創造力的學生可能有較廣的興趣；父母鼓勵兒童探索各種想法，也可能部分解釋兒童的創造力及其他智能上的差異。

　　一旦認定了現象的可能原因，研究者就將這些寫成更精確的文字，成為研究者想探索的研究問題。在這個例子裡，研究者可能會將他的研究目的寫為「探討高低創造力的學生之間可能的差異」。要注意的是，在一項因果比較研究裡，可以探討多個變項上的差異，以便確定到底是哪一個變項（或者幾個變項）最可能造成目前所研究的現象（此例中是創造力）。檢定幾種不同的假設，正是

---

* 除了平衡對抗的設計、時間序列設計，或單一對象實驗設計之外（見第 13、14 章）。

好的因果比較研究法的基本特色,而且這也應該是找出變項的基礎,再以此基礎將幾個群體加以對照比較。這種方法提供一個理性的基礎來選擇變項,而不是以「亂槍打鳥」的方式,測量一大堆變項,只因為這些變項看來似乎有趣,或者剛好可以用。這些假設也提醒研究者,因果比較的結果發現可能有許多種不同的因果解釋。

◆ 樣本

一旦形成了研究問題(及假設),下一步就是選擇樣本加以研究。在這一步中,一件重要的事就是須小心清楚地定義所要研究的特質,再依據這項定義去尋找在這項特質上有差異的群體。接續前一個例子,那位研究者在這一步就必須盡可能小心定義**創造力**這個字眼;而且如果有可能,應該使用操作型定義。例如,極具創造力的學生可能被定義為「曾經創造出得過獎的科學或藝術作品」。

研究者也必須想一想,利用操作型定義找出的樣本,就創造力的形成因素而言,是否為同質性的群體。例如,他必須想一想,在科學上具有創造力的學生,是否與在藝術上具有創造力的學生相似?這是一個非常重要的問題。如果創造力在不同的領域有不同的「原因」,那麼,若將不同領域的學生都湊合起來,只會混亂了其中的因果關係。種族、年齡或性別上的差異,會使得創造力也有差異嗎?因果比較研究成功與否,很大部分原因是取決於各比較組的定義是否足夠仔細而周全。

至少在某些重要的變項上,這些比較組必須是具有同質性的,這是選擇樣本時很重要的一件事。例如,若研究者認為所有具有創造力的學生,不論他的種族、性別或年齡為何,其創造力的形成原因都是一樣的,那麼,他可能會發現這些比較組之間沒有差異,因為太多其他的變項都混合在一起了。如果所有具有創造力的學生都被視為一個具有同質性的群體,我們在極端具有創造力與沒有創造力的學生之間,可能找不到任何差異;但如果只比較有創造力及沒創造力的藝術系女學生,也許我們可以找出其中的差異。

一旦選定了所定義的樣本,就可以將它們依某些變項加以配對。這種配對可以控制某些變項,藉以消除各群體間在這些變項的差異;尤其是第一種和第三種研究法(見第508頁)更有必要,因為這兩種研究是要探討依變項的差異,

研究者必須使各群體在這些變項上盡可能相似,才能將依變項的差異有效歸因於不同群體所造成的差異。但配對不適用於第二種研究,因為研究者應該不清楚哪些外在變項是與依變項有關,因此無法用以配對。

◆ 工具的使用

因果比較研究法所能使用的測量工具沒有任何限制。成就測驗、問卷、訪談大綱、態度量表、觀察工具等,任何在第 7 章討論的工具都可以使用。

◆ 設計

因果比較設計基本上是選擇兩個或兩個以上的群體,這些群體在研究的焦點變項上有所差異;然後比較這些群體在其他變項上的差異。研究者不做任何操弄。這些群體中,可能其中一個群體擁有的特質(常稱為**效標**),是其他群體沒有的;或者這些群體在某個已知的變項上有差異。這兩種稍有差別的基本設計〔有時稱為**效標群體設計**(criterion-group design)〕的圖示如下:

基本的因果比較設計

設計	群體	自變項	依變項
(a)	I	C(群體有這個特質)	O(測量)
	II	$-C$(群體沒有這個特質)	O(測量)
(b)	I	C_1(群體有特質 1)	O(測量)
	II	C_2(群體有特質 2)	O(測量)

字母 C 是表示特質的存在。必須注意的是,這裡使用的群體是原本存在的群體,而非經由研究者隨機分派的群體。下頁圖 16.1 是這兩種設計的例子。

▌▌▌ 因果比較研究法中對內部效度的威脅

因果比較研究法的兩個弱點是,沒有隨機化及不能操弄自變項。我們先前已提過,因果比較研究法是不能隨機分派的,因為群體早已形成;而自變項也不能加以操弄,因為這些群體早已受到自變項的影響。

◆ 研究對象的特質

因果比較研究法中對內部效度的威脅，主要是研究對象的特質可能造成的威脅。由於研究者對於各群體的形成或選擇毫無置喙的餘地，這些群體極可能除了群體的特質不同之外，在某一或某些重要的變項上也不同（見圖 16.2）。例如，女生組可能比男生組較年長。

研究者可以使用一些方法來控制因果比較研究法中研究對象特質的威脅，這些方法也用於實驗研究法中（見第 13 章）。

(a)	群體	自變項	依變項
	I	C 中輟生	O 自尊
	II	$-C$ 非中輟生	O 自尊

(b)	群體	自變項	依變項
	I	C_1 諮商師	O 工作滿意度
	II	C_2 教師	O 工作滿意度

圖 16.1　基本的因果比較設計舉例

將研究對象配對　控制外在變項的一個方法是：依照該變項將研究對象加以配對。也就是說，每一個群體都可各找到一個研究對象，讓這兩人在配對的變項上非常類似。例如，研究學生的態度時，也許以學生的學業平均成績（GPA）配對；GPA 類似的學生就被配成一對，但各自被分派到不同的群體。如果研究者不能為某個研究對象找到可以配對者，該研究對象就不列入研究的範圍；因此，配對常產生的問題是：許多研究對象都無法找到合適的配對對象，以致只好縮小樣本。若研究者希望以不只一個變項配對，配對就更困難了。

尋找或創造具有同質性的次群體　另一個控制外在變項的方法是：尋找在該變項具有同質性的群體，或者將比較的範圍限制在這些具有同質性的群體。例如，若是研究學生的態度，研究者可以使用兩種方法：第一種就是找到兩個群體，而且他們的 GPA 都類似（例如都是 3.5 以上）；第二種則是形成幾個次群體，每一個次群體代表該外在變項的某個層級（例如，將研究對象依據他們的 GPA 分成高 GPA、中 GPA、低 GPA 三個次群體），然後將這些次群體分別與其相對應的次群體比較（也就是，高 GPA 的次群體與另一個群體的高 GPA 次群體比較；中 GPA 的次群體與另一個群體的中 GPA 次群體比較，等等）。

以統計法做配對　第三種控制外在變項的方法是：利用統計上的配對將群

圖 **16.2** 研究對象特質的威脅

體以該變項配對。我們在第 13 章曾介紹過這種方法，也就是利用統計法，後測的分數會根據群體在某個變項上的分數差異被調整，而且這「某個變項」應該要跟依變項的表現有相關。

◆ 其他威脅

其他可能的對內部效度的威脅，視所考慮的研究類別而定。一般沒有介入性措施的研究中，在這方面主要是擔心研究對象的流失（損耗）、地點、工具的使用，有時歷史及成熟也必須考慮。若資料蒐集期間流失的研究對象與其他繼續留在研究裡的研究對象有不同，**而且**其中一個群體流失得較多，那麼內部效度就受到威脅。如果群體之間流失的人數不同，研究者必須要設法找出其中的原因。

如果在不同的情境下蒐集各群體的資料，那麼地點就可能是個威脅。同樣地，如果各群體的資料蒐集者不同，工具的使用也是一項威脅。幸運的是，研究者不難讓資料蒐集的地點或蒐集者在各群體都保持相同。

通常研究者也可能控制資料蒐集者的偏誤，方法是像在實驗研究法一樣，使資料蒐集者完全沒有任何可能會讓結果有偏差的訊息。在觀察研究中，工具

的衰敗可能因為對同一群體重複施予同一測驗而發生；其控制方法也和實驗研究法中的方法相同。

而在具有介入性措施的研究中，除了上面討論的威脅之外，第13章所討論的各種威脅都有可能存在。不幸的是，這些威脅在因果比較研究法中，比在實驗研究法中更難控制。由於研究者不直接操弄變項，歷史的威脅更有可能存在；而且其中各群體接受到介入性措施的時間長短極可能不同，而造成成熟的威脅。研究對象態度的威脅比較不可能發生，因為沒有加入什麼「特別」的對待。若其中一個群體當初的形成方式，就是挑選在某項測量中獲得極端分數的受試者，那麼迴歸的威脅就可能會發生。最後，如果有前測，那麼，就像在實驗研究法中，前測與實驗處理的交互作用也可能存在。如我們在第13章所言（見本書第441頁），我們認為實驗研究法和因果比較的介入法研究，都是有用的。

▌▌▌ 評估因果比較研究法中對內部效度的威脅

要評估因果比較研究法中對內部效度的威脅，其步驟與第13章的實驗研究法中，評估對內部效度的威脅方法類似（見第436頁）。

● **第一步**：問自己：已知哪些因素會影響群體之間要比較的變項，或由邏輯推理而言可能影響此變項？這個變項就第一與第三種研究（見第508頁）而言，是依變項，但就第二種研究而言，則是自變項。正如我們在實驗研究法中說過，與研究變項無關的變項都無須去考慮。

● **第二步**：問自己：各群體間在這些因素上有差異的可能性各有多高（記得，若群體間在某因素上是相同無差異的，則群體之間的差異無法以該因素解釋）？

● **第三步**：評估威脅可能影響研究結果的嚴重性，並策劃如何加以控制。如果某威脅無法控制，研究者必須說明。

以下我們以例子說明如何使用這三個步驟。假設研究者想探索市中心區高中學生輟學的原因。他提出三項假設：(1)家庭不穩定；(2)學生低自尊；(3)沒有可連結學校與其要求的支持網絡。研究者蒐集了一份最近輟學的學生名單，並隨機選取了一些仍在學校繼續就讀的學生作為比較組，並訪談這兩組學生以蒐集這三方面的資料。

以下我們像在第 13、15 章的作法一樣，依據第 9 章所介紹的對內部效度的各種威脅，討論這項例子所可能面臨的威脅。

研究對象的特質 雖然有許多可能的特質是可以考慮的，但限於篇幅，我們在這裡只處理四種：家庭的社經背景、性別、種族、一技之長。

1. **家庭的社經背景。第一步**：社經背景可能與所假設的三種因果變項都有關。

    第二步：社經背景可能與是否輟學有關，因此必須以配對的方式加以控制。

    第三步：若不加以控制，影響結果的可能性：高。

2. **性別。第一步**：性別也可能與所假設的三種因果變項都有關。**第二步**：也很可能與輟學有關，因此，研究者應該將此一研究限定於只有男學生或只有女學生，或者使比較組的男女學生比率相同。* **第三步**：若不加以控制，影響結果的可能性：高。

3. **種族。第一步**：種族也可能與所假設的三種因果變項都有關。**第二步**：它可能與輟學有關，因此兩組必須在種族變項上加以配對。**第三步**：若不加以控制，影響結果的可能性：中到高。

4. **一技之長。第一步**：一技之長可能與所假設的三種因果變項有關。**第二步**：由於學生如果能找到工作賺錢，較常會輟學，因此一技之長與輟學可能有關。若能評估工作技能並以某種方式配對而形成控制，會是很好的。**第三步**：若不加以控制，影響結果的可能性：中到高。

損耗 **第一步**：學生拒絕接受訪問，可能與這三個假設的因果變項都有關。**第二步**：輟學組的學生比在學組（比較組）的學生更可能拒絕接受訪問（輟學組的學生可能有工作，比較難安排接受訪問的時間）。唯一的辦法就是盡一切努力獲得兩組學生的合作，使他們接受訪問。**第三步**：若不加以控制，影響結果的可能性：高。

地點 **第一步**：雖然這三種因果變項似乎不太可能因為不同的學校而有不同的影響，但還是有這個可能。**第二步**：地點（也就是學生原就讀的學校）很可能與輟學有關（通常每個學校的輟學率不同），最好的解決之道是分別分析每個學校的資料。**第三步**：若不加以控制，影響結果的可能性：中。

---

* 這可算是將樣本分層的一個例子，在此是將比較組分層。

工具的使用

1. **工具的衰敗**。**第一步**：工具的衰敗在此指的是訪員疲累了，這當然會影響兩組資料的取得。**第二步**：疲累的因素可能在兩組的影響不同，全視訪問的時程表如何訂定；因此解決的方法是小心訂定時程表，防止疲累發生。**第三步**：若不加以控制，影響結果的可能性：中。

2. **資料蒐集者的特質**。**第一步**：資料蒐集者的特質有可能影響這三種因果變項方面的資料蒐集；因此，訓練訪員，將其訪問的過程加以標準化是很重要的。**第二步**：儘管有嚴格的訓練，不同的訪員還是有可能導致受訪者（學生）有不同的答案。因此，同一位訪員必須在兩組都訪問一樣多的學生。**第三步**：若不加以控制，影響結果的可能性：中。

3. **資料蒐集者的偏誤**。**第一步**：偏誤有可能影響這三種因果變項的資料取得。**第二步**：偏誤在兩組的情形可能有所不同，例如，訪員訪問輟學生時的行為表現，也許與訪問在校生的態度不同。解決之道是使訪員不知道學生是屬於哪一組；要做到這一點，就必須小心規劃所要問的問題及訪員訓練。**第三步**：若不加以控制，影響結果的可能性：高。

其他威脅

研究的執行、歷史、成熟、研究對象的態度及迴歸的威脅，都不會影響這種（第二種）因果比較研究。

在因果比較研究中，要找出對內部效度的威脅的方法，與實驗研究相同，第一步，先想一想所有可能影響結果變項的各種因素（情境、其他變項等等）。接著，第二步，根據經驗或證據，決定哪些因素可能對各群體的影響力有所不同；如果答案為「是」，那麼這些變項就可能成為研究結果的另一種解釋；這時，對內部效度的威脅就有可能存在，而必須加以控制。如果能重複做相同的因果比較研究，許多這類的威脅就會大為降低。圖 16.3 摘要了評估對內部效度的威脅的程序。

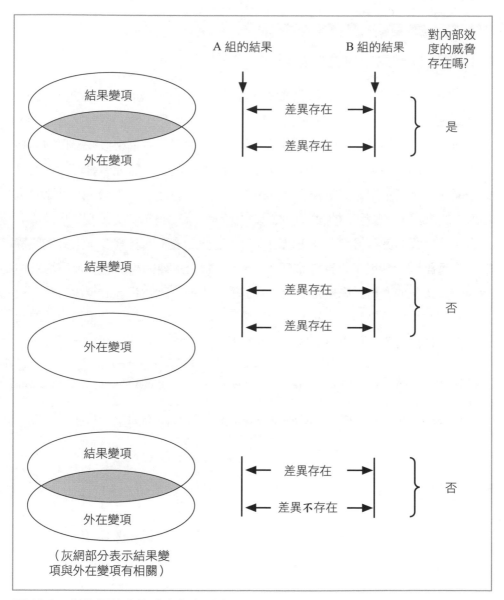

圖 16.3 對內部效度的威脅存在嗎？

細說研究 MORE ABOUT RESEARCH

◎ 因果比較研究中重要的發現

　　一項常被引述的因果比較研究是在 1940 年代，由兩位研究者所做的研究。[*]他們比較了兩組人，共 500 位男生。其中一組是少年犯，他們都曾經入過少年監護所（平均 7 個月），另一組則不是少年犯。兩組男生都來自波士頓的「高危險區」。兩組的男生並以種族、智商及年齡加以配對。研究者發現兩組的主要差異是，少年犯組的男生較具男性的體魄，比較有活力、外向，而且比較抗拒傳統的束縛，在數學與抽象思考的能力上較差，家庭的向心力及親情也較淡。綜合這些特質，就可得到一張用以預測少年犯罪的表；而且許多年來，這些特質在多種不同的情境下都獲得證實。[†]然而，對於這種因果的性質及使用這種特質作為預測的資料到底是否恰當，還是爭議不斷；因為這樣的預測方法可能用於善意的介入性措施（原先的作者也是想到，可以利用這個結果做這樣的預防或介入性措施），但也可能傷害了無辜者，留下一生難忘的噩夢。

---

[*]　Gluek, S., & Gluek, E. (1950). *Unraveling juvenile delinquency*. Cambridge, MA: Harvard University Press.

[†]　Gluek, S., & Gluek, E. (1974). *Of delinquency and crime*. Springfield, IL: C. Thomas.

▮▮ 資料分析

　　分析因果比較研究的資料時，第一步是繪製次數多角圖；如果是數量變項，則還必須計算各組的平均數與標準差，再評估這些敘述統計值的強度（見第 12 章）。至於是否適於做推論統計，就看樣本是否經過隨機選取的過程。因果比較研究法中最常用的檢定是以 t-檢定評估兩組平均數的差異。若是比較三組或更多組，就必須使用變異數分析或共變數分析。共變數分析在因果比較研究中尤其有用，因為研究者通常除了主要研究的變項外，無法依據所有其他相關的變項一一加以配對；而我們在第 11 章介紹過，共變數分析能讓研究者在「事後」依據一些變項（例如，年齡、社經背景、學業性向等）做統計的配對。然而，在使用共變數分析之前，研究者必須先確定，手邊的資料是否符合做共

變數分析所須具備的幾項預設。[1]

詮釋因果比較研究的結果時，必須非常小心。因果比較研究就像相關性研究，適於用以找出變項間的關係，但無法證明其中的因果關係。

有兩種方法能增強因果比較研究的可詮釋性：第一，如我們先前曾經提過，盡可能提出並檢視其他可能的假設；第二，如果依變項是屬於類別變項，研究中所有的變項都應該以鑑別函數分析法加以分析；鑑別函數分析法在第 15 章曾介紹過。

當然，要檢測因果比較研究中發現的可能原因，最好的方法是做實驗，也許我們就能操弄這些可能的原因；如果這時發現實驗組與對照組有所差異，研究者就更有把握以因果關係詮釋自變項與依變項之間的關係。

█ 類別變項之間的關聯性

到目前為止，我們在關聯性研究法中只考慮了：(1)一個變項是類別變項，其他都是數量變項（因果比較研究法）；與(2)兩個變項都是數量變項（相關性研究法）兩種。研究者當然也可以探討類別變項之間的關聯，而這時就可使用交叉表（見第 10 章）與列聯係數。表 16.1 是一個類別變項間的關係的例子。

表 16.1 任教學校層級與教師性別（虛擬資料）

學校層級	男性	女性	合計
小學	40	70	110
國中	50	40	90
高中	80	60	140
合計	170	170	340

類別變項的資料就像相關係數一樣，都可用於做預測及謹慎地用以尋找因果關係。例如，知道某人是位老師，而且是男性，我們可以有某種程度的信心猜測他是在國中或高中教書，因為，根據表 16.1，76% 的男老師都任教於中學。我們也可以估算這項預測的誤差有多少。根據表 16.1 的資料，我們猜錯的機會是 40/170 ＝ .24。在這個例子裡，要說性別是任教學校層級的*原因*，也許扯太遠了，而是可能有其他的變項（例如教師預備訓練或任用的傳統模式）較能合理解釋這樣的關係。

類別變項的分析中，沒有類似數量變項中的淨相關（見第15章）或其他相關性研究的方法。並且，若以交叉表來做預測，其準確性遠不及以散布圖做預測。幸好，在教育研究中，比較少問題是需要探討兩個類別變項的。然而，我們還是常可以看到研究者將一些在概念上應該屬於數量變項的變項（並且也以數量變項的方式測量），當作是類別變項。例如，某位研究者將數量變項的分數分成高分組、中間分數組，與低分組三組。這樣做沒有任何好處，而且還會有兩個嚴重的壞處：這將使資料的精確性不像使用相關性研究的方法一樣高，並且將數量變項分成幾個組，通常是武斷而無根據的決定。例如，研究者要怎樣決定，在哪個分數以上算是高分組，哪個分數以下又屬於中間分數組？因此，通常我們必須盡量避免將數量變項做武斷的切分。*

OLC　回到本章最前面的**互動與應用學習**所列出的一系列互動與應用活動。到線上學習中心（OLC, http://highered.mheducation.com/sites/125991383x）去做小測驗、練習關鍵詞彙，及複習本章內容。

本章重點

因果比較研究法的性質

- 因果比較研究法，就像相關性研究法，目的是要找出變項間的關係。
- 因果比較研究法企圖找出已經存在於群體間之差異的原因，或其所造成的影響。
- 因果比較研究法的基本方法是發現群體之間的差異，而後開始尋找這些差異的可能原因或影響。
- 因果比較研究法有三種類型（探索差異的影響、探索差異的原因，及探索其結果），這些類型在目的及架構上有所不同。
- 實驗需要花費相當的時間及物力去進行，因果比較研究法有時是另一種選擇。

---

* 有時數量變項被當作類別變項使用，也有其合理性。例如，創造力通常被認為是數量變項，但研究者也可以建立一項標準，將它分為「高創造力」與「一般的創造力」兩個類別，以便更有效地研究與其他變項之間的關係，就像我們先前舉的例子。

- 就像相關性研究法，因果比較研究法可能找出變項間的關係，卻不能確定它們之間的因果關係。

因果比較研究法相對於相關性研究法

- 因果比較研究法與相關性研究法之間的基本相同點是，兩者都在探索變項間的關係。當因果比較研究法（或相關性研究法）發現了變項間的確存在某種關係之後，通常會以實驗法研究之。

因果比較研究法相對於實驗研究法

- 在實驗研究法中，研究者操弄某一（些）變項，而在因果比較研究法中，群體之間的變項已經存在。

因果比較研究法的步驟

- 在因果比較研究法中，形成問題的第一個步驟，通常是去找出並定義感興趣的現象，然後考慮這些現象可能的原因或結果。
- 在選擇樣本做因果比較研究時，重要的一件事是小心定義所要研究的特質，然後再去選擇在這些特質上有差異的群體。
- 因果比較研究可用的測量工具沒有任何限制。
- 基本的因果比較研究設計是，選擇兩個在某一變項有差異的群體，然後比較他們在其他變項的異同。

因果比較研究法中對內部效度的威脅

- 因果比較研究法的兩個弱點是，缺乏隨機化的步驟，而且不能操弄自變項。
- 因果比較研究中，對內部效度的威脅主要來自選擇研究對象時可能產生的偏誤。研究者用以降低這種威脅的主要方法有，將研究對象依某一個相關的變項加以配對，或製造同質性高的次群體，或者使用統計法做配對。
- 因果比較研究中對內部效度的其他威脅包括地點、工具的使用、研究對象的流失（損耗）。而第三種類型的因果比較研究法的內部效度，也會受到研究的執行、歷史、成熟、研究對象的態度、迴歸及測驗的威脅。

因果比較研究中的資料分析

- 因果比較研究中，資料分析的第一步是建構次數多角圖。
- 如果研究包含了數量變項，則通常也會計算平均數與標準差。

- 因果比較分析研究最常使用的檢定法是用以檢定平均數間差異的 t- 檢定。
- 共變數分析在因果比較研究中特別有用。
- 因果比較研究的結果必須謹慎詮釋，因為這種方法本身無法證明變項間的因果關係。

類別變項之間的關聯性

- 交叉表及列聯係數都可用於研究類別變項間可能的關聯性，但是利用交叉表做預測卻無法獲得精確的結果。幸好，在教育研究界，比較少問題是需要研究兩個類別變項。

問題討論

1. 假設一位研究者希望找出青少年犯罪的因素，哪一種群體適合作為比較組？
2. 觀察法可能用於因果比較研究中嗎？如果可能，要如何利用？
3. 研究者在什麼情況下可能會想做因果比較研究，而不做實驗研究？請舉例。
4. 哪些種類的問題藉由因果比較研究法回答較佳，而非實驗研究法？為什麼？
5. 你認為實驗研究法與因果比較研究法，哪一種比較好做？為什麼？
6. 隨機分派可能在因果比較研究法中實施嗎？隨機選擇呢？請解釋。
7. 假設一位研究者想了解協同教學對於學生學歷史的態度的影響，你認為這樣一個題目適合以因果比較法做研究嗎？如果適合，該如何去做？
8. 哪些種類的變項是研究者在做因果比較研究時最好必須考慮控制的，而哪些則可能是無關緊要的？
9. 一位研究者以實驗法研究的變項，可能與他之前以因果比較法所研究的變項完全相同嗎？如果可能，為什麼？
10. 我們在正文中說，一般而言，最好不要將數量變項的值區分成若干段，而將之作為類別變項使用，原因是：(1)要如何區分切割，通常是由個人意志決定，沒有客觀的標準；(2)並且這樣做會失去非常多的訊息。你能想出一些數量變項是因為這些原因，而不應該被轉換成類別變項嗎？其他有什麼數量變項是可以合理被轉換成類別變項的嗎？

11. 假設一位研究者發表的報告中說，有飲食異常症狀（例如厭食症及暴食症等）的成年女性，比沒有飲食不正常症狀的成年女性，在兒童時期受過性侵害的機率較高。哪一個變項比較可能是另一個變項的原因？哪些其他的變項也可能是原因或原因之一？

12. 有什麼研究問題是無法以因果比較研究法研究的嗎？

13. 一位私立女子學院的教授想利用自己發展的測量工具，比較該校大學部與研究所學生的疏離感。

   a. 你會建議她使用哪一種研究法，因果比較法或實驗法？為什麼？

   b. 如果這位教授打算使用自己發展的測量工具，這會影響你的建議嗎？

註釋

1. 有興趣的讀者可參閱 Miller, G. A., & Chapman, J. P. (2001). Misunderstanding analysis of covariance. *Journal of Abnormal Psychology, 110* (1), 40-48.

調查研究法

學習目標 >> 讀完本章後，你應該能：

- 解釋何謂調查。
- 說出教育研究界使用的三種調查法。
- 解釋調查的目的。
- 解釋橫斷式調查與貫時性調查之間的不同。
- 描述調查研究法與其他研究法的不同。
- 簡要描述郵寄問卷調查、電話訪問與面對面訪談之間的不同，並說出每一種方法的兩項優點與兩項缺點。
- 說明設計調查問題時最常掉入的陷阱。
- 解釋封閉式問題與開放式問題之間的不同。
- 解釋為何無反應是調查研究的一大問題，並說出增進訪答率的兩種方法。
- 說出兩種可能威脅調查工具的效度並影響調查結果的原因，並說明如何控制這兩種威脅。
- 描述調查研究中，對內部效度可能的威脅。
- 在教育文獻中看到調查研究時，能指認出來。

互動與應用學習　在閱讀本章的同時，或讀完本章後：

到線上學習中心（Online Learning Center, OLC），
網址 http://highered.mheducation.com/sites/125991383x：
- 學習更多有關做一項普查的事

到線上學生精熟活動簿（Student Mastery Activities Book）做下列活動：
- 活動 17.1：調查研究的問句
- 活動 17.2：調查的種類
- 活動 17.3：開放式問句相對於封閉式問句
- 活動 17.4：做一項調查

　　湯姆是一所高中的校長。他正在跟副校長傑西開會。「我想知道多數的老師怎麼看今年所實施的學生課後留校方案。」湯姆說，「荷西昨天在穿廊叫住我，說他覺得這個方案沒什麼用。」

　　「為什麼？」

　　「他說許多老師都覺得這沒什麼好處，所以根本懶得把學生送到那裡。」

　　「真的嗎？」傑西回答，「我聽到的剛好相反。今天午休時間，貝姬和斐麗還在說這個方案很棒啊！」

　　「嗯。這有趣了。看來我們似乎需要更多的資料。」

　　做調查可以為湯姆與傑西獲得這樣的資料。本章就討論如何做調查。

█▌ 什麼是調查？

　　研究者常對於某一群人在某項議題或主題上的意見好奇，這時他們就會問一些跟這個議題有關的題目來找答案。例如，假設有個大學的諮商系主任，想知道碩士班的學生對於該所的評價。她決定要進行調查來了解情況。她從目前在學的碩士班學生中選出 50 人作為樣本，並設計問題讓學生表達對於該所的態度。她於二週內對這 50 個學生做面對面訪談。而後，每一個學生所提供的回答，都被轉換成標準化的類別作為分析之用。這些標準化的記錄經過分析之後，就得到了樣本學生所提供的意見的描述。系主任於是對於樣本學生的態度得出結論，並據此推及所取自的母群體，也就是該校諮商研究所在學的碩士班學生。

　　以上的例子說明了大部分調查的三個主要特徵：

1. 資料是從一群人所蒐集而來，目的是要**描述**這群人所屬的母群體的某些面向或特徵（例如能力、意見、態度、信念或知識）。

2. 資料取得的主要方法是經由**問問題**；這一群人對於問題所作的回答，就是研究的資料。

3. 資料是由一個**樣本**取得，而非由母群體中的每一人蒐集而來。

為什麼要做調查？

調查的主要目的是要描述某一母群體的特質。基本上，研究者想了解的是，母群體中的某個（些）變項（例如，年齡、種族、宗教信仰、對於學校的態度）如何分布。當然，就像其他的研究法一樣，很少人能研究整個母群體；研究者僅調查小心選取的樣本，並根據樣本的發現，對母群體特質做推論。

例如，研究者也許想描述市中心區高中教師某些特性（例如，年齡、性別、種族、政治涉入深淺度等等）的分布，他可以從市中心區的高中裡選一群教師作為樣本加以調查。通常像這類描述性的調查，研究者只對資料的分布狀態感興趣，並不關心為什麼有這樣的資料分布情況。

調查的種類

調查法主要有兩種：橫斷式調查與貫時性調查。

◆ 橫斷式調查

橫斷式調查（**cross-sectional survey**）是向事先決定的母群體所選出的樣本蒐集資料，並且資料只在一個時間點蒐集，但蒐集資料所需的時間，可能是一天、幾星期或更久。因此，也許一個數學教授想從某一州的高中數學教師樣本蒐集資料，探詢他們在該校進修碩士學位的意願，或者另一位研究者想調查 10 歲、13 歲及 16 歲的學生所經歷的個人問題的種類；這些樣本大都可在同一時間點調查完畢。

如果整個母群體都被調查，則稱為普查（**census**）。普查最好的例子，就是美國普查局（U.S. Bureau of the Census）每十年做一次的人口普查，蒐集美國每一個人的資料。

◆ 貫時性調查

另一方面，貫時性調查（**longitudinal survey**）則在不同的時間點蒐集資料，以研究時間所帶來的改變。調查研究中有三種常用的貫時性調查：趨勢研

究、世代研究，與長期追蹤研究。

在**趨勢研究**（**trend study**）中，研究者在不同的時間點，從母群體中抽取不同的樣本來做調查，以了解母群體可能因時間或社會的變化而產生的改變。例如，假使研究者想了解高中校長對於彈性上班的態度，她就每年從該州當時的高中校長名單中抽取樣本。縱使每年的母群體會有些改變，每年的樣本也不是同一批人，但如果樣本是以隨機抽樣法獲得，則每年所獲得的資料還是可以代表高中校長的母群體。這時研究者就可逐年比較這些資料，檢視是否有明顯的變化趨勢。

趨勢研究所取樣的母群體，組成分子可能隨時間而不盡相同；但是**世代研究**（**cohort study**）則是從一個固定的母群體中抽樣，這個母群體的組成分子不會隨時間而變動。因此，有一個研究者也許想研究去年從舊金山州立大學畢業的新進教師教學效益的成長，這時，他會去取得所有這些老師的名單（例如，都是 2019 年從舊金山州立大學畢業，且畢業後的職業為教師者），然後在不同的時間點從這份名單中做抽樣調查。

另一方面，**長期追蹤研究**（**panel study**）中，研究者則在研究期間內的不同時間點，調查**同樣一個**樣本。由於是研究同一群人，研究者可觀察出他們行為或特色的改變，也可探究原因。援用前一個例子，則前面例子中的研究者可以由去年舊金山州立大學的畢業生從事教職者中，抽取樣本，並於一年中多次調查這同一個樣本。但是，樣本流失是長期追蹤研究常發生的問題，尤其是當追蹤的時間長久時，樣本流失量更大。

以下是一些由教育研究者所發表的調查研究論文題目：

- 「作為非裔美國人，是什麼滋味？」[1]
- 「師資培育能改變什麼嗎？」[2]
- 「是什麼讓專業有效發展？」[3]
- 「在職進修教師與師培學生的閱讀習慣與語文素養態度」[4]
- 「『年輕只有一次』：大學生認為現在不做會後悔的事」[5]
- 「國際學校教師離職的探討」[6]
- 「將科技融入職前語文教學：小學教育學程學生對電腦態度的調查」[7]
- 「教師跟圖書館員合作的態度調查：一個反思」[8]

▌▌▌ 調查研究法與相關性研究法

我們常發現研究者在分析調查結果時，會探究兩個問題的回答之間的關係；或者是分別由兩組題目算出兩個值後，再研究這兩個值之間的關係。這時候，他們就可以使用第 15 章所介紹的相關性研究法的各種分析方法。

假設某個研究者想研究高中生對學校的態度與他們感興趣的課後活動，他就準備一份問卷，裡面包含跟這兩個變項有關的問題，然後對選定的高中生樣本施測，最後，這兩者間的關係可經由計算相關係數或製作列聯表獲得具體的了解。這位研究者可能會發現，對學校有正面態度的學生，有許多課後興趣，而對學校的態度較負面的學生，課後興趣非常少。

▌▌▌ 調查研究法的步驟

◆ 定義問題

研究問題必須有趣且重要，才能引起受訪者回答的動機。瑣細無意義的問句常會得到它們應得的待遇──被丟到最近的垃圾桶。也許你自己也曾把覺得不重要或無聊的問卷丟到垃圾桶。

研究者必須清楚定義調查的目標。所問的每一個問題都必須與這些目標有關。一種定義調查問題的方法是用層級式的問句，從最廣義最概略性的問句開始，直到定義出最明確的問題為止。Jaeger[9] 以公立學校教師為何在幾年之內退出教學行列為題，詳細說明如何定義這一研究題目。他提出三個概略性的因素：經濟、工作環境及社會地位，藉此建構可能的調查問句。以下是他就經濟因素所設計的問句：

I. 是經濟因素致使教師早早退出教學行列嗎？

  A. 教師早早退出教學行列是因為年收入不夠高嗎？

　　1. 教師早早退出教學行列是因為學年中每月的收入太少嗎？

　　2. 教師早早退出教學行列是因為暑假沒有薪水嗎？

　　3. 教師早早退出教學行列是因為低薪逼得他們在學年中也必須兼差嗎？

4. 教師早早退出教學行列是因為暑假沒有薪水逼得他們暑假也必須兼差嗎？

B. 教師早早退出教學行列是因為他們的薪資結構的問題嗎？

1. 教師早早退出教學行列是因為他們的薪資上限太低嗎？

2. 教師早早退出教學行列是因為他們的調薪速度太慢嗎？

C. 教師早早退出教學行列是因為他們的福利不好嗎？

1. 教師早早退出教學行列是因為他們的健保福利不好嗎？

2. 教師早早退出教學行列是因為他們的壽險福利不好嗎？

3. 教師早早退出教學行列是因為他們的退休福利不好嗎？

像這樣的層級式問句可以協助研究者先確認幾個大項的議題，再從每一大項的議題中發展出更細緻而明確的議題，最後寫出可用的問題。研究者可檢視所寫出的問句是否合乎調查研究的目的，並除去不合目的者。這一個步驟很重要，因為問卷的長度與訪問的內容常是決定調查成敗的關鍵。

◆ 確認目標母群體

幾乎任何事物都可以經由調查而描述。調查所研究之物就稱為**分析單位**（**unit of analysis**）。雖然調查研究的分析單位通常是人，但分析單位也可能是物體、社團、公司、班級、學校、政府機關等。例如，要調查某一學區的教育工作者對於新近執行的風紀措施的意見，則每位被取樣調查的人員是一個分析單位。若調查都市的學區，則都市學區是分析單位。

調查資料是從每一個分析單位蒐集而來，用以描述這些單位。將這些描述精簡化之後，就可以描述這些分析單位所代表的母群體。在上面的例子裡，使用教育工作者（分析單位）樣本所取得的資料，要做出精簡的總結才能描述這個樣本所代表的母群體（這個學區的所有教育工作者）。

如同其他研究法一樣，研究所針對的這群人（或物、或機構等）就稱為**目標母群體**（target population）。要對母群體做可信度高的描述，就必須明確定義母群體，並且要能很確定地指出任何一個分析單位是否包含在母群體裡，才足夠明確。例如，假設目標母群體的定義為「某一學區的所有教育工作者」。這樣一個定義是否夠明確，讓人很確定某某人是否屬於這個目標母群體？第一眼看去，你也許會想說「是」。那麼，那些也教書的行政主管算嗎？代課教師？兼職教師呢？實習教師？諮商師呢？除非定義母群體時能細心注意處理類似這

些細節,確定誰屬於目標母群體,誰不屬於目標母群體,否則根據樣本所做的描述,都可能是對於母群體誤導不正確的資訊。

◆ 選擇資料蒐集的方法

調查研究法蒐集資料的方法,基本上有數種:直接對一個群體施測、電話調查、網路調查、郵寄問卷訪問,及面對面訪談。表 17.1 概略介紹這些方法的優缺點。以下我們做較詳細的介紹。

表 17.1　以調查法蒐集資料的優點與缺點

	直接對某群體施測	電話調查	網路或郵寄問卷	面訪
四種方法的花費比較	最低	中等	網路=低;郵寄問卷=高	高
是否需要器材?	是	否	否	是
訪問者是否需要接受訓練?	是	是	否	是
資料蒐集所需的時間	最短	短	較長	最長
訪答率	非常高	不錯	最差	非常高
是否可能團體施測?	是	否	否	是
是否可能隨機抽樣?	可能	是	是	是
樣本是否需要識字?	是	否	是	否
能否容許適時的追問?	否	可	否	可
能否鼓勵受訪者回答敏感問題?	稍微	稍微	最佳	弱
是否易於將答項標準化?	容易	稍微	容易	最難

直接對一個群體施測　每當研究者能在某一地點直接接觸群體的每一份子或大多數成員時,就可使用此法。測量工具則是在同時(通常也在同一地點)發下給這一群人作答。譬如發給學生一人一份問卷,在教室內填寫,或者上班的人在工作場所填寫問卷,都是常見的例子。此種方法最大的優點是回收率高,常常接近 100%(通常在單一個場所)。其他的優點包括:花費通常低廉,而且研究者有機會對研究對象說明研究目的等,並當面回答填答者的疑問。而最大的缺點則是,能夠將樣本齊聚一堂的調查研究並不多。

電話調查　在電話調查中,研究者(或是助理)透過電話以問題詢問受訪者(以下簡稱電訪)。電訪的好處有:費用比面對面訪問低、執行快速,並易

於使用標準化的訪問程序。電訪還可以讓研究者協助受訪者〔如澄清疑問、詢問後續追蹤性質（follow-up）的問題、鼓勵遲疑的受訪者接受訪問等等〕，可以容許較多的追蹤（經由幾次重撥號碼），並且，若訪問員（以下簡稱訪員）不願去某些地區，也可以用電話訪問，讓涵蓋率較高。*

電訪的缺點是有些類型的樣本無法接觸得到（很明顯地，沒有電話及電話號碼沒有登錄的，都不可能以電話訪問。但若讓電腦隨機更換電話號碼的最後數碼，即使沒有登錄的電話也可能撥到）；再者，以電話訪問時，無法以視覺觀察受訪者，而且一些敏感的議題或私人的問題也比較難以得到回答。一般而言，文獻報導的資料是，電訪的訪答率（response rate）比面訪低約 5%。[10]

圖 17.1 說明利用電話取得訪問資料時，可能會碰到的困難。

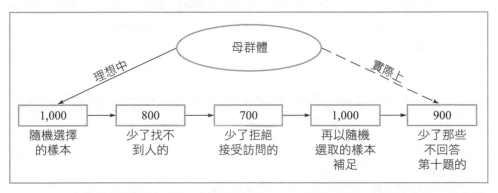

圖 17.1 使用電話訪問樣本時，對於特定問題，理想中的情況相對於實際可能面臨的情況

網路調查 由於科技的進步，在網際網路上做調查已經滿常見了。研究者與學生愈來愈常以電子郵件或網路應用軟體及服務，向他們的目標母群體蒐集調查資料。在網際網路上做調查的其他優點包括：比較可能找得到遙遠或難以接觸到的人、費用較低、較快有結果、有多媒體的介面、隨時施測（使用可攜帶的工具時），及減少資料輸入的需求。缺點則可能包括訪答率較低，並且由

---

* 電話訪問使用電腦的情形愈來愈普遍。大致的情況是，訪員坐在電腦螢幕前，中央電腦隨機選撥一通電話。頭戴耳機的訪員聽到電話被接起，螢幕上就會出現一段介紹語，例如：「哈囉，我是_____」。訪員把它唸出來之後，就顯示出第一個問題，由訪員讀出。然後，訪員將受訪者的反應輸入電腦；反應立即存入中央電腦。第二個要問的問題隨即出現在螢幕上，由訪員繼續詢問。

於電腦可讓人飛速回答，資料輸入容易出錯。目前有網路公司提供網路調查的軟體及服務。例如，SurveyMonkey 及 Qualtrics 就是有名的網路調查公司，使用者可免費用他們的軟體設計自己的基本調查。圖 17.2 是利用 SurveyMonkey 做的一個網路調查。若需要額外服務，像是施行調查及資料分析，可付一小筆費用即可獲得服務。圖 17.3 是圖 17.2 的調查題目所獲得的資料分析報告。

郵寄問卷調查 調查資料的蒐集是靠郵件時，問卷是以郵寄的方式寄到樣本中每一個人的住處，央請他們在某個日期以前把問卷填好寄回。這種方法的好處有：相對而言，所需費用不高，並可由研究者一人（或是少數幾個助理幫忙）完成。這種方法也使研究者能找得到那些經由面對面訪談或電話訪談不易找到的人（例如，老年人），並容許受訪者有充裕的時間思考，細心填問卷。

郵寄問卷的缺點有：沒有機會可以鼓勵（例如，經由建立友好關係）受訪者填答問卷，或提供協助（例如，回答疑問、澄清問卷說明的疑義等）。這些缺點使得郵寄問卷的回收率偏低。再者，郵寄問卷也無法從某些類型的樣本獲

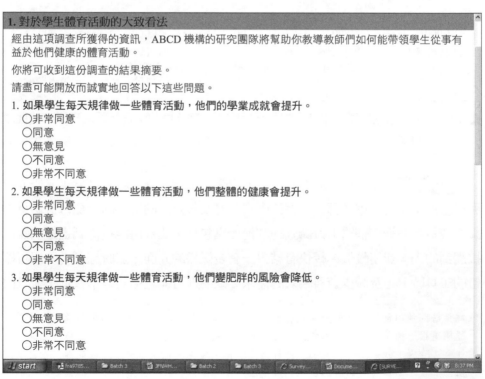

圖 17.2 利用 SurveyMonkey 做成的網路問卷舉例

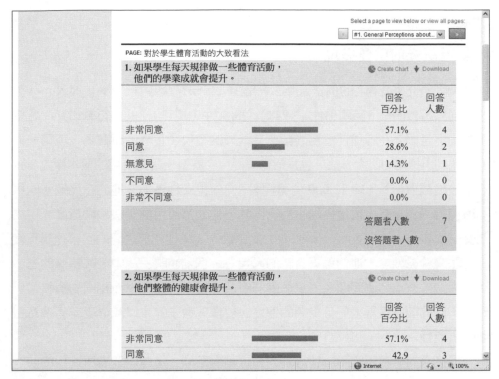

圖 17.3 SurveyMonkey 的資料結果舉例

得資料（例如文盲）。

親身訪問 在親身訪問（面訪）裡，研究者（或經過訓練的助理）對受訪者進行面對面訪問。親身訪問或許是最能獲得受訪者合作的調查方法。訪問者可以跟受訪者建立友善關係，可以幫受訪者釐清問題，還可以針對不清楚或不完全的回答進行追問，等等。面對面訪談也減少受訪者所需背負的閱讀及書寫的負擔；最後，若有必要，也可以花比較多的時間在受訪者身上。

面對面訪問最大的缺點是成本比較高，比起讓團體填寫問卷、郵寄問卷、或電話訪問都高。面對面訪問也需要一群受過訓練的訪問員，而訓練就需要花費時間與金錢。以面對面訪問蒐集資料所需要的時間也比其他調查方法都長；而且，有可能因為缺乏匿名性（至少訪問當時，訪員知道是誰受訪），對個人而言比較敏感的問題所得到的答案比較不符實際情況。最後，有些類型的樣本（例如，住在高犯罪率區的樣本、大公司的員工、學生等）常難以接觸，致使這些人受訪的數目較不足。

◎ 調查研究的重要發現

調查研究中最著名的例子，應該算是由社會學家金賽博士（Alfred Kinsey）與其同儕所做的——美國男性（1948）*與女性（1953）†的性行為研究。這些研究固然是因為在各種性行為的頻率有驚人的發現（當時）而聞名，但另一方面，他們所採用的研究方法，也是值得一提。金賽博士研究使用的樣本極大（雖然不是隨機取樣），約 12,000 位男性與 8,000 位女性參加。他們在比較不同樣本所獲得的結果時，也是極端小心。尤其，他們還使用再測法檢驗信度，用內部交叉檢核（internal cross-checking）及比較夫妻或性伴侶之間的回答差異程度等方法來檢驗效度。他們蒐集資料的過程——個別訪談——中，較特殊的是，訪談大綱中有 521 個問題（但每個受訪者最少答 300 題）。而相同的資料常以幾種不同的問題獲得，並且詢問的速度快得像連發子彈，以減少受訪者蓄意扭曲的可能性。

但後來有一項研究對於性行為的結論稍有不同。這些研究者所使用的訪談方法，與金賽博士所使用的方法非常相似，但他們自認自己的取樣方式優於金賽博士的方式。他們的樣本係由全國住家地址中隨機取樣，再由住家中隨機取樣，共取樣 4,369 位成人。然而，雖然最後的樣本參與率 79%（樣本數＝3,500）算很高，但隨機樣本的 79% 已不算是隨機樣本。‡

---

* Kinsey, A. C., Pomeroy, W. B., & Martin, C. E. (1948). *Sexual behavior in the human male*. Philadelphia: Saunders.

† Kinsey, A. C., Pomeroy, W. B., Martin, C. E., & Gebhard, P. H. (1953). *Sexual behavior in the human female*. Philadelphia: Saunders.

‡ Laumann, E., Michael, R., Michaels, S., & Gagnon, J. (1994). *The social organization of sexuality*. Chicago: University of Chicago Press.

◆ 選擇樣本

受調查的個體必須是從目標母群體選取（如果可能，最好隨機取樣）而得。然而研究者必須確定，他所調查的受訪者，擁有他所想獲得的訊息，且願意回答他的問題。對調查主題不感興趣（或者認為主題不具重要性）的受訪者，

即使他有這方面的資訊，也不太可能回答。因此，研究者若能在大規模進行調查之前，先做個初步的測試，觀察可能受訪者的接受度，不失為一個好辦法。如果是以學校為主的調查，將問卷寄給管理當局，再發給受訪者填寫，常會比直接寄給受訪者的回收率高。例如，將問卷寄給班級教師，由他們發給自己的學生填寫，而不是由研究者直接請學生填。

以下是一些教育研究者所採用過的樣本：

- 由一所市區大學的所有學生中取樣，調查他們對於學校通識教育課程品質的看法。
- 由某一市中心區的高中學區所有教師中取樣，詢問他們，若要幫助高風險學生有效學習，學校所須做的改變。
- 由以上同一地區的所有高風險學生中取樣，詢問他們對於相同主題的看法。
- 由某一州裡所有女校的督學中取樣，詢問他們對於管理上所遭遇到的問題的意見。
- 由某一高中學區的所有諮商師中取樣，詢問他們對於學校諮商系統品質的看法。

◆ 準備調查工具

調查研究使用的工具，最常見的是問卷與訪談大綱（interview schedule）（見第 7 章）。*兩者實際上是一樣的，只是問卷是由受訪者自填，而訪談大綱則由研究者（或受過訓練的助理）口頭施測。若是郵寄問卷或自填問卷，問卷的外觀對於研究是否成功影響非常大；問卷必須能吸引人，且不能過長。†問題也要盡量易於回答。而調查研究所問的問題及問的方式都極端重要。Fowler指出，所有調查研究使用的問題都必須符合四項實際的標準：

1. 這是一個可以完全照本宣讀的問題嗎？
2. 這個問題對每個人而言，都是相同的意義嗎？
3. 這是人們都能回答的問題嗎？
4. 如果是以某種方式蒐集資料，人們願意回答這個問題嗎？[11]

---

* 各種不同的測驗也可使用於調查研究，例如研究者可能以測驗成績來描述某一學區內學生的閱讀能力。然而我們在此將討論限定於調查人們的喜好、意見與信念。

† 這非常重要。冗長的問卷使人不想回答或寄回問卷。

調查中的每一個問題都必須通過這些檢驗標準：以上四個問題的答案都必須是「是」。任何不符這四項標準的問題都必須重寫。

如果是面訪或電訪，訪問者的風格就變得極端重要。訪問者問問題的方式必須讓受訪者願意回答。

不論是哪種情況，都必須非常清楚知道問題到底是要唸給誰聽。專業術語或少用的詞句必須要盡量避免；如果非用不可，則必須在測量工具的指導語中清楚定義。然而，研究者要謹記在心的最重要一點是：不論是用哪一種工具，樣本中所有的受訪者都必須要被問到**相同**的問題。再者，對所有受訪者施測問卷或進行訪問時的情境，都必須盡可能相同。

問題的種類 問卷的問題性質與提問的方式，在調查研究中都極為重要。措辭不當的問卷即注定了調查失敗的命運。因此問題必須寫得清楚明白，使受訪者容易理解。[12]

大部分的問卷問題是以多重選擇題或所謂封閉式問題（**closed-ended questions**）的形式出現。多重選擇題的形式讓受訪者得以由幾個選項中選出適合自己狀況的回答，這種問題可以用來測量意見、態度或知識。調查的問題常使用的回答量表，可參見第 7 章的舉例。

封閉式問題易於使用、計分及輸入電腦做分析。由於所有的受訪者都只能從相同的選項選擇回答，所產生的結果就成為標準化的資料。然而，封閉式問題比開放式問題稍微難設計，而且也可能出現受訪者想表達的答案不在選項之列的情形。因此，研究者必須在每個選擇式問題之後，提供一個「其他」的選項，讓受訪者在此填入研究者沒有料想到的反應。以下是幾個封閉式問題的例子：

1. 你**最不**喜歡以下哪一個科目？

　　a.社會

　　b.英文

　　c.科學

　　d.數學

　　e.其他（請說明）

2. 請圈選出你對於碩士班各方面的滿意程度：

	非常不滿意	不滿意	滿意	非常滿意
a. 課堂作業	1	2	3	4
b. 教授	1	2	3	4
c. 指導教授	1	2	3	4
d. 必修課程	1	2	3	4
e. 費用	1	2	3	4
f. 其他（請說明）	1	2	3	4

　　開放式問題（open-ended questions）讓受訪者可自由填答自己的回答，但這些回答有時難以詮釋，而且常難以計分，因為各式各樣不同的反應都會出現。尤其，有些受訪者不喜歡填答這類問題。以下是開放式問題的一些例子：

1. 行政主管的哪些特質會讓你覺得他是位好主管？
2. 你認為今日高中教師所面臨最重要的問題是什麼？
3. 上個學期班上的哪三項措施讓你覺得最有用？

　　因此，一般說來，封閉式問題或簡答題比開放式問題好用，但有時研究者覺得將兩者合而為一更好。以下是將封閉式與開放式問題合而為一的例子：

1. 請針對本課程下列的每一方面，圈選出你的滿意程度並做說明：

		非常不滿意	不滿意	滿意	非常滿意
a.	課堂作業	1	2	3	4
	說明或更多意見				
b.	教授	1	2	3	4
	說明或更多意見				

　　表 17.2 是封閉式與開放式問題的優缺點比較。

表 17.2　封閉式問題與開放式問題的優缺點

封閉式問題	開放式問題
優點	
• 增加受訪者間反應的一致性	• 作答自由度較高
• 較易於以表列方式呈現結果	• 較易於設計
• 較受到受訪者喜愛	• 訪員可以進一步詢問
缺點	
• 可能限制反應的種類	• 受訪者的反應長短不一，內容多變
• 設計較費時	• 題目與反應都易於遭到曲解
• 需要較多的題目來探討研究的主題	• 較難列表呈現或歸納綜合

改善封閉式問題的建議　研究者發現，要寫出好的問卷題目，有一些簡單的小訣竅很管用。以下是一些最常被提到的：[13]

1. 題意一定要清楚明確。

　　不好的題目：你花很多時間念書嗎？

　　較好的題目：你每天花多少時間念書？

　　　　　　　　a. 2 小時以上

　　　　　　　　b. 1 至 2 小時

　　　　　　　　c. 30 分鐘至 1 小時

　　　　　　　　d. 少於 30 分鐘

　　　　　　　　e. 其他（請說明）＿＿＿＿＿＿＿＿＿＿

2. 問題焦點愈簡單愈好。

　　不好的題目：你認為誰對於中小學的教學較滿意？男性還是女性？

　　　　　　　　a. 男性較滿意

　　　　　　　　b. 女性較滿意

　　　　　　　　c. 二者滿意程度約略相同

　　　　　　　　d. 不知道

　　較好的題目：你認為誰對於小學的教學較滿意？男性還是女性？

　　　　　　　　a. 男性較滿意

　　　　　　　　b. 女性較滿意

　　　　　　　　c. 二者滿意程度約略相同

　　　　　　　　d. 不知道

3. 題目盡量簡短。

　　不好的題目：你認為本學區英文課程的哪一部分對於學生整體發展而言，最
　　　　　　　　　為重要？

　　較好的題目：本學區英文課程的哪一部分最為重要？

4. 使用一般用語。

　　不好的題目：你認為學校正經歷的學生缺席率攀升狀況，主要原因是什麼？

　　　　　　　　　a. 家庭問題

　　　　　　　　　b. 對學校缺乏興趣

　　　　　　　　　c. 疾病

　　　　　　　　　d. 不知道

　　較好的題目：你認為今年學生缺席數比往年高的主要原因是什麼？

　　　　　　　　　a. 家庭問題

　　　　　　　　　b. 對學校缺乏興趣

　　　　　　　　　c. 疾病

　　　　　　　　　d. 不知道

5. 避免使用會使回答產生偏見的用語。

　　不好的題目：你支持督學「上學日在校內不吸菸」的政策嗎？

　　　　　　　　　a. 我支持這項政策

　　　　　　　　　b. 我反對這項政策

　　　　　　　　　c. 我對這項政策沒意見

　　　　　　　　　d. 我還沒決定對這項政策的態度

　　較好的題目：你支持「上學日在校內不吸菸」的政策嗎？

　　　　　　　　　a. 我支持這項政策

　　　　　　　　　b. 我反對這項政策

　　　　　　　　　c. 我對這項政策沒意見

　　　　　　　　　d. 我還沒決定對這項政策的態度

6. 避免非常概括性的問題。

　　不好的題目：你認為你的班級有什麼必要的規定？

　　較好的題目：請選出你在班級所訂下的規定。

　　　　　　　　　a. 所有的功課必須按時交出

b. 課堂討論時間，不能去干擾別的同學

c. 不收遲交的作業

d. 遲到超過五分鐘的學生，要被記遲到

e. 其他（請說明）＿＿＿＿＿＿＿＿＿＿

7. 避免雙重否定。

不好的題目：你不反對利用課餘監督學生做功課吧？

a. 會

b. 不會

c. 未決定

較好的題目：你願意利用課餘監督學生做功課嗎？

a. 願意

b. 不願意

c. 未決定

預試問卷 想問的問題都寫好之後，研究者最好先請一些人試做這些題目；這些人必須與將來可能的受訪者有類似的特性。預試問卷可以發現語意不清、措辭不當、不易理解，或選項不明的題目，並可確認「給受訪者的說明」是否清楚。第七章的「效度、信度與客觀性」及「可用性」兩部分，還有第八章的「與內容效度有關的證據」部分，有更多關於如何驗證調查測量工具的效度之資訊。

整體的格式 問卷的格式——題目看起來的感覺——對能否鼓勵受訪者填答問卷而言，非常重要。也許最大的原則是要讓題目看來清爽，也就是不要擠成一堆。一行內不可擠兩個題目。如果受訪者必須花很多時間讀一個問題，他們很快就不想繼續下去了。

呈現選項的方法有幾種。Babbie 認為方形的括號最好，[14] 如下列題目選項所使用的括號：

你是否教過進階班的課程？

[ ] 是

[ ] 否

有時候，某些題目只適用於樣本中的某一部分人。這種情況下，續問的問題還是可以放在問卷中。例如，某個研究人員可能會問受訪者是否熟悉某項活

動,然後再問那些回答「是」的人,對於這項活動的看法。這種進一步的問題稱為**跳答題(contingency question)**──是否需要回答這種問題,要看受訪者對前一個問題的反應。若使用得當,跳答題會是很有用的工具,因為有了它,受訪者不會受一些與自己不相干的問題困擾,也因此提升資料的品質。雖然跳答題的格式有好幾種,最簡單的方法,是利用縮行(indenting),把它放在一個方框裡,再用箭頭把方框與基底問題(base question)該有的反應連結,如下例所示:

你是否教過進階班的課程?

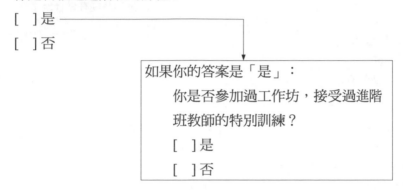

[　]是

[　]否

如果你的答案是「是」:
你是否參加過工作坊,接受過進階班教師的特別訓練?
[　]是
[　]否

訪談大綱中的跳答題,尤其需要清晰明確地呈現。收到郵寄問卷的人,如果第一次不了解題意,可以再把問題看一遍,但是如果訪員自己也不懂,或是問題唸得含糊不清,整個面訪可能就會失敗了。圖 17.4 是調查代課老師特質的訪談大綱其中一部分,裡面有一些跳答題。

◆ 準備附信

郵寄問卷比面訪或電訪需要多準備一樣東西──一封附信(cover letter)解釋問卷的目的。理想上,這封附信也會增加樣本回答的意願。

附信必須簡短,且要明確指出問卷是要給某一特定的人填寫。信裡必須要說明此次調查的目的、研究主題的重要性,並表示希望獲得填答者的合作。如果有可能,還應該表示,研究者於研究完成之後,願將結果與填答者分享。填答者的匿名性與資料的保密性,也需要在信中保證。*如果研究者獲得某個知

---

* 如果研究是由大學(或其他機構)贊助,信中應指出,此項研究已獲得「人類研究計畫」審核委員會("Research with Human Subjects" review committee)的認可。

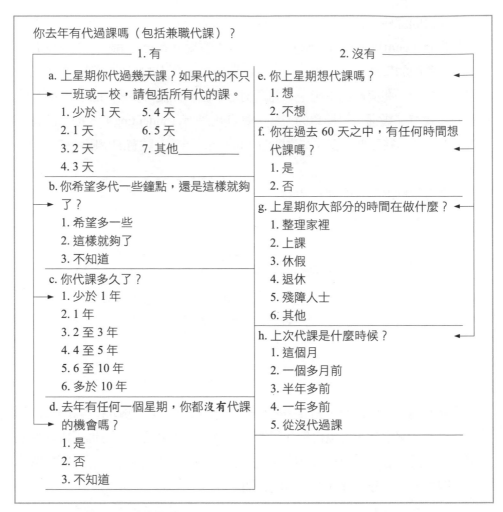

你去年有代過課嗎（包括兼職代課）？

────── 1. 有 ───────　　　　　──── 2. 沒有 ──────

a. 上星期你代過幾天課？如果代的不只
→ 一班或一校，請包括所有代的課。

1. 少於 1 天　　5. 4 天
2. 1 天　　　　6. 5 天
3. 2 天　　　　7. 其他＿＿＿＿＿
4. 3 天

b. 你希望多代一些鐘點，還是這樣就夠
→ 了？
1. 希望多一些
2. 這樣就夠了
3. 不知道

c. 你代課多久了？
→ 1. 少於 1 年
2. 1 年
3. 2 至 3 年
4. 4 至 5 年
5. 6 至 10 年
6. 多於 10 年

d. 去年有任何一個星期，你都沒有代課
→ 的機會嗎？
1. 是
2. 否
3. 不知道

e. 你上星期想代課嗎？
1. 想
2. 不想

f. 你在過去 60 天之中，有任何時間想
代課嗎？
1. 是
2. 否

g. 上星期你大部分的時間在做什麼？
1. 整理家裡
2. 上課
3. 休假
4. 退休
5. 殘障人士
6. 其他

h. 上次代課是什麼時候？
1. 這個月
2. 一個多月前
3. 半年多前
4. 一年多前
5. 從沒代過課

圖 17.4　訪談大綱中的跳答題

資料來源：Babbie, E. S. (1973). *Survey research methods* (p. 149). Belmont, CA: Wadsworth.

名機構的資助，可在信中提及，也會增加填答的意願。詳細的寄回截止日期，也必須放在信裡。研究者必須在每一封信的信尾簽名。要盡量使這封信看起來不像制式信函（form letter）。最後，要盡量讓填答者易於寄回問卷，因此，附上貼好郵票、寫好回郵地址的信封，是個好主意。圖 17.5 是附信的一個例子。

◆ 訓練訪員

電訪員與面訪員都必須事先接受訓練。訪員訓練的做法，已經有許多建議

舊金山州立大學
教育學院

2018 年 10 月 1 日
勞勃・強森先生
加州太平鎮澳西納高中社會科

親愛的強森先生：

　　舊金山大學的中等教育系每年都培育出一百多位實習教師，在加州的各公私立學校任教。本系的宗旨是使我們的畢業生在成為教師之前，做好最佳的準備。隨函所附的問卷，是想要詢問您對我們學程的品質任何需要改進的意見。您的建議將會作為下學年我們學程改進的參考。我們也將向您報告本次研究的結果。

　　若您能將這份問卷填答完畢，並以所附的回郵信封，在 10 月 18 日以前寄還給我們，我們將深深感謝。我們了解，您的公務繁忙，時間寶貴，但我們也相信，您必定與我們一樣熱切希望改進教師培育品質。您的回答將獲得保密；我們無法從問卷辨識您的身分。這項研究也經過「人類研究計畫審核委員會」的同意。

在此預先感謝您的大力協助。

威廉・瓊斯
系主任

圖 17.5　一項郵寄問卷調查中使用的附信

被提出了，我們在這裡只提到其中幾點。[15] 在訪員訓練中，電訪員必須學會使受訪者願意繼續講話，才不至於造成訪問還沒開始受訪者就已經掛電話的窘況。他們也必須知道如何很快地解釋通話的目的，並說明為什麼從受訪者獲得資訊是很重要的。他們還必須學會問問題的技巧，才能鼓勵受訪者誠實回答。

　　面訪員除了要學到上面這些技巧之外，還需額外再學其他技巧。他們必須學會與受訪者建立友善的關係，使受訪者覺得自在。如果受訪者似乎對某個問題遲疑不願回答，訪員必須知道要如何先問別的問題，之後再回到前面的問題。訪員要知道何時及如何對一個不尋常或模糊的答案進一步查詢。訪員也要接受手勢、態度、臉部表情與服裝儀容的訓練。在不當的時間皺個眉頭，可能會讓受訪者不敢回答問題！總而言之，訪員訓練至少要包括以下幾個概括的主題：

1. 與受訪者接觸並介紹此一研究的步驟。所有的訪員對於研究的目的都必須有共同的了解。

2. 訪員需了解問卷設計所常使用的字眼，及跳答問題（如果有「跳答題」）的指導語。如此，訪問才能保持一致與標準化。

3. 訪員需要學會以「非誘導式」的追問（probing）技巧。當受訪者的答案不清楚或不足時，進行非誘導式追問，讓受訪者覺得訪員沒有偏好某一個答案。例如：一些標準的追問語句如「還有嗎？」「請再講詳細點。」或是「您這句話的意思是？」就可應付大多數的情況。

4. 訪員需了解封閉式與開放式問題答案的記錄方式。這一項對於開放式問題的答案尤其重要；面訪員應該要一字不漏地記錄開放式問題的答案。

5. 訪問時，如何以不偏袒的方式處理人際問題的原則與方法。在這方面尤其重要的是，訪員必須要專注於手邊的工作，避免對所問的問題（以語言或身體語言）表達個人對於問題的意見。[16]

◆ 利用訪談測量能力

雖然訪談主要是用來獲得非認知能力方面的訊息，發展與認知心理學領域的訪談，卻是一個很重要的例外。在這領域裡，訪談被廣泛用以了解認知的內容與過程。最有名的例子就是皮亞傑（Jean Piaget）與他的同仁所做的研究。他們利用一連串半結構式的跳答題，估量兒童認知能力的發展階段。

其他心理學家也利用訪談的方法，研究人們解決問題時所使用的思考過程。教育研究領域沒有廣泛使用訪談，但我們還是可以舉 Freyberg 與 Osborne 的研究為例。他們研究學生對於基本科學概念的理解情形，發現一些常出現而重要的錯誤概念，教師卻往往沒有察覺。教師們常以為，學生們使用一些專有名詞——例如：重力（gravity）、凝聚（condensation）、能源維護（conservation of energy）與荒地社區（wasteland community）——的時候，所擁有的概念與自己相同。例如，許多 10 歲或甚至更大的孩子以為，凝結在玻璃杯上的水珠，是因為水穿透了杯子。下面所摘錄的是研究者與一位 15 歲學生的對話，這位學生展現了非常有創意（卻是錯誤）的思考。

珍妮（15 歲）：水分子穿透了玻璃杯，就像經由空氣擴散出去——不會是以別的方式跑出去的啦！

研究者：我跟很多年輕人談過，他們對於這些水珠都很困惑，想不通

　　　為什麼會這樣。

珍妮：是呀，因為他們沒學過我們學的。

研究者：你們學過什麼這麼有用啊？

珍妮：我們學過有哪些東西會經由空氣傳送出去呀，濃度呀，還有物
　　　體是怎麼擴散出去之類的知識。[17]

　　Freyberg 與 Osborne 強調，若教師與課程設計者希望教學能達成目標，就必須了解學生的思考方式。他們也證明，這種研究可以改善成就測驗的內容，也就是把一些專門針對這種錯誤觀念而設計的題目，放在成就測驗裡。

▋▋▋ 無反應

　　幾乎所有的調查案例結果裡，樣本中都會有人不回答問題，這就稱為**無反應（nonresponse）**。無反應的原因可能有許多（對調查的主題沒興趣、疏忽、不願意被調查，等等），但這是一個大問題，近年來還有增加的趨勢，因為似乎愈來愈多人不願意參與調查。

　　為什麼無反應會是個問題？主要的原因是，不回答問題的人很可能與那些有回答的人，在所調查的問題答案上是不一樣的。倘若真是這樣，則任何根據回答者的答案所得出的結論都是誤導，而且不代表樣本所取自的母群體真正的看法。

　　愈來愈多研究者利用誘因（incentives）來提高調查回收率。例如，研究者在附信裡除了說明調查目的之外，也會告訴預定的受訪者，如果有回覆調查問卷，會獲得禮物卡或獎品。學術調查計畫的預算通常都很少，研究生或研究者可能會說，將來會把研究發現的摘要報告提供給受訪者，或提供獎項給受訪者，像是讓受訪者參加抽獎，獎品是校園書店的禮券。

◆ 完全無反應

　　Kalton 指出，在調查訪問中，完全無反應（total nonresponse）可能會因為下列任何一種原因而發生：樣本拒絕接受訪問、訪員到時無人在家、因為種種原因無法接受訪問（例如，生病、耳聾、語言不通），或有時根本找不到人。[18]

這其中,拒絕接受訪問與無人在家最常見。

郵寄問卷的情況則是,有些問卷無法投遞、有時有些人會將空白問卷寄回,以表示他們不願意接受調查。然而,一般說來,大部分的郵寄問卷無反應,研究者只知道問卷沒有寄回來,而原因可能是我們前面所提到的任何一種。

研究者會利用各種技巧降低無反應的比率。如果是面訪,訪員都會被訓練得非常客氣;提問題的態度愉悅而機靈敏銳;穿著端莊保守;或者,必要的話,另找一個較恰當的時間來訪問;向受訪者保證匿名性與機密性(郵寄問卷中也這麼做)。問卷編排方式,也是從很簡單而不具威脅性的問題開始。無人在家的樣本則在不同的日子、不同的時間再回來訪問(第二次、第三次,甚至第四次),有時會約定在被選中者方便的時間來訪談。郵寄問卷則可用提醒信函(催收信)追討,並第二次寄問卷,有時甚至寄第三次。一個常被忽略的技巧是,提供禮物,增加被選中者回答問題的意願。付錢(以某種方式)給樣本請他們提供訊息的方式並無不妥。

在許多調查中,無反應是個嚴重的問題。有人觀察發現,非政府的調查機關所辦的簡單的面訪調查,訪答率(response rates)約 70% 至 75%。拒絕訪答者占了面訪無反應的多數,其餘的大多是不在家。電話訪問的訪答成功率一般比面訪的訪答率低一些(樣本直接掛電話)。郵寄問卷的訪答率則差異大,最低可到 10%,最高也有 90%。[19] 再者,無反應並不是均勻分布在各個不同的次團體。例如,市區的面訪無反應比率,比其他地區高出許多。

隨機替換(random replacement)是一種常被用來解決無反應的方式,尤其在電話調查中常被使用。隨機替換是指持續追加隨機選取的樣本,直到所需的樣本數達到為止。然而這種辦法也行不通,原因與先前提到的相同:那些找不到的或是拒絕接受訪問的人,他們的反應可能跟願意受訪的人的反應不同。記住:隨機樣本所要求的是,原先被選出的人構成你最後的樣本。

除了盡可能減低無反應,不論是在調查期間或由其他管道,研究者還必須盡可能蒐集樣本人口學方面的背景資料。如此,才能對樣本做完整的描述,也可作為樣本的確具有代表性的證據——**如果**樣本真的在研究相關的人口特徵與母群體極相似(圖 17.6)。這些資料可能包括性別、年齡、種族、家庭人口數等等的分布狀況。毋庸多說,所有這類的資料都必須在報告中說明,而非僅提幾個能支持代表性假定的變項。雖然是否真的具有代表性很難下定論,因為我

們不可能獲得所有研究相關的人口資料（甚至不能確定這些背景資料到底有哪些）；但任何有大量無反應（我們認為 10% 就已經很大）的調查都必須有這些資料。而這項建議的一大問題是：研究者也許無法獲得母群體在這些人口學方面的資料。但無論如何，必須要在報告中指出無反應的比率。

圖 17.6 人口學資料與代表性

◆ 題項無反應

受訪者所提供的訊息不完整，原因可能有幾種：受訪者可能不知道某個問題的答案；他或她可能覺得有些問題有點尷尬或者跟自己無關；受訪者可能在趕時間，因此訪員只好跳過一些題目；或是訪員可能沒有將答案記錄下來。有時在分析資料的階段，某些問題的答案會被作廢，因為它們與其他一些問題的回答不一致；有些答案則是不清楚或不合理（例如只有 5 個選項，但訪員的記錄是 6；或所記錄的數值超過預設的或合理的範圍）。

題項無反應（item nonresponse）很少像完全無反應的比率那麼高。一般而言，題項無反應出現的機率，會因為題目的性質及蒐集資料的方式而有所不同。一些關於人口學方面非常簡單的題目，幾乎不會有題項無反應的問題。Kalton 估計，關於收入及花費的問題，其題項無反應的比率可能達到 10% 以上；而極端敏感或非常困難的題目，題項無反應的比率則更高。[20]

以下所列，是針對提高調查訪答率較常做的建議。

1. 在以問卷或訪談大綱做訪問時：

• 盡可能使樣本中的每個人在最單純及方便的情況下受訪。

研究的爭議
CONTROVERSIES IN RESEARCH

○ 低訪答率一定是件壞事嗎？

　　如一些研究者所言，「調查研究法的一個基本信條就是，高訪答率比低訪答率好。事實上，低訪答率被認為是決定了『調查是否有用』的少數幾項特徵或結果之一。」*然而，有兩項電訪訪答率的研究發現，並不一定絕對如此。其中一個研究，作者使用一個包羅各種內容的問卷，包括了人口變項題、行為題、態度題及知識題。另一項研究則利用「消費者意見指數」（測量消費者對於經濟的意見）的資料。這兩項研究將訪答率60%到70%的調查結果跟訪答率低很多（20%到40%）的結果相比，發現在問題回答上的差異非常小。

　　這意味著，花大筆錢獲得較高的訪答率並不值得。該研究指出「把60%到70%的訪答率跟低很多的訪答率相比，卻發現無反應幾乎沒什麼影響時，這並不代表60%到70%的訪答率本身就沒有需要留意的無反應偏誤，」†也就是說，如果是90%的訪答率，也許調查結果就跟60%的訪答率時不同。再者，這些結果不應被擴論到其他類型的問題或這些調查以外的其他受訪者去。

---

* Curtin, R., Presser, S., & Singer, E. (2000). The effects of response rate changes on the Index of Consumer Sentiment. *Public Opinion Quarterly, 64*, 413.

† Keeter, S., Miller, C., Kohut, A., Groves, R., & Presser, S. (2000). Consequences of reducing non-response in a large national telephone survey. *Public Opinion Quarterly, 64*, 125-148.

- 確定你所調查的樣本有你想獲得的資料。
- 訓練面訪員或電訪員問問題的技巧。
- 訓練面訪員如何穿著。

2. 問卷或訪談大綱的格式：
- 確定有足夠的空白處讓受訪者（或訪員）填入必需的個人資料（例如，年齡、性別、年級，等等）。
- 明確交代問卷或訪談大綱所希冀達成的目標——到底想從受訪者蒐集到何種資料。
- 確定問卷或訪談大綱裡的每一個問題都與研究的目標有關——也就是，每個問題都能協助獲得目標資料。

- 利用封閉式問題（例如，多重選擇題）而不用開放式問題（例如，自由作答題），或者兩者併用。
- 確定沒有對於心理構成威脅的問題。
- 剔除引導式的問題。
- 與其他人一起檢查，是否有題意不清之處，如有必要則加以修正。
- 將問卷或訪談大綱對一小群人做預試，這些人必須與所要調查的樣本相似。

調查研究法使用工具的過程中，可能遭遇的問題

實施調查時，工具的使用過程對效度產生的一些威脅，可能會使受訪者的反應跟沒有這些威脅存在時不一樣。例如，假設有一群人在同一地點接受調查訪問。在訪問的過程中，忽然有個外在的事件（如消防演習）發生，這可能就會干擾或影響受訪者，使得他們對於問卷問題的反應跟沒有發生這件事的情況下所給的回答不同。

每當研究者沒能細心地準備問卷時——例如，問題具引導性或不夠敏銳——就會使受訪者的反應不同。如果受訪者接受訪問的情境特殊（晚餐時刻或室內光線不足等），他們的反應也會受到影響。

最後，資料蒐集者的特質（例如，花俏的打扮、不夠機靈、粗魯、言語冒犯了受訪者）也會影響受訪者對問題的反應，而且這些反應是針對資料蒐集者而來，而不是因為問卷的問題而起。還有，資料蒐集者一些不自覺的偏見，也會影響回答的內容，例如他可能對某些人使用引導式的提問方式，但不對其他人使用這種方式。

評估調查研究法中對內部效度的威脅

調查研究中，有四種對內部效度的威脅：損耗、地點、工具的使用，及工具的衰敗。損耗的威脅發生於貫時性調查；若在分析時把所有退出的樣本的資料都除去，就無法做適當的擴論。當資料蒐集的地點可能會影響回答內容時（例如，在警察局裡調查對於警察的態度），地點的威脅可能會發生。在訪問時，若訪員疲倦了或急著完成訪問，工具衰敗的威脅就會發生；這和測量工具本身

的缺點一樣，不但會降低所得資料的效度，也會造成系統性的偏誤。

▌▌▌ 調查研究法的資料分析

問卷所得的資料都記錄完成之後，就剩下最後一項工作：總結所有資料，做成結論。研究報告中應該包括樣本數及完成率或回收率。接著列出每個問題所有樣本的回答率。最後，每個題目中，每個選項的選答率也須列出。例如，結果報告可能像這樣：「第二十六題，是否贊成在學期中禁菸的規定，80%的人說贊成這項規定，15% 反對，5% 沒意見。」若題項是以量表測量，則應該報告其平均數或中數。

若以百分比報告調查結果，常會使用所謂的誤差邊際（margin of error）。這種調查的一個例子，就是用以追蹤選民意見及預測政治結果的**民意調查**（poll）。民意調查跟其他抽樣方式的主要差別在於，民意調查裡，我們感興趣的統計值是百分比（如37%的選民）而非平均數（如165磅）。所以，如果對加州人做的隨機樣本大調查發現，74%的受訪者反對死刑，我們就預期大約74%的加州人是這樣認為。我們仍會預期，這個反對死刑的百分比在每次抽出來的隨機大樣本之間會有些波動，就像我們也會預期，如果想知道男性的平均體重是多少，我們如果抽幾個不同的樣本，每個樣本有一千人，從這些樣本所算出的男性的平均體重會有一些差異。

計算誤差邊際就可以估計，手中這個隨機樣本所獲得的結果，跟母群體的實際值，差異有多大。誤差邊際是一種信賴區間，[*] 其區間大小跟我們的樣本大小，及我們想要多有信心有關。誤差邊際的公式其實是百分比的標準誤，也就是 $\sqrt{\dfrac{p(1-p)}{n}}$，亦即 $\dfrac{p(1-p)}{n}$ 的平方根。其中 p 代表具有某種看法的受訪者之比率，$(1-p)$ 代表所有表示不同意見的受訪者之比率，n 則是該樣本的樣本數。所以，n 愈大，標準誤愈小。

例如，假設在一個 1000 人的加州民意調查裡，53% 的民主黨員和 45% 的共和黨員，在一項即將到來的選舉裡打算去投票，誤差邊際是 ±2%。那麼，利用我們在第 10 章學到的 68-95-99.7 規則，我們可以說，若做一百次 1000 人的

民意調查，有 68 次的調查結果會落在母群體投票意向的一個標準誤範圍之內；也就是說，約 51% 到 55% 的民主黨，及 43% 到 48% 的共和黨會想去投票。但是，這一百次中，有 32 次的結果不會落在母群體投票意向的一個標準誤之內。因此，如果我們想要比較有把握，可以把誤差邊際擴大到 ±4%，做出一個 95% 的信賴區間；也就是，49% 到 57% 的民主黨，及 41% 到 49% 的共和黨會去投票。這時我們預測，若做一百次 1000 人的民意調查，只有 5 次的調查結果不會落在母群體投票意向的兩個標準誤範圍之內。因此民主黨跟共和黨人，會去投票的百分比預期將會很相近。

OLC 回到本章最前面的**互動與應用學習**所列出的一系列互動與應用活動。到線上學習中心（OLC, http://highered.mheducation.com/sites/125991383x）去做小測驗、練習關鍵詞彙，及複習本章內容。

本章重點

調查研究法的主要特徵
- 大多數的調查有三種特徵：(1)從樣本；(2)以問問題的方式；(3)蒐集資料，以描述樣本所取自的母群體。

調查研究法的目的
- 所有的調查，主要目的都是在描述母群體的特質。
- 很少人能研究整個母群體。取而代之的是，對一個樣本做調查，之後依據樣本所獲得的資訊，對母群體做推論描述。

調查的種類
- 調查可分為兩大類：橫斷式調查與貫時性調查。
- 調查研究常使用的貫時性調查有三種：趨勢研究、世代研究與長期追蹤研究。
- 趨勢研究中，我們在不同的時間點從母群體抽取不同的樣本做調查，而母群體的成員也因時間的改變而變動。
- 世代研究中，我們在不同的時間點從母群體抽取不同的樣本做調查，但母群體的成員不會因時間而改變。

- 在長期追蹤研究裡，我們在不同的時間點對同一樣本做調查。
- 調查並不一定適合所有的研究題目，尤其那些需要觀察研究對象或者操弄變項的研究，都不適合。

調查研究法的步驟

- 調查時的研究焦點稱為分析單位。
- 如同其他方式的研究，研究的焦點群體稱為**目標母群體**。
- 調查研究基本上有四種方法可以蒐集資料：直接對一個群體施測、網路或郵寄問卷、電話訪問，及面訪。每一種都有其優缺點。
- 要調查的對象應該盡可能以隨機選取的方式選取。
- 調查研究法最常使用的工具是問卷或訪談大綱。

調查研究法中所問的問題

- 問題的性質及提問的方式，在調查研究中都極為重要。
- 大部分的問卷都用封閉式的題目。
- 調查所使用的工具必須找一小群與未來的樣本類似者做預試。
- 所謂跳答題就是，是否要回答這一個問題，須視受訪者對於前一個題目的答案而定；這前一個題目與跳答題有關。組織次序明確的跳答題對於訪談大綱尤其重要。

附信

- 附信就是在郵寄問卷或電子問卷時附給受訪者的信，其中說明此次調查問卷的目的。

訪問

- 電訪員與面訪員在真正施用訪問工具之前，都必須經過訓練。
- 完全無反應與題項無反應都是調查研究所面臨的重大問題，而且近幾年還有升高的趨勢。這會造成問題，是因為不回答的人對於調查題目所給的答案，很可能與回答者的答案不同。

調查研究法中對內部效度的威脅

- 調查研究法中對內部效度可能的威脅包括：地點、工具的使用、工具的衰敗、損耗。

調查研究法的資料分析

- 調查問卷中，每一題項的回答率及每一個選項的選答率，都須加以報告。

關鍵詞彙

問題討論

1. 哪些種類的研究題目，面對面訪談會比電話訪問或郵寄問卷（或電子郵件問卷）調查適當？試舉一例。

2. 什麼情況下，電話訪問會比郵寄問卷好？比面對面訪談好？

3. 研究者想要了解某一教師團體的幾項特色（如下）。請為每項特色各擬一個題目。

   a. 他們的收入

   b. 他們的教學風格

   c. 他們最擔憂的事

   d. 他們對於教學方法的知識

   e. 他們對於能力分班的看法

4. 哪一種蒐集資料的方法——郵寄問卷、電子郵件問卷、電話訪問或面對面訪談——最適用於以下哪一種調查？為什麼？

   a. 學生在大學畢業之前退學的原因

   b. 高中教師對於資優班的感想

c. 人們對於提高賦稅以增建新學校的態度

d. 中西部地區學校督學的責任

e. 不同族群決定加入或不加入教師行列的原因

f. 教師對於「需要通過教師能力測驗才能獲得永久聘任的保障」這種主張的看法

g. 私立學校的學生家長對於學校刪去某些科目的看法

5. 有些研究者認為,對美國的人口做仔細規劃的橫斷式調查,會比每十年做一次普查來得好。你覺得呢?贊成或反對的論述可能有哪些?

6. 你覺得貫時性調查中,哪一種最難做?趨勢研究?世代研究?還是長期追蹤研究?最簡單的呢?請說明你的想法。

7. 你覺得為什麼很多人都不回答郵寄到家中或以電子郵件寄送的問卷?

8. 有任何問題是研究者不應該用郵寄問卷或以電子郵件寄送問卷做調查的嗎?用電訪做呢?用面訪呢?請說明。

9. 進行面訪時,什麼時候用封閉式問題比較好?什麼時候用開放式問題比較好?請舉幾個例子。

10. 你能想出一個題目是任何人被問到時一定都會回答的嗎?能想出一個題目是任何人被問到時一定都不會回答的嗎?為什麼?

11. 除了本章所提供的一些建議外,你還能想出其他的方法提高調查訪答率嗎?

註釋

1. Nasir, N. S., et al. (2009). What does it mean to be African-American? Constructions of race and academic identity in an urban public high school. *American Educational Research Journal, 46*(3), 73-114.

2. Brouwer, N., & Korthagen, F. (2005). Can teacher education make a difference? *American Educational Research Journal, 42*(1), 153-224.

3. Penuel, W. R., et al. (2007). What makes professional development effective? Strategies that foster curriculum implementation. *American Educational Research Journal, 44*(12), 921-958.

4. Nathanson, S., et al. (2008). The reading habits and literacy attitudes of in-service and prospective teachers: Results of a questionnaire survey. *Journal of Teacher Education, 59*(9), 313-321.

5. Ravert, R. D. (2009). "You're only young once": Things college students report doing now before it is too late. *Journal of Adolescent Research, 24*(5), 376-396.

6. Odland, G., & Ruzicka, M. (2009). An investigation into teacher turnover in international schools. *Journal of Research in International Education, 8*(4), 5-29.

7. Abbott, J., & Faris, S. (2001). Integrating technology into pre-service literacy instruction: A survey of elementary education students' attitudes toward computers. *Journal of Research on Computing in Education, 33*(2), 149-161.

8. Hrycaj, P., & Russo, M. (2007). Reflections on surveys of faculty attitudes toward collaboration with librarians. *Journal of Academic Librarianship, 33*(6), 692-696.

9. Jaeger, R. M. (1988). Survey research methods in education. In Richard M. Jaeger (Ed.), *Complementary methods for research in education* (pp. 308-310). Washington, DC: American Educational Research Association.

10. Groves, R. M., & Kahn, R. L. (1979). *Surveys by telephone: A national comparison with personal interviews*. New York: Academic Press.

11. Fowler, F. J., Jr. (2009). *Survey research methods* (4th ed., p. 119). Beverly Hills, CA: Sage Publications.

12. 問卷題目的設計本身是一項藝術，本章只能粗淺介紹。若需要更詳細的討論，見 Fink, A. (2009). *How to conduct surveys* (4th ed.). Thousand Oaks, CA: Sage.

13. 更多的建議，請參閱 Gronlund, N. E. (1988). *How to construct achievement tests*. Englewood Cliffs, NJ: Prentice Hall.

14. Babbie, E. S. (1973). *Survey research methods* (p. 145). Belmont, CA: Wadsworth.

15. 更多詳細的討論，請參閱註釋 11 列舉的書，第 7 章。

16. Fowler, F. J., Jr. (2009). *Survey research methods* (4th ed., pp. 119-110). Beverly Hills, CA: Sage Publications.

17. Freyberg, P., & Osborne, R. (1981). Who structures the curriculum: Teacher or learner? *Research Information for Teachers*, Number Two. SET, Hamilton, New Zealand.

18. Kalton, G. (1983). *Introduction to survey sampling* (p. 64). Beverly Hills, CA: Sage.

19. 出處同上，p. 66。

20. 出處同上，p. 67。

PART 5
質性研究法導論

我們在第五部分開始討論質性研究。

我們特別以一章的篇幅介紹質性研究的性質，

之後再以兩章介紹質性研究者常用來蒐集與分析資料的方法。

這些方法包括觀察、訪談，及內容分析。

我們提供使用這些方法的已出版論文做例子，

並分析這些文章的優點與缺點。

（譯者注：本書將不提供這些論文，但會提供論文的資訊。）

質性研究的性質

- 何謂質性研究法？
- 質性研究法的一般性特點
- 質性研究法相對於量化研究法所隱含的哲學假定
- 後現代主義
- 質性研究法的步驟
- 質性研究的方法
  敘事研究法／現象學／紮根理論／個案研究／民族誌與歷史研究法／
  質性研究法的抽樣
- 質性資料的分析
- 質性研究法的擴論
- 質性研究法的內部效度
- 倫理與質性研究法
- 重新思考質性與量化研究法

你們這些量化研究者整天都在講控制，完全沒看到問題的全貌！

你們兩位要不要考慮好好合作？這樣就會同時把握住兩個世界的精華！

你們這些質性研究者太主觀，永遠不知道自己到底發現了什麼，也不知道發現的東西適用於哪裡！

學習目標 >> 讀完本章後，你應該能：

- 解釋何謂「質性研究法」。
- 描述大多數質性研究法都有的五項特點。
- 簡要描述量化研究法及質性研究法所隱含的哲學假定。
- 簡要描述做質性研究的步驟。
- 至少說出三項質性研究法與量化研究法的差異。
- 簡要描述至少四種質性研究的方法。
- 說明質性研究的樣本類型，並為這些類型各舉一些例子。
- 說明擴論在質性研究法中及在量化研究法中的差異。
- 簡要說明倫理的問題如何影響質性研究。
- 對於如何合併使用質性與量化研究法於實際研究中，提供一些建議。

互動與應用學習　在閱讀本章的同時，或讀完本章後：

到線上學習中心（Online Learning Center, OLC），

網址 http://highered.mheducation.com/sites/125991383x：

- 了解更多關於混合式設計及其限制的資訊

到線上學生精熟活動簿（Student Mastery Activities Book）做下列活動：

- 活動 18.1：質性研究法的研究問句
- 活動 18.2：質性研究法相對於量化研究法
- 活動 18.3：質性研究的方式

「嘿，布藍登！」

「喔，嗨，瑪莉莎，妳去哪了？」

「我才剛上完研究法的課。我們剛要開始學質性研究法。」

「什麼是質性研究法？」

「嗯……，譬如有時候研究者想要深入了解某個人，或某種情況，也許甚至是某種教學材料。」

「然後呢？」

「想要這樣做時，他們會問一些有趣的問題。質性研究者不會問說：『人們對這個的想法是什麼？』或『如果我這樣做會怎樣？』質性研究者問的是『這些人怎麼做？』『事情是怎麼進行的？』或是『人們怎樣為他們的生命賦予意義？』」

「為什麼？」

「因為他們想要了解的是，人們所擁有的經驗的**品質**。」

「聽起來挺有意思的。再多講一點。」

我們會再告訴布藍登（和你）更多有關於質性研究法的內容。質性研究法的性質、它跟量化研究法的差異，是本章要討論的內容。

▌▌▌何謂質性研究法？

使用前述各章討論過的研究方法的研究者，所問的問題都是：不同的學習方法、態度或觀點存在程度的多寡，或發展得多好、多正確等。因此研究的可能途徑包括：比較不同的教學法（如在實驗研究法）；檢視各變項間的關係（如在相關性研究法）；比較不同群體在某些變項的現存差異（如在因果比較研究法）；或調查各種教育專業人員，諸如教師、行政主管和諮商師（如在調查研究法）。這些方法通常稱為**量化研究**（quantitative research）。

但是，如同我們在第 1 章提過，研究者可能希望對於教與學得到更完整、更具體的印象，而這些都不是上一段中所問的問題能回答的。研究者不僅想知道某些事情「是到什麼程度」或「有多好」，他或她可能希望知道得更多。例如，他或她可能想更清楚知道某個班級或某個學校在做些什麼。

想想在中學裡的歷史教學情形。歷史教師如何教課？他們每天所做的例行公事有哪些？學生都做些什麼？他們都從事哪些活動？在歷史課中，有哪些明確的或隱含的遊戲規則會幫助或阻礙學生的學習？

要對這些問題有深入的了解，研究者可能會記錄或描繪學生（和教師）每天在歷史課中的經驗，焦點可能只放在一個班級（最多也只能是少數幾個班級）。研究者會盡可能規律地觀察這個班級，而且企圖盡可能完整且充分地描述他或她所看見的。

上述例子指出一項事實——許多研究者對活動的質更感興趣，而非僅僅想知道它發生的頻率或以別的方法評量它。探究關係、活動、情境或材料等品質的研究通常稱為質性研究法（**qualitative research**）。這一類的研究法不同於先前各章所介紹的研究方法，它們比較強調「整體描述」（holistic description），亦即詳細描述某活動或情境所發生的全部細節，而非比較實驗處理的效果（如在實驗研究法中所用），或描述一些人的態度或行為（如在調查研究法中所用）。

以下是教育研究者曾實際做過的質性研究論文標題：

- 「中學生數學自我效能的來源」[1]
- 「購物中心：在不同情境不同文化下測量人際距離」[2]
- 「一個用以了解以網路教學的架構」[3]
- 「穿梭在交通中：溜冰、性別及鬧市」[4]
- 「研究敏感主題：質性研究的情緒面」[5]

我們相信，教育領域愈來愈多的研究是並用——而且應該並用——量化和質性研究方法（本章稍後會再更詳細討論這點）。為了幫助你了解不同的研究法，我們將質性與量化研究法的基本差異列於表 18.1。

▌▌▌ 質性研究法的一般性特點

質性研究法有許多不同的類型，但是大多數的質性研究法具有一些共同的特點。各種質性研究法在這些特點上的強度不一；但是，整體而言，它們頗能顯現這類研究所具有的特色。Bogdan 與 Biklen 描述其五個特性：[6]

1. **自然的情境是資料的直接來源，而研究者是質性研究中的主要工具。**質性研究者直接進到他們要觀察及蒐集資料的情境中。他們實際花許多時間在學校、坐在教職員會議的場合中、出席親師座談會、觀察教師在教室和其他場所的行為；通常他們做觀察或訪談時，被觀察者照常進行每天的例行活動。

有時候他們只帶記事簿和鉛筆做筆記，但通常他們會使用錄音和錄影裝備。雖然使用這些裝備，但資料都是在現場蒐集，而且以他們對於事件的觀察和洞見來加以補充。一如 Bogdan 與 Biklen 所指出的，質性研究者進到他們感興趣的環境中，因為他們關心**情境**（context）——他們認為，要了解活

表 18.1　量化研究法相對於質性研究法

量化研究法	質性研究法
偏愛在開始時陳述精確的研究假設。	偏愛在研究過程中逐漸產生研究假設。
偏愛在開始時陳述精確的定義。	偏愛在論文脈絡中或研究進行中敘述定義。
將資料簡化成數量的分數。	偏愛敘述性的描述。
著重評估經測量工具所得的分數及增進其信度。	偏愛假定推論的信度是適當的。
效度的評估是透過許多建立在統計數據的程序。	效度的評估是經由交叉驗證不同來源的資訊（三角驗證）。
偏愛用隨機技巧取得有意義的樣本。	偏愛選用內行的資訊提供者作為（立意）樣本。
偏愛精確描述研究過程。	偏愛敘述性或文學式的過程描述。
偏愛以研究設計或以統計控制外在變項。	偏愛用邏輯分析來控制或解釋外在變項。
偏愛利用研究設計控制研究程序上的偏誤。	信任研究者能處理研究程序上的偏誤。
偏愛用統計式摘要表現研究結果。	偏愛用敘述性摘要表現研究結果。
偏愛將複雜的現象分解成細節。	偏愛對複雜現象做整體的描述。
在研究複雜現象時願意操弄各種層面、情境或條件。	不願干預自然發生的現象。

動或事件的進行，最好能在它們實際發生的情境中來了解，這樣最清楚。他們也認為人類的行為受到該行為發生的情境之影響非常大，因此如果可能，他們要直接觀察這些情境。

2. **質性資料是以文字或圖片形式蒐集，而非以數字的形式**。在質性研究中，這一類資料的蒐集包括：訪談逐字稿、田野筆記、相片、錄音帶、錄影帶、日記、個人評論、備忘錄、官方記錄、教科書內文段落，和其他任何可以表達人們的實際言語和動作的東西。質性研究者在尋求了解人與事時，通常不會企圖將資料簡化為數字，[7] 而是盡力仔細描繪他們所觀察到和記錄到的事物。因此他們盡量不要忽略任何可能有利於洞察情境的細節。手勢、笑話、談話的布局、藝術作品，或房間的裝飾品等——都會被質性研究者記載下來。對質性研究者而言，沒有什麼資料是不重要或不值得去關心的。

3. **質性研究者既關心過程也關心結果**。質性研究者對事情如何發生特別感興趣。因此他們喜歡觀察人們如何與別人互動；某些問題是如何被回答；人們賦予

某些話語和動作的意義;人們的態度如何轉變成行動;學生的行為如何受到教師之態度、姿態或評論等的影響。

4. **質性研究者傾向於以歸納的方式分析他們的資料。** 質性研究者通常不事先擬定待檢定的假設,相反地,他們傾向於「順勢而為」,或「看著辦」(Play it as it goes.)。在他們決定什麼是需要考量的重要問題之前,他們先花許多時間蒐集資料(基本上是經由觀察和訪談)。Bogdan 與 Biklen 指出,質性研究者不是按照事先已知的圖畫將圖片拼湊起來,他們是在蒐集和檢驗各個部分的過程中,**建構**出一幅圖畫。[8]

5. **質性研究者主要關心的是人們如何賦予他們的生活意義。** 質性研究者對於研究對象的觀點特別感興趣。質性研究者想知道研究對象想些什麼,及他們自己認為自己為什麼會這麼做。預設、動機、理由、目標和價值觀——這些都是研究者感興趣的,也可能是研究問題的焦點。研究者也常為了檢核自己的詮釋的正確性,讓研究對象看他所做的錄影帶或筆記。換言之,研究者從**研究對象**的觀點,盡可能正確地去把握住後者的想法(與僅報導自己想法的研究者不同)。

▌▌▌ 質性研究法相對於量化研究法所隱含的哲學假定

量化研究法與質性研究法之間的差異,常從兩者不同的典範或**世界觀**(worldviews)——也就是引導兩者進行探究的基本信念或假定——的角度討論。這些假定跟他們對於所謂「真實」的性質所抱持的看法有關、跟研究者與他要研究的人事物之間的關係有關、跟研究中的價值觀所扮演的角色有關,也跟研究的過程本身有關。質性研究者認為,一個人的世界觀會影響他用以建構該研究的**理論架構**(**theoretical framework**)〔或稱「理論取向」(theoretical approach)〕。

量化研究法跟實證主義(**positivism**)的哲學有關。實證主義出現於十九世紀。跟這項哲學的發展與傳播最有關係的人,也許就是康德(Auguste Comte, 1798-1857)。他於 1824 年寫道:「我相信我將能成功地讓世人認知到……人類的發展是有定律的,而且這種定律像石頭落下的規則一樣,有清楚的定義。」[9] 康德認為,當人類開始依賴實證資料、邏輯思考及發展科學的定律來解釋各種

現象時，人類的知識到達了「肯定」（positive）的階段。實證理論者相信，科學的方法是產生有效知識最確定的方法。

雖然實證主義隨著時代的進展而有些改變，但它的一個基本前提是：不管我們如何詮釋想像，事實是存在那裡的，等著被發現；因為這項事實是由穩定的自然法則所驅動。科學的工作是發現事實的性質，及事實是如何產生的。實證主義還強調，要將複雜的景象破解，使它成為一片片人類可以處理研究的知識，最後再將這些一片片的知識重新拼裝為原來的複雜景象。研究者所扮演的角色是一位「公平無私的科學家」，跟所研究的物體隔離，利用實驗設計與控制等方法將自己的偏見及價值觀去除。

對於實證主義的挑戰來自四面八方，並持續辯論中。大致而言，質性研究者比較同意我們第 1 章所講的、批判性研究者所提出的議題，並將他們所提的方法作為量化研究的另一種選擇。許多質性研究者倡導一種比較「藝術性」而非「科學性」的方法做研究。並且他們的目標也不同，例如，有些質性研究者希望從不同的角度對一個事件做多種不同的詮釋。這種複雜的角度跟幾乎所有的科學家（及大多數的社會學家）所倡導的都相反。

表 18.2 顯示質性與量化研究在這些哲學假定之間的基本差異。

表 18.2　質性研究者與量化研究者不同的哲學假定

量化研究者的假定	質性研究者的假定
不管我們怎麼想，「外面」都存在一個事實，等著被我們了解。科學的工作就是去發現這項事實的性質及運作方式。	由參與研究的個人建構事實；因此，多個事實是以心智建構的方式存在。
研究探討有可能獲得對這世界真實狀況的精確資訊。	研究探討所得到的是對這個世界不同的看法。
研究者有可能將自己從所研究的事物中移除。	研究者不可能跟正被研究的人（研究對象）抽離。
事實跟知道這些事實的人是獨立無關的，並且前者可被後者以一種不受扭曲的方式探求得知。	價值觀是研究過程的一部分。
事實與價值觀是完全不同的兩件事。	事實與價值觀是互相糾結不清的。
研究探討若經適當設計，可以對於這個世界的特性獲得精確的結論。	研究初期所發生的模糊性是很好的。
教育研究的目的是解釋及預測關係；終極目的則是發展定律做預測。	教育研究的目的是了解事物對別人而言的意義。所謂可以高度擴論的「定律」是永遠無法找到的。

▋▊▊ 後現代主義

近期一些學者開始質疑，研究（尤其是教育研究）是否真能對於了解人類的行為有所貢獻。這些通常被稱為**後現代主義者（postmodernists）**的學者，對於主流研究的重要性所提出的批評，我們在本書多處都曾說明過。事實上，這些學者所提出的批判，甚至比本書第 1 章所提的一些批判研究者更猛烈。

後現代主義者對於傳統研究法提了諸多批評，其中最常見的如下：第一，他們不認為社會行為領域之下有任何的架構（例如，意義、定律）存在。事實上，傅柯（Foucault）認為，所有所謂的知識與事實真相，都是歷史、權力及社會利益的產物，因此這些都無法像實證主義者所相信的，可被發現。[10] 第二，他們認為所有自然發生的（也就是非數學的）語言都不免含有模糊字眼，這些字眼的意義隨著時間而改變，因此所有使用這些語言的陳述，事後都無法被確認。[11]後現代主義者對於所有知識學科都有影響，還包括愈來愈多人討論它對於教育研究的意涵。

你認為呢？事實真相可以被確認嗎？或者，如後現代主義者所言，事實真相只是「歷史、權力與社會利益的產物」？

▋▊▊ 質性研究法的步驟

從事質性研究所涉及的步驟沒有像量化研究那麼明確；這些步驟經常重疊，有時候甚至同時執行。不論情況如何，所有質性研究都有一個起點和終點。當研究者認定某一現象是他或她想要研究的，就是研究的起點；而當研究者做出了最後的結論時，就是研究的終點。

雖然質性研究所包含的步驟不如量化研究那麼明顯（甚至順序也不是那麼確定），還是有幾個比較明顯的步驟，茲簡述如下：

1. **找出所要研究的現象。**任何研究開始之前，研究者必須找出他或她感興趣、想探討的現象。例如，假設一個研究者想探討市中心區（貧民區）的中學裡，少數族群學生和非少數族群學生之間的互動情形。在此，研究者感興趣的現象是「學生互動」，而且是在市中心區的一所學校內。很明顯地，這是一個

○ 清晰與後現代主義

　　後現代主義者所使用的概念與文字難懂——而且是不必要的難懂嗎？不只是教育學者常做這類的批評，其他領域的學者亦然。例如 Jones 主張，之所以困難是因為大多數的學者缺乏對於議題的歷史背景的認知。[*]Constas 認為，教育研究領域的後現代主義支持者需要提供較清楚的說明，[†]並且（用 Pillow 的話說）有些理論家「呈現一些症狀，像是說出來的話如同胡言亂語，有些則是無目的（也無意義）的亂扯，還有人是在一種癲瘓的狀態」。[‡]Lather 反駁說，要求清晰易懂是「把知識當解藥的人文浪漫」的一部分，並且說後現代主義者的角色是對那「被視為理所當然的所謂明瞭之結構」提出質疑。[§]這些就包括了「真相」、「進步」、「理性」、「性別」及「種族」等概念。

　　Pillow 認為，Constas 沒有掌握到重點。「為什麼討論到後現代主義對教育研究的影響時，我們都還在追求真相與可理解的問題？也許我們需要更多例子了解後現代主義的研究特色、後現代主義的研究做些什麼及著重於什麼。也就是少一些理論上的摸索，而多一些實際能顯現後現代主義研究精神的例子。」[‖]

---

[*] Jones, A. (1997). Teaching post-structuralist feminist theory in education: Student resistances. *Gender and Education, 9*(3), 266-269.

[†] Constas, M. A. (1998). Deciphering postmodern educational research. *Educational Research, 27* (9), 36-42.

[‡] Pillow, W. S. (2000, June-July). Deciphering attempts to decipher postmodern educational research. *Educational Researcher, 29*, 21-24.

[§] Lather, P. (1996). Troubling clarity: The politics of accessible language. *Harvard Educational Review, 66*(3): 525-554.

[‖] Pillow, W. S. (2000, June-July). Deciphering attempts to decipher postmodern educational research. *Educational Researcher, 29*, 23.

很概括的題目，但它提供了一個起點讓研究者可以進行研究。以研究問句的方式陳述，研究者可能會問：「市中心區中學內的少數族群學生和非少數族群學生，互動的程度如何？以何種方式互動？」

　　像這樣的問句就是所謂的預兆式問題（**foreshadowed problems**）。所有

質性研究都是以這種問題開始——類似我們在第 2 章所討論的，對於問題做總括性的敘述，讓研究者可據以去尋找一些東西。但我們不能把它們視為有限制性的，因為預兆式問題的目的是提供方向，作為研究的指引。例如要探討上述問題，研究者逐漸明白，課外活動和校內活動都必須觀察，才能分析學生參與這些活動的情形。預兆式問題在質性研究進行期間常會被多次修正。

2. **找出研究參與者（也就是研究對象）**。研究參與者就是要被觀察（或訪談等）的樣本——換言之，就是研究對象。幾乎所有質性研究都是立意樣本（**purposive sample**）（請參閱第 6 章）。隨機抽樣通常不可行，因為研究者要確定他或她所獲得的樣本必須是適合於研究意圖的樣本。在本例中，市中心區中學的學生就是所希望的研究對象，但不是任何一群這樣的學生就可以，他們必須是貧民區的某一（或某些）中學的學生。

3. **假設的產生**。質性研究的假設不像大多數的量化研究一般，在研究一開始即提出。反之，質性研究的研究假設的一個明顯特性是，它們通常是在研究者開始做研究後才形成的，它們植基於資料，並隨著跟資料的互動而發展與檢定，而非單純將事先的想法以資料檢驗。的確很多質性研究者在開始研究前就會明白陳述他們的一些想法，但這些通常稱為「命題」（propositions）而非假設。命題跟假設的差異在於，前者是具有彈性、可以捨棄或替換掉的工具，用以協助引導質性資料的蒐集與分析。質性研究者陳述命題的目的不在於證明或否定其真實性，而是用以協助質性研究者縮小焦點，因為他們在做探索性研究時常會面臨無數個可能的議題。以本例而言，研究者可能會探索命題：除了每天的課堂活動，市中心區中學的少數族群學生和非少數族群學生彼此間的互動很少。當他或她觀察了學校每天的活動後，可能把命題修改成：校園的一些時段與場所中，學生間的互動頗頻繁。這個假設事實上已經從資料中「浮現」（emerged）。

4. **資料的蒐集**。在質性研究中無所謂「實驗處理」，也沒有對研究對象做任何的「操弄」。例如，在質性研究中，參與者沒有被分成小組；在實驗研究中，則其中一組會被施以實驗處理，然後測量其影響效果。質性研究者不是在研究的「最後」才蒐集資料，而是在研究進行中就一直蒐集資料。研究者持續不斷地觀察人們、活動和發生的事件，也經常用「深度訪談」（in-depth interviews）晤談選定的參與者，並閱讀與研究的現象有關的各種文獻和記錄，

藉以補充他或她的觀察。

5. **資料的分析**。在質性研究中,資料分析主要是:分析、綜合研究者從各種來源(諸如觀察、訪談、文件等)所獲得的資訊,並將他或她所觀察或發現的事項濃縮成一份有條理的報告,描述所觀察到或發現到的情形。研究假設通常並不像在實驗研究法或相關性研究法中,以推論統計法檢驗,但有些簡單的統計數值,像百分比,可能偶爾會被用到,用以凸顯現象的某些細節。質性研究之資料分析非常倚重描述;即使有時用到一些統計值,也是傾向於描述性而非推論性的統計值(圖 18.1)。我們在第 19 章會再詳細討論質性研究法的資料蒐集與分析。

6. **詮釋與結論**。在質性研究的整個過程中,研究者不斷地做詮釋。量化研究者通常是在研究的最末尾才做結論,但質性研究者則常在研究的進行中不斷地形成詮釋。因此,常可看到質性研究者在論文裡會多多少少把他的各種結論融入研究過程的其他步驟中。例如,質性研究者觀察市中心區一個班級進行中的活動時,他不但寫下每天所見,也寫下他對於這些觀察的詮釋。

圖 18.1 質性研究者與量化研究者是怎樣看這個世界的

▌▌▌ 質性研究的方法

我們可以看到數種質性研究進行的方式。例如，Creswell 分類出五種，包括敘事研究法、現象學、紮根理論、個案研究，及民族誌。[12] 雖然這五種類別絕不可能窮盡所有的方法，但我們選擇在這裡使用它們，因為：(1)它們常出現「在社會、行為及健康科學的文獻中」，且(2)它們有一套「系統性探討問題的步驟」。這些方法之餘，我們還希望加上歷史研究法。雖然有時在同一份研究報告裡，可能會發現這些方法跟我們以下要說明的有些許差異之處，或者有些研究裡綜合了幾種方法，但為了容易了解，我們在這裡還是先簡短說明個別的研究設計法。

◆ 敘事研究法

敘事研究法（**narrative research**）是探討研究者所被告知的或在文件及檔案資料中所發現的，關於某人的生活經驗。一些敘事研究的一個重要面向是，由研究參與者回憶他生命中的某項或某些特殊事件〔一項「事例」（epiphany）〕。使用敘事研究法的研究者，會花一些細節描述事例發生的場景或情境。最後，研究者主動出現在整個研究中，並明白表示這份研究報告是自己對研究參與者經驗的詮釋。

敘事研究法有不同的形式。「傳記式研究（**biographical study**）為其中一種形式，是由研究者撰寫記錄另一個人的生活經驗。自傳（**autobiography**）則是由研究對象本人撰寫記錄自己的生活經驗（Ellis, 2004）。生命史（**life history**）是描繪一個人的一生；而個人經驗的故事（personal experience story）則是描繪在一個或多個事件（episode）中、私人場域或民間傳說（communal folklore）中，所發生的個人經驗的敘事研究（Denzin, 1989a）。口述歷史（**oral history**）則是從個人或多人口中，蒐集他們對某事件的回憶及其前因後果（Plummer, 1983）。」[13]

敘事研究並不容易做，原因有以下幾個：

1. 研究者必須針對研究對象蒐集非常大量的資訊。
2. 研究者必須清楚了解研究對象所處的歷史時代，才能正確無誤地說明研究對

象在那個時代所面臨的環境。

3. 研究者「眼睛必須非常銳利」，才能找出研究對象生命的不同層面。

4. 研究者需要小心觀照自己個人的背景及政治偏好，因為這些可能影響自己對
於參與者故事的敘述與理解。[14]

　　總而言之，敘事研究法聚焦於單一個人，通常是描述該人生命或生活中的
特殊或重要事件，將個人放入歷史的角度，並明白表示這項研究是研究者自己
對於研究對象經驗的詮釋，藉此將自己也放入研究中。

◆ 現象學

　　進行現象學研究（**phenomenological study**）的研究者探討的是，研究對象
對於某一特殊現象（例如，某市中心區高中教師的經驗）的反應或理解。研究
者希望深入了解他的研究對象的世界，並描述他們對所處的這個世界的反應或
理解（例如，在這所市中心區高中教書是怎樣的感受）。研究者通常經由深度
訪談蒐集資料，接著再企圖找出每位研究對象的反應或理解的不同層面，並加
以敘述。

　　現象學者通常假定人類對於類似經驗的看待及詮釋上有共通點；他們希望
找出這些共通點，加以了解並做描繪。這些在觀感上的共通點稱為**本質**（es-
sence），也就是經驗的基本特質。現象學研究者想要找出並描繪的，正是現象
的本質架構。他們的方法是研究不同的人對於所經歷的某現象之觀感，再努力
找出這些觀感與反應中，有哪些共通點。這種對經驗本質的追求，正是現象學
研究法的基石，也是它的重要特徵。

　　以下是一些可能作為現象學研究焦點的主題類型舉例。研究者可能探索這
些人的經驗：

- 在一所絕大多數是白人的高中裡的非裔學生。
- 使用主題探討法教授九年級的社會研究課程的教師。
- 1960 年代南方的公民權工作者（civil rights workers）。
- 在大型醫學中心開刀房工作的護理師。

　　現象學研究就像敘事研究一樣，都不容易做。現象學研究的研究者必須讓
研究對象重新回想感受他們對於經驗的反應或理解。這常需要數次的錄音訪談。
訪談的工作一完成，研究者就必須從每位研究對象的話語中搜尋出特別相關的，

研究的爭議
CONTROVERSIES IN RESEARCH

● 畫像法：藝術？科學？還是兩者都是？

畫像法（**portraiture**）是近年發展出的一種類似傳記的撰寫方式。最早是出現於 Lawrence-Lightfoot 所出的書《優質高中：品格與文化的圖像》（*The Good High School: Portraits of Character and Culture*）。* 這本書贏得 1984 年美國教育研究學會（AERA）的傑出圖書獎，其明顯特色是研究者在書裡公開地跟他所要描繪的人做互動。在其後續出版的書中，Lawrence-Lightfoot 及其共同作者 Hoffman-Davis 強調，畫像法合乎所謂科學的標準。他們對畫像法的程序做這樣的說明：「他們（畫像者及要被描繪的人）兩人都表示自己的看法，並一起尋求事物背後的意義」，也就是追尋主題的本質。雖然畫像者的「靈魂透過畫像而發聲」，但畫像者「非常努力不讓所繪出的圖變成是畫自己」。†

這個例子所帶來的爭議不在於這種方法能產生有力且有用的結果之價值；因為這些都具體表現於《優質高中》這本書；爭議在於它能否像支持者所說，可被認定為「科學的」方法。使用畫像法的作家當然無法宣稱可以擴論到被描繪的人以外的其他人；他們只能說留待讀者自己做擴論。

就像所有傳記作家一樣，使用畫像法的作家只能說，其他的研究者所做的描述與結論基本上會跟他們的一樣。畫像者與被描繪者之間的互動，使得畫像者沒有其他任何的方法可以檢驗自己的描述。English 認為，「畫像法要捕捉研究對象『本質』的這種目標，隱約是一種對某一穩定不變的真相的追求，而要追求穩定不變的真相又需要畫像者變成是無所不知的。」他進一步強調，「宣稱畫像法的讀者可以經由『豐厚的』描述而自行建構自己的詮釋，其實是忽略了一項重要的事實——那就是讀者必須完全依賴一件已經完成的圖像做詮釋，但從這種已經完成的圖像，讀者毫無獨立的管道可以獲得資訊及（對畫像者已經做好的描述）不同的解釋」。‡

你認為呢？畫像法是科學的方法嗎？

---

* Lawrence-Lightfoot, S. (1983). *The good high school: Portraits of character and culture.* New York: Basic Books.

† Lawrence-Lightfoot, S, & Hoffman-Davis, J. (1997). *The art and science of portraiture* (pp. 103, 105). San Francisco: Jossey-Bass.

‡ English, F. W. (2000). A critical appraisal of Sara Lawrence-Lightfoot's portraiture as a method of education research. *Educational Researcher, 29*, 7.

也就是研究對象在描述自己對那特定現象的經驗時，似乎特別有意義的內容。研究者接著將這些語句依據它們的**主題**（themes）分組，將相同層面的感受歸成一類。之後，研究者嘗試描述大多數（理想上是所有的）研究對象在該現象的經驗之基本特徵。

總之，進行現象學研究的研究者，藉著對一些都曾經驗過某現象的人做深度訪談，而企圖找出該現象的「本質架構」。研究者從每個人的經驗描述中，把自己認為重要有意義的敘述抽取出來，再把它們依據主題分類。最後將這些主題整合成一篇敘事型態的報告，描述該特定現象。

◆ 紮根理論

紮根理論研究（**grounded theory study**）裡，研究者希望發展出一個「『植根』於資料的理論；資料則是從研究對象在研究的過程中蒐集而來（Strauss & Corbin, 1998）」。[15] 紮根理論不是研究開始前就產生，而是在研究期間，經由歸納的方式從所蒐集的資料發展而出。換言之，研究者從他們所蒐集的資料著手，接著在看完資料後才發展出擴論。Strauss 與 Corbin 是這樣說的：「我們並不是一開始就有一個理論，然後再證明這個理論。而是從研究的某個區塊開始，然後讓那個區塊的重要問題或理論浮現。」[16]

做紮根理論研究的研究者使用所謂的**持續比較法**（constant comparative method），研究者、資料及正發展中的理論之間持續互動；研究者為資料設計歸類的可能類別，嘗試這些類別與資料的契合度，不合則棄之、再修改或重新設計新類別，直到理論能與資料「適配」（fit）。Lancy 說明這樣的過程如下：

> 在研究父母對於小孩讀故事書的影響時，凱利與我為 32 對在互相為對方讀故事書的親子錄影。究竟能發現到什麼？我們事前幾乎沒有概念，只是希望能從這些錄影中看出明顯的模式，而且希望這些模式會跟小孩的閱讀能力有關。我花了幾十個小時看這些錄影、設計、試用，又丟掉了許多種分類方式，直到我發現兩種特徵群組頗能清楚分類父母為孩子讀故事書或聽小孩讀故事書的方式，我把這兩類特徵群組稱為「減小者」與「擴大者」。當然，在我尋找合適類別的過程中，那些情境的經驗及家長訪談的逐字稿，都是重要的方向指引。[17]

紮根理論研究中的資料，主要是經由研究者所做的一對一訪談、焦點團體（focus group）訪談，及參與式觀察（participant observation）等方式蒐集而來。但資料的蒐集與理論的發展是一個不斷演變的過程。資料蒐集了，分析了，研究者發展了一個暫時性的理論，接著再蒐集更多資料，去修正先前的理論，接著再蒐集更多資料，理論再進一步發展、釐清與修正，這樣的過程一直持續。

我們拿一個假想的紮根理論研究為例。假設有位研究者想知道校長怎樣維持及提升學校老師的士氣。他跟一些市區的大型高中的校長做深入訪談。假設研究者發現這些校長用了不少策略讓教師的士氣高昂，包括常使用一對一的「讚美時間」獎勵良好的教學、以寫信或口頭稱讚的方式在校務會議上向教師的努力致謝、寫一些支持鼓勵的信箋放在教師的人事夾裡、提供額外的資源、將不必要的會議以說明例行資訊的文稿取代、事先就政策的改變對教師說明，並請他們提供意見與同意，等等。

此外，研究者不只觀察校長如何與教職員互動，及觀察他聽他們說話的態度，也跟一些教師做訪談，並且持續檢視及思考他經由這些訪談與觀察所蒐集的資料。漸漸地，研究者發展出了一個理論，說明有效能的校長使用哪些方法維持及提升學校老師的士氣。隨著研究者繼續訪談與觀察更多的校長與教師，這項理論會被修改。這裡要強調的是，研究者並不是事先就想好一個理論去蒐集資料，而是從所蒐集的資料發展出一個理論；也就是，這項理論是**紮根**於資料。這個過程所發展出來的理論之好與壞，很明顯，要看研究者自己能有多少洞見。

◆ 個案研究

做「個案」的研究已經存在頗久了。醫藥界、法界、商界及社會科學界的學生常必須研究個案，作為他們訓練的一部分。做個案研究（**case study**）的研究者的共同點是，他們把自己的研究對象稱為**個案**（case），並把這類個案作為研究的焦點。例如，皮亞傑（Piaget）與維高斯基（Vygotsky）的個案研究，對於我們對認知發展與道德發展的了解，各有重大貢獻。[18, 19, 20]

個案是什麼？一個**個案**是一個人、一個班級、一所學校，或一項計畫案。典型的個案是一位有閱讀困難的學生、一個社會科課程的班級、一所私立學校，或一個全國性的課程方案。對於一些研究者而言，一個個案不只是容易指認的

一個人或一個狀況（例如，某個人、某個班級、某個組織，或某個計畫案），個案也可以是一個事件（例如，校慶）、一項活動（例如，學習使用電腦），或一個進行中的過程（例如，實習教學）。

有時只是研究一個人、一個班級、一所學校或一個校區，就可以學到很多。例如，有些學生很容易就學會第二外國語；為了要探究原因，可以定期觀察一位這樣的學生，看這位學生的行為是否有明顯可見的模式。也可以跟這位學生以及其教師、導師、父母、朋友做深入訪談。對於學第二外國語有困難的學生，也可以做這類的觀察和訪談。研究者會盡可能蒐集一切資料（讀書習慣、對於語言的態度、學習該科目的方式、課堂上的行為，等等）都會被蒐集，這是希望藉由研究一位較為獨特的個人，能讓研究者看出問題的關鍵，並提供方法以在未來能幫助其他學第二外國語的學生。

同樣地，也可以對一所學校做詳細的研究。例如，某學區內的一所小學成功地挽救了高風險的學生，成效卓著。研究者可能會定期去這所學校參訪，觀察教室內的上課情形，觀察下課時間、走廊上及餐廳裡、校務會議等等時間與地點的學校成員互動情形；與教師、校長、處室主任、職員及諮商師等做訪談。同樣地，可以盡可能蒐集最多的資訊（像是教學法、管理風格、學校活動、家長投入、教師及職員對學生的態度、班級內的狀況，及其他活動等）。這也是希望經由對單一而頗獨特個案的研究（在這裡的例子是學校而非個人），可以獲得對人類或人類組織寶貴而深入的了解。

Stake 認為有三種類型的個案研究。[21] 在所謂的**本質性的個案研究**（**intrinsic case study**）裡，研究者主要關心的是一個特定個人或狀況；研究者詳細描述個案的各種細節，以了解真實的情況。因此，一位研究者可能是研究某位學生，以查出這位學生為什麼閱讀有困難。另一位研究者可能想了解某學校的學生自治會如何運作。第三位研究者可能想知道課後輔導效果如何，或到底有沒有效果。這三個例子都是只研究單一個個案。每位研究者的目的都是了解個案的每一部分，包括其內部運作。本質性的個案研究常在探索性研究中使用：研究者缺乏對某個現象的了解時，就可以這種方法做深入的了解。

另一方面，在**工具性的個案研究**（**instrumental case study**）裡，研究者感興趣的不只是對某特殊個案的了解，而是把對這個案的理解作為達成另一個較大目標的工具。例如，研究者可能會研究布朗女士怎樣教學生了解字母與發音

之間的關係〔亦即所謂「看字讀音教學法」（phonics）〕，以便了解此教學法作為一種學習方法的某一層面，或用以了解教師如何教授閱讀。研究者在這些研究的目標不只是聚焦於所研究的某一特定個人、事件、計畫案或學校，而有比較遠大的目的。做這類研究的研究者想做的是從這樣的研究獲得一些結論，再將這些結論用於這個案以外的其他狀況，而不只是用於目前的特定個案。

第三種是所謂的多重（或群體）個案研究（**multiple- (collective) case study**）。這種個案研究裡，研究者同時對多個個案做研究，每個個案都是一項整體研究的一部分。例如，研究者可能挑選幾個個案做研究，因為他想了解，讓身心障礙兒童回歸到普通班的政策所產生的結果。研究者不只研究這種政策在單一個教室裡所發生的影響，而是在好幾個班級裡觀察影響。

多重個案研究與單一個案研究哪一個比較好？與單一個案研究相較，多重個案研究設計有利也有弊。多重個案研究的結果通常會讓人認為比較具說服力，也比較可能具有擴論性。另一方面，某些類型的個案〔少見的個案、為了要檢測理論所找的關鍵個案（critical case），或研究者想觀察之前的科學研究無法窺探的景象而找到的個案〕都需要使用單一個案研究法。再者，多重個案研究通常需要非常多的資源與時間。因此，是否做多重個案研究，並不是輕易就能決定。因此，Yin 認為，做多重個案的研究者，應該要使用他所謂的「重複邏輯」（replication logic）。以下是他的論點：

> 因此，如果在醫學研究領域，某位研究者只能接觸到疑似有某種非常少見的症候群的三名個案，則其合適的研究設計是，能預測三個個案的結果都會一樣，並以此作為三者的確都患有相同症候群的證據。如果三種的結果都類似，就可以說是結果已經獲得重複驗證。[22]

◆ 民族誌與歷史研究法

這兩種質化研究法，我們不在這裡說明，因為後續我們會各以一章的篇幅詳細介紹。之所以選這兩種方法詳細介紹，是因為它們代表兩種明顯不同的方法。民族誌研究法研究的是文化，歷史研究法則完全專注於過去。我們在第 21 及第 22 章會討論它們。

◆ 質性研究法的抽樣

要從事質性研究法的研究者，常會選擇做立意抽樣（見第 6 章）——也就是，選擇一個最可能會讓他獲得最多了解的樣本。目前至少可分出九種不同類型的立意抽樣，[23] 這些是：

- 典型樣本（**typical sample**）：這種樣本被認為最能代表要研究的個體，或最典型的案例（例如，選擇了一所小學某一班的學生，因為判斷這些學生是典型的三年級學生）。

- 關鍵樣本（**critical sample**）：這種樣本被認為最具啟迪性，因為非常特殊或例外（例如，一些有嚴重肢體障礙，卻仍能有高成就的人）。

- 同質樣本（**homogeneous sample**）：這種樣本的所有成員都具有某一相同的特質或特性（例如，一群高中生，都被認定有非常高的藝術才華）。

- 極端個案樣本（**extreme case sample**）：這種樣本的所有成員都是跟一般模式很不同，或顯示有某極端特性的人（例如，成績非常好，但能力測驗分數低而且家庭環境不好的學生）。

- 理論樣本（**theoretical sample**）：這種樣本可協助研究者了解某個概念或理論〔例如，選擇部落裡的一群老人，以評估皮亞傑的理論是否適用於了解美國原住民（印地安人）的教育〕。

- 機會性樣本（**opportunistic sample**）：這是在研究期間，趁著發生了新狀況或新情形的機會而選擇的樣本（例如，目睹高中的橄欖球比賽時群眾噪動過程的人）。

- 確認性樣本（**confirming sample**）：這種樣本是用以確認先前的研究發現（例如，後續再對學生做訪談，以確認一些學生輟學的原因）。

- 最大變異量樣本（**maximal variation sample**）：這種樣本是用以代表各種觀點或特性（例如，對於學校的新政策有多種不同看法的一群學生）。

- 雪球樣本（**snowball sample**）：這是在研究期間由於需求發生而選取的樣本（例如，在訪談一群校長時，校長們又推薦其他應該要被訪談的人，因為這些人對於研究的主題特別了解）。

▌▌▌ 質性資料的分析

　　質性資料的分析工作是一項反覆而持續比較的過程，必須將非常大量的文字資料（有時還有圖像資料）萃取濃縮。質性資料通常是經由訪談、觀察及焦點團體而得。質性研究者最常用來分析資料的方法稱為**過錄（coding）**（見第7章及後續第20章的討論）。Strauss與Corbin（1998）將質性資料中的過錄定義為「資料被拆解、概念化，及整合成理論的一個分析過程」。[24]

　　一般而言，所謂過錄碼（codes），是用以將一段段的資料賦予意義的標記或標籤。當過錄一句話或一段文字時，過錄者希望用以簡潔地抓住該句話或段落的主要概念。質性的過錄碼可以是描述性質，也可以是詮釋性質的，並通常是**事先產生**（*a priori*；即選擇性過錄），或從資料中歸納浮現（開放式過錄）。質性研究者在分類資料及做主題分析以理解自己資料的過程中，還有些時候是在建構進階理論時，通常會不斷來回地修正過錄碼與次過錄碼（subcodes）的意義。

▌▌▌ 質性研究法的擴論

　　擴論（generalization）常是指將陳述應用到不只一個個體、團體、物體或情境。因此，如果一位研究者根據文獻探討的結果做出下列陳述：年齡與對學校的興趣二者之間有負相關（年齡較大的兒童相對於年齡較小的兒童而言，對學校比較沒興趣），他就是在做「擴論」。

　　擴論的價值在於，它讓我們能預期未來可能會發生什麼事（有時候是做預測）。雖然擴論並不見得適用於所有的情形（例如，有些年齡較大的兒童可能比某些年齡較小的兒童對學校更感興趣），但它描述的是我們常預期會發生的事物。幾乎所有研究者都希望能從他們的研究得到有用的擴論。質性研究的一項限制是，研究方法難以支持結果的擴論。雖然這種限制也發生在許多量化研究，但由於質性研究的特性，這種限制幾乎無法避免。因為這個因素，**重做相同的研究（replication）**在質性研究比在量化研究更重要。

　　Eisner 指出，不只觀點，連技能和意象（images）都能擴論。當我們將一

項技能運用到與原先學到該技能時的情境不同時，就是在擴論該項技能。意象也可以擴論，一如 Eisner 所指出，正因為意象可以擴論，質性研究者才希望在教室裡找出某些特性或某些教學法，再將這些特性應用到其他地方。例如：一旦研究者對「卓越」的教學有了一個清楚的意象，他或她就能將這個意象應用到各種不同的情境。「對質性研究而言，意象的創造——例如，對卓越教學法的鮮活描繪——可能成為用於師資培育或教學評鑑的一個典型（prototype）。」[25] 用 Eisner 的話說：

> 直接接觸這個質性世界，是最重要的擴論來源之一。但是，……我們並不需要對每件事都親身體驗。我們聽別人說故事，從而了解以前發生的事；並且用別人告訴我們的事情，來判斷事情可能會如何演變。我們看了照片，就知道即將到來的西班牙之旅大概會經驗到些什麼。我們看了一齣戲劇《在江邊》（On the Waterfront）而知道海運行業的腐敗內幕，更重要的是，還了解了兩個兄弟之間的緊張和衝突情形。我們因看過影片《飛越杜鵑窩》（One Flew over the Cuckoo's Nest）而了解精神療養院的病人如何求生存……
>
> 對於個案細節的描述不但是描述該個案，也描述了其他類似這個個案的情形。當 Sara Lawrence-Lightfoot 寫到有關布魯克林高中或喬治華盛頓卡弗高中或約翰甘迺迪高中時，她告訴我們的不只是這些學校的詳細情形而已；我們從中體會到一所好學校的一些特質。[26] 所謂好的高中是否都必須一樣？不是。是否好的高中具有共同的特色？當然是。我們能從 Lawrence-Lightfoot 的研究學到好高中的一些特色嗎？當然可以。

我們認為，質性研究可以擴論，這點是無須懷疑的。但它與量化研究中的擴論不同。在許多實驗和準實驗研究中，研究者常是經由所謂的統計擴論的步驟，將從研究樣本得到的結果擴論到他想了解的母群體（請參閱第 6 章）。注意，在這裡做擴論的人是研究者。* 研究者可能會暗示實務工作者，說他的研

---

* 要記得，只有當樣本是從母群體中隨機選出時，研究者才有資格做擴論。許多時候，研究所使用的樣本並非隨機樣本。

究發現有價值，可以（有時甚至會說**應該**）應用到他們的情況。

另一方面，在質性研究中，研究者也做擴論，但更可能是由感興趣的實務工作者自己做擴論。這些實務工作者的工作情境與研究情境相近，這就是所謂的理論擴論（theoretical generalization），是利用本節最後所介紹的「可轉移性」的方法所做。實務工作者自行判斷研究的發現或結論是否有應用價值，也自行決定研究者的發現是否適合自己的情境。Eisner 解釋得很清楚：

> 研究者可能這樣說：「這就是我所做的，我認為它的意義是這樣。它跟你的情境有關聯嗎？如果有，而如果你的情境又讓你困擾或覺得問題重重，為什麼會這樣？怎麼做才能改善你的情境呢？」[27]

值得注意的是，並非所有質性研究者對於擴論都有相同的看法。有些人比較不在意「自己的發現是否可以擴論，而是關心可以擴論到**哪些**其他的狀況及對象」。[28] Bogdan 與 Biklen 提供一個例子：

> 研究一所教學醫院的加護病房時，我們研究的是專業醫護人員與父母如何就小孩的狀況進行溝通。當我們專注於觀察兩方的對話時，發現到這些醫護人員不但對嬰兒下診斷，也對父母做判斷。這些醫護人員把他們對父母所做的評斷，作為該對後者說什麼及怎麼說的基礎。回頭想想公立學校的親師會，或其他同樣也是父母想知道專業人員對兒童的專業判斷時的情況，我們也看到類似情形……我們目前探索的目標，不是在加護病房所得到的發現可擴論到其他類似情境，而是這個發現可推論到不同場域的程度有多少，像學校就是一個不同的場域，因為這裡是專業教師在對父母講話。

所以質性研究者對於研究的結論界定得比較不清楚，也比較不確定。他們傾向於將這些結論視為可以分享、可以討論和進一步探討的想法。這些想法在不同的環境和不同的條件下，幾乎都需要調整修正。這些議題通常被稱作**可轉移性**（transferability），Morrow 把可轉移性定義為「當研究者對於自己（研究者本身是工具）、研究情境、研究對象及研究者與研究對象間的關係等所提供

的資訊，足夠讓讀者決定研究發現可以如何轉移時，就達到可轉移的程度了。」[29]（見第 23 章的討論）。

質性研究法的內部效度

如果一項質性研究並不打算探討某兩方之間的關係，那麼嚴格說來，其內部效度就不像在量化研究法裡那麼重要。然而，由於質性研究法全靠研究者蒐集及詮釋資訊，因此，即使是在純粹描述性的質性研究裡，一項很重要的考量是——研究者偏誤。再者，質性研究常常就某些關係做詮釋，像是第 19 章到第 24 章就有些例子，碰到這類型的研究時，必須注意評估並控制（如果可能的話）第 9 章所討論的每一個威脅。雖然控制威脅在質性研究比較困難，但有時還是可以控制某些威脅。然而，歷史研究法是一個例外，我們認為要在歷史研究法控制威脅，基本上是不可能的。

倫理與質性研究法

倫理的考量對於質性研究法的影響，就像對本書所介紹的任何其他類型的研究一樣。然而，有些點很重要，值得再重複一次。

首先，除非研究對象同意，否則質性研究的研究對象之身分一定都必須予以保密；必須小心確定所蒐集的這些資訊，絕不會讓研究對象尷尬或受到傷害。如果無法做到保密，必須告知研究對象，並讓他們有退出研究的機會。

第二，研究對象一定都要獲得應有的尊重。在質化研究的過程中尋求所有研究對象的合作是特別重要的。通常必須將研究者的關注焦點告知研究對象，並獲得他們的同意，才能開始研究。研究者絕不能對研究對象說謊，也不能使用任何秘密錄音錄影的器材錄下任何對話。

第三，研究者必須盡可能確保參與研究的所有人都不會受到生理或心理的傷害。這點也許看來很明顯，但研究者有時的確無意間發現研究對象正受到傷害，而面臨困境。例如，在一些研究專門收容嚴重智能障礙者的州立療養院裡，研究者曾目睹院生受到身體虐待。在這種情況下，研究者倫理上的責任是什麼？以下是兩位親眼目睹虐待的研究者的想法：

　　如果是身體的虐待，解決辦法剛開始時似乎很明顯：不論是不是研究者，你都應該出面阻止這種暴力的對待。有些州的法律還規定，知道有暴力對待而不通報是違法的。那是我們立即的反應。但經由研究，我們意識到，在全國大多數的這類療養院裡，虐待是非常普遍的行為，而不只是這個機構而已。通報是解決這種問題的一個負責任的行為呢？還是只是求自己心安？介入可能讓自己被療養院趕出去。如果是繼續研究，將結果出版，將這種全國性的暴力虐待問題寫成報告，並在法院提供目睹的研究（或擔任專家證人），會不會比單一個通報行為更能改變現況？這樣的想法是在推卸責任，而只是不想介入的一個藉口嗎？[30]

你認為呢？

　　就像以上的引述內容所顯現，倫理的考量的確非常複雜而艱難。還有兩點值得一提。許多研究者擔心研究對象從研究裡獲得的回報不太多。畢竟，研究者所做的研究常提升了自己的研究生涯，幫忙研究者獲得升等。研究結果常集結成書出版，帶來版稅。研究者能夠談論他們從中所學到的智慧；他們的工作如果做得好，還可以讓自己獲得同儕的敬重。但研究對象獲得了什麼？研究對象常常（也許是通常）沒有機會回應研究者的看法和／或說明自己的生活狀態。結果，研究對象有時會被誤解甚或看不起。因為如此，有些研究設計會讓研究者與研究對象的關係比較像是在探討歷程中的夥伴，讓研究對象有機會說話。

　　再者，還有另一個跟上段討論有點相關的倫理考量必須提出。這是當研究發現如果被有權力者掌握時，他們所採取的行動可能會傷害研究對象（或在類似狀況的其他人），或使得公共政策或公共態度對某些群體造成傷害。研究者自認是「以同情的眼光描述某個貧民社區的情形時，別人卻可能認為研究報告證明了一般對於窮人沒有責任感且慣常使用暴力的偏見。」[31] 所以這裡要強調的倫理點是：雖然研究者永遠無法確知自己的發現會被人怎樣詮釋，但他們一定都要小心考慮自己研究的意涵，研究結果可能影響誰，及有什麼影響。

　　在此，我們提供幾個特定的問題；我們認為不論是哪一種研究，所有的研究者在做研究之前、期間及完成後，都必須加以思考：

- 目前所考量的研究**值得**做嗎？

- 要做出良好品質的研究，研究者有所需的**必要經驗**嗎？
- 研究對象對於研究內容，已經有**完整足夠的資訊**嗎？
- 研究對象已經**自願同意參加**嗎？
- 什麼人會從研究**獲益**？
- 研究者與研究對象，在付出與獲得之間，都有取得**平衡**嗎？
- 如果有任何人會因為研究**受傷害**（身體或心理），會是誰？傷害到什麼程度？
  如果目睹有害、違法或不應該有的行為發生，要怎麼做？
- 研究對象會**被欺騙**嗎，不論是以哪一種方式？
- 可以做到為研究對象**保密**的工作嗎？
- 研究所蒐集與分析的**資料**，誰有**擁有權**？
- 研究的結果將會如何**使用**？有任何被誤用的可能嗎？如果有，可能會是怎樣
  被誤用？

重新思考質性與量化研究法

　　質性和量化研究法能否合併使用？當然可以，而且也理應如此。例如，在調查研究中，通常不只準備一份封閉式（例如選擇題）的問卷要人們填答，而且也從受訪者中隨機選取樣本，做開放式的個人訪談。在一些質性研究中，有時候也用敘述統計來提供量化的細節資料。許多歷史研究同時包含了質性研究法和量化研究法，而且它們的最終報告也呈現這兩種形式的資料。

　　然而我們必須承認：要同時實施精巧的量化研究**和**深入的質性研究，是很難成功做到的，而且是**非常**困難。常常最後的作品既非好的質性研究，也非好的量化研究。

　　何者是較好的研究取向——質性或量化？雖然經常聽到這個問題，但我們認為這只是在浪費精力。你經常會聽到有人過度熱心地鼓吹一種而貶抑另一種。他們宣稱，如果要對重要的問題做真正有用的研究，他們鼓吹的方法是最好的（有時候甚至說是唯一的），並說其他方法有很大的缺陷，只能得到虛假或不重要的結果。但以下是兩位傑出的質性研究者的話：

　　　　最多研究者所持的看法是，沒有所謂最好的方法。一切都看你要

研究什麼和你想找出什麼。如果你想知道大多數的美國人對於某議題
的想法，就用調查研究法，而這種方法不論是樣本的選取、測量工具
的設計與預試，及分析資料等，都非常倚重量化的規劃。如果你想知
道一所學校的變遷歷程，及校內不同成員如何經驗這種變遷，那麼質
性研究將是較佳的選擇。毫無疑問地，質性研究對某些問題和主題並
不管用，而量化研究也同樣無法用來研究某些問題或主題。[32]

我們同意他們的意見。最重要的事是要知道，哪些問題最好的探討方式是使用
哪種方法，或如何合併使用不同的方法。

OLC 回到本章最前面的**互動與應用學習**所列出的一系列互動與應用活動。到線上
學習中心（OLC, http://highered.mheducation.com/sites/125991383x）
去做小測驗、練習關鍵詞彙，及複習本章內容。

本章重點

質性研究法的性質

- **質性研究**一詞指的是探討各種關係、活動、情境或材料之品質的研究。
- 在質性研究中，自然的情境是資料的直接來源，而研究者是工具使用過
  程中的主要部分。
- 質性資料主要是以文字或圖片的形式而蒐集，很少涉及數字。過錄是資
  料分析的主要方法。
- 質性研究者對事情如何發生，尤其是對於研究對象的觀點特別感興趣。
- 質性研究者通常不會在事前就形成一個待檢定的研究假設，而是讓假設
  在研究進行中逐漸形成。
- 質性研究法與量化研究法，在根本的哲學假定上是不相同的。

質性研究法的步驟

- 執行一項質性研究的步驟不像做一項量化研究那麼明確。質性研究中的
  步驟常相重疊，甚至同時執行。
- 所有的質性研究都以一個預兆式問題開始，也就是研究者有興趣研究的

某個特殊現象。有些質性研究者會提出命題，作為自己蒐集及分析資料的指導方針。

- 做質性研究的研究者通常會選定一個立意樣本。立意樣本有幾種類型。
- 質性研究裡沒有所謂的實驗處理，也不會操弄任何的變項。
- 質性研究中的資料蒐集是一個持續的過程。
- 質性研究的過程中，研究者不斷地做結論。

質性研究的方法

- 傳記式研究是在講述某單一個人生命中的特殊事件。
- 在現象學研究裡，研究者研究某個人對於某一特殊現象的反應。研究者企圖找出不同個人的看法中的相似點。
- 在紮根理論研究裡，研究者以歸納的方法，從研究所蒐集的資料中導出一個理論。
- 個案研究是詳細研究一個人或（最多）一些人，或其他的社會單位，像是一個班級、一所學校或一個社區。也可以是研究某個事件活動，或一個持續進行的過程。

質性研究法的擴論

- 質性研究也可以擴論，但跟量化研究的擴論型態不一樣。通常擴論會是由對該研究議題有興趣的實務工作者為之。

倫理與質性研究法

- 質性研究裡所有研究對象的身分都必須被保護，也必須獲得尊重。

重新思考質性與量化研究法

- 質性研究法與量化研究法常在一項研究中合併使用。愈來愈多研究者注意到這種混合方法研究法。
- 到底質性研究法還是量化研究法才是最適當的方法？這個問題的答案純粹看研究者想要找什麼。

關鍵詞彙

口述歷史（oral history）　574

工具性的個案研究（instrumental case study）　579

本質性的個案研究（intrinsic case study）　579

問題討論

1. 你認為質性研究最大的優點是什麼？最大的缺點呢？

2. 有任何的主題或問題是不能用質性研究法研究的嗎？如果有，請舉一例。有任何類型的資訊是質性研究法無法提供的嗎？如果有，可能會是哪些？

3. 質性研究者有時被指責為過於主觀。你認為質性研究者可以怎樣回應這樣的指控？

4. 質性研究者說「完全的」客觀是不可能的。你同意嗎？請說明你的想法。

5. 「所有好研究的本質是了解，而非企圖證明什麼。」這句話是什麼意思？

6. 「所有的研究者至少都有些偏見。重要的是要能覺察自己的偏見。」光是「覺察」夠嗎？可能還可以做什麼？

7. 質性研究者常說「整體大於其所有部分的加總」。這句話是什麼意思？這對於教育研究有什麼啟示？

8. 質性研究法有可能做隨機抽樣嗎？隨機抽樣用於質性研究法有好處嗎？請說明。

9. 質性研究法裡的擴論跟量化研究法裡的擴論如何不同？還是兩者是相同的？

10. 你認為研究者在進行自己的質化研究時，如果目睹身體虐待，他的倫理責任是什麼？

註釋

1. Usher, E. L. (2009). Sources of middle school students' self-efficacy in mathematics: A qualitative investigation. *American Educational Research Journal, 46*(3), 275-314.

2. Ozdemir, A. (2008). Shopping malls: Measuring interpersonal distance under changing conditions and across cultures. *Field Methods, 20*(8), 226-248.

3. Wallace, R. M. (2004). A framework for understanding teaching with the Internet. *American Educational Research Journal, 41*(1), 447-488.

4. Khan, C. A. (2009). Go play in traffic: Skating, gender, and urban context. *Qualitative Inquiry, 15*, 1084-1102.

5. Dickson-Swift, V., et al. (2009). Researching sensitive topics: Qualitative research as emotion work. *Qualitative Research, 9*(2), 61-79.

6. Bogdan, R. C. & Biklen, S. K. (2007). *Qualitative research for education: An introduction*

to theory and methods (5th ed.). Boston: Allyn & Bacon.

7. 有些質性研究者的確使用統計法釐清資料。例如見 Miles, M. B., & Huberman, A. M. (1994). *Qualitative data analysis* (2nd ed.). Beverly Hills, CA: Sage.

8. 出處同註釋 6，p. 6。

9. Bernard, H. R. (2000). *Social research methods: Qualitative and quantitative approaches*. Thousand Oaks, CA: Sage.

10. Foucault, M. (1972). *The archaeology of knowledge*. New York: Harper and Row.

11. Derrida, J. (1972). Discussion: Structure, sign, and plot in the discourse of the human sciences. In R. Macksey & E. Donato (Eds.), *The structuralist controversy* (pp. 242-272). Baltimore: Johns Hopkins University Press.

12. Creswell, J. W. (2007). *Qualitative inquiry and research design: Choosing among five approaches* (p.9). Thousand Oaks, CA: Sage.

13. 出處同上，p. 55。節錄文字內的引用資料包括：Ellis, C. (2004). *The ethnographic it: A methodological novel about autoethnography*. Walnut Creek, CA: AltaMira; Denzin, N. K. (1989a). Interpretive biography. Newbury Park, CA: Sage; and Plummer, K. (1983). *Documents of life: An introduction to the problems and literature of a humanistic method*. London: George Allen & Unwin.

14. 出處同上，p. 57。

15. 出處同上，p. 63。節錄文字內的引用資料是: Strauss, A., & Corbin, J. (1998). *Basics of qualitative research: Grounded theory procedures and techniques* (2nd ed.). Newbury Park, CA: Sage.

16. Straus, A., & Corbin, J. (1994). Grounded theory methodology: An overview. In A. Denzin and Y. Lincoln (Eds.), *Handbook of qualitative research*. Thousand Oaks, CA: Sage.

17. Lancy, D. F. (2001). *Studying children in schools: Qualitative research traditions* (p. 9). Prospect Heights: Waveland Press.

18. Piaget, J. (1936/1963). *The origins of intelligence in the child*. New York: Norton.

19. Piaget, J. (1932/1965). *The moral judgments of the child*. New York: Free Press.

20. Vygotsky, L. S. (1914/1962). *Thought and language*. Cambridge, MA: MIT Press.

21. Stake, R. (1997). *The art of case study research*. Thousand Oaks, CA: Sage.

22. Yin, R. K. (1994). *Case study research: Design and methods*. Thousand Oaks, CA: Sage.

23. 編修自 Creswell, J. W. (2005). *Educational research: Planning, conducting, and evaluating quantitative and qualitative research* (pp. 204-207). Upper Saddle River, NJ: Pearson Merrill Prentice Hall.

24. Strauss, A., & Corbin, J. (1998). *Basics of qualitative research: Grounded theory procedures and techniques* (2nd ed., p. 3). Newbury Park, CA: Sage.

25. Eisner, E. W. (1991). *The enlightened eye: Qualitative inquiry and the enhancement of educational practice* (p. 199). New York: Macmillan.

26. Lightfoot, S. L. (1983). *The good high school*. New York: Basic Books.

27. Eisner, E. W. (1991). *The enlightened eye: Qualitative inquiry and the enhancement of educational practice* (pp. 202-204). New York: Macmillan.

28. Bogdan, R. C., & Biklen, S. K. (2007). *Qualitative research for education: An introduction to theory and methods* (5th ed., p. 36). Boston: Allyn & Bacon.

29. Morrow, S. (2005). Quality and trustworthiness in qualitative research in counseling psychology. *Journal of Counseling Psychology, 52,* 52.

30. Bogdan, R. C., & Biklen, S. K. (2007). *Qualitative research for education: An introduction to theory and methods* (5th ed., pp. 51-52). Boston: Allyn & Bacon.

31. 出處同上，p. 53。

32. 出處同上。

Chapter 19

觀察與訪談

- 觀察
  參與式觀察／非參與式觀察／自然主義式觀察／模擬表演／觀察者效應／觀察者偏誤／過錄觀察資料／科技的使用

- 訪談
  訪談的類型／主要人物訪談／訪談問題的類型／訪談行為／焦點團體訪談／記錄訪談資料／訪談的倫理：知情同意的必要性

- 質性研究法的資料蒐集與分析

- 質性研究法的效度與信度

- 質性研究論文舉例

學習目標 >> 讀完本章後，你應該能：

- 說明何謂「觀察研究法」。
- 描述觀察者在質性研究中所可能扮演的角色，至少四種。
- 說明何謂「參與式觀察」。
- 說明何謂「非參與式觀察」。
- 說明何謂「自然主義式觀察」。
- 說明什麼是「模擬表演」，並說明研究者可以如何使用之。
- 說明何謂「觀察者效應」。
- 解釋何謂「觀察者偏誤」。
- 描述觀察研究的取樣。
- 簡要描述質性研究者所使用的四種訪談方式。
- 說明何謂「主要人物」。
- 列出訪談會存有的期望，至少三種。
- 說明何謂焦點團體訪談。
- 簡要描述為什麼在訪談研究法中，知情同意是必需的。
- 說出質性研究者用以檢核或提升其質性研究的效度與信度的方法，至少四個。

互動與應用學習 在閱讀本章的同時，或讀完本章後：

到線上學習中心（Online Learning Center, OLC），

網址 http://highered.mheducation.com/sites/125991383x：

- 了解更多關於觀察與訪談的資訊

到線上學生精熟活動簿（Student Mastery Activities Book）做下列活動：

- 活動 19.1：觀察者角色
- 活動 19.2：訪談種類
- 活動 19.3：訪談問題種類
- 活動 19.4：來做點觀察研究吧！

「當實習老師是怎樣的感覺？」

「嗯，啊，（笑），感覺有點，嗯，難描述。現在回想起來，我想我還喜歡當實習老師吧，反正已經結束了（笑）。但是有時候……嗯，我很不會管秩序，就是控制那些小毛頭。我似乎就是管不動他們，尤其當他們就是不坐下，在教室裡晃來晃去時，更覺得很挫折。你也知道，教書不簡單，甚至老手也這樣覺得，而我只是一個菜鳥。那時甚至不是很確定自己是不是想當老師，而且我也比大部分的其他實習老師都還老，我在軍隊裡待了一陣子，還有其他的歷練，跟他們有一些距離。可是呢，事情有了變化。」

「什麼變化？」

「我開始摸到點門路了，領悟到一些東西。可以說是開始知道怎麼當老師了（微笑）。我開始比較知道要怎麼管學生了。就是不再理他們的胡說八道（笑）。喔，我不是說對他們苛刻之類的，只是堅持他們要照我的規則走。是啊，你知道嗎，如果老師堅持，他們就會尊重你。所以一定要堅持。他們其實不喜歡沒有原則的老師。我花了一陣子才了解到這件事。另一方面，我也學得比較會對他們解釋我的想法，這也讓這些小孩變得比較好管理。還有，我也設定了規則。如果鈴聲一響，他們回到自己的位子上坐好，就能加分。我讓班上選了一位班長，他坐在教室的前面，工作就是管秩序。這個方法很有效。然後，我們每週開一次班會，討論班上的事務中，他們喜歡的和他們覺得可以改進的。我也……」

以上的對話，是一位質性研究者跟一位 55 歲空軍退休上校做的深度訪談的一部分。這位退休上校回學校進修拿到了初中教師資格。深度訪談是質性研究常使用的方法，也是本章會較詳細討論的事項之一。

質性研究者使用三種主要的技巧蒐集及分析資料：觀察人們如何進行其平日活動，記錄下他們的行為；跟研究對象進行深度訪談，了解他們的想法、意見及經驗；以及分析文件或其他形式的傳達工具（communication）（內容分析）。訪談可以讓研究者知道研究對象的態度、價值觀，及他們對自己行為的認知或詮釋。然而，如果你想知道研究對象實際上是做了什麼，除了實際觀察

他們或檢視文件及研究對象所創造的其他形式的傳達外,完全不能以其他任何方式代之。本章我們將稍微討論觀察與訪談。第 20 章將討論文件的分析。

▌▌▌ 觀察

某些種類的研究問題,最好能利用**觀察**人們的行為或事物來回答。例如,研究者可以訪談教師以了解班級進行敏感問題的討論時學生的行為,但若要有更精確的了解,可能是要實際觀察這種討論進行的過程。

觀察者參與的程度差異很大。一個研究者可能擔任四種不同的角色,從完全的參與者到完全的觀察者都有。

◆ 參與式觀察

在**參與式觀察**(**participant observation**)研究裡,研究者實際參與他們所觀察的情境或情況。

當一個研究者在團體中採取**完全參與者**(complete participant)的角色時,被觀察的人都不知道他的身分。研究者盡可能自然地與其他成員互動,並且最好是能參與他們所有的活動。因此,一個研究者可能安排一整年在一個市中心區的學校實際擔任教師,並履行該角色的所有職責,但從不暴露他同時也是一個研究者。這種隱藏的觀察方式從研究倫理而言是會被質疑的。

當一個研究者選擇作為**觀察者的參與者**(participant-as-observer)之角色時,他參與被研究團體的所有活動,但團體成員知道他在做研究。例如,這一類的研究者可能會告知教職員,自己是一名研究者,在一年的任教期間內,希望能徹底且正確地描述學校所發生的事。

參與式觀察可以是**公開的**(overt),在此種情況下研究者很容易被識別出來,而研究對象也知道自己正被觀察;參與式觀察也可以是**暗中的**(covert),在此情況下研究者隱藏自己的身分,舉動表現得一如其他的參與者。例如,一位研究者可能請求九年級的地理教師同意他或她觀察其班級教學一整個學期,這時教師和學生都知道他或她的身分,這就是「公開的觀察」。公開的參與式觀察是民族誌研究法的關鍵成分,第 21 章將更詳細討論它。

另一方面,另一位研究者可能特別去取得小學教師資格,再花一段時間實

際在小學教書，同時進行觀察。沒有人知道該研究者的身分（也許除了事前核准他或她從事本項觀察活動的學區行政主管），這就是一個暗中的觀察方式。暗中的參與式觀察，雖然對真正發生的事情較可能獲得較有效的觀察，但也較容易被批評為違背倫理。沒有獲得別人的同意而觀察（和／或未經同意而記錄下他們的話語），對有些人而言似乎是非常值得質疑的行為。

在別人不知道的狀況下觀察之，是合乎倫理的嗎？那麼所謂的被動欺騙（passive deception）呢？像是在公共場所（如餐廳、機場）默默觀察別人做他們自己的事？或從遠處用望遠鏡觀察兒童在學校操場上的活動呢？你認為呢？

◆ 非參與式觀察

在非參與式觀察（**nonparticipant observation**）研究中，研究者並不參與所觀察的活動，只是「坐在邊線」觀看；他們不直接融入所觀察的情境中。

當一個研究者選擇**作為參與者的觀察者**（observer-as-participant）之角色時，會直接說自己是一個研究者，也不扮演團體成員的角色。例如，一位大學教授想了解市中心區學校發生的事，她可能從事一系列的教師訪談、參觀班級、參加教職員會議及集體協商會議、與教育局長和校長談話、與學生面談等，但除此之外，她不會企圖加入該團體其他的活動。她在本質上仍是（也不必隱藏這個事實）一個正在做研究的觀察者。

最後，是**完全觀察者**（complete observer），這個角色與前述「完全參與者」處於另一個極端。研究者用不著變成參與者，只純粹觀察該團體活動進行的情形。研究者所觀察的對象可能知道、也可能不知道他們正在被觀察。例如，研究者可能觀察學校餐廳每天午餐時間的情形。*

上述每種角色都有優缺點。完全參與者最可能獲得該團體最真實的資料，其他幾種方式得到的資料可能比較沒那麼真實，但是暗中的觀察方式牽涉到研究倫理的問題。完全觀察者可能最不會影響到被研究的團體，其他方式則比較會有影響。作為觀察的參與者，由於本身是被觀察團體的成員之一，對該團體會造成某些影響（經常是重要的影響）。作為觀察的參與者和作為參與的觀察者，兩者多少都可能使團體成員的注意焦點放在研究者的活動上，而與其平日

---

* 注意，第 7 章所介紹的許多技巧也是非參與式觀察的類型，質性與量化研究都常用到。

表現相差甚遠，使他們的活動不再是典型的活動。圖 19.1 說明這些觀察方式的差異性。

觀察者的角色		
旁觀者；觀察者是外人	部分參與	完全參與式的觀察
其他人眼中的觀察者		
研究對象知道有人在觀察，也知道誰在觀察。	有些研究對象知道誰在觀察，但並非所有人都知道。	研究對象不知道有人在觀察。
其他人所以為的觀察目的		
有將觀察的目的對所有相關的人解說。	有對一部分的研究對象解說觀察的目的。	沒有對任何的研究對象解說觀察的目的。	給假的觀察目的；研究對象在觀察目的方面受到欺騙。
觀察的時間		
只觀察一次，而且時間有限（例如 30 分鐘）。		多次觀察，長時期（例如，幾個月甚或幾年）。
觀察的焦點		
狹窄的焦點：只觀察一個元素或特性。		寬廣的焦點：全方位的觀察活動或特質，並尋找其所有的元素。

圖 19.1　不同觀察法之間的差異

◆ 自然主義式觀察

　　自然主義式觀察（**naturalistic observation**）是在自然情境中觀察個人。研究者對發生的一切不採取任何行動，也不操弄變項或控制個人的活動，只是觀察記錄自然發生的事項。例如：學生在運動會的活動、師生在操場的互動，或幼童在托兒所的活動等等，也許透過自然主義式觀察是最容易了解的。

　　知名的兒童心理學家皮亞傑（Piaget）的許多著作都是利用自然主義式觀察。他在兒童認知發展研究的許多結論，都得自觀察自己小孩的發展，這些結論也激發其他研究者在該領域做進一步研究。事實上，從自然主義式觀察獲得的洞見，經常成為正式實驗的基礎。

◆ 模擬表演

　　要調查某些變項，研究者有時會創造一個情境，然後要受試者表演或模擬（simulate）某個角色。在模擬表演（**simulations**）中，研究者實際告訴研究對象需要做些什麼（但不告訴他們怎麼做）。這樣讓研究者可以有機會觀察到某些情境中的行為，包括在學校或在其他教育情境很少發生的行為。例如，可能要求研究對象扮演一個正與慌亂失措的家長進行互動的諮商師、一個正在訓斥學生的教師，或兩個正在討論如何提升教師士氣的行政主管。

　　教育研究者所用的角色扮演的模擬表演有兩種類型——個人角色扮演（individual role playing）和小組角色扮演（team role playing）。在「個人角色扮演」中，要求研究對象揣摩某個人在某特定情境中可能的行為，研究者觀察其表演並加以記錄。下面是一個例子：

> 　　你是一所小學的諮商師。你約了一個經常頂撞老師的學生來談話。這名學生剛剛依約在上午九點鐘抵達你的辦公室，坐在你面前。你會對這名學生說什麼？

　　在「小組角色扮演」中，一組人被要求在一特定的情境中表演，研究者則觀察和記錄所發生的事情，他特別注意的是該團體成員的互動。下面是一個例子：

> 　　你和五位學校同仁奉命成立一個臨時特別委員會，討論如何解決學生蹺課的情形，因為這學期的情況愈來愈嚴重。許多同仁都支持採強硬政策，並公開鼓吹對經常蹺課的學生處以停學。委員會的任務是想出另一種所有同仁都能接受的辦法。你有何建議？

　　模擬表演的主要缺點（相信你已經看出了）是它們的刻意與失真。研究對象是在模擬的情境中表演，因此無法保證研究者看到的會和在真實生活情境中所發生的一樣。模擬表演的結果經常作為其他類型研究的假設。

◆ 觀察者效應

　　觀察者的出現會對研究對象的行為產生相當的影響，並進而影響到研究的結果，這就是所謂的觀察者效應（observer effect）。而觀察資料（**observational data**）（觀察者所記錄的內容）無可避免地會反映觀察者的偏見和觀點。讓我們進一步逐一來考量這些事實。

　　在觀察研究裡，一定都會有反應性（reactivity）的問題。要避免這個問題，可以在被觀察者周圍待久一點，讓他們習慣觀察者的存在。如 Bernard 所建議，最後「那些人終究會變成懶得讓你對他們有好印象，而開始自然地表現自己。在這種研究裡，妙訣是要在他們發現你在場之前，先看見他們怎樣自然地活動互動——在他們有機會改變自己的行為之前。」[1]

　　除非研究者隱藏起來，否則他對那些被觀察者很容易造成某些影響。有兩種情況可能會發生，尤其是當研究者意外出現時。首先，他可能會引起好奇，而使被觀察者不能專注於手邊的工作，因而產生跟一般時候不一樣的舉動。缺乏經驗的研究者記錄這些行為時可能會被誤導。因此從事班級觀察的研究者通常會先知會教師，並請教師介紹他。而後，在進行觀察活動做記錄之前，先花四至五天的時間在教室與學生共處（使學生習慣他在場，而開始回復一般正常的行為）。

　　第二種可能發生的情況是：被觀察者的行為可能因研究者的研究目的而受影響。例如，假設一個研究者想觀察社會科教師在具爭論性議題的討論中，是否會問「高水準的問題」。如果該教師知道研究者在找些什麼，他會因而比平常多問問題，因此扭曲了平常班級討論的真實情況，而研究者觀察所得的資料也不能代表教師平常的行為。因此許多研究者主張，資料蒐集完才將研究目的告訴參與者；但是研究者在研究開始之前要跟參與者見面，告訴參與者：因為怕會影響研究結果，所以不能將研究目的告訴大家。不過，一旦資料蒐集完畢，研究者就應該將研究發現提供給感興趣的人。

◆ 觀察者偏誤

　　觀察者偏誤（observer bias）是指研究者的某些特質或觀點，可能導致他或她對自己所看到的事物詮釋有偏差。多年來，質性研究者必須一直處理這方

面的指控：他們的偏見很可能使所蒐集的資料產生偏差。但其實這是所有研究者都必須處理的問題。不論觀察者多麼努力試圖做到公正無私，他們的觀察的確仍免不了帶有某種程度的偏誤。沒有人能完全客觀，因為我們不可能完全不受過去經驗的影響，而這些過去的經驗又影響我們看待這個世界的方式。然而，所有的研究者都應該盡力做到覺察自己的偏見，並努力控制之。

　　質性研究者嘗試要做的是客觀地研究主觀的認知。他們從許多方面來做，他們花許多時間待在現場，逐漸熟識他們的研究對象和其所處的環境（物質上的和文化的）。他們蒐集大量資料，並將自己的看法跟這些資料所透露的訊息相互比對檢視。由於體認到大多數的情境和環境都很複雜，因此他們盡最大的努力從各種觀點，使用多種方式來蒐集資料。他們不但做極端詳細的田野筆記，並試圖反省田野筆記裡自己的主觀部分。他們經常以小組方式工作，以檢驗彼此的不同觀察結果（如圖 19.2）。他們知道（所有研究者都應知道）個人的偏見絕不能完全從其觀察結果中消除，但重要的是，要能反省個人的態度可能會如何影響自己所見。

　　另一個相關的問題是**觀察者的期望**（**observer expectations**）。如果觀察者知道他們要觀察的對象具有某些特性（諸如某一範圍內的智商、種族或宗教

圖 19.2　多一個觀察者作為結論之檢驗的重要性

等），他們可能就會「預期」某些類型的行為出現，而這些行為不必然是被觀察者慣常表現的行為。因為有這層考慮，因此錄音和錄影等設備就很有價值；它們讓研究者能透過這些資料，將自己的觀察結果與其他人的印象相比對並檢核。

◆ 過錄觀察資料

這些年來量化研究者發展了幾種過錄系統來整理他們的觀察資料。**過錄系統（coding scheme）**是觀察者用以記錄個人或群體行為出現次數的一套分類法（例如，「發出指示」、「問問題」、「讚美」）。過錄系統已被用來測量實驗室裡父母與青少年之間的互動；[2] 團體中正在喝酒的大學生之間的互動；[3] 家庭醫師診所裡，醫病之間的互動；[4] 及教室裡老師跟學生的互動。[5] 其中有一套主要是用於量化研究的過錄系統，是五十多年前由 Amidon 與 Flanders 發展的，至今都還在使用。[6] 如圖 19.3 所示。

這些系統需要觀察者在觀察的同時做判斷並歸類。這跟較為質性的研究方法形成對照，因為質性研究法常企圖描述一個情境裡所有或大部分的細節，之後再把這些資料依據研究進行中所浮現的類別進行過錄。尤其民族誌研究法更是如此。我們在第 20 章會舉例說明這類的過錄法。

◆ 科技的使用

然而，即使是使用一個像圖 19.3 的固定過錄系統，觀察者在過錄人們的行為時，還是必須從多種選擇中挑選一個。例如，一個人有怎樣的行為可視為「吹毛求疵」，怎樣的行為可視為「鼓勵」？以錄影的方式錄下人們的行為，可讓研究者反覆觀察個人或團體的行為，之後在比較放鬆方便時，再決定如何過錄。

觀察人們一個最大的困難是，許多發生的事項可能會被觀察者錯過。尤其當研究者有興趣的數種行為在教育現場同時且快速發生時，這些行為更有可能被錯過。再者，有時研究者也希望其他人（像是該主題的專家）對於所發生的事件提供深入的看法。例如，觀察托兒所遊戲時間的兒童行為之研究者，可能希望聽聽合格的兒童心理學家，或對學前兒童教育有豐富經驗的教師的看法。

要克服這些障礙，研究者可用錄影設備錄下他們的觀察。這樣做有幾個優點：這些內容可重複播放，供做持續研究與分析之用；專家或有興趣的人也可

教師言談	間接影響	1. **接受感受**：以一種不具威脅的態度，接受或釐清學生感受所具有的意涵；感受可能是正面或負面的。包括預測及回憶感受。 2. **讚美或鼓勵**：讚美或鼓勵學生的行動或行為。緩和緊張氣氛而且不說傷害別人的玩笑話，包括點頭或說「嗯哼？」或「繼續說」。 3. **接受或使用學生的想法**：釐清、建立或發展學生的建議或想法。當教師提出自己更多的想法時，轉到類別 5。 4. **問問題**：想要讓某個學生回答而問一個跟內容或程序有關的問題。
	直接影響	5. **講述**：對於內容或程序提供事實或意見；表達自己的想法；為了強調自己的想法而問問題，並非真的期待別人回答。 6. **給指示**：指示、命令或指令，希望學生服從。 7. **批評或合理化自己的權威**：想用話語把學生無法接受的行為模式改變成可以接受的模式；對人大叫；說老師在做他該做的事；學生必須完全聽教師的。
學生言談		8. **學生言談─回應**：學生對教師的回應；教師開啟對話或希望學生回答。 9. **學生言談─開啟對話**：學生言談是學生開啟的話題；如果「叫」學生只是在表示下一個換誰可以發表意見，觀察者必須判別學生是否想講話。如果是，則用這一個類別。
		10. **安靜或困惑**：靜默、短暫的安靜，及困惑的時刻，此時觀察者無法了解師生間的溝通內容。

圖 19.3　Amidon/Flanders 教室互動的過錄類別系統

資料來源：Amidon, E. J., & Hough, J. B. (1967). *Interaction analysis: Theory, research, and application*. Reading, MA: Addison-Wesley.

以聽（看）研究者所觀察到的事項，提供洞見。而且這些行為有了永久的記錄後，可和未來的樣本或其他樣本的行為做比較。

　　然而，這類錄製方法也有一些缺點，必須加以注意。要有好品質的錄影結果並不一定都很容易，研究者或工作人員需要受過訓練或有過相關經驗。若是錄音，有時需要設置幾個麥克風，但這可能會使被觀察者的行為失真。長時間錄製則可能花費昂貴。錄音雖然較容易做到，但它只能記錄語言上的行為。尤其有時候只聽錄音很難分辨出是哪個人所講的。噪音很難加以控制，而且常嚴重干擾對內容的了解。然而，如果這些困難可以克服，那麼使用錄音和錄影可幫助研究者有效進行資料的蒐集、儲存和分析。

III 訪談

質性研究者蒐集資料的第二種方法，是對所選取的個人進行訪談（**interview**）。訪談（仔細問相關的問題）是研究者用以檢驗——確認或駁斥——自己經由觀察所得印象的一種重要方式。事實上，Fetterman 將訪談稱為質性研究者所擁有的最重要的資料蒐集法。[7]

訪談的目的是想了解受訪者心中想什麼或他們對事物的感受。Patton 評論說：

> 我們訪談人們，目的是要找出那些我們無法直接觀察的東西。重點不在於觀察所得的資料是否比自陳的資料好、較真實或較有意義，真正的重點是我們無法觀察一切。我們無法觀察別人的感受、思想和意圖。我們無法觀察過去發生的行為。我們無法觀察一些不可能有觀察者在旁的情境。我們無法觀察人們如何建構這個世界以及賦予它的意義。因此我們必須問人們有關這些問題的看法。[8]

◆ 訪談的類型

訪談有四種類型：結構式、半結構式、非正式和回溯式。雖然這些不同類型的訪談彼此經常混雜在一起，但為了釐清它們相異之處，我們仍個別描述。

結構式訪談（**structured interviews**）和半結構式訪談（**semistructured interviews**）是一種口頭問卷。它們算是滿正式的，由一系列問答題組成，讓受訪者做具體的回答。利用它們獲取資訊，常是為了之後可以比較和對照。例如研究者想知道市中心區和郊區學校教師之特質有些什麼不同，就能對一群市中心區中學的教師實施結構式訪談（也就是問一套結構式問題），獲得他們的背景資訊——他們的教育程度、資格、先前的經驗及校外活動等等，再和得自一群在郊區任教的教師之相同資料（也就是回答相同的問題）做比較。質化研究裡結構式和半結構式訪談最好在研究末期實施，而不宜在研究開始時實施，因為這樣會使研究者形成先入為主的觀點。它們最有價值之處在於使研究者獲得

資訊，藉以檢驗研究者心中的具體假設。

非正式訪談（**informal interviews**）沒有結構式和半結構式訪談那麼正式。它們比較像是隨意的會談，研究者和受訪者雙方都追尋自己有興趣的議題。它是質性研究中最常見的訪談方式，沒有特定的問題種類或問題順序，或任何特別的詢問形式。非正式訪談的主要目的是找出人們想些什麼及比較個人與其他人的觀點。

雖然乍看之下非正式訪談好像很容易實施，但它其實是所有訪談中最不容易做好的，因為倫理議題幾乎是立即出現的問題。非正式訪談的進程中，研究者經常要做些敏感性問題的決定，例如，什麼問題涉及個人隱私而不適於繼續追問？研究者可以多「深入挖掘」一個人對某事的感受？什麼時候研究者應該要自我克制，不再繼續深入探查個人的反應？研究者該如何建立一種輕鬆熟悉的氣氛，又同時能試圖多了解一些受訪者的生活或經驗呢？

雖然非正式訪談是資料蒐集最自然的情境，但任何類型的訪談都免不了有些不自然。不過，一個技巧熟練的研究者很快就學會，開始時先問一些不具威脅性的問題，讓受訪者感到輕鬆自在，稍後再導入較私人而（可能）具威脅性的問題。研究者如果想獲得真實正確的資訊，就絕對必須建立一種信任、合作和相互尊重的氣氛。一方面設計及問一些好問題，一方面發展及維持一種相互信任和尊重的氣氛，這些是希望成為稱職的質性研究者都必須精通的一種藝術。

回溯式訪談（**retrospective interviews**）可以是結構式、半結構式或非正式的。採用回溯式訪談，是試圖要受訪者去回憶，並重建過去所發生過的某些事情之記憶。回溯式訪談是前述四種訪談類型中，最不容易提供研究者正確、可靠資料的一種類型。

表 19.1 摘要了一些教育研究主要使用的訪談策略。前三個策略較常用於質性研究（但也不是只能用於質性研究），第四個比較常用於量化研究（但也不是只能用於量化研究）。但提醒讀者，在同一項研究裡同時使用多種策略也並非不常見。

◆ 主要人物訪談

在任何團體中，都有某些人對其所屬團體的文化和歷史比其他人有更多的認識，口語表達能力也比較好。傳統上這些人被稱為主要資訊提供者（**key in-**

表 19.1　教育研究領域所使用的訪談策略

	訪談類別			
	非正式 會話式訪談	訪談指引方式	標準化 開放式訪談	封閉式 固定回答式訪談
特色	問題從訪問當時的情狀浮現，並在談話的自然進程中詢問；不是事先決定訪談主題或用字。	要訪談的主題和議題都事先以大綱的方式確定；在訪問的進程中，由訪談者決定提問內容的次序與用字。	事先完全決定好問題的用字與次序。所有受訪者都被問相同的基本問題，問題的次序也完全相同。問題是以完全開放的格式呈現。	事先完全決定好問題與回答選項類別。回答是固定的；受訪者從這些固定的答項裡選出答案。
優點	可增加問題的顯見性與適切性；訪談是建立在觀察之上，也從觀察浮現；訪談可依據個人及情境做調整。	大綱可增加資料的完整性及使每一位受訪者的資料蒐集較有系統。可事先預見資料邏輯上的不足，並加以補足。但訪談一定程度上仍維持會話式，且可依據情況而調整。	受訪者回答相同的問題，故增加了回答之間的可比較性；每一位受訪者都為訪談所探討的主題提供完整的資料。若有數個訪談者，可降低訪談者效應及偏誤。若用於評鑑資料的蒐集，可讓評鑑資料使用者審視評鑑所使用的測量工具。可協助資料的組織及分析。	讓資料分析工作變得單純；回答可以直接比較並易於加總；可以在短時間內問很多問題。
缺點	從不同的人所獲得的資訊是使用不同的問題得到的。如果有問題不是「很自然地」問到，關於該問題的資訊就比較不周全且較無系統。資料的組織與分析之困難度可能頗高。	重要而顯見的議題可能不小心被忽略。由訪談者自行調整題項的次序及用詞，可能使受訪者從不同的角度回答問題，使最後的答案非常不同，降低了回答之間的可比較性。	訪談者幾乎沒有彈性可用以將訪問與個別的受訪者及其情況做連結；問題的標準化用字可能限制問題及回答的自然性；受訪者也不容易感受到訪問對自己的意義。	受訪者必須從研究者所提供的答項中選出一個最適合自己的經驗或感覺的選項；這種訪談可能會讓受訪者覺得沒有人情味（impersonal），不覺得訪問對自己有任何意義，而只是機械性的作答。因為完全限制了受訪者的回答選擇，可能扭曲了受訪者真正的意思或經驗。

資料來源：根據 Patton, M. Q. (2002). *Qualitative research and evaluation methods.* Sage Publications Inc.

formants），是很有用的資訊來源。Fetterman 用主要人物（**key actors**）這個名詞來描述這種人，以避免**資訊提供者**（informant）這個名詞所夾帶的負面意義及其歷史根源。「主要人物」是具有豐富知識的個人，因此經常是資訊的卓越來源。他們常能提供該團體的過去歷史及當前所發生的事件，以及其間關係的詳細資料，還有其他人可能錯過的一些日常細節。他們提供洞見給研究者，而這些常是很珍貴的資料。Fetterman 舉了一個例子，說明一個主要人物在一項有關中輟生的研究中給他的幫助：

> 詹姆士是「底特律輟學研究計畫」（Fetterman 主持的研究計畫）長期約雇的清潔工。他與許多學生同樣在當地社區長大，因此對本研究計畫中的問題嚴重和較不嚴重的學生，以及問題嚴重和較不嚴重的教師，都具有很深入的觀察。我問他說學生是否遵守禁止抽菸、在室內不戴帽子和禁止穿球鞋等新規定時，他說：「從地板上的菸屁股你就知道他們仍在抽菸，不管他們怎麼說，我知道得最清楚，因為我每天都得掃一堆菸蒂……大部分都是新學生，像科克、戴安、提納等，你幾乎任何時候都可以抓到他們在抽菸。我看到他們上課時間在走廊抽、在這裡（餐廳）抽，放學後也抽。」他還提供實際證據支持他的觀察——當我和他在談話時，他掃起一堆菸蒂。[9]

Fetterman 研究的另一個例子是：

> 做資優教育方案研究時，最具觀察力、幫忙我最多的主要人物是一個學區的主管。他把該學區的相關政治生態都告訴我，還告訴我如何避免捲入紛爭。他開車載著我在社區繞，教我怎樣辨認各個主要社區，並指出各社區社經地位的差別；這項資訊在我們後來做分析時，發現對於研究結果有重要的影響力。他也描述某些社區成員及一位前任教育委員對於我們這項方案的指責，他們認為這項計畫會造成菁英主義的循環。他還偷偷告訴我，他兒子夠條件可以進入這項方案的，但最後決定不進去。他透露的這項訊息開啟了我對於該學區內同儕壓力的理解。[10]

由此可以看出，一個主要人物可以是非常有價值的資訊來源。準此而言，研究者需要花時間來找出這些人，並與他們建立一種可以互相信賴的連結。他們提供的資訊，可作為研究者從其他訪談、觀察和內容分析所得資料的交叉檢核（cross-check）之用。但是必須謹慎斟酌主要人物的心思，要小心確定主要人物不是在說些研究者想聽的資訊。這就是研究者在任何研究中都需要尋求多種資訊來源的原因。

◆ 訪談問題的類型

Patton 歸納出六種基本問題類型。在訪談過程中，任何一種或全部六種問題都可能被問到。這六種問題類型是：個人背景（或人口學）方面的問題、知識性的問題、經驗（或行為）的問題、意見（或價值觀）的問題、感覺情緒方面的問題、感官知覺方面的問題。[11]

個人背景（或人口學）的問題（**background** (or **demographic**) **questions**），是詢問有關受訪者的背景特性之例行性問題，包括：教育、曾任職業、年齡、收入等一類的問題。

知識性的問題（**knowledge questions**），是研究者想知道受訪者所具有的事實性資訊（factual information），而非他們的意見、信仰或態度。例如，對於一所學校的認識，可能的問題包括：學生可以選修的課程類別、畢業的要求條件、學校所提供的課外活動種類、校規、入學規定等等。從質性研究觀點而言，研究者想找出的是受訪者所擁有的事實訊息（有別於信仰或態度）。

經驗（或行為）的問題（**experience** (or **behavior**) **questions**），是研究者為了要知道受訪者目前正在做的或過去曾做過的事情而詢問的問題，目的是想誘導後者描述那些可被觀察但研究者沒有觀察到（例如，可能研究者不在場）的經驗、行為或活動。例如：「如果我上學期在你們班上，我可能會在忙些什麼？」又如：「如果我一整天都在你們學校跟著你，我大概會看到你做些什麼？」

意見（或價值觀）的問題（**opinion** (or **values**) **questions**），是研究者想知道人們對某些主題或議題的*想法*而詢問的問題。這一類問題的回答涉及受訪者的目標、信仰、態度或價值觀。例如：「你對校長新訂定關於曠課的規定有何看法？」又如：「在美國歷史這門課中，你希望有哪些改變？」

感覺情緒的問題（**feelings questions**），是研究者想知道受訪者對事物的**感受**而詢問的問題。這些問題是針對人們對於自己經驗的情緒反應。例如：「你對這所學校的學生行為表現感覺如何？」又如：「你對上體育課焦慮到什麼程度？」

詢問感覺情緒的問題和詢問意見的問題經常被混淆。想成為一個技巧良好的訪談者，必須能分辨這兩種類型的問題，而且要知道何時適合詢問哪一類型。想知道一個人對某一論題的感受，是不同於要了解一個人對該論題的看法。例如：「你對你們老師指派家庭作業的方式有什麼看法（你有什麼意見）？」這是在徵求受訪者的**意見**（他對於家庭作業的種類有什麼想法）。又如：「你對你們老師指派家庭作業的方式有什麼感覺（你喜歡或不喜歡）？」這是要問受訪者對家庭作業種類的**感受**（他對家庭作業指派方式的態度）。這兩類型的詢問看起來有點相似，然而所徵求的是不同類別的訊息。

感官知覺的問題（**sensory questions**），焦點集中在受訪者所看過、聽過、嚐過、嗅過或觸摸過的事物。例如：「你進教室的時候看到什麼？」又如：「你會如何描述自己的課堂聽來像什麼？」雖然這一類的問題也許可被視為一種經驗或行為的問題，但研究者在實施訪談中經常忽略掉。再者，這一類問題有它自己的特色，應自成一類。

◆ 訪談行為

研究者在任何訪談裡，都應該有一定的舉止表現。以下是最重要的幾點：

● **尊重被研究團體的文化。** 如果研究者穿著昂貴的衣服去對貧困的市中心區的高中生實施訪談，這就是感覺遲鈍。當然，一個研究者可能偶爾會失之於輕率，而大多數的受訪者會寬宥這種過錯。但是如果研究者經常忽視該團體的傳統和價值，這樣勢必會妨礙他或她獲得可靠有效的資訊。

● **尊重被訪談的個體。** 同意接受訪談的人犧牲了一些原本可以用來做其他事的時間，只為了回答研究者的問題。因此訪談不應該被視為批判或評價受訪者行動和想法的機會，而該被看作是一個可以向受訪者學習的機會。教師、學生、諮商師、學校清潔人員——他們都有各自的工作，因此每一個研究者要一再提醒自己不要浪費他們的時間。訪談必須按既定的時間開始和結束，而且必須注意禮節。尤其是，研究者要注意受訪者透露出的線索。Fetterman 指

圖 19.4　效度有問題的訪談

出：「重複看錶很顯然是表示時間已經到了。呆滯的眼神、茫然的表情，或不耐煩地蹙眉頭，是要讓發問者知道有事情不對勁了，受訪者覺得困惑了、不耐煩，或覺得受到侮辱。訪談者常發生的錯誤包括花太多時間自己講，而沒有足夠的時間聽受訪者講，問題問得不清楚，或做出一項輕率、不夠尊重的評論。」[12]（圖 19.4 是受訪者**不**受尊重的例子）。

- **要自然地互動。**「假裝像青少年，並不能贏得他們的信任，只會讓他們產生猜疑。」[13] 任何形式的欺騙在訪談中都絕不能使用。
- **跟研究參與者發展適當良好的關係。**這一點你一定要小心，因為可能會潛藏一些危險。Seidman 指出問題：「良好關係意味著彼此相處良好，彼此一種和諧的、順從的，及密切的關係。問題是，做到最極端時，想要跟研究對象建立良好關係的想望，可能將訪談的關係轉變成一種『我們』的關係，這時候『是誰的經驗』和『誰做的意義詮釋』這兩個問題就會被混淆在一起，而這是很嚴重的錯誤。」[14] 他接著描述一件發生在他所研究的社區大學的事件：

在我們的社區大學研究裡，有一位研究對象邀請我妻子和我在訪

談結束後去他家吃晚餐⋯⋯我從沒有受過研究對象的這種邀請⋯⋯所以不是很確定該怎麼做。我不想讓自己看起來不夠風度，所以就答應了。我妻子跟我去他家吃晚餐。我們在一個很美的後院用餐，也跟他及他的家人相處愉快。但幾天之後我在他的辦公室跟他做第三次的訪談時，他表現得過於熱情與熟悉，讓我無法維持跟他之間所需要的距離，而無法深入探索他的回答。我覺得作為訪談者有點為難，因為我不想冒險壞了他邀請我們去他家所營造出來的好客氣氛。[15]

- **在訪談中以不同的方式問相同的問題**。這樣研究者可以檢驗他對受訪者答話的正確了解程度，甚至可因而為所討論的主題發現新的線索。
- **不確定受訪者答話的完整性時，要受訪者重複其回答或陳述**。當受訪者對研究者的問題回答過於簡短時，這樣做可以激發討論。
- **變換溝通的流向**。在正式、結構化的訪談中，研究者常必須控制發問和討論的步調。在非正式的訪談，尤其是在訪談的探索或起始階段，讓受訪者隨意漫談一會兒，是建立信任感和合作氣氛的好方法。
- **避免引導式的問題**。引導式的問題事先就預設了答案，像是問「你當然想那樣做吧？」或「你朋友說服你這樣做的，對吧？」或者「那讓你有多不高興？」這些都引導研究對象往某個方向回答。這些問題比較恰當的問法是「你想怎麼做？」「你為什麼那樣做？」及「你對那件事有什麼感覺？」

    訪談者常使用開放式問題（open-ended questions），而不用引導式的問題。開放式問題指出要探索的某個區塊，但不向受訪者建議該怎麼探索。開放式問題不事先預設一個答案。這裡有幾個例子：「你覺得那個會議怎樣？」或「告訴我一些你的試教經驗。」開放式問題有多種可能，也有多種問法。當研究者想要了解研究對象的主觀經驗時，也許只簡單問「你覺得那個怎麼樣？」是最好的方式。

- **不要問二分法的問題**。當你想要對事物有完整了解時，不要問二分法的問題（dichotomous questions），也就是只容許回答「是」或「不是」的問題。例如，「你對自己被指派的工作滿意嗎？」「在亞當學校教書之後你有改變嗎？」「人家要你那樣做時，你知道要做什麼嗎？」，等等。

    二分法問題的麻煩是，這種問題不鼓勵研究對象多說話。當研究者覺得

很難讓研究對象開口時，常常是因為他自己問了一連串的二分法問題。

以下 Patton 舉了一連串二分法問題的一個經典例子，這是一個青少年和他父母的對話。這位青少年剛約會完回到家：

> 你知道你回來晚了嗎？
> 知道。
> 玩得愉快嗎？
> 還好。
> 你們去看電影嗎？
> 對。
> 電影好看嗎？
> 還好。
> 所以，還值得看嗎？
> 值得看。
> 我聽過不少人在講這部電影。你覺得我會喜歡嗎？
> 不知道。也許吧。
> 關於今天晚上，你還有任何其他的事情想告訴我嗎？
> 沒有，就差不多這些吧。
> （青少年上樓睡覺。媽媽對爸爸說「要他跟我們說話，還真是難哪！」）[16]

如你所見，問二分法問題的麻煩是，這種問題很容易就把訪談變成像是在考試或在質問。

- **一次只問一個問題。** 一次問不只一個問題是新手訪談者常犯的錯誤，有時在設計不佳的問卷裡也可以看到這種錯誤。訪談者不是只問一個問題，讓受訪者回答，而是一個問題接著一個問題地問，卻沒有讓受訪者有時間回答（圖19.5）。以下是一例：

> 你覺得那個怎麼樣？你有加入嗎？你說覺得有困難，是你覺得困難還是其他加入的人也覺得困難？你覺得他們的感想會是什麼？

圖 19.5 一次不要問超過一個問題

- **積極聆聽**。有經驗的訪談者很有耐心,而且會從頭到尾專注聆聽,以評量受訪者的回答是否完整充足。如果回答不完整,有經驗的訪談者很快就評估出可能的原因,並再繼續追問,或重新以另一種方法問,以獲得較為精確完整的訊息。

- **不要打斷**。這可能是好的訪談最重要的特色。訪談對象在說話時,不要打斷他們。尤其當受訪者說到某件讓訪談者覺得特別有趣的事情時,更應如此。通常訪談者會很想要打斷訪談對象來繼續追問這個有趣的事情,但這麼做很可能會打斷訪談對象的思緒。最好能先簡短記下來,之後等談話有暫停的時段時再繼續追問。

◆ 焦點團體訪談

　　在焦點團體訪談(focus group interview)裡,訪談者要一小群人(通常是四到八人)思考一系列的問題。研究對象坐在一起成一個團體,並且可以聽到其他人對問題的回答。一旦他們聽到別人的回答以後,所給的回答通常會比原

○ 不要這樣訪談

　　以下假想的訪談情境中，一位研究者正在訪談一位教師；這位教師剛使用完該學區的新數學課程。

研究者：這是很重要的主題，但請不要緊張。（無法建立良好關係）

教　師：好。

研究者：我猜你先前應該有使用過這種數學教材的經驗？

教　師：嗯，算吧，有一點。

研究者：哇，糟了。我以為你會有不少經驗。（透露自己想要得到的回答）

教　師：嗯，剛再想了一下，大約一年多前我的確用了類似的教材。（給了想要的回答）

研究者：哦，是在哪裡？（不相干的問題）

教　師：在猶他州。

研究者：真的？我是猶他州的人……。你喜歡猶他州嗎？（失焦）

教　師：我愛死了。滑雪太棒了！

研究者：我是在打網球。

教　師：這跟數學有什麼關係？

先想講的還多。他們可以同意或不同意別人的意見；不需要也不希望要有共識。焦點團體訪談的目標是要知道，在一個社會的情境下，研究對象都可以聽到別人的意見，也據此思考自己的意見時，他們對於一個議題或一些議題，究竟實際是怎麼想的。

　　但我們必須強調，焦點團體訪談並不是一種討論，不是一個為了要解決問題而開的會，也不是一個做決定的團體；焦點團體訪談是一種**訪談**。[17]

　　焦點團體通常維持一到兩小時，可能討論五到六個核心問題。焦點團體討論原則上通常會有三個部分，類似於訪談的三部分。開場部分由焦點團體主持人歡迎並介紹參與討論的人員，說明此次討論的目的、背景，及焦點團體的規則。中間部分則用以請參與者回答主要的研究問題，結尾部分則通常用以感謝參與者，向他們做簡報，並給他們一個機會做更多的回應。

因此，焦點團體主持人的角色非常重要，尤其在維持參與者之間的互動、引導出不同的觀點，及讓討論的重點持續聚集在主題上，尤其重要。有時候主持人需要挑戰參與者，對同一主題拋出不同的觀點。技巧好的主持人知道什麼時候該追出更多的細節，及當討論離題時，什麼時候該將討論拉回正題。主持人也必須對於該專案及研究具備豐富的知識。

◆ 記錄訪談資料

不論所做的是哪一種訪談，不論我們事前多麼小心翼翼準備訪談的問題，如果訪談者沒有抓住受訪者真正的意思，一切都枉然。因此，訪談進行中，也必須盡可能忠實地記錄受訪者所說的話。要有方法能記下受訪者的實際字句。

因此，記錄的器材通常是任何質性研究者少不了的工具之一。「錄製器材不會『調整』對話，不會因為（有心或無心的）詮釋而改變，錄製的話語速度也不會比實際的慢。」[18]

然而，使用錄製器材並不能取代筆記。Patton 這樣說：

> 筆記至少有兩種作用：(1)訪談時所做的筆記可以幫助訪談者在訪談進行中形成新的問題，尤其是需要釐清受訪者先前所說的話時；(2)記下受訪者說的話可以讓事後的分析更順暢，包括從錄影或錄音帶中找出所說的話……。沒有做筆記通常會讓受訪者覺得自己講的不重要。[19]

◆ 訪談的倫理：知情同意的必要性

深度訪談要求參與者揭露自己的許多事。在這類訪談中，訪談者與參與者之間可能發展出一種親密感，讓後者願意把自己生命中的事件與訪談者分享，但這些事件若被濫用，可能危害到參與者。參與者有權利要求不受這種傷害。再者，訪談者也需要受到保護，避免讓參與者誤會訪談本身的性質與目的。

因此我們相信，在這種情況下，如果可以，訪談者最好能要求參與者簽署一份知情同意書（表格）。我們認為，這類的格式所需要列出的重點類似第 4 章圖 4.1 所列。

質性研究法的資料蒐集與分析

正如我們在第 18 章所指出，前面也說過，質性研究法與量化研究法在蒐集資料與分析資料上都有不同之處。雖然質性研究可能——有時的確——使用像第 7 章所介紹的，已事先把所有問題列出的測驗工具，但大多數的質性研究比較喜歡使用結構比較鬆散的開放式問題蒐集資料，架構則是在做內容分析或是在浮現的主題（第 20 章）中發生。內容分析及浮現的主題則是分析資料的方法。最常使用的量化方法是次數分配，但一些敘述統計也常派得上用場。由於混合方法的設計一直持續增加，我們預期會有愈來愈多的質性分析也使用量化分析方法。

質性研究法的效度與信度

第 8 章我們已經介紹過效度和信度的概念，以及它們應用於教育研究的測量工具的情形。這兩個概念在質性研究中也非常重要。在此處，它們指的是研究者的觀察和參與者對訪談問題的回答方面的效度和信度。事實上，在質性研究中，主要關心的問題圍繞在研究者對其所見所聞有多少信心。換言之就是，研究者怎樣確定他們沒被誤導？

記得，效度（**validity**）是指研究者以蒐集到的資料為基礎所做的推論之適切性、有意義和有用的程度；信度（**reliability**）是指這些推論在不同的時間、地點、情況中的一致性。

但質性研究者常使用確實性（**credibility**）或「可信任性」（trustworthiness）這個詞來包含工具的效度、信度及內部效度。

質性研究非常依賴研究者的觀點。所有的研究者都有某些偏見，所以不同的研究者對於某些事物的觀察可能比其他研究者更為清楚。因此質性研究者使用許多技巧來檢驗他們的觀點，以確定自己沒被誤導——也就是確定他們看到（及聽到）的，確實跟他們認為自己所看到（聽到）的一樣。這些檢核資料或提升效度和信度的程序如下：

● **使用多種工具蒐集資料。**當一個結論能被各種不同的工具所蒐集到的資料支

持時，該結論的效度就得以提升。這一種檢驗方式通常稱為三角驗證法（**tri-angulation**）（見第 21 章第 673 頁圖 21.1）。

- 將一位資訊提供者對於某事物所做的描述，跟另一位資訊提供者對該事物所做的描述比對。兩者的描述若有出入，可能意味著資料無效。*

- 學著了解並使用研究對象所使用的語彙。如果研究者不了解資訊提供者所用的詞彙（尤其是俚語）涵義，或者弄錯了它的涵義，將導致記錄的資料不正確。

- 寫下提問的問題（及所得到的回答）。這樣可以幫助研究者日後從先前所記錄的回答中獲得更深層的了解，也有助於避免因選擇性遺忘導致的曲解。

- 在觀察和訪談的過程中，也要記錄個人的想法。〔也稱為研究者自我反思（researcher reflexivity）〕可以記下認為不尋常或不正確的回應，之後再比對其他的談話或觀察。

- 請研究裡一個或更多的參與者檢驗研究報告是否正確。這通常稱為成員檢視（**member checking**）。

- 找一位研究團隊以外的人檢驗及評估研究報告。這稱為外部稽核（**external audit**），或同儕辯證（peer debriefing）。

- 如果可能且適合，為每一項言談記下講話的人。這可幫忙研究者從這些言談中獲得較多的了解，否則可能事後搞不清楚為什麼會有這些言論。

- 記載推論的根據。

- 描述提問時的情境和所觀察到的情形。這也稱為厚實描述（thick description）。

- 如果可能和適合，使用錄音帶和錄影帶。

- 依據本身對所觀察到的情形之了解做結論，並依據結論採取行動。如果結論不正確，研究者在採取行動時很快會發現。

- 對同一個人做不只一次的訪談。如果同一個人在不同時間的報告不一致，可能表示他不是個可靠的資訊提供者。

- 要持續觀察環境或情境一段時間。觀察時間的長度對質性研究而言非常重要。研究者的所見所聞如果一直都很一致，就是信度的強力指標。尤其，一個群

---

* 當然，並非一定都這樣，也可能只是觀點或認知不同而已。

體在很多方面的特質，常常是要經過一段時間之後才會浮現，而且群體的成
員也要一段時間之後才會熟悉研究者，並開始願意信任研究者。

● **分析相異的個案**（negative cases）。如果有任何個案不符合研究者所得到的
模式，研究者必須修訂該模式，直到這些個案也能符合模式。

表 19.2 列出一些質性研究的目的、研究問題、策略及資料蒐集方式。

表 19.2 質性研究的問題、策略及資料蒐集法

研究目的	可能的研究問題	研究策略	資料蒐集法舉例
探索性： ● 探索一個很少人了解的事件、狀況或情形。 ● 找出或發現重要的變項。 ● 為進一步的研究產生假設。	● 學校狀況怎樣？ ● 教師在學校的行為，有什麼重要的主題或模式呢？ ● 這些主題或模式要怎樣結合在一起呢？	● 個案研究 ● 觀察 ● 田野研究	● 參與式觀察 ● 非參與式觀察 ● 深度訪談 ● 選擇性訪談
描述性： ● 記載一個事件、狀況或情形。	● 這所學校有什麼重要的行為、事件、態度、過程和／或架構呢？	● 個案研究 ● 田野研究 ● 民族誌 ● 觀察	● 參與式觀察 ● 非參與式觀察 ● 深度訪談 ● 填寫問卷
解釋性： ● 說明造成一個事件、狀況或情形發生的力量。 ● 為一個事件、狀況或情形的演變，找出合理的因果網絡。	● 有什麼事件、信念、態度，和／或政策在形塑這所學校的性質？ ● 這些力量如何相互拉扯而塑造學校？	● 個案研究 ● 田野研究 ● 民族誌	● 參與式觀察 ● 非參與式觀察 ● 深度訪談 ● 填寫問卷
預測性： ● 預測一個事件、狀況或情形的結果。 ● 預測一個事件、狀況或情形可能造成的行為或行動。	● 這所學校實行了這些政策以後，未來可能發生什麼？ ● 哪些人會受影響？如何影響？	● 觀察 ● 訪談	● 深度訪談 ● 填寫問卷

▌▍▍ 質性研究論文舉例

　　請利用第 13 章所提供的資訊，以檢視論文時該問的各種問題，來檢視你所閱讀的質性研究論文。

　　原文舉例的出版論文資訊如下；

Doucette, Patricia A. (2004, summer). Walk and talk: An intervention for behaviorally challenged youths. *Adolescence, 39*(154), 378-388.

> **OLC** 回到本章最前面的**互動與應用學習**所列出的一系列互動與應用活動。到線上學習中心（OLC, http://highered.mheducation.com/sites/125991383x）去做小測驗、練習關鍵詞彙，及複習本章內容。

本章重點

觀察者的角色

- 觀察者在質性研究中可以扮演四種角色，其範圍從完全參與者、作為觀察者的參與者、作為參與者的觀察者，到完全觀察者。觀察者在觀察情境中參與的程度，在這些角色中依序減少。

參與式觀察相對於非參與式觀察

- 在參與式觀察的研究中，研究者是所觀察的情境或環境的成員，實際參與活動。
- 在非參與式觀察的研究中，研究者沒有參與該活動或情境，只是「在邊線」觀察。
- 非參與式觀察的研究中，最常見的形式包括自然主義式觀察，及模擬表演。
- 模擬表演是研究對象在假設的情境，被要求演出某些角色。

觀察方法

- 過錄系統是指一套分類法，觀察者用以記錄個人或群體的行為。
- 即使心中有固定的過錄系統，觀察者仍必須選擇要觀察的人事物。

- 所有觀察研究的主要問題是,觀察事件時,可能遺漏了很多重要的細節。

觀察者效應

- **觀察者效應**一詞指的是,觀察者在場可能對於研究對象的行為產生效應,或在所報告的資料中帶有的觀察者偏誤。使用錄音錄影設備對於預防這個效應特別有用。
- 由於無法避免觀察者效應的緣故,許多研究者認為,要到資料已經蒐集完畢才可以將研究目的告知研究對象。

觀察者偏誤

- 觀察者偏誤一詞指的是,觀察者的某些特質或觀點可能影響其觀察。

觀察研究的取樣

- 從事觀察的研究者通常必須選擇一個立意樣本。

訪談

- 質性研究者最常用的主要技巧是深度訪談。
- 在質性研究中,訪談參與者的目的不僅是要了解他們對事物的想法和感受,一方面也檢定研究者的觀察是否正確。
- 訪談可能是結構式、半結構式、非正式或回溯式的。
- 訪談者所問的問題有六種類型:個人背景(或人口學)的問題、知識性的問題、經驗(或行為)的問題、意見(或價值觀)的問題、感覺情緒的問題,和感官知覺的問題。
- 在任何訪談中,尊重受訪者是一項極重要的基本態度。
- 所謂主要人物,是指在團體中最了解該團體的文化和歷史的人,他們也較能表達自己的看法和意見。
- 焦點團體訪談是在一個具同質性的小型團體中做訪談。這個團體的成員會回答訪談者的一系列問題。
- 一位好的訪談者最明顯的特質是,對人有濃厚的興趣,很喜歡聽別人敘說。

質性研究法的信度與效度

- 在質性研究中,要檢驗研究者之詮釋的信度與效度,一個重要的方法是,比較不同資訊提供者對同一事物的描述是否一致。

- 檢驗信度和效度的另一種方式（雖然較難做到），是比較不同來源對同一主題所提供的資訊——即「三角驗證法」。
- 為確保信度和效度，可做的努力包括：使用適當的語彙、記錄所問的問題和個人的反應、描述內容及記錄資料來源。

關鍵詞彙

問題討論

1.「未經告知就觀察人們和／或未經允許就記錄他們的意見是不合倫理的。」你是否同意這句話？說明你的想法。

2. 參與式和非參與式觀察，你認為何者較能產生有效的資訊？為什麼？

3. 有沒有任何類別的行為是不應該被觀察的？說明你的想法。如果有，請舉一例。

4. 你認為參與式觀察最大的優點是什麼？最大的缺點呢？

5.「觀察別人的一大困難是，觀察者可能遺漏了很多重要的細節。」這句話在任何情況下都是正確的嗎？有沒有任何方法可以減少觀察研究中可能會被遺漏的重要細節？如果有，請舉例說明可以怎麼做。

6. 觀察者效應是不可避免的嗎？為什麼是？或為什麼不是？

7.「質性研究者想做的是，客觀地研究主觀的認知（study the subjective objectively）。」這句話是什麼意思？

8. 有沒有任何種類的資料是無法經由觀察獲得的？無法經由訪談獲得的呢？如果有，請說明。

9. 在我們所介紹的六種基本問題類型中，你認為訪談對象會覺得哪一種問題最難回答？最容易回答的呢？為什麼？

10. 你認為訪談者應該擁有的特質中，最重要的是什麼？

11. 你認為觀察和訪談兩者，哪一種最不容易做得好？為什麼？

12. 通常會建議訪談者「要自然」。你認為這是什麼意思？可能嗎？重要嗎？這一定都是好的建議嗎？請說明你的想法。

註釋

1. Bernard, H. R. (2000). *Social research methods. Qualitative and quantitative approaches* (p. 388). Thousand Oaks, CA: Sage.

2. Papini, D. R., Datan, N., & McCluskey-Fawcett, K. A. (1988). An observational study of affective and assertive family interactions during adolescence. *Journal of Youth and Adolescence, 17*, 477-492.

3. Lindman, R., Jarvinen, P., & Vidjeskog, J. (1987). Verbal interactions of aggressively and nonaggressively predisposed males in a drinking situation. *Aggressive Behavior, 13*, 187-196.

4. Stewart, M. A. (1984). What is a successful doctor-patient interview? A study of interactions and outcomes. *Social Science and Medicine, 19*, 167-175.

5. Devet, B. (1990). A method for observing and evaluating writing lab tutorials. *Writing Center Journal, 10*, 75-83.

6. Amidon, E. J., & Hough, J. B. (1967). *Interaction analysis: Theory, research, and application*. Reading, MA: Addison-Wesley.

7. Fetterman, M. (1998). *Ethnography: Step by step* (2nd ed.). Thousand Oaks, CA: Sage.

8. Patton, M. Q. (2002). *Qualitative evaluation and research methods* (3rd ed.). Thousand Oaks, CA: Sage.

9. 出處同註釋 7，p.72。Fetterman 指出**資訊提供者**一詞，源自人類學者在被殖民國所做的研究，也就是當時大英帝國所殖民的非洲國家。

10. 出處同註釋 7，p.73。

11. 出處同註釋 8，pp. 348-351。

12. 出處同註釋 7，p. 70。

13. 出處同上，p. 71。

14. Seidman, I. E. (2006). *Interviewing as qualitative research: A guide for researchers in education and the social sciences* (3rd ed., p. 68). New York: Teacher's College Press.

15. 出處同上，pp. 73-74。

16. Patton, M. Q. (2002). *Qualitative research and evaluation methods* (3rd ed., pp. 354-355). Thousand Oaks, CA: Sage.

17. 出處同上，p. 385。

18. 出處同上，p. 380。

19. 出處同上，p. 383。

內容分析

學習目標 >> 讀完本章後，你應該能：

- 解釋何謂內容分析。
- 說明內容分析的目的。
- 說出可用於教育研究的三至四種內容分析的方法。
- 解釋為什麼研究者可能想做內容分析。
- 摘要一份內容分析。
- 描述做內容分析的步驟。
- 描述做內容分析時可用的取樣方法。
- 描述兩種將描述性質的資訊過錄成類別的方式。
- 描述內容分析研究法的兩項優點及兩項缺點。
- 在教育研究文獻中，遇到內容分析研究報告時，能指認之。

互動與應用學習 在閱讀本章的同時，或讀完本章後：

 到線上學習中心（Online Learning Center, OLC），
網址 http://highered.mheducation.com/sites/125991383x：

- 了解更多關於內容分析的資訊

 到線上學生精熟活動簿（Student Mastery Activities Book）做
下列活動：

- 活動 20.1：內容分析研究問句
- 活動 20.2：內容分析的類別
- 活動 20.3：內容分析的優點與缺點
- 活動 20.4：做一次內容分析

　　黛拉是中學英文老師。她愈來愈擔心學校指定教科書中的文學選集裡所呈現的婦女形象，會讓她的學生對於現代婦女所能扮演的角色，眼界受限。有一天放學後，她問另一位英文老師羅貝塔對這件事的想法。「嗯，」羅貝塔說，「真有趣，妳會問我這件事。我也一直擔心同樣的事情。我們一起去查清楚好了！」

　　她們怎樣可以「查清楚」呢？她們所需要的，是做內容分析。黛拉與羅貝塔需要小心檢視所使用的各個選集裡，是如何描繪婦女的。她們可能會發現已經有人做了這類的研究，但也可能需要自己做一次研究。這是本章要討論的。

　　我們在第 19 章曾提及，質性研究者用來蒐集與分析資料的第三種方法，習慣上被稱做**內容分析**，其中主要部分則是分析文件的內容。

▐▐▌ 何謂內容分析？

　　許多人類的行為無法直接觀察到或無法測量的，即使有人在這方面有第一手資料，也不一定能從這些人得到資料。研究者可藉由內容分析（**content analysis**）的研究法，分析人們的傳達工具（communications），*間接了解人類的行為。內容分析的方法，正如其名所指，通常是分析文件內容，雖然並不一定都是。文件可能包括教科書、短文、報紙、小說、雜誌的文章、食譜、歌曲、政治演講、廣告、圖片等，任何傳達工具的內容都可加以分析。某個人或某個群體的自覺或不自覺的信仰、態度、價值觀及想法，常會在其所製作的傳達工具中表露出來。

　　今日世界中，有多種各式各樣的傳達工具（報紙的社論、公共場所的塗鴉、音樂作品、雜誌的文章、廣告、影片、電子媒體等）。分析這些傳達工具的內容，我們可以了解許多關於人類的生活。然而，要分析這些訊息，研究者必須蒐集並組織大量的資料。要怎樣才能將蒐集來的資料組織建構呢？研究者必須根據研究目的，發展合適的類別、評等方法或給分方式，作為比較之用，才能有效發掘研究主題的內涵。這就是內容分析。

　　利用內容分析法，研究者能（間接地）探討任何事物，例如從歷史上父母教養方式的趨勢（比較各時期的方式，探討不同社會教養方式的差異），到探討人們偏好的英雄類型，或電視上暴力行為的程度，都可以利用這種方法。利

---

* 許多人類製造的東西原本並不是作為傳達工具之用（例如，陶器、武器及歌曲等），但這些後來也被視為傳達工具的一種，例如，我們從馬雅人製作的陶器，可以了解他們的許多文化。

用分析文學、一般大眾雜誌、歌曲、漫畫、卡通及電影等，人們在不同時代對於性、犯罪、宗教、教育、種族、感情與愛情，或暴力與憎恨等等的看法，都可以藉此揭露，任何時尚的興起與沒落也可經此發覺。從這類資料中，研究者可比較不同時代、地域、文化或國家的人所擁有的態度與信仰。

內容分析研究法常與其他方法並用，尤其是歷史研究法與民族誌研究法。只要是研究者想將一些先前未曾整理的資料加以系統化及（通常也）量化，都可以使用內容分析法。在分析觀察及訪談資料上，內容分析的方法非常有價值。

讓我們考慮一個例子。在 1960 及 1970 年代的一系列研究中，Gerbner 及其同仁做了一個電視出現暴力鏡頭多寡的內容分析。[1] 他們選擇了在每年秋季某一星期內所播放的電視戲劇性節目做研究（以比較每年的趨勢），並尋找節目中所含的暴力鏡頭。

他們將每個節目都製成錄影帶，並發展了一套評量辦法，以訓練過錄者（coder）將內容做初步分析。例如，**普遍性**（prevalence）指的是含有至少一個暴力鏡頭的節目百分比；**比率**（rate）指的是一個節目裡暴力鏡頭出現的次數；**角色**（role）指的是涉入暴力行為的人〔使用暴力者稱為「暴力使用者」（violents），而被施以暴力的人稱為「受害者」（victims）〕。

Gerbner 等人利用這些資料製成兩種分數：**節目分數**（program score）是根據普遍性與比率而來；**角色分數**（character score）則是根據角色而來。他們將這兩種分數的總和，作為每個節目的**暴力指數**（violence index）。圖 20.1 是他們為 1967 到 1977 年各種節目所做的暴力指數繪成的圖，其中顯示兒童節目中的暴力最高，而且這樣的情形在這十年並沒有什麼變化。

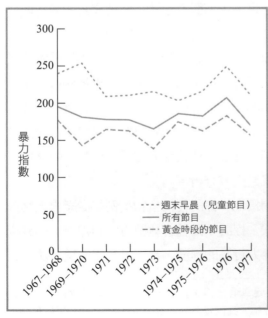

圖 **20.1** 電視暴力與大眾觀看模式

▋▋▋ 內容分析的應用

內容分析在教育研究界是一種廣被應用的研究方法，例如，它可用於以下的研究中：

- 藉著探討教育專業或一般的出版品，描述學校教育幾年之間的趨勢〔例如，近幾年重新強調基本能力的方針（back-to-basics movement）〕。
- 了解組織的模式（例如，經由分析學校主管所製作的圖表、大綱等）。
- 描述不同的學校如何使用不同的方法解決相同的問題（例如，課程模式、學校管理）。
- 推論不同國家的態度、價值觀及文化模式〔例如，可能藉由分析各國學校排定（或不排定）的課程或贊助（或不贊助）的活動〕。
- 將一般人對於學校的迷思（myths）及學校實際的情形做比較（例如，民眾對各學校的意見調查結果及校內人士所發表的文章，比較兩者之間的異同）。
- 了解教師們對於自己工作的感想（例如，經由分析他們所寫的關於工作上的文章）。
- 了解外人如何看待學校（例如，經由觀看描述學校的影片或電視節目）。

內容分析法也可作為補充其他比較直接的研究法之用。例如，在所謂男人的工作領域內工作的女人，要了解一般人對於她們的態度，可以經由幾種不同的方法：問卷、深度訪談、觀察法，或對其他論及該項主題的社會網絡網站、雜誌文章、電視節目、報紙、影片及自傳等做內容分析。

最後，研究者可藉內容分析洞察問題之所在或發展假設，之後再以較直接的研究法檢測這些問題或假設。例如，在對某個高中的學生做深度訪談之前，研究者可以先分析學生報紙的內容，獲得較多的訊息之後，再設計問卷或訪談的問題。

以下是一些教育研究者做的內容分析研究的標題：

- 「探索基礎教育教科書中有關女同性戀、男同性戀、雙性戀及跨性別的主題」[2]
- 「分析多元文化師資培育課程之教學大綱」[3]
- 「利用酒賣香菸給年輕人：香菸廣告的內容分析」[4]
- 「對互助合作的看法：學生日誌的內容分析」[5]

- 「性別在書評者對政治科學書籍的品質評價中所扮演的角色」[6]
- 「學校反霸凌政策的內容分析」[7]
- 「教數學求理解：尋求教學資格的教師所提交的課程設計之分析」[8]

▌▌▌ 內容分析中的分類

所有稱為**內容分析**的方法有一些共同特色。這些方法也由於其分析的目的及所分析的傳達工具不同，而在某些方面有所差異。

所有的方法都必須將描述性質的資訊轉化（也就是，**過錄**）成類別。有兩種方法可以使用：

1. 研究者在分析之前先決定類別。這些類別是根據先前的知識、理論或經驗而定。例如，本章稍後我們會利用事先決定好的類別，描述並評估一系列跟社會研究教育有關的期刊文章（見第 643 頁）。
2. 研究者在分析的過程中變得非常熟悉所蒐集的描述性資訊，並發展出類別（見第 638 頁圖 20.3）。

▌▌▌ 從事內容分析的步驟

◆ 決定目標

研究者首先必須決定他所要完成的目標。研究者做內容分析的原因可能有幾種：

- **針對某個主題獲得描述性的資訊**。內容分析法非常適合用於蒐集某個議題或某個題目的資訊。例如，以內容分析法分析不同國家的父母教養子女的方式所獲得的描述性資訊，可能會使研究者考慮以不同的方法在某一特定社會進行該項研究。同樣地，以內容分析法研究不同的歷史教科書對於歷史事件的敘述方式，也可能讓研究者對於為什麼人們對歷史的看法不同有一些概念（例如，希特勒在第二次世界大戰所扮演的角色）。
- **形成主題（也就是主要的構想），以幫助自己組織大量的描述性資訊並理解**。主題（**themes**）通常是過錄碼的群集，這些群集分類可能是在發展過錄的期

間或之後浮現的。第 638 頁有一個例子。

- **檢視其他的研究發現**。內容分析法也能幫助研究者確認某個研究或使用其他研究方法所得的發現。例如,若出版者說他們所出版的高中生物課本包含了某些內容(經由訪談而得),要確認他們的話,研究者可以分析他們的教科書。要確認大學教授在訪談時所說明的教學內容是否為真,也可以分析其教案的方式為之。

- **獲得有關教育問題的處理方法之資訊**。內容分析法可幫老師策劃活動以幫助學生學習。例如,分析學生的作文,老師可以抓出學生在文法或寫作上常犯的錯誤。以內容分析法研究學生的數學作業,可以發現學生做應用題所欠缺的能力。這些方法類似一般教師批改作業的方式,而兩者不同之處在於前者提供較多細節,例如,可能是不同的錯誤發生的次數。

- **檢定假設**。內容分析法也可用來探討可能的關係或測試研究者的想法。例如,某位研究者的假設可能是,社會研究的教科書對於屬於少數族群的個人,在美國的歷史發展所扮演的角色之描述已經改變。利用近二十年來出版的教科書做內容分析,就能測試這一項假設。

◆ 定義名詞

就像做所有的研究一樣,研究者若不事先或在研究的過程中將重要的名詞(像**暴力、少數族群、強調基本能力的教育方針**等)清楚定義,一定會遇到極大的挫折。

◆ 確定分析的單位

到底要分析什麼?字詞?句子?段落?還是圖畫?開始分析之前,研究者必須決定分析的最小單位。

◆ 找到相關的資料

一旦研究者清楚了研究的目的及分析單位後,就必須去找出與研究目的相關的資料(例如,教科書、雜誌、歌曲、授課大綱、教案)並加以分析。要分析的內容及研究的目的兩者間的關係必須清楚;而一個能確保關係清楚的方法是,事前在心中要有非常明確的研究問句(最好還有假設),然後再去挑選可

細說研究 MORE ABOUT RESEARCH

⊙ 內容分析研究的重要發現

內容分析研究的經典例子之一，是 Whiting 與 Child*60 年前所做的研究。他們的方法是蒐集美國及 75 個「舊式社會」（primitive society）裡，父母教養子女方式的 17 種特性及疾病存在與否的 20 種可能的原因，並讓每一種特性及原因至少由兩位裁判評分。教養子女方式的特性例如：依賴社會化焦慮（dependence socialization anxiety）、斷奶的年齡、開始訓練大小便的年齡。評分的標準是依據每一個社會的民族誌資料（見第 21 章），這些資料在耶魯人類關係研究所（Yale Institute of Human Relations）可取得，這些資料有些只有短短一頁，有些則長達數百頁。

研究者根據心理分析理論做了許多相關性假設。他們的其中一個結論認為，疾病的解釋原因與嬰幼兒時期的不滿足及訓練的嚴厲度有關（例如，最早訓練嬰幼兒斷奶的社會，疾病產生的原因最能以飲食及經由口腔感染的問題解釋）。另一個發現是，與其他社會的樣本比較之下，美國（中產階級）的樣本教養子女的方式比較嚴厲：他們比別的社會更早讓嬰幼兒斷奶，訓練大小便的時間也較早，而且處罰更是格外嚴厲。

---

* Whiting, M. W., & Child, I. L. (1953). *Child training and personality*. New Haven, CT: Yale University Press.

用以探討假設的資料。

◆ 發展一套合乎邏輯的論述

研究者必須發展概念的連結（conceptual link），以解釋要蒐集的資料與研究目的之間的關係。內容的選擇必須很清楚，即使不懂的旁觀者也可以看出來。通常研究問題與內容之間的關聯會很明顯。例如，要研究廣告中的偏見，一個合邏輯的方法是研究報紙及雜誌的廣告內容。然而，有時兩者之間的關聯並不很清楚，這時就需要詳加解釋。因此，若研究者想研究人們歷年來對於某群體（像是警員）的態度的變化，他可能會去看歷年來雜誌中所刊載的短篇故事如何描述警察；而研究者這樣做的同時，也是假定雜誌中所描繪的警員在這些年

的變化，是反映了一般人對他們的態度之變化。

許多內容分析都是使用研究者可取得的資料，但研究者也可以自己製造資料。例如，研究者可利用開放式問卷，詢問學生對於最近剛使用的新課程的感想，再分析學生在這些問題的反應。或者，研究者可以訪問學生，以評估他們對於學校諮商輔導組的看法，再將這些資料加以過錄與分析。

◆ 發展抽樣計畫

一旦研究者完成了前面的步驟，就可以開始發展抽樣計畫。例如，研究者若想對小說做抽樣，他可以依據一種或數種層面（例如，字詞、片語、句子、段落、章節、書或作者）抽樣。電視節目也可能依據節目的種類、電視台、贊助者、製作人，或播放時間而抽樣。任何形式的傳播工具都可依據任何合適的概念層次做抽樣。

第 18 章所討論的**立意抽樣設計**，是其中一種最常用的內容分析抽樣法。例如，一位研究者決定要將數位學生的訪談內容做成逐字稿，因為這些學生都是極具天分的音樂家。或者，對於學校董事會的會議記錄，研究者只想找出那些有對課程做改變建議的資料。

第 6 章所討論的抽樣方法也可以用於內容分析。例如，研究者可能決定要選出一個隨機樣本（**random sample**），包括化學教科書、課程指引、在加州通過的與教育有關的律法、表現不佳的高中裡，歷史教師所寫的教案，或者小學校長每天的公告欄。或者另一位研究者將某個樂團出的所有歌曲都加以編號，然後隨機選取 50 首歌加以分析。

分層抽樣（**stratified sampling**）也可應用於內容分析研究。例如，某位研究者想研究某州內各學區教育管理委員會的政策，他可能先將該州的學區依據地理位置及大小加以分類，再用隨機抽樣或等距抽樣法抽取學區。分層的好處是，所獲得的樣本比率能代表該州的各種學區位置及各種學區大小的比率。研究者接著就可以從這些學區的教育管理委員會獲得他們的教育政策，並加以分析。

研究者也可使用**群集抽樣**（**cluster sampling**）。上述的例子中，如果分析的單位是委員會的開會記錄，而非其正式的政策宣示，那麼研究者就可以分析某個學年內，委員會所有的開會記錄；每一個隨機選取的學區就能提供一群集

的開會記錄。但如果每個學區只隨機抽一兩次的開會記錄（而非所有會議）加以分析，就是二階段隨機抽樣下所形成的樣本了（見第 155 頁）。

當然，也有一些比較不佳的方法可以選擇內容樣本加以分析。利用便利樣本所做的分析，基本上是毫無意義的。例如，要研究美國公民對於自由貿易的態度，卻只分析刊登在一兩本雜誌（例如，*National Review* 或 *The Progressive*）的文章，就是一個例子。比便利樣本稍微好一點的是立意樣本。若有證據顯示哪些資料具有代表性，研究者應該盡可能依據這些證據來蒐集資料，而不是僅限於依賴自己或同僚的判斷。因此，決定分析《時代》（*Time*）雜誌的讀者投書以了解大眾對政治議題的態度時，若有先前的研究顯示，《時代》雜誌讀者投書的意見與民意調查、選舉結果等資料相符，則這樣的作法算是合理的。

◆ 訂定過錄類別*

研究者已盡可能明確定義所要分析的內容後，就需要訂定與研究相關的過錄類別（圖 20.2）。類別必須非常清楚明白，即使是另一位研究者，如果利用這些類別研究相同的資料，獲得的結果也應該要大部分相同；也就是，兩研究在每一類別所分析出的次數都相同。

假設一位研究者想了解高中英文課本中所呈現的形象或概念是否精確；也就是，她想了解，這些課文所呈現的文字或圖片的內容是否有任何偏見，而且如果答案是有，是怎樣的偏見。因此她決定要做一次內容分析研究，以尋找這些問題的答案。

她首先必須計畫要如何選取及組織這些要分析的內容──在這裡是指教科書。她必須先發展出相關的類別，才能找出她認為重要的內容。

假定這位研究者決定要探討這些教科書如何呈現女性的形象，所以她先選定要分析的教科書樣本，也就是她將閱讀的課文內容（在這裡，這些教科書可能是某個學區內的所有學校裡，某個年級所用的教科書），接著發展過錄的類別。女人是如何被描述的？她們有什麼特質？她們的身體、性情及社會的特徵有哪些？這些問題暗示了必須分析的類別，而這些類別又可以再分解成更小的

---

* 這項步驟的一項例外是：研究者只是計算具有某一特徵的事物發生的次數（例如，Gerbner 研究中的暴力），或利用量表評量事物在某一特徵上明顯或嚴重的程度（例如，Whiting 與 Child 所做的研究；見本章第 634 頁的細說研究）。

圖 20.2 我該用哪些類別？

過錄（**coding**）單位，如表 20.1 所示。

另一位研究者則要探討美國、英國、法國及瑞士各國，對於人類的親密關係所表現的不同態度，是否表現於其大眾傳播工具中。影片極適合這種分

表 20.1 為社會研究教科書中的女性過錄的類別

外表特徵	性情特徵	社會特徵
髮色	溫暖	種族
眼珠的顏色	冷漠	宗教
身高	平穩安定	職業
體重	緊張焦慮	收入
年齡	有敵意	居住所
髮型	熱情	年齡
等等	等等	等等

析，而且也易於取得；但要怎樣形成類別，及決定每一類別的過錄單位，則較困難。例如，她可能利用 Horney 的三種關係類型：「趨前」（going toward）、「遠離」（going away from）、「衝撞」（going against）[9] 形成三種事前訂好的類別，然後就從影片中尋找屬於這三種類別的例子。而其他像揍人、挖苦人、親吻或擁抱，或拒絕別人的請求等行為單位，都是屬於其他的類別，隨著研究者對影片熟習之後而浮現。

　　另一種分析大眾傳播內容的方法，是以「時間」與「空間」為類別。例如，過去幾年之內，報紙報導學生在校園內示威遊行的版面占了多少英寸？電視的新聞節目有幾分鐘是在報導城市內的暴動？處理暴力主題的電視節目占了多少時間？非暴力主題的電視節目又占多少時間？

　　根據資料所浮現的內容來發展類別的過程，常是很複雜的。圖 20.3 是過錄一份訪談記錄的例子。這是跟一位教師談論「課程改變」的逐字稿。在這個例子裡，類別的過錄碼及原始的主題都有在內文中標示，並且在邊緣註記，也做了提示。

　　外顯內容與潛在內容　做內容分析時，研究者可以只過錄外顯內容或只過錄潛在內容，或者兩者都過錄。外顯內容與潛在內容有何不同？傳達工具中的

過錄碼	逐字稿	主題
	訪談者：露西，妳認為格林菲社區的優點有哪些？這些優點怎樣影響到學校？	
緊密的社區	**露西**：我想格林菲是一個頗為 緊密的社區 。大家都對社區發生的事情很關心。我們都會注意小孩的舉動，並且因為這樣而覺得跟小孩相連結。而	
社區的健康，或社區的價值	這個的缺點，也許是小孩覺得我們盯得**太緊**。……你說 社區的健康 本身是反映在學校……我想，……整體而言，這是一個頗為保守的社區，很努力想把學校所教的都反映在 社區的價值觀 。……	社區感
改變讓人覺得受威脅	（而我想可能有一點過於保守的傾向，因為我們把「你知道吧，我們學到了基礎能力，包括閱讀、書寫及算術」的這種能力理想化了）。結果變成任何的 改變都讓人覺得受威脅 。……有時候甚至想做一點不同的事情都會受到阻擋。	
	訪談者：格林菲的領袖人物的優點呢？在領袖人物的規劃能力……先進的思考，具有遠見這些方面……格林菲大概屬於哪一個程度？	可能的主題：領袖人物
優秀人才的遠見	**露西**：我想我們社區有人是有非常棒的 遠見 的。但我想，整個社區……並沒有反映這一塊……我覺得我們有一些非常非常有天分的人，但這些人想做他們認為好的事情時，覺得受到挫折……	

圖 20.3　過錄一份訪談記錄的例子

資料來源：Creswell, J. W. (2008). *Educational research: Planning, conducting, and evaluating qualiative research*. Columbus, OH: Merrill Prentice-Hall.

外顯內容（**manifest content**）指的是明顯的、表面的內容，包括字句、照片、圖片等，直接以肉眼或耳朵即可得知，不需要對深層意義（underlying meaning）做任何推論。例如，要決定某一課程是否有鼓勵發展批判思考技巧，研究者可能只是計算一下課程大綱的課程目標中，「思考」這個字眼出現的次數，這就是外顯內容。

另一方面，文件的**潛在內容**（**latent content**）指的是話語或圖片等的深層意義。例如，要了解一個課程大綱的深層意義，研究者也許需要把課程大綱整個讀完，或隨機抽幾頁來讀，尤其是描述課堂要進行的活動及要分派給學生的作業部分，因為這些都是學生會直接接觸到的；然後研究者就能評估該課程協助發展批判思考能力的程度。雖然研究者的評估還是會受課程目標中出現「思考」的次數影響，但整個評量至少不是完全依賴這個字眼（或其同義字）出現次數的多寡而決定。

兩種方法不可避免地都有其各自的優缺點。過錄外顯內容的優點是：過錄工作輕鬆，而且**信度**高（也就是，別的研究者會計算出的字或詞的出現次數會相同），閱讀研究報告的讀者也很清楚「思考」這名詞是如何測量的。但是，這種方法的**效度**卻令人懷疑。只計算「思考」出現在課程大綱的次數，並不能指明這種思考方法要如何發展，而且這個字眼也不一定就是指「批判」思考。

過錄潛在內容的優點是能獲得文件內容的深層意義，但是卻必須付出信度的代價，因為兩位研究者對於同樣的課程大綱能發展批判思考的程度，很可能做出不同的評估：同樣一項課堂上的活動，也許對一位研究者而言是很能鼓勵學生發展批判思考的，但對另一位研究者而言卻認為是沒有多大的效益。一般常用的標準是兩位評分者之間必須達到 80% 的一致性。然而，即使同一位研究者將所有的資料都過錄，也不能保證他的判斷標準自始至終都一致，並且，閱讀研究報告的讀者也可能不太清楚到底研究者是怎樣做出判定的。

因此，若有可能，最好是兩種方法都使用。如果研究者過錄外顯及潛在內容的方法具有穩定性及效度，那麼兩者（外顯及潛在內容）對於同一段內容的描述也應該會極相似。如果研究者（們）利用這兩種方法過錄，結果發覺兩者所得的評估結果並不相近（雖然絕不可能完全一致），也許應該把所得的結果作廢，或者重新考慮整個分析的目的。

◆ 檢查信度與效度

雖然很少人檢查內容分析的信度（**reliability**）與效度（**validity**）（見第 8 章），但我們相信，至少在一些情況下還是可以這樣做的。除了檢視分類者之間的一致性，如果能知道同一位分類者對於同一內容在一段時間後所做的分類，與之前的分類兩者間的一致性（再測信度），也會是很有用的訊息。再者，重新選取資料的另一個樣本，或將所要分析的資料隨機分成一半，再比較兩者之間的一致性，也就有了類似複本信度的資訊：分析兩個樣本所得的內容之間應該有相當的一致性；或者，檢視複本信度的另一個方法，是將分析單位一分為二，加以比較。例如，若分析單位是一本小說，則侮蔑外國人的言語，在單數章節出現的次數應該和在雙數章節出現的次數相近。

至於效度，我們認為，對照外顯內容與潛在內容的結果，及將分析結果與以另一種方式所得的結果相比較，這兩者都是可以做到的。例如，若是社論與讀者投書都反映了一般大眾的想法，社論中侮蔑及稱讚外國人的言語出現的相對頻率，應該會和讀者投書裡所出現的相對頻率相近。

◆ 分析資料

計算次數在一些內容分析研究中是一項重要的特色。每次發現了跟一個類別相關的例子，這個例子就被算進該類別中，因此過錄程序的最後產品一定是數字。計算某些字詞、符號、圖片，或其他外顯內容出現的次數，當然是需要利用數字，但即使是過錄文件的潛在內容，研究者也必須以數字表達這些過錄的決定（是不是要算做某類別的例子之一）。

計算出現次數時，也必須記載該項次數的**基礎**（base）或參考點（reference point）。例如，只說某份社論含有 15 次排斥猶太人的陳述，而沒說明該份社論有多長，就沒有提供足夠的訊息。同樣地，只知道某位參議員發表過幾次呼籲要平衡預算的演說，而不知道她在我們開始計算的時間之內一共發表過幾次以經濟為主題的演說，也不能告訴我們她在財政上有多保守。

假設我們想為美國不同地方的報紙之社論政策做內容分析。表 20.2 是這些社論可能使用的過錄類別的一部分。第一欄是報紙的編號（每一份報紙用一個號碼代替，以利於分析）。第二、三欄各是該報社的地點與發行量。第四欄列

表 20.2 樣本畫記表（報紙社論）

報紙編號	地點	發行量	過錄的社論篇數	主觀評價[a]	贊成墮胎的社論篇數	反對墮胎的社論篇數
101	A	3,000,000	29	3	0	1
102	B	675,000	21	3	1	1
103	C	425,000	33	4	2	0
104	D	1,000,000	40	1	0	8
105	E	550,000	34	5	7	0

[a] 主觀評價的類別：1＝非常保守；2＝有點保守；3＝中間；4＝有點自由；5＝非常自由。

出所過錄的社論份數。第五欄則是研究者對於該份報紙的政策所做的主觀評估（這可用以跟客觀的計算結果相比較）。第六與第七欄則是過錄某些社論類型的數量。

　　最後一個步驟則是分析表格所列出的資料。如同其他的研究方法，第 10 章所介紹的敘述統計可用以摘要資料，幫助研究者詮釋它們所蘊涵的意義。

　　常用以詮釋內容分析資料的方法是經由內容出現的次數、百分比和／或某一特別內容相對於整體內容出現的比率。我們用這些統計值分析一些社會研究的論文（見表 20.3、20.4 及 20.5），若是探索變項間的關係，則常利用交叉表（見第 10 章）或卡方分析（chi-square analysis）（見第 11 章），因為這兩者都適於分析類別資料。*

　　有些研究者在整理內容及以文字描述研究發現時，喜歡利用代碼及主題作為輔助工具。

▌▌▌ 內容分析研究實例

　　1988 年時，我們針對 1979 至 1986 年間刊登在 *Theory and Research in Social Education*（TRSE）的所有文章，做了一次內容分析研究。[10] TRSE 專門刊登關於社會科學研究的文章。我們找出了 46 篇這方面的文章，以下是這些文章所使用的研究法。

---

* 若研究使用評等（ratings）或分數，則可利用集中量數、相關係數及次數多角圖分析。

文章所使用的研究法種類

真正的實驗	7 (15%)
準實驗	7 (15%)
相關性研究	9 (19%)
問卷型的調查	9 (19%)
訪談型的調查	6 (13%)
民族誌研究	9 (19%)
	樣本數＝ 47[a] (100%)

[a] 總數是 47，因為其中有一篇的作者使用了兩種方法

　　我們兩人都讀過這段時間內所出版、屬於這些類別的每一篇文章，並使用過錄表分析這些文章的內容，過錄表也是我們一起設計的。為了要檢定我們之間對於各類別的定義的一致性，我們先讀了同樣的六篇文章，再比較兩人所做的分析。我們發現彼此對於各類別的詮釋有相當高的一致性，但後來我們發現需要再增加一些次類別（subcategories）及一些全新的類別。圖 20.4 是我們最後所建立的類別。

　　接著我們利用這一套新的類別，重新閱讀這六篇文章及其餘所有的文章（40 篇），再次比較兩人所做的分析。雖然彼此之間有一些不一致，但這些不一致大部分是因為其中一人疏忽了，因此很容易就將這些不一致解決了。[*]表 20.3 至表 20.5 是我們的一些研究發現。

　　這些表顯示，這些研究的目標很明確，變項也大都清楚（82%），介入性研究中的實驗處理在幾乎所有的研究中也描述得夠明白，並且大部分都是做假設檢定，但有些假設說得並不夠清楚。只有 17% 的研究可稱得上是使用代表性樣本，而且大部分都需要一番解釋說明。頗高比例的研究中存在有損耗、研究對象的特質，及工具的使用等對內部效度的威脅，而在 15 個相關性研究與實驗研究中，有九個研究的作者有提出這些威脅並加以討論，但其他類型研究的作者幾乎都沒有提。

---

[*] 若當時能將我們的分析結果與另一組人以相同的文章所做的分析結果相比較，就能進一步檢查信度，但沒有這個機會。

1. 研究類別
   A.實驗
      (1)前
      (2)真
      (3)準
   B.相關性
   C.調查
   D.訪談
   E.因果比較
   F. 民族誌
2. 理由
   A.沒有提到理由
   B.明確強調研究的價值
   C.研究價值暗示於文中
   D.有忽略任何的倫理考量嗎？
3. 清晰度
   A.焦點清楚嗎？（是或否）
   B.變項清楚嗎？
      (1)開始時
      (2)最終
      (3)從不
   C.介入性研究中的實驗處理有明確敘述嗎？
      （是、否，或沒有實驗處理）
   D.有假設嗎？
      (1)無
      (2)是，有明確陳述
      (3)是，有清楚暗示
4. 關鍵性的字詞有定義嗎？
   A.沒有
   B.以操作性的方式定義
   C.概念性的定義
   D.從研究情境可清楚得知
5. 樣本
   A.類型
      (1)隨機選取
      (2)根據論述，具有代表性
      (3)便利樣本
      (4)自願參加
      (5)不清楚
   B. 樣本描述夠清楚嗎？
      （1＝高；5＝低）
   C.樣本數（n）
6. 內部效度
   A.所獲得的結果之可能的其他解釋
      (1)歷史
      (2)成熟
      (3)損耗

(4)選擇偏誤／研究對象的特質
(5)前測效應
(6)迴歸效應
(7)工具的使用
(8)研究對象的態度
   B.有討論威脅並釐清嗎？（有或無）
   C.有說明所施行的介入性措施先前經過足夠的
      測試嗎？（有或無）
   D.介入性措施執行的時間夠長嗎？（有或無）
7. 工具的使用
   A.信度
      (1)有做實證檢測嗎？（有或無）
      (2)若有，信度對這個研究而言夠大嗎？
   B.效度
      (1)有做實證檢測嗎？（有或無）
      (2)若有，類型：
         (a)內容
         (b)同時
         (c)建構
8. 外部效度
   A.母群體可擴論性的討論
      (1)適當
         (a)明確指出合理的目標母群體
         (b)有適當表達做擴論時該留心的事項
      (2)不適當
         (a)沒有提到可擴論性
         (b)明確指出目標母群體，但無法令人信服
   B.生態可擴論性的討論
      (1)適當
         (a)明確指出合理的場境（主題、材料、硬
            體條件、人事等）
         (b)有適當表達做擴論時該留心的事項
      (2)不適當
         (a)沒有提到可擴論性
         (b)明確指出場境，但無法令人信服
9. 有區分結果與詮釋嗎？（有或無）
10. 資料分析
   A.敘述統計？（有或無）
      (1)正確的方法嗎？（是或否）
      (2)正確的詮釋嗎？（是或否）
   B.推論統計？（有或無）
      (1)正確的方法嗎？（是或否）
      (2)正確的詮釋嗎？（是或否）
11. 資料可以支持結論嗎？（是或否）
12. 研究結果對於教育而言具有意義嗎？（是或
    否）
13. 論文引述的適切性

圖 20.4 用以評量社會研究的類別

表 20.3　研究的清晰度

類別	數量
A. 焦點清楚嗎？	46 (100%)
B. 變項清楚嗎？	
(1)開始時	31 (67%)
(2)最終	7 (15%)
(3)從不	8 (17%)
C. 介入性研究中的實驗處理 　有明確敘述嗎？	
(1)是	12 (26%)
(2)否	2 (4%)
(3)沒有實驗處理	32 (70%)
D. 有假設嗎？	
(1)無	18 (39%)
(2)有明確陳述	13 (28%)
(3)有清楚暗示	15 (33%)

表 20.4　樣本類型

類別	數量
隨機選取	2 (4%)
根據論述，具有代表性	6 (13%)
便利樣本	29 (62%)
自願參加	4 (9%)
不清楚	6 (13%)

說明：有一個研究用了不只一種樣本；百分比是根據 $n = 46$ 計算。

表 20.5　內部效度的威脅

所獲得的結果之其他可能原因解釋	數量
1. 歷史	4 (9%)
2. 成熟	0 (0%)
3. 損耗	10 (22%)
4. 選擇偏誤／研究對象的特質	15 (33%)
5. 前測效應	2 (4%)
6. 迴歸效應	0 (0%)
7. 工具的使用	21 (46%)
8. 研究對象的態度	7 (15%)

類型	論文篇數	所討論的威脅有釐清嗎？ 被審查人找到	作者有討論
真正的實驗	7	3 (43%)	2 (29%)
類實驗	7	7 (100%)	4 (57%)
相關性研究	9	5 (56%)	3 (33%)
問卷調查	9	3 (33%)	0 (0%)
訪談型的調查	6	4 (67%)	1 (17%)
因果比較	0	—	—
民族誌	9	9 (100%)	0 (0%)

利用電腦做內容分析

近年來，電腦已可用來做內容分析所需要的瑣碎而繁複的苦工。電腦軟體已經能協助量化研究的研究者迅速計算非常複雜的統計數值。現在協助質性研究者的電腦軟體也出現了。許多簡單的文字處理軟體可用來做某些種類的資料分析。例如「搜尋」的指令，可以在一份文件中找出含有該文字或片語的各個段落。因此研究者可以要電腦搜尋包含像是 *creative*、*nonconformist*、*punishment* 的字，或 *corporal punishment*、*artistic creativity* 的片語。

目前比較常見的質性研究電腦軟體包括 ATLAS.ti、QSR NUD*IST、Nvivo 及 HyperResearch。這些軟體可以找出字、詞或句子，計算它們出現的次數，並依據它們跟某一些類別的適切度，把這些字、片語或句子分類、重新分類及製表繪圖。當然，電腦預設研究者有興趣的資料是文字的形式。也有掃瞄器可以讓電腦把文件轉成電子檔案，免除了需要將資料以手動輸入的困擾。如果你必須做一些量化的資料分析，這些軟體中有些有這個功能，值得你花點時間研究。

內容分析的優點

我們先前曾經提過，我們所有的知識，許多是經由閱讀書籍、報紙及其他人類的產物而得，而非經由直接與別人互動而來。內容分析的一大優點是，它不會去打擾到別人。研究者可以「觀察」而不被觀察，因為他所分析的內容不會因為研究者的出現而受到影響。一些經由直接觀察或其他方法都難以獲得、或不可能獲得的資訊，都可以經由分析教科書或其他傳達工具而獲得，不會打擾別人的正常運作，而這些書報的作者或出版商也不知道他們的書報有被檢視。內容分析的另一個優點是，如我們之前所述，內容分析是分析訪談及觀察資料極有用的工具。

內容分析的第三個優點是，研究者可以鑽進文件記錄中去探究某個時期的社會型態，不會因為時空的限制而只能研究目前的事物。

內容分析的第四個優點是由於內容分析所需要的後援不多，比其他研究法較簡單，而且在時間及資源上的需求也較經濟。尤其如果所要分析的材料易於

取得，例如當資料是來自報紙、報告、書籍、期刊等時，這項優點更是突出。

最後，由於資料便於取用，若有必要或想要再回頭檢查某項訊息，幾乎都一定可以做到，因此其他研究者可以輕易重做相同的內容分析研究。即使是電視節目也可錄下或重複觀看，作為以後分析之用。

⦀ 內容分析的缺點

內容分析的一大缺點是：所分析的內容通常偏限於有記錄的資訊，不過研究者當然也可使用開放式問卷或投射測驗（見第 7 章第 203 至 204 頁）來蒐集資料。但研究者不可能拿這些資料來研究代數、西班牙語彙方面的熟練度、具有敵意的行為次數，或其他類似的變項，因為這些變項的定義裡含有必須看得到的行為或能力。

另一項主要的缺點是效度的建立。假設不同的分析者所做的分類一致性達到了可接受的程度，但這些分類真實的意義是什麼？這個問題並沒有獲得答案。回想一下我們在「外顯內容與潛在內容」的討論。若將這兩種方法所得的結果相互比較，我們可得到類似效標關聯效度的一些佐證；但另一方面，這兩種測量方法並不是完全獨立的。因此，內容分析就像其他任何的測量，也需要額外的一個標準或另一種建構性質作為證據。若沒有這種證據，內容效度到底有多高，就視每一個類別的內容及其所企圖表達的意義兩者之間的邏輯性強弱而定。例如，在詮釋我們所做的社會科學研究時，我們假定，我們自己覺得內容清楚或不清楚之處，別的研究者或讀者也會有相同的看法；我們也假定，如果不是所有的研究者，至少大部分的研究者，對於一篇論文的各類別的定義及其內部效度的威脅是否存在，意見都會一致。雖然我們認為這些都是合理的假定，但這些假定並不因此就一定合理。

至於以內容分析做歷史的研究，研究者所有的資料通常只是那些有留存下來的資訊，或有人認為重要而寫下的資訊。由於每個世代看待他們那時的生活與時代，角度都有所不同，某個時代認為重要的，也許後人認為不重要；相反地，現在認為重要的，也許都沒有過去資料可查。

最後，有時研究者會覺得有一股衝動，想將內容分析所得的結果，詮釋為一種現象發生的**原因**，而不只是反映該現象。例如，媒體中對暴力的描述，也

許被認為是街頭暴力的原因，但更合理的結論則是：街頭與媒體的暴力都是反映人們的態度。當然，還要有更多的研究才能決定人類的行為與媒體之間的關係。還有些人認為，閱讀色情書籍與雜誌使得讀這些東西的人道德敗落。色情也許的確會影響某些人，但色情對每個人的影響也許不同，它也可能根本不會影響其他人。但到底人是如何受到影響，為什麼會受到影響或為什麼不會，目前都不清楚。

OLC 回到本章最前面的**互動與應用學習**所列出的一系列互動與應用活動。到線上學習中心（OLC, http://highered.mheducation.com/sites/125991383x）去做小測驗、練習關鍵詞彙，及複習本章內容。

本章重點

何謂內容分析？

- 內容分析是分析傳達工具的內容。
- 內容分析能讓研究者經由分析傳達工具的內容，間接觀察人類的行為。

內容分析的應用

- 內容分析在教育研究界廣泛被使用。
- 內容分析能讓研究者對於問題有深入的看法，之後他們可以利用較直接的研究法檢測這些問題。
- 從事內容分析的原因有幾個：獲得某種描述性的資訊、分析觀察及訪問資料、檢定假設、檢驗其他研究發現，及獲得教育問題的一些有用訊息。

內容分析中的分類

- 有時會用事先決定好的類別過錄資料。
- 有時是利用在檢視資料過程中所浮現的類別做過錄。

從事內容分析的步驟

- 做內容分析時，研究者必須發展一套合乎邏輯的論述（概念的連結），以解釋要蒐集的資料與研究目標之間的關係。
- 重要的詞彙必須在某個時間點定義。

- 所有能應用於其他教育研究法的抽樣方法，都能用於內容分析。但最常用的是立意抽樣。
- 分析單位——也就是實際要分析的東西——應該在研究者開始分析之前就要說明白。
- 精準說明了要分析內容的哪些方面之後，研究者就需要訂定過錄的類別。

過錄的類別

- 要發展所浮現的過錄類別，研究者必須對於文件的內容非常熟悉。
- 做內容分析時，研究者可以過錄外顯內容或潛在內容，或兩者都過錄。
- 傳達工具中的外顯內容指的是明確清楚的表面內容，例如字詞、圖片、影像，而且這些都很容易過錄。
- 文件的潛在內容指的是傳達工具中所包含的深層意義。

內容分析的信度與效度

- 常用以檢測內容分析信度的方法是，比較兩個獨立過錄者在各項類別的結果。
- 檢測效度，可對照比較所獲得的外顯內容資料與潛在內容資料。

資料分析

- 常用以詮釋內容分析資料的方法是，計算內容出現的次數和某項類別出現的次數占總出現次數的比率。
- 另一個方法是利用過錄發展主題，藉以做整合。
- 一旦決定了類別，利用電腦分析做資料的過錄非常便利。有時也可利用電腦分析來發展這些類別。

內容分析的優點與缺點

- 內容分析的兩項主要優點是，它不具干擾性，並且比較容易施行。
- 內容分析的主要缺點則是，分析內容只限於傳達工具，而且難以建立效度。

關鍵詞彙

問題討論

1. 什麼時候使用內容分析比較合適，而別的方法比較不合適？

2. 什麼時候不適於使用內容分析？

3. 以下是一些研究者想做的內容分析，請試舉一些類別，使研究者可用以分析資料。

   a. 探討電視上幽默的種類及數量。

   b. 探討流行歌曲中所謂「浪漫的愛情」的種類。

   c. 探討印象派的繪畫所含的社會意義（social implications）。

   d. 探討是民法還是刑法對男性與女性做最多的區別。

   e. 描述小學的科學課程所做的假定。

4. 電影的外顯內容與潛在內容，你認為哪一種較難以過錄？為什麼？

5. 「絕對不要只過錄文件的潛在內容，而沒有也過錄一些外顯內容。」你同意這句話嗎？為什麼？

6. 要研究電視上的社會偏見，你認為內容分析法與調查研究法，哪一種難度比較高？哪一種比較能獲得有用的資訊？

7. 有可能為好萊塢的電影做內容分析嗎？如果可能，你會用哪些類別？

8. 你能想得出一些是由人所製造，並且原始用意並不是用來作為傳達工具，但現在被認為是一種傳達工具的東西嗎？請舉一些例子。

9. 有人說內容分析對於分析觀察及訪談資料而言，非常有價值。如果是，價值在哪裡？

10. 做內容分析研究時，類別的選擇非常關鍵。你同意這個看法嗎？如果同意，請說明原因。

註釋

1. Gerbner, G., et al. (1978). Cultural indicators: Violence profile no. 9. *Journal of Communication, 28*, 177-207.

2. Macgillivray, I. K., & Jennings, T. (2008). A content analysis exploring lesbian, gay, bisexual, and transgender topics in foundations of education textbooks. *Journal of Teacher Education, 59*(4), 170-188.

3. Gorski, P. C. (2009). What we're teaching teachers: An analysis of multicultural teacher education coursework syllabi. *Teaching and Teacher Education: An International Journal of Research and Studies, 25*(2), 309-318.

4. Belstock, S., et al. (2008). Using alcohol to sell cigarettes to young adults: A content analysis of cigarette advertisements. *Journal of American College Health, 56*(4), 383-389.

5. Gallagher, P., et al. (2008, December 1). Perceptions of collaboration: A content analysis of student journals. *Teacher Education and Special Education, 31*(1), 12-21.

6. McGinty, S., & Moore, A. (2008). Role of gender in reviewers' appraisals of quality in political science books: A content analysis. *Journal of Academic Librarianship, 34*(4), 288-294.

7. Smith, P., et al. (2008). A content analysis of school anti-bullying policies: Progress and limitations. *Educational Psychology in Practice, 24*(1), 1-12.

8. Silver, E. A., et al. (2009). Teaching mathematics for understanding: An analysis of lessons submitted by teachers seeking NBPTS certification. *American Educational Research Journal, 46*(6), 501-531.

9. Horney, K. (1945). *Our inner conflicts*. New York: Norton.

10. Fraenkel, J. R., & Wallen, N. E. (1988). *Toward improving research in social studies education*. Boulder, CO: Social Science Consortium.

PART **6**
質性研究方法論

第六部分繼續討論我們在第五部分開始的質性研究。

這裡我們集中於討論民族誌與歷史研究。

就像第四部分與第五部分，

我們不但較詳細討論這些方法，

也各提供一篇使用該研究法的出版論文，

並提供我們對該論文的優缺點分析。

（譯者注：本書將不提供這些論文，但會提供論文的資訊。）

Chapter 21

民族誌研究法

- 何謂民族誌研究法？
- 民族誌研究法的獨特價值
- 民族誌的概念
  可使用民族誌研究法的研究主題
- 民族誌研究法的取樣
- 民族誌研究者使用假設嗎？

- 民族誌研究法的資料蒐集
  田野筆記
- 民族誌研究法的資料分析
- 哈克與他的五年級教室
- 民族誌研究法的優缺點
- 民族誌研究法論文舉例

學習目標 >> 讀完本章後，你應該能：

- 解釋何謂「民族誌研究法」，並舉一個可用民族誌研究法探討的研究問句。
- 簡要描述以下概念對民族誌研究者的意義：「文化」、「全觀的見解」、「脈絡化」，及「多重事實」。
- 說明「主位」觀點與「客位」觀點之間的差異。
- 舉出至少三個可以使用民族誌研究法的研究主題。
- 說明用於民族誌研究的樣本種類之特性。
- 說明民族誌研究者在研究裡如何使用假設。
- 說明用於民族誌研究法的兩種主要的資料蒐集法。
- 說明何謂「田野筆記」，及其與田野備忘錄、田野日記及田野日誌之間的差別。
- 說明何謂「三角驗證法」及「脈絡化」。
- 說明何謂民族誌研究裡的「關鍵事件」。
- 簡要描述民族誌研究如何使用統計方法。
- 為民族誌研究法舉出至少一項優點與一項缺點。

互動與應用學習 在閱讀本章的同時，或讀完本章後：

到線上學習中心（Online Learning Center, OLC），

網址 http://highered.mheducation.com/sites/125991383x：

- 學習更多有關民族誌研究法的概念

到線上學生精熟活動簿（Student Mastery Activities Book）做下列活動：

- 活動 21.1 民族誌研究問句
- 活動 21.2 對或錯？
- 活動 21.3 做點民族誌研究

　　「山姆，你的博士論文想做什麼？」

　　「我想了解當一位小學校長每天要做的事及負的責任，所以我要對一位小學校長做一個民族誌研究。」

　　「哇！不是開玩笑的吧！真了得！」

　　「我今天剛跟伊莉莎白・羅里斯談了一下——就是那位羅斯福小學的校長。她同意讓我在接下來的四個星期一直跟著她，好讓我知道她每天都在做什麼，像是跟誰見面、在哪裡、什麼時候，及談些什麼，等等的。」

　　「那你要把這些都記錄下來囉？」

　　「那當然！我會帶一台筆記型電腦，記下我所看到及聽到的。伊莉莎白也允許我帶一台錄音機，我想把她的談話都錄下來。我還有另一個點子，這四個星期的其中兩天，我想要把她整天的行蹤都錄影下來，包括在學校及去校外的活動。」

　　「就這樣嗎？」

　　「不只！我也想看看學校的記錄及她每天做的日誌。我還打算做很多的訪談，包括訪談她的秘書、一些老師、清潔人員，甚至一些學生，當然還有伊莉莎白本人。如果她同意，我還想去訪問她的家人。但我要把觀察的部分都做完了以後才做這些訪談。」

　　「哇！聽起來好多工作喔！」

　　「沒錯，是很多工作啊，這還不包括把這些都寫成論文呢。但我想是值得的。寫完了以後，我想我就能將小學校長的日子做個還算正確的描繪了。」

　　山姆所想做的，就是**民族誌研究**的一例，也是本章的主題。

▌▌▌ 何謂民族誌研究法？

　　民族誌研究法（**ethnographic research**）在很多方面是所有研究方法中最複雜的。研究者必須使用多種方法，將所研究的一個社會、一群人、機構、場景或情形，描繪出一個盡可能全觀的（holistic）圖像。民族誌研究法強調的是以觀察及訪談主角及其他相關人士的方式，記錄或描繪他們每天的經驗。事實

細說研究
MORE ABOUT RESEARCH

● 民族誌研究的重要發現

　　人類學者 Margaret Mead 對薩摩亞（Samoa）生活做的民族誌——尤其是她對青少女的研究——是社會科學的經典作品。在 1920 年代，她在薩摩亞做了九個月的參與式觀察者，大部分靠觀察及訪談選定的資訊提供者。她主要的結論是說薩摩亞的青少年沒有美國青少年常須面臨的壓力大的時期。她相信主要原因是薩摩亞人沒有遇到美國年輕人所面臨的「兩難困境」，因為薩摩亞文化對各種行為採取一種寬容的態度。她下結論說，情緒困擾的現象在薩摩亞少很多，這是因為他們的情感依附（emotional attachments）很分散，而且對人際關係的建立有很明確的規則。

　　在第六版的研究報告的前言（1973），*Mead 指出，雖然美國文化和薩摩亞文化都不是持續不變的，但近期的訪問看到薩摩亞族對文化超乎尋常的堅守，讓她印象深刻。

　　十年後有人做了一項後續的民族誌研究，得到非常不同的結論，人類學者無法將它歸因於時間所帶來的變化。†這些矛盾說明了民族誌研究的豐富性和具爭議性的本質，以及它在獲致確定性結論的困難度。

---

* 　Mead, M. (1973). *Coming of age in Samoa* (6th ed.). New York: Morrow Hill.

† 　Freeman, D. (1983). *Margaret Mead and Samoa—The making and unmaking of an anthropological myth*. Cambridge, MA: Harvard University Press.

上，在所有民族誌研究裡的主要工具就是深度訪談，及持續不斷在同一個情境做參與式觀察。研究者希望盡可能捕捉到正在進行的事件，也就是「整體的圖像」（whole picture）。Bernard 的描述雖簡短但很貼切：

　　　　民族誌研究包括了在一個新社區建立良好的關係；言行舉止上要盡量學到能讓別人對你的出現毫不在意，而繼續做他們的事；每天要將自己從該社區的文化浸淫中抽取出來，才能客觀理解你所觀察到的，將它們以適當的角度分析，並以具說服性的方式寫出來。如果你是一個成功的參與式觀察者，你會在你的資訊提供者認為好笑時知道

要笑；並且，當資訊提供者對你所說的事發笑時，那是因為你的確是在說笑話。[1]

Wolcott 指出，民族誌研究的過程需要做三件事：詳盡描述你所研究的團體、從你所想研究的主題或觀點分析該團體，並從一般人類的社會生活之意義及擴論的角度，為該團體的行為做詮釋。[2] 最終的結果是對該團體做一個**全觀的文化圖像**（holistic cultural portrait），也就是研究者將他對於該團體——包括它各種複雜的層面——所有的了解，都組織成一個完整的圖像。

以下是民族誌研究者在教育領域曾經做過的一些研究之標題：
- 「幫派的槍枝暴力」[3]
- 「求職者的尊嚴」[4]
- 「街頭規矩是這樣的」[5]
- 「街道、人行道、商店與說不完的故事」[6]
- 「名字的力量」[7]
- 「音樂教育的一項厚實描述及敘說研究」[8]
- 「高中校園：學生觀點」[9]

▉▉▉ 民族誌研究法的獨特價值

民族誌研究法有一個特別的優點，使得許多研究者特別鍾愛這種方法。民族誌研究法可以揭露許多研究法可能忽略的許多微妙差異。Babbie 提供了一個好例子：

> 如果你走過一座公園時丟了一堆垃圾，你會發現你的行為不被周遭的人所接受。別人會瞪你，彼此議論紛紛，可能有一個人會出來指責你。不管以何種形式，你都會因為亂丟垃圾而受到處罰。但是，很諷刺地，如果你走過同一座公園，看到一堆別人丟的垃圾，如果你把它清理掉，很可能你的行為也不被周圍的人所接受，你可能因為清理垃圾而受到處罰。
>
> [我的學生中]大多數人都覺得（這個觀察）很荒謬……雖然我們

會因亂丟垃圾而受罰，……人們會[因我們清理公共場所的垃圾而]嘉許我們。的確，我所有的學生都說如果有人清理公共場所的垃圾，**他們**會感到高興。

要解決這個爭議，我建議我的學生開始解決日常活動中所碰到的公共問題……

我的學生撿垃圾、釘牢街道的指示牌、將被撞翻的交通管制箱歸位、清理並裝飾學生宿舍的公用沙發、修剪十字路口妨礙視線的樹枝、修理公共遊戲場的設備、清掃公共廁所，以及解決其他許多原本不是「他們的責任」的公共問題。

大多數的學生都說對自己所做的一切公共服務感到不自在，他們都覺得自己愚蠢、偽善、引人注目……幾乎在所有的情況下，他們不自在的感受都因為周遭人們的反應而增加。一位學生正在搬開公車站牌旁一個已經好幾個月不用的壞掉的報紙箱，但這時鄰居卻叫了警察來。另一個學生決定清除他家附近排水溝裡的垃圾，卻被一個鄰居大吼，鄰居堅持這些垃圾應該留給街道清潔工清除。每個撿垃圾的人都被譏諷、恥笑，或投以不屑的眼光。一個學生在撿散落在垃圾桶周圍的垃圾時，有個過路人譏笑他說：「笨蛋！」[10]

我們希望上述的例子能明顯表達我們所要傳達的概念。人們會說或是以為某些事常發生，但經常都不是如此。走入外面的世界，觀察發生中的事物，我們通常較能獲得正確的了解。這就是民族誌研究者試圖要做的 —— 在人們的自然棲息地研究他們，才能「看到」那些可能甚至不曾被預期的事情。這是民族誌研究取向的主要優點。

▮▮▮ 民族誌的概念

民族誌研究者在田野做研究時，有幾個概念引導他們的研究作業。其中最重要的幾項包括文化、全觀的見解（holistic outlook）、脈絡化、主位觀點、多重事實、厚實描述、研究對象檢核、挑毛病的同僚及不具評斷的取向。以下簡要說明每一項的意義。

文化 文化（culture）的概念通常有兩種定義的方式。焦點放在人們的行為的研究者，將文化定義為一個社會團體可觀察的行為、習俗及生活方式等模式之總和。[11] 焦點放在人們的想法的研究者，則認為文化包含了某一群體的人特有的想法、信念及知識。不論怎樣定義，文化是所有民族誌概念裡最重要的一個概念。以 Fetterman 的話來說，文化

> 幫忙民族誌研究者，從一個群體特有的無數種像是儀式般的行為及想法中，搜尋一個合乎邏輯且具一致性的模式。有過跨文化經驗的人，文化這個概念就明顯有意義。對於剛踏入一個不同文化的學生而言，每件事都新奇。當地人所不需思考即有的態度及習慣，對於一位陌生人來說都是很明顯突出的。在一個完全不同的社區住上一段長時間，讓田野工作者能從人們如何走路、談話、穿衣、吃飯、睡覺等，看到當地的主流想法、價值觀及行為模式所產生的影響。一個人如果在一個社區待得愈久，跟當地人建立良好關係，並愈深入當地人的生活，就愈能掌握該文化微細的元素：這群人怎麼祈禱、這群人對彼此有什麼感覺，及這群人為了維持他們社會的完整性，是如何增強他們的風俗習慣。[12]

許多研究者認為，對一個群體的文化之詮釋是民族誌研究的主要貢獻。文化的詮釋指的是研究者能從群體成員的觀點，來描述自己的所見所聞。常被引用的例子是「使眼色」（wink）與「眨眼」（blink）之間的差別。就某個層面而言，兩者沒有區別，但是，「如果有人曾經把眨眼誤以為是使眼色，就能充分了解文化詮釋的顯著重要性。」[13]

全觀的觀點 民族誌研究者想要盡可能描述一個群體的文化。因此，他們會想辦法了解群體的歷史、社會結構、政治、宗教信仰、符號象徵、風俗習慣、儀式及環境。當然，沒有一個研究可以完全捕捉住整個文化，但民族誌研究者盡可能看出發生在教室、社區、某一條街或某一個地點的事件背後的意義，以了解該事件所屬的更大的圖像。你可以想像得到，要發展一個全觀的觀點（holistic perspective），研究者需要在田野花非常多的時間蒐集不同種類的資料。但只有這樣做，他才能對他所研究的群體之社會或文化整體建立完整的圖像。

脈絡化 所謂將資料脈絡化（**contextualizes**），就是將所見所聞放在一個比較大的觀點。例如，一所大型市區學區的官員想要終止課後輔導的方案，因為參與的學生不多，約只有一半的學生參與。有人告訴這些官員，因為被鼓勵參加課後輔導的學生，都是各科成績都不好的人，所以 50% 的參與率事實上是很不錯的。這項資訊讓行政官員對方案的價值有了更多的了解，而使得該方案能持續進行。換言之，脈絡化成功使得一項有意義的方案能持續進行，否則就會被終止。

主位觀點 主位觀點（**emic perspective**），就是一個事件裡的「局內人」觀點；主位觀點是民族誌研究的核心。要了解研究者所看到和聽到的行為與情況，獲得主位觀點是根本的條件。而主位觀點讓人學會理解並接受**多重事實**（**multiple realities**）這樣的概念。「在研究裡記錄下同一事實的多重觀點，對於理解人為什麼會有不同的想法與做法而言，是極端重要的。」[14]

另一方面，**客位觀點**（**etic perspective**）是對一項事實所採取的外在的（**external**）、客觀的觀點。大部分的民族誌研究者希望能以主位與客位兩種觀點來看自己的資料。他們可能從一個主位觀點開始蒐集資料，盡可能了解他們所研究的人，接著努力以較為客觀與科學的分析，了解他們所蒐集的資料。簡言之，研究者希望將他們對文化的洞察與敏銳的詮釋，跟嚴謹的資料蒐集與分析相結合。

厚實描述 當民族誌研究者在將研究整理成論文時，他們所從事的是所謂的**厚實描述**（**thick description**）。基本上，厚實描述是非常翔實地描述研究者在田野的所見所聞，並常直接使用研究對象所講的話。其目的，如前所述，是要為他所研究的文化「畫一幅圖」，使得這個文化似乎是在閱讀報告的人面前活生生地呈現出來。

研究對象檢核 如上所述，民族誌研究的一個主要目的是盡可能正確地呈現出事實的主位觀點；也就是，從研究對象的觀點所看到的事實。民族誌研究者達到這個目的的方法之一，就是所謂的**研究對象檢核**（**member checking**）——請研究對象審閱研究者所寫的內容，以檢視是否正確及完整。這是民族誌研究者用以確認其研究發現之正確性的主要方法之一。

挑毛病的同僚 另一項檢視研究者對質性資料之詮釋是否可信的策略，是找別人成為研究者的諮詢團隊或「挑毛病的同僚」團隊。這些人有可能是學生、

實務專家或領域前輩，能點出研究者所做的任何沒有經過驗證的假定。

不具評斷的取向 要達到**不具評斷的取向**（nonjudgmental orientation），研究者必須克制自己，不要對不熟悉的事物做價值判斷。當然，沒有人是可以完全中立的。但我們可以小心防範自己大半的明顯偏見。怎麼做呢？就是盡可能以無偏的眼光看待其他群體的行為。Fetterman 舉了一個自身的例子，說明自己的偏見差一點搞砸了研究：

> 我自己跟西奈沙漠的貝都因阿拉伯人（Bedouin Arabs）的經驗，是一個好例子。……我留在貝都因人聚落的期間，盡可能不讓自己對西方衛生觀念的偏見顯露出來。我對於自己第一個認識的貝都因人的反應，完全不是中立（若無其事）的態度。……我敬佩他能在非常艱困的環境中求生並適應，在整個沙漠中從一個出水口移到另一個。但我個人對於他衣物氣味的反應（尤其騎過駱駝之後），卻沒辦法做到若無其事。他把外套借我，讓我擋點熱氣，我當然跟他說謝謝，因為……我不想讓他覺得被羞辱。但是那一整天我聞起來就像是乾燥的沙漠熱氣下的一隻駱駝。我以為自己不需要他那件夾克，因為我們離目的地也只有一兩公里遠。……後來我才知道，如果沒有他那件外套，我可能已經中暑了。沙漠的熱氣非常乾燥，流出來的汗水幾乎是立刻就蒸發，而沒有經驗的旅人不會注意到氣溫已經爬到華氏 130 度以上了。因為有穿夾克，會減緩蒸發的速率，而幫我保持住水分。如果我那時拒絕了他的夾克，同時也代表我拒絕了貝都因人的衛生習慣，我不但會被烤熟，也永遠無法了解他們的生活是多麼地圍繞著水在過。[15]

民族誌研究者可能犯的最嚴重錯誤是，將自己文化裡的行為標準與價值觀強加於另一個文化群體。

◆ 可使用民族誌研究法的研究主題

如同上述的例子所提示，從事民族誌研究的研究者都想要盡可能獲得一個教育環境的整體性圖像。的確，民族誌研究的主要優點之一是它各方面的觀點都完備。因為研究者直接走進他或她想研究的情境或環境中，因此能獲得較深

入和較完全的了解。所以，民族誌研究特別適合下列研究主題：

- 在本質上無法以簡單的量化表示的研究主題（例如，師生在班級討論中的互動情形）。
- 最適合在自然環境（而非人工環境）中了解的研究主題（例如，學生在學校活動中的行為）。
- 需要長期研究個人或群體的活動的研究主題（例如，高風險的學生參加為期一年特別設計的閱讀計畫後，態度的改變情形）。
- 研究教育者扮演的角色及與其角色有關的行為的研究主題（例如，班級教師、學生、諮商師、行政人員、運動教練、職員和其他學校人員在履行其不同角色的行為，以及其行為如何隨時間而改變）。
- 涉及一個群體內各單位（例如，班級、田徑隊、教材研究小組、行政單位、工作小組等）的活動和行為的研究主題。
- 涉及一個正式組織的整體運作的研究主題（例如，學校、學區等）。

▌▌ 民族誌研究法的取樣

因為民族誌研究者希望觀察到所觀察的情境裡的每一件事物，因而可以說他們根本沒有所謂的「取樣」。然而，如同我們先前所說，沒有一個研究者能觀察到所有的事項。由於所觀察到的只是所有可能被觀察到的事項之一部分，因此研究者所觀察到的，只是實際所有可能被觀察的事項的「樣本」而已。

而且，民族誌研究者所用的人的樣本一般都很小（經常都是只有幾個人或一個班級），因此不能擴論到一個更大的群體。事實上，許多民族誌研究者在研究開端就聲明，他們無意將研究結果做擴論。他們指出，他們的目的只是要對某一情境得到較完整的了解。他們的研究發現是否有應用的價值，則要看其他研究者在其他環境或情境能否獲得相似的結果而定。

▌▌ 民族誌研究者使用假設嗎？

民族誌研究者很少以精準的假設開始他們的研究，相反地，他們想要了解一些無法事先預測的、進行中的狀況或活動。他們觀察一段時間，形成一些初

始的假設，而這些假設又讓他們想到需要再做其他類別的觀察，藉以再回頭修訂原先的結論，如此一直循環下去。民族誌研究者可能比其他類型的研究者，更需要仰賴持續及長久的觀察與訪談。

可能利用民族誌研究法探討的一個研究問句是「就讀郊區高中是怎樣的生活？」研究者的目的會是記錄或描繪教師、學生、行政主管及職員每日、持續的經驗。研究者會在一段長時間內定期去觀察學校（一年不算太長）。研究者會常常觀察班級的活動狀況，企圖盡可能完整而豐富地描述教室內的人物與發生的狀況。研究者也會深度訪談幾位教師、學生、行政主管及職員。

研究者的描述（比較好的字眼應該是**描繪**）可能勾畫學校的社會氣氛；學生的智能與情感經驗；行政主管與老師（及職員及學生）對不同族裔、性別或能力的人的態度；學校（及班級）的「法則」，是怎樣被學習、修改及執行的；教師（及學生）關心哪些種類的問題；學生對學校的看法，以及這些看法又跟行政主管的看法及老師的看法有什麼不同，等等。

要蒐集的資料可能包括由研究者（即觀察者）手寫的詳細敘述；學生之間的會議錄音、行政主管與學生的會議錄音，及行政主管與教師的會議錄音；班級討論的錄影，及教師開會的錄影；教師的教學計畫及學生的作業成品；可描繪教室內的「權力」關係的社交圖；某些類型的對話內容進行的方向與次數流程圖（例如，老師問的問題種類，及學生彼此互問的問題種類，和這些不同種類的問題所獲得的答案）；及任何其他研究者認為可以對於學校的事務提供更深入了解的內容與方法。你注意到了嗎？在這個例子裡，並沒有在一開始就做好假設。

因此，簡言之，從事民族誌研究的研究者，所抱持的目的是要對一所學校或一個班級（或任何其他教育現場），「繪製」一份盡可能徹底正確而翔實的「圖像」，讓其他人可以真正「看見」那所學校或班級、裡面的人物，和他們所從事的活動。事實上，民族誌研究可以看作是研究者企圖要了解：一個群體如何為他們所從事的活動賦予意義。許多人相信民族誌研究法提供了非常豐富的描述，因此特別適合於了解教育的實質內容。

民族誌研究法的資料蒐集

　　民族誌研究法裡最主要的兩種資料蒐集方式是參與式觀察及訪談。訪談（**interviewing**）事實上是民族誌研究者所使用的最重要工具。經由訪談，研究者可以將他的所見所聞及經驗，放入更大的情境中來看待。就如我們在第19章所說，訪談有許多形式，包括結構式、半結構式、非正式及回溯式的。我們在這裡不再多討論，只點出非正式的訪談在民俗誌研究法最為常見。對於沒有經驗的研究者而言，非正式的訪談也許看似最容易，因為非正式訪談既不需要任何特別類型的問題，問的問題也不需要任何特別的次序。研究者可以順著受訪者的回應而繼續提問。這些問答常常看似一段輕鬆不拘的談話，但事實上，非正式的訪談並不容易做得好。研究者必須一方面維持一派自在的態度，及一個友善的場面，另一方面則仍要努力以一種有系統的方式了解受訪者的生活。這並不是件容易的事。因此有經驗的訪談者開始訪問時，常會以聊天的方式問一些不具威脅性的問題，之後才開始問包含敏感話題的私人問題。

　　民族誌學者用的另一個主要方法是參與式觀察（**participant observation**），我們在第19章也討論過。參與式觀察關係著田野工作的成績好壞。如Fetterman所言，參與式觀察「在觀察人們生活的同時，也維持一段專業的距離，才能做到恰當的觀察與資料記錄。」[16] 參與式觀察的一個重要面向是，研究者需要沉浸在所觀察的文化裡。研究者常是住在他所研究的社區並在那裡工作，長達六個月到一年甚至更長的時間，將當地人的基本信念、恐懼、希望及預期，都內化成自己的。然而，在教育研究領域裡，參與式觀察常不是持續性的，而且分散在很長的一段時間裡。Fetterman給了以下一個例子：

> 　　在我的兩個民族誌研究裡——一個研究輟學生，另一個研究資賦優異生——長達三年的時間裡，我只有每兩三個月去做一次持續幾個星期的研究。每次的研究都排滿密集的活動，包括教室觀察、不停的非正式訪談、有時去代課、跟社區的人互動，及使用各種其他研究方法，包括打長途電話、跟學生家人吃晚餐，及花時間在教室的走廊或停車場跟蹺課的學生廝混。[17]

◆ 田野筆記

要檢定民族誌研究者觀察資料的正確性，主要是看他所做的田野筆記的品質。要正確判斷一篇民族誌研究報告的品質，讀者必須盡可能了解研究者的理念和觀點，這也就是研究者的田野筆記如此重要的原因。很不幸，這是許多民族誌研究報告的一大問題——民族誌研究報告的讀者很少有（如果有）機會接觸研究者的田野筆記。民族誌研究者很少告訴我們他的資料是如何蒐集到的，因此通常很難決定研究者觀察資料的信度。

田野筆記（**field notes**）顧名思義就是研究者在田野所做的筆記。在教育研究領域，這通常指研究者在教育情境中（教室或學校），觀察或訪談資訊提供者時所做的詳細筆記。它們是研究者在蒐集資料和省察這些資料的過程中，對他或她所聽聞、所目睹、所經歷的事物之書面記載，並加上自己的省思。[18]

Bernard 認為，田野筆記應該與其他三種不同的寫作形式區分開來，也就是田野備忘錄、田野日記及田野日誌。[19]

田野備忘錄（**field jottings**）是指研究者為了稍後可再詳細敘寫而對某些事項所做的快速筆記。它們提供刺激，幫助研究者回想起在觀察或訪談中沒有時間寫下的許多細節。

田野日記（**field diary**）是研究者在工作的過程中，對他或她所接觸到的人的感受、觀點和覺察所做的個人陳述。它提供研究者一個歇息的地方，或者說，一個讓研究者可以把那些不想公開的記錄寫下的出口。下面是本書的作者之一所寫日記的一部分，這份日記是作者在一所郊區中學的社會科學研究班級，進行一學期的觀察時所記載的。

11 月 5 日（星期一）。又冷又下雨的一天，讓我覺得有點抑鬱。菲爾、菲力、艾麗、羅伯與蘇珊今天一早就進教室討論昨天的作業。蘇珊看起來比平常沒精神——當其他人在討論準備團體報告的方式時，她顯得若有所思。其他人都跟我打招呼，但她卻沒說話。我後悔昨天她提出建議時我未能答應她的要求，支持她的想法。希望她不會因此拒絕日後的訪談。

11 月 13 日（星期二）。蘇珊和其他小組成員預定今天上課前在

圖書館與我會面，協助他們做報告。一個也沒出現。我感覺好像自己做錯了什麼而被他們拒於門外，尤其是蘇珊。我對蘇珊有點惱火，因為這是她第三次爽約。其他人只是這一次沒來。也許她對其他人的影響比我想像中還大？我覺得自己實在搞不懂她，也不懂她對其他那些小孩為什麼這麼有影響力。

11月29日（星期四）。哇！今天R老師課堂上的討論好精彩，似乎全班都參與了（註：需要核對討論記錄裡的參與人數）。我想，其中的秘訣，是以他們覺得有趣的事情作為討論的開端。只是，為什麼他們有時候會這麼棒！可以有那麼多的觀點和想法，而有時候卻又如此冷漠？我猜不透。

田野工作經常是緊張又常使心情起伏劇烈的經驗，而記日記可作為研究者抒發情感又能保持隱私的方式。

田野日誌（**field log**）是一種流水帳（running account），記載研究者規劃如何使用他的時間，並與實際所花的時間做比較。它是研究者從事系統化蒐集研究資料的計畫。田野日誌是由有線條的空白紙張所做成的筆記本（或筆電或平板電腦裡類似的形式）。在田野的每一天由兩頁日誌表示，研究者在左頁列出他當天計畫要做的事項——要去哪裡、訪談什麼人、觀察什麼事等等；在右頁填寫當天**實際**做了什麼。隨著研究持續進展，如果研究者想到要知道某事，就可以在日誌上妥當安排這些事。Bernard 舉了一個例子說明可以怎樣使用日誌：

假定你正在研究當地的教育體系。時間是4月5日，你正與MJR這位資訊提供者討論事情。她告訴你說自從軍政府接管政權以來，兒童每天都必須上兩個小時的政治課，她不喜歡這樣。在日誌中寫下這則記事提醒自己：去問問其他母親對這個議題的看法，並去訪談學校校長。

之後當你在寫記事時，你可能決定，等累積該社區較多母親對新課程的看法資料後，再去訪談校長。在4月23日日誌的左頁，你記下：「訪談校長的目標日期。」在4月10日日誌的左頁上面你記下：

「與校長約定 23 日要進行訪談。」在 4 月 6 日你記下：「關於對新課
程的看法，需要訪談更多母親。」[20]

寫日誌的價值是它強迫研究者努力思考他或她真正想要回答的問題、所須遵循
的步驟，和真正需要的資料等等。做田野筆記本身是一種藝術，此處我們只能
簡單地介紹，但是從下段各點，你應該可以了解做田野筆記的重要性和複雜性。

　　Bogdan 與 Biklen 說，田野筆記由兩類資料所組成——描述性的（descrip-
tive）和反思性的（reflective）資料。[21] 描述性田野筆記（**descriptive field no-
tes**）企圖按照研究者所觀察的來描述情境、人們及他們在做什麼。包括下列各
項：

- 研究對象的畫像——描述他們的外貌、風格、姿態，以及他們如何行動、談
  話等等。
- 對話的重建——描述研究對象間的對話，及他們對研究者說的話。獨特或特
  別能反映情況的話須加以直接引述。
- 外在環境的描述——快速描繪房間的陳設、物件的擺放等等。
- 特殊事件的描寫——描述牽涉到哪些人、在何時、何處及發生的情形等等。
- 活動的描述——詳細描述發生事項的細節，及其發生的先後順序。
- 觀察者的行為——描述研究者的動作、服飾、與參與者的對話和反應等等。

　　反思性田野筆記（**reflective field notes**）呈現較多研究者對自己觀察事項
時的想法。包括下列各項：

- 對研究分析的省思——研究者對他或她正在學的事物、正在形成的想法、所
  看到的事物間的模式（patterns）或關聯等等的想法或臆測。
- 對研究方法的省思——研究者對研究中使用的材料和步驟、對研究設計的評
  論、過程中發生的問題等等的想法。
- 對研究倫理的兩難與衝突的省思——對研究對象應負的責任或價值衝突等事
  情的考量。
- 對於觀察者本身的心態架構（frame of mind）的省思——研究的過程中，研
  究者在想些什麼（他或她的態度、看法和信念），及這些可能如何影響研
  究。
- 對有待釐清的點的省思——記下有待澄清、檢驗的事項等。

沒有任何一種研究法比民族誌研究法在實際研究的過程中更需要有意識而蓄意。田野筆記反思部分的用意是研究者一種企圖控制「觀察者效應」（第 19 章）的方式，而且提醒我們：要把研究做好，研究者必須不斷地評量和判斷。

田野筆記一例：瑪姬的教室 [22]

日期：1980 年 3 月 24 日

喬·麥克勞

早上 11:00 到 12:30

維吾中學

第 6 本筆記

瑪姬教室的第四節課

11 點差 5 分我抵達維吾中學，這是瑪姬告訴我的第四節課開始的時間。我的打扮一如平常：運動衫配斜紋棉布長褲，外加一件大外套。第四節是一天中唯一所有有學習障礙的學生都一起上課的一節課（或者說是「瑪姬的課」更貼切）。其他各節課，有些學生，二、三個，最多四個，也到這裡來尋求課業協助，做他們在其他普通班課程的作業。

天氣有點溫暖，華氏四十多度，春天似乎要來了。有一輛警察巡邏車，車後有個平台可以搭載大的東西，停放在學校前面的大型停車場後段區位上。沒有人坐在車裡，我也不曾聽過它停在那邊的原因。在學校前面環狀車道上停了一輛美國陸軍的車子。車身兩側有縮寫的字母，是卡其色的。我從我的車走出來時，有個微禿、四十多歲穿軍服的男人從建築物走出來，坐進車子裡。四個男生和一個女生也從學校走出來，都是白人。他們穿著工作褲及印有校名的 T 恤外加一件薄夾克。其中一個男孩，也就是四個中最高的那一個，他看到警車停在後面，就開始學豬叫的聲音「喔咿！喔咿！喔咿！」。

> **附註**：這對我來講很奇怪，我不認為這些孩子有把警察鄙視成豬的意思。不知怎地，我因此聯想起 1970 年代早期。我得釐清，由於自己的經驗而對現在的高中有的一些假定。有時候我覺得維吾中學跟我念的中學完全不同，而這次的警車事件使我回想起自己的中學經驗。

我走進瑪姬的班級，她正站在教室前面，在場的學生比我曾看過的都多，只有在上她自己班級的課時（第二節課結束後），學生才有比現在多。她看起來像是正對班上講話或剛要開始上課。她的打扮與我先前訪問她時一樣——清潔、整齊，穿著很體面但又顯得輕鬆隨意，今天她穿上有條紋的外衣、白色襯衫、黑色寬鬆長褲。她抬眼看到我時微笑說：「喔！這次的學生比上次多了好多。」

附註：這是跟我在其他節課看到的只有幾位學生相比。她似乎自我意識到要照料的只是一個小團體。可能她把自己跟要帶一班三十幾名學生的普通班班級的老師相比。

有兩個二十好幾的女士坐在教室內。只剩下一個位子。瑪姬大致是對我說：「我們今天有兩位從教育局來的訪客，一位是職業諮商師，另一位是物理治療師。」但我不記得她是否就是這樣講的。我覺得自己遲到，有點不好意思。我坐在僅剩的一個位子上，位在從教育局來的女士的隔壁。她們穿著裙子，帶著手提包，比我所看過的老師打扮得整齊許多。她們坐著在觀察。

……瑪姬講話時在她的桌子附近走動。她說：「大家要記得明天我們要到羅威公司校外教學。我們在平時見面的地點會合，八點半，在車站大門入口處。夏普女士要我告訴大家，羅威公司之旅不是特別針對你們設計的，它不像上次到通用汽車公司。通用公司帶你們到以後你們可能可以找到工作的地方參觀。這一次去羅威公司只是走一般人都可以參觀的路線。你們看到的許多工作都不會適合你們，有些工作只有具有工程學位的人才能做。你們最好穿舒適的鞋子，因為我們可能要走路二到三小時。」瑪欣和馬克聽到後都「喔——」一聲，表示抗議要走那麼遠。

她暫停了一會，再以一種要求的語氣說：「好！有問題嗎？你們都得去喔。（停頓一下）我要你們帶幾張紙，寫下你們的問題，在工廠才有問題可以問。」然後她開始傳發紙張。這時，坐在我旁邊的傑森發出厭煩的嘔氣聲說：「我們一定要做這個嗎？」瑪姬說：「我知道這對你來說太容易了，傑森。」瑪姬以一種嘲諷的語氣說話，但不像是要強制壓他的樣子。

附註：這就像彼此熟識的兩個人之間譏諷式的對話。瑪姬與這些孩子相處幾年了，對他們已有認識。我得探索這句話就他們之間的關係而言，所代表的意義。

瑪姬繼續說：「好，你們要問的問題有些什麼？」傑森大喊：「保險問題。」瑪姬說：「我正在問瑪欣，不是傑森。」這句話的態度像在說明事實，沒對傑森生氣。瑪欣說：「小時——你工作幾小時，工資。」另一個學生大聲說：「福利。」瑪姬將這些寫在黑板上。她走到菲爾面前，菲爾坐在傑夫旁邊。我相信她跳過了傑夫不問。阿姆斯壯先生正站在菲爾隔壁。瑪姬問：「你有問題要問嗎？」菲爾回答：「我想不到問題問。」瑪姬說：「說真的，菲爾，醒醒吧！」然後她走到喬跟前，喬是白人，喬和傑夫是我在這個課程中看到的唯一兩位白種男孩。兩個女孩也是白人。他說：「我想不出什麼問題。」

她走到傑森面前問他是否能想到其他問題。他說：「有，可以問他們每年有多少產品。」瑪姬說：「沒錯，你可以問有關產品的問題。李路依呢，你有什麼看法？」他說：「沒有……」傑森大聲說但不是用叫的：「要到那裡工作需要多高的學歷？」瑪姬繼續把這些回答都列出。

附註：瑪姬非常有活力。如果不是我先前就看過她這樣，我會以為她是表演給教育局的人員看的。

……我環視教室，注意到有些學生的衣著有些特別。瑪欣穿一件黑色的 T 恤，上面有熨燙法燙上的字母。燙工非常細，T 恤看起來價值不菲。她穿著 Levi 牛仔褲和 Nike 的慢跑運動鞋。馬克身高約五呎九吋或五呎十吋。他穿著長袖運動衫，前面印有一隻鱷魚，很有品味，但褲子縐縐的，腳上穿著一雙髒髒舊舊的黑色籃球鞋，兩隻鞋的鞋帶都壞了，其中一隻壞了兩個地方。潘瑪穿有鈕釦的條紋襯衫，外面套上淡紫色絲絨質料外衣。她的頭髮看起來梳理得很好，髮型看起來似乎是在高檔的美容院做的。傑夫坐在他的輪椅上，就在她旁邊。他有一隻腳抬高，沒穿鞋子，像是扭傷的樣子……

菲爾穿白色襯衫外加灰棕色毛衣、深色長褲、籃球鞋。運動鞋是紅色的，很髒。他的領子有一圈污漬。他是班上穿得最糟的……

吉姆身高約五呎九吋或五呎十吋。他穿一件紅色套頭毛衣。傑森戴一頂黑色高爾夫球帽，穿一件大學 T 恤，外罩棕灰色的薄夾克。他穿黑色長褲及一件紅色 V 字領的大學 T 恤，T 恤因常洗滌已經褪色。傑森的眼睛紅紅的，很明顯。

附註：有兩個小孩告訴我說維吾中學常像是在時裝展覽。我搞不清楚現在流行什麼。傑森用過這種形容詞。對我而言，他似乎是最注意服裝的人⋯⋯。

我不知道是怎麼開始的，但瑪姬開始講到這些小孩的背景。她說：「潘瑪就住在附近高級住宅區，她父母都是專業人士。瑪欣就不同，她家住在鎮的東邊，家裡有六個小孩，但她爸爸並不那麼富有，事實上他在學校的維修部門管理清潔工。傑夫呢，住在朵霧區，他家是中產階級。」我問她羅的情況。她說：「可憐的羅，他的神經受損最嚴重。我不知道該拿他怎麼辦。他有個姊姊，兩年前畢業的。班上我最擔心他，不知道他以後會變什麼樣子。他動作好慢，不知道有什麼工作適合他。他爸爸有來過，兩人長得好像。你能告訴他什麼呢？他以後能做什麼嗎？還是他以後要做什麼？洗飛機？我跟職業諮商師談過，她說機場有清洗飛機的工作。我的意思是說，他要怎麼洗飛機？也許掃停機棚吧？也許他可以做這種工作。他媽媽就很不一樣；她認為羅是對她的懲罰。你能想像這種態度嗎？我很好奇她到底做了什麼，會認為羅是用來懲罰她的？」

「盧卡是上層階級。李路依則是在階級的另一端，我不知道他家有幾個小孩，但有很多。他媽媽剛開刀拿掉一個腎。每個人都知道他現在是在保釋期間。事實上，只要學校有偷竊事件發生，校方就找他。他以前常去學校體育館，每次去就有人東西被偷。現在他們不讓他去了。他的保釋官很失望。他明年不會在這裡了。」⋯⋯

⋯⋯她說：「我剛才正在談，也許你也聽到一些。我們需要的是以培養能力為主的班級。我剛帶完一個以培養能力為主的班級。要這些小孩在這裡坐四年，什麼都聽不懂，是件很愚蠢的事。他們應該要到外面工作，如果他們不能畢業，就必須學會一點生活技能，像是怎麼開支票給店家那類的。外面的人不會教他們這類的事，讓他們知道怎麼做。一旦他們有了足夠的技能，生活技能，可以自立，就應該出去工作。在學校裡上課一點意義也沒有。」⋯⋯

我們離開了教室，瑪姬和阿法一起陪我走在空蕩蕩的走廊上。我問她，這些小孩在這裡上課，心情如何。她說：「每個人都不太一樣。潘瑪最不愉快，像是她歷史課被當掉了，得上暑修課。但她被當掉是因為她沒告訴他們，她是這個特殊課程的學生，所以他們沒提供她額外的協助，就被當了。」瑪姬陪我走到門口，阿法則進了教師休息室。

走到門口的途中，她說：「你記得我跟你說過，有個男生要進來這個特殊課程嗎？牙醫的兒子？姓遜森的男生？我聽說了一堆關於他的事情，發現他真的是 E.M.H.（Educable Mentally Handicapped，可教育的智能障礙者），而且是過動兒。有了他我真會忙得團團轉。如果明年班裡有二十個學生，我真的得找另一個助教了。」我跟她說再見，就走向我的車。

▍▍▍ 民族誌研究法的資料分析

分析是民族誌研究法中最有趣的一面。分析是從研究者選定一個研究問題開始，直到最後的報告完成，分析才結束。分析民族誌的資料要用到許多技巧，包括內容分析（見第 20 章）。一些比較重要的分析技巧包括三角驗證法、搜尋模式、找出關鍵事件、準備以圖表呈現內容的資料（視覺表徵）、使用統計法，及晶化。以下簡要說明這些概念。

三角驗證法 三角驗證法（triangulation）在民族誌研究法裡是最基礎的。基本上，三角驗證法可確立民族誌研究者的觀察效度。這個方法是比較不同來源的資訊，藉以檢定研究者的所見所聞，看兩者是否相符。舉一個例子。一位研究者可能會將一位學生說他自己是「好」學生的說法，跟這位學生的成績單、他的老師在這方面的評語相比對，或者還可以和其他同學在不經詢問的情況下偶爾透露出的這方面的內容相比較。三角驗證法在這個例子裡可用以確認學生的自我評估是否正確。

三角驗證法可適用於任何主題、任何場景及任何層級（圖 21.1）。它能改善所蒐集的資料品質及研究者做的詮釋之正確性。三角驗證法可以很自然地發生，甚至在非正式的交談裡出現，如下例：

　　一位管理全國最大學區之一的知名主管剛針對「學校規模對於教育沒有影響」的議題做完說明。他說他的學區有一所學校有 1,500 名學生，另一所有 5,000 名學生，兩所都是他引以為榮的學校。因此學校規模對於學校的風氣、教育的過程，或自己的管理能力而言，是沒有影響的。他還提到自己下一年必須創設兩三間新學校，不是三間都是小型的，就是一間大型一間小型。一位同仁插嘴問他比較喜歡哪一種。主管回答，「當然是小型的，小型的比較好處理。」他一句話就把自己給出賣了。雖然官方說法是學校規模沒差——管理就是管理，不管是大單位或小單位——但這位主管在回答一個隨興的問題時，卻透露了一個非常不同的個人觀點。[23]

模式　做民族誌研究的人要尋找人們的思考與行為的**模式**（patterns）。因為模式可看出人們的言語和行為是否具一致性，因此模式是一種檢驗民族誌信度的方法。通常研究者一開始所面對的是一大堆沒有經過任何分類的訊息，藉由比較與比對這些訊息，研究者持續嘗試著將它們分類，直到行為或思考有清楚的模式浮現為止。接著研究者常會去觀察及聆聽更多的訊息，用以檢驗這些新的資料是否與他先前的所見所聞相符。這些新獲得的訊息又需要更多的篩選與分類，直到研究者確信新資料所透露的資訊跟先前的訊息相契合。

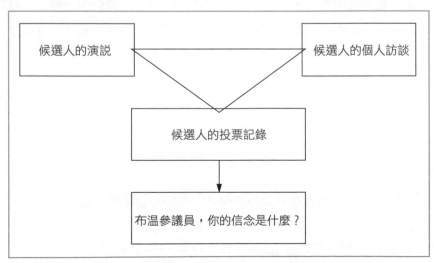

圖 21.1　三角驗證法與政治

關鍵事件 關鍵事件（key events）在每一種社會群體都會發生，且關鍵事件提供的資料可讓民族誌研究者用來描述與分析該社會群體的整體文化。關鍵事件傳達了非常大量的訊息，提供「一片可用以觀察一個文化的鏡片」。[24] 關鍵事件的例子像是：在一所小學引進電腦、在一所高中的籃球賽中兩個女生打起架來、在醫院的恢復室裡值班的一群護理師對於一位急診病人的反應、一棟住滿人的公寓大樓發生火警、社會研究課使用新的教學方法，及一位受歡迎的教授休了一年的假後回到學校。這類的事件特別有助於分析，因為它們不但幫助研究者了解所研究的群體，也讓研究者更能清楚地對其他人說明該群體的文化。

以圖表呈現內容 這些包括像是**地圖**（例如，教室或學校的地圖）、**流程圖**（例如，在課堂上誰對誰說了什麼）、**組織圖**（例如，學校圖書館的組織圖）、**社交圖**（例如，哪一位學生在做班級的研究報告上，獲得最多人邀請他當夥伴的圖）、**矩陣**（例如，將一所大學的創作藝術系裡的類別，像是音樂、舞蹈、戲劇表演、繪畫等，都列在一張矩陣圖上相比較及互相參照）等。準備這些圖表的過程，常就能幫助研究者晶化（crystallize）他自己對於一個地區、一個系統、一個點，甚至一次互動的了解。以圖表呈現內容，在民族誌研究法是非常有用的工具。

統計 也許你料不到，民族誌研究者事實上常將統計運用於其工作。然而他們通常比較常使用無母數統計分析法（見第 11 章），像是卡方檢定，而比較少用有母數統計分析法。在他們的報告裡，比較常看到的是次數，而非得分數；但如果他們的樣本很大時，也會使用有母數統計法。

然而，在民族誌研究使用統計有一些問題，因為常常根本不可能合乎許多推論檢定法所需要的假定（例如，樣本是隨機的），因為典型的民族誌研究都是使用小樣本及立意樣本。另一方面，有時可用敘述統計，像是平均數與中數，來說明行動或事件的次數，並且，這些敘述統計值愈來愈常在民族誌研究報告裡看到。

晶化 民族誌研究者在研究的各種階段都努力想統整自己的思緒。有時這只是將資訊都摘要記下，但有時也可能成為一項真正的洞見。「當所有事情的頭緒都清楚了，就是研究達到最高品質的時刻。經過多月的思考與沉浸在一個完全不同的文化裡，一種特別的輪廓成形了。所有的次主題、迷你經驗、一層

又一層的三角驗證、關鍵事件及行為的模式，構成了一幅連貫一致而有說服力的圖，說明這些事項之間的關係與意義。」[25] 對一位民族誌研究者而言，沒有什麼能比這一刻還令人興奮的。

關於民族誌資料的分析，要明瞭的是，晶化（**crystallization**）並不是只發生在某一階段或某段時間。民族誌資料需要多次並以多種形式分析。通常這種過程是循環的——蒐集了資料，思考這些資料的內容與意義，再蒐集資料，尋找模式，又再蒐集資料，尋找新模式，發展一個又一個的矩陣，這樣一直持續下去。資料分析在民族誌裡是持續不斷的，從頭到尾都需要持續地做。

▌▌▌哈克與他的五年級教室

接著，讓我們看一個民族誌研究的案例。下面是一位研究者對一個五年級班級所做的民族誌研究的簡短描述。

> 我[研究者]與哈克密切合作六個月。我對他的班級以及他和學生的互動做民族誌研究。這個年輕人已經在該小學任教三年。他說「為了增進他的專業能力」，他自願參與這項研究。
>
> 我的資料蒐集包括下列幾類：(1)該教師個人的、自傳的和心理的資料；(2)校長和教育局的長官對他的評等；(3)他自己在同樣這些問題上的自我評估；(4)對他的班級的觀察——重點是他與兒童的互動方面；(5)訪談每一個兒童，並得到兒童對於老師在許多不同層面的評等，包括正式的和非正式的評定；(6)他對班上每個學生的評等和評估，包括在同儕中的人緣、學業表現、學習能力、個人適應、家庭背景、對他喜好的程度等之評估；(7)兒童彼此間的人際社交計量資料（sociometric data）；(8)訪談每一個評等他的人（教育局長、校長、督導人員、兒童等）。
>
> 我也盡可能地參與學校的生活，盡可能地跟著該教師，也盡可能「融入」班級。我經常在學校，但我沒有任何權威，也不希望有任何權威。我成為兒童的朋友和他們吐露秘密的對象。
>
> 這位教師被學區主管認為非常有前途——「頭腦清晰且有條

理」、「對兒童的需求很敏銳」、「公平公正地對待所有兒童」、
「對教材知識豐富」等。在評等量表和訪談兩方面，我實在找不到對
他的任何批評和負面評價，也幾乎沒有建議改善之處，如果有的話，
是教材和課程方面的建議。

哈克將自己描述成「公平公正地對待我所有的學生」、做「公平
的決定」、「不偏袒任何人」。這是他感到特別自豪的地方。

他班上的學生來自社會各階層——有中上階層、中產階層和低階
層，有墨西哥裔美國人、白人、日裔美國人等種族群體。我特別注意
他與這些不同群體的學生之間的關係。

雖然可以講很多細節，但只要選幾項做例子就夠了，因為它們都
指向同一方向，而且這個方向挑戰這位教師對自己行為的看法，也挑
戰他的長官對他的看法。他把所有最像他自己的兒童（白人，中產到
中上階級，而且像他一樣，充滿雄心）在各方面都給予最高的評分，
包括個人特質與學業能力。他也評估說這些兒童在同儕中最有人緣，
而且是班級團體的領袖。在沒有翻資料檔或筆記的情況下，他對這些
兒童個別狀況的了解，也以相同的方式分布。他對文化背景（也就是
家庭背景與學業表現）與他相似的學生，了解程度明顯多許多，而對
文化背景與自己最不一樣的，則了解最少。

班上兒童對他的看法則不太相同。有些兒童形容他「並不是都很
公平和公正」、「特別喜歡幾個學生」、「遇到問題時不覺得想找他
幫忙」。在班級的「人際社交圖」上，可以看出兒童最想跟哪些學生
在一起、一起寫作業、坐在附近，或邀他們參加聚會或表演等；但這
個圖實際所顯示最有人緣的兒童，都不是被他評定為最高分的學生。
而他所給的負面評價（即人緣差）也一樣不正確。被他評定為孤立或
社會適應不良的兒童（大都屬於非白人或非中產階級），在其他學生
的眼中反而常是「有魅力的明星」。

我觀察他在班級的行為，也發現這些行為支持這些以其他方式蒐
集到的資料。他最常找、觸摸、幫助和直接注視那些在文化方面與他
相似的兒童。他對其他兒童也從不嚴苛或殘忍，只是在他的眼裡，他
們似乎都不在教室裡。他與白人、中產階層和中上階層社經背景的兒

童互動得比其他兒童頻繁，而且互動的品質也有差別。

　　這個年輕人雖然具有極佳的善意，但所表現的行為卻符合社會制度早已預測到的負面假設和預測（也有正向的一面）。他對白人中產階層兒童的訊息是：他們很聰慧，有光明的前途，社會樂意接納他們，而且值得費心教導。而他傳遞給非白人兒童的訊息則是：他們比較不聰慧、社會比較不樂意接納，而且比較不值得費事教導。他正在打擊自己宣告的教育目標。

　　這位年輕教師不知道自己有歧視的態度。他的長官在各方面都把他評得很高分，包括「能公平和公正地對待所有學生」。很明顯地他們就像他一樣，看不出他的歧視性做法。學校制度支持他及他在班級的行為，沒有質疑或批評，而該社區的主流社會結構也支持學校。[26]

　　從以上的描述可以注意到下列幾點：
- 這項研究發生在自然情境中——哈克的學校和班級。
- 研究者沒有試圖用任何方式去操弄情境。
- 沒有比較研究方法或實驗處理（常見於實驗研究法和因果比較研究法）。
- 該研究只涉及單一一個教室（$n=1$）。
- 研究者是一個參與式觀察者，盡可能參與學校的生活。
- 研究者使用多種不同的工具蒐集資料。
- 研究者試圖對這名教師的五年級教室做完整的描述。
- 本研究揭露了許多可能被其他使用不同研究法的研究者忽略掉的事項。
- 作者沒有嘗試將研究發現擴論到其他情境或環境。換言之，除非其他相似的研究也有相似的發現，本研究的「外部效度」很有限。若其他研究有相似發現，這項研究發現就可能有「可轉移性」（transferability）〔也就是理論的可擴論性（theoretical generalizability）〕。
- 很不幸地，無法檢驗資料的效度或研究者的詮釋（除非其他的研究者也獨立觀察同一個教室）。

██ 民族誌研究法的優缺點

民族誌研究法具有許多獨特的優點，但也有一些缺點。主要的優點之一是，它提供的觀點比其他形式的教育研究法完整而全面許多。觀察個體在自然情境的真實行為，可讓研究者對這些行為獲得較豐富和較深入的了解。不容易量化的研究主題很適合以民族誌研究法做研究。研究者用其他研究法不能觀察到的有關師生的想法、觀念和行為方面的細微差異，經常可被民族誌研究者察覺出來。

再者，民族誌研究法特別適用於研究那些最好能在自然情境中觀察的行為。其他類型的研究法可在有點人工刻意安排的環境下測量態度和行為，但是它們對觀察自然情境下的行為功效不大。例如，教職員會議的「動力關係」（dynamics）、班級中的師生「互動關係」，最好是用民族誌研究法來探討。最後，民族誌研究法特別適用於研究團體行為在一段時間中的變化情形。因此，如果要盡可能完全了解一所市中心區學校在一年中的「生活情形」，民族誌研究取向可說是最適用的研究方法。

然而，和所有的研究法一樣，民族誌研究法也有一些限制。它高度依賴研究者本身的觀察與詮釋，而且因為很少提供數據資料，因此經常無從去檢驗研究結論的效度，這使得觀察者的偏誤幾乎沒辦法消除。由於通常只觀察一個情境（一間教室或一所學校），除非其他研究者在其他環境或情境中能獲得類似的研究結果，否則可擴論性幾乎不存在。因為研究者在開始從事觀察時，常沒有一個有待肯定或否定的具體研究假設，一些用語也沒有加以界定，因而要加以調查的變項或關係可能一直都不清楚。

由於這個研究法本身帶有無法避免的曖昧不明，所以即使事前規劃並請其他研究者審閱規劃案，效果也不像在量化研究中那麼大。雖然沒有研究會完全依照事先的規劃實施，但其他的研究法因為有事先的規劃，就比較容易辨識及矯正潛在的陷阱。因此，我們認為民族誌研究法是一種很難做得很好的研究方式；初次使用本研究法的研究者應該接受嚴密的督導。

民族誌研究法論文舉例

請利用先前數章所學習的概念，檢視民族誌研究論文的優缺點。

原文舉例的研究報告資訊如下：

Joerdens, S. H. (2014). 'Belonging means you can go in': Children's perspectives and experiences of membership of Kindergarten. *Australasian Journal of Early Childhood, 39*(1), 12-21.

回到本章最前面的**互動與應用學習**所列出的一系列互動與應用活動。到線上學習中心（OCL, http://highered.mheducation.com/sites/125991383x）去做小測驗、練習關鍵詞彙，及複習本章內容。

本章重點

民族誌研究法的特性與價值

- 民族誌研究法特別適用於在自然情境下觀察才能獲得最佳了解的行為。
- 所有民族誌研究的主要技巧是深度訪談，和非常詳細、幾乎持續不斷地對環境進行參與式觀察。
- 民族誌研究的主要優點是，它比其他任何形式的教育研究更能提供一種完整的觀點。

民族誌的概念

- 民族誌研究法的重要概念包括文化、全觀的觀點、脈絡化、主位觀點、客位觀點、多重事實、厚實描述、研究對象檢核、挑毛病的同僚及不具評斷的取向。

可使用民族誌研究法的主題

- 適合的主題包括那些無法以簡單的量化方法呈現的主題、在自然的情境下能獲得最佳了解的主題、需要持續觀察個體或群體一段時間的主題、要研究的是個體所扮演的角色及這些角色所衍生的行為、那些視一個群體為一個單位，並研究該單位的活動與行為的研究，以及那些研究一個

正式組織及其整體的主題。

民族誌研究法的取樣

- 民族誌研究的樣本幾乎都是立意樣本。
- 從民族誌研究法的樣本所得的資料,很少(即使有)能擴論到整個母群體。

民族誌研究法中假設的運用

- 民族誌研究者很少在事前形成假設,假設是在研究進行時逐漸浮現的。

民族誌研究法的資料蒐集與分析

- 民族誌研究法裡兩個主要的資料蒐集方法,是參與式觀察及詳細的訪談。
- 採用民族誌研究法的研究者使用各種工具蒐集資料及檢驗效度。這常稱為三角驗證法。
- 分析包含了持續的重新探討資料,重點在於尋找模式、探討關鍵事件,及使用圖表呈現內容、訪談及觀察。

田野工作

- 「田野筆記」是民族誌研究者在田野所做的筆記。它們包括描述性田野筆記(記載所見所聞)和反思性田野筆記(記載對所觀察事物的想法)。
- 「田野備忘錄」是指研究者快速記載的事項,以備稍後可寫得更詳細。
- 「田野日記」是研究者對其所觀察的人或情境的個人感受和想法的記錄。
- 「田野日誌」是一種流水帳,記載研究者計畫花多少時間做某事,以及實際花多少時間完成。

民族誌研究法的優缺點

- 民族誌研究法一項主要的優點是,它提供的觀點比其他形式的教育研究法完整且全面許多。不容易量化的研究主題很適合以民族誌研究法做研究。並且,它特別適用於研究那些最好能在自然情境中觀察的行為。
- 和所有的研究法一樣,民族誌研究法也有限制。它高度依賴研究者本身的觀察,且一些觀察者的偏誤幾乎沒辦法消除。最後,可擴論性幾乎不存在。

關鍵詞彙

三角驗證法（triangulation） 672

反思性田野筆記（reflective field notes） 667

文化（culture） 659

主位觀點（emic perspective） 660

民族誌研究法（ethnographic research） 655

田野日記（field diary） 665

田野日誌（field log） 666

田野備忘錄（field jottings） 665

田野筆記（field notes） 665

全觀的觀點（holistic perspective） 659

多重事實（multiple realities） 660

厚實描述（thick description） 660

客位觀點（etic perspective） 660

研究對象檢核（member checking） 660

脈絡化（contextualization） 660

參與式觀察（participant observation） 664

訪談（interviewing） 664

描述性田野筆記（descriptive field notes） 667

晶化（crystallization） 675

關鍵事件（key events） 674

問題討論

1. 對於民族誌研究法的主要批評是，研究者沒有辦法對自己所觀察的事物做到完全客觀。你是否同意？一個民族誌研究者會如何回應這樣的指控？

2. 民族誌研究很少被重做。你認為為什麼會這樣？可能重做相同的研究嗎？如果可能，要怎樣重做？

3. 你認為民族誌研究法的哪一方面難度最高？為什麼？

4. 你認為民族誌研究法的最大優點是什麼？最大缺點呢？請說明你的想法。

5. 你會願意成為民族誌研究裡的參與者嗎？為什麼願意？或者，為什麼不願意？

6. 支持質性研究法的人說，質性研究法能做到一些其他類型的研究法做不到的事情。如果真是這樣，這些事情可能是什麼？這對於民族誌而言是不是尤其為真？

7. 是否有任何種類的資訊，若由其他類型的研究法提供，會比由民族誌研究法提供為佳？如果有，會是哪些種類的資訊？

8. 民族誌研究法的難度，跟本書目前所討論過的所有其他研究法的難度相比，你覺得如何？請說明你的想法。

註釋

1. Bernard, H. R. (1994). *Research methods in cultural anthropology* (2nd ed., p. 137). Beverly Hills, CA: Sage.

2. Wolcott, H. F. (1966). 引自 Creswell, J. R. (2008). *Educational research: Planning, conducting, and evaluating qualitative and quantitative research* (3rd ed., p. 480). Columbus, OH: Merrill Prentice-Hall.

3. Stretesky, P. B., & Pogrebin, M. R. (2007). Gang-related gun violence: Socialization, identity, and self. *Contemporary Ethnography, 36*(2), 85-114.

4. Purser, G. (2009). The dignity of job-seeking men: Boundary work among immigrant day laborers. *Contemporary Ethnography, 38*(2), 117-139.

5. Jimerson, J. B., & Oware, M. K. (2006). Telling the code of the street: An ethnomethodological ethnography. *Contemporary Ethnography, 35*(2), 24-50.

6. Simpson, T. A. (2000). Streets, sidewalks, stores, and stories: Narrative and uses of urban space. *Contemporary Ethnography, 29*(12), 682-716.

7. Charmaz, K. (2006). The power of names. *Contemporary Ethnography, 35*(8), 396-399.

8. Jorgensen, E. R. (2009). On thick description and narrative inquiry in music education. *Research Studies in Music Education, 31*(6), 69-81.

9. Cusick, P. A. (1973). *Inside high school: The student's perspective*. New York: Holt, Rinehart & Winston.

10. Babbie, E. (2007). *The practice of social research* (11th ed.). Florence, KY: Wadsworth Cengage.

11. Harris, M. (2000). *The rise of anthropological theory: A history of theories of culture* (updated ed.). Lanham, MD: Altamira Press.

12. Fetterman, D. M. (1989). *Ethnography: Step by step* (2nd ed., p. 39). Thousand Oaks, CA: Sage.

13. 出處同上，p. 40。

14. 出處同上，p. 42。

15. 出處同上，p. 44。

16. 出處同上，p. 56。

17. 出處同上，pp. 57-58。

18. 若想更清楚了解田野筆記，可參考 Bogdan, R. C., & Biklen, S. K. (2007). *Qualitative research in education: An introduction to theory and practice* (5th ed., chapter 4). Boston: Allyn & Bacon.

19. Bernard, H. R. (1994). *Research methods in cultural anthropology* (2nd ed., pp. 181-186). Beverly Hills, CA: Sage.

20. 出處同上，p. 185。

21. Bogdan, R. C., & Biklen, S. K. (2007). *Qualitative research in education: An introduction to theory and practice* (5th ed., p. 120). Boston: Allyn & Bacon.

22. 出處同上，pp. 260-270。

23. Fetterman, D. M. (1989). *Ethnography: Step by step* (2nd ed., pp. 104-105). Thousand Oaks, CA: Sage.

24. 出處同上，p. 106。

25. 出處同上，p. 112。

26. Spindler, G. (1982). *Doing the ethnography of schooling: Educational anthropology in action*. New York: Holt, Rinehart and Winston.

Chapter 22

歷史研究法

- 何謂歷史研究法？
  歷史研究法的目的／什麼樣的研究問句適合以歷史研究法探討？
- 從事歷史研究法的步驟
  界定問題／找出適切的資料來源／歸納所得到的資訊／評鑑歷史資料來源
- 歷史研究法的資料分析
- 歷史研究法的擴論
- 歷史研究法的優缺點
- 歷史研究法論文舉例

學習目標 >> 讀完本章後，你應該能：

- 簡要描述歷史研究法的內涵。
- 陳述歷史研究法的三個目的。
- 為歷史研究法所探討的每一種問題類型舉一些例子。
- 說出並簡要描述歷史研究法包含的主要研究步驟。
- 舉出幾種歷史資料來源。
- 辨別第一手和第二手資料來源。
- 辨別外部考證和內部考證。
- 討論在什麼情況下才能在歷史研究做擴論。
- 找出幾個已出版的歷史研究案例，並評論它們的優缺點。
- 做文獻探討時，若偶然讀到一篇歷史研究法的作品，能辨識出來。

互動與應用學習 在閱讀本章的同時，或讀完本章後：

到線上學習中心（Online Learning Center, OLC），
網址 http://highered.mheducation.com/sites/125991383x：

- 更加了解第一手資料來源相較於第二手資料來源的差異

到線上學生精熟活動簿（Student Mastery Activities Book）做
下列活動：

- 活動 22.1：歷史研究問句
- 活動 22.2：第一手資料來源，還是第二手？
- 活動 22.3：哪一類的歷史資料來源？
- 活動 22.4：對或錯？

「嘿，貝琪！」

「嘿，布藍，你去哪了？」

「圖書館。要找個研究主題來寫報告。」

「狀況如何？」

　　「還算順利。我想應該有底了。妳聽說了吧，教育局明年想在我
們學區的小學推一個新的閱讀方案——有點像是看圖說話（look-say）
那種方式——但我對這個的效果有點懷疑。」

　　「怎麼說？」

　　「主管當局把這個計畫捧上了天，但它是不是比我們現在的閱讀
方案好，我還沒見到任何的證據。而且，這個計畫還滿昂貴的。妳知
道，我是課程指導委員，我想要在決定花一大筆銀子買這個計畫的所
有教材之前，先看看它是不是如他們所說的那麼有效。所以，……」

　　「哇，聽起來你已經找到研究題目了。是要針對該計畫以往實施
的效果做研究，對吧？」

　　「對！我想，我需要做一點歷史研究法。」

　　我們同意。布藍可能的確需要做一個歷史研究，或找出已經做的
研究。這其中所需要進行的步驟，正是本章的內容。

何謂歷史研究法？

　　歷史研究法與我們在其他各章所討論過的大多數研究法都不同。當然，它
沒有實驗研究法中的操弄或控制變項，但它的特色是將主要的焦點放在**過去**。
正如我們在第 1 章談過的，研究者探討當時的文獻、檢視遺跡或訪談曾生活在
該時期的人們，藉以研究過去的某一方面。接著，研究者盡可能完整且正確地
重建那一段時期所發生的事項，而且也（經常）企圖解釋發生的原因——雖然
這些絕不可能圓滿達成，因為有關過往的資訊永遠無法蒐集完整。所以，**歷史
研究法（historical research）**是有系統地蒐集和評鑑資料，以描述、解釋及了
解過去某個時期發生的行為或事件。

◆ 歷史研究法的目的

　　教育研究者採用歷史研究法可能的原因如下：

1. 使人們知曉過去發生的事，並進而學到過去的成功和失敗。例如，研究者可
能想探討某種修訂課程（比如一項新的主題探討取向的英文課程），何以在
有些學區實施成功，在其他學區則不然。

2. 了解過去的做事方式,是否可應用到現在的問題和有關的事物上。例如,如果有個新提出的構想,也許先查查過去是不是有被嘗試過,而不要一下就跳進去試驗,常會是比較明智的做法。有時一個被視為「完全創新」的點子可能並非真的那麼創新。同樣的道理,我們在第 3 章仔細討論過的文獻探討,固然是做許多其他類型的研究時不可或缺的一部分,其實那即是一種歷史研究。探討了文獻之後常會發覺:我們以為是新的東西,其實以前就已經做過了。(而且令人驚訝的是,已經做了很多次了!)

3. 協助做預測。如果有個想法或方法先前已經嘗試過,即使當時的情況有點不同,但這些過去的經驗還是可以讓決策者對於目前的計畫會有什麼結果有點概念。因此,如果「語言實驗室」過去在某些學區被證實為有效(或無效),想採用語言實驗室的學區就可以利用這些證據作為決策的基礎。

4. 檢驗事物之間的關係或趨勢的研究假設。許多沒經驗的研究者都認為歷史研究屬於純粹描述性的研究。然而,倘能完善規劃和謹慎實施,歷史研究也可用以確認或拒斥相關性的研究假設。下面幾個例子就是可以利用歷史研究驗證的一些研究假設:

a. 在 1900 年代早期,大多數的女性教師來自中上階層,但男性教師則不然。

b. 課程改革如果未經周密規劃,並由相關教師參與,通常都會失敗。

c. 19 世紀社會科學研究的教科書,從 1800 年至 1900 年這一段時間,愈來愈常提到婦女對美國文化的貢獻。

d. 自 1940 年以來,中學教師比小學教師享有較高的聲望。

當然,還有許多其他可能的研究假設;上列這些例子的目的,只是在舉例說明歷史研究法也可以用來做含有假設檢定的研究。

5. 更全面地了解目前的教育實務和政策。目前許多的實務做法絕不是新近才開始的,諸如探討教學法、品格教育、開放教室、強調「基本能力」(basics,即讀、寫、算等基本能力)、蘇格拉底教學法(即啟發法)、個案研究的使用、個別化教學法、協同教學法(team teaching)和教學「實驗室」(teaching "laboratories")等等,這些都是歷來為「拯救」教育而一再出現的許多想法中的幾項。

◆ 什麼樣的研究問句適合以歷史研究法探討？

雖然歷史研究法的焦點放在過去，但適合歷史研究法的研究問句卻可以有許多種，以下是幾個例子：

- 在內戰（南北戰爭）期間，南方的學生如何接受教育？
- 詹森（Lyndon B. Johnson）任職總統期間通過多少教育法案？這些法案的主要意圖是什麼？
- 一百年前典型的四年級班級教學是怎樣的情形？
- 從 1900 年以來，教師的工作環境有怎樣的變化？
- 與今日的情形比較，1940 年代的學校有哪些主要的管教問題？
- 過去二十年以來，一般大眾認為最重要的教育議題是哪些？
- 杜威（John Dewey）的理念如何影響今日的教育實務？
- 女性主義者對教育的貢獻是什麼？
- 二十世紀期間，我們的公立學校如何對待少數族群（或身體殘障）的學生？
- 二十世紀初期時的學校行政主管之政策和實務，跟現在的政策與實務有何不同？
- （美國）聯邦政府在教育方面扮演怎樣的角色？

▌▌▌ 從事歷史研究法的步驟

教育方面的歷史研究法有四個基本步驟：界定要調查的問題或問句（如果合適，還包括研究假設的形成）；找出適切的歷史資訊之資料來源；歸納與評鑑從這些參考資源所蒐集到的資訊；呈現與詮釋這些資訊對於要研究的問題或問句所代表的意義。

◆ 界定問題

在教育領域做歷史研究的目的，最簡單的意義是，清楚而且正確地描述與教育和（或）學校教育有關的過去之某一面。但是，如同我們先前說過，歷史研究者的目的不只是「描述」，他們要超越描述，要做釐清和說明，有時候甚至要修正先前的看法（如果研究者發現先前對於某些行為或事件的了解有錯誤

時）。

　　因此，確定歷史研究的問題與確定其他類型研究的問題，在方法上沒有什麼太大的不同。做歷史研究也必須清晰且簡要地陳述研究問題，而且是要能研究的問題，並且有做研究的好理由，及（如果適當）探討研究假設中變項之間的關係。歷史研究法比較特別要擔心的事是：選定要研究某問題，但找得到的資料並不足夠。做歷史研究時常發生的事是：我們感興趣的最重要的資料（例如某時期的一些文件，像日記或地圖）偏偏找不到，尤其在探討更久遠以前的事時，更是如此。所以，最好能深入研究一個定義明確的問題，雖然這也許會比我們理想中的範圍還窄，但會比研究一個廣泛陳述的問題要好，因為後者常無法清楚界定，或獲得完全的解決。像其他所有研究一樣，歷史研究中的問題或假設引導著研究的進行方向；如果問題的定義明確，研究者就能夠有一個好的開始。

　　下面是一些已經出版的歷史研究的範例：

- 「不同國度裡的莎士比亞：從希特勒到昂納克時代，德國教室裡的吟遊詩人」[1]
- 「收成更優的學童：1890-1920 年的學校菜園運動」[2]
- 「打造寬廣的肩膀：1890-1920 年健美與芝加哥的身體文化」[3]
- 「除了公民教育與讀寫算之外：在學校教經濟學」[4]
- 「教育與邊緣性：大學教育裡的種族與性別」[5]
- 「科學世界、高中女生及科學職涯的前景」[6]
- 「印第安人的心／白人的腦袋：印第安人學校裡的印第安教師」[7]
- 「美國大學的出現：一個國際觀」[8]

◆ 找出適切的資料來源

　　資料來源的類別　研究者一旦決定所要探討的問題，就開始找尋資料來源了。幾乎任何形式的書面資料，及其他任何想得出來的物件，都可能是歷史研究的資料來源。一般而言，歷史性的資料可分成四個基本類別：文件、數字型記錄、口頭陳述和遺跡。

1. **文件**：文件（**documents**）是以某種形式產生的書寫或印刷資料，諸如年度報告、書籍裡的圖片、法案、書籍、漫畫、傳單、法庭記錄、日記、證書、

法院的記錄、報紙、雜誌、筆記、學校年鑑、備忘錄、測驗卷等等。它們可能是用手寫的、印刷的、打字的、繪製的或素描的方式做成;它們可能是已公開發表的或未發表的;有出版的或未出版的;也許是私人用途或供大眾使用;可能是原作品也可能是複製品。總之,**文件**是指用書寫或印刷形式存留下來的任何類型的資訊。

2. **數字型記錄**(numerical records):數字型記錄可視為一種資料類型,也可視為文件的一個次類別。這些記錄包括以印刷形式存在的任何數字型資料:測驗分數、出席人數資料、人口普查報告、學校預算書等等。近年來,歷史研究者愈來愈常利用電腦來分析所拿到的大量數字型資料。

3. **口頭陳述**(oral statements):歷史研究者另一種有價值的資料來源是人們的口頭陳述。故事、神話、傳說、傳奇、歌謠、歌曲和其他形式的口頭表達,都被人們用來作為留給後世的記錄。但是歷史學者也可**口頭訪談**(oral interviews)一些目睹或經歷過去某一事件的人。這是歷史研究的特別形式,稱為**口述歷史**(oral history),這在目前有點復興的態勢。

4. **遺跡**:第四種類型的歷史性資料來源是遺跡。遺跡(**relic**)是指任何在材質或外觀上的特徵,能對過去提供某種資訊的物件,例如家具、藝術品、衣物、建築、紀念碑,或用具等。

　　下面是各種歷史性資料來源的例子:

- 十七世紀教室所使用的初級讀本。
- 1800 年代俄亥俄州邊境一位女教師寫的日記。
- 在某個時代登在報紙上,有關贊成和反對一項學校新措施的書面資料。
- 1958 年的初級中學年鑑。
- 十九世紀早期喬治亞州鄉村學生所穿衣物的樣本。
- 1920 年代的高中畢業證書。
- 一位學校督察寫給教職員的備忘錄。
- 兩個不同學區在四十年間的上課出席記錄。
- 內戰(南北戰爭)期間小學生所寫的作文。
- 在不同時代不同地區的學生考試分數。
- 一所預定實施彈性課表之學校的建築設計。
- 一位曾在三位總統任內任職教育部長者的口頭訪談錄音。

第一手相較於第二手資料來源 在任何研究中，能分辨第一手或第二手資料來源是非常重要的。第一手資料來源（**primary source**）是指資料是由事件的參與者或目睹者所準備的。親眼目睹一所新學校啟用的人所做的報告就是一個例子；研究者報告其實驗結果也是一個例子。其他的第一手資料來源舉例如下：

- 一個十九世紀的教師對住在邊境的一個家庭的生活報導。
- 1960 年代一個大型學區之教育局長對其學區所面臨問題的口頭訪談之逐字稿。
- 第二次世界大戰期間，學生對「你最喜歡和最不喜歡學校的哪一點？」問題所做的回應短文。
- 1930 年代一所高中合唱團團員所做的歌曲。
- 1878 年學校董事會的會議記錄，由董事會秘書所記錄。
- 某一有給職顧問對某學區在 1985 年採用的新式法語課程的書面評鑑。
- 1930 年一張八年級畢業班的照片。
- 在南北韓衝突期間，一位美國學生和一位日本學生的通信，信裡描述他們的學校經驗。

另一方面，第二手資料來源（**secondary source**）的提供者並沒有直接目睹事件的發生，而是從其他人的描述獲得跟該事件相關的資料，並整理成文件。因此可以說他們是離事件「有一步距離」。報紙社論對於教師罷工的評論就是一例。其他的第二手資料來源例子如下：

- 描述十年之內所進行過的各類教育研究的一本百科全書。
- 一篇概述亞里斯多德的教育觀點之雜誌文章。
- 報紙根據學校董事會成員的口頭訪談資料所做的董事會議報導。
- 一本描述 1700 年代新英格蘭殖民地之學校教育的書。
- 一位母親對她兒子跟老師之間談話的描述（當時母親不在場）。
- 一位學生交給諮商員的報告，說明自己的老師為什麼會說她被停學了。
- 一本有關教育研究法的教科書（包括本書在內）。

只要可能，歷史學者（像其他研究者一樣）都希望使用第一手資料來源而

非第二手資料來源。你能猜得出原因嗎？*很遺憾地，第一手資料來源比較不容易獲得，尤其愈早期的資料愈難取得。使用第二手資料來源有其必要性，因此，歷史研究也廣泛使用第二手資料來源。當然，如果可能，最好還是使用第一手資料來源。

◆ 歸納所得到的資訊

檢閱歷史資料來源並摘要其資料之過程，基本上就是第 3 章所描述的：先決定該資料對所要探討的問題或疑問的適切性；記錄資料來源的所有作者及出版等相關資訊；將所蒐集的資料加以組織分類；將適用的資訊（重要的事實、引證和疑問）摘錄在筆記卡上。

例如要調查十九世紀的小學教室每天的活動，研究者可能依據「所教科目」、「學習活動」、「遊戲活動」和「班級規則」等類目，將資料整理組織。

然而，閱讀和摘記歷史資料很少有（如果有）明確又有順序的步驟可供依循。通常閱讀和寫作是交錯進行的。知名的歷史學家 Edward J. Carr 描述了歷史學者如何從事研究：

> [外行人][通常]以為歷史學者將他的工作分為兩個明顯不同的時期或階段：首先，花很長的時間閱讀資料並在筆記本上填滿各項事實；然後，當這些工作結束時，把資料丟到一旁，拿出筆記本，著手寫書，從頭到尾一氣呵成。這對我而言是一幅很難相信也不太可能的景象。就我自己而言，一旦獲得一些我認為最重要的資料時，寫作慾望就變得很強烈，我就開始寫作，但不一定從頭開始，而可能從任何部分開始。因此閱讀和寫作可說是同時進行的。閱讀持續的期間，寫成的東西不斷被增減、修改或刪除。另一方面，寫作也引導閱讀的方向與內容，使閱讀變得更有收穫；寫得愈多，愈知道我要找什麼資料，也更了解我所發現的資料之重要性和適切性。[9]

---

* 如果研究者必須得依賴第二手資料來源，資料不詳細或不正確的機會就增高。而所獲得的研究結果之正確性也難以檢驗。

◆ 評鑑歷史資料來源

也許比起所有其他研究者，歷史研究者更需要對自己所檢閱的任何資料都採取一種批判的態度。研究者永遠無法確定歷史資料的真實性和正確性。一份「備忘錄」可能不是署名者所寫，而是由其他人所寫的；一封信可能指涉不曾發生過的事，或事情其實是發生在別的時間、別的地方；文件可能是偽造的，訊息也可能是蓄意捏造的。任何歷史研究者必須要問的主要問題是：

- 這一份文件真的是由我們所認定的作者寫的嗎〔也就是：文件是**真的**（genuine）嗎〕？
- 文件裡的資訊可靠嗎〔也就是：資料**正確**（accurate）嗎〕？

第一個問題是所謂的**外部考證**；第二個問題就是所謂的**內部考證**。

外部考證 外部考證（**external criticism**）是指考證研究者所用之任何文件的真實性。採用歷史研究法的研究者想知道，他們發現的文件是不是真的由所認定的作者寫的。很明顯，偽造的文獻（有時候）會導致錯誤的結論。評鑑歷史資料的真實性時，要思索下面幾個問題：

- 這份文件是**誰**寫的？作者那時是否還活著？有些歷史文件被發現是贗品（forgeries）。比如說，一篇被認為是由馬丁‧路德‧金恩所寫的文件，實際上可能是由某個想要詆毀他名譽的人所假造的。
- 寫這份文件的**目的**何在？它是為誰而寫？為何而寫？（比如說：教育局長的備忘錄是寫給誰的？備忘錄的意圖何在？）
- 這份文件是在**何時**寫的？文件上記載的日期正確嗎？文件上所描述的細節在當時可能真的發生過了嗎（如果是新的一年剛開始，有時候人們在信件註明的日期是剛過去這一年的日期）？
- 這份文件是在**哪裡**寫的？文件上描述的細節是否可能曾發生在該地點〔一篇描寫市中心區學校的文章，若是署名由內布拉斯加州福里蒙鎮（Fremont）的一位教師所寫，可能要小心檢視〕？
- 這份文件是在**什麼情況下**寫的？有沒有可能是在直接的或微妙的脅迫下所寫的（短期約聘教師委員會對某一所學校的課程和行政所做的描述，可能與長期聘任教師委員會所寫的內容有很大的差異）？
- 這份文件有**不同的形式或版本**嗎？（有時候發現一封信有兩個版本，其用字

◉ 歷史學家應該影響政策嗎？

在教育史中重複出現的一個爭議是歷史與教育政策的關係。最近一位學者對這項議題有如下的看法：「對教育史學家而言，成就了政策上的相關性是否失去了學術上的地位？教育史學家應該要參與政策的討論嗎？如果應該，該怎樣參與呢？」*著名的歷史學家 David Tyack 回應如下：「歷史學家對於教育政策有什麼可以貢獻的嗎？許多人認為沒有，其中包括擔心『現在主義』（presentism）會毀壞學者該有的超然立場的一些教育史學家。這樣的想法也不無道理，但會有一個問題：每個人在企圖了解這個世界時，都會使用某種歷史，即使只是個人記憶也是歷史。問題不在於是否該將歷史用於制訂政策，而在於那部分的歷史是否有盡可能正確。歷史學家當然不會有政策基因，但他們有特殊的知識，這些知識有可能是有用的。例如，就教育改革而言，要知道什麼方法有用，什麼沒用，跟為什麼有用或沒用，有一整個庫存的實驗可以探索。幸好，要從這些實驗中學習，花費很少，而且不會傷害到活著的人。」†（我們假定所引述的這段話指的是自然發生的「實驗」，而不是真的實驗。）

你認為呢？教育史學家應該參與政策的討論嗎？

---

* Mahoney, K. (2000). New times, new questions. *Educational Researcher, 29*, 18-19.
† Tyack, D. (2000). Reflections on histories of U. S. education. *Educational Researcher, 2*, 19-20.

遣詞幾乎一樣，只有筆跡有些細微的差異，這表示其中一封可能是偽造的。）

關於外部考證，要記得的是，研究者應該要盡力確保所使用的文件是真的。以上的問題（及其他類似的問題）都是朝向這個目的而提出的。

內部考證 一旦研究者對一份文件的真實性感到滿意，接著就要決定該文件的**內容是否正確**。這牽涉到所謂的內部考證（**internal criticism**），也就是要評鑑該文件所含資訊的正確性和作者的事實性（truthfulness）。外部考證是針對文件本身的性質或真實性加以批判；內部考證是針對該文件所言內容予以批判。作者說有發生的事件，是否可能真的發生過？那個時代人們的行為是否可能如文件所描述的那樣？事件發生的情形是否可能如所描述的？所呈現的資料

（出席記錄、預算數字、測驗分數等等）是否合理？但要注意的是，研究者不能因為認為事件不太可能發生就不採信該陳述的內容，因為有些不可能發生的事的確有發生。研究者必須決定的是，即使該事件不太可能發生，是否還是**有可能發生過**。一如外部考證，考證文件的正確性和作者的事實性，必須考慮下面幾個問題。

1. **關於文件的作者：**
   - 作者是否在他所描述的事件的**現場**？換言之，這份文件是第一手或第二手資料來源。就像我們先前提過的，第一手資料來源優於第二手資料來源，因為它們經常（雖然並非一定是）較正確。
   - 作者是事件的**參與者**還是**觀察者**？一般而言，我們認為觀察者比參與者較能呈現超然而全面的觀點。然而，即使同樣親眼目睹一件事，每個目擊者對事情的描述也未必相同，因此觀察者的陳述並不一定比參與者正確。
   - 作者是否**有足夠的能力**可以描述一個事件？這指的是作者的資格問題。他在所描述或討論的問題上，是專家嗎？是一個有心研究的「觀察者」嗎？或者只是路過？
   - 作者對於該事件是否有**私人的情感**？例如，被解聘教師的妻子可能對該教師教學專業上的貢獻提供一種曲解的觀點。
   - 作者跟該事件的結果是否有任何**利益牽扯**？例如他是不是有某些自私的動機或有某些方面的偏見？一個經常跟老師唱反調的學生對這位老師的描述，自然比對其他老師的描述更負面。

2. **關於文件的內容：**
   - 內容**合理**嗎？（也就是，就事件的性質而言，事件的發生若真如所描述的情形那樣，合理嗎？）
   - 所描述的事件可能**在那個時候發生**嗎？例如，如果有一篇文件描述的是發生在 1946 年的第二次世界大戰的戰役，研究者的確應該懷疑。
   - 人們的行為可能如所描述的那樣嗎？此處主要的危險是所謂的**現在主義**──將當前的信念、價值觀和觀點加諸於生活在另一個時代的人身上。另一個稍有相關的問題是**歷史性的後見之明**（historical hindsight）。我們知道一個事件的結局，並不表示事件發生之前或發生當時的人也相信該事件會演變成後來的結局。

- 該文件的語言是否暗示著某種**偏見**？是否充滿情緒、用語失當或偏向某一方？作者的種族、性別、宗教信仰、政黨、社經地位或職位，是否可能使他有某些成見（圖22.1）？例如，若學校董事會投票否決加薪案，教師的描述可能與該董事會成員的描述會有所不同。

- 對該事件的描述是否有**其他版本**？它們對所發生的事件

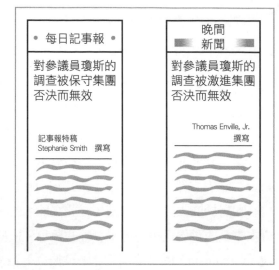

圖22.1 真相如何？

是否有不同的描述或詮釋？但要注意：不能因大多數觀察者對該事件的發生情形看法一致，就認為他們一定是對的；曾不只一次發現，少數人的觀點才是正確的。

歷史研究法的資料分析

就像其他類型的質性研究一樣，歷史研究者必須想辦法從大量的資料中理出頭緒，整合成自己的、有意義的論文。有些研究者比較喜歡從理論的模型著手，這樣可以幫助自己將所蒐集的資料整理歸納，甚至可以從中衍生出一些類別來做內容分析。其他人則喜歡讓自己沉浸於資訊中，直到獲得靈感，找到模式或主題。這時候若有一套過錄系統就能幫上一些忙。最近一些歷史學家開始使用量化資料，像是犯罪率與失業率，來驗證他們從文件所獲得的理解。[10]

歷史研究法的擴論

從事歷史研究法的研究者能擴論他們的發現嗎？這須視情況而定。你或許很清楚，歷史研究者很少（如果有的話）能研究個人或事件的整個母群體。他們通常很少有選擇的機會，只能研究現象相關的樣本；而可研究的樣本又受到

細說研究 MORE ABOUT RESEARCH

◎ 歷史研究的重要發現

　　有關教育問題的歷史研究中，最知名的可說是德國社會學者韋伯（Max Weber）從 1934 年開始從事的系列研究。他的理論是：宗教信仰是社會行為的主要動因，尤其是經濟資本主義的主要動因。* 此類研究中，較近期的例子是 Robert N. Bellah 所做的研究，他檢視 1800 年代後期和 1900 年代早期有關日本宗教的歷史文件。† 他的結論是：一些萌生的宗教信仰，包括對於勤奮工作的贊許和對於商人的接受態度（在此之前，商人的社會地位很低），都在日本的資本主義成長過程中扮演工具性的角色。這些結論與韋伯研究歐洲之喀爾文主義（Calvinism）的結論很相近。韋伯也下結論說，資本主義之所以未能在早期的中國、以色列和印度的社會發展，原因是這些國家的宗教教條，沒有將資本主義的基本觀念視為「有價值」的一種訊號；這些觀念包括累積財富和再投資財富。

---

* Weber, M. (1958). *The Protestant ethic and the spirit of capitalism*. Translated by T. Parsons. New York: Charles Scribner and Sons.

† Bellah, R. N. (1967). Research chronicle: Tokugawa religion. In P. E. Hammond (Ed.), *Sociologists at work* (pp. 164-185). Garden City, NY: Anchor Books.

過去所存留下來的歷史資料所決定。這是歷史學者獨特的問題，因為幾乎總會有文件、遺跡或其他資料來源有所缺漏、遺失，或根本找不到。而找到的那些資料來源可能無法代表所有可能存在過的資料。

　　例如：假設有位研究者想了解 1800 年代後期的中學如何教社會研究，但她只能研究那個時期還留下來的資料。研究者可能找到幾本那個時期的教科書、作業簿、教案、試卷，和其他由教師所寫的書信和日記等，所有這些都是來自那個時期的。經過仔細審閱這些資源材料，研究者對那時期的社會研究的教學性質得到一些結論。但是，研究者須小心記住：所有這些都是書面資料——它們所反映的觀點，可能跟那些不喜歡把自己的思考、想法或作業記下的人持不同的觀點。研究者可以怎麼做呢？就如同所有的研究，要增加擴論的效度，可以增加擴論所依據的樣本大小和多樣性。有量化記錄的歷史研究，則可使用電

腦從廣大的學生、教師等群體中獲得代表性的樣本（像是從學校記錄、測驗分數、人口普查統計報告和其他文件中抽取）。

歷史研究法的優缺點

歷史研究法的主要優點，是它探討其他類型的研究法無法處理的主題和問句。它是唯一能利用過去所留下的證據，來探討本章先前所看到的研究問句的研究方法。此外，歷史研究法比其他研究法（唯一例外可能是民族誌研究法和個案研究法）使用更多不同類型的證據。因此，也許某些主題可以使用其他研究法，但使用歷史研究法可能發現更豐富的資訊。例如，研究者可能希望探討一項假設：「未經周密規劃，且無相關教師參與的課程改革，通常會失敗」，他可以訪談或觀察：(1)有參與；和(2)沒參與課程改革的教師的意見（屬於因果比較的研究），或操弄教師參與的程度（屬於實驗研究）。但這個問句也可以經由檢視過去五十年來新課程實驗推動者的報告、教師留下的文件（如日記）等等來研究。

歷史研究法的一項缺點是，其他研究法所用來控制內部效度的威脅的方法，都無法在歷史研究法運用。由於樣本文件的性質及工具使用過程（內容分析）所造成的限制很可能非常大，研究者無法確保自己的樣本具代表性，（通常）也無法檢視自己從可用的資料所獲得的推論之信度與效度。我們在第 9 章所討論的所有或許多對內部效度的威脅，都很可能存在，但威脅的多寡還需視研究問題而定。因研究者特質所產生的偏誤（資料之蒐集與分析）一定會有。任何所觀察到的關係都可能是因為某項威脅，像是研究對象的特質（有些人會有資訊記錄，有些人則無）、研究的執行、歷史、成熟、態度，或地點的偏誤。雖然威脅的存在與否，還要看研究的性質而定，但不幸的是，研究者卻完全無法使用任何控制威脅的方法。由於一切都要靠研究者本身的技巧與正直誠實，我們認為歷史研究法是所有類型的研究法中，最難使用的研究法之一（圖22.2）。

使用歷史研究法不只是要挖掘好的材料而已；要把歷史研究法做得好，所需要的技巧比其他研究法更多。歷史學家可能發現自己需要一點語言學家的技巧、一點化學家的技巧，或一點考古學家的技巧。並且，由於歷史學是高度需

圖 22.2 歷史研究法不是你想得那麼容易!

要詮釋的,歷史學家也可能需要一點心理學方面的知識、一點人類學方面的知識,及其他一些領域的知識。

⫾⫾⫾ 歷史研究法論文舉例

請利用先前數章所學習的概念,檢視歷史研究法論文的優缺點。

原文舉例的出版論文資訊如下:

Fox, V. C. (2000, summer). Lydia Ann Stow: Self-actualization in a period of transi-
tion. *The Journal of Psychohistory, 28*(1), 62-71.

OLC

回到本章最前面的**互動與應用學習**所列出的一系列互動與應用活動。到線上學習中心（OLC, http://highered.mheducation.com/sites/125991383x）去做小測驗、練習關鍵詞彙，及複習本章內容。

本章重點

歷史研究法的性質

- 歷史研究法的獨特性質是，它將焦點完全放在過去。

歷史研究法的目的

- 教育研究者採用歷史研究法的原因很多，但最常講的理由是：幫助人們從過去的成功和失敗經驗中學習。

- 倘能完善設計和謹慎執行，歷史研究法還是可以確認或拒斥相關性假設。

從事歷史研究法的步驟

- 歷史研究法有四個基本步驟：界定所要探討的問題或假設；尋找適切的資料來源；摘要並評鑑研究者所能得到的資料來源；詮釋獲得的證據，然後導出問題或假設的結論。

歷史資料來源

- 大多數的歷史資料可分成四個基本類別：文件、數字型記錄、口頭陳述和遺跡。

- 文件是指過去所產生的書寫或印刷的資料。

- 數字型記錄是指印刷或手寫的任何一種數字型資料。

- 口頭陳述是指由人所做的任何一種形式的口頭敘述。

- 遺跡是指任何一種物件，且這些物件的材質或外觀能提供有關過去的一些資訊。

- 第一手資料來源是指，該資料是由事件的參與者或直接目擊者所準備。

- 第二手資料來源是指，該資料的準備者，並非直接目睹事件的發生，而是從其他人獲得對於該事件的描述。

歷史資料來源的評鑑

- 內容分析是歷史研究法中主要的資料分析方法。
- 外部考證是指考證在歷史研究中研究者所用文件本身的真實性。
- 內部考證是指考證文件內容的正確性。外部考證針對文件本身的真實性；內部考證則是針對文件所言內容。

歷史研究法的擴論

- 像所有研究一樣，從事歷史研究者要從小樣本或無代表性的樣本擴論到母群體時，必須非常謹慎。

歷史研究法的優缺點

- 歷史研究法的主要優點是，無法以其他方法探討的研究問題，可用歷史研究法探討。它是唯一可以研究過去的證據的研究法。
- 歷史研究法的一個缺點是，無法控制許多對內部效度的威脅。第 9 章所談到的許多對內部效度的威脅，都很可能存在於歷史研究。

關鍵詞彙

內部考證（internal criticism） 695

文件（document） 690

外部考證（external criticism） 694

第一手資料來源（primary source） 692

第二手資料來源（secondary source） 692

歷史研究法（historical research） 687

遺跡（relic） 691

問題討論

1. 有位研究者希望研究高中畢業之資格要求自 1900 年以來的變遷情形。請為這個研究者研擬一個可能的研究假設，以及他可能要參考哪些資料來源？

2. 研究者為什麼會對下列這些資料來源抱持謹慎或懷疑的態度？

    a. 一架打字機，上面刻有"Christopher Columbus"（哥倫布）。

    b. 一封由羅斯福（Franklin D. Roosevelt）所寫，支持甘迺迪（John F.

Kennedy） 競選美國總統的信。

c. 一封由八年級學生寫給編輯的信，抱怨學校進階數學課程的程度不足。

d. 一篇打字的訪談報告，訪問一位剛被解聘的教師，描述該教師對學區的抱怨。

e. 一張 1920 年代的學校文憑，證明一名學生確實從十年級畢業。

f. 一本高中教師的出席記錄簿，顯示 1942 年全年她班上沒有學生缺席過。

g. 一張 1800 年代的一間小學教室的照片。

3. 你認為歷史研究法相較於本書介紹的其他研究法，是比較容易還是比較難做？為什麼？

4. 歷史研究法中，「研究者無法確保樣本的代表性」，為什麼？

5. 你認為歷史研究法的哪一個步驟，是最難完成的？哪一個是最容易完成的？為什麼？

6. 你可以想得出任何一個主題或點子是不適合用歷史研究法的嗎？為什麼不適合？請舉一例。

7. 歷史學家通常比較喜歡用第一手資料來源，而不喜歡第二手資料來源。為什麼？你能想得出一個相反的例子嗎？請討論。

8. 你覺得哪一種比較難確認，是文件的真實性？還是文件內容的正確性？為什麼？

註釋

1. Korte, B., & Spittel, S. (2009). Shakespeare under different flags: The bard in German classrooms from Hitler to Honecker. *Journal of Contemporary History, 44,* 267-286.

2. Kohlstedt, S. G. (2008). A better crop of boys and girls: The school gardening movement, 1890-1920. *History of Education Quarterly, 48*(1), 58-93.

3. Churchill, D. S. (2008). Making broad shoulders: Body-building and physical culture in Chicago, 1890-1920. *History of Education Quarterly, 48*(3), 341-370.

4. Yee, A. L. (2008). Beyond civics and the 3 R's: Teaching economics in the schools. *History of Education Quarterly, 48*(3), 397-431.

5. Crocco, M. S., & Waite, C. L. (2007). Education and marginality: Race and gender in higher education. *History of Education Quarterly, 47*(1), 69-91.

6. Terzian, S. G. (2006). Science world, high school girls, and the prospect of scientific careers. *History of Education Quarterly, 46*(1), 73-99.

7. Gere, A. R. (2005). Indian heart/white man's head: Native-American teachers in Indian schools. *History of Education Quarterly, 45*(1), 38-65.

8. Nelson, A. R. (2005). The emergence of the American university: An international perspective. *History of Education Quarterly, 45*(3), 427-437.

9. Carr, E. J. (1967). *What is history?* (pp. 32-33). New York: Random House.

10. Isaac, L., & Griffin, L. (1989). Ahistoricism in time-series analyses of historical process: Critique, redirection, and illustrations from U.S. labor history. *American Sociological Review, 54*, 873-890.

PART 7

混合方法研究法

第七部分討論混合方法研究法，

是一種合併使用質性與量化的研究法。

這類的研究近年來獲得愈來愈多的注意。

提倡混合方法研究法的人指出了併用兩類方法的可能優點，

而批評混合方法研究法的人則討論它的一些限制，

包括對於所謂「方法」的定義模糊不清的限制。

第 23 章將討論贊成與批評雙方的意見。

混合方法研究法

本文作者：Michael K. Gardner，猶他大學教育心理學系

學習目標 >> 讀完本章後，你應該能：

- 說明混合方法研究是什麼。
- 說明混合方法研究法跟其他類型的研究法有什麼不同。
- 至少提出三個理由說明研究者為什麼會想做混合方法研究。
- 舉幾個做混合方法研究的缺點。
- 舉出混合方法研究法的三種主要設計，並簡要說明三者相異之處。
- 列出做混合方法研究的幾個步驟。
- 列出至少五個可用以評量一項混合方法研究的問題。
- 簡要說明倫理的問題如何影響混合方法研究法。
- 如果在教育文獻中看到一個混合方法研究，可以指認出來。

互動與應用學習 在閱讀本章的同時，或讀完本章後：

到線上學習中心（Online Learning Center, OLC），
網址 http://highered.mheducation.com/sites/125991383x：

- 動起來做研究

到線上學生精熟活動簿（Student Mastery Activities Book）做下列活動：

- 活動 23.1：混合方法研究問句
- 活動 23.2：指認混合方法研究設計
- 活動 23.3：混合方法研究設計中的研究問句
- 活動 23.4：找出混合方法研究中的詞彙

　　愛麗斯是一個大型市區學區的督學。學區內的幾位校長都告訴她，學區內中小學學生使用藥物的比率增加速度驚人。她很擔心，便請當地一所大學的馬丁教授去探究這個問題。馬丁教授從觀察附近一所中學的情況開始研究，因為這一所中學的藥物使用比率據說特別高。他先獲得學校校長的同意，讓他可以在學校做研究，接著從學生及家長那裡獲得知情同意，加入他的研究計畫。馬丁教授決定做一項

混合方法研究：首先利用量化調查工具蒐集一些資料，接著從接受調查的學生中找一些人做訪談。他希望訪談可以針對學生在問卷中的回答提供更多細節，並藉此找出一些方法對抗用藥的問題。

何謂混合方法研究法？

　　混合方法研究法（**mixed-methods research**）是在單一個研究裡同時使用質性與量化的方法。從事這類研究的人認為，兩種方法一起使用，比起只使用其中任一種更能對研究問題有較全面的理解。

　　雖然混合方法研究法最早可回溯至 1950 年代，但在教育研究領域，卻是最近才獲得顯要的地位——2005 年第一份只刊登混合方法研究的期刊開始出刊。因此，研究者間對於混合方法研究法的定義有不同的看法，就不令人意外了。對一些人而言，混合方法研究法的基本特徵是它結合了量化傳統與質性傳統的資料蒐集及分析方法。正如我們在本書先前章節曾指出，前者偏愛數字型資料及統計分析，後者則喜歡尋求深度的資訊，且該資訊常以敘事的形式表現，並常經由分析對話記錄而得到資訊。

　　對於其他人而言，這樣的描述並不夠明確。他們堅持還有其他特徵存在，尤其是質性方法的特徵。這些特徵包括發展一個全觀的圖像，及分析所研究的現象，強調「厚實的」而非「選擇性的」描述。我們認為這些定義方面的爭執近期還不會平息下來；在此同時，目前的文獻裡，屬於兩種定義（混合方法研究法的特徵）的論文都有出版。

　　必須特別說明的是，所用以蒐集資料的工具類型，並不是量化研究法與質性研究法之間的主要差異。質性研究法的最重要工具，也就是觀察與訪談，也都常見於量化研究法。兩者的差異主要在於做法、情境，且有時意圖也不同。（見第 7 章、第 17 章、第 19 章和第 21 章）

　　以下是教育研究者做過的幾種混合方法研究實例：

- 「探討教師的生活、工作與效能：合併質性與量化研究法」[1]
- 「關於『好老師』的電話訪問中，所使用的封閉式與開放式問題」[2]
- 「教師專業發展中的情緒與改變：一項混合方法研究」[3]
- 「把全部都說出來：以混合方法探討女性的社會資本」[4]

- 「教師對環境教育的承諾中的複雜問題：一項混合方法研究」[5]
- 「亞裔美籍的青少年對於約會及性的態度」[6]

███ 為什麼要用混合方法研究法？

　　混合方法研究法有幾項優點。首先，混合方法研究法能幫忙釐清與解釋變項間已經發現的關係。例如，相關資料發現，學生在家裡用電腦的時間，跟他們的成績有稍微的負向關係；也就是學生用電腦的時間愈多，成績愈不好。這時就出現了一個問題：為什麼有這樣的關係存在？訪談學生也許發現學生可分兩類：(1)第一類人數較多，他們用電腦的主要目的是做社會互動（例如，電子郵件與即時通），而他們的成績不好；(2)第二類的人數較少，他們用電腦主要是蒐集學校學習相關的資訊（例如，經由使用搜尋引擎），這些人的成績相對較高。當兩種人在初步階段被合併分析時，因為第一類人數較多而使得成績與電腦使用時間呈現輕微的負相關。但後續的訪談則顯示，該項相關是有點虛假的（spurious），因為相關的原因較多是來自於學生用電腦的**原因**，而不是使用電腦本身。

　　第二，混合方法研究法讓我們能深入探索變項間的關係。在這種情況下，質性方法可用以找出所探討議題中重要的變項。接著，這些變項可在測量工具（像是問卷）裡被量化，再以此測量工具對很多人施測。然後，就可求得變項間的相關性。例如，跟學生訪談後也許發現，書念不好的原因可被分為三類：(1)花太少時間念書；(2)念書的環境有太多會讓人分心的事物，像是電視與廣播；(3)父母或兄姐給的幫助不足。可以繼續探討這些問題，使用的方式也許是，建構一個 12 題的問卷，每一種書念不好的原因都用四道題來問。將這個問卷給 300 位學生做完以後，研究者就能將書念不好的原因之得分與其他變項（如學生成績、標準化測驗的表現、家庭社經地位及花在課外活動的時間等）做相關性分析，看看這些變項中的任何一項是否與書念不好的任一個原因有相關、相關方向或高低如何。

　　第三，混合方法研究法可以幫忙確認或交叉驗證變項間所發現的關係，因為我們可以比較質性與量化研究法，觀察兩者是否對同一現象都只能有單一種合理的詮釋。如果兩者的詮釋無法吻合，就可以探討無法吻合的原因。例如，

一位專長於混合方法研究法的教授，要研究中學生對於老師批改作業的方式的滿意程度。他可能準備了一份問卷用以了解學生的態度，再另外舉辦一個焦點團體訪談，邀請各種的學生樣本參加。如果調查結果大致顯示學生滿意老師的批改作業方式，但參與焦點團體訪談的學生卻透露出非常不滿意的情形，這時可能的解釋也許是學生猜想老師可能會看到他們在問卷的回答（因此不願意顯露批評的態度）。然而，焦點團體的情境下，老師或其他大人都不在場，他們可能覺得可以自由表達自己的真實感受。因此，這裡看似不吻合的結果，也許可以用第三個變項加以解釋，也就是老師是否可以看到問卷的結果。

混合方法研究的缺點

看到這裡，你可能會覺得奇怪，為什麼不是所有的研究都用混合方法設計來做研究。這是因為混合方法研究有幾個缺點。首先，要做一個混合方法研究，通常非常耗時且昂貴。第二，許多研究者只對某一種研究法有經驗；要恰當地執行混合方法研究，研究者需要同時專精於兩種方法。但要能專精於兩種方法，卻需要很多時間培養。

的確，做一個混合方法研究所需要的資源、時間與精力實在過大，使得獨自做研究的研究者不敢嘗試。如果有多個研究者組成一個研究團隊，而且每個人有不同的專精領域，這項缺點就可以避免。然而，如果只有一個人自己做，而且沒有充分的時間、資源與技巧，可能最好只做純質性或純量化的研究，努力做好就夠了。

然而，混合方法研究法仍然是一個可能的選擇。愈來愈多混合方法研究出現，任何人如果想做研究、設計研究，都應該清楚這種研究法。

一段（非常）簡短的歷史

混合方法研究法最早出現於 1950 年代，當時開始有研究者想在單一個研究裡使用不只一種研究法。例如，1957 年時，Trow 評論如下：

　　　每個補鞋匠的眼裡都只有皮革。絕大多數的社會科學家……有他

們自己喜歡、熟悉,並且或多或少有能力可以使用的方法。而且我懷疑我們大概都會選擇那些看起來用自己熟習的方法就容易做成功的問題來研究。但是,我們應該至少努力讓自己不像補鞋匠那樣地眼光狹隘。我們不要再為「參與式觀察」還是「訪談」而爭論——畢竟心理學和社會學的論戰基本上已經不再為這類的問題而爭論了——應該要開始以我們所擁有的,當然也必須是問題所需要的,最多種的概念與方法上的工具來探討問題。[7]

Campbell 與 Fiske[8] 提倡用多種測量方法來測量人的特質,才能將因為方法所產生的變異量(variance),跟個人特質間的差異所產生的變異量拆開。Campbell 與 Fiske 講這些話時,是完全從量化的角度思考,他們的多元特質多重方法矩陣(multitrait-multimethod matrix)點出了「將研究工具產生的影響,從所研究的現象中抽離」的重要性。Denzin[9] 與 Jick[10] 都被認為是最早將三角驗證一詞用於研究方法的人。所謂三角驗證(**triangulation**)(或者說得更精準些,是**方法上的三角驗證**),是使用不同的方法和/或不同的資料來研究相同的研究問句。若結果都一致,就能互相驗證彼此的發現。Denzin 使用三角驗證法及多種資料來研究相同的現象。Jick 討論的則是在單一個方法內(量化或質性)及在不同的方法中(同時包含質性與量化)使用三角驗證法。他說明了一個方法的優點如何抵銷另一種方法的缺點。

第 18 章曾指出,質性與量化研究者的差異在於,用以指引他們進行探討的信念或假定是不同的,而這些假定跟他們對這個世界的看法有關;也就是說,他們對於所謂「真實」(reality)的性質及研究的程序,有不同的假定。就像我們說過的,量化方法跟實證主義(**positivism**)的哲學有關;另一方面,質性方法則提倡一種比較具「藝術」性的方法在做研究,遵循的是不同的世界觀〔像是後現代主義(**postmodernism**)〕。(見第 18 章第 571 頁「研究的爭議」)。

這些差異使得許多研究者相信,質性與量化研究法是二分的世界,只能二選一,沒有中間的選擇。事實上,在 1970 年代及 1980 年代間,質性與量化兩方的許多研究者都強烈認為,這兩種方法〔常被稱為「典範」(paradigms)〕無法合併使用。1985 年時,Rossman 與 Wilson[11] 將這些認為兩種典範不能混合的人稱為**純正主義者**(purists),而將那些能依據情況的細節調整方法的人稱

有些方法之間是不能相容的嗎？

　　教育界的一些研究者（就像其他領域一樣），認為量化方法跟質性方法是不相容的。他們聲明，兩種方法的基本假定，根本上就各自使得對方無法使用於同樣的研究。許多質性研究者主張，真實是被建造出來的而不是被揭露出來的，這是質性方法所根據的世界性質觀。由於每個人都是依據自己的方式看待世界，因此「外面」並沒有所謂的單一真實可去發現；事實上，是有多個事實存在的。另一方面，量化研究者不同意這種觀點。還有其他研究者認為，質性與量化間無法並存的這種看法，有誇大之嫌。例如，Krathwohl 說明，「量化的發現，將質性報告裡以文字表達的種種趨勢及傾向，壓縮成摘要性質的數字。很多時候，將質性資料過錄，再算算資料出現的次數，有可能也會造出類似量化摘要的資料。……實際上，不論是什麼方法，很多問題需要使用不只一種方法才能做討論，而其答案，當然就是混合方法。」*

---

* Krathwohl, D. R. (1998). *Methods of educational and social science research: An integrated approach* (2nd ed., p. 619). New York: Longman.

為**情況主義者**（situationists）；那些相信可將多個典範運用於研究的人，則稱為**實用主義者**（pragmatists）。雖然是否該混用典範的問題仍然存在，有更多的研究者傾向於擁抱實用主義，將它奉為混合方法研究法的最佳哲學基礎。[12]

　　實用主義者（**pragmatists**）認為，哪一種方法有用，研究者就該用那種方法。決定該用什麼研究方法時最重要的考量元素，應該是手上的研究問句。世界觀與對特定方法的喜好應該是次要的考量，研究者應該選擇可為研究問句帶來最明確答案的方法。這樣一個研究方法可能是質性的、量化的，也可能是兩者並用。

　　想一想下面的例子：一個大型學區的教育首長聘用了一位顧問進行電話調查，想了解該區居民對於繳交較高的稅金來支付特定的教育相關費用（例如，班級人數少一點、教師薪資高一點、多加一些體育活動等等），意願有多高。她很失望地發現，被調查的人之中有一部分不願意支持所列出的任何費用。因

此，她決定請該名顧問進行焦點團體訪談，以了解是怎麼回事。這兩類資訊根本上是不能相容的嗎？當然絕對不是。兩種方法各提供了該位首長一些有用的資訊。量化資料告訴她的是，大眾會接受**什麼**，而焦點團體訪談告訴她的是，**為什麼**他們會這樣回答，幫忙釐清負面反應的意義或原因。

混合方法設計的種類

雖然可以用各種適合的方式搭配質性與量化方法，來探討研究問句，但有些混合方法設計常常出現，值得我們詳細了解。三種主要的混合方法設計是：探索性設計（**exploratory design**）、解釋性設計（**explanatory design**），及三角驗證設計（**triangulation design**）。[13] 每一種都併用了質性與量化資料。

◆ 探索性設計

使用這種設計時，研究者先用一個質性的研究法，找出要研究的現象底下的重要變項，並以之設計第二種方法，也就是量化研究法（圖 23.1）。接著，研究者想辦法找出變項間的關係。這類型的設計常用於建構問卷，或用以測量各種主題的評等量表。

在探索性設計裡，質性方法階段所得到的結果，讓量化方法有一個方向；而量化方法的結果則用以驗證或擴展質性的發現。探索性設計的資料分析是分開做的，做完質性研究即分析其結果，做完量化研究則分析量化法的結果。使用探索性設計的原因在於要探索一個現象，或要找出重要的主題。再者，要發展及檢測測量工具時，探索性設計特別有用。

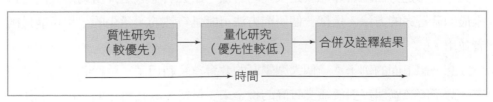

圖 23.1 探索性設計
資料來源：修改自 Creswell, J. W., & Plano Clark, V. L. (2006). *Designing and conducting mixed methods research*. Thousand Oaks, CA: Sage.

本章一開始的插圖裡，那位研究生想做的就是一個探索性設計。她想用一個質性的方法（民族誌），也就是分析深度訪談及其他的文字敘述（像是短文）的內容，找出學生要參加高中幫派的原因，及看看參加幫派對他們的影響。接著，她想用因果比較設計，來比較在高一時因為不同原因參加幫派的學生之間的差異。要做這件事，她必須利用自己所蒐集的民族誌資料把學生分類。然後在這些學生高三時去蒐集資料，看這些不同類別的學生之間差異在哪裡。這會需要再蒐集資料，而這時量化的資訊會比較好；但蒐集量化資訊則需發展測量工具。

◆ 解釋性設計

有時候研究者要做量化研究，但需要額外的資訊讓結果更充實；這是解釋性設計背後的目的。在這種設計裡，研究者先做量化研究，接著使用質性方法更進一步追究及釐清研究結果的意義（圖 23.2）。這兩種資料的分析也是分別執行，研究者藉由分析質性資料進一步闡釋量化結果的意義。

例如，本書作者之一在幾年前曾共同主持了一個研究。這個研究使用平衡對抗的（counterbalanced）實驗設計，由四位五年級的老師，在上下兩學期分別以能力分組及無能力分組的方式教數學。該研究還有一項特色是學校研究中少有的，那就是將學生隨機分派給老師。主要的發現是，其中一位老師在無能力分組的情況下，學生的數學成就測驗進步程度比其他老師多了許多。而其他三位老師則是在有能力分組的情況下，學生的數學成就測驗有較多的進步。如果當時以訪談及以文字描述課堂活動情形的方式做質性研究，也許可以驗證當時看到的一些非正式觀察；當時的非正式觀察發現，這一位在無能力分組的情況下教學效果較優的老師，比其他三位老師較擅長於個別化的教學。[14]

圖 23.2　解釋性設計

資料來源：修改自 Creswell, J. W., & Plano Clark, V. L. (2006). *Designing and conducting mixed methods research.* Thousand Oaks, CA: Sage.

◆ 三角驗證設計

在三角驗證設計裡，研究者使用質性與量化方法研究相同的現象，藉以驗證是否兩者的研究結果對於所探討的研究問題都獲得同樣的了解。如果沒有一樣的答案，研究者必須再探討，為什麼兩種方法會有不同的答案。研究者對量化方法所給予的優先性和給予質性方法的優先性相同，兩種方法的資料也是在同一時間蒐集（圖 23.3）。資料的分析則可以一起做，也可以分開做。如果一起分析，質性方法所得到的資料就必須被轉換成量化資料〔例如，給予數字碼，亦即所謂的量化（**quantitizing**）的程序〕，或將量化資料轉換成質性資料〔例如，提供文字敘述，也就是所謂的質化（**qualitizing**）的程序〕。如果兩種資料是個別加以分析，就要討論兩種方法得到的結論是否一致。使用三角驗證設計背後的原因是，兩種方法都有對方所缺乏的優點，因此可以互相抵銷對方的缺點。

看一下以下這個例子。Fraenkel 用了一個稍微修改的三角驗證設計，研究四位社會研究科目的高中教師，這些教師是其他社會科教師共同認定的優秀教師。[15] Fraenkel 想描繪這些教師每天在課堂的上課內容，找出有效的教學方法與行為。要達成這項目標，他用了幾種質性研究的技巧，包括做密集的課堂觀察，並且每天把這些觀察寫入日誌，及找學生與教師做訪談；也用了一些量化的測量工具，包括標準動作檢核表、評等量表，及對話方向圖。他為每一位教師的行為、教學風格及教學方法，做了詳細的描述，並且比較教師之間的相似性與差異性。最後，他不但可以藉由比較教師的訪談內容、學生的訪談內容及

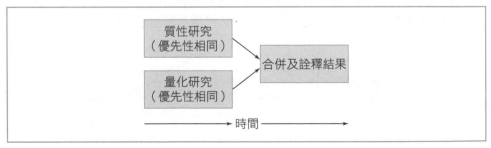

圖 23.3 三角驗證設計

資料來源：修改自 Creswell, J. W., & Plano Clark, V. L. (2006). *Designing and conducting mixed methods research*. Thousand Oaks, CA: Sage.

課堂觀察做三角驗證，也可將這些跟課堂互動的量化測量結果，及學生的學習成就相比較，再做三角驗證。

　　一項重要的發現是，這四位教師都強調小組內的分工合作，這可由課堂觀察、教師訪談與學生評等中看出。整體而言，該研究的發現支持常被推薦的教學策略，但也顯示有些不常見於文獻的教學方法也是有效的，包括教師廣泛參與學生的生活、不論是課堂上或課後都盡量多跟學生有社會性互動，並特別留意學生非語言的行為線索。這篇研究利用兩種研究法所獲得的資訊與洞見，比純粹只做質性研究或只做量化研究多得多。

▌▌▌混合方法研究設計的其他議題 [16]

　　維護色鏡　混合方法研究法可用一種因素歸類，那就是研究是否有**維護色鏡**（**advocacy lens**）存在。當研究者的世界觀顯示該研究的目的是希望大眾善待跟研究對象相同特性的人時，維護色鏡就發生了。有維護色鏡的觀點，舉例

言之,包括女性主義、以種族為基礎的理論,及批判理論(critical theory)。我們先前討論混合方法設計時,都沒有考慮維護色鏡的存在,但事實上,每一種設計都可能用以承載維護色鏡。例如,研究者要以三角驗證質性與量化的方法探討小學生的學業表現,將大多是白人的郊區小學及主要是黑人的市中心小學的學生學業表現相比較。研究的目的可能是希望改善市中心區黑人學生的學習環境與學習表現。

抽樣 抽樣在混合方法研究裡的重要性,不亞於它在任何其他研究法的重要性。質性研究者通常會使用立意抽樣,特意選取那些對於要探討的中心概念有深入了解的或有經驗的人做研究。通常這時候的樣本數很小,因為相對少數的幾個人就能提供很多詳細而深入的資訊,而大樣本則無法提供這種資訊。

量化研究者通常會希望選擇能夠代表某一較大母群體的個人,才能將研究結果擴論到該母群體。一般而言,量化研究者比較喜歡使用隨機抽樣,但通常無法真正做到,尤其是在教育的情境下更是如此;因此必須使用便利樣本、等距樣本或立意樣本,並鼓勵其他研究者重做相同的研究。量化研究者所使用的樣本數通常會比質性研究的樣本數大得多。

在混合方法研究裡通常會有多個樣本。例如,研究者也許抽兩所高中做郊區學校學生的藥物使用混合方法研究。首先她對所有 800 位即將畢業的高三生施以調查;接著以學生的立意樣本,做六次的焦點團體訪談;最後再隨機選取 40 位學生做訪談。

Teddlie 與 Yu 認為,若將質性研究法的抽樣及量化研究法的抽樣分別視為抽樣法的兩極端,則混合方法研究法的抽樣是在這兩極端的中間。他們認為使用混合方法研究法的研究者,應該利用隨機與立意抽樣的各種組合探討研究問題:「的確,研究者在綜合使用這些方法來回答問題時顯現了多少創意,是混合方法研究法的明顯特徵之一。」[17]

因此,研究者在開始做混合方法研究之前,一定會需要決定抽樣設計,像是兩種樣本的相對樣本數、相同的研究對象是否要出現在不同的樣本、較小的樣本是否出自另一個較大的樣本,或兩種樣本的研究對象是否一定要完全不一樣。

混合方法研究 Tashakkori 與 Teddlie 將混合方法研究定義為「在研究過程的數個階段合併使用質性與量化方法」[18]的研究。在單一項研究裡,這種混合

方法研究可能包括一個實驗研究，接著蒐集質性資料，再將資料轉為數字後做量化資料的分析。在混合方法研究裡，量化與質性方法的區分可在以下的研究三階段發生：(1)探討的類型〔驗證性（通常使用量化）相對於探索性（通常使用質性）〕；(2)量化資料的蒐集與操作，相對於質性資料的蒐集與操作；(3)統計分析與推論，相對於質性資料的分析與推論。事實上，Tashakkori 與 Teddlie 利用這些面向，為混合方法研究法建立了一個分類系統。[19] 如你所見，這是比較複雜的研究設計分類方法，並且這三個階段的組合中，至少有些在實務上至今很少見。

▌▌▌做混合方法研究的步驟

提出做混合方法研究的明確理由　研究者應該要問自己，要探討手中的問題，為什麼質性與量化方法**都**需要。如果說理不明確，也許手中的問題並不適合使用混合方法研究法。

質性與量化方法都要發展研究問句　就像在所有的研究裡一樣，研究問句的性質會決定所使用的研究設計類型。許多研究問句可用其中一種或也可用兩種方法研究。例如，假定有研究者的研究問句是：「為什麼亞裔大學生比較少利用學校的心理健康諮詢中心？」這位研究者也許一開始先訪問一些亞裔大學生，問他們對於那些曾經使用諮詢中心的學生的看法。接著可能利用調查的方式，從這些諮詢中心獲取使用中心資源的學生族裔比例，來補充從訪談所得的資訊。調查資料可能會顯示出沒被充分利用的程度，而從訪談資料則看出，諮詢中心沒被充分利用可能是因為學生的某些看法造成。

許多時候，一個粗略的研究問句可能發展出數個研究假設，其中某些可能適於使用量化方法，另一些則需要做質性研究。從這些「較低層級」的假設本身，常常就能看出需要哪一種分析方法（質性或量化）才能回答問題。在先前的例子裡，可能的一個假設也許是：亞裔學生的確沒有充分利用學校的心理健康諮詢中心，而這可由調查資料檢證。如果調查資料顯示，亞裔學生比其他族裔的學生少利用諮詢中心，則可利用訪談探討原因。記得質性研究者嘗試讓假設在研究進行中浮現吧？這種情形較常在探索性設計中發生。

● 研究發現之間相矛盾，怎麼辦？

　　有時量化發現與質性發現之間會相矛盾而衝突。這種事發生時，研究者該怎麼做呢？有三種方法：

1. 將兩種發現平行並列，並說還需要更多的研究投入。
2. 如果資源和時間都還夠的話，蒐集更多資料化解矛盾。但由於進一步研究常不能被發布或發表，比較少研究者採用這種方式。
3. 將問題視為新研究方向的跳板，尤其如果研究發現模糊不清時，常採用這種方法。

　　決定是否可能做到混合方法研究　要做混合方法研究，研究者或研究團隊需要同時有量化與質性研究的經驗。但很少有研究者能對兩種研究方法都嫻熟到可以做混合方法研究。任何想做混合方法研究的人，要問自己一個關鍵的問題：你有時間、精力和資源可以做這樣一個研究嗎？如果沒有，你可能跟別人合作，補足你所缺乏的嗎？如果你缺乏所需要的方法或資源，最好重新將研究設計為純粹的量化或質性研究，而不要再想著要做混合方法研究；因為那樣，你會無法在有限的時間內完成這項工作。

　　決定哪一種混合方法設計最適合用來回答研究問句　誠如先前所言，基本上研究者可以有三種混合方法設計可選擇。若研究者想要了解質性與量化的方法是否都對某一現象有相同的理解時，可使用三角驗證設計。當研究者想利用質性資料來擴充量化資料的發現時（或反之），就適合使用解釋性設計。如果想要先找出一種現象裡的相關聯變項，再研究這些變項的關係，或需要資訊用於設計量化的測量工具，就適合做探索性設計。

　　蒐集及分析資料　先前說明過的資料的蒐集與分析的步驟，都可適用於所有的混合方法研究，選擇時則視所採用的方法而定。而在混合方法研究裡，需要蒐集與分析兩種資料，有時是依序蒐集（如在探索性與解釋性設計中），有時則必須同時蒐集（如在三角驗證設計）。

　　三角驗證設計裡也需要把一種類型的資料轉換成另一種類型。如我們先前曾提及，將質性資料轉為量化資料的動作稱為**量化**。例如，做完訪談後，研究

者可能認為小學生學習科學的方法可分成三種類型：(1)操弄型：喜歡摸索改變生活周遭的事物；(2)記憶型：企圖記下教科書裡的各種事實；(3)合作學習型：喜歡跟班上其他學生討論主題。研究者計算一下科學課裡每一種類型的學生人數，就可將質性資料（學生學習方法的類型）轉成量化資料（每一種類型的人數）。

也如先前所提及，將量化資料轉化成質性資料，則稱為**質化**。例如，可以將在某些量化的特質變項上都一樣的人分類成一群。研究者可能將那些做事從不慢吞吞、作業永遠不會遲交、報告都寫得很長的人，歸類為「執著的學生」；相對地，另一群學生是常常慢吞吞、常沒交作業、報告篇幅短，則命名為「沒興趣的學生」。

將結果寫成與原先使用的設計相符的報告 將混合方法研究的結果寫成報告時，如果是三角驗證設計，常將資料的蒐集與分析整併在一起，而在探索性與解釋性設計裡，則將蒐集與分析分開寫。

評量混合方法研究

所有的研究都必須評量，而不只是混合方法研究法。然而，混合方法研究法牽涉了不同方法的比較，因此評量就顯得特別重要。由於混合方法研究一定都有質性與量化資料，並且常有兩個不同的資料蒐集階段，要評量這類的研究通常比較困難。不過，不同的方法還是應該分別依據先前在其他研究法所介紹的標準加以評量。

問問自己，所達成的結論裡，是否質性和量化的資料都有考慮進去。在好的混合方法研究裡，這兩種方法若不是能互補，就是必須要能回答研究所探討的問題範圍內的不同問題。有時研究者會蒐集質性或量化的資料，卻不是要用於回答任何一個研究問句。在這些情況下，資料只是附加的（也許因為研究者「喜歡」那種資料），這時的研究案就不是真的使用混合方法取向。

接著，問問自己，研究是否含有內部效度（量化研究者的用語）或確實性（質性研究者的用語）的威脅。除了作者所給的解釋以外，研究發現是否有其他的解釋原因？研究者用了哪些步驟確保研究設計的緊實，而有高度的內部效度或確實性？本書在討論質性與量化研究法時，有討論過幾個這類步驟。

第三，問問自己關於研究結果的可擴論性（**generalizability**）（量化研究者的用語）或可轉移性（**transferability**）（質性研究者的用語）。目前研究所發現的結果是否將所研究的範疇擴展到別的情境或其他不同的母群體？質性結果的描述夠充分嗎？看得出是否在別的情境也會有用處嗎？這些問題的答案都是很基本的，因為沒有可擴論性（外部效度）或可轉移性的研究，對於非研究作者的所有其他人而言，價值很低。

▌▌▌ 混合方法研究法的倫理

影響混合方法研究的倫理考量與問題，和影響本書所討論的所有其他研究類型的都一樣。其中三種最重要的是，保護研究對象的身分、尊重研究對象，及保護研究對象不受生理及心理的傷害。見本書第 4 章相關內容及第 18 章「倫理與質性研究法」一節的討論。

▌▌▌ 摘要

綜言之，很明顯的，混合方法研究在教育研究界愈益普遍。其價值在於以互補的方式結合質性與量化兩種方法，兩種方法各自的優點大致上能彌補另一種方法的缺點。然而，混合方法研究設計雖然看來誘人，但研究者必須領悟，要做得好，必須花非常多的時間、精力及資源。再者，研究者必須能同時嫻熟運用質性與量化方法，或跟其他研究者合作，彌補自己所缺乏的（質性或量化方法的）能力。

▌▌▌ 混合方法研究法論文舉例

請利用先前數章所學習的概念，檢視混合方法研究法論文的優缺點。

原文舉例的出版論文資訊如下：

Hutchinson-Anderson, K., Johnson, K., & Craig, P. A. (2015). Students' perceptions of factors influencing their desire to major or not major in science. *Journal of College Science Teaching*, 45(2), 78-85.

回到本章最前面的**互動與應用學習**所列出的一系列互動與應用活動。到線上學習中心（OLC, http://highered.mheducation.com/sites/125991383x）去做小測驗、練習關鍵詞彙，及複習本章內容。

本章重點

混合方法研究法的性質與價值

- 混合方法研究法是在單一個研究裡使用質性與量化研究法。綜合這兩種方法各自的結果，為所研究的現象而建立的圖像，比只使用量化或質性一種方法更加完整。

- 混合方法研究法裡，質性與量化方法各自的優點，一般認為可補償彼此的弱點。

- 混合方法研究法的缺點，跟把這種研究做好所需要的時間、資源及對兩種方法的精熟程度有關。如果研究者不是對於這兩種方法都精熟，可以跟其他研究者合作，彌補研究者所缺乏的方法訓練。

混合方法研究法所抱持的世界觀

- 量化方法通常跟實證主義有關。

- 質性方法通常跟後現代主義有關。

- 混合方法通常跟實用主義有關。

- 實用主義者相信，不管什麼方法，只要是最能回答手邊的研究問句就應該使用。

混合方法設計的種類

- 探索性設計是先做一個質性研究，用以發現一現象下的重要變項，接著做量化研究，藉以發現變項間的關係。這類設計通常用來為一個新領域發展評等量表。

- 解釋性設計是先做量化研究，再做質性研究，目的是要充實量化研究的結果。

- 三角驗證設計是（通常同時）執行一個質性與一個量化研究，目的是要確定兩種方法的結果，對於所研究的現象是否指向同一個了解或詮釋。

如果兩者得到不相同的了解，則必須探索其中的原因。

- 這三種混合方法設計，執行時都可能有維護色鏡。當研究者的觀點是在倡議改善研究對象的情況時，研究就是戴上了維護色鏡。

做混合方法研究的步驟

- 在研究提案清楚說明需要做混合方法研究的理由。

- 為質性與量化部分都發展研究問句。雖然研究計畫可能只是起因於一個粗略的問句，但若能分別針對量化研究與質性研究的特性發展出更加明確的研究問句，則能令讀者更加理解使用混合方法研究法的必要性。這些更明確的研究問句也能引導後續的資料分析工作。

- 在做混合方法研究之前，必須先決定自己是否有所需要的時間、資源及專精知識去實際執行研究計畫，之後再決定要使用哪一種研究設計。

- 三角驗證設計常需要將質性資料轉換成量化資料，或反之。這種轉換的過程，前者稱為量化，後者則稱為質化。

- 將混合方法研究的結果寫成論文時，呈現的方式必須跟當初所選擇的研究設計相符合。

評量混合方法研究

- 所使用的質性研究法與量化研究法，必須個別依據該研究法的標準去評量。

- 確認論文的結論裡必須要涵蓋兩種方法所獲得的結果；否則，沒有被涵蓋的方法變成只是「附加的」。

- 研究可能受到的內部效度或確實性的威脅，及外部效度或可轉移性，都必須加以考量。

混合方法研究法的倫理

- 在其他類型的研究裡所需要小心注意的基本倫理問題，包括保護研究對象的身分不外洩、尊重研究對象，及保護他們不受心理與身體的傷害，也都需要在混合方法研究法裡注意。

關鍵詞彙

問題討論

1. 你認為混合方法研究法最大的優點是什麼？最大的弱點呢？

2. 有任何主題特別適合使用混合方法研究法嗎？如果有，請舉一例。

3. 做混合方法研究需要蒐集質性資料及量化資料。你認為哪一種資料可能最容易蒐集？最難蒐集的呢？為什麼？

4. 混合方法研究裡可能使用隨機抽樣嗎？為什麼可能？如果不可能，為什麼不可能？

5. 在混合方法研究裡可能做擴論嗎？

6. 「對於那些無法只使用質性研究或只使用量化研究就足夠的研究問句，混合方法研究法可以協助研究者進行探討。」這類研究問句可能有些什麼例子？

7. 本章所介紹的三種混合方法研究設計中，你認為哪一種可能最容易做？最難的呢？請說明原因。

8. 做混合方法研究時，可能會產生哪些倫理考量？

註解

1. Day, C., et al. (2008). Combining qualitative and quantitative methodologies in research on teachers' lives, work, and effectiveness: From integration to synergy. *Educational Re-*

searcher, 37(8), 330-342.

2. Arnon, S., & Reichel, N. (2009). Closed and open-ended question tools in a telephone survey about "The Good Teacher": An example of a mixed method study. *Journal of Mixed Methods Research, 3*(4), 172-196.

3. Scott, C., & Sutton, R. E. (2009). Emotions and change during professional development for teachers: A mixed methods study. *Journal of Mixed Methods Research, 3*(4), 151-171.

4. Hodgkin, S. (2008). Telling it all: A story of women's social capital using a mixed methods approach. *Journal of Mixed Methods Research, 2*(10), 296-316.

5. Sosu, E. M., et al. (2008). The complexities of teachers' commitment to environmental education: A mixed methods approach. *Journal of Mixed Methods Research, 2*(4), 169-189.

6. Lau, M., et al. (2009). Dating and sexual attitudes in Asian-American adolescents. *Journal of Adolescent Research, 24*(1), 91-113.

7. Trow, M. (1957). Comment of participant observation and interviewing: A comparison. *Human Organization, 16*, 33-35.

8. Campbell, D. T., & Fiske, D. W. (1959). Convergent and discriminant validation by the multitrait-multimethod matrix. *Psychological Bulletin, 54*, 297-312.

9. Denzin, N. K. (1978). The logic of naturalistic inquiry. In Denzin, N. K. (Ed.), *Sociological methods: A sourcebook*. New York: McGraw-Hill.

10. Jick, T. D. (1979). Mixing qualitative and quantitative methods: Triangulation in action. *Administrative Science Quarterly, 24*, 602-611.

11. Rossman, G. B., & Wilson, B. L. (1985). Numbers and words: Combining quantitative and qualitative methods in a single large-scale evaluation study. *Evaluation Review, 9*(5), 627-643.

12. Tashakkori, A., & Teddlie, C. (1998). *Mixed methodology: Combining qualitative and quantitative approaches* (p. 41). Thousand Oaks, CA: Sage; Creswell, J. W., & Plano Clark, V. L. (2006, chapter 2). *Designing and conducting mixed methods research* (pp. 67-71). Thousand Oaks, CA: Sage.

13. Creswell 與 Plano Clark 也提到他們所謂的嵌入式設計（embedded design）。見 Creswell, J. W., & Plano Clark, V. L. (2006). *Designing and conducting mixed methods research* (pp. 67-71). Thousand Oaks, CA: Sage.

14. Wallen, N. E., & Vowles, R. O. (1960). The effects of intra-class ability grouping on arithmetic achievement in the sixth grade. *Journal of Educational Psychology, 51*, 159-163.

15. Fraenkel, J. R. (1994). A portrait of four social studies teachers and their classes: With special attention paid to identification of teaching techniques and behaviors that contribute to student learning. In Tierney, D. S. (Ed.). *1994 Yearbook of California Education Research*. San Francisco, CA: Caddo Gap Press.

16. 這些觀點的提出，見 Hanson, W. E., Creswell, J. W., Plano Clark, V. L., Petska, K. S., & Creswell, J. D. (2005). Mixed methods research designs in counseling psychology. *Journal of Counseling Psychology, 52*(2), 224-235.

17. Teddlie, C., & Yu, F. (2007). Mixed methods sampling: A typology with examples. *Journal of Mixed Methods Research, 1*(1), 85.
18. Tashakkori, A., & Teddlie, C. (1998). *Mixed methodology: Combining qualitative and quantitative approaches* (p. 19). Thousand Oaks, CA: Sage.
19. 出處同上。

PART 8

實務工作者做的研究

第八部分討論行動研究。

近年來，行動研究有愈益普遍的趨勢，

而行動研究跟其他研究法有相似也有相異之處。

我們會介紹這個研究法的一些細節，

並舉例說明怎樣可以實地在學校做行動研究。

Chapter 24

行動研究

學習目標 >> 讀完本章後，你應該能：

- 說明「行動研究」的意義。
- 說出行動研究的假定。
- 說明行動研究的目的。
- 描述行動研究的四個步驟。
- 說出行動研究的幾個優點。
- 描述行動研究與正式的量化及質性研究之間的幾個共同點與差異處。
- 說明實務上的行動研究和參與式行動研究之間的差異。
- 針對如何將其他的研究方法用於行動研究，提出一些建議。
- 指出行動研究中幾個可能的內部效度的威脅。
- 說明行動研究所使用的抽樣方式。
- 說明行動研究的外部效度為什麼薄弱。
- 若在教育文獻中剛好看到一篇行動研究的論文，可以指認出來。

互動與應用學習 在閱讀本章的同時，或讀完本章後：

到線上學習中心（Online Learning Center, OLC），
網址 http://highered.mheducation.com/sites/125991383x：
- 更加了解行動研究中研究者的角色

到線上學生精熟活動簿（Student Mastery Activities Book）做
下列活動：
- 活動 24.1：行動研究的研究問句
- 活動 24.2：是非題

　　羅伯在佛羅里達州撒拉所他市的一所小學教第二年了。最近，他帶的一個五年級班級，班上學生上課時的擾亂行為讓他愈來愈頭痛。班上的男生尤其頑皮，午休以後的課，很多男生需要花很長一段時間才能安分坐定，而且他講課時這些學生常常不能專心，還常莫名其妙就給別的學生一拳。班上女生的話則似乎永遠說不完。羅伯變得非常

擔心，因為寶貴的上課時間大半都被花在搞定這些學生，但即使如此，學生還是我行我素。他尤其擔心的是，這些學生所學到的只有一點點；如果他能維持好一點的課堂秩序，這些學生就能多學很多。

這時候羅伯可以做什麼呢？行動研究——本章主題，是他可能使用的一個理想方法。

▌▌▌ 行動研究是什麼？

行動研究（**action research**）是一個人或一群人為了解決問題或蒐集資訊以滿足實務需要所做的研究。做行動研究的人通常是想要解決某種天天都會碰到的問題，像是怎樣減少學生缺席的情形、減少學生破壞公物的情形、引起無感學生的學習動機、想辦法使用科技改進數學教學，或提高補助經費。

有許多種類的問題可在學校內做行動研究。例如，哪些種類的教學方法最適合哪些種類的學生？教師要怎樣才能鼓勵學生思考重要的議題？要如何變化教學的內容、方法及學習活動，來幫助不同年紀、性別、族群及能力程度的學生更有效地學習？要如何呈現科目的知識，讓學生的理解達到最大化？老師和學校主管能做些什麼來提高學生對學校的興趣？諮商師可以做什麼？其他教育專業人員可以做什麼？家長可以怎樣更積極投入學生的學校學習？

班級教師、諮商師、處室主管及學校主管，都能藉由行動研究為這些（及其他）重要的問題提供一些答案。這類研究若由個人個別進行，通常非常缺乏**可擴論性**。然而，例如，如果由同一學區不同學校的幾位老師，在各自的教室裡探討相同的問題（亦即**重做**同儕的研究），就可能創造能擴論到政策或實務的想法。

做行動研究常常不需要對我們先前所介紹的各種研究方法非常熟練。做行動研究的步驟實際上非常明白易懂。要記得的是，這類研究根源於實務者的興趣與需求。

教育研究者已經做過的行動研究舉例如下：

- 「照顧糖尿病患者的伙伴：基層照護場域的行動研究」[1]
- 「從貧苦人了解貧窮的滋味」[2]
- 「身為白人對做研究的影響」[3]

- 「一年級生與童話故事：一位教師對批判素養的行動研究」[4]
- 「師資培育裡的行動研究」[5]
- 「打造一個科學教師社群：參與一項協同行動研究計畫」[6]
- 「男生與閱讀：行動研究專案報告」[7]

◆ 行動研究的基本假定

　　行動研究有一些假定。做行動研究的人假定，參與其中的人，不論是個別的或群體的，都已獲得足夠的資訊，有能力可以找出需要解決的問題，並且有能力決定如何解決之。另一個假定是，參與行動研究的人都非常嚴肅地看待這項研究，盡力改善自己的表現，並且不斷有系統地反思自己的表現。還有另一個假定是，教師及學校的其他參與者希望有系統地從事研究，找出問題、擬定探討的步驟、決定資料蒐集的方式、分析及詮釋資料，並規劃行動以處理問題。最後一個假定是，想實行行動研究的人，有權力可以執行所需要的步驟及落實研究的建議。這些假定於表 24.1 有較清楚的說明及舉例。

表 24.1　行動假設的基本假定

假定	舉例
教師及其他教育專業人士有權力做決定。	一群教師跟學校行政主管討論過後，決定每週開會討論修訂數學課程，讓低成就的學生比較容易理解課程。
教師及其他教育專業人士想要改進自己的教學。	一群教師決定每星期觀察彼此的教學，並討論如何改進。
教師及其他教育專業人士致力於持續的專業發展。	一所小學的所有成員，包括行政主管、教師、諮商師及辦事員，都到一個僻靜的地方靜修，規劃如何改善學校的出席及紀律方面的規定。
教師與其他教育專業人士將會並能從事於有系統的研究。	沿用上項的舉例，這些成員決定先審視過去一年長期缺席的學生的出席記錄，藉以蒐集資料，並訪談隨機找到的一群規律出席的學生跟一群常缺席的學生，看兩者間的差異何在；在放學後為常受到懲戒的學生及其教師舉辦一系列的圓桌會議，討論如何解決兩造間爭論的議題；建立小老師制度，挑選一些學生作為功課上需要幫忙的學生的諮詢老師。

行動研究的類型

Mills歸類出兩類型的行動研究，不過實際的研究可能跟這兩者都有些許不同，或可能綜合兩者。[8]

◆ 實務上的行動研究

實務上的行動研究（**practical action research**）希望探討一個班級、學校或其他「社群」的特定問題。這類型的研究可能在不同的場景執行，如教育場所、社會服務場所或企業內。其主要目的是改善短期內的實務，並回應更大的議題。這類研究可能由個人或團隊執行，甚至只要是焦點明確特定，也可由更大的團體執行。若實務上的行動研究執行得非常成功，研究的最後就應該要有行動計畫（**action plan**）的產生；理想上，行動計畫將會被執行並做進一步的評量。

以自我探究做教師研究 班級教師或其他教育專業人士做的實務上的行動研究，其中一種形式是所謂的**教師研究**（teacher research）。教師從事於有系統的研究，目的在於探討實務上面臨的某個問題，或要利用反思（reflective）的過程改善自己的教學法。後者的情況，教師常用一種稱為「自我探究」（self-study）的方法，也就是以一種自傳式的過程（autobiographical process），有系統地評量及改進教育實務。自我探究研究法還在繼續演進中，但批評者認為這種方法大致上仍然有私人的及意識形態的特性。[9,10]理論學者強調，儘管合作型的自我探究法有可能獲得可擴論的新知識，但由於大多數自我探究法做的研究很少有方法學上的討論，也因此限制了研究發現的可轉移性（transferability）。Feldman 認為，實務工作者必須確切說明自己的方法，讓實際進行的方法更透明地展現在讀者面前，才能增加自我探究法研究結果的內部效度與外部效度。[11]

本書作者之一，曾與另一位同事從事一項為期三年的自我探究合作研究計畫，希望能提升自我探究研究法的效度，也對這方面的研究文獻有所貢獻。[12]這兩位研究者是利用「挑毛病的同僚」（critical colleague）這種共同研究的方式，運用混合方法研究法，蒐集了多個來源的資料，以多種方式檢驗效度，並進行多項三角驗證。最終，他們希望能清楚完整地說明研究過程，以增加研究

發現的真實度及可轉移性。他們互相檢視對方在新的博士學程裡三年任教期間所做的行動研究內容。蒐集資料的方法包括深度訪談、每學期末做的半結構式訪談，對反思日誌、上課講義與課程大綱做內容分析，同時還有學生對課程的評量所產生的量化資料，與所指導的博士生論文完成率。以「挑毛病的同僚」方式進行共同研究，所發展出的同事關係，讓他們能在一個安全而極專業的空間，找出自己教學裡的許多主題（motives）及洞見。這些領悟最後讓他們得以改進自己的教學法，且作者認為這些改進使得學生的學習及學程相關的成果更好。

◆ 參與式行動研究

參與式行動研究（**participatory action research**）也是需要有明確的實務議題，及將發現用於執行行動，但它跟實務上的行動研究有明顯的差異。第一個差異是，它有兩項額外的目的：讓個人及團體有力量去改善他們自己的生活，並讓這些人有力量造成某種程度的改變——可能是在學校、社區或社會造成改變。因為如此，參與式的行動研究會刻意找很大一群人參與，這些人代表各種不同的經驗與觀點，但都聚焦於相同的問題。其目的是要讓這些利害關係人（**stakeholders**）都積極參與，並且每個人都是處於同等地位的伙伴（如圖24.1）。

即使這些利害關係人不是一開始就熱衷投入研究，但要達成上述目標，必須讓他們在研究早期就變得活躍並且共同規劃研究。這不但需要釐清研究目的，還需要讓大家在其他方面有共識，包括資料蒐集與分析、資料的詮釋，及最後的行動。因為如此，參與式的行動研究常被稱為**合作研究**（collaborative research）。參與式行動研究最「單純」的形式是：

一項合作模式的研究，它讓參與者可採取有系統的行動，以解決特定的問題。[它]希冀以達成共識、民主式及共同參與的策略，鼓勵參與者深思檢驗那些影響他們的問題……再者，它也鼓勵參與者完整敘述所處的情況及說明其原因，最後並規劃可能解決這些問題的方案。[13]

圖 24.1 利害相關人

　　有時候，是由一位受過訓練的研究者找出問題，讓這個問題獲得利害關係人的注意。但研究者一定要了解的是，要研究的問題必須是**對利害關係人而言是重要的**，而不只是研究者感興趣而已。研究者與利害關係人**一起**形成研究問題（通常是經由腦力激盪或藉由做焦點團體訪談）。這項方式跟其他許多比較傳統的研究方式不一樣，傳統的研究方式是由研究者自己形成問題（如圖24.2）。Berg 說，受過訓練的研究者必須扮演的角色是：

　　　受過正式訓練的研究者與要研究的社群或團體站在一起，並且從旁扶持，而不是只做個外來的客觀觀察者或外在的顧問。研究者在這個過程中，如果有需要，是以參與者的角色貢獻其專家知識。研究者與在地的實務工作者及該團體或社群的利害關係人合作。其他的參與者在這過程中也貢獻他們的體力和／或智識。研究者是研究母群體的伙伴；因此，這類型的研究比其他較傳統的研究法與研究者，摻雜了非常多的價值觀（value-laden）。[14]

圖 24.2 行動研究裡「專家」的角色

◆ 參與的層次

　　一部分是因為參與式行動研究的影響，最近幾年參與研究計畫的個人所扮演的角色，引起了較多的注意。從歷史上來說，在多數的教育研究及其他研究裡，研究對象都只是提供資料——他們接受測試、觀察、訪談，等等。他們得到的除了一句謝謝以外（有時甚至連這個也沒有），沒有其他的好處。研究的利益都集中於研究者及（應該是）整個社會。

　　雖然其中也許沒有風險、欺騙或保護隱私的問題，但這種利用個人的方式引起了倫理的問題。因此，近來開始要求，研究要花多一點力氣至少將研究的目的知會參與者（**participants**）。然而，這可能造成對內部效度的問題，或影響資料的效度。有時候，參與者會拿到研究的結果，並且可能會被要求看過這些結果。事實上，參與者有各種不同的參與程度（如圖 24.3）。比較高程度的投入可包括協助測量工具的開發、資料的蒐集及資料的分析；參與進行資料的詮釋；為未來的研究提出建議；積極參與設計研究；形成所關心的問題；甚至提出要做一項研究的建議。除了不同的參與程度之外，參與的性質也會因研究對象的興趣與背景而不同。例如，小學生的參與程度大概就不可能超出第三層次。同樣地，在行動研究裡，利害關係人也不太可能會在各層次都投入。

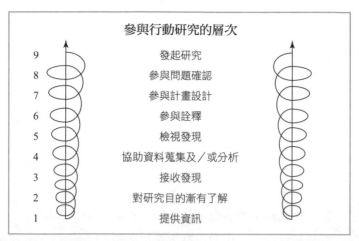

圖 24.3　參與行動研究的層次

▌▌行動研究的步驟

　　行動研究有四個基本步驟：(1)找出研究問題或問句；(2)得到所需的資訊回答研究問句；(3)分析及詮釋已蒐集的資訊；(4)發展一個行動計畫。以下依序討論這些步驟。

◆ 找出研究問句

　　行動研究的第一階段是釐清所關注的問題。不論是一個人或一個團體，都需要小心檢視所面臨的情況，並找到問題。當教師或其他參與教育的人希望把某件事做得更好、改善其實務、處理一個令人頭痛的問題，或修正一個行不通的方法時，行動研究是最適合的。

　　必須要記住的是，行動研究計畫要成功，該計畫必須是能管理的。所以，大規模、複雜的議題也許最好留給專業的研究者。行動研究計畫的範圍（通常）都頗狹窄。然而，如果是一群教師、學生、主管等，已經決定要一起做某項長期的計畫，研究的規模就可以更大一些。因此，像是「分數要怎麼教比較好？」的問題，會比「主題探討法比傳統的教學法更適當嗎？」更合適。後者雖然也是一個重要的問題，但卻牽涉太廣，單一個班級老師無法輕易回答。

研究的爭議
CONTROVERSIES IN RESEARCH

● 研究參與者該參與多少？

有研究者倡導，要讓參與者積極投入研究的規劃及執行的所有面向，因為參與者不僅有權影響研究的方向與過程，並可對研究做很大的貢獻。但有人提出了疑問：個別的參與者對於研究的理解有限，積極參與是否會導致研究發現上的誤差和／或偏誤，甚至變成政治的目的？[*]也有人擔心社群參與者常可能被剝削。[†]

Sclove 主張，一些政策委員會，像是國家科學委員會，應該要加入一些非專家的成員，作為讓科學民主化及提升公眾對研究的支持的方法——一些國家早已這樣做了。[‡]其他人則強調，參與者的積極投入可能導致社會的改變，因為「社群成員變成自給自足的研究者與積極行動者。」[§]但是也有人看到研究與行動主義（activism）混為一談的危機。Stoecker 探索了學科專家在參與研究裡可能扮演的三個角色：發起者、顧問，及合作者，三者分別適合社群的不同需求。

你認為呢？研究參與者在規劃和執行上，參與的分量應該到什麼程度？

---

[*] Bowes, A. (1996). Evaluating an empowering research strategy: Reflections on action research with South Asian women. *Sociological Research Online 1*. 可在網路取得 http://kennedy.soc.survey.ac.uk.sosresonline/1/1contents.html; Nyoni, S. (1991). People power in Zimbabwe. In O. Fals-Border, & M. A. Rahmar (Eds.), *Action and knowledge: Breaking the monopoly with participatory action research* (pp.109-120). New York: Apex.

[†] Hall, B. (1992). From margins to center? The development and purpose of participatory research. *American Sociologist, 23*, 15-28.

[‡] Sclove, R. E. (1998, February). Better approaches to science policy. Editorial and Letters, *Science, 279*, 1283.

[§] Stoecker, R. (1999). Are academics irrelevant? Roles for scholars in participatory research. *American Behavioral Scientist, 42*(5), 840-854.

◆ 蒐集必需的資訊

一旦找出問題，下一步是要決定需要什麼樣的資料，及如何蒐集。本書先前介紹過的研究方法中，任何一種都可用於行動研究（但通常會比較簡化或沒那麼精緻）。實驗、調查、因果比較研究、觀察、訪談、文件內容分析、民族

誌——都是可能做的（本章稍後會介紹幾個怎樣使用這些研究方法的例子）。

　　教師可能是活躍的參與者（例如，一面觀察學生使用電腦的策略，一面教他們使用電腦），也可能是非參與者（例如，在班級自習課時觀察學生如何與別人互動）。不論選擇扮演什麼角色，觀察時最好盡可能地做記錄——簡言之，做**田野筆記**以描述所見到的與所聽到的內容。

　　除了觀察之外，資料蒐集的另一個主要類別是**訪談**學生或其他可以提供資訊的人。經由觀察蒐集資料，常會讓人想到一些可以繼續探究的問題，這可藉由訪談或施以**問卷**為之。事實上，在研究中對參與者施以問卷調查及訪談，對於評估觀察的正確性而言，會是一種有效又有助益的方法。就像行動研究的其他方面一樣，這裡的訪談常比較正式的研究稍微不正式，架構常也較不清楚。

　　資料蒐集的第三種類別是檢視及**分析文件**。這個方法也許是三種方法中最不花時間又容易開始做的。出席記錄表、校務會議記錄、諮商師的記錄、學校報紙登載的內容、學生的日記、教案、校務日誌、停學名單、留校察看記錄、座位表、班級及學校活動的照片、學生的檔案，這些都是行動研究者研究的好材料。

　　行動研究可以使用第 7 章介紹的各種測量工具——問卷、訪談大綱、檢核表、評等量表、態度測量等。然而，參與研究的教師、學校行政主管或諮商師（有時甚至學生也是）通常會發展自己的測量工具，才能因應職務差異的需求。並且這些通常都會比傳統研究所使用的工具更短、較簡單，也比較不那麼正式。

　　有些行動研究使用不只一種測量工具，或使用其他形式的**三角驗證法**（見第 619 頁與 672 頁）。因此，要求學生回答細心準備的訪談問題時，可輔以錄影內容；經由觀察檢核表所得到的資料，也可能用教室討論的錄音內容做交叉比對等等。就像所有的研究一樣，要用什麼方法，多是因研究問句的性質而決定。

　　行動研究者一定要避免只蒐集軼事——所謂軼事，就是一些人對於可能如何解決問題的一些意見。雖然這些軼事通常也頗珍貴，但我們堅信應該要得到其他更豐碩的證據（例如，錄音檔、錄影檔、觀察記錄、對問卷的文字回答，等等）。

◆ 分析及詮釋資訊

這一步驟主要是分析與詮釋第二步驟所蒐集的資料。資料經過蒐集與摘要後需要加以分析，才能讓參與者了解它所透露的訊息。然而，行動研究資料分析的複雜度與詳細度，通常比其他形式的研究低很多。

這一階段重要的是，要依據研究問題或問句來檢視資料，因為研究就是為了這些問題而做的。Stringer談到參與式行動研究時，提出了幾個問題，可以作為分析資料時的引導步驟。

第一個問題，**為什麼**，為後續的探究工作建立一個大致的焦點，提醒每個人這項研究最初的目的是什麼。接下來的問題——**什麼、如何、誰、哪裡，及什麼時候**——能讓參與者找出相關的影響。其用心是在企圖了解資料時，要把事情發生的情境或狀況考慮在內，才能更加了解資料的意義。**什麼**及**如何**的問題幫忙建立問題與議題：發生了什麼讓人困擾的事？這些問題或議題如何干擾我們或團體的生活？**誰、哪裡**及**什麼時候**的問題，則將焦點聚集在跟手邊的問題或議題有關的特定行為、事件及活動。這些問題的目的不是要參與者對於這些資料的品質做判斷，而是要評估這些資料並釐清所蒐集到的資訊。再者，……這個過程為參與者提供一項工具，讓他們可以反覆思考自己所討論的（資料所捕捉到的），及其他人曾經提過的事物。[15]

分析及詮釋參與式行動研究所蒐集的資料時，參與者必須嘗試反映研究中**所有利害關係人**的看法；這是很重要的一件事。因此，參與者必須分工合作，描述資料所揭露的情況。再者，在蒐集資料的階段，參與者一定要盡全力讓所有利害關係人知曉研究進行的狀況，並讓每個人在分析與詮釋的過程中，都有機會能讀到這些分析及詮釋的內容（而不只是研究完成了以後才有機會）。這讓所有利害關係人在研究進行時，都可以隨時提供自己的一份力量或意見（如圖 24.4）。

圖 **24.4** 參與行動研究

◆ 發展行動計畫

　　要達成行動研究的目的，需要根據研究發現，再擬出一份如何實施改變的計畫。雖然如果有一份正式的文件是很好，但這不是一定需要的；一定需要的是，這個研究至少為初始的問題或當初擔心的事，指出了未來工作的明確方向。

行動研究與正式的量化及質性研究間的異同

　　行動研究跟那些較為正式的質性與量化研究比較起來，有很多不同點，但也有許多相同點。兩者都列於表 24.2。

表 24.2　行動研究與正式的量化及質性研究間的異同

行動研究	正式研究
有系統的探討。	有系統的探討。
目標是解決當下所碰到的問題。	目標是發展及檢測理論，並產生可以擴論到更大的母群體的知識。
要做這類研究幾乎不需要正式訓練。	要做這類研究需要大量訓練。
想要找出並改正當下所碰到的問題。	想要探討更大的議題。
由教師或其他現場的教育專業人員執行。	由研究者執行，但研究者通常並不投入處理現場的狀況。
主要是利用教師發展的測量工具。	主要是利用專業發展的測量工具。
比較不嚴謹。	比較嚴謹。
通常含有價值判斷。	通常不帶價值判斷。
使用立意樣本。	最好有隨機樣本。
研究者的選擇性意見通常被當作資料。	研究者的選擇性意見從不被認為是資料。
擴論非常有限。	常可做擴論。

◆ 行動研究的抽樣

行動研究的問題幾乎都只是聚焦於某一群人（老師的班級、諮商師的一些個案、主管所共事的教職員），因此樣本等同於母群體。在學校常很難做隨機抽樣，但這個問題在行動研究不像在其他較傳統的研究那麼嚴重，因為研究者並不一定想做擴論。

◆ 行動研究的內部效度

第 9 章所討論的內部效度的威脅，行動研究都會面臨，只是程度不一。這類研究所面臨特別嚴重的威脅，是資料蒐集者的偏誤，因為資料蒐集者對於研究的目的非常清楚。所以資料蒐集者必須非常小心，不可忽略自己不想看到或聽到的結果或反應。研究的執行及態度上的效應也可能很嚴重，因為執行者或資料蒐集者可能很不明智地扭曲了研究的結果。

◆ 行動研究與外部效度

就像在單一研究對象的實驗研究裡，行動研究在外部效度（可擴論性）上是很薄弱的。在一個班級裡做的研究想要有外部效度，是找不到方法可做的。因此，如果一項行動研究發現某一實務有效，或顯露出某些類型的態度，或顯

示某些改變值得嘗試，若要讓這些結果擴論到其他個人、情況或場所裡，都需要有更多的人重做相同的研究。

行動研究的優點

我們認為做行動研究至少有五項優點。首先，幾乎任何專業人士在任何類型的學校、任何年級，都可以做行動研究探討任何類型的問題。行動研究可以由單一位教師在自己的班級裡執行；也可以由一群教師和／或家長執行、由學校校長或諮商師，或由學區級的學校主管執行。

第二，行動研究可以改善教育實務。它協助教師、諮商師及主管變成更具能力的專業教育人士。它不但協助他們在工作上變得更有能力與效益，也幫助他們更加了解及應用別人的研究發現。藉由**自己**做行動研究，教師及其他教育專業人士不但可以改善自己的技巧，需要時，也可改善自己對於較正式的研究之閱讀、詮釋及批判的能力。

第三，教師及其他教育專業人士若設計及執行自己的行動研究，他們的專業能力可以變得更有效益。這可能使得他們在閱讀實務相關的正式研究報告時，對於這些研究的結果如何應用於自己的情況，有更多的理解。更重要的是，這樣的研究可作為他們在修正及豐富自己的教學策略與技巧時的點子來源。

第四，行動研究能協助教師有系統地找出問題及議題。要學會如何做行動研究，研究者必須精確定義問題（通常是操作型定義）、找出並嘗試不同的方法來處理該問題、評量這些方法，然後跟同儕分享自己從中所學到的東西。事實上，行動研究「讓實務工作者知道，那些已經制度化且被視為理所當然的例行規則是可以突破的，而對於那些在工作場所中看似棘手難處理的問題，產生可能解決這些問題的希望。」[16]

第五，行動研究可以在學校建立起一個以研究為導向的小社群。如果能有系統地做行動研究，就可讓一些人共同合作解決一個問題或一個大家都關心的議題。這可以協助改善許多教師、諮商師及行政主管每天在學校工作時經驗到的孤立感。本版的作者之一在成為大學教授之前，是高中社會研究科的教師。他第一年教書時，被分派到的班級有許多特別難帶的學生。該校有些老師之前就已經有系統地在做行動研究，測試並評量各種帶領這類學生的方法。他們把

○ 行動研究的一個重要例子

　　1990 年代初期出現了一個使用行動研究而獲得極大成效的例子。當時波那翡水壩（Bonneville Dam）的新發電廠，決定要蓋在華盛頓州的北波那翡鎮中心，全鎮 470 位居民面臨了撤離、遷移及自己的鎮可能滅絕的問題。居民因而抗爭遊行，希望遷移到他們所選擇的地點時，能按照現存的鄉鎮重新打造。要做到這點，他們必須對抗美國陸軍所屬的建築師團。在華盛頓大學及長青州立學院（Evergreen State College）的師生幫助之下，一個由居民組成的團隊開始做研究，以詳細了解自己的鎮有什麼資產與特色，也了解社區規劃的細節與政治的程序。大學生們住在鎮裡，經由閱讀文件、做非正式的討論及開工作坊等方法蒐集資料，也不斷跟社區各界人士做討論及意見交流。費用及住宿、交通等則由鎮議會提供。居民愈來愈投入於提供資訊及執行政治上的行動。最後他們不但達到了目標，而且也成功讓自己所規劃的「新」鄉鎮方案，取代了陸軍建築師團的方案。*

---

* Fischer, F. (2000). *Citizens, experts, and the environment: The politics of local knowledge* (pp. 268-272). Durham and London: Duke University Press.

自己經由行動研究所學到的，跟這位老師分享。他們在那段時間的支持與資訊的分享，對於一位有點不勝負荷的菜鳥教師而言，是極珍貴而且無價的。

▌▌▌ 實務上的行動研究的假設性舉例

　　幾乎本書所介紹的所有研究方法，學校的教師與其他教育專業者都可將它們修改成比較不正式、不那麼精細的形式，用以探討有興趣的問題。雖然以下我們的例子是以學校為場景，但只要花一點想像力就可以構思如何將行動研究用於其他地方（例如，心理衛生機構、志工機構、社區服務機構等）。以下提供一些可以怎麼做的例子。

〔利用比較組實驗法探討科學概念的教學〕 岡查麗斯女士是五年級的老師，

她想研究以下這個問題：

● 使用戲劇表演，會增加五年級學生對於科學概念的理解嗎？

岡查麗斯女士要如何探討這個問題？

　　雖然也許有許多方法可以探討這個問題，但最合適的是利用比較組的實驗研究法（見第 13 章）。她可以隨機將學生分派到不同的班級去，其中有些班的老師利用戲劇表演的方式，有些班則沒有，然後每隔一段時間去測量不同班級學生的概念理解程度，來比較這兩種方法的效應。這些班級在這項測驗（依變項）上的平均分數，就能讓岡查麗斯女士了解這兩種方法相對的效果。

　　當然，她會希望盡量能掌控學生被分派到哪一個實驗處理組，但在大部分的學校不太可能將學生隨機分派到不同的組（班級）。如果真的無法做隨機分派，還是可以利用準實驗設計的方法。例如，如果一部分班級的老師願意使用戲劇表演的方式教學，岡查麗斯女士就能比較這些*沒有拆班*的班級成就。由於這些學生沒有經過隨機分派，所以這樣的設計不能視為真正的實驗；但如果這些班級的學生在相關的變項上很相似或經過配對（包括對科學概念的理解的前測），而且兩種方式所獲得的結果差異很大，研究結果對於這兩種方法的比較還是有用的。

　　但如果這些班級在某些重要（會影響結果）的變項上有差異，就會難以評斷不同教學法的效果。例如，如果岡查麗斯女士也是資料蒐集者，在施測的過程中，她可能會不自覺對其中一班的學生比較友好。

　　岡查麗斯女士必須努力控制外在變項（學生能力程度、年齡、教學時間、教師特質等等），因為這些可能會影響所要探討的結果。第 9 章有幾種討論控制外在變項的方法：在同一時間或緊緊相連的時段教學、兩種方法的教師有相同程度的教學經驗、將學生依據能力與性別配對、讓別人進行施測等等。

　　如果*已經*有班級在利用戲劇表演法教學，岡查麗斯女士則可使用因果比較法。

利用單一對象實驗法探討「暫時隔離」對學生課堂上的擾亂行為的效果

王女士是一位三年級的教師，她發現自己上課時，老是被一位愛講話的學生干擾。她覺得很洩氣，因此問自己，可以用什麼方法來控制這位學生，進而想到「暫時隔離」這個方法也許有效。所以她的研究問題是：

• 讓學生離開教室一小段時間，會減少他的擾亂行為嗎？
王女士怎麼做才能獲得問題的答案？

　　要回答這類問題，利用單一研究對象 A-B-A-B 設計（見第 14 章）最佳。首先王女士要為這位學生的擾亂行為建立底線，所以她必須花幾天的時間觀察這位學生，並將其擾亂行為的次數做成圖表。一旦建立了穩定的底線，了解了學生行為的模式，就開始連續幾天施用實驗處理——暫時隔離，也就是讓學生到教室外一小段時間—觀察學生在實驗處理之後擾亂行為次數的增減。接著重複這種實驗處理——觀察的循環。理想上，這位學生的干擾行為會減少，王女士也不必再對這位學生施以暫時隔離。

　　王女士的主要困難是，這位學生在暫時隔離時，她必須要觀察記錄他的行為，又一邊要上課。她可能也很難確定這種方法有用（也就是，這位學生不是變成在走廊亂晃）。如果有一位助理教師能幫她做這些，這兩個問題就不是大問題了。

利用調查法探討學生喜歡學校的哪些方面　雅布藍森先生是一所高中的輔導諮商師。他對於比較教學法沒興趣；他想了解的是：一般而言，學生對於學校的感想如何。因此，他要問以下的問題：
• 學生喜歡他們班級的哪些方面？不喜歡哪些方面？為什麼？
• 學生最喜歡哪些種類的學科？最不喜歡哪些種類的學科？
• 我們學校裡，不同年齡、性別及種族的學生的感覺有何異同？
雅布藍森先生要怎麼做才能得到這些問題的答案？

　　做一次調查，詢問學生對於班級的態度（見第 17 章），最能回答這些種類的問題。雅布藍森先生須準備一份問卷，並花時間確定這些問題是針對他想要得到的資訊。接下來，他應該找幾位學校同事幫忙看一看這份問卷，並找出他們覺得容易誤解或語意不清的地方。

　　做這種調查有兩個主要的困難之處：第一，雅布藍森先生必須確定這些要問的問題很清楚，不會誤導填答者。利用客觀的也就是封閉式的問題，確定這些問題都跟他要探討的主題有關，並進一步以預試的方法（讓一小群學生試填問卷的初稿）去除語意的模糊不清，就可以相當程度地避免這個問題。第二，

雅布藍森先生必須要讓夠多的學生填寫問卷，並交回給他，才能做有意義的分析。提高回收率的方法是，他可以在學生齊聚一堂時請他們填寫問卷。一旦蒐集了完成的問卷，就必須計算每一種反應出現的次數才知道結果。

利用問卷做研究的一大優點是：可能由大樣本中獲得非常豐富的資料。如果雅布藍森先生對於某些問題的細節還想了解得更清楚，也可以對學生做個別的訪談。我們在之前的章節提過，這樣做的好處是可以較有信心地問一些開放式的問題（讓受訪者的回答有最大的自由），並較深入地探討某個特別感興趣或值得探究的問題。也可以依據回答問一些追蹤性質的問題（follow-up questions），並為學生解釋不懂的詞。

這裡的一個問題有可能是，有些學生可能不懂問題的意思，或者沒有交回問卷。但雅布藍森先生比其他許多調查研究者都占優勢之處是：他可以直接到學生的教室施測，而得到相當高的問卷回收率。他必須小心給指導語，使學生認真而誠實地作答，並確保受訪者的匿名。雖然蒐集資料的信度和效度可能有點困難，但他還是應該要努力做到。要掌握資料的信度，可以讓一小部分的樣本在一段時間之後（也許兩個星期），重做同一份問卷；而要了解資料的效度，則可以選擇一小部分的樣本，在他們填完問卷後立即做個別訪談。但檢驗效度和信度就必須犧牲這一小部分樣本的匿名權，因為雅布藍森先生必須知道哪一份問卷是他要訪談的學生填的。

利用內容分析法檢驗英文文選中的偏見 海絡慧茲女士是八年級的英文教師，她擔心文學選集給學生的概念或形象是否正確。她問的問題如下：

• 我們學區使用的文學選集，在任何一方面有偏見嗎？如果有，是怎樣的偏見？

海絡慧茲女士要怎麼做才能獲得問題的答案？

要探討這個問題，必須進行內容分析（見第 20 章）。海絡慧茲女士決定要探討該學區的文學選集所描繪的男主角形象。首先她必須選定文學選集樣本，也就是要選哪些教科書來分析。她決定將範圍限定在目前該學區可找到的教科書。接著她必須想

外貌	性情	社會	心智
體重	友善	種族	明智
身高	高傲	穿著	風趣
年齡	敵意	職業	聰明
體態	冷淡	地位	超凡
⋮	⋮	⋮	⋮

研究訣竅 RESEARCH TIPS

◎ 在學校做研究時要考慮的事項

- 和別人一起查核研究的目的與定義是否夠明確。
- 注意自己是怎樣得到樣本的,描述時也要讓別人能看得懂,並且樣本最好能容許結論做擴論。
- 如果合適,盡量使用現有的測量工具;如果必須發展自己的,要記得第 7 章所提供的指導原則。
- 嘗試取得測量工具的信度與效度。
- 思考對內部效度的每一種威脅是否可能存在。採取行動盡量降低這些威脅。
- 如果合適,應使用統計來釐清資料。只有在合理的情況下才使用推論統計,或只能把推論統計看作大致的指標。
- 對於你的結果可以擴論的母群體,要說明清楚。有可能你的結果只適用於你所使用的樣本。如果你認為結果可適用於較大的母群體,要提供理由說明。
- 一定要獲得研究所在學校的相關主管同意,讓你做研究。記住,學區可能有它自己的 IRB(研究倫理審查委員會),在該學校蒐集任何資料前,必須先獲得 IRB 的審核通過。

想自己要觀察哪些類別。我們假定她決定分析教科書中所呈現的男主角的外貌、情感、社會方面及心智方面的特質。接著她就能將這些類別分成更細的分析單位。

海絡慧茲女士可以準備一張記錄表,計算每本文選中每一種類別出現的次數。例如,要探討白人是否被描述成白領階級,而非白人則被描繪成藍領階層,就能輕易地比較各個類別而找出答案。

內容分析的一大優點是它不具任何干擾性。海絡慧茲女士可以「觀察」而不被觀察,因為她所分析的資料不會因她的出現而有所改變。利用直接觀察法或其他方法而不容易甚至無法獲得的資料,都可經由內容分析的方法,使用以上大略描述的步驟而取得。

第二個優點是:使用內容分析做的研究,其他人很容易重做相同的研究。

最後，經由內容分析而獲得的資訊，對於規劃進一步的教學非常有用。海絡慧茲女士所獲得的資料也許暗示了學生所需要的額外資訊（才能對這個世界有較正確的了解）、這個世界所存在的因素及各方力量，及這些因素與力量如何牽動著人們的生活。

海絡慧茲女士的主要問題在於：必須能清楚列出適合她的研究問題的類別。例如，如果非白人男性較不常被描繪成「專業人員」，這表示教材的偏見嗎？還是只在反映事實？她必須找出該學區使用的所有文學選集，接著再分析每一本，或選一個隨機樣本來做分析。

當然，海絡慧茲女士也可以利用調查法，詢問教師和／或學生對於偏見的看法，但這個做法所回答的是不同的問題。

利用相關性研究法來預測哪些學生可能在學代數時會有困難 現在我們利用數學來舉例。湯普森先生教代數。他發現有幾位學生代數學得很辛苦，而其他學生則完全沒問題。他覺得很困惑。因此，他問：

• 我怎樣能預測，哪些人可能學代數時會有困難？

湯普森先生可能如何探討這個問題呢？

如果湯普森先生在這方面能做很精確的預測，也許他就能建議一些改正措施（corrective measures），讓自己或學校的同事使用，就不會產生一大堆痛恨數學的人。在這個例子，相關性分析是合適的方法（見第 15 章）。湯普森先生可以利用各種測量方式，從他的學生蒐集各種資料：他們在一些與代數有關的基本技巧上的表現（例如計算、應用題）、其他可能跟代數考試成績有關的變項（對數學的焦慮、批判思考能力）、對於某些概念的熟悉度（「常數」、「變項」、「分布」），及其他任何可能區別學好代數和學不好代數的變項。

從這樣的研究所獲得的資訊，可以幫湯普森先生較精確預測哪些學生學代數會有困難，並指引一些有助於學生學代數的方法。

湯普森先生的主要問題可能會是：針對他想到的變項，找到適當的測量工具。他應該可以從學校記錄獲得一些資訊，而其他資訊也許需要特別使用測量工具才能獲得（他必須記得，要在學生開始上代數**之前**，就將這些資訊應用於學生，而不是在之間或之後）。

當然，湯普森先生測量代數能力的工具必須有足夠的效度與信度，也必須

盡量避免漏失資料（missing data）（也就是有些學生在測量工具上沒有分數）。

利用因果比較研究比較兩種教化學的方法 琵麗女士是新進的化學教師，她想知道，以前的化學課中，以「探究科學」（inquiry science）的方式授課的班級，學生的化學成績跟對化學的態度是否比較好。因此她的問題如下：

• 與用傳統教材教導的學生相比，用探究科學的教材教導的學生，其學習成就如何？

琵麗女士可能如何找到這個問題的答案？

如果要以實驗法探討這個問題，就必須要組成兩組學生，然後兩組各由教師以不同的方法教學（一位以傳統的教材教學，另一位利用探究導向的教材教學）。接著就利用一種或數種測量工具來比較這兩組學生的態度和學習成就。

若以因果比較設計（見第16章）來檢驗這個問題，琵麗女士就必須找到一群*曾經以*探究科學的方法教導的學生，再把他們的成就與另一組以傳統教材教導的學生相比較。兩組學生在化學的態度與成就上有差異嗎？假設有，琵麗女士就可以肯定教材的差異造成兩組在態度與成就上的差異嗎？不幸的是，答案是不可以，因為其他的變項也可能是造成差異的因素。如果她能將這些可能的因素排除，就能較有信心地認為探究導向的教材至少是造成兩組差異的一項因素。

琵麗女士做這項研究的主要問題在於需要獲得良好的成就測量工具及控制外在變項。後者可能會很困難，因為她必須有這些學生先前上課時的相關資訊（例如學生能力及教師經驗）。她也許能找到在外在變項上極相似的班級，再把兩者相比較。

然而，除非琵麗女士有特別的原因想研究以前的班級，否則最好能比較現在正在使用的方法；她可以利用準實驗設計來探討她的問題（分派老師使用不同的教學方法，並控制兩種方法實際應用的情形，見第13章）。如果不能用準實驗設計，那麼，利用現在正在進行中的班級，因果比較法中的外在變項也比較容易控制。

利用民族誌研究了解音樂老師如何教音樂 亞當斯先生是一位小學學區的課程主任。他想更清楚了解該學區的音樂老師怎樣教音樂。他的問題如下：

- 音樂老師的例行上課方式為何？也就是他們都做哪些活動？
- 音樂教室中，哪些明說的（explicit）及隱含的（implicit）遊戲規則會幫助或阻礙學習的過程？

亞當斯先生要怎麼做才能得到問題的答案？

　　要對這些問題有深入的了解，亞當斯先生可能選擇做民族誌研究（見第21章）。他可以選定一位音樂老師，觀察他教的班級，當這位音樂老師在從事例行教學時，他可以將教室內的活動情形加以記錄或描繪。理想上，亞當斯先生應該專注於一個班級（或少數一些班級），並盡可能定期觀察教師與學生（也許一週一次，連續觀察一學期）。他也應該盡可能豐富而完整地描述在課堂上所看到的情形。

　　要蒐集的資料可能包括與教師及學生的訪談、對班級的例行活動做詳細的散文式描寫、師生座談會的錄音檔、課堂討論的錄影檔、教師所做的教案樣本、學生的作業，及課堂上某種評論的對話方向與次數的圖（也就是教師和哪些學生彼此互問的問題種類，及不同的問題所獲得的回答）。

　　民族誌研究法很容易用來詳細研究個人，也容易用來研究整個班級。有時候僅研究一個人也可以學到許多。例如，有些學生很輕易就學會一種樂器，如果亞當斯先生想知道為什麼，他可以定期觀察與訪談這位學生，了解這位學生的行為是否有明顯的模式，還可以與教師、諮商師及學生做深度訪談。他也可以用同樣的方法觀察學樂器很慢、很辛苦的學生，看看兩者之間是否有差異。觀察個人就像觀察一個班級一樣，必須盡可能蒐集各方面的資料（念書的方法、對於音樂的態度、學音樂的方法，及在課堂上的態度）。做這項研究的目的，主要是希望藉由觀察個人而獲得一些洞見，進而在未來協助有類似狀況的學生。

　　簡言之，亞當斯先生的目的應該是：盡可能澈底而正確地描繪一幅音樂教室（或個別的教師或學生）的上課「景象」，別人才能「看見」這個教室及其成員，還有他們在做些什麼。*

---

* 雖然民族誌研究法看起來好像相對容易實施，但是事實上它很難做得很好。如果你想更進一步了解此研究法，可參考下列參考書：Bernard, H. B. (2000). *Social research methods*. Thousand Oaks, CA: Sage Publications; Goetz, J. P., & LeCompte, M. D. (1993). *Ethnography and qualitative design in educational research* (2nd ed.). San Diego, CA: Academic Press; Lin-

從事民族誌研究的一個困難是：事先能給研究者的忠告比較少；而最主要的陷阱是：個人的觀點會影響他所獲得的資訊及其詮釋。

亞當斯先生也可能選擇架構更明確的觀察方式，或事先準備好較具架構的問題進行訪談。這樣做可以減少主觀對於資料的影響，但也可能因而減少了資料的豐富程度。我們認為，做民族誌研究必須要一位有受過這種方法訓練及經驗的人來指導。

▌▌▌ 行動研究舉例

最後我們以一個真實的例子作為本章的總結。這項研究是由教師在持續進行的學校活動及各種事項中，以準實驗設計法做的研究——在學校最難做的研究。它是由我們的一位學生蒂瑪麗雅女士（Darlene DeMaria）在她的特教班級（學習障礙的學生）所做的研究，她的學校是加州靠近舊金山區的一所公立小學。[17]蒂瑪麗雅女士的假設是：有學習障礙的小學男生如果接受練習放鬆的系統課程，在課堂上不專心（off-task）的行為會比沒有接受這種放鬆訓練的學生少。

蒂瑪麗雅女士找到一項測量「注意力缺乏」（attention deficit）的工具，從原有的 60 題中選了 25 題，這 25 題是最直接測量不專心的行為。每一題可能的分數是從 0 到 4 分，教師根據先前的觀察結果評分，如果該項行為從來沒有出現過就給 0 分，如果該項行為經常出現，已經嚴重干擾其學習，就給 4 分。

學校開學後三星期，蒂瑪麗雅女士及其助手各自利用這項工具評量班上的 18 名學生。這些分數是作為評量學生日後進步的情形，及開始進行介入措施之前的兩組配對之用。

由於學生一天大約有一小時的時間會被分派到資源教室（蒂瑪麗雅女士的教室），每次兩人到四人，而且上課時間表已經排定，因此無法做隨機分派。

coln Y. S., & Guba, E. G. (1985). *Naturalistic inquiry*. Newbury Park, CA: Sage Publications; Lancy, D. F. (2001). *Studying children and schools: Qualitative research traditions*. Prospect Heights, IL:Waveland Press; Fetterman, D. M. (1989). *Ethnography: Step by step*. Thousand Oaks, CA: Sage; Bogdan, R. C., & Biklen, S. K. (2007). *Qualitative research in education: An introduction to theory and methods* (5th ed.). Boston: Allyn & Bacon.

但可以將各組的學生依據其年級及不專心程度量表所得的分數配對；到資源教室上課的學生從一年級到六年級都有。被選入實驗組的學生每天接受一小時的放鬆課程，為期四週（第一階段），接著蒂瑪麗雅女士和她的助手又各自評量這18名學生；這時候所做的兩組比較可以作為假設的第一次檢驗。接下來，實驗組繼續接受放鬆課程，而對照組則**開始**接受四個星期的放鬆課程（第二階段），這樣的做法可讓她再做一次比較，並且，所謂「沒讓另一組學生接受可能有益的課程」的倫理問題，也獲得解決。這四個星期結束後，所有學生再一次由蒂瑪麗雅女士及其助手各自評量。圖24.5是她的實驗設計。

結果顯示，經過了第一階段，實驗組的學生情況更惡化（表現**更多**不專心的行為——與假設相反），而對照組幾乎沒有什麼變化。第二階段結束後，兩組的情況大致都與第一階段結束時相同。經過進一步分析兩組中的各小組（每一組上課時間不同），顯示只接受四星期訓練的小組，幾乎沒有什麼改變。而接受八星期訓練的三個小組中，兩組的不專心行為有大幅**降低**，但另一組的不專心行為卻明顯**增加**。後者的原因很明顯：一位學生在放鬆課程正要開始前才被轉進資源教室，他的行為愈來愈干擾組中的其他學生，而這項訓練課程的效用不足以抵銷他的影響。

這項研究顯示，對於重要問題的研究還是可以在學校實際的情境中施行，並且，即使只是試驗性質的，研究結果還是可為實務指引一些方向。

就像任何研究一樣，這項研究有它的限制。第一項是蒂瑪麗雅女士與其助手在前測的一致性不夠高，需要進一步的討論、協調之間的差異，使人懷疑前測的效度。但後測的一致性卻還算令人滿意（相關係數 r 達 .80 以上）。

第二個限制是兩組在前測的分數無法精準配對，因為對照組學生的得分比較多是在高低兩個極端。雖然整體而言，兩組在開始時的不專心行為程度類似，但上項的差異（對照組在兩個極端有較多的人）及其他沒有控制的學生特性上

			第一階段		第二階段	
組一	O	M	X_1	O	X_1	O
組二	O	M		O	X_1	O

圖 **24.5** 蒂瑪麗雅女士研究的實驗設計

的差異，都可能解釋兩組的不同結果。再者，由於實驗施行者（蒂瑪麗雅女士）也是評分者之一，這當然可能影響評分；但由於蒂瑪麗雅女士在第二階段給實驗組的評分比較高（與其假設相反），因此她的評分可能實際上並沒有受到實驗施行者身分的影響。再測信度的證據在研究的過程中無法取得，而效度的證據則是兩評分者之間的一致性。想將結果擴論至原來的學生與老師之外，當然是不可能。而對於兩組中各小組的分析雖然有趣，但終究是事後才做的，因此研究結果並沒有肯定的結論。

雖然有這些限制，但這項研究的確顯示放鬆課程如果實施夠久，也許至少對某些學生有益處；應該鼓勵其他老師重做相同的研究。這項研究的一個額外的好處是：它幫忙老師弄清楚班上各小組的學生之間的互動關係。

班級教師及其他專業人員也能（我們認為「應該」）做類似以上所摘要的研究。就如我們先前提過，教育還有很多方面是我們幾乎一無所知的；許多問題都還沒有答案，我們還需要更多的資訊。班級教師、諮商師及行政主管都可以協助提供這些資訊。我們希望你也能貢獻一些資訊。

OLC 回到本章最前面的**互動與應用學習**所列出的一系列互動與應用活動。到線上學習中心（OLC, http://highered.mheducation.com/sites/125991383x）去做小測驗、練習關鍵詞彙，及複習本章內容。

本章重點

行動研究的性質

- 行動研究是由教師、行政主管或其他教育專業人員所執行，用以解決實際所面對的問題。
- 每一種研究法都可用於行動研究，只是規模比較小。
- 一個研究問句常可以用不同的研究法探討。
- 有些方法比其他方法更適合於某種問題和／或情境。

行動研究的假定

- 行動研究有幾個假定，包括：參與者有權做決定、想改善其實務、全心致力於持續的專業發展，並且從事有系統的探究。

行動研究的類型

- 實務上的行動研究探討一個實際面臨的特定問題。
- 參與式行動研究雖然也是探討一個實際面臨的特定問題，卻也希望賦權參與者或帶來社會的改變。

行動研究的參與層次

- 參與層次的範圍從僅止於提供資訊，到逐漸更深層投入研究的各層面，都有可能。

行動研究的步驟

- 行動研究有四個步驟：找出研究問句或問題、蒐集必需的資訊、分析及詮釋資訊並和參與者分享結果，及發展行動計畫。
- 在參與式的研究裡，要全力讓所有對研究結果有興趣的人（也就是利害關係人）都能參與。

行動研究的優點

- 行動研究至少有五項優點：(1)幾乎任何人，在任何類型的學校或其他機構都可以做行動研究，並且可以探討幾乎任何種類的問題或議題；(2)可以協助改善教育實務；(3)可以協助教師及其他專業人員改善自己的專業能力；(4)可以協助他們學會以有系統的方式找出問題；最後，(5)行動研究可以在校內建立一個小的研究社群。
- 行動研究跟正式的量化與質性研究相比，有相似性也有差異性。

行動研究的抽樣

- 行動研究者很可能選擇使用立意樣本。

對行動研究內部效度的威脅

- 行動研究尤其可能受到資料蒐集者的偏誤、研究的執行，及態度方面的威脅。其他大多數的威脅都可以受到相當程度的控制。

外部效度與行動研究

- 行動研究的外部效度薄弱。因此，這些研究尤其需要重做相同的研究。

關鍵詞彙

問題討論

1. 有任何種類的問題是不能以行動研究法探討的嗎？如果有，請舉一例。

2. 你認為行動研究的假定是真的嗎？請說明你的想法。其中有任何一個是讓你懷疑或有疑問的嗎？

3. 行動研究的四個步驟，哪一個最難實施？為什麼？

4. 「在行動研究裡，重要的是，不要僅蒐集軼事型的資料。」你同意嗎？為什麼這種資料不夠充分？

5. 行動研究的所有參與者——那些利害關係人——都必須參與整個研究過程。為什麼在正式的質性與量化研究裡不要求這一項？

6. 你認為行動研究的主要優點是什麼？主要缺點呢？

7. 本章所舉的各個假設性的例子，除了所討論的研究方法外，還有哪些方法也可用來回答這些研究問題？

8. 蒂瑪麗雅女士的研究還可能用什麼方法做？如果有，你會推薦使用哪一種？為什麼？

註解

1. Mendenhall, T. J., & Doherty, W. J. (2007). Partners in diabetes: Action research in a primary care setting. *Action Research, 5*(12), 378-406.

2. Collins, S. B. (2005). An understanding of poverty from those who are poor. *Action Research, 3*(3), 9-31.

3. Foldy, E. G. (2005). Claiming a voice on race. *Action Research, 3*(93), 33-54.

4. Bourke, R. (2008). First graders and fairy tales: One teacher's action research of critical literacy. *The Reading Teacher, 62*(4), 304-312.

5. Kitchen, J., & Stevens, D. (2008). Action research in teacher education: Two teacher-educators practice action research as they introduce action research to pre-service teachers. *Action Research, 6*(3), 7-28.

6. Fazio, X. (2009). Development of a community of science teachers: Participation in a col-

laborative action research project. *School Science and Mathematics, 109*(2), 95.

7. Kwok, J. (2009). Boys and reading: An action research project report. *Library Media Connection, 27*(4), 20.

8. Mills, G. E. (2000). *Action research: A guide for the teacher researcher*. Upper Saddle River, NJ: Merrill.

9. Louie, B. Y., Drevdahl, D. J., Purdy, J. M., & Stackman, R. W. (2003). Advancing the scholarship of teaching through collaborative self-study. *The Journal of Higher Education, 74*(2), 150-171.

10. Zeichner, K. (1999). The new scholarship in teacher education. *Educational Researcher, 28*(9), 4-15.

11. Feldman, A. (2003). Validity and quality in self-study. *Educational Researcher, 32*(3), 26-28.

12. Henderson, B., & Hyun, H. (2013). *Doctoral andragogy: A three-year study on developing highly effective teaching practices for a new professional doctorate program in education*. Paper presented at the American Educational Research Association Annual Meeting. San Francisco, CA, May 1, 2013.

13. Mills, G. E. (2000). *Action research: A guide for the teacher researcher* (p. 6). Upper Saddle River, NJ: Merrill.

14. Berg, B. L. (2001). *Qualitative methods for the social sciences* (p. 180). Boston: Allyn & Bacon.

15. Stringer, E. T. (1999). *Action research* (2nd ed.). Thousand Oaks, CA: Sage. 引述自 Berg, B. L. (2001). *Qualitative methods for the social sciences* (p. 183). Boston: Allyn & Bacon.

16. Berg, B. L. (2001). *Qualitative methods for the social sciences* (p. 182). Boston: Allyn & Bacon.

17. DeMaria, D. (1990). *A study of the effect of relaxation exercises on a class of learning-disabled students*. Master's thesis. San Francisco State University, San Francisco, CA.

PART **9**

準備研究計畫與報告

第九部分討論準備研究計畫或報告的方法。

我們會說明計畫和報告的主要內容,

以及報告特有的部分。

Chapter 25

準備研究計畫與報告

- 研究計畫
- 研究計畫或報告的主要部分
  要探討的問題／研究背景與相關文獻的探討／程序／經費預算／總評論
- 研究報告特有的部分
  需要考慮的幾項原則／格式／關於質性研究報告的提醒／研究報告的大綱

學習目標 >> 讀完本章後,你應該能:

- 簡要描述研究計畫和研究報告的主要部分。
- 描述研究計畫和研究報告的主要差異。
- 寫一篇研究計畫。
- 了解並評論一篇典型的研究報告或研究計畫。

互動與應用學習 在閱讀本章的同時,或讀完本章後:

到線上學習中心(Online Learning Center, OLC),
網址 http://highered.mheducation.com/sites/125991383x:
- 複習如何搜尋研究論文電子檔

到線上學生精熟活動簿(Student Mastery Activities Book)做
下列活動:
- 活動 25.1:把它們按順序編排(Put Them in Order)

　　希望你已經學到教育研究學裡的許多概念與步驟。事實上,你可能已經對自己的研究做過相當程度的思考。為了進一步幫助你,我們在本章討論研究計畫和研究報告的主要部分。研究計畫就是為從事一項研究而做的書面計畫。學術界普遍認為,要進行一項研究之前,通常都要求要先提一篇研究計畫。

　　研究計畫與研究報告在很多方面都很類似,主要的差異在於,**研究計畫**(**research proposal**)是在研究開始**前**產生,而**研究報告**(**research report**)則是在研究完成**後**撰寫。本章我們將說明並舉例這些文件的每一部分應該有的內容。我們也會討論研究報告中兩個特有的部分——也就是研究結果及結果的後續討論——適合放的內容。我們會特別指出研究新手在寫研究計畫時最常見的錯誤。

▋▌▏研究計畫

　　研究計畫是為了從事一項研究而做的書面計畫。學術界普遍認為，要進行一項研究之前，通常都要求要先提一篇研究計畫。研究者在研究計畫中敘明其意圖——研究目的和重要性，還有執行研究的細部規劃。計畫中必須確認研究問題、敘述研究問句或研究假設、確認變項，並定義使用的詞語。樣本的性質、將使用的測量工具、研究設計、將遵循的步驟，及將如何分析資料等等，都必須在研究計畫中做某種程度的交代，而且也必須回顧至少一部分先前的相關研究。

　　因此，研究計畫即是一項研究的書面計畫。它詳細說明研究者想要做的事。它讓其他人更加了解這項計畫想做的內容，也讓他們可以提供改進的意見。它幫助研究者釐清自己需要做些什麼，並避開無意中可能犯的錯誤或不熟悉的問題。這種書面的計畫非常有必要，因為它允許其他有興趣的人來判斷該研究的價值，並就如何改進提供建議。

　　接下來，我們先說明一篇研究計畫的主要成分吧！

▋▌▏研究計畫或報告的主要部分

◆ 要探討的問題

　　這一部分通常要說明四個主題：(1)研究的目的，包括研究者的前提假設；(2)研究的理由；(3)研究問句和／或假設，包括要探究的變項；(4)詞彙的定義。

　　研究的目的 通常是研究計畫或研究報告的第一個主題。目的（**purpose**）裡簡明陳述研究者想探討什麼。研究的目的必須陳述簡潔，為以後要增添的細節提供一個架構。一般而言，任何研究都必須企圖釐清相關領域的某一重要方面，以對整體知識和當前實務有所貢獻。以下是從研究報告文獻中取得的一些研究目的：

- 「本研究目的在於確認和描述 65 歲以上婦女的就寢習慣及自我陳述的夜間睡眠型態，並根據受試者是否住在安養院，決定二者間的差異及關係」[1]

- 「本研究目的在於探究青少年在調查研究中如何以繪圖及回答問題的方式描繪理想中的人物」[2]
- 「本研究旨在找出班級中促成自我應驗預言（self-fulfilling prophecies）的過程」[3]

　　研究者也須將研究的基本**假定**陳述清楚。例如：

- 研究者假定，如果發現這個方法有效，許多教師將可直接採用它而不必接受特殊訓練。
- 研究者假定，本研究提供的有關家庭互動的描述性資訊，如果能被傳播開來，將對家庭的功能發揮有所影響。
- 我們假定，諮商師在給學生忠告時，將會應用本研究所提供的預測性資訊。

研究的理由　在理由（justification）部分，研究者須澄清為何這個主題很重要而必須加以探討。也就是說，他們必須說出該研究「值得」做的理由。例如，如果想研究一種改變學生對政府態度的方法，研究者就必須力陳這個研究的重要性，所以人們很（或必須）關心它。研究者也須澄清為何自己選定要研究這個方法。在許多這類的研究計畫裡，多半是暗指現在的方法不夠好；然而這種說法必須講得更明白。

　　好的研究理由還必須說明任何具體研究結果所含的意義。例如，在一項介入性研究中，如果所研究的方法看來很成功，那麼可能需要改變教師的職前訓練和在職訓練；經費支用方式可能需要改變；教材和其他資源也可能需做不同的使用等等。在調查研究中，如果發現許多受訪者對某些議題（諸如學生同儕對藥物的使用）有強烈的意見，那麼這項資訊可能隱含對教師、諮商師、父母和其他人的一些啟示。在相關性研究或因果比較研究中發現的關係，可能作為預測性使用。相關性研究或民族誌研究的結果，也可能作為後續的實驗研究之參考。這些都必須加以討論。

　　以下是研究理由的一個案例。這是一篇探討在以文學為本的（literature-based）歷史教學中，說故事（narrative）與六年級學生對於歷史的了解之間的關係。

　　　　最近有關歷史了解的發展研究，都集中在中學生。幾十年來，這方面的研究都以「對於歷史的了解，表現在其分析及詮釋某一段的歷

史，或者至少詮釋某段歷史的人名、日期及事件」為前提。這些研究結果顯示，即使學生對歷史有所了解，這種了解也只在青少年晚期才顯現出來（Hallam, 1970, 1979; Peel, 1967）。但從那些教導較年幼兒童的教師的觀點來看，這種方法反映出這些研究者對於「對歷史的了解」（historical understanding）的看法並不完整。

從這種研究中導出的推論常是：年幼的兒童不懂歷史；因此歷史不該是他們課程的一部分。調查研究也發現，年幼的兒童對於歷史作為學校的一個科目，沒有顯現出很高的興趣。但另一方面，教師和家長都知道，兒童對於古早以前的事、歷史上的事件、歷史上的人物，及「以前的人」的生活方式，都很感興趣，像是 Laura Ingalls Wilder 的 *Little House* 系列（例如，1953）。兒童早在能應付歷史測驗之前，就對歷史很有反應。但一般的研究都沒有將兒童對歷史的反應納入「成熟的了解」（mature understanding）的發展過程的一部分。

兒童對文學的反應的研究，對於如何探討兒童對歷史的反應，可提供一些指引。Applebee（1978）、Favat（1977）及 Schlager（1975）所做的研究顯示，兒童反應的各方面是有發展階段的。其他學者（Britton, 1978; Egan, 1983; Rosenblatt, 1938）則將這項發現應用於對歷史的了解，他們認為，個人早期對歷史的反應——尤其是以說故事方式呈現的歷史——會慢慢發展成較為成熟客觀的對歷史的了解。

但是幾乎沒有人研究過這種早期的對歷史的反應形式。Kennedy（1983）的研究檢驗人們對歷史的了解與其大腦處理資料的能力（information-processing capacity）兩者間的關係，但他的研究集中於青少年。回顧對歷史的了解的文獻，也找不到對於兒童期的反應的研究，更沒有關於兒童在課堂上對於歷史教材的反應的描述。當兒童單獨回應時，他的反應是什麼？如果有跟其他兒童接觸，他的反應又是什麼？哪一種形式的歷史會激發最強的反應？兒童如何表現他對歷史教材的興趣？教室的情境會影響他的反應嗎？教師的哪些行為會鼓勵他做回應？哪些又會使他怯於反應？

這些問題對於面對不斷強調歷史的社會科學課程的小學教師而言，是非常重要的；對於有興趣探究人們對歷史的了解是如何發展的

理論家來說，也是同等重要。但這些問題並不容易以傳統的實證模式回答；我們必須將研究範圍擴及小學，使研究焦點也包括利用自然主義式的研究法（naturalistic inquiry）所獲得的證據……

觀察上課的互動情形的研究顯示，說故事似乎很能引發學生對於歷史的興趣。教師們注意到學生對於類似以下這些與歷史有關的書籍感興趣，像是 *The Diary of Anne Frank*（Frank, 1952），及 *Little House on the Prairie*（Wilder, 1953）；他們也對於傳統口述的家庭歷史展現興趣（Huck, 1981）。在對話分析（discourse analysis）領域及架構圖理論（schema theory）領域的研究都暗示，說故事能幫助兒童了解歷史。例如，White 與 Gagne（1976）發現，有連貫性的對話有助於記住其意義。這種對話為記憶提供一種架構，並幫助兒童注意到文章的特色（Kintsch, Kozminsky, Streby, McKoon, & Keenan, 1975）。DeVilliers（1974）及 Levin（1970）發現，讀者對於字詞的了解，在有連貫性的對話中較深入，若相同的字詞出現在句子或清單中，了解就比較不深入。Cullinan、Harwood 與 Galda（1983）的研究顯示，讀者可能比較容易記得住故事性敘述中的事物，因為故事性的敘述裡，「連貫性的對話使讀者將文章中的各部分組織起來，而且了解各部分之間的關係」（p. 31）。

因此，一個幫助兒童了解歷史的方法，就是利用文學中有連貫性的對話。這種方法使得兒童在接觸文學中的歷史而不斷建構意義時，研究者可以將焦點集中在兒童的反應。以下的研究探討：兒童對於以文學為本的歷史教學法的反應。[4]

⬤ **這時你必須問自己的重要問題是：**

1. 我是否已確認自己所要探討的具體的研究問題？
2. 我是否已指出自己對這個問題打算做些什麼？
3. 我是否已說明清楚為何這個問題值得研究？
4. 我是否已明確表達自己的假定？

研究問句或假設 接下來必須敘述所要探討的問題。陳述的方式通常是

（但並非總是）以問句的形式將問題表達得更精確。你應該記得，我們及許多其他研究者，都喜歡用列出假設（**hypotheses**）的方式，因為這樣比較清楚，而且也是一種研究策略。如果研究者心中有研究假設，就必須陳述清楚，而且要盡量簡明。不要讓讀者必須對研究者的假設做推測，這會使他們感到挫折（第 2 章有幾個教育上典型的研究問題和研究假設）。同樣地，質性研究的研究計畫常會包含一段敘述，在這裡提出一項或數項暫時性假設（propositions）（暫時的假設或迷你假設），用以協助指引資料蒐集或分析方向。

● 這時你必須問自己的重要問題是：

5. 我是否已將自己希望追尋的具體研究問句表達清楚了？

6. 我心中是否已有研究假設？如果是，有表達出來嗎？

7. 我想探討某種關係嗎？如果是，有指出可能的變項了嗎？

定義 所有的關鍵詞彙都須加以定義。在一篇檢定假設的研究中，關鍵詞彙主要是描述研究中的變項的詞彙。研究者的職責是讓這些詞彙的定義盡可能清楚。如果關鍵詞彙在先前的文獻中已經有為大家所接受的定義，就不需要再詳加解釋。然而，通常在一篇研究中，許多關鍵詞彙都還是必須稍加修改，才能適合該研究的情況。如果能使用「操作型定義」，就更能釐清詞彙或文句的意義。雖然要使詞彙的定義完全不模糊，是不太可能的，但研究者還是必須要在這方面多下功夫；因為不論是對研究者或其他人而言，詞彙定義得愈清晰，後續研究的計畫和執行所遭遇的困難就愈少。

以下是從文獻裡找的幾個定義舉例。前三個是由一項以來自各種不同家庭背景的十所加拿大小學的學生為對象的研究，探討的是同儕經驗與社會的自我概念（social self-perceptions）之間的關係：

● **社會偏好**（social preference）的評估方式，是讓小孩分別列出他們最喜歡一起玩和最不想一起玩、最想邀請去生日派對和最不想邀請去生日派對，及在公車上最想一起坐及最不想一起坐的三位小孩的名字。

● **被同儕欺負**（victimization by peers）的測量方式，是讓小孩分別提名（最多五位）會被其他小孩嘲笑、辱罵、揍及推擠的小孩。

● **寂寞**（loneliness）是 16 道題的問卷測量，得分愈高表示愈寂寞。[5]

下一個定義是擷取自一項探討有色人種的學生為什麼不想從事教職的研究：

- **少數族裔的教師**（minority teacher）定義為「拉丁／中南美洲裔、非裔美人／
  黑人、亞裔美人，及美洲原住民」。[6]

最後一個定義來自一項探討人們怎樣看待自己工作的研究：

- **有工作的人**（people who have jobs）定義為「那些只在乎從工作獲得物質報
  酬，且從工作中並不追求、也沒有得到其他類型的報償的人。」**有事業的人**
  （people who have careers）定義為「那些在工作上有較深的個人投資，且不
  僅以金錢報酬衡量自己的成就，而是也以自己在職業結構上的提升作為成就
  衡量標準的人。」**有天職的人**（people who have callings）定義為「那些認為
  自己的工作跟生活密不可分的人。有天職的人工作的目的不在於金錢報酬，
  也不是事業上的精進，而在於工作帶給個人的自我實現感」。[7]

- 這時你必須問自己的重要問題是：

  8. 我有清楚地定義所有的關鍵詞彙（而且，如果可以，使用操作型定義）
     嗎？

◆ 研究背景與相關文獻的探討

在研究報告裡，**文獻探討**（**literature review**）可能是很長的部分，尤其是
碩士學位或博士學位的論文裡，這部分特別長。在研究計畫中，它主要是摘要
跟該研究的假設或焦點有關的著作。在這裡，研究者要讓讀者知道，自己熟悉
先前研究的主要趨勢，以及對該主題的看法，並了解它們對所要研究之主題的
關聯性。文獻探討可能包括理論性的概念、直接相關的研究，及能為研究主題
提供額外觀點的研究。依據我們的經驗，許多文獻探討的主要缺失，是研究者
舉了很多參考資料，卻沒說明這些資料與要研究的主題有何關聯或有何涵義（請
參閱第 3 章有關文獻探討的細節）。

- 這時你必須問自己的重要問題是：

  9. 我是否已將與研究問題相關的資料做過全盤的考量，並在此描述？
  10. 我是否已整體考量過專家們對於研究問題的意見？
  11. 我是否有歸納關於本問題目前已知的研究結果和意見？

◆ 程序

實施程序（**procedures**）部分包括討論：(1)研究設計；(2)樣本；(3)工具的

使用；(4)程序細節；(5)內部效度；(6)資料分析。

研究設計 在實驗研究或相關性研究中，**研究設計**（**research design**）可用本書第 13 章或第 15 章的符號來描述。因果比較研究的研究設計須用第 16 章的符號來描述。研究者必須說明自己要使用什麼研究設計，及其如何應用到所要做的研究。多數研究的基本設計都很明確，也屬於本書第 13 章到第 17 章，及第 20 章到第 22 章所介紹的模式中的一種。

樣本 在研究計畫中，研究者對於他或她將如何獲得研究對象——也就是**樣本**（**sample**），必須說明得相當仔細。如希望進行擴論，應該使用**隨機樣本**；如果不得不使用**便利樣本**，就必須將該樣本的**人口學**資料（性別、種族、職業、智商等等）說明清楚。最後，要說明清楚本研究結果能擴論的母群體（關於抽樣方式之細節，請參閱第 6 章）。

下面是描述便利樣本的一個例子，取自於一篇研究行為改變技術如何影響一年級和三年級學生的班級行為的研究論文。

> 班級教師找出 30 位一年級學生（平均年齡：7 歲 1 個月）及 25 位三年級學生（平均年齡：9 歲 3 個月），他們在教室都有不恰當的行為表現，卻沒有接受特別的輔導；智商都在 85 與 115 之間。這些兒童分別占美國東南部一所大型的小學所有一年級學生的 23%，及該校所有三年級學生的 21%；他們都來自一般的班級，沒有接受特殊教育的課程。15 位一年級生被隨機分派到實驗組，另 15 位一年級生則被分派到對照組；25 位三年級生也被隨機分派到這兩組，其中 13 位在實驗組，12 位在對照組。實驗組共有 22 位男生、6 位女生，11 個黑人、17 個白人，14 來自低社經地位的家庭、14 位來自中或高社經地位的家庭；對照組則有 15 位男生、12 位女生，15 個黑人、12 個白人，7 位來自低社經地位的家庭、20 位來自中或高社經地位的家庭。沒有人中途退出研究。[8]

● 這時你必須問自己的重要問題是：

12. 我是否有描述我的抽樣計畫？
13. 我是否有詳細描述樣本的特性？

14. 我是否有確認本研究結果可以擴論的母群體？

工具的使用 如果可能，要盡量使用現有的測量工具，因為即使編製最簡單的測驗或問卷，都是費時而困難的工作。但是決定使用現有的工具之前，要先確認這分工具是否有充分的信度和效度，並符合研究目的。許多研究所使用的工具都只是因為方便或廣為大家所熟知。「常使用」其實是一個很差的品質標準，例如有些成就測驗，被專業人士嚴厲批評多年卻仍廣泛被使用（教育研究適用的測量工具類型很多，請參閱第 7 章所列）。

倘若無法得到適當的測量工具而須開發自己的工具，就要注意描述發展該工具將遵循的過程，尤其注意說明研究者將如何提高其工具的信度和效度。至少要將該工具的一些樣本題目列入研究計畫中。

即使有些工具的信度和效度已經有明顯的證據支持，但仍然無法保證這些工具在研究中會發揮功能；研究對象和研究情境的差異，可能使先前估計的效度和信度不適用於目前的研究。再者，效度高低經常受到研究者的意圖和詮釋所影響。由於以上所有的原因，每一項研究都必須檢核所使用的工具的信度和效度，並把它作為研究步驟的一部分，而且最好是在研究開始之前就要做好。

內部一致性的檢核，幾乎都可以做得到，因為它不需要額外的資料。要檢核分數在經歷一段時間後（**穩定性**）的信度就較困難，因為需要另外再以該工具施測一次。但就算能再測一次，重複實施同一工具也有其問題，因為受測者可能受到第一次測量的經驗，而在第二次中有所改變。*要回答者對同一份問卷或訪談作答兩次有其困難存在，因為回答者會覺得這種行為有點愚蠢。不管如何，若能智巧且努力地研發工具的複本，常能克服這方面的困難。†

檢核效度最直截了當的方式是用第二種工具測量同一個變項。通常這其實沒有想像中困難，因為不難得到各種工具（請參閱第 7 章）。對於團體的成員非常了解的人（諸如教師、諮商師、父母和朋友等）所給的評分或評定的等級，常可作為這第二個工具。要了解受測者在態度、意見或人格（例如自尊）等量表的填答效度，有時一個好方法是：請一位熟悉這位受測者的人，以受測者的

---

* 例如，他們可能會找答案。

† 一個折衷的做法是將現有工具分成兩半（就如同尋求折半信度中的過程），而後分別施測，兩次施測需間隔一段時間。

立場來填答同一份量表，再檢視兩者相符合的程度。最後一點就是，信度和效度的資料不必得自於整個樣本；雖然能這樣很好，但只從部分樣本得到這些資料（或甚至從一個不一樣的、但在各方面情況相似的樣本取得這些資料），都比完全沒有資料要好（有關信度和效度的討論細節，請參閱第 8 章）。

　　有些研究，尤其是歷史研究及質性研究，很可能沒有像測驗或評等量表一類的正式測量工具。在這類研究，研究者自己常就是蒐集資料的「工具」。即使如此，在研究計畫裡及後續的研究報告裡，還是要說明強化和檢驗效度與信度的方法。

　　以下是從文獻裡所找到的測量工具說明舉例：

- 社會階級（social class）：「社經地位（socioeconomic status, SES）是由父或母的職業較高一方所決定。職業的高低是依據華納修訂後職業評等量表（Warner Revised Occupational Rating Scale）評量……。華納量表根據職業所需要的技能與工作的社會聲望，將職業分成七個類別，得分範圍 1 到 7。」得分愈高表示社會階級愈高。[9]

- 自尊（self-esteem）：「我們使用庫伯自尊量表（Coopersmith Self-Esteem Inventory）……，量表有 50 道題，以測量整體的自尊。手冊裡所報告的建構效度、同時效度及預測效度都適當。得分愈高表示自尊愈高。」[10]

- 心理苦惱（psychological distress）：「症狀檢核 90——修訂版（The Symptom Checklist-90-Revised）……，共 90 道題項，由受測者自己填寫，用以評量心理症狀。」[10]

- ◉ 這時你必須問自己的重要問題是：

　15. 我是否有描述所要使用的測量工具？

　16. 我是否有說明這些工具對於本研究的適切性？

　17. 我是否有說明將如何檢核這些工具評量所得分數的信度？

　18. 我是否有說明將如何檢核這些工具評量所得分數的效度？

　　程序細節　接著應該要詳細描述研究將遵循的程序步驟，包括：將要做什麼、什麼時候做、在哪裡做及如何做。尤其在介入性研究中，介入的性質及如何使用該方法或實驗處理等，這些額外的細節都需要描述清楚。記住，這樣做的目的是要讓其他研究者能重做相同的研究；其他研究者根據這一部分所提供

的資訊，應該要能重複一模一樣的研究。當然，研究進行中，有些程序可能會改變，這是事實；但是研究計畫無論如何必須將其研究過程交代到這麼清楚。

研究者也應該清楚說明要如何利用所蒐集的資料，來回答原先的問題或檢驗原先的假設。

以下是從文獻裡找到的程序細節說明舉例：

- （取自一項探討有色人種的學生為何不從事教職的研究）：「兩年的時間裡，我跟 140 位有色人種的教師做了面對面、半結構式的訪談。這些教師分別來自於俄亥俄州的辛辛那提、華盛頓州的西雅圖，及加州的長島。由於本研究要檢視的主題嚴肅且具批判性，半結構式面對面的訪談是做這項研究最合適的方法。」[6]

- （取自一項描述十一年級生的美國歷史課的研究）：「1993 年的 1 月及 2 月間，美國西岸的一所大型市區高中十一年級四個班的美國歷史課，在不受打擾的情況下，每週至少被觀察三次，共觀察六星期。並且，這些班級的每一位老師都接受仔細的訪談。」[11]

◉ 這時你必須問自己的重要問題是：

19. 我是否有充分描述研究將遵循的程序，包括將做些什麼、在哪裡做、什麼時候做，和如何做？

　　內部效度　　到此，研究的基本計畫應該幾乎已經完成。現在必須檢核所使用的研究方法，仔細思考如果研究結果能支持假設（或者發現了其他沒有預先假設的關係），是否有其他可以解釋結果的可能性存在。我們建議，你應該逐一檢討第 9 章所介紹的，威脅內部效度的因素，看看是否適用於這項研究。如果發現任何可能的威脅，應該提出來，並說明它發生的可能。研究者應該描述他或她要如何消除這些威脅，或將它們減低到最小的程度。類似的分析經常使研究方法有很大的改變，或者增添新的研究法；如果這種情況（改變研究方法）發生，要感到慶幸，因為這樣總比到研究完成之後才發現要好。

◉ 這時你必須問自己的重要問題是：

20. 我是否有討論任何其他能解釋研究結果的因素（內部效度的威脅）？

21. 我是否有討論將如何處理這些另一種的原因解釋？

資料分析 接著，研究者必須說明所蒐集的資料將如何組織（請參閱第 7 章），及如何分析（請參閱第 10 章、第 11 章和第 12 章）。

● 這時你必須問自己的重要問題是：

22. 我是否有描述自己將如何組織蒐集到的資料？

23. 我是否有描述自己將如何分析這些資料，包括將使用的統計方法，以及為什麼使用這些方法？

◆ 經費預算

研究計畫通常是向政府部門或私人基金機構提出，希望獲得財務方面的支持。這些機構通常會要求隨同計畫提交一份暫時性的預算書。不用說，研究計畫所提的金額對於是否獲得計畫和支持有很大的影響。因此要小心仔細地準備預算書。預算通常包括薪資、材料費、設備費、行政助理和其他研究助理的費用、雜項支出（如差旅費和郵電費等）和常用開支（overhead）。

◆ 總評論

另有一點也許看來沒有必要，但依據我們的經驗卻認為有必要。要記住，研究計畫的每一部分必須有一致性。有時不難發現一些研究計畫的每一部分本身寫得都還不錯，但有些部分卻與其他部分相互矛盾。因此研究者必須注意，計畫的各部分要能互相連貫，有一致性。例如，詞彙的用法必須從頭到尾都與原先所定義的相同；研究假設必須與研究問句一致；工具的使用也必須與研究問句、研究假設和資料蒐集的程序一致或合適；獲得樣本的方法必須適合於所要使用的測量工具，以及防止內部效度威脅事項的產生等等。最後，若研究計畫有兩位或更多位研究者會對最後的報告有貢獻，最好在規劃前先講好作者排序。

▌▌▌研究報告特有的部分

一旦做完研究，就必須寫報告說明其步驟與發現。報告的特有部分是：這份研究做了什麼、怎麼做的、得到什麼結果，而結果有什麼意義。雖然量化研究的細節可能跟質性研究的細節有些差異，但兩者強調的重點必須是準確地描

◎ 評量一份研究報告時要問的問題

- 文獻探討是否夠完備？是否包括可能跟研究問題相關的研究？
- 研究中的每個變項是否有清楚定義？
- 所使用的樣本是否代表一個可清楚定義的母群體？如果不是，是否討論其限制？
- 研究者所用的研究方法是否適當且易於理解，讓其他研究者可以依此重做相同的研究？
- 對研究目的而言，每項測量工具是否都具有足夠的效度和信度？
- 所用的統計技巧（如果有）是否適當且正確？
- 研究報告是否包括有關個人如何回應的厚實描述（如果需要）？
- 所得資料是否支持研究者的結論？
- 研究者是否從研究發現中導引出對於理論和／或實務的合理涵義？

述上述的內容，這樣讀者才能清楚研究到底發生了什麼事。常用的 4W1H，也就是：是什麼（what）、為什麼（why）、在哪裡（where）、在什麼時候（when），及怎樣做的（how），是寫報告很好的指導原則。

◆ 需要考慮的幾項原則

一份研究報告應該要盡可能寫得清楚而簡潔。如果可以，最好能避免使用特殊用語或專門的術語。研究報告的時式一定都用過去式；當然，拼字、標點符號及文法都一定要正確（電腦的拼字與文法檢查幫助非常大）。

在寫報告之前，要先參考體例手冊（style manual）。大多數期刊編輯推薦使用、很多研究者也用以做研究報告的一個體例手冊是《美國心理學會出版手冊》第六版（*Publication Manual of the American Psychological Association*, 6th ed., APA, 2010）。雖然不同的手冊會強調不同的規則，但有些規則是不變的。例如，通常不建議使用縮寫的詞彙，唯一的例外是常用而且大家都知道的詞彙（像是 IQ），或那些常在該報告裡重複出現的詞彙。報告引用論文時，通常是只寫論文作者的姓氏（作者的名字只出現在參考書目中；如表 25.1），並且不

表 25.1 APA 體例的參考資料

參考資料類別	格式
書籍	Fraenkel, J. R., Wallen, N. E., & Hyun, H. (2015). *How to design and evaluate research in education* (9th ed.). New York, NY: McGraw-Hill.
論文集	Jacoby, R., & Glauberman, N. (Eds.). (1995). *The bell curve debate: History, documents, opinions*. New York, NY: Random House.
書的一章	Gould, S. J. (1995). Mismeasure by any measure. In R. Jacoby & N. Glauberman (Eds.), *The bell curve debate: History, documents, opinions* (pp. 3-13). New York, NY: Random House.
期刊論文	Clarke, A. T., & Kurtz-Costes, B. (1997, May/June). Television viewing, educational quality of the home environment, and school readiness. *The Journal of Educational Research, 90*(5), 279-285.
學位論文（未出版）	Spitzer, S. L. (2001). *No words necessary: An ethnography of daily activities with young children who don't talk*. Unpublished doctoral dissertation, University of Southern California.
書評	Liss, A. (2004). Whose America? Culture wars in the public schools [Review of the book *Whose America? Culture wars in the public schools*]. *Social Education, 68*, 238.
網路上的資源	Learnframe. (2000, August). *Facts, figures, and forces behind e-learning*. Retrieved from http://www.learnframe.com/aboutlearning/
ERIC 參考資料	Mead, J. V. (1992). *Looking at old photographs: Investigating the teacher tales that novice teachers bring with them*. Retrieved from ERIC database. (ED346082)

放敬稱（像是博士、教授等）。

　　一旦報告完成了，最好能找一個對於同一主題具有豐富知識的人讀一遍，確定報告夠清楚，沒有錯誤。看報告時讀出聲，也可幫忙找出文法上的錯誤及寫得不清楚的段落。現在有了電腦，幫助非常大，因為電腦可以讓人輕易地重新編排文字與文句、檢查拼字與文法，及自動編頁碼。

◆ 格式

　　所謂報告的格式，就是它的架構方式。研究報告一般遵循的格式，都是反映該研究的執行步驟；這些跟研究計畫裡的項目有很多是一樣的。圖 25.1 說明一個典型的研究報告的架構。我們說明一下其中還沒討論過的項目。

　　摘要 摘要（**abstract**）是整個研究報告的一個簡短概要，通常只有一兩段

緒論部分
    標題頁
    內容目次
    圖次
    表次
主體
  I. 要探討的問題
    A.研究的目的（包括假定）
    B.研究的理由
    C.研究問句與假設
    D.詞彙的定義
    E. 研究簡述
  II. 背景與相關文獻的探討
    A.理論架構（如果適當的話）
    B.直接相關的研究
    C.稍有關聯的研究
  III. 實施程序
    A. 研究設計的敘述
    B. 樣本的描述
    C.測量工具之使用的敘述（包括計分程序、信度、效度）
    D.研究程序的說明（有關本研究的 what、 when、 where、 how）
    E. 內部效度的討論
    F. 外部效度的討論
    G. 資料分析方法的描述與理由（例如，量化研究的統計方法，及
       質性研究裡減縮資料的方法）
  IV. 研究發現
    描述與每一個研究假設或問題有關的發現
  V. 摘要與討論
    A.簡要摘述所探討的問題、執行的步驟和得到的結果
    B.討論研究發現的涵義，包括意義與重要性
    C.限制──沒有解決的問題與研究的弱點
    D.進一步研究的建議
參考資料（參考書目）
附錄

圖 25.1 研究報告的架構

長，而且是單獨放一頁，「摘要」兩字會做為標題放在該頁上方的正中央。通常摘要的內容包括：簡短陳述研究問題與研究假設、描述樣本，然後簡要說明研究步驟，包括所使用的測量工具、資料蒐集的方法，及研究結果，最後則是

研究者的討論。

結果／發現　如先前所討論的，研究的結果（**results**）只能在研究報告裡出現。一般而言，研究計畫裡不會有結果（除非把一些探索性研究或預試的結果作為研究計畫的背景）。結果的報告，有時稱為發現（**findings**），出現於整份報告快結束時。研究的發現是研究者分析其資料所產生的結果，也就是所蒐集的資料所揭露的訊息。如果是團體比較的研究裡，通常會報告每一組在後測的平均值與標準差；如果是相關性研究，會報告相關係數和散布圖。而在調查研究裡，則會報告問卷問題所得到的回答百分比、變項間的交叉表、列聯係數等等。

結果部分應該說明任何用於分析資料的統計方法及其結果。每一項結果的討論內容都必須跟研究主題有關，並且若有任何顯著檢定，也應該報告。若有質性資料的分析，則應該有清楚的說明（有時需加上引述內容），以支持或說明經由觀察或訪談所得到的結果。可利用表格與圖清楚說明資料分析結果的概要。

研究報告的結果一節尤其必須清楚說明資料蒐集的步驟，包括做了哪些類別的分析。以下是從文獻摘取的兩個例子。

- （取自一項探討合作學習法在小學社會研究課程中，對拉丁裔學生的學習有何影響的研究）：「在此報告社會研究的成就測驗之前測與後測的平均值與標準差，及調整後的後測平均值。ANCOVA的結果揭示，相較於傳統的教學方式，合作學習的結果較佳，其主效果檢定達到統計顯著，$F(1, 93)$ $= 25.72$，$p < .001$。而性別及其與教學方法的交互作用，對於社會研究學習成就的影響，則沒有達到統計顯著。前測與後測之間的相關係數 r 是 .67（$p = .001$）。」[12]

- （取自一項探討大學生完成試卷所花的時間，與其考試成績表現之關係的研究）：「分別探索期中考與期末考時，完成都是選擇題的試卷所花的時間與考試成績的相關。得到的相關係數低而且沒有達到統計顯著（$p > .05$）。雖然相關係數的範圍從 $+.27$（$+.02$）到 $-.30$ 都有，但這些值的決定係數顯示，只有 0.04% 到 9% 的考試表現變異量，可被完成測驗所花的時間所解釋。」[13]

討論　報告的討論（**discussion**）一節呈現的是，作者如何詮釋結果對於理論或實務的意義。在假設檢定研究裡，這包括評估假設被實證結果支持的程度。

在討論一節裡，研究者將他們的結果放在比較大的情境裡。在這裡他們扼要說明研究所遭遇的困難、指出研究的限制，並指出未來可做的相關研究。

我們認為，研究的結果與討論，兩者必須盡可能不同。討論一節通常會超越目前的資料，企圖將研究發現放在一個更寬廣的角度，但必須小心不要誤導讀者，使他們誤以為作者有證據支持自己的臆測。換言之，在結果一節，任何陳述都不應該讓讀者有反對意見；這些陳述必須清楚而直接地根據所獲得的資料而做。然而，在討論部分為結果做比較寬廣的詮釋，可以呈現多種論辯。

以下我們討論的研究結果，來自一項探討教師人格與教室行為的研究。如同該研究所假設，這項研究發現了教師在控制需求測驗的表現結果，跟以下兩個項目有 .40 到 .50 的相關：(1)教室所觀察到的控制行為；(2)訪談者評為「對自身比較不自在」及「對於是非有比較僵硬的態度」。這些是研究的結果，研究者也必須讓讀者清楚知道正在閱讀的是研究發現部分。但是在「討論」部分，這些發現可以從各種有爭議性的觀點來討論。例如，某位研究者可能說該研究對於選擇培育師資方面有幫助；他可能會說：招訓師資時應剔除在「控制需求」得分高的人，因為這項特性能預測教師在教室中的不合適行為。相反地，另一位研究者可能將研究結果詮釋為：師資培育計畫應該徵訓「控制需求」得分高者進入教學行業，他的理由是：至少在市中心區的學校裡，「控制需求」得分高的教師，班級經營的方法較有條理和效率。

很清楚地，這兩種解釋都超出本研究的「研究結果」。只要研究者能讓讀者清楚了解這是他對結果的詮釋，而不是有證據可以直接支持的研究結果，就可以做這些詮釋。許多時候研究者會嚴格區分結果與詮釋，將它們放在報告的不同部分，並按其性質個別以標題標示。有時候研究者卻將二者混合，這樣讀者就很難區分何者是研究結果、何者是研究者的詮釋。

進一步研究的建議　通常這是研究報告的最後部分。研究者根據目前研究的發現，建議未來可能從事的研究和後續追蹤研究，以提升該領域的知識。

參考資料　最後，參考資料（參考書目）應該列出用於寫作這份報告的書籍與論文。報告裡所引述的每一項資料（是的，每一項！）都必須列在參考資料裡，而且這裡所列的每一份資料（是的，每一份！）也都必須出現在報告的內容裡。參考書目一節必須從新的一頁開始，常用的格式是第一行靠左其餘縮排的格式（hanging-indent），依據作者姓氏的字母次序排列。

註腳 註腳是依據它們在報告的正文出現的次序，以上標的阿拉伯數字，從第一個開始連續編號，不因新頁而重新編號。

圖 圖可能是手繪圖、利用數據做的圖，甚至相片或照片。所有的圖都必須連續編號，並在文中提及。只有當圖可以將資訊傳達得比文字更清楚時，或當一個圖可以將資訊說明清楚，否則需要非常冗長的文字說明時，才使用圖。每一張圖都需要有標題，而且標題必須可以抓住圖所要傳達的資訊的本質。

表格 也只有當表格比文字敘述更能清楚簡要地摘要資訊或傳遞資訊時，才使用表格。表格（與圖）應該都只能作為文字的補充，絕不能用以提供額外的新資訊而沒有文字說明。正文也都應該要提到表的內容。就像圖一樣，每一個表格都應該有簡短的標題，標題也要能抓住它所要傳達的資訊的本質。至於如何在研究報告呈現圖與表，可以參考《美國心理學會出版手冊》。

◆ 關於質性研究報告的提醒

質性研究報告所需要包含的內容，絕大部分都跟量化研究報告相似。然而現今對於質性研究報告，還沒有大家一致認同的格式。目前可以看到多種格式，而且研究者常會在報告裡加入一些像是詩詞、故事、日記、相片、散文，甚至歌曲的歌詞及手繪圖等。

在量化研究裡很少看到，但卻常見於質性研究報告的兩項特徵是：(1)質性研究者通常以第一人稱撰寫報告（例如，使用**我**或**我們**，而不是**研究者**或**作者**）；(2)他們常使用主動語氣而非被動語氣（「我們觀察 X 教室」，而非「X 教室被研究者觀察」）。*

再者，保密性的議題在質性研究比較獲得關注，在量化研究受到的關注則較少。質性研究裡常會從研究參與者獲得非常多的資訊，而且其中很多是極端私密的。由於這個因素，也因為質性研究所用的樣本常比量化研究的樣本小許多，簡單的保密保證常不足以保護這些參與者的身分。因此，質性研究報告裡常使用假名。例如，如果研究者在一所市區高中，在幾星期內做了一系列的訪談，熟悉該高中的讀者可能可以認出他訪談了誰。因此，使用假名是進一步保護他們身分的方式。

---

* 《美國心理學會出版手冊》建議，即使對量化研究的報告也要有相同的做法。

◆ 研究報告的大綱

　　圖 25.1 是一篇「研究報告」的大綱。雖然其中所列出的綱目大致是該領域研究所必備的,但在不同的個別研究中,順序可能會有些不同。這一部分是因為研究者個人的偏好,但另一部分原因則是:大綱名稱和大綱組織可能會因為使用不同的研究法而有差異。研究報告的大綱也可作為研究計畫的大綱之用,只是在研究計畫中,第 IV 節和 V 節就要省略掉(而且全篇要改用未來式),同時也可附加一份預算書。

> **OLC** 回到本章最前面的**互動與應用學習**所列出的一系列互動與應用活動。到線上學習中心(OLC, http://highered.mheducation.com/sites/125991383x)去做小測驗、練習關鍵詞彙,及複習本章內容。

本章重點

研究計畫相對於研究報告

- 研究計畫敘明研究者想從事的研究的規劃。
- 研究報告敘明在研究中做了什麼,及其結果。

研究計畫或報告的主要部分

- 研究計畫或研究報告的主體是其最大的部分,通常包括:要探討的問題(包括問題或問句的陳述、研究假設和變項、詞彙的定義);文獻探討;研究程序(包括研究設計、樣本、使用的測量工具和研究步驟的描述;檢討內部效度可能的威脅;所用統計法的描述和理由);及預算(研究計畫用)。
- 不論是研究計畫或研究報告,各部分之間必須具有一致性。

研究報告特有的部分

- 研究計畫和研究報告兩者的主要差異是:研究報告是說明已經做了什麼,而非將怎麼做;並且還加上實際的研究結果。因此,在研究報告裡,跟每一項假設相關的發現都要呈現,研究者也要討論其發現對於該領域整體知識和當前實務方面的涵義。

• 研究報告的最後部分，通常是建議進一步的研究方向。

複習

回頭檢視你所完成的問題卷，看看它們跟本章的建議如何呼應。

關鍵詞彙

文獻探討（literature review）　770

（研究的）目的（purpose (of a study)）　765

（研究的）理由（justification (of a study)）　766

（研究的）結果（results (of a study)）　779

研究計畫（research proposal）　764

研究設計（research design）　771

研究報告（research report）　764

討論（discussion）　779

假設（hypothesis）　769

發現（findings）　779

程序（procedures）　770

摘要（abstract）　777

樣本（sample）　771

問題討論

1. 研究者能讓自己的寫作風格影響研究計畫中的標題和組織順序到何種程度（假設經費資助機構沒有規定格式）？

2. 問題的陳述、研究問句和研究假設三者有什麼共同的功能？它們的差異何在？

3. 當研究法導論的教師批閱學生的研究計畫時，有時候會發現其各部分有邏輯上不一致的情形。你認為最常發現的不一致有哪些？

4. 使用便利樣本的研究時，為什麼在研究報告中詳細描述該樣本的特性是非常重要的？如果是隨機樣本，是否也一樣重要？請說明。

5. 為何一個研究者在研究計畫和研究報告中，討論內部效度的威脅是很重

要的？

6. 研究者在研究報告中常沒有詳細描述其樣本，你認為是什麼原因？

註釋

1. Johnson, J. E. (1988). Bedtime routines: Do they influence the sleep of elderly women? *Journal of Applied Gerontology, 7*, 97-110.

2. Stiles, D. A., Gibbons, J. L., & Schnellman, J. (1987). The smiling sunbather and the chivalrous football player: Young adolescents' images of the ideal woman and man. *Journal of Early Adolescence, 7*, 411-427.

3. Coleman, L. M., Jussim, L., & Abraham, J. (1987). Students' reactions to teachers' evaluations: The unique impact of negative feedback. *Journal of Applied Social Psychology, 17*, 1051-1070.

4. Levstik, L. S. (1986). The relationship between historical response and narrative in a sixth-grade classroom. *Theory and Research in Social Education, 14*(1), 1-19. 經 National Council for the Social Studies 及作者同意後複製。

5. Boivin, M., & Hymel, S. (1997). Peer experiences and social self-perceptions: A sequential model. *Developmental Psychology, 33*, 135-143.

6. Gordon, J. A. (1994). Why students of color are not entering teaching: Reflections from minority teachers. *Journal of Teacher Education, 45*, 220-227.

7. Wrzesniewski, A., et al. (1997). Jobs, careers, and callings: People's relations to their work. *Journal of Research in Personality, 31*(1), 21-31.

8. Manning, B. H. (1988). Application of cognitive behavior modification: First and third graders' self-management of classroom behaviors. *American Educational Research Journal, 25*(2), 194.

9. Norman, A. D., et al. (1998). Moral reasoning and religious belief: Does content influence structure. *Journal of Moral Reasoning, 27*(1), 140-149.

10. Bee-Gates, D., et al. (1996). Help-seeking behavior of Native American Indian high school students. *Professional Psychology: Research and Practice, 27*, 495-499.

11. Fraenkel, J. R. (1994). A portrait of four social studies teachers and their classes. In D. S. Tierney (Ed.), *1994 yearbook of California education research* (pp. 89-115). San Francisco: Caddo Gap Press.

12. Lampe, J. R., Rooze, G. R., & Tallent-Runnels, M. (1996). Effects of cooperative learning among Hispanic students in elementary social studies. *Journal of Educational Research, 89*, 187-191.

13. Herman, W. E. (1997). The relationship between time to completion and achievement on multiple-choice items. *Journal of Research and Development in Education, 30*(2), 113-117.

附錄

附錄 A

亂數表之一部分

(a)	(b)	(c)	(d)	(e)	(f)	(g)	(h)	(i)
83579	52978	49372	01577	62244	99947	76797	83365	01172
51262	63969	56664	09946	78523	11984	54415	37641	07889
05033	82862	53894	93440	24273	51621	04425	69084	54671
02490	75667	67349	68029	00816	38027	91829	22524	68403
51921	92986	09541	58867	09215	97495	04766	06763	86341
31822	36187	57320	31877	91945	05078	76579	36364	59326
40052	03394	79705	51593	29666	35193	85349	32757	04243
35787	11263	95893	90361	89136	44024	92018	48831	82072
10454	43051	22114	54648	40380	72727	06963	14497	11506
09985	08854	74599	79240	80442	59447	83938	23467	40413
57228	04256	76666	95735	40823	82351	95202	87848	85275
04688	70407	89116	52789	47972	89447	15473	04439	18255
30583	58010	55623	94680	16836	63488	36535	67533	12972
73148	81884	16675	01089	81893	24114	30561	02549	64618
72280	99756	57467	20870	16403	43892	10905	57466	39194
78687	43717	38608	31741	07852	69138	58506	73982	30791
86888	98939	58315	39570	73566	24282	48561	60536	35885
29997	40384	81495	70526	28454	43466	81123	06094	30429
21117	13086	01433	86098	13543	33601	09775	13204	70934
50925	78963	28625	89395	81208	90784	73141	67076	58986
63196	86512	67980	97084	36547	99414	39246	68880	79787
54769	30950	75436	59398	77292	17629	21087	08223	97794
69625	49952	65892	02302	50086	48199	21762	84309	53808
94464	86584	34365	83368	87733	93495	50205	94569	29484
52308	20863	05546	81939	96643	07580	28322	22357	59502

附錄 **B**

常態曲線表之部分數值

A 欄列的是 z 值，B 欄是 z 值與平均值之間的區域，占整個鐘形面積的比例。
C 欄列的是大於 z 值部分的面積，占整個鐘形面積的比例。

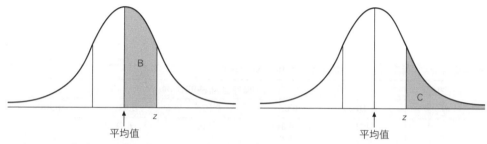

注意：由於常態分布是兩邊對稱的，因此不論正的 z 值或負的 z 值，與平均值之間的面積比
例都是相同的。正負 z 值以外的面積比例也是相等的。

(A) z	(B) 平均值與 z 值之間的面積比例	(C) z 值之外的面積比例	(A) z	(B) 平均值與 z 值之間的面積比例	(C) z 值之外的面積比例
0.00	.0000	.5000	2.10	.4821	.0179
0.10	.0398	.4602	2.20	.4861	.0139
0.20	.0793	.4207	2.30	.4893	.0107
0.30	.1179	.3821	2.40	.4918	.0082
0.40	.1554	.3446	2.50	.4938	.0062
0.50	.1915	.3085	2.58	.4951	.0049
0.60	.2257	.2743	2.60	.4953	.0047
0.70	.2580	.2420	2.70	.4965	.0035
0.80	.2881	.2119	2.80	.4974	.0026
0.90	.3159	.1841	2.90	.4981	.0019
1.00	.3413	.1587	3.00	.4987	.0013
1.10	.3643	.1357	3.10	.4990	.0010
1.20	.3849	.1151	3.20	.4993	.0007
1.30	.4032	.0968	3.30	.4995	.0005
1.40	.4192	.0808	3.40	.4997	.0003
1.50	.4332	.0668	3.50	.4998	.0002
1.65	.4505	.0495	3.60	.4998	.0002
1.70	.4554	.0446	3.70	.4999	.0001
1.80	.4641	.0359	3.80	.49993	.00007
1.90	.4713	.0287	3.90	.49995	.00005
1.96	.4750	.0250	4.00	.49997	.00003
2.00	.4772	.0228			

資料來源：取自 R. A. Fisher 與 F. Yates 所著 *Statistical tables for biological, agricultural, and
medical research* 一書中的表 II。該書由（London）Longman Group Ltd. 所出版
（先前由 Oliver & Boyd Ltd. 出版）。

附錄 C

卡方分布

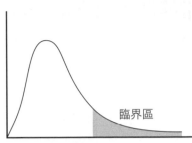

臨界區

表中數字表示卡方（χ^2）的臨界值（critical values）

自由度	臨界區面積的比例				
（*df*）	0.10	0.05	0.025	0.01	0.005
1	2.71	3.84	5.02	6.63	7.88
2	4.61	5.99	7.38	9.21	10.60
3	6.25	7.81	9.35	11.34	12.84
4	7.78	9.49	11.14	13.28	14.86
5	9.24	11.07	12.83	15.09	16.75
6	10.64	12.59	14.45	16.81	18.55
7	12.02	14.07	16.01	18.48	20.28
8	13.36	15.51	17.53	20.09	21.96
9	14.68	16.92	19.02	21.67	23.59
10	15.99	18.31	20.48	23.21	25.19
11	17.28	19.68	21.92	24.72	26.76
12	18.55	21.03	23.34	26.22	28.30
13	19.81	22.36	24.74	27.69	29.82
14	21.06	23.68	26.12	29.14	31.32
15	22.31	25.00	27.49	30.58	32.80
16	23.54	26.30	28.85	32.00	34.27
17	24.77	27.59	30.19	33.41	35.72
18	25.99	28.87	31.53	34.81	37.16
19	27.20	30.14	32.85	36.19	38.58
20	28.41	31.41	34.17	37.57	40.00
21	29.62	32.67	35.48	38.93	41.40
22	30.81	33.92	36.78	40.29	42.80
23	32.01	35.17	38.08	41.64	44.18
24	33.20	36.42	39.36	42.98	45.56
25	34.38	37.65	40.65	44.31	46.93
26	35.56	38.89	41.92	45.64	48.29
27	36.74	40.11	43.19	46.96	49.64
28	37.92	41.34	44.46	48.28	50.99
29	39.09	42.56	45.72	49.59	52.34
30	40.26	43.77	46.98	50.89	53.67
40	51.81	55.76	59.34	63.69	66.77
50	63.17	67.50	71.42	76.15	79.49
60	74.40	79.08	83.30	88.38	91.95
70	85.53	90.53	95.02	100.42	104.22
80	96.58	101.88	106.63	112.33	116.32
90	107.56	113.14	118.14	124.12	128.30
100	118.50	124.34	129.56	135.81	140.17

資料來源：取自 R. A. Fisher 與 F. Yates 所著 *Statistical tables for biological, agricultural, and medical research* 一書中的表Ⅶ。該書由（London）Longman Group Ltd.所出版（先前由 Oliver & Boyd Ltd.出版）。

▌利用 Microsoft Excel[*]

◆ 導言

Excel 是一個強大的試算表（spreadsheet）程式，可用來做各種的統計分析。就像許多類似的程式，有一些技巧是你需要學會的，這樣才能正確有效率地使用這個程式，而這些技巧並不難學。在這個附錄裡，我們將用一些例子一步步教你用這個程式，之後你就會自己使用了。你會學到的，不僅是怎樣跑一些基本的分析而已，還可以學到怎樣了解及詮釋所產生的報表。我們是用 Windows 作業系統中的 Excel 舉例與展示，但 Excel 也有一個版本能跟麥金塔（Macintosh）相容。

◆ 為 Excel 安裝分析工具箱

Excel 的安裝標準設定通常不包括分析工具箱（Analysis ToolPak，一套資料分析工具），但要完成大多數的統計函數，卻需要分析工具箱。如果你在資料（**Data**）中沒看到一個標著資料分析（**Data Analysis**）的按鈕（如圖 D.1），請利用以下的說明安裝分析工具箱：

1. 按一下工具列左上角的 **Microsoft Office 按鈕**（**Microsoft Office Button**），再按 **Excel 選項**（**Excel Options**）。
2. 按一下增益集（**Add-Ins**），接著在管理（**Manage**）旁的下拉式選單，選擇 Excel 增益集。（見圖 D.2）
3. 按執行（**Go**）。

（譯者按：若使用 Excel 中文版，可點擊「檔案」，點選其下之「選項」。進入後，從最左欄的一系列功能清單中，點擊其中的「增益集」，即可從右邊的方塊中找到「分析工具箱」。）

---

[*] 請注意：由於螢幕界面差異，Mac 使用者請上 Microsoft 網站（www.microsoft.com）查詢如何在 Mac 上使用 Excel。

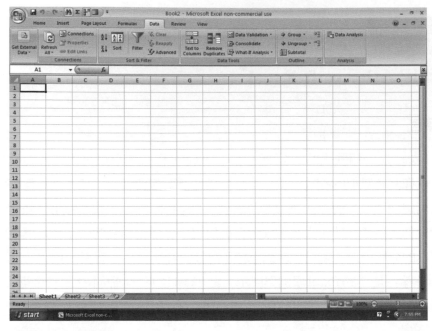

圖 D.1   資料視窗

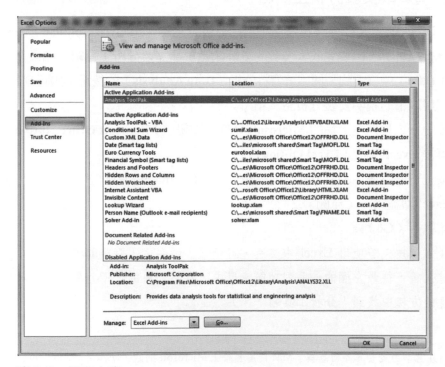

圖 D.2   管理方塊

4. 在現有的增益集（**Add-Ins available**）方
塊中，勾選分析工具箱（**Analysis Tool-
Pak**），*確定你選了之後，再按確定*
（**OK**）（見圖 D.3）。

小訣竅：如果分析工具箱沒有列在現有的增
益集的方塊中，可以按瀏覽（**Browse**）找
到。如果電腦跳出的訊息是：你的電腦目前
沒有安裝分析工具箱，你就按「是」，並依
照以上的說明安裝。

　　安裝好了分析工具箱，資料分析的指令
應該會出現在資料下最右邊的分析項目中。

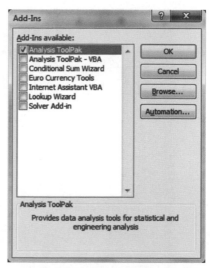

圖 D.3 資料分析箱的選取視窗

◆ 啟動 Excel

　　Excel 的啟動方式因其安裝方式不同而稍有差異。大部分的電腦，只要按
Excel 的圖像或從選單中選取，Excel 應該就會自動開啟，呈現一個空白的工作
表視窗（如圖 D.4）。在螢幕的上方，你會看到常用（**Home**）、插入（**In-
sert**）、版面配置（**Page Layout**）等〔這一行稱為**工具列**（menu bar）〕。點
擊任何一個，就會出現更多功能讓你做某些工作（稍後會再舉例）。但螢幕大
半都是儲存格，讓你輸入資料或呈現結果。

◆ 輸入資料

　　資料是輸入於儲存格所組成的矩陣，矩陣的橫向（*行*，row）是利用數字
標示，直向（*列*，column）則是**以英文字母標示**。矩陣中的每一儲存格可由其
所在的行與列的位置找出。例如，最左上角的格址是 A1。

　　以下舉一例說明如何輸入資料。假定我們有五位學生的小考成績：

學生　性別　小考成績

1 1 88 2 1 94 3 1 79 4 2 85 5 2 91　（見表 1）

輸入資料頗為容易。點擊左上角的儲存格（也就是位於行 1，列 A 的儲存格）
即出現選取範圍，再輸入「學生」作為該欄的標題。接著按向右鍵或 Tab 鍵，
「學生」兩字就會出現在 A1 儲存格中。下一步，輸入第二欄的標題「性別」。

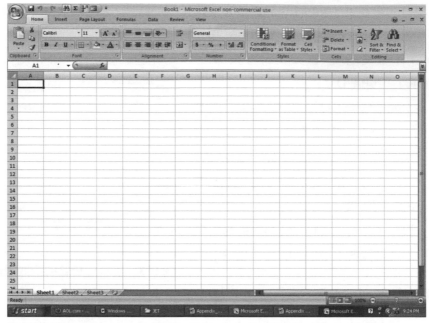

圖 **D.4** 資料視窗

表 **1**　參加特別設計的統計考試的 30 名學生資料

學生	性別	成績	學生	性別	成績
1	1	88	16	2	88
2	1	94	17	2	92
3	1	79	18	2	74
4	2	85	19	2	64
5	2	91	20	2	81
6	1	84	21	1	95
7	1	68	22	1	89
8	1	73	23	1	73
9	1	69	24	2	63
10	1	71	25	2	94
11	1	77	26	1	75
12	2	83	27	1	82
13	2	70	28	1	87
14	2	65	29	1	86
15	2	80	30	1	91

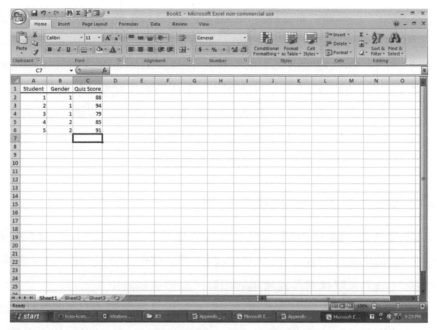

圖 D.5　呈現「成績」的資料視窗

按向右鍵或 Tab 鍵，再輸入最後一欄的標題「小考成績」。利用方向鍵或滑鼠點擊 A2 儲存格，輸入「**1**」，代表第一位學生的編號。接著按向右鍵或 Tab 鍵，數字「**1**」會出現在 A2 儲存格中。接著，用向右鍵或 Tab 鍵向右移一格，點擊一下後，在 B2 儲存格輸入「**1**」（代表這位學生的性別）。接著，再次利用向右鍵或 Tab 鍵向右移一格，在這一格輸入這位學生的小考成績（**88**）。就完成了第一行的資料輸入。

現在，移到第三行的儲存格，依據剛才輸入第一位學生資料的方式，在適當的位置輸入第二位學生的資料。重複做這些動作，直到完成輸入五位學生的資料。這時螢幕上看到的應該像圖 D.5。

◆ 指定分析項目

一旦資料被輸入工作表，就可以告訴 Excel 你想要它做什麼事，也就是你想要 Excel 幫你做什麼資料分析。步驟真的非常簡單。

首先，點擊資料，會出現各種功能。在最右邊，點擊資料分析後，會出現一個新視窗，裡面列了各種分析選項，包括相關係數（**Correlation**）、共變數

（**Covariance**）、敘述統計（**Descriptive Statistics**）、直方圖（**Histogram**）、迴歸（**Regression**），及*t*-檢定（*t*-**test**）。點擊任何一項就會出現相對應的選項視窗。例如，點擊敘述統計出現的視窗中有一個選項是摘要統計（**Summary statistics**）。勾選摘要統計左方的小方格，並利用輸入範圍（**Input Range**）旁的方格指定你要分析的行或列，Excel就能計算資料樣本的平均數、標準誤、中數、眾數、標準差等等。一旦選好之後，點擊確定，Excel就幫你做好其他的事情。就只要做這一點事而已。以下我們看幾個例子。

◆ 取得次數分布及一些敘述統計值

表 1 是（從一個大學所有修統計課程的學生中）隨機抽取而來的 30 名學生，在一個特別設計的統計考試中的成績，還有學生編號及性別（1＝男性，2＝女性）。我們來幫**性別**及**成績**兩變項算一些敘述統計值。

首先，將資料輸入工作表的前三列，並將這三列分別命名為**學生**、**性別**與**成績**。在第四列，也就是成績列的右方，輸入組界（bin），並且從上而下，輸入 60 到 100；這些數目字代表你要直方圖用來測量輸入資料（在這裡是「成績」）的間距。接著，點擊工具列上的資料。然後在出現內容的最右邊點擊資料分析，就會出現資料分析的視窗。點擊直方圖，然後點擊確定，就會出現另一個如圖 D.6 的視窗。

點擊位於輸入範圍（**Input Range**）方格右方的折疊對話（**Collapse Dialog**）按鈕，以滑鼠選取「成績」這一欄內的數值及標題，再回去點擊折疊對話按鈕。記得選取時要包括標題**成績**。接著，點擊組界範圍（**Bin Range**）方格右方的折疊對話按鈕，選取**組界**一欄的數值及標題，再回去點擊該折疊對話按鈕，記得選取時要包括標題**組界**。因為加入了標題，所以需勾選標記（Labels）左方的小方格。你可以選擇分析結果的格式，同樣要記得選取內容要包含有「組」這個字的儲存格。最後勾選左下方圖表輸出（**Chart Output**）旁的小方格。最後結果如圖 D.7。點擊確定之後，Excel就開始做分析，做出一個次數分配表及一個次數分配長條圖（直方圖）。表 2 以表格方式呈現結果，圖 D.8 則呈現直方圖。可依照前述方式分析**性別**變項。

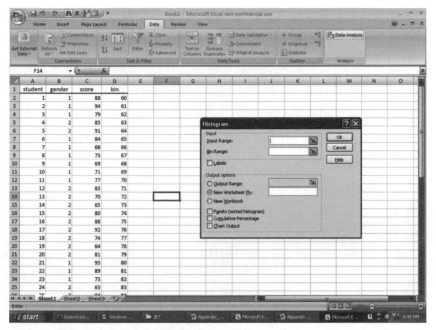

圖 D.6　直方圖的資料分析視窗

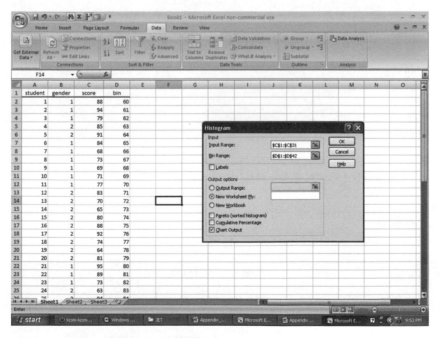

圖 D.7　資料分析視窗：直方圖

敘述統計值。要取得敘述統計值，從工具列中點擊資料，然後點擊最右邊的資料分析。資料分析的視窗開啟之後，選擇敘述統計，接著點擊確定。點擊輸入範圍方格右方的折疊對話按鈕後，選取成績一欄的數值，這次不要包括標題成績，接著再點擊折疊對話按鈕。利用「輸出選項」的按鈕選擇你要分析的資料，再勾選摘要統計左方的小方格，按確定。Excel 會計算你要的敘述統計值，包括平均數、標準誤、中數、眾數、標準差等。表 2 列出結果。可以依照前列步驟分析**性別**變項。

表 2

次數			
統計值			
		性別	成績
觀察值個數	有效的	30	30
	遺漏值	0	0
平均數		1.4333	80.36667
平均數標準誤		.09202	1.77238
中數		1.0000	81.5000
眾數		1.00	73.00*
標準差		.50401	9.70774
變異數		.254	94.240
範圍		1.00	32.00
極小值		1.00	63.00
極大值		2.00	95.00
總和		43.00	2411.00

* 有多個眾數，顯示的是最小的值。

次數表				
性別				
		次數	百分比	有效百分比	累積百分比
有效值	1.00	17	56.7	56.7	56.7
	2.00	13	43.3	43.3	100.0
	合計	30	100.0	100.0	

（續下表）

表 2 （續表）

次數表				
		成績		
		次數	百分比	有效 百分比	累積 百分比

		次數	百分比	有效百分比	累積百分比
有效值	63.00	1	3.3	3.3	3.3
	64.00	1	3.3	3.3	6.7
	65.00	1	3.3	3.3	10.0
	68.00	1	3.3	3.3	13.3
	69.00	1	3.3	3.3	16.7
	70.00	1	3.3	3.3	20.0
	71.00	1	3.3	3.3	23.3
	73.00	2	6.7	6.7	30.0
	74.00	1	3.3	3.3	33.3
	75.00	1	3.3	3.3	36.7
	77.00	1	3.3	3.3	40.0
	79.00	1	3.3	3.3	43.3
	80.00	1	3.3	3.3	46.7
	81.00	1	3.3	3.3	50.0
	82.00	1	3.3	3.3	53.3
	83.00	1	3.3	3.3	56.7
	84.00	1	3.3	3.3	60.0
	85.00	1	3.3	3.3	63.3
	86.00	1	3.3	3.3	66.7
	87.00	1	3.3	3.3	70.0
	88.00	2	6.7	6.7	76.7
	89.00	1	3.3	3.3	80.0
	91.00	2	6.7	6.7	86.7
	92.00	1	3.3	3.3	90.0
	94.00	2	3.3	3.3	96.7
	95.00	1	6.7	6.7	100.0
	合計	30	100.0	100.0	

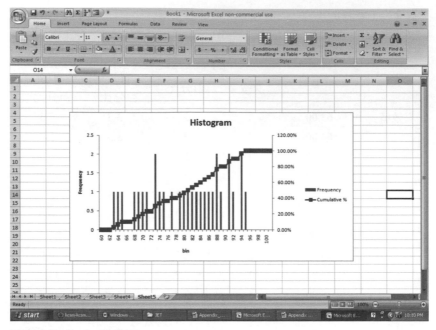

圖 D.8 Excel 長條圖

◆ 做獨立樣本 *t*-檢定

　　現在我們來為同樣是表 1 的學生樣本做獨立樣本 *t*-檢定。假定這一班的授課教師假設，班上的女學生（在性別變項中以「2」表示）在這個特別設計的統計考試表現，會跟男學生（在性別變項中以「1」表示）不同。我們想要檢定以下的虛無假設：女學生與男學生在考試的表現上沒有差異；也就是，這個樣本所來自的母群體平均差異為零。研究假設是，兩群學生的母群體平均值不相等。

　　分析。將成績一欄下的30個數值分成兩列，一列是男生的成績，第二列是女生的，分別將兩列給予標題為**男生成績**及**女生成績**。接著點擊工具列的**資料**，再選擇**資料分析**。資料分析視窗出現後，選擇 *t*-檢定：兩個母群體平均數差的檢定，假定變異數相等（***t*-Test: Two-Sample Assuming Equal Variances**），就會出現如圖 D.9 的視窗。

　　點擊**變數 1 的範圍**（**Variable 1 Range**）空格右邊的折疊對話按鈕。利用滑鼠選取**男生成績**欄位裡的數值，再點擊一次折疊對話按鈕。以同樣方式在**變數 2** 的範圍輸入**女生成績**的資料。在假設的平均數差（**Hypothesized Mean Differ-**

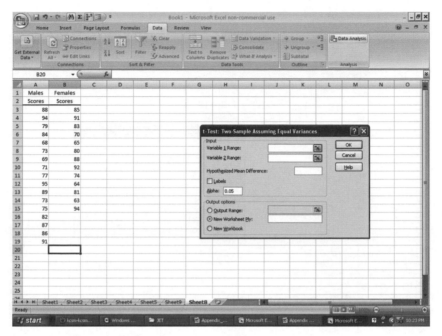

圖 D.9 資料分析視窗：獨立樣本 *t*-檢定

ence）方塊中輸入零（0），在α（**Alpha**）的方塊中輸入 0.05，這是檢定的信心水準，也就是該檢定會犯第一類型錯誤（當虛無假設為真時，卻拒絕虛無假設）的機率。輸入的這些內容如圖 D.10。利用「輸出選項」的按鈕選擇你想要的分析結果格式後，按確定，Excel 就會做分析。Excel 所跑出的結果如圖 D.11。

　　Excel 跑出一個名為 *t*-檢定：兩個母群體平均數差異的檢定，假定變異數相等的表格，列出 *t*-檢定的結果。如果我們重複做一次：點擊資料，點擊資料分析，但選擇*t*-檢定：兩個母群體平均數差的檢定，假定變異數不相等（**t-Test: Two-Sample Assuming Unequal Variances**），這次 Excel 跑出另一個表，標題是「*t*-檢定：兩個母群體平均值差異的檢定，假定變異數不相等」。注意這兩個表的資訊，其中一個標題為假定變異數相等（**Equal variances assumed**），另一個沒有假定變異數相等（**Equal variances not assumed**）。要知道該用哪一個表，就要找到 **Levene** 變異數等值性檢定（**Levene's Test for Equality of Variances**）那一欄。*t*-檢定的假定之一是，兩群體來自同樣的母群體，所以變異數相等。Levene檢定就在檢測這項假定。該檢定的細節超出本書範圍，但簡單的

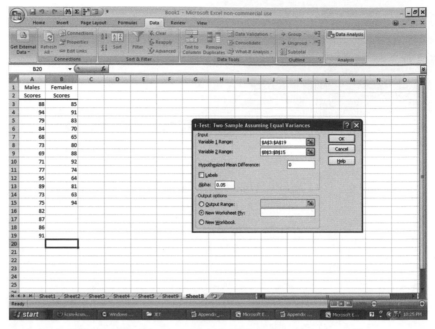

圖 D.10　資料分析視窗：獨立樣本 *t*-檢定

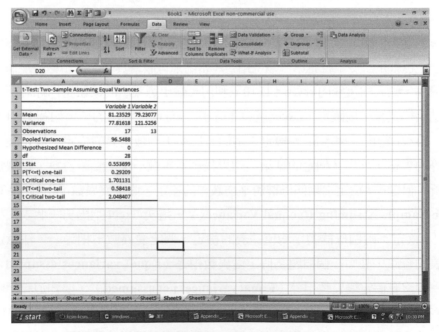

圖 D.11　獨立樣本 *t*-檢定的結果

說，Levene 檢定若得到顯著結果，表示所使用的資料違反了這項「變異數相等」的假定，也就是母群體的變異數是不相等的。觀察標有顯著性（**Sig.**）一欄的結果，Levene 檢定的顯著程度是 .350，比 .05 大了許多，因此是不顯著的。所以我們的結論是，兩群體的母群體變異數並**無**顯著差異，所以我們應該只看**假定變異數相等**的資訊。

你可以看到，Excel 的報表有觀察到的 *t* 值、自由度（df），及雙尾 p 值（Sig. (2-tailed)）；同一行裡列出的資訊還有兩平均數間的差異、差異的標準誤，及母群體平均數差異的 95% 信賴區間。觀察到的 *t* 值是 .554，也就是機率為 .584，其自由度是 28。由於這比所需要的 .05 的值大了許多，因此結果是：以 .05 的信心水準而言，在統計上是不顯著的。

◆ 計算相關係數

假定有一位心理學教師想知道，學生在小考的成績跟他的焦慮程度是否有任何關係。所以她招募了一個隨機樣本，共 30 位學生，加入她的研究。她測量樣本裡每位學生的焦慮程度（利用她自己所特別設計的「焦慮測驗」），及他們在這堂課的期中考成績。資料呈現於表 3。

她像之前一樣，把資料輸入工作表的前三列，並分別為這三列命名為**學生**、**焦慮**及**成績**。她想計算焦慮與成績兩變項之間的皮爾森積差相關（Pearson product-moment correlation），也想檢定「兩變項間的這個相關係數在母群體中為零」的虛無假設。

分析。她從工具列中點擊**資料**，點擊最右邊的**資料分析**，再從跳出的視窗選擇**相關係數**（**Correlation**）。這時跳出另一個名為**相關係數**的視窗，如圖 D.12。她點擊輸入範圍方格右方的折疊對話按鈕，利用滑鼠將**焦慮**與**成績**兩變項的數值反黑，再按一次折疊對話按鈕。她從「輸出選項」的按鈕中選擇所想要的分析結果輸出格式，再按確定。Excel 即跑出兩變項間相關係數的分析結果，如表 4。從表中可以看到，這個 30 位學生的樣本在「焦慮」與「成績」的相關係數是 **.364**。

我們所呈現的這些例子只是稍微讓你了解 Excel 的功能，還沒有讓你見識它的許多其他繪圖功能。然而，這些例子應該就能讓你對於 Excel 可以做什麼有一點概念。我們建議你自己玩一玩 Excel，就會發現它可以做很多種分析，還可以做很多種圖表。

表 3

	學生	焦慮	成績		學生	焦慮	成績
1	1	24	88	16	16	34	88
2	2	36	94	17	17	39	92
3	3	40	79	18	18	35	74
4	4	31	85	19	19	38	64
5	5	50	91	20	20	40	81
6	6	32	84	21	21	35	95
7	7	30	68	22	22	39	89
8	8	28	73	23	23	22	73
9	9	36	69	24	24	20	63
10	10	34	71	25	25	37	94
11	11	18	77	26	26	35	75
12	12	36	83	27	27	29	82
13	13	21	70	28	28	20	87
14	14	30	65	29	29	40	96
15	15	40	80	30	30	30	91

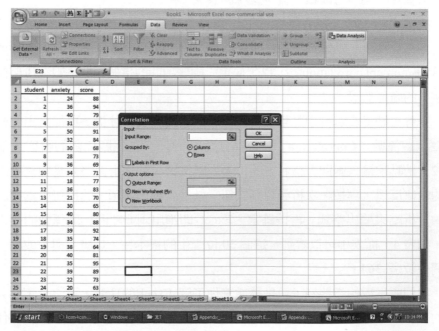

圖 D.12　資料分析視窗——相關係數

表 4

相關係數

		焦慮	得分
焦慮	皮爾森相關	1	.364*
	顯著性（雙尾）		.048
	個數	30	30
得分	皮爾森相關	.364*	1
	顯著性（雙尾）	.048	
	個數	30	30

*相關係數在雙尾 0.05 的信心水準是顯著的。

Memo